奠基岁月 上

1949—1956年的天津

《奠基岁月:1949—1956年的天津》编写组 / 编著

天津出版传媒集团

天津人民出版社

图书在版编目(CIP)数据

奠基岁月：1949—1956 年的天津：上下 /
《奠基岁月：1949—1956 年的天津》编写组编著. -- 天津：
天津人民出版社, 2021.1(2021.4 重印)
ISBN 978-7-201-17189-0

Ⅰ.①奠… Ⅱ.①奠… Ⅲ.①天津–地方史–1949–
1956 Ⅳ.①K292.1

中国版本图书馆 CIP 数据核字(2021)第 005068 号

奠基岁月：1949—1956 年的天津（上下）
DIANJI SUIYUE:1949—1956 NIAN DE TIANJIN

出　　版　天津人民出版社
出 版 人　刘　庆
地　　址　天津市和平区西康路 35 号康岳大厦
邮政编码　300051
邮购电话　(022)23332469
电子信箱　reader@tjrmcbs.com

策划编辑　王　康　韩玉霞
责任编辑　杨　轶　林　雨　李佩俊
特约编辑　武建臣
装帧设计　汤　磊

印　　刷　高教社(天津)印务有限公司
经　　销　新华书店
开　　本　710 毫米×1000 毫米　1/16
印　　张　40.75
插　　页　6
字　　数　550 千字
版次印次　2021 年 1 月第 1 版　2021 年 4 月第 2 次印刷
定　　价　168.00 元(全 2 册)

前　言

　　2021 年是中国共产党成立 100 周年。在中国共产党成立以来的百年奋斗征程中,中华人民共和国的成立作为重大历史节点,标志着中国人民彻底改变了近代以来 100 多年积贫积弱、受人欺凌的悲惨命运,中华民族走上了实现伟大复兴的壮阔道路。新中国成立前后,党领导人民解放天津、接管天津、建设天津,推动各项事业取得辉煌成就,不仅为天津此后的发展奠定了坚实基础,同时也为全国新解放的城市顺利开展接管工作和恢复发展国民经济提供了重要的、可资借鉴的经验,为支援全国解放战争做出重要贡献。作为天津市哲学社会科学规划重点委托项目,《奠基岁月:1949—1956 年的天津》(以下简称《奠基岁月》)客观记述了新中国成立初期党领导天津人民进行革命和建设的光辉历程,深情重温了党领导天津人民筚路蓝缕、砥砺前行的奋斗精神,深刻揭示了中国共产党领导核心地位形成的历史必然性和中国人民走上社会主义道路的历史必然性,以此向党的百年华诞献礼。

　　1949 年 1 月 15 日,中国人民解放军攻克天津。天津这座曾在帝国主义、封建主义和官僚资本主义黑暗统治下的城市,结束了半殖民地半封建的历史,开始了历史新纪元。从 1949 年天津解放到1956 年基本完成社会主义改造,中共天津市委认真贯彻落实中共中央的决策部署，团结带领全市人民相继实现了由半殖民地半封建社会到建设人民当家作主的新社会，从新民主主义到社会主义的两个历史性转变。

这一时期，天津市委和全市各级党组织坚决贯彻执行党的城市工作路线方针政策，完成城市接管和建立巩固人民民主政权的任务，在此基础上，组织全市人民开展肃清国民党残余和镇压反革命等运动，涤荡旧社会的污泥浊水，建立新的社会秩序；没收官僚资本，建立国营经济，鼓励和支持私营工商业恢复生产经营，发展新民主主义经济。到 1952 年底，经济全面恢复，为开展有计划的经济建设和社会主义改造准备了条件。从 1953 年开始，根据党的过渡时期总路线提出的任务要求，全市开始了有计划的经济建设并对生产资料私有制进行社会主义改造。第一个五年计划的编制和顺利实施，极大地推进了天津经济的发展，使全市经济发生显著改变。同时加强了民主法制建设，实行了人民代表大会制度，继续推进教育科学文化卫生等各项事业，使人民的物质文化生活水平进一步提高。到 1956 年，对农业、手工业和资本主义工商业的社会主义改造基本完成，社会主义制度在天津确立起来。在新中国成立初期的 7 年间，在中共中央的坚强领导下，天津城市建设的各方面取得显著成绩，为未来的发展奠定了坚实的基础。

《奠基岁月》的主要内容，包括解放天津、接管城市、建立各级人民政权、恢复发展国民经济、推进城市治理和社会文化建设、整治社会环境、加强党的建设等 7 章。《奠基岁月》的编写工作，坚持以习近平新时代中国特色社会主义思想为指导，遵循《关于建国以来党的若干历史问题的决议》，以党的领导为主线，以新时代视角开展研究，运用历史资料，真实记录了党领导人民在解放天津、接管天津、建设天津的奋斗历程中取得的辉煌成就和宝贵经验。按照理论创新和学术创新的要求，在传统政治史、经济史研究方法基础上，采取社会史、文化史的研究方法和研究视角,注重收集新中国成立初期党领导天津社会治理和城市建设的新史料新数据,吸收理论界学术界最新研究成果,体现新中国成立初期天津历史研究的新进展。在严格遵守学术规范的基础上,力求做到语言生动流畅,在引用文献、讲话、数据等历史资料的同时,注重历史细节描写,以提高作品的可读性、说服力和感染力,讲好中国共产党故事、讲好新中国故事、讲好天津故事,进一步阐释中国共产党为什么能、马克思主义为什么行、中国特色社会主义为什么好,不断提高广大党员干部群众坚定中国特色社会主义道路自信、理论自信、制度自信、文化自信,激励党员干部群众不忘初心、牢记使命、永远奋斗,为建设社会主义现代化国家和实现中华民族伟大复兴的中国梦贡献力量。

编　者

2021 年 1 月

目　录

上　册

下　册

第一章

解放天津

1948 年 11 月 29 日至 1949 年 1 月 31 日，在广袤的华北大地上，中共中央、中央军委、毛泽东指挥东北野战军、华北军区部队百万大军与国民党军进行了一场震惊中外的战略大决战——平津战役。在历时 64 天的时间里，在东北、华北两地人民群众全力支前和中共地下组织积极配合下，经过军事打击和政治争取，共歼灭和改编国民党军队 52.1 万余人，基本上解放了华北全境。平津战役的胜利连同辽沈、淮海等重要战役的胜利，奠定了解放战争在全国胜利的基础，为新中国定都北京献上了奠基礼。

天津战役，是平津战役中一场十分重要的战役，是我军武力攻取大城市的经典战例，是促使北平和平解放、华北全境解放的关键之役！被毛泽东同志誉为解决国民党军三种方式之"天津方式"，永载中国乃至世界军事史册！

第一节 战前形势

1948 年秋，解放战争继续推进。中国的军事、政治和经济形势向着有利于人民而不利于国民党的方向急剧发展。濒于崩溃的国民党反动统治陷入日益严重的危机之中。推翻国民党反动统治，迎接天津解放和新中国的诞生，已经成为天津社会各阶层人民的共同期盼。

一、天津概况

天津简称津，别名津沽、津门等，地处华北平原东北部，东临渤海、北依燕山，位于海河流域下游，是海河五大支流南运河、子牙河、大清河、永定河、北运河的汇合处和入海口，素有"九河下梢""河海要冲"之称。天津建立始于隋朝大运河的开通，唐代中叶以后成为南方粮绸北运的水陆码头。宋代在直沽设"直沽寨"，元代设"海津镇"，是军事重镇和漕粮转运中心。明建文二年（1400），朱棣率兵经直沽渡河南下夺取政权，1403 年改元永乐。天津作为军事重地，于永乐二年十一月二十一日（1404 年 12 月 23 日）正式设卫筑城。由此，天津成为中国古代唯一拥有明确建城时间的城市。翌年设天津左卫，转年又增设天津右卫。清顺治九年（1652）三卫合一，归并于天津卫。至清代，天津已经成为华北地区的经济中心、拱卫京师的战略要地。近代以来，随着天津特殊地理位置和城市作用的彰显，它成为西方列强屡屡侵犯的目标。特别是第二次鸦片战争后，先后有 9 个国家在天津开辟租界，使之成为帝国主

解放前的天津市景

义威慑北京、干预中国内政、掠夺财富资源的侵略基地。与此同时,天津被辟为通商口岸,成为中国北方开放的前沿和近代中国洋务运动的基地,军事近代化及铁路、电报、电话、邮政、采矿、近代教育、司法等方面的建设,均开全国之先河,成为当时中国第二大工商业城市和北方最大的金融商贸中心,有"近代中国看天津"之说。

天津地势以平原和洼地为主,北部有低山丘陵,海拔由北向南逐渐下降;地貌总轮廓为西北高、东南低。城区格局为南北长(约 12.5 千米),东西窄(约 5 千米),地势低平,多洼淀。这里距北平约 120 千米,是北平的门户;也是当时华北的工商业大城市,人口约 200 万,是北宁、津浦铁路交会点,铁路、公路四通八达,是南北交通的重要枢纽,更是国民党傅作义集团由海上南撤的唯一通道。因此天津在平津战役中对国共双方都至关重要。

二、战役背景

1946 年 6 月,国民党单方面撕毁国共双方签署的停战协定,向解放区发起全面进攻,挑起全面内战。人民解放军经过一年多的艰苦作战,粉碎了国民党的全面进攻。国民党天津守敌预感形势不妙,开始大肆修筑城防工事。1948 年 10 月 7 日,蒋介石来天津视察,指示天津市长杜建时"必须保住天津海口,以待国际变化"。1948 年 11 月上旬,傅作义和蒋介石制定了"暂守平津,确保海口,以观时变"的作战方针(这里的"海口"指的是塘沽)。由此可见,天津已被列为国民党华北守军海上南撤的必经之地。

辽沈战役胜利结束之后,为实现"将国民党傅作义集团抑留于华北地区就地歼灭"的作战方针,中央决策首先"攻其必救",命令华北第 3 兵团司令员杨成武、副政治委员李天焕,于 1948 年 11 月 29 日率部对张家口的国民党军队实施攻击,切断傅作义西逃绥远的退路,打响平津战役第一枪。同时"兵贵神速",命令东北野战军在辽沈战役结束之后,发扬不怕疲劳连续作战的作风,立即挥师入关,会同华北军区部队一起发起平津战役。1948年12月11日,中共中央、中央军委、毛泽东指示华北军区和东北先遣兵团的相关部队对已完成包围的张家口、新保安之敌实行"围而不打";指示东北野战军主力对北平、天津、通州之敌"隔而不围",只作战略包围,隔断诸敌联系,而不作战役包围,以待部署完成之后各个击破。至12月20日,我军将傅作义集团分割包围于张家口、新保安、北平、天津、塘沽5个孤立的据点上,实现了将傅作义集团抑留于华北地区的战略目的。

此时的国民党华北守军已处于"欲逃无路、欲战无力"的境地,但国民党天津警备司令陈长捷认为平津一体,只要能坚决抵抗就可为傅作义"政治解决"华北问题增加讨价还价的筹码和本钱,故犹作困兽之挣扎。

三、天津城防工事

早在天津战役打响之前,国民党天津守军就在日本侵占天津时期修筑的军事工事基础上,多次加筑城防工事,其中以1947年和1948年的两次修筑规模最大。

1947年,时任天津市市长杜建时为了防止天津物资流入解放区,设想将天津永久防御工事与控制物资结合起来,决定修建一条环绕天津市区的城防工事。为此,他先后投入800亿法币,并利用天津河道众多的有利条件,划定一条南北长12.5千米、东西宽5千米、周长42千米的蜂腰形城防线。在城防线上构筑一道高4米、宽2米的土墙,墙外挖掘一条宽10米、深3米的护城河,形成由内墙顶部到河底纵深达7米的壁垒。必要时可在三元村附近将南运河与护城河沟通,将南运河水引入护城河内,并在赵各庄、陈塘庄附近设闸堵塞护城河,使水流向天津西南方向广大郊区倾泻,形成水淹区以阻挡我军进攻。

杜建时视察天津城防工事

在城防线的碉堡类型和配置上,杜建时决定构筑以防御步兵进攻为标准的红砖水泥立式大型碉堡群,环城共设大碉堡 1000 多个,同时在重点地区向纵深配备小型碉堡群 500 多个。每隔三四个碉堡装有一部电话,每个大碉堡足够一个班的兵力驻扎。此外环城还设置一道铁丝网,于重点处接通电流。在城防线内侧还修有一条马路,专供汽车运送人员及弹药、粮食等补给之用。为防止物资流入解放区,当时整个天津城防只留有 8 个门用于城内外通行,并派兵设岗严密把守。

1948 年 6 月陈长捷调任天津警备司令后,进一步巩固天津城防工事。为此又向天津商民搜刮几十亿法币,在天津市郊主要地区加筑钢筋水泥碉堡几十个,令国民党各部队在最短时间内进入各自防区位置,并指定以天津环城碉堡工

天津市敌驻地区域图(1948 年 6 月材料),平津战役纪念馆藏

事线为主阵地线,在主阵地前加筑各营和各连的碉堡群据点,构筑交通壕、铁丝网、鹿寨。还在天津城防阵地前埋设数以万计的地雷,形成宽达十几米的环城地雷区。为扫清射界,国民党军队大肆拆毁民房。至天津战役前夕,天津外围已经形成由无人区、地雷场、铁丝网、电网、鹿寨、护城河、护城墙、环城碉堡群等组成的坚固防御体系。陈长捷吹嘘"大天津堡垒化""固若金汤,万无一失"。

1948 年,国民党天津守军在天津周围埋设的地雷。平津战役纪念馆藏

国民党守军在扫清射界的过程中,不仅将从老百姓的房屋上拆下的木料用于修筑工事,还将老百姓做饭、烧水等生活所用的高粱秆和茅草放火烧毁,把来不及拆毁的茅草房也一同烧毁,甚至有的坟地也被拆毁用于修筑工事,使尸骨散落荒野……如此野蛮的暴行,导致天津周边地区的人民群众流离失所,在寒冷的冬季只能露宿街头,苦不堪言。此外为了修筑城防工事,国民党守军强征民工达十多万人。这些民工只能自备干粮和水,每天从早晨到黄昏,在刺刀的威胁下被迫修筑城防工事。由于修筑城防工事耗资巨大,天津守军便把巨大的经济负担转嫁到广大市民和工商业者身上,使本来已经贫困交加的民众更是雪上加霜。与此同时,国民党当局还在天津城内大肆抓壮丁,补充兵源,命令全市各商号和居民一律出丁,大商号多出,小商号少出,兄弟二人中必抽其一。兵役局为此还颁布管制办法,限制适龄男子外出和迁移。此举给天津人民带来了深重灾难,也加重了国民党的统治危机。

为应对人民解放军的进攻,国民党军队将天津分为西北、东北和南部 3 个防守区。西北防区由林伟俦指挥 62 军防守,东北防区由刘云瀚指挥 86 军防守,南部防区由陈长捷指挥 94 军 43 师防守,总预备队位于耀华中学附近。守军各部除进驻原有的城防工事外,还占据工厂、学校、商店等民用设施,妄图将天津百姓的生命作为国民党军队的一道防线;将中原公司、渤海大楼、北洋大学、南开大学、扶轮中学、东北临时中学、法政学院、南开中学、耀华中学、第一炼钢厂、寿丰面粉公司、北洋纱厂、大德隆纺织厂、中纺三厂、中纺四厂、中纺五厂、中纺六厂、中纺七厂、消防队等处列为"强力据点"。从兵力部署可以看出,国民党天津当局完全置 200 万天津人民的生命财产安危于不顾,妄图将这座当时北方最大的工商业城市和 200 万人口作为垂死挣扎的殉葬品,将天津作为傅作义和我党我军谈判的重要筹码。

第二节 战役过程

天津战役是在党中央和毛泽东的正确决策和领导下,以东北野战军参谋长刘亚楼为首的一线指挥员敢打敢拼、顽强必胜的卓越指挥下,取得全面胜利的经典战例。天津战役的胜利充分体现了毛泽东的光辉的军事思想和高超的军事指挥艺术。

一、作战方针

为了加强统一指挥,确保战役胜利,东北野战军奉命组建了平津战役天津前线指挥部,由足智多谋的东北野战军参谋长刘亚楼任总指挥,统一指挥攻津各部队。

按照中央军委原定的作战计划,为防止敌人从海上南逃,东北野战军要首先解放塘沽。攻击部队经过侦察发现,塘沽东面靠海,四周开阔,河流、盐田很多,冬不结冰,不便于工事构筑和兵力展开。我军经过试探性攻击后,虽然占据了一些据点,但伤亡很大。12 月 29 日,林彪、刘亚楼致电中央军委,建议暂缓攻击塘沽,首先歼灭天津之敌。当日,中央军委采纳了前线指挥员的建议。于是东北野战军命令,除以少量部队监视塘沽敌人外,集中东北野战军的 5 个纵队解放天津。

1949 年 1 月 4 日,平津战役天津前线总指挥刘亚楼在杨柳青召开了攻津部队高级将领会议。他遵照毛泽东"每战集中绝对优势兵力,四面包围敌人,力求全歼,不使漏网"的原则,集中 5 个纵队 34 万人的绝对优势兵力对天津 13 万守敌发起进攻;并根据天津市区南北长、东西窄和"南面工事强、北面兵力强、中部皆平常"的特点,制定了"东西对进,拦腰斩断,先南后北,先分割后围歼,先吃肉后啃骨头"的作战方针。这个作战方针既保证了全歼守敌,又能最大限度地保护天津市内建筑。"东西对进,拦腰斩断"是整个作战方针的要点,首先要东西贯通,打乱敌人的防御体系,将敌人拦腰斩断;"先南后北"是因为南面敌人距离塘沽近,怕他们跑掉,而北边有隔断平津联系的部队,不怕他们往那边跑;"先分割后围歼"指的是,我军突入城内后,大胆穿插分割,把敌人的主要据点包围起来;"先吃肉后啃骨头"是因为中央军委、毛泽东严令攻津部队保护工厂、学校、商店等建筑,我军既要消灭敌人又不要打坏建筑物,就要先把他们包围起来,慢慢消灭,争取他们投降。

天津战役是我军炮兵、装甲兵、工兵和步兵大规模联合作战,参战的炮兵和装甲兵比过去任何一次战役都多,工兵则是首次参加攻坚作战。由于很多部队缺乏协同作战经验,刘亚楼亲自撰写《关于天津攻坚战的协同计划》,下发给连以上指挥员,对步兵与炮兵、步兵与坦克兵,以及步兵、炮兵、坦克兵之间如何协同做了详细的说明。

刘亚楼为了迷惑敌人,造成我军从北面进攻的假象,战役发起前先用重炮向天津北部进行试射,命令东北野战军总部警卫团从北面进行火力侦察,并将侦察行动故意暴露给敌方,使其作出我军将从北面进攻的错误判断。国民党当局为了进一步摸清我军的主攻方向,以"天津和谈"为幌子,派出了工商联合代表团前来探听虚实。刘亚楼将计就计,同他们上演了一出"智斗"的好戏。当代表团来到指定的谈判地点时，一个参谋通知他们刘亚楼总指挥大约 25 分钟才能赶到。快到 25 分钟之时，刘亚楼穿好衣服坐上一辆吉普车从后门出去，绕道从天津以北发电厂的方向赶来，而且有意叫代表团看到车轮上沾满了泥巴。刘亚楼佯装风尘仆仆的样子一进门连连致歉。代表团果然中计，回去后将所见向陈长捷进行汇报。国民党守军综合刘亚楼提供的各种"有效"信息，错误地判断我军的主攻方向在北面，于是将市中心守城部队中战斗力最强的一个师调到北面。这样大大减轻了我军部队主攻方向的压力。

二、战前准备

"不打无准备之仗，不打无把握之仗，每战都应力求有准备，力求在敌我条件对比下有胜利的把握"是毛泽东十大军事原则之一。天津战役前，我军攻津部队在政治动员、军事准备等方面做了大量工作，为 29 小时解放天津打下了坚实的基础。

（一）政治动员

党在军队的政治工作，是人民解放军的生命线，是军队战斗力的重要源泉，是团结自己、战胜敌人的重要保障。在天津战役中，人民解放军参战兵力达 34 万人，还有装甲兵、炮兵、工兵等参战，是多兵种联合作战，这就要求政治工作从各方面予以保障。东北野战军政治部主任谭政特别强调要做好政治工作。

战前，参战各部队结合作战实际，广泛深入地开展思想教育和战前动员，进一步激发广大指战员的战斗意志，提高部队的战斗力。例如：东北野战军第 1 纵队提出了"一仗两胜三好"的号召，即打好天津第一仗，夺取军事、政治两个胜利，努力做到"完成任务打得好，遵守政策纪律好，互相礼让团结好"。并要求各部队围绕"一仗两胜三好"，切实做好思想动员和各项具体准备工作。要求所有共产党员充分发挥先锋作用，保证圆满完成任务。东北野战军第 2 纵队组织相关干部下到

攻城部队喊出响亮的口号："打到天津去，活捉陈长捷！"

连队宣讲毛泽东《将革命进行到底》的新年献词，阐释平津战役的深远意义，激发指战员的参战热情，同时结合揭发敌人制造无人区、造成群众流离失所的罪行，坚定指战员同敌人血战到底的决心。东北野战军第7纵队召开各种形式的战前思想动员大会，反复阐明攻克天津对于解放北平进而解放全华北的意义，深入进行城市政策和纪律教育，要求部队做到军事、政治双胜利。东北野战军第8纵队针对天津守敌特点和纵队所担负的作战任务，对部队进行思想教育，提高对攻津作战重大意义的认识，激发战斗积极性，树立必胜信心，并深入进行城市政策和纪律教育。东北野战军第9纵队将全国各个战场上的胜利消息及时传达给指战员，激发指战员的战斗热情，并通过学习毛泽东《将革命进行到底》的新年献词，鼓舞指战员的斗志。

各部队通过进行深入的政治动员，极大地统一了思想，激发了参战部队敢打必胜的信心和决心。广大指战员热情高涨，请战书、决心书像雪片一样飞到各部队的政治部，战士们纷纷表示：战后不是在庆功会上见就是在追悼会上见！

（二）军事准备

在攻城准备中，首先面临的问题是如何粉碎敌人的放水计划。我军包围天津之后，敌人在津西三元村附近将南运河与护城河沟通，使南运河河水大部分流入护城河,并堵塞护城河流入海河的水道,使积水不能流入海河,而向天津西南部广大地区倾泻,形成了一片水淹区,这就大大妨碍了我军的攻城准备。我军发动当地群众出主意想办法,在南运河上游找到了减河的水闸,把水闸提起,使南运河河水流入减河,解决了水患问题。

天津攻坚战发起前,东北野战军攻津部队扎制苇子桥,进行攻城准备

水患解决后,如何突破城防外围的护城河,仍然是攻城部队面临的突出问题。敌人非

攻城部队某团进行渡河演习

常重视护城河的作用,千方百计地增加河水,并且每日以数百人在河上打冰以防结冻。我军发动广大战士和人民群众开展军事民主,大家出主意想办法,制作了苇子桥等一大批渡河器材。苇子桥轻便结实且浮力大,不怕枪弹,在敌人的火力下移动方便,关键是可以就地取材,大量建造。因此苇子桥就成为当时渡过护城河的主要器材,解决了部队突破护城河的问题。

为了解决通过无人区的困难,各部队利用夜色掩护广泛开展紧迫作业,在冰天雪地里挥锹弄镐改造地形。各部队挖的壕沟弯弯曲曲、纵横交错,直达敌人阵地前沿。不仅方便了部队接敌运动,还在精神上给敌人造成极大压力。

按照"不打无准备之仗，不打无把握之仗"的要求，各主攻部队为了及时掌握敌情，各级指挥员多次深入前沿一线阵地，观察敌情、地形特点，组织研究对策。平津战役天津前线总指挥刘亚楼在战前也深入到准备作为突破口的复兴门外观察地形，研究敌情。侦察中他突然遭遇敌人搜索队。敌人大声问："什么人？"刘亚楼沉着冷静，大骂道："混蛋，嚷什么，别让共军听见了。"就在敌人迟疑之际，刘亚楼和警卫员立即向他们开枪射击，趁夜色掩护返回了我军阵地。刘亚楼身先士卒，深入阵地前沿查看地形，对部队产生了巨大的推动作用。部队各级指挥员都深入下去，了解敌情，查看地形，基本上都摸清了攻击方向上的敌情、地形，制定了相应的攻击方案，为快速解放天津创造了条件。

三、扫清外围

为扫清国民党守敌的外围据点，为总攻天津创造有利条件，东北野战军攻津各部队于 1949 年 1 月 3 日至 13 日对天津外围守敌发起攻击。

东北野战军扫清外围战斗的情景

在津西第一主攻方向,东北野战军第1、第2纵队先后扫清张八坟、三元村、鲁西义地、安徽义地等外围据点。东北野战军第1纵队2师6团于1月5日对总攻正面道路上的张八坟据点发起攻击。张八坟是天津外围强固据点之一,中间有1.78米高的钢筋混凝土大母堡,四角有4个稍低些的钢筋混凝土子堡。外面是一片与地面差不多高的暗堡群,暗堡群外还围着屋脊式的铁丝网、外壕、绊马索、陷人坑,最前面布着地雷。外面有一条沟,地堡里的枪口也正对着沟。战斗打响后,6团5连先后组织5次爆破都没有成功,在这关键时刻,5连战士丛贵巧挺身而出,在战友们的火力掩护下,用炸药包炸毁国民党守军2座碉堡,部队随后发起冲锋,顺利攻占了张八坟据点。

东北野战军第2纵队4师11团于1月9日对攻击正面的安徽义地和鲁西义地发起攻击。9连连长邹洪奎指挥所部攻打安徽义地,9连很快打开突破口,并占领了据点的西半部。邹连长随即率3排向纵深发展,在与敌人激战中不幸壮烈牺牲。9连指导员李洪印闻讯后立即命令2排从侧后方支援3排战斗,歼灭了该敌,夺取了安徽义地。2连和警卫连对鲁西义地发起攻击。2连在进攻中遭对面地堡守敌激烈抵抗,伤亡不断增加。5班长张文机智地绕到敌地堡后侧出口,连投3颗手榴弹将敌人消灭,接着又炸毁3个地堡,随后他带领战士冲进母堡俘虏敌排长。经过一个多小时激战,2连和警卫连攻克了鲁西义地。

在扫清外围据点的战斗中,我军许多优秀的指挥员身先士卒、以身作则冲锋在前,东北野战军第2纵队6师18团团长杜存典就是代表人物之一。按计划,杜存典指挥第18团担负主攻和平门敌城防工事的重任。三元村据点位于和平门外运河南岸的河堤上,村东距和平门仅200米,是天津西郊敌外围工

杜存典,东北野战军第2纵队6师18团团长

事的坚固支撑点之一。1949年1月8日，杜存典率部攻占了南运河南侧的敌外围据点三元村，使敌天津城防要地和平门完全暴露在我军面前。为了尽快了解敌情，攻占了三元村之后，杜存典马上带着人到和平门前沿阵地去查看地形。在一个不甚隐蔽的地方，杜存典等人围成一圈，用小棍在地上画图商量。突然一发炮弹落在他们中间爆炸了，杜存典当场牺牲，年仅26岁。刘亚楼听到杜存典牺牲的消息后，十分惋惜，赞其为第2纵队最优秀的一个团长。

在津东第二主攻方向，东北野战军第7、第8纵队先后攻占了东局子、广东义地、浙江公墓、姜家窑、范家堡等外围据点。东北野战军第7纵队于1月7日对东局子守敌发起攻击。东局子是天津守敌津东外围的重要核心据点，全镇南北长约1000米，东西宽约500米，环镇筑有土墙，并挖有外壕，每隔30~40米就有地堡，并设有铁丝网、绊马索、鹿寨、地雷等防御工事。东北野战军第7纵队以57团和62团两个团的兵力攻打东局子。战斗打响后，57团由北、62团由南向敌人发起攻击。由于敌人工事坚固，部队伤亡很大。当年攻打东局子的东北野战军第7纵队57团5连文书王国英回忆：全连134人，攻克东局子后，包括炊事员在内，只剩下了37人，牺牲了97人。3排郝排长不幸撞上敌人的美式化学雷，他全身立刻燃烧起来，最终烧成了火球。在东北野战军第7纵队司令员邓华的指挥下，攻击部队经过两次突破、近5个小时的战斗，于7日下午4时攻克东局子，全歼守敌1163人。

东北野战军第8纵队24师72团于1月8日对民权门外范家堡据点发起攻击。范家堡据点是我军民权门攻击方向上的重要障碍，由国民党86军76团500余人防守。为确保攻击顺利，东北野战军第8纵队调集多支炮兵部队参加战斗。上午8时开始炮火准备，9时30分，72团发起冲锋，其中1营为主攻、2营为助攻，分别从东南、东北两个方向发起冲击，至11时战斗结束，我军胜利攻克范家堡据点。

激战过后的东局子。平津战役纪念馆藏

在津南助攻方向,东北野战军第9纵队于1月5日对突破方向上的敌灰堆据点发起攻击。灰堆是津南守敌最大的防御据点,由津南第1、第2支队的4000余人驻守。灰堆据点外有壕沟,沿壕设有铁丝网、鹿寨等,并筑有许多明碉暗堡,守敌在交通要道和容易接近的地方布设大量地雷。东北野战军第9纵队以26师77、78团和27师80、81团4个团的兵力攻打灰堆。5日凌晨3时,77团趁夜色掩护插到灰堆与城垣之间,攻占了造纸厂,切断了敌人退回市内的道路。担任主攻的78团和81团在6个炮兵连的支援下,仅用5分钟就打开了突破口,随即展开激烈巷战。80团在歼灭了灰堆外围的何庄子之敌后,与主攻部队一起全歼灰堆之敌。

灰堆战斗中,东北野战军第9纵队梯子组和爆破队,越过浮冰逼近国民党军守军前沿阵地

至 13 日,我军各攻城部队扫清了天津外围之敌,为总攻天津打下了坚实的基础。

四、突破城防

在国民党天津守敌拒绝投降的情况下,1949 年 1 月 14 日上午 10 时,天津前线总指挥刘亚楼命令东北野战军攻城各部队对天津发起总攻。在打开突破口的战斗中,攻津各部队指战员前仆后继、浴血奋战,

1949 年 1 月 14 日上午 10 时,刘亚楼在杨柳青平津战役天津前线指挥部下达总攻天津的命令

总攻天津的人民解放军炮群

基层党组织的战斗堡垒作用和共产党员的先锋模范作用发挥得淋漓尽致,革命先辈用热血和生命在天津的解放史上书写了"为有牺牲多壮志,敢教日月换新天"的壮丽篇章。

毛泽东指出:"自从我军超过了国民党的炮兵和工兵以后,国民党的防御体系,连同其飞机和坦克,就显得渺小了。"在天津攻坚战中,我军共投入各种火炮 3310 门,其中重型火炮共计 538 门,参战部队有 22 个师 594 个连 34 万人,平均每个步兵连能得到 5.5 门火炮的

支援。总攻发起前,2 架敌机临空助战,随即被我高炮 1 团 1 营全部击落,极大地鼓舞了我军士气。随后国民党空军部队再也不敢参战。总攻开始后,我军炮兵部队率先对敌开火。在津西第一主攻方向,支援第 1 纵队 2 师的炮 1 团 1 营、3 营和重迫击炮团 2 营通过两次破坏射击,在城墙上打开了一道 30 多米宽的豁口,突破口附近的火力点和障碍物基本被摧毁。支援第 2 纵队 4 师突破任务的炮 5 团 1 营、2 营,克服烟雾

1949年1月，天津解放后的和平门。平津战役纪念馆藏

攻城部队某部冲过冰冷的护城河

影响，按时在指定位置打开了10米宽和5米宽的两道豁口。支援第1纵队1师突破的炮6团，装备有155毫米的大口径火炮，摧毁了45号至48号碉堡，也打开了突破口。支援其他攻城方向的炮兵部队也都按计划打开了突破口。在我军强大炮火的攻击下，天津国民党军自诩"固若金汤"的城防工事土崩瓦解。随即各主攻部队在坦克、装甲车的掩护下，发起攻击。

在津西第一主攻方向，东北野战军第1纵队司令员李天佑、政治委员梁必业统一指挥东北野战军第1、第2纵队，在20辆坦克的掩护

杨印山，东北野战军第2纵队10团9连2班班长

下，自西营门至和平门一线并肩突击。战斗打响后，东北野战军第 1 纵队 2 师 4 团尖刀连"红三连"率先对和平门南侧的小西营门发起攻击。爆破手首先排除进攻道路上的障碍，随后架桥组的战士们跳进冰冷刺骨的护城河里，奋力架桥，保障突击队越过护城河。3 连副排长共产党员王玉龙在两名旗手先后牺牲的情况下，冒着枪林弹雨，把红旗插上城头，打开了突破口。敌人随即组织了凶猛的反扑，双方展开了激烈的肉搏战。在这危急关头，"钢八连"及时冲上了城头，与"红三连"一起打退了敌人的反扑，巩固了突破口。

东北野战军第 2 纵队 6 师从和平门正面对敌发起进攻，战斗打响后，该师 16 团 1 营 3 连在火炮和机枪的掩护下经过 3 次爆破扫清了障碍，架桥组战士纷纷跳入护城河，迅速架好了桥。1 连越过护城河后，遭到敌人暗火力点的射击，1 连指战员不顾伤亡奋勇冲击，在 4 名旗手先后牺牲的情况下，刘清林终于将红旗插到了天津城头上，也打开了突破口。东北野战军第 2 纵队 4 师在和平门北侧发起攻击，10 团"尖刀连"9 连 2 班班长杨印山见突破口拥挤，机智地带领 2 班从右侧铁丝网的缺口钻了进去，在战友的掩护下，乘机投出两颗手榴弹，趁着手榴弹爆炸产生的烟雾冲上了城头，打开了突破口。

英雄的坦克手董来扶驾驶"功臣号"坦克在西营门方向支援步兵战斗，战斗中另一辆配合作战的坦克陷入弹坑，动弹不得。两辆坦克配合作战，瞬间变成了董来扶一辆坦克单打独斗。敌人集中火力向董来扶的坦克射击，董来扶沉着冷静驾驶坦克继续战斗。此时董来扶明白，坦克能前进一步，步兵就少一分困难，坦克能多打一炮，战斗就多一分胜利。狡猾的敌人在坦克开炮时后退隐蔽，当我火力转移时，敌人又钻出来阻止我军前进，董来扶驾驶坦克一直打到护城河边上才将残敌彻底肃清。

在津东第二主攻方向，东北野战军第 7 纵队司令员邓华、政治委员吴富善统一指挥东北野战军第 7、第 8 纵队，在 10 辆坦克的掩护下从民族门至民权门一线突破。东北野战军第 8 纵队承担打开民权门突破口的任务，总攻开始后,24师70团1连爆破组在炮火的掩护下趁着烟幕在15分钟内连续扫清了纵深50米的11道障碍物,成功地开辟了一条冲锋道路。由于桥体过大,不能在交通壕内运动,架桥组毅然跳出交通壕,冒着敌人的枪林弹雨冲向护城河,最后仅剩数人仍将桥抬到了护城河边。他们发现护城河冰面上可以过人,于是就冲上城墙攻占了民权门左侧的1个地堡,为突击队铺平了道路。随后突击1排发起冲锋,机枪班副班长李合第一个冲上城

董来扶,东北野战军炮兵纵队坦克驾驶员

墙,攻占了4个碉堡,在突破口与反扑之敌展开了激烈的争夺。随后2排及时赶到,1排和2排打退了敌人的反扑,巩固了突破口。旗手钟银根将"杀开民权门"的大红旗插到了民权门的城头上,敌人疯狂地向钟银根射击,妄图打倒红旗,钟银根身负重伤,伏在红旗旁,几次被炸昏了过去,双腿被炸断。当他最后一次醒来的时候,用尽最后一点力气,忍着剧痛爬到红旗旁,双手抓住旗杆,两肘撑地,再一次把红旗竖立起来。在"为钟银根同志报仇"的呼声中,70团的指战员连续打退了敌人的多次反扑,牢牢地控制住了民权门突破口。

1949年1月14日,东北野战军第8纵队突破民权门的战斗

东北野战军第 7 纵队在民族门地区对敌实施攻击，战斗打响后，21 师 61 团突击连侦察员王国才以勇敢敏捷的动作迅速通过了多道封锁线，一直冲到了护城河边，在与城头残敌激战时壮烈牺牲。在"为王国才同志报仇"的怒吼声中，爆破组战士滕青云、王农一跃而起，他们越过残破的铁丝网和鹿寨后，发现冲击道路上有一片残余的雷区，两人用装满炸药的袋子一线排开，在雷区中炸开了一条 8 米多宽的通路。接着他们又炸毁了一段残存的铁丝网，越过护城河，炸毁了城墙上一个敌暗堡。同时爆破组的其他战士将突破口正面的障碍全部清除，架桥组迅速架好了桥。随后突击连发起冲锋，仅用 15 分钟就打开突破口。敌人随即展开反扑，企图封锁被我军打开的突破口，战斗异常激烈。敌人猛攻位于突破口的我 61 团 7 连前沿阵地，7 连在连长钱安良的指挥下，沉着应战，打退了敌人多次反扑。战斗一直持续到下午 3 时，8 纵队终于打退了敌人，巩固了突破口。

在津南助攻方向，由东北野战军第 9 纵队司令员詹才芳和政治委员李中权率领第 9 纵队和第 12 纵队 34 师，在 14 辆装甲车的掩护下自尖山一带向守敌发起攻击。按照作战计划，助攻部队只是牵制天津守敌，防止守敌向塘沽突围。但是第 9 纵队司令员詹才芳和政治委员李中权的决心很大，将助攻当主攻来打。总攻开始后，由于受津西主攻方向上炮火烟雾的影响，炮兵观察受限，射击未能达到预期效果，部队组织 3 次冲锋都未成功。下午 1 时 30 分，在炮火掩护下部队再次发起冲锋，26 师 76 团 2 连突击排排长吕树华高举"登城先锋"红旗，率领一个班的战士们向突破口冲去。突然吕树华负伤倒地，战士于米福迅速接过排长手中的红旗继续向前冲锋，在穿越铁丝网的时候被铁丝网挂住，副班长罗开云抢过红旗在冲到护城河的时候也负伤倒地，于米福再次接过红旗，并将红旗插上了城头。配属第 9 纵队作战的第 12 纵队 34 师也重新组织突破，100 团 1 营 2 连 6 班班长共产党员齐凤海带领尖刀班小心避开敌人火力严密封锁的区域，出其不意地从一片开阔地上冲到了护城河岸,冒着炮火从冰上冲向对岸,冒着炮火用手榴弹炸死了敌1名机枪手,消灭驻守该地的敌1个班,仅用10分钟就突破了敌人前沿阵地。敌人不甘心失败,展开争夺战,连续疯狂反扑6次,均被6班击退。在最后一次反冲锋战斗中,敌人1个排兵分三路冲上来,企图分散我军兵力。经过数次苦战,6班所有战士子弹打光了,只剩3颗手榴弹。危急时刻,齐凤海机智果敢,指挥3个持手榴弹的战士分三个方向迎击敌人,令其他战士争分夺秒搜集战场上敌人遗弃的武器弹药,一番苦战之后,终于击溃敌人,牢牢占据了阵地。

齐凤海,东北野战军第12纵队34师100团1营2连6班班长

南部敌人凭借坚固的工事,纠集力量疯狂反攻,妄图夺回失去的城防阵地,东北野战军第9纵队司令员詹才芳、政治委员李中权指挥部队与敌在突破口展开反复争夺。经过十几个小时的反复争夺,敌人再也无力组织反扑,津南突破口也被我军牢牢控制。

五、会师金汤桥

天津城防突破口打开后,各部队备受鼓舞,迅速按预定作战计划投入纵深战斗,东西对进的部队迅速向金汤桥方向攻击前进,将天津守敌拦腰斩断。东北野战军第1纵队向东、南进军,担负着攻占天津警备司令部、活捉天津警备司令陈长捷的重任;东北野战军第2纵队向东、北进军,消灭津西北之敌;东北野战军第7纵队向西、南攻击,消灭津东南之敌;东北野战军第8纵队向西、北攻击,消灭津东北之敌;东北野战军第9纵队和12纵34师由南向北发展,消灭津南之敌。

突破口打开后,攻击地域的各部队都争先恐后地冲向突破口,比较拥挤。由于当时我军的通信手段主要是有线电话,要等电话架好后,纵队指挥员才能及时掌握前方部队的情况。为此，攻津各部队各级指挥员都靠前指挥，及时调整部署，保证部队顺利向纵深进军。东北野战军第 1 纵队副司令员兼参谋长曹里怀和 2 师师长贺东生，乘坐装甲车到战斗第一线指挥战斗。东北野战军第 7 纵队副司令员曾克林和参谋长高体乾在纵深战斗中，深入一线及时指挥受阻部队攻击前行，向金汤桥方向进军。东北野战军第 9 纵队司令员詹才芳和政治委员李中权随 26 师部队一起攻入市区，并将纵队指挥所设置在了旧德租界内，指挥部队向纵深前进。各级指挥员靠前指挥，极大地鼓舞了前方将士的士气，及时调整战斗部署，保证了纵深战斗的顺利进行。

卢锡勤，东北野战军第 1 纵队 1 师 2 团 8 连政治指导员

东北野战军第 1 纵队打开突破口后，首先攻克了自来水公司，并协助第 2 纵队攻克了第三监狱两个制高点。第 1 纵队 3 师作为第二梯队，于 14 日 14 时左右进入纵深作战。为指挥部队有序投入战斗，第 1 纵队 3 师 7 团参谋长李耀德深入前卫营监察部队进展情况。途中，炮连按计划需通过护城河，河深无桥，要人下水抬炮。当时正值数九寒天，李耀德二话没说，甩掉大衣就跳到冰冷刺骨的水中，将炮抬过护城河。紧接着他又向冲在全团最前面的前卫营赶去。垂死挣扎的敌人在城防一带的道路上布满了地雷，部队只能在交通壕里前进，壕窄人多，行动很慢。眼看着不能到第一线了解情况指挥战斗，李耀德心中像燃烧着一团火，一定要尽快赶到前面去。他不顾壕外埋有地雷的危险，毅然跳出战壕向前飞奔，不料在小西关大街附近踩中地雷，献出了年仅 29 岁的生命。东北野战军第 1 纵队 1 师 2 团 8 连在 3 营副营长刘庆贤、连长赵芳玉、指导员卢锡勤的带领下避开大路穿街越巷顺利到达了金汤桥边，他们趁敌人还没发觉的时候，迅速攻占了金汤桥边的警察局，俘虏警察局局

长李汉元以下200多人。2师4团7连打到鼓楼时,敌人的探照灯和街道上的路灯突然打开,照得满街通亮,敌人轻重火器一起向7连扫射,密集的火力把全连压在马路两侧抬不起头来。7连指战员机智灵活,首先集中火力打碎了探照灯和路灯,随后趁夜色掩护迅速消灭了鼓楼之敌。随后2师部队继续向东前进,4团和5团在鼓楼东街打退了敌人坦克掩护步兵的反扑后,到达金汤桥,并占领了金汤桥西侧。

东北野战军第2纵队5师作为二梯队,跟在6师之后沿忠庙大街向东推进。孙跃东率全班携带日造四一式山炮,从和平门一带突入城内,掩护步兵巷战。当我军攻至北大关竹竿巷附近时,敌人盘踞在一幢大楼里,环绕大楼的四周还布置了10余个碉堡的顽强火力,我军步兵接近时,敌人突然向我步兵横扫,伤亡较大。由于这里地势开阔,到处有地雷,不便架设大炮,步兵首长决定组织火力,掩护爆破,连续三次未能成功。孙跃东看在眼里急在心上,他拿出在战前写好的"炮在人

孙跃东,东北野战军第2纵队5师山炮营3连6班班长

在,坚决不让敌人存在"①的决心书,不顾自身安危,坚决请求首长批准他们在十字路口两侧的地雷区内架设大炮。首长同意后,孙跃东趁机在敌人地雷区内将一个旧工事当作发射阵地,瞄准后果断向敌人轰去,"轰隆"一声,敌人的一个中心碉堡炸开了花。在指挥大炮向第二个碉堡瞄准时,一发子弹打中了排长的头部,排长壮烈牺牲。孙跃东强忍悲伤愤怒,迅速接替排长指挥,副班长接替孙跃东瞄准,13发炮弹飞向敌人工事,敌人11个主要火力工事被炸毁,只剩下了楼顶的一挺机枪。这时冲锋号响了,步兵冲了上去。为了掩护步兵冲锋,必须把楼顶的机枪据

---

① 天津市烈士陵园编:《天津战役部分牺牲烈士事迹》,1999年,第54页。

点拔掉。正当火炮向楼顶机枪瞄准时，突然飞来一发炮弹在附近爆炸，弹片打在孙跃东的头部和胸部，鲜血浸透了他的衣服，副班长要他去后方休息，可是时间就是战友的生命，孙跃东拒绝回撤，抓紧时间调整大炮对准第12号目标，"开炮！"几秒钟后，敌人最后的火力点被摧毁，我军乘势攻占了敌人据点。然而战士们还来不及为胜利欢呼，从敌人纵深又飞来一颗炮弹，孙跃东和另外两名战士被弹片击中，壮烈牺牲。在烈士精神的感召下，5师的战士们沿南运河南岸先后攻占大丰桥、金华桥、金钟桥等，随后进抵金汤桥，与第1纵队一起控制了金汤桥西侧。

攻城部队战车协同步兵向大王庄进攻

东北野战军第8纵队24师71团作为二梯队，从民权门突破口投入纵深战斗。71团3营7连在连长张玉田、指导员马振海的带领下，沿金钟河大街，经陈家沟大街向金汤桥前进。当7连进抵金汤桥附近时，守敌依靠碉堡进行顽抗。连长张玉田立即组织攻击，投弹手把几个手榴弹捆在一起，炸开铁丝网，搬开拒马，在机枪火力支援下，对敌桥头堡突击。到达金汤桥时，又被东桥头敌人的大地堡阻拦。战士王青山在火力掩护下4次进行爆破，炸开了地堡。战士詹德友第一个冲上桥头，将红旗插在金汤桥的东桥头上。这时四周敌人的机枪、火炮向桥上打来，指导员马振海立即组织部队抗击敌人的反扑，激战中马振海英勇牺牲，最终7连勇士们打退了敌人的反扑，牢牢控制住了金汤桥桥东。

1949 年 1 月 15 日凌晨,分别从东、西两个方向主攻的部队,胜利会师于海河金汤桥

15 日凌晨 5 时许,东进的东北野战军第 1、第 2 纵队和西进的东北野战军第 8 纵队在金汤桥胜利会师,完成了拦腰斩断天津守敌的任务。东北野战军第 7 纵队也于 15 日上午 9 时 30 分左右到达金汤桥东侧与友军会师。

六、活捉陈长捷

天津战役前,中央军委多次电示,对敌人坚固设防并顽抗的据点,尽量采取劝降方法解决敌人,以减少对城市的破坏。东北野战军攻津各部队为最大限度地保护好城市的工厂、学校、商店等工商业设施和人民的生命财产安全,在天津市内巷战中尽量不使用重武器,并通过喊话劝降等方式解决市内守敌。对拒绝投降的顽抗之敌,则以精准灵活的战术,坚决彻底地消灭他们。

东北野战军第 1 纵队 1 师 1 团负责攻打天津警备司令部,在市内沿南马路从西向东攻击前进的过程中,敌人占据一栋灰色的楼房进行

在巷战中，攻城部队重机枪手对国民党守军阵地进行火力封锁

顽抗，为了尽快拿下这个据点，打通通往天津警备司令部的道路，1 团团长刘海清命令爆破组进行爆破。正当爆破组准备爆破的时候，忽然隐约听到楼里传来妇孺老幼的哭喊声。刘海清团长知道楼里还有群众，为保护群众的生命财产安全，他立即命令停止爆破，改由火力压制楼上的敌人，掩护部队强行突破。1 团突击部队在火力掩护下，在敌人的火网弹雨中奋勇冲锋。在战斗最激烈的时刻，灰楼东北角的一栋二层民宅上突然挂出一幅"打倒蒋介石""拥护救星毛泽东"的标语，1 团的指战员备受鼓舞。经过一个多小时激战，灰楼中 400 多守敌打出白旗，缴械投降。随后 1 团继续攻击前进，很快就打到了天津警备司令部附近。刘海清团长亲率 2 营攻打天津警备司令部，同时命令 1 营攻打中原公司之敌，保障侧翼安全。2 营 5 连首先攻占天津警备司令部西侧的中原大楼，打掉了天津警备司令部的西翼屏障，随后全营分别沿新华北路和山东路向敌警备司令部发起攻击。6 连副连长徐恒吉带领 2 排首先从新华北路攻入天津警备司令部的北门，在身负重伤的情况下，仍指挥部队消灭了大门两侧的机枪火力点，随后部队一拥而入，迅速攻占了警备司令部大楼。随后 6 连排长邢春福带领战士王义凤和傅

泽国冲进了天津警备司令部的地下室。傅泽国回忆俘虏陈长捷的过程时说:傅泽国与王义凤冲进地下室,俘虏了7名军官,其中就包括陈长捷。邢春福向上级汇报后,副营长朱绪清带来了国民党司令部的电话员、无线电员,命令陈长捷当场下令通知所属的天津守军立即投降。

东北野战军第1纵队3师8团1营3连指导员兼连长的刘德胜是天津人,能够参加解放自己家乡的战斗,他感到特别光荣。在纵深战斗中,当刘德胜带领部队打到天津南开区大德隆棉纺厂时,遇到了国民党1个营兵力的顽抗。国民党在这里设置了鹿寨、铁丝网、电网三道障碍,工厂四周筑有碉堡。这里是部队向纵深发展的必经之路,必须尽快拿下。战斗打响后,敌人拼命抵抗,

1949年1月15日,东北野战军第1纵队攻占国民党军天津警备司令部

在多次爆破失败的情况下,一位16岁的小战士挺身而出,炸毁了第一道障碍物,但小战士却因伤势过重壮烈牺牲。当爆破队员炸毁第二、第三道障碍物后,敌人碉堡形成的交叉火力再次阻止我军前进。刘德胜命令老兵狄震把碉堡炸掉。狄震冲到敌人碉堡前,不幸被敌人的子弹打倒。正当刘德胜准备冲上去爆破的时候,他看见狄震用头顶着炸药包爬向敌人的碉堡,一声巨响,敌人的碉堡炸飞了。刘德胜立刻带领全连冲进厂内,全歼守敌200多人。

随着战斗的深入,部队越打越勇,越打越巧。东北野战军第1纵队

1949 年 1 月，天津解放后的国民党天津警备司令部北门。1 月 15 日上午，6 连副连长徐恒吉率部首先从这个方向攻入天津警备司令部。平津战役纪念馆藏

2 师炮兵营 1 连配属 2 师 5 团战斗，当 5 团准备攻取胜利桥的时候，附近一座楼上的敌人用猛烈的火力封锁道路，5 团前进受阻。由于楼多街窄，炮兵无法为步兵提供火力支援，这时炮兵战士将大炮拆开，愣是用肩背背扛，从狭窄的楼梯将大炮搬到了三楼楼顶，打掉了敌人 4 个火力点，掩护 5 团攻占了胜利桥。东北野战军第 1 纵队在纵深战斗中，还采用军事打击和政治争取相结合的方式瓦解敌人，并将其称为"猛打紧喊"战术。2 团 3 连攻到南开大学东北一栋楼时，1 个营的敌人钻进楼里企图顽抗。为了保护建筑不受破坏，3 连干部战士通过战场喊话，使全部守敌放下武器。3 团 2 连用这种方法俘敌 600 多人，6 团 1 连更是俘敌 1800 多名。东北野战军第 1 纵队 3 师 7 团 5 连在第 7 纵队 19 师 55 团 1 连的配合下，攻占意租界回力球场附近的国民党 86 军军部。战斗中，5 连用火力封锁小白楼各楼门和窗户，将敌包围，全连一起喊话，迫敌投降。5 连 3 排冲进楼内地下室，活捉了敌 86 军军长刘云瀚和 62 军军长林伟俦。

东北野战军第 2 纵队在纵深战斗中，在西站前的酒精厂遇敌顽

抗,敌据守酒精厂内的五层大楼,居高临下向我军疯狂射击。4师12团团长颜文斌、政委尹培良,组织山炮、92步兵炮及轻重机枪掩护2营强行突破。4连9班17岁小战士鞠海清带领两名战士扛着3包共重75千克的炸药冲向大楼。他不顾个人安危,在导火索长度不够到达安全距离的情况下,果断引爆炸药,将大楼一侧炸开,残存之敌惊恐万分,纷纷弃楼逃跑,俘敌62军67师师长李学正以下800余人。6师沿罗斯福路向南推进的过程中,敌1个连在3辆装甲车的引导下沿罗斯福路向北运动,突然出现在17团2营和18团指挥所附近。我军隐蔽不及,伤亡一部分。17团2营立即向敌反击,18团指挥员也组织警卫连部和2连打敌装甲车。这时17团6连连长铁占山,带领8名战士从另一个方向亲执爆破筒,奋不顾身地扑向敌装甲车,将其炸毁,铁占山不幸壮烈牺牲。敌人抱头鼠窜,6连跟踪追击,歼敌80余名。

东北野战军第8纵队在进入突破口后,遇到了中纺七厂守敌的顽抗。中纺七厂主楼有14层高,是第8纵队前进道路上最高的一个制高点,是敌86军26师师部所在地,因此双方战斗非常激烈。由于战前中共地下组织送来了情报,报告敌人集中在高楼里,厂房里面有工人组成的护厂队看守机器,战斗主要集中在敌人驻守的高楼里。我军既要消灭敌人,又要保护好厂房,难度非常大。中纺七厂刚一打下来,24师政治部主任任思忠就跟着部队进去了。人民解放军炮兵把大楼打掉了两层,凡有护厂工人的厂房却没有被炮弹打到(有些厂房里有敌人防守)。护厂的工人们一拥而上,不由分说地把任思忠抬了起来,并一遍又一遍地把他抛起。他们个个激动得泪流满面,欢呼雀跃。

"旱桥英雄"刘瑞林是东北野战军第8纵队23师67团7连战士,在纵深战斗中,他和战友刘爱民冲锋在前,一直打到新开河。他们发现河上有一个木制浮桥,战斗结束后刘瑞林才知道这座桥的名字是"旱桥"。桥的四周工事比较坚固,沿河有稠密的铁丝网,桥的一端有一间房子大的钢骨水泥碉堡,碉堡上面有枪眼,桥后的村庄里还有大量敌

刘瑞林，东北野战军第8纵队23师67团7连战士

人。他们两人机智勇敢，趁夜色冲爬到敌碉堡射击死角，先往碉堡里扔了两颗手榴弹，趁敌人惊慌之际，冲进敌碉堡。刘瑞林命令他们投降，同时举起手榴弹来准备拉弦，敌人完全吓呆了，20多名敌人全部成为俘虏。当敌人发现只有他们两个人时，有几个俘虏扑向刘爱民身边，想夺回他们已经被缴了的枪，被刘爱民用刺刀给吓退了。这时7连主力上来了，及时粉碎了敌人的顽抗，全歼守桥敌人一个加强连180多人。

在纵深战斗中，坦克部队充分发挥机动灵活、防护好、火力猛的优势，以排或单车的作战形式支援步兵战斗，起到了"活动堡垒"和开路先锋的作用。坦克1连"功臣号"坦克驾驶员董来扶在驾驶坦克向金汤桥进攻的过程中，看到步兵被敌人的火力压制在一条马路上，伤亡很大，他心里很着急。在车长的指挥下，董来扶驾驶坦克猛地冲了上去，他们不顾个人安危，将敌人的火力吸引过来，敌人的炮弹就在坦克的周围爆炸。战斗中，董来扶和战友以精湛的射击技巧，一口气消灭了

东北野战军向国民党守军核心区主要据点海光寺发起猛烈攻击

敌人 3 个暗堡和 5 个火力点，为步兵杀向金汤桥扫清了前进的障碍。海光寺是敌人核心区的主要据点之一，曾是日本兵营，工事坚固，驻有敌 92、94 两个军的留守处。当时有第 1 纵队 1 师 3 团、3 师 8 团和第 6 纵队 17 师 49 团三个团先后插到了这里。

战斗打响后，坦克 2 连指导员张云亭指挥的 1 辆坦克冲在最前面，他一边指挥坦克来回冲击，多次接引步兵，一边操作火炮协同机枪手压制敌火力点。由于夜间观察困难，他不顾个人安危，将头探出舱外指挥射击。在坦克的掩护下，3 团从北进攻，40 分钟攻下了据点内的制高点；49 团经过连续爆破，突进海光寺；8 团从南面攻入海光寺。不到两个小时，全歼海光寺据点内的敌人。然而张云亭在指挥战斗过程中却被敌人的子弹击中，壮烈牺牲。

张云亭，东北野战军特种兵纵队坦克团 2 连政治指导员

耀华中学是天津市内敌人的最后一个据点，它由 4 座三层楼组成，南临墙子河，北靠发电厂，是敌人核心区的东南部屏障，敌 43 师工兵营和 129 团共 3000 余人据守，兵力多、火力强。东北野战军第 1 纵队、第 2 纵队、第 9 纵队和第 12 纵队 34 师等部，先后到达这里，为了保护学校，部队决定不使用炸药爆破。几支部队协同作战，炮兵连用 6 发炮弹炸开大门后，第 1 纵队 2 团 3 营营长刘保洪即率部队冲进大院，部队刚接近正面一座大楼，就遭敌火力疯狂拦阻。他立即命令机炮连用所有火力压制敌人，7 连趁机炸毁了楼下用沙袋垒起来的圆形工事，冲进楼里与敌人逐屋争夺。就在战斗即将胜利结束时，一发炮弹落在刘保洪身旁，夺去了这位英雄的生命。经过近 3 个小时激战，天津国民党守军最后一个据点——耀华中学被攻克。至 15 日下午 3 时，天津宣告解放。

被俘后的国民党天津警备司令陈长捷

国民党天津守军在攻津部队的强大攻势下纷纷缴械投降

　　天津战役从发起总攻到胜利结束，仅仅历时 29 个小时，共计歼灭国民党守军 13 万余人，并俘虏了国民党天津警备司令陈长捷、国民党 62 军军长林伟俦、国民党 86 军军长刘云瀚和天津市市长杜建时等人。

天津解放后,人民解放军守卫仓库

在解放天津的战斗过程中,人民解放军严格执行我军的城市政策和纪律,提出"人民财产全面保护,缴获物资原封不动"的口号,在战斗过程中做到秋毫无犯。有的部队看守缴获的物资,虽然几顿吃不上饭,但宁可自己饿肚子也不动仓库里的一粒粮食。有的战士在突破护城河的时候衣服湿了,在数九寒天,战士冻得打哆嗦,也不私自拿取缴获的衣服。天津人民刚刚经历国民党守军强征民夫修城防的悲惨经历,现在又耳闻目睹人民军队的模范纪律,对人民军队无不交口称赞。群众纷纷拿出食物、衣服等慰问品送到战士手里,有的群众拉战士到屋里去取暖,但都被战士们一一谢绝了。战斗一结束,没人乱放一枪,街上很快就恢复了秩序。

七、塘沽追歼战

塘沽是华北国民党傅作义集团海上南逃的唯一通道,战略地位十分重要, 由国民党第17兵团司令兼津塘防守司令侯镜如率领5万余人驻守,另有国民党海军第3舰队配合作战。面对解放军的节节胜利,侯镜如深感形势不妙,唯恐撤退的时候部队发生混乱,就把指挥所和眷属及贵重物资搬上舰艇,并将船只分配给各部队,随时准备逃跑。

1948 年 12 月 14 日至 12 月底,东北野战军第 9 纵队、第 10 纵队

27 师、第 7 纵队 20 师等部先后攻占了宁车沽、北塘车站、北塘镇、新河车站、新河镇、海滩车站等塘沽外围据点，但由于塘沽地区地形开阔，全部都是盐碱地，无遮无拦，不利于大兵团作战，我攻击部队伤亡也很大。中央军委采纳了前线指挥员"缓攻塘沽，改打天津"的建议。随后东北野战军第 12 纵队担负继续包围和监视塘沽敌军的任务。

1949 年 1 月 15 日，天津解放，蒋介石急令塘沽守敌从海上撤逃。为了不让塘沽的敌人全部逃走，东北野战军第 12 纵队司令员钟伟、政治委员袁升平率领所部和东北野战军第 9 纵队 27 师、独立 7 师对敌穷追猛打。敌人一个加强营盘踞在材料厂，妄图阻止我军进攻。材料厂位于塘沽西端、津塘铁路南侧、海河北岸，它控制着出入塘沽的交通要道。要完成追歼塘沽逃敌的任务，必须首先把材料厂的敌人消灭掉。东北野战军第 12 纵队 36 师 108 团 3 营于 16 日凌晨 3 时向敌发起攻击，但首次攻击受挫。16 日拂晓，纵队司令员钟伟和政委袁升平与 36 师师长沈启贤、108 团团长余致泉一起来到前线，再次组织进攻。经研究，108 团以 3 营实施突击，并加强了火力，配属团属 92 步兵炮连、82 迫击炮连、57 战防炮连、警卫连、2 营机炮连等。下午 5 时，在 3 营营长蒋顺学的带领下再次对敌发起攻击。我军猛烈的炮火摧毁了材料厂南侧的大碉堡，将围墙也炸开了一个大缺口，同时压制住了大部分敌暗堡的火力。随着一声冲锋号响，尖刀班的战士们跃出战壕，一举打开了突破口。接着 9 连一举突破了敌人的阵地，8 连也沿铁路线突入敌阵。二梯队连（团警卫连）迅速投入战斗，经过一场激战，歼敌 300 余人。我军攻占了材料厂，打开了通往塘沽的道路。

此时塘沽守敌开始东逃，我军主力则沿海河堤岸和铁路、公路猛插敌侧后，阻止敌人向海上逃窜。在追击战斗中，我军战士为了咬住敌人，有的战士以身探雷，用自己的牺牲掩护战友奋勇追歼。敌人无心恋战，边打边退，争相夺路逃命。108 团 1 营、2 营分别在营长孙海泉、苏太武的率领下，不顾一切地追歼逃往新港方向的敌人。尖刀班追到于家堡以东狭窄地段时,踩响了敌人的地雷群,全班战士壮烈牺牲。指战员怒火燃胸,踏着烈士的血迹,冒着敌掩护部队和敌舰上的拦阻火力,更加迅猛地冲击前进。教导员赵亚率4连追击到新港以西时,又同敌人展开了一场激战。由于受到地形限制,难以发扬火力,大个子战士吴玉贵干脆跪在沼泽地上,用自己的双肩架起重机枪向敌阵猛扫。在全连猛烈冲击下,很快打垮了敌人的阻击。拂晓时,4连首先到达新港,6连尾随其后,在港口俘虏了未及逃走的全部敌人。5连追到海河一个渡口,用火力截获两只敌船及船上的全部敌人。106团1营、2营也相继追击到新港附近的一个渡口,发现离海岸约200米处正要驶逃的舰艇、拖船各一艘,营长韩守方大声命令敌人把船开回来。敌人不理睬。他们当即向敌船发射了一发60迫击炮弹。敌人慌了,喊道:"你们别打了,我们马上开回去。"就这样,舰船靠岸,1500余名敌人成了俘虏。至17日下午4时,塘沽追击战胜利结束,共歼敌3400余名,并缴获了大量军用物资。

第三节 天津人民迎接解放

解放天津,除了人民解放军在军事方面的节节胜利以外,天津人民在中共地下组织的领导下,搜集敌人情报、破坏军火生产、组织护厂护校斗争、开展统战工作、为攻城部队带路做向导和提供后勤保障等,为天津解放做出重要贡献。天津党组织创建于1924年9月,最初的名称是中共天津地方执行委员会,1927年8月1日,中共天津地方执行委员会改名为中共天津市委员会。由于革命战争年代斗争条件艰苦,天津党组织成立后多次变换办公地点和改变组织名称,但天津党组织一直坚守在天津,团结带领天津人民进行艰苦卓绝的革命斗争。解放战争时期,中共天津地下组织得到迅速发展和壮大,截至1948年底,坚守在市内的党员达到 1564 人。在上级党组织的领导下，天津党组织贯彻执行中共中央"发展进步势力，团结中间势力，孤立顽固势力"的方针，发展和壮大统一战线；在组织方式和斗争方法上，采取"隐蔽精干，长期埋伏，积蓄力量，以待时机"的策略，坚持公开工作与秘密工作相结合，广泛团结各阶层爱国进步人士和市民群众，同国民党反动派进行斗争，在配合人民解放军解放天津的战斗中发挥了重要作用。解放天津前夕，天津周边各县人民踊跃支援前线，为解放军提供粮食和其他军需物资，帮助修路筑桥，提供医疗救护，充分显示出了人民战争的巨大威力。

一、搜集国民党军队情报

孙子曰："知己知彼，百战不殆。"准确的情报是战争走向胜利的重要推手，能够随时做到知己知彼，用最小的代价换来最大的战果。搜集情报是中共天津地下组织最主要的任务。在天津这样的国统区大城市，国民党统治非常严密，军警、特务无处不在，因此搜集情报是一项极为危险而又重要的工作。准确的情报能够使解放军庖丁解牛，尽量减少战火对城市造成的破坏，减少城市攻坚中不必要的伤亡。中共也非常迫切需要掌握国民党在天津的具体部署。面对国统区的白色恐怖，地下党员忠诚使命、机智勇敢，圆满完成了党赋予的光荣任务。

解放战争时期，国民党当局对日本占领天津时期的城防进行了大规模扩建。到 1948 年，已围绕天津城挖了一条全长 42 千米，宽 10 米、深 3 米的护城河，护城河内墙顶到河底高差达 7 米；城墙每 30 米设置一个碉堡，设有纵深配备的小型碉堡群 500 多个，工事非常坚固。国民党当局曾经狂诩"大天津堡垒化""固若金汤"，并扬言解放军攻下天津要 3 个月。

最坚固的堡垒往往是从内部攻破的。天津地下党员打入国民党天津当局军政要害部门，将天津国民党军队的情报源源不断地送到解放区，使国民党天津城防工事无处遁形。中共地下党员麦璇琨是天津城

中国共产党华北地区最高情报机构——河北泊头华北局城市工作部

防图的绘制者之一，1946年毕业于天津工程学院土木系，解放天津前他是国民党"天津市城防构筑委员会"工务局第八段工程处监督员。他利用这一合法身份，受命完成了全天津市敌军城防工事图的绘制，在地下党经营的照相馆——大众摄影社里对图片进行冲洗，照片经过化学处理，上面的图像会暂时消失。通过装裱伪装，地下交通员赵岩将图纸送至解放区。另一名地下党员张克诚利用自己是国民党"天津市城防构筑委员会"正式职员的身份，将敌人的城防碉堡位置精确绘制出来，通过地下交通员将地图秘密送到解放区。据当时在华北

天津城防图缩印处理处——大众摄影社

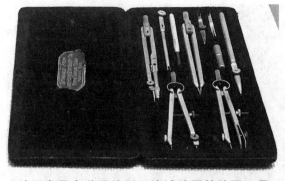

地下党员麦璇琨绘制天津城防图的绘图工具

局城工部工作的乔兴北回忆称：他们曾经接收过好几份天津地下党送来的不同区域的城防图，由他们汇总后形成了一幅完整的天津守敌城防图，在总攻天津前夕发给攻津部队连级以上干部每人一份。这样解放军就对天津国民党军队部署、火力配备、工事分布等了如指掌。

在塘沽、大沽地区，当时市面上没有人售卖塘沽、大沽地形图，一般人手里也没有。地下党员林朝为了搞到塘沽、大沽地形图，利用地下党员曹嘉桢在大沽乡公所工作的关系，让曹嘉桢在深夜将地图拿到塘沽寰海中学林朝的房间，将地图上的主要河流、街道、地名迅速描摹下来，然后原封不动将地图放回原处。随后林朝又和吕朗一起将已经搜集到的敌军军事情报填充到这张图上，完成了这张塘大军事地形图。林朝设法接近国民党军驻塘沽的中下级军官，通过他们获取很多军事情报，后来吕朗将林朝所获取的相关情报用米汤写在两张草纸上。这种信件被称为"密写信"，晒干后没有任何字迹，但用碘酒擦拭后字迹会非常清楚。吕朗将这封"密写信"送到了工委机关。

各级党组织还注意在国民党高级军政官员周围发展进步分子和党员，获取重要军政情报。中共地下党员成功打到了国民党华北"剿匪"总司令部的心脏，如阎又文是傅作义的机要秘书，《大公报》记者傅冬菊是当时国民党华北"剿匪"总司令傅作义的女儿。在天津，中共地下党员曾常宁的父亲曾延毅和傅作义关系甚密。曾常宁利用父亲曾延毅在国民党军队中的关系，动员他主动接近天津市警察局局长李汉元和塘沽专员崔亚雄，了解天津、塘沽国民党军队兵力配备情况。到天津解放前，曾常宁通过其父搞到了《天津环城碉堡工事图》《塘沽城防图》,咸水沽、军粮城等地的兵力驻扎表等,这些都通过地下交通站交给了党组织。

　　天津攻坚战是一次大规模的城市攻坚战,解放军仅用 29 个小时就攻占了这座国民党坚固设防的大城市。由于有了较为准确的情报,除了市区敌人顽固设防的据点受到一定破坏之外,总体而言天津这座城市在战火中受到的破坏不是很大。天津解放后,天津市民纷纷赞扬解放军的大炮"长了眼睛",专门摧毁敌人的工事和据点,老百姓居住的地方安然无恙。①到 1 月底,天津市政设施就开始全面恢复正常运转。

　　平津战役天津前线总指挥刘亚楼在纪念天津解放 10 周年时说:"应该说天津是解放军和地下党共同打下来的。在天津战役开始前,我们拿到一张详细的敌人城防图,对各条街道在什么位置,敌人在哪,碉堡在哪,天津周围的情况等等,了如指掌。这样仗就好打了。地下党对天津战役的贡献是很大的。"②1960 年 10 月 28 日他又在《人民日报》撰文,高度赞扬了天津地下党组织:"华北党组织特别是天津地下党的同志,供给了详尽的天津敌情资料,连每一座碉堡的位置、形状、守备兵力,都有具体的交代。这就使我军迅速掌握了情况,因而下决心,订作战计划,部署兵力,都有了确实可靠的基础。"③

二、破坏国民党军火生产

　　抗战胜利后,国民党政府接收了天津的一些军工企业。全面内战爆发后,国民党加强了对这些企业的控制,为其进行内战服务。1948 年秋,为了防御解放军可能对天津发动的强大攻势,国民党军队决定在城外布设地雷,并由军工专家研制出一种杀伤力很大的地雷,称"风雨雷"。试制成功后准备由天津机器厂批量生产。地下党员首先组织该厂

---

① 张彩欣:《透视平津硝烟》,天津人民出版社,2014 年,第 208 页。
② 中共天津市委党史资料征集委员会:《党史资料与研究》,1989 年第 1 期。
③《人民日报》,1960 年 10 月 28 日。

工人发动怠工运动，迫使厂方增加工资。增加工资后，地下党组织发动工人偷图纸，偷工减料，制造出看似和正常地雷相同，但却无法使用的"哑雷"。这样国民党外围城防工事的漏洞更大，客观上减少了解放军总攻天津时步兵的伤亡。

三、组织护厂护校斗争

近代天津开埠通商使其逐渐成为北方最大的工商业城市，比较开化的社会风气也使近代教育逐渐兴盛。天津在近代教育方面占有突出的地位，南开大学、北洋大学都是当时全国著名学府。因此，保护工厂学校、防止敌特破坏，保证天津解放后城市完整接收，就成为中共天津地下组织城市工作的一项极为繁重的任务。

（一）阻止国民党天津当局破坏工厂

1948年8月，中国第六次全国劳动大会在哈尔滨举行，会议号召全体工人团结起来，推翻帝国主义和国民党在中国的反动统治，并发布《关于中国职工运动当前任务的决议》。《决议》要求："国民党统治区职工们和革命职工团体应该十分注意保护一切公私企业的机器和设备，反对破坏、迁移和分散这些机器与设备……特别是人民解放军到来时，职工们应当尽力保护一切公私企业及其工厂，机器和物资不受破坏和损毁，并应联合各界人民，监视反革命分子，维护社会秩序，以待新的秩序之建立。"[①]

1948年11月，国民党当局自知败局已定，但是还想作垂死挣扎。他们决定，如果天津守不住，就把工厂炸毁，然后南逃。因此保护工厂以保证天津解放后城市正常运转就成为地下党一项极为繁重的任务。护厂的重点是有关国计民生的电力、通信、自来水和其他大型骨干企业。在地下党的领导下，工厂中普遍成立了护厂队、纠察队、应变委员

---

①《关于中国职工运动当前任务的决议》，1948年8月。

会、安全委员会等群众性组织。工人不分昼夜巡逻,防止国民党特务破坏。地下党通过关系直接找某些重要单位的主要负责人当面交代政策,作争取工作,保证生产的正常运转;对工厂技术人员开展说服教育工作,向他们宣传党的城市政策和知识分子政策。至总攻天津前夕,地下党组织已基本控制了供电、供水、通信等涉及国计民生的要害部门。如位于灰堆的天津造纸厂在天津攻坚战之前已被护厂队接管。总攻天津开始后,国民党军队向该厂投掷了约1000枚炸弹,造成5起大火。在护厂队的带领下,全厂1000多名职工和家属冒着生命危险将大火扑灭,保护了工厂原料与设备的安全。国民党驻天津的机关报《民国日报》的印刷厂设备比较先进,为防止敌人破坏,地下党动员工人回厂居住,昼夜巡逻,对印刷设备和其他物资进行了重点封存,甚至还储备了一些红油墨。1月15日天津解放后,军管会顺利接管了该厂,由于设备保存完好,1月17日《天津日报》就顺利创刊出版,印报的设备、纸张都是该厂工人事先准备好的。

天津钢厂护厂队

在保护工厂的斗争中,通过争取工厂上层的一些开明分子,地下党搜集了大量关于天津市内企业的相关资料,这些资料都通过地下交通站送到华北局城工部,为天津解放后的城市接管提供依据。

（二）反对国民党天津当局南迁高校

天津的学生运动从抗日战争胜利以后就开始在中国共产党的领导下进行有组织的斗争。全面内战爆发后，人民解放军先后粉碎了国民党军队的全面进攻和重点进攻，并在一些战场开始反攻。与此同时，国统区统治危机日益严重，人民民主运动日益高涨。1947 年 5 月 20 日，平津高校掀起了"反饥饿反内战反迫害"运动，很快席卷全国各大城市。5 月 30 日，毛泽东为新华社所写评论《蒋介石政府已处在全民的包围中》指出："中国境内已有了两条战线。蒋介石进犯军和人民解放军的战争，这是第一条战线。现在又出现了第二条战线，这就是伟大的正义的学生运动和蒋介石反动政府之间的尖锐斗争。"[①]学生运动日益成为第二条战线上的一支重要力量。

1947 年 5 月 20 日，北洋大学师生举行"反饥饿反内战"游行

1948 年 8 月 20 日，国民党先后在北平、天津、成都、重庆、汉口等大城市发动了大规模的"八二○"逮捕，逮捕进步学生。在天津，虽然学生地下党组织遭受了一定的破坏，但精干力量得到保存。随着国民党

---

① 毛泽东：《蒋介石政府已处在全民的包围中》，1947 年 5 月 30 日，中共中央文献研究室编：《毛泽东年谱（1893—1949）》（下卷），中央文献出版社，2002 年，第 194 页。

在政治、经济、军事方面的全面崩溃，国民党当局开始考虑"划江而治"问题，而将北方高校南迁就是其中一个重要环节。1948年11月，国民党政府密令天津当局，把重要工厂、学校，以及高级技术人员、教授南迁。华北局城市工作部得知此消息后，给平津学委下发《关于目前平津学运的紧急任务的意见》，指出学运的方向是"便于解放时能保护尽可能多的物资、财产，留下尽可能多的知识青年及公教人员、技术人员等人才"[1]。地下党组织动员学生在民族资产阶级上层和知名教授中开展工作，发动南开大学、北洋大学师生，配合解放军，反对学校南迁。平津战役开始后，天津各院校作出了留在北方、反对南迁的决定，1948年12月1日天津《大公报》为此还予以专门报道。[2]同月，南开大学师生将大批图书、仪器、设备集中起来，并在党组织的领导下，由各方面进步力量组成"安全委员会"和200余人的纠察队，负责护校工作。北洋大学学生组织了以共产党员为骨干的"应变委员会"和护校纠察队，挫败了国民党军队进驻学校的阴谋。天津解放前，该委员会与解放军取得了联系，便于协助解放军维持市内秩序。

四、宣传党的城市政策

中国共产党不但着眼于如何攻取大城市的问题，更关心解放后如何管理与建设城市。早在1948年9月中共中央政治局会议期间，中共中央就提到"加强城市和工业的管理工作，使党的工作的重心逐步地由乡村转到城市"[3]的问题。1948年12月13日，中共中央华北局发布《关于平津地下党的组织在接管城市中应做的工作的指示》，指出："广泛地宣传我党对城市的政策和城市建设的坚定方针，强调城市一经解放，则城市中的一切都将永久属于人民自己的，不应该使它遭受任何

---

① 王凯捷：《天津方式》，中共党史出版社，2007年，第248页。
②《大公报》，1948年12月1日。
③ 中央档案馆、西柏坡纪念馆编：《西柏坡档案》，中国档案出版社，2012年，第530页。

破坏……必须城市人民自己起来，竭力制止一切可能的破坏，自动地
组织起来，成立临时治安维持会、纠察队等，自觉地维持社会秩序，以

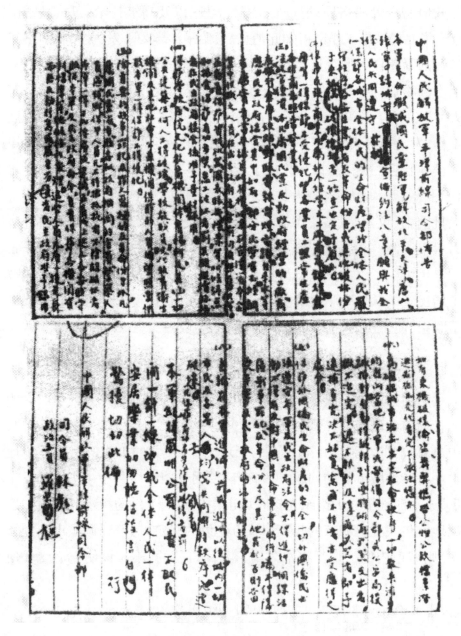

天津地下党印发的布告手稿

待解放军和人民政府入城接管。"①解放军兵临天津城下时,天津市地下党组织开始大量印发新华社 1949 年新年献词、《中国人民解放军宣言》《中国人民解放军布告》《告国民党官兵书》等,宣传党和解放军的入城政策。

天津地下党为了迎接解放军入城,积极组织社会治安力量,协助解放军维持治安。天津解放后,天津社会能够在短时间内恢复安定,中共地下组织发挥了重要作用。

五、开展统战工作

在中国共产党历史上,统一战线是党取得新民主主义革命胜利的"三大法宝"之一。由于近代开埠通商,解放前的天津不仅是北方经济中心,也是民族资产阶级、达官贵人、民主人士、大学教授等上层人士比较集中的地区。

随着解放战争胜利进行,中国共产党深感具有专业能力的干部匮乏。1948 年 9 月,中共中央九月会议决议指出:"夺取全国政权的任务,要求我党迅速地有计划地训练大批的能够管理军事、政治、经济、党务、文化教育等项工作的干部……虽然大部分应当依靠老的解放区,但是必须同时注意从国民党统治的大城市中去吸收。国民党区大城市中有许多工人和知识分子能够参加我们的工作,他们的文化水准较之老解放区的工农分子的文化水准一般要高些。国民党经济、财政、文化、教育机构中的工作人员,除去反动分子外,我们应当大批地利用。"②

1948 年 11 月 10 日,华北局城工部向平津党组织发出《我们在平津的工作方针》,要求"积极准备迎接解放军"。为了配合人民解放军解放天津,最大限度地孤立敌人,天津地下党特别重视对上层人士的统

---

① 中国人民解放军历史资料丛书编审委员会:《中国人民解放军历史资料丛书——平津战役》,解放军出版社,1991 年,第 161—164 页。

② 中央档案馆、西柏坡纪念馆编:《西柏坡档案》,中国档案出版社,2012 年,第 530 页。

著名民族资本家李烛尘

战工作，希望通过这些上层人士，团结更多的群众。通过工作，地下党成功争取了杨亦周、李烛尘、周叔弢、朱继圣等天津知名的民族工商业者。地下党员和他们讲中国共产党对民族资产阶级的政策，让他们将工厂保护好，维持正常生产经营，保证他们的生命财产安全。这些民族资产阶级人士在护厂护校、反对南迁和出城谈判中都发挥了非常积极的作用。如国民党天津市警察局局长李汉元在李烛尘的劝说下，于1949年1月14日下午下令释放了全部在押人员共200人，下令解除全部警员的武装，下令各分局局长和保安警察大队长维持治安。一些民族资产阶级的代表人物在解放后都走上了党和国家的领导岗位。

　　为了加强统战工作，扩大统战力量，1948年8月，华北局城市工作部指示天津地下党组织建立交通站，接送从上海、香港等地到根据地去的民主人士和从国统区到解放区参加工作的知识分子、工程技术人员，以及撤回泊头城市工作部的地下党员和进步学生。上海、香港来津人员散居在天津地下党员的家中进行伪装，然后由交通站送走，这些人士中的绝大部分去了当时中共中央驻地河北省平山县西柏坡。平津两地的学生、进步分子由天津地下党工作站护送至解放区，这批学生中的大多数成为平津两市的接管干部，少部分随解放军南下，成为南下接管干部。由于策略得当，地下党交通站在转运相关人士到解放区的过程中非常顺利。

　　对于国民党高层的统战，地下党也做了大量工作。天津的地下党员组织力量去北平对傅作义进行劝降。黎智[①]直接向北平地下党员傅

----

　　① 黎智系当时中国共产党天津工作委员会书记。根据中共中央的指示，1948年11月，天津地区的各个地下党组织合并，成立了中国共产党天津工作委员会，对外称迎接天津解放委员会，由华北局城市工作部统一领导。

冬菊交代去作其父傅作义的工作,还通过其他人作傅作义的老幕僚、同学等人的工作,他本人则亲自找到傅作义的老师刘后同作工作。如李汉元经过地下党工作,在投降时将警察局全部档案都保存下来;国民党社会局局长胡梦华的女儿是中共地下党员,胡梦华本人在天津解放时将社会局的档案全部完好保存。

中共天津工作委员会
书记黎智

六、配合攻城作战

为了在战场上给解放军带路,中共天津工委要求天津各大院校党组织在护校纠察队中选出一些身体素质好、熟悉市内道路的学生。这些学生被要求穿上白球鞋,左臂扎上红色布带,以便解放军在战场上识别。如地下党干部何其浩,在 1 月 15 日凌晨 1 点,从西广开白骨塔铸善里,为东北野战军第 1 纵队独 1 师先头部队带路一直到六里台,沿途指引解放军在被服厂、修械所、广仁堂、中西女中、传染病防治医院、中纺第三梭管厂、弹药库、六里台等处作战。除此之外,一些基层地下党组织发动组织党员在战场上为解放军搜捕国民党军散兵游勇。

争取敌军在战场上投诚或起义,是地下党员的一项重要工作。天津攻坚战打响后, 地下党员策动了小部分国民党中下级军官起义:如地下党员王亚川受华北军区派遣,在平津战役期间成功打入国民党天津警备司令部,被提拔为警备司令部特务营警卫 1 连连长,除了搜集情报之外,还团结争取下层士兵,作策反工作。1 月 15 日上午 10 点,东北野战军第 1 纵队 1 师 1 团攻打到国民党天津警备司令部,王亚川指引解放军在地下室俘虏了国民党天津警备司令陈长捷、副司令秋宗鼎和其他 5 位国民党高级军官,并迫使陈长捷下达了投降命令。地下党员张同发受命打入国民党保安队,任某班班长,总攻天津开始后,他率领这个班在西营门外前沿阵地起义，并为解放军带路。在战役发展过程中，地下党员会在解放军攻克的据点，如警察分局、区公所、市政府、火车站、电台等重要机关，安排专门人员维持秩序，等待接管人员的到来，防止发生流氓抢劫事件。

在迎接天津解放的斗争中，中共天津地下组织还在工厂、高校中发展了一批新党员，他们随后在接管城市工作中发挥了骨干作用。总之，天津地下党组织经过多年的工作，在解放战争进行到决胜时期，发挥了巨大能量。

七、提供物资支援

毛泽东指出："兵民是胜利之本。"天津战役中我军参战兵力达34万人，所需各种物资数量巨大，支前工作和后勤保障任务繁重。为加强支前工作的统一领导，从组织上保证各项支前工作的完成。1948年12月29日，华北局抽调大批干部，在天津周边的固安、王庆坨、独流建立了3个后勤指挥部。天津周边人民在各级党组织的领导下，以各种方式支援前线，保证前线所需，显示了人民战争的巨大威力。正像当时解放区流行的一首民谣所唱的："最后一碗米送去做军粮，最后一尺布送去做军装，最后一件老棉袄盖在担架上，最后一个亲骨肉送去上战场。"

据不完全统计，为迎接大军入关，中共蓟县县委组织群众抢修公路300千米、桥梁8座，同时还组织了9个担架团和300辆大车；中共宝坻县委组织当地群众在3天内赶制1.5万双袜子，支援前线；宁河县政府组织5万人的担架队，出动几万人修路架桥，还派出2000副担架和1000余辆小车；中共天津县委组织了4000余人的担架队和2000副担架，组织大车200辆，运送粮食23万千克、蔬菜9万千克、肉3万余千克、柴草48.5万千克、饲草112万千克。

天津战役所需物资数量巨大，只靠陆路运输很难满足需求，只有水陆两路才能保证前线所需。然而由于是在寒冬作战，通往天津的河道全部结冰,无法通行。冀中人民在"一切为了前线,一切为了胜利"的口号下,组织 4000 多人的破冰突击队,不论白天黑夜,顶风冒雪,战斗在通往天津前线的大清河上,硬是用简陋的木榔头、凌枪将大清河河面砸开,保证了从水路向天津前线运送粮弹。战后,平津前线总前委委员、东北野战军政治委员罗荣桓感动地说,人民群众破冰运粮的感人事迹,不仅从根本上保证了前线作战物资的需要,而且还极大地激发了部队的战斗热情。冀东军区在平津战役时共动员民工 200 万,修筑道路 5000 千米,在宝坻蓟运河上重修加固了白龙港大桥,保证从东北入关的解放军重型装备顺利通过,进入天津前线。

冀中人民在大清河上破冰行船,向平津前线运送军粮

八、天津战役的经验启示

天津战役的胜利是毛泽东军事思想的伟大胜利,党中央、中央军委、毛泽东始终从平津战役的全局来部署天津战役。在战役初期,东北野战军入关部队陆续到达平津地区时,由于兵力不足,毛泽东采取"隔而不围"的战略方针,将天津与北平、塘沽战略分开;随着东北野战军完成对北平、天津、塘沽的包围,在试攻塘沽时发现攻击不力,毛泽东及时采纳前线指挥员的意见,缓攻塘沽、改打天津;为了保护北平、天津这两座华北大城市,毛泽东一直谋求政治解决的方法,在国民党傅

作义一再拖延观望的情况下，为争取北平的和平解放，才下达攻击天津的命令，同时要求攻津部队保护城市不受破坏。因此天津战役也是平津战役军事打击和政治争取的最关键一仗。在七届二中全会上，毛泽东将其概括为"用战斗去解决敌人"的天津方式。"天津方式"促使了"北平方式"的产生，使古都北平免遭战火的破坏，完整地回到人民手中，为新中国定都北平献上了奠基礼；进而又促成了"绥远方式"的诞生，使董其武率领 10 万绥远军政人员举行和平起义，投入人民的怀抱。毛泽东在七届二中全会上指出："辽沈、淮海、平津三战役以后，国民党军队的主力已被消灭。国民党的作战部队仅仅剩下一百多万人。今后解决这一百多万人国民党军队的方式，不外天津、北平、绥远三种。"①

天津战役的胜利是人民解放军步兵、炮兵、装甲兵、工兵等诸兵种密切协同作战的光辉典范，标志着我军已具有攻克现代化坚固设防大城市的强大力量，标志着我军正规化建设和作战能力已进入一个崭新的阶段。天津战役的胜利从根本上讲有 5 条基本经验：第一，攻城准备充分。战役开始前，我军在政治动员、物资器材准备、战术演练和敌情侦察上，作了大量工作，为夺取战役胜利奠定了基础。第二，作战方针正确。"东西对进，拦腰斩断，先分割后围歼，先吃肉后啃骨头"的作战方针，对整个战役实施了强有力的作战指导。第三，集中兵力歼敌。在主要突击方向上，我军以绝对优势的兵力、武器给守敌以沉重打击，一举突破敌人的坚固防线，完成东西会合，为全歼守敌创造了条件。第四，各部队密切协同。参战部队从战役全局出发，并肩作战，熟练合拍的协同动作，勇猛顽强的英勇气概，构成了这次战役最精巧的场面。第五，群众支前踊跃。作战地域广大人民群众以空前的支前热情，为整个战役提供了不竭的人力物力支持，鼓舞了部队的斗志，这是天津攻坚

---

① 中央档案馆、西柏坡纪念馆编：《西柏坡档案》，中国档案出版社，2012 年，第 925 页。

战胜利的重要因素之一。

　　天津战役的胜利是人民解放军和地下党密切配合的结果。在攻打天津的战斗过程中,天津地下党员积极保护工厂和学校不受敌特分子破坏。他们还主动充当向导,为解放军带路,为攻津部队节省了时间。在战斗期间,他们还积极散发我军的城市政策宣传材料,起到了震慑敌人、稳定民心的作用。战后,刘亚楼将军感慨地说:"天津是解放军和地下党共同打下来的。"

　　总之天津战役的胜利,是毛泽东人民战争思想和战略方针的伟大胜利,是中国人民解放军在人民群众热烈支援下英勇作战的胜利,也是党、政、军、民密切配合共同斗争的胜利,充分诠释了中国共产党及其领导的人民军队"一切为了人民、一切依靠人民"的初心与使命。

第二章

接管城市

　　天津是中国北方的工商业重镇，党中央对接管天津工作高度重视，作出精心部署，明确相关政策，抽调大批干部，组建军事接管机构和党政领导机构。解放后，天津接管工作按照中央"原封原样、原封不动"等接管要求，认真吸取已接管城市的经验和教训，结合天津实际制定接收方针，保证接管工作有序推进，实现全面完整接管，为稳定社会秩序、恢复城市经济、支援全国解放战争创造条件，为全国其他新解放城市接管工作积累经验。

第一节　前期准备

　　1948年秋，人民解放战争进入夺取全国胜利的战略决战阶段。11月底，在辽沈战役胜利结束，淮海战役胜利进行之际，人民解放军发起平津战役。随着人民解放战争的胜利推进和石家庄、济南、沈阳等城市的解放，党及时总结夺取和接管城市的经验，不断完善城市政策，形成了实行军事管制、保护工商业等一系列行之有效的接管办法，为天津等大城市的接管工作提供了十分有利的条件。天津解放在即，在党中央和华北局的高度重视下，快速完整接管天津的各项准备工作紧张有序地开展起来。

一、建立机构

　　为迎接天津解放、完成天津接管工作,中共中央首先组建了天津市军事接管机构和党政领导机构。1948 年 12 月,中共中央批准成立天津市军事管制委员会,1948 年 12 月 13 日, 中共中央任命黄克诚为天津市委书记兼天津市军事管制委员会主任,黄敬为天津市市长。12 月 15 日,中共中央复电中共中央华北局,同意黄克诚、黄敬、黄火青、许建国、张友渔、黄松龄、吴砚农、丘金、杨英等为天津市委委员,黄克诚任市委书记,黄敬任第一副书记,黄火青任第二副书记。黄克诚、黄敬分别任天津市军事管制委员会主任、副主任。黄敬、张友渔分别任天津市人民政府市长、副市长。天津市军事接管机构和党政领导机构的建立,为全面接管天津提供了坚实的组织保证。

　　根据中共中央指示,黄克诚、黄敬、黄火青等立即率干部,由河北省平山县奔赴临近天津市区的河北省霸县胜芳镇,着手接管天津的各项准备工作。与此同时,华北局从晋察冀边区政府等处选派大批干部,并从国统区吸收工人、知识分子,经过考察培训后,派往胜芳镇参加接管准备工作,先后派出干部 7400 余人。

　　据时任中共天津市委组织部干部科科长路达回忆:"当时任务十分繁重,每天都要组织 10 余人翻阅赶来报到

天津市市长黄敬

同志们的材料，然后根据本人职业和专长，拟定分配名单。比如从大学来的青年学生，一般就分配到学校系统或在机关工作；从工厂来的同志，一般就分配到工交系统；拟将担任重要工作的负责人，还要及时上报市委批准，主要领导同志还要亲自谈话。绝大多数的同志根本来不及细谈，只能根据工作需要粗粗划分。进城干部大都来自华北党校、华北联大、中央团校、冀中党校、渤海军区及晋察冀、晋冀鲁豫、冀察热辽等地，每天都有几十人甚至几百人来报到。几天时间，胜芳镇就有几千人待命进城。同志们没有一个挑拣工作的，都高兴地接受任务、服从分配。虽然这是非常时期的事了，现在想来仍是十分可贵的。还有一项重要工作，就是理清地下关系，把来机关汇报工作和在训练班学习的同志，有条件回市的急速派回市内，集中精力作好配合解放军解放天津的工作。同时根据进城部队的要求，按工运、学运、民运、统战4个系统，编成花名册，在解放军进城时按花名册找带路的人。这些工作任务很重，要求很急，大家都是昼夜连续进行突击，忘记了疲倦。这支干部队伍的组成，为顺利完成接管任务提供了基础。"①

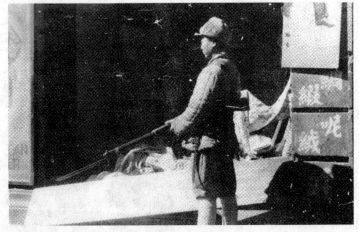

解放军入城后秋毫无犯。图为一名战士守卫在商店门口等候接收人员接管

---

① 中共天津市委党史资料征集委员会编：《天津接管史录》(下卷)，中共党史出版社，1994年，第3—4页。

天津市军事管制委员会是天津解放后军事管制时期的最高权力机构，其主要任务包括肃清残余敌人，解散反动党派、团体和特务组织，接收并管理公共机关、公共产业、公共物资及其他公共财产，并没收官僚资本，恢复并维持正常的经济和社会秩序，发动与组织革命群众团体，帮助建立系统的民主政权机构。军管会内部机构设置办公厅、接管部、文教部、警备司令部及纠察总队。另外在塘大区设有军管分会，负责塘大区一切接管工作。主要接管机构分为财经、文教、市政等三大部门，财经部门下设金融、对内贸易、对外贸易、仓库、交通、铁道、水利、农林、摩托、卫生、电讯、工业等 13 个处；文教部门下设新闻出版、教育、文艺 3 个处；市政部门下设公安、卫生、民政、工商、公用、财政、工务等 8 个局。另有交际处、外事处、人事处和法院，所有的接管干部分别配备到各个机构。按照中央军委的指示，天津市军管会的管辖范围东至塘沽、大沽，南至静海，西至杨柳青，北至杨村。接管干部不仅肩负着从国民党手中完整地接收和保护天津的重任，还担负着把一个旧天津建设成为人民的城市的历史使命。因此在完善各级组织、明确各部门职责分工后，刻不容缓的任务就是组织全体接管干部学习，进行思想动员工作。

入城前通过一系列的宣传教育、思想动员工作，广大接管干部统一了思想，了解掌握了政策，明确了任务。接管各部门研究天津地下党组织提供的有关天津政治、经济、文化等方面情况资料，尽快让接管干部熟悉接管对象和接管任务，着重了解城市地理形势、交通要道，接管单位性质、业务、人员情况。各部门还依据政策将接管对象分门别类，确定为接管、代管、清理和调查 4 种类型。还分别召开各种专门会议，如贸易、金融、复工复业、工资、旧人员的处理、会计统计、债权债务等，同时反复强调接收方法、程序，以利于接管干部更好地掌握，为有条不紊地开展接管工作奠定了良好的基础。

二、政策方针

(一)中央指示

随着新解放区的拓展,长期扎根农村、惯于农村工作的干部一时无法适应新的工作要求,他们发动城市群众开展翻身运动等革命,一些资本家受到批斗,生产物资遭到哄抢,导致恐慌在某些地方开始出现。中共中央于1948年4月8日,在《再克洛阳后给洛阳前线指挥部的电报》中,就新解放区城市党的政策执行方面对各地各军提出了要求,这是针对当时城市接管工作中出现的问题而提出的,主要包括:①极谨慎地清理国民党统治机构,只逮捕其中主要反动分子,不要牵连太广。②对于官僚资本要有明确界限,不要将国民党人经营的工商业都叫作官僚资本而加以没收。③禁止农民团体进城捉拿和斗争地主。④在入城之初,不要轻易提出增加工资减少工时的口号。⑤不要忙于组织城市人民进行民主改革和生活改善的斗争。⑥大城市目前的中心问题是粮食和燃料问题,必须有计划地加以处理。⑦国民党员和三青团员必须妥善地予以清理和登记。⑧一切做长期打算。严禁破坏任何公私生产资料和浪费生活资料,禁止大吃大喝,注意节约。⑨市委书记和市长必须委派懂政策、有能力的人担任。①以上电报内容所反映的问题,中共中央予以了高度关注。

1948年5月25日,毛泽东起草了一份《一九四八年的土地改革工作和整党工作》的指示,他在这份指示中提出:"对于城市工作的领导,不能因为土地改革和进行农业生产工作而忽视,不能因为我们目前已经有了许多的大中小城市以及广大工矿交通企业,就从而放松对这些工作的领导,如果是这样的话,那我们就避免不了要犯错误。"②

1948年下半年党中央颁布了许多文件,对新收复城市大学办学方

---

① 参见《毛泽东选集》(第四卷),人民出版社,1991年,第1323—1324页。
② 同上,第1328页。

针、关于城市党报方针、关于中外报刊通讯社的处理办法、关于军事管制、关于组织各界代表会，关于纠正在新解放城市中忽视工人工作的偏向等作出指示。中共中央和毛泽东要求在贯彻中央文件时，特别要注意执行以下政策：

（1）实行军事管制。《关于军事管制问题的指示》明确指出："必须在上述各项工作以及其他若干工作做好以后，才能依靠城市中的党和人民政府及群众团体进行统治，取消军事管制委员会。"大城市一般应实行3到6个月的军事管制，中小城市一般要实行几个星期到两三个月的军事管制。军事管制结束后，军管会取消，城市管理的全部权力转交城市市委、市政府，并指定一部分部队为卫戍部队。

（2）组成专门班子接收大城市和大量提拔培养产业工人干部。陈云建议："接收一个大城市，除方法对头外，需要有充分准备和各方面能称职的干部"，"需准备有专门接收大城市的班子"。①中央非常重视陈云的建议，并于1948年12月给陈云复示："你提议各区要有专门办理接收大城市的班子，甚对，已告华北、华东、中原及西北在接收和准备接收大城市中即作此准备。"中央还指示："我党必须从一切解放区的产业工人和职员中，立即训练、培养和提拔大批的干部，以便能够派遣他们和老干部一起去接管新解放的大城市及大的工商业，并参加党政军民各方面的工作。"

（3）组织各界代表会。1948年11月，中央指示："在城市解放后实行军事管制的初期，应以各界代表会为党和政权领导机关联系群众的最好组织形式。"因为"考验我们能否管理好城市的决定力量是党的政策掌握了群众，也就是说群众拥护了党的政策。要使这一决定力量形成，党所领导的人民代表会议是我们的组织武器，而各界代表会则可看做是人民代表会议的雏形"。②

---

① 《陈云文选》，人民出版社，1995年，第879页。
② 中央档案馆编：《中共中央文件选集》（第17卷），中共中央党校出版社，1992年，第529页。

（4）对接收的企业进行改革和改造切忌性急，要取慎重态度。中央文件指出："对工厂和企业中的旧制度和旧职员，在开始我们还没有彻底了解情况准备好改革以前，只要照常生产，一般以维持原状不动为原则。对于旧的人事管理制度采取完全否定的结论，是有危险的。现有资本主义的工厂、企业管理制度是资本主义生产长期发展的结果，资本主义不仅为我们准备了科学技术，同时又为我们准备了一套管理制度。资本主义的管理制度，不仅有适应高度剥削需要的一个方面，也还有适应高度技术需要的一个方面，就是说，不仅有不合理的一个方面，也有合理的一个方面"，"当我们还没有能够定出一套更合理更有效的制度来代替旧制度中某些不合理或过了时的东西时，宁肯不轻举妄动，以免影响生产组织，发生无政府状态"。在中央和毛泽东的领导下，接管大城市的工作比较顺利，并且创造了接管济南、沈阳的成功经验。

毛泽东十分重视天津的接管工作，他甚至亲自对天津接管工作进行指导和部署。"原封原样、原封不动"的接管方针就是毛泽东提出的，这一套方针后来又被概括为"原封不动、整套接收"①。毛泽东也指出，接管天津必须要明确的是，思想上要考虑到接管工作的每一个环节，我们要做的不仅仅是对旧世界予以破坏，更要做的是建设一个全新的世界；同时毛泽东还强调，平津的接管是全国都在关注的事情，今后除了中央有具体规定的以外，凡是具有政策性的决定，都必须事先向上级进行请示。毛泽东还指出，由于天津的接管影响海内外，因此对天津的接收和管理所达到的成绩至少要达到像济南、沈阳那样，在这个过程中还要特别注意防止一些"左"的错误做法。华北局也提出平津等一系列大城市和工业区具有重要性和复杂性，因此在每个方面都要作足准备，不仅要完成接管，还要"实现建设和发展，使得天津在接管后能在政治、经济、文化上位于全国前列"。从中央至地方的层层重视，使得

---

① 黄克诚：《黄克诚同志向入津高级干部的讲话——关于接管天津的任务与方针》，1948 年 12 月，转引自《天津接管史录》（上卷），中共党史出版社，1991 年，第 57 页。

天津的接管工作能够得以顺利完成。

中央对新解放城市职工与留用公教人员的薪酬也作出了指示,指出在国民党统治时,对于因物价波动而临时采取的补贴办法,在计算工人实际所得工资时已计算在内者,则不应再额外发给,而应向工人详细解释,把账算给工人听,使工人放弃这种额外要求;对于某些在企业中实行多年的劳动保险制度和奖励制度,例如年关花红、例假、抚恤金等则不应取消,并应按往年一样发给。如确有财政困难不能发给时,则应向职工说明实际情况,取得工人真正自觉地同意之后,可以暂时部分欠发。

革命胜利后的头等大事就是发展生产,当时人们的认识并不统一,中国共产党虽然即将取得全国性的胜利,但战争并没有结束,帝国主义和国民党反动势力还要卷土重来;天津地处沿海,容易遭受敌人陆海空三方面的袭击。因此一些人认为,胜利后立即进行经济建设还为时尚早,一些同志对马上开展经济建设还有思想顾虑,认为只有在全国取得彻底胜利,国家的政治形势稳定下来以后,才能开展经济建设。刘少奇来津视察工作,在接见市委领导的时候,明确地指示,革命胜利后的头等大事就是发展生产,指出要放开手脚搞建设,搞好经济建设不仅可以改善人民生活,而且有利于巩固人民政权,即使敌人打来了,也没关系,打塌了再建嘛。刘少奇的谈话指导了新中国成立初期的天津工作。

(二)原则与任务

1948 年 12 月,接管天津的干部在河北胜芳集结时,黄克诚在入津高级干部会议上的讲话,就明确了接管天津工作的原则与任务。其主要内容有:

1.明确了接管原则

(1)避免乱。乱了就增加了困难,特别是城市,它较农村人员密集,交通便利,因之情况复杂。一乱了,就影响重大。为避免乱,一个前提是不要急,急了就要出乱子。在党的历史上已经证明了,凡是弄乱了的,急躁总是其重要原因之一,农村土改中所犯过的错误就是一有力的例证。

(2)必须稳。立场要站稳,政策要掌握稳,步骤要踏稳,做到稳步前进。而要稳,就必须准。首先对问题要看得准,这就要进行周密的调查研究,和对待问题的深思熟虑。其次要把握准,就是要抓住问题的本质,准确地处理。

(3)完整接收,免遭破坏。完整接收文件、房产、档案、物资等。组织机构不能原封不动,而应各按性质分别对待,采取保留、解散和摧毁的方针。凡对社会有益的,应保留改善;凡属敌人的政权组织(如市政府),则必须解散;对直接破坏革命的警特组织,必须摧毁,并逮捕主要人员。另外对于旧职员任用,也不能原封不动,而应甄别后分别处理,但一般在各级政权、机关团体职务科长以上的不准录用,除非是那些真正进步的和工作特别需要的才能例外。至于下层职员、技术人员,他们在政治上对革命的直接危害较小,可选择好的留用,或进行训练以备录用,当然无论保存、解散、摧毁,均须采取适当的步骤来进行。

2.指出了敌我界限

(1)我们的敌人。天津解放后的敌人,首先而最大的敌人是侵略天津90余年的帝国主义势力, 更有北洋军阀和国民党特务及其反动组织及各种力量,这些都是我们的敌人。要消灭这些有相当基础的反动势力及其影响,将需一年至三年之久,才能从根本上消灭。黄克诚说:"可是不要忘记,当人民变成天津的统治者的时候,他们还会扮装'美人'的娇态来诱惑我们,麻痹我们,陷害我们,同志们必须十分警觉。"

(2)中间力量。对于一切中产阶级与小资产阶级,目前的政策方针不是消灭而是联合,甚至这一方针还要保留一个相当长的时间。因为这一中间力量与敌人接近,易受敌人影响,所以在争取合作中还要进行必要的斗争。

(3)基本群众。城市的基本群众是工人、劳苦市民和学生,其中又以10万产业工人和分散的手艺工人为基础, 去团结广大的贫苦市民和青年学生。黄克诚说:"过去,这一点很多同志入城后都忘记了,例如只召开知识分子座谈会,而不去接近工人。我们应该认清,为工人阶级的彻底解放而奋斗到底,是我党千古不变的既定方针,我们必须依靠先进的工人阶级为骨干,去改造和建设天津。"

3.明确了工作任务

1948 年 12 月,天津军管会主任黄克诚在入津高级干部会议上讲话,明确指出了进入天津的 4 项工作任务:

(1)肃清敌人。虽然在军事上公开武装的敌人已被解放军歼灭,但是当时隐蔽的敌人还未肃清,敌人、特务、反动组织及政治上、思想上乃至生活习惯上的敌人还没有解除武装。"我们不要认为天津已解放就没有敌人了,相反地,做到肃清敌人,还是一件首要而长期的任务。"①

(2)进行接管。就是要把所有在天津的一切国民党反动的、行政的、文化军事的机构、公营单位与国家财产,全部接管起来,这种接管任务在执行中要快,而管理却是长期的任务。

(3)彻底改造。天津被本国的封建反动势力与侵入天津 90 余年的帝国主义势力长期统治以致非常腐烂。"我们的任务就是要从生活上、思想上、组织上、作风上予以彻底改造。"②

(4)建设生产。在肃清敌人、接管改造之外,主要的就是建设生产,变官僚买办统治的腐朽的天津,为人民的繁荣的商埠,创造一个生产的城市,这对于 200 万市民,全华北人民,以及全中国人民,于争取解放战争的最后胜利有着重大的作用。"全体同志均需共同为着这一光荣的任务而奋斗,其他一切与此相抵触的同志应必须纠正。"③

1949 年 1 月 13 日,具体任务进一步表述为:

---

① 天津市档案馆藏:《接管指示》,档案号 401206800-X0053-Y-000009-004。
② 同上。
③ 黄克诚:《黄克诚同志向入津高级干部的讲话——关于接管天津的任务与方针》,1948 年 12 月,转引自《天津接管史录》(上卷),中共党史出版社,1991 年,第 57 页。

（1）完全肃清残余敌人和散兵游勇及任何进行武装抵抗的分子。

（2）接收公共机关产业和物资，并加以管制，恢复并维持正常的秩序，消灭混乱现象；收缴隐藏在民间的反动分子的武装及其他违禁物品，解散国民党、三青团、民社党、青年党及国民党南京政府系统下的反动党派和团体，收缴其反动证件，登记其成员，对登记后的少数反动分子实行管制。

（3）逮捕那些应该逮捕的战犯及罪大恶极的反动分子，没收那些应该没收的官僚资本。

（4）建立系统的革命政权机关，在工人、职员、学生中进行党的城市政策的宣传组织工作，建立工会、学生会、青年团、妇女会，作为城市革命政权可靠的群众基础，召开各界代表会议；整理党在城市中的秘密组织。

（三）具体政策

由于中共中央高度重视，以及在城市接管工作实践中不断总结经验教训，借鉴了沈阳、石家庄、济南的城市接管经验，总结出"系统有序、由上而下、原封不动、先接再分"的接管方针，军管会根据这些经验，研究制定了接管天津的方针政策和方法措施，起草制定了《天津市军事管制委员会工作纲要》《关于接管天津的任务与方针》《关于接管工作中几个原则问题的决定》《接交注意事项》《天津市接管人员守则》《接管人员入城纪律》《入城须知》等政策性文件，明确了接管工作的政策方针，形成了比较系统的天津城市接管政策体系。

1.规范了接管部接交注意事项

（1）移交程序：第一步，由各单位首先召集现职员工限三日内报到上班，但非现职员工暂不办上述手续。凡本处接管单位以外之留津铁路职工，除本处指定留津工作者外，一律由本处转送回原工作部门报到工作；点验重要设备物资，列表呈报；印封账目、档案；作初步书面汇报。第二步，造具人员物资清册 5 份，2 份呈处，由处指定人员组成各类业务部门及档案审查委员会审查完毕，发还原单位。第三步，由本处指定监交人,会同各单位接管人员、移交人办理接交手续。第四步,各单位交接手续办理完毕之后,由铁道处与两办事处办理总的移交手续。

（2）移交接管守则。

（3）移交接管仪式。

（4）所有监管人员应深入职工群众中进行了解所负责接管单位之人事、业务情况及职工思想动态,并物色职工中之积极分子予以培养教育,运用适当方式选好点验之职工代表,并出席接管仪式,代表职工讲话。

（5）在举行仪式点验移交接管前,应召集该单位之各级主管人员及选出之老职工代表开一预备会,宣布移交接管守则、移交接管仪式,并促起移交接管人员对人民财产及政府赋予使命之重视。

（6）各单位于办理正式移交接管仪式后,立即将经过报告本处备案。

2.制定了接管司法机关方法

军管会命令各司法机关原有人员保持原状,关于房屋、器材、财产、档案、书籍等项,不得毁坏、搬走、隐藏,一切人犯不得私自发落,听候军管会派人前来接管。军管会司法机关接管小组即派员到各司法机关照下列办法实行接管。

（1）人员之接管与处理。各司法机关负责人员,如为首要反革命分子或劣迹昭彰、为人民所痛恨者,应即予看管,听候审理。无反革命行为或严重劣迹者,不加逮捕。其余检验吏、录事、书记官、法医等技术人员,均可于接管后听候甄别录用。

（2）档案之接管与处理。由原保管人照单检交,接管人照单接管后,即令原保管人员负责保管,不得损坏遗失。

（3）人犯之接管与处理。拘押在特种刑事法庭、监狱、反省院及他处之革命分子,立即欢迎其出狱,并请其推举若干人参加清理案犯及接管工作;国民党包庇之未办汉奸犯,国民党内部倾轧被押之特务犯,不得释放,听候依法审理;被国民党勒丁、勒粮、勒款被押的,触犯国民党禁令被押的,犯普通轻微刑事案的,以及为民事而被押的,均应立即查明释放；重大刑事犯（如杀人案、强盗案……），仍应拘禁，听候审查处理。

（4）房屋、器材、图书、财物等之接管。房屋接收后，即派人守卫，禁止闲杂人出入；器具图书由原管人造册，逐件点交，有搬迁、隐匿、破坏的，应即查究；财务属于诉讼人所有之保证金、拍卖金等，属于法院收入之罚金、讼费等，法院或检察官扣押之赃物或证物等，以及其他财产，都要由法院书记官长分别造册点交，不得隐匿短少。

还规定了接管后之必要处置方法：

（1）立即委任各司法机关负责人，即法院院长、审判员、检查员、书记官长等，此项人员可于出狱之共产党员或其他革命分子中选用，只要政治坚强、有工作能力即可，是否学过法律无大关系。

（2）原推事、检察官、书记官长等一律停止原来职务，因这些人一般的在思想上充满了反革命、反人民的法律观念，即封建阶级与官僚垄断资产阶级以武力强制执行的关于经济制度、社会生活和国家秩序的观念形态，在行为上专门充当镇压革命运动和惩处、敲诈劳动人民的直接工具，在打碎旧的反动的国家机器时，这部分人必须去掉，其中非反革命分子和非劣迹昭彰分子，如欲参加人民民主国家之司法工作，必须经过思想改造与作风改造，方可甄别录用。同时执法吏、法警等专门以压迫和敲诈人民为生者，需立即收缴其武装，加以遣散。

（3）宣布国民党政府一切法律无效，禁止在任何刑事民事案件中援引任何国民党法律。法院一切审判，均依据军管会公布之法令及人民政府之政策处理。

（4）对留职录用之司法机关技术人员，应即进行宣传解释，以无产阶级为领导的、工农联盟为主体的人民民主专政国家之司法政策，与保护帝国主义、封建地主、买办军阀、官僚特权的国民党专政之司法政策的根本区别，并定出已宣布新民主主义司法工作人员简明守则，以肃清旧司法机关危害劳动人民之积弊和树立新司法机关为人民服务之作用。

3.1949 年 1 月 13 日攻城在即，对接管工作又作了补充规定

（1）工资计算方法应按敌人（1949 年）11 月 8 日与 13 日调整薪资办法，以每人所得按当时物价折成饨（每个饨包括小米 2 市斤，小麦 1 市斤，当地中等白布 1 平方尺，煤 8.5 斤，不烧煤地区则为 3 市斤木柴）数，作为每人应得之底薪数，再以发薪日市价将饨折值折合人民银行券数目发给之。至各地物价及薪值计算，由各地贸易部门计算之价格为标准，接管之贸易部应负责计算，并通知各部门执行。上述工资计算方法及原职原薪办法，仅适用于原机构必须完整接收与继续举办之事业，如工厂、学校、交通、公用事业、农场及纯技术性质机关中的工人职员，并规定海关在交接期间暂用原职原薪办法，但我们对其情况了解清楚后，再决定其职务和薪金。对盐务局暂不解散，办理移交，了解情况，但不是用原职原薪。不属上列性质之机关，特别是准备解散之部门，如行政机关，银行等，不适用原职原薪办法。为了照顾职员之生活，鼓励其很好地办理交代，可酌情发给救济费，一般的以可以维持其生活为标准；凡战前或战争中保护工人资材、解放后协助清理复工者，每人增发半月的工资或薪金；工人职员发薪金时间以报到日起，按实有日数计算发给。（上述办法已向华北局请示，如有变更另行通知）

（2）不发动盐民斗争，如群众自发地进行斗争清算，确为正义合理，非为坏人操纵者，我们应用调节的方法处理，但必须支持群众。盐滩主与盐民之争执，应用仲裁办法根据劳资两利原则适当解决。

（3）接管分工原则应是按系统完整地接管，不准打乱分散，以保持完整地接管，便利复业。

（4）负责接管的人员，只有接管清理之责，没有分配处理之权，接管中应清楚地登记，统计所有之资材，全部造具清册呈报本会，听候处理。

（5）应服从当地军管会的统一领导，并与驻军取得联系。

三、入城纪律

在进城后军管期间实行严格的集中制，市委集中行使权力，如没收、逮捕等，或者一切外交事项都由市委决定，任何部门和个人不得随意专行，要做到"事先要请示，事后要报告"。因此制定了接管工作人员工作守则和纪律，用以约束接管干部的言行。其主要内容有：

（1）在军事管制期间，一切机关、部队人员、民兵、民工，凡未经军事管制委员会批准，并未佩戴或持有本会所发之通告证及特许之证章符号者，一律禁止出入市区。特许留住市内之机关、部队必须遵照本会指定的地方居住，不得擅自居住工厂、学校、医院、商店、文化机关、教堂及民宅等地。

（2）凡准许入市之党政军民人员，均须服从军事管制委员会的统一领导和指挥，遵行"三大纪律八项注意"及本会与野战兵团所颁布之布告、命令及一切入城纪律和规则。

（3）一切入城之党政军民人员，必须坚决实行和宣传党的政策，保护各阶层人民的生命财产，不得擅入民宅，不拿群众一针一线，严禁一切破坏群众利益的行为，并贯彻为人民服务之精神，积极帮助市民防空、救火、救灾、救伤。

解放军战士入城前，背包上悬挂着宣传画，时刻牢记"三大纪律八项注意"

（4）除本会指定的治安司法机关外，一切机关、部队均无逮捕人犯之权，但对首要战争罪犯、武装特务、持枪抵抗之蒋匪人员，及杀人、放火、放毒、爆炸、抢劫、破坏等现行罪犯，准予逮捕并即送交治安司法机关法办，唯不得擅自处理或长期拘押。

（5）为保证一切物资、器材、机器及各种公共财产之全部完整接管，除本会决定之接管机关外，其他任何机关、部队或人员对蒋、傅匪公营企业之工厂、矿厂、银行、公司、商店、仓库、机房及公立之医院、学校等，只有保护看管之责，均无接收与处理之权，更不得有任何破坏或擅自搬移物资用具等不法行为。

（6）凡本会所指定之接管机关和人员，对一切接管的机关和资财、工厂、矿厂、银行、公司、商店、仓库、机房、铁路、公路、电灯、电话、自来水、文化教育机关、学校、教堂、医院、名胜古迹、娱乐场所、一切公共建筑之房屋用具、树木及各机关之图书、文件、表册等，亦只有清点接收、保护看管之责，不得擅自处理。接管完竣，并必须缮造各种清册，呈报军事管制委员会审核备案。其有十分必要搬移或使用者，亦必须事先列明物资种类数量，呈请本会批准后，方得动用或搬移。在战争期间散弃各地之物资器材，也必须负责搜集整理，报告本会，指定专人接管，任何人亦不得擅自使用侵占。

（7）一切入城机关、部队人员对私营之企业工厂、公司、银行、商店、仓库、货栈等民族工商业，均须负责保护，不得有任何侵犯。

（8）一切入城机关、部队人员，不得有任何贪污行为，并在城市市场未恢复常态之期间，不得购买物资或做生意，其必须购买之办公用品及私人生活零星用品也必须公买公卖，不得抢购强买，囤积投机，紊乱市场。

（9）一切机关、部队对合法之宗教团体及蒙胞、回胞之教规与风俗习惯，均须尊重，不得歧视。

（10）一切机关、部队人员，不许无故鸣枪，如需实弹演习时，须经本会批准并公告市民后，方得举行。

（11）对遵守工商业政策及城市政策，并积极努力工作及遵守纪律之模范者，给予精神和物质的奖励。其违犯城市政策、工商业政策、破坏纪律者，均随时撤销其工作，饬令退出城外，并依据其情节轻重，给以处分。

另外还要求军管干部进城后军管期内必须遵守4条原则：

（1）言行谨慎，不准乱说乱做，按报纸发表的文件宣传，不应添油加醋。

（2）艰苦朴素，不准腐化贪污，进城人员要保持在农村的艰苦朴素的优良传统，短期内任何人不准换衣服、抓物资。

（3）紧张工作，不准游荡玩耍，要牢记李自成进城后因蜕化而失败的历史教训，每位同志应学习郭沫若先生著作之《甲申三百年祭》，以警惕自己。

（4）深入群众，不准官僚习气，不要进城后忘记了接近群众，要深入到工人、劳动市民中去。

天津市军管会认真贯彻中共中央关于城市接管的工作部署，因地制宜地制定了一系列方针政策、方法步骤和纪律要求，统一了思想和行动，为全面完整接管天津打下了坚实的基础。

中国人民解放军入城后进行宣传

第二节　展开接管

1949年1月14日上午10时解放天津战役开始,主要接管干部即冒着炮火和弥漫的硝烟到达杨柳青镇附近。随着攻城战斗的节节胜利,接管干部与攻城部队向市区步步深入,并在天津地下党同志的带引下直奔所接管的地区和部门。15日中午12时,公安接管干部首先进入市内。军管会主要领导和各机关主要干部于下午4时进城,其他干部和纠察部队连夜赶赴市内。当日下午,在攻城部队的配合下,接管干部已分别接管了国民党天津市政府、警察局、电台、报社、电厂、水厂、银行等要害部门。军管会以军字第一号布告向全市宣布:奉人民解放军平津前线司令部政治部电令,成立在中国人民解放军平津前线司令部指挥之下的天津区军事管制委员会。

军管会接管国民党广播电台后立即建立天津新华广播电台,并于当晚18时开始播音,向全市人民庄严宣告天津的解放,号召全市人民严格遵守军管会各项规定,各安生业。为让广大人民了解我党我军城市政策及当前形势,播放了"约法八章""三大纪律、八项注意",平津卫戍

天津市军事管制委员会布告(军字第一号)

司令部、天津市军管会重要文告，转播陕北中央新华广播电台新闻，同时还向广大天津市民进行了《工人在企业中的地位和任务》《目前职工运动中的总任务》《秋季攻势以来，旧中国在灭亡，新中国在前进》《消灭蒋介石，打碎蒋家王朝统治》等宣传讲话。此外军管会接管国民党《民国日报》，建立了天津日报社，本着"边接管边办报"的方针，1 月 17 日正式出版第 1 期《天津日报》。广播、报纸向人民宣传我党我军方针政策，为顺利接管做了大量的舆论宣传工作。

原国民党各机关人员，除政权、党部、特务机关留少数人看守办公地点外，其余人员大都分散回家；企业人员，除战斗激烈、遭受炮火威胁的单位分散回家外，其他均在各单位未动。各机关均有移交的精神准备，有些单位并曾进行移交演习。接管干部到达接管岗位后，在地下党员的积极配合下，立即召集接管单位原有人员开会，讲明中国共产党接管的方针政策，宣布清点移交方法，并限全体人员 3 天内报到上班，责令原主管人员负责办理移交手续。在接管中严格执行接收管理一切公共机关、产业物资财产，没收官僚资本，保护民族工商业的政策，对不同性质的接收对象采取不同的接收方法。对国民党的反动政权机构及党、团、特组织，所有各级政府、军队、警察、宪兵、法院、监狱、国民党党部、三青团团队及特务组织、保甲组织等，都予以彻底摧毁，宣布解散，责令交待。对技术性部门一面接收，一面继续开展业务。对被没收的官僚资本的工厂企业要求接管与复工并进，先行接管。学校接管方针是暂维旧制，迅速复课，废除反动课程及反动训导制度。

由于正确执行各项接管政策，接管工作进展非常顺利。警务、交通、水电等公用事业及一部分工厂，迅速恢复日常工作。冀北电力公司 1 月 15 日当天完成接收。经过 3~7 天的紧张工作，所有机构除个别未发现及敌人破坏和遭受战争毁坏之机构，如中纺七厂、正中书局等外，已全部接收完毕。其所接收机构物资、档案、用具等，除敌人事先疏散、埋藏及烧毁者外，其他文件、物资均完整无损，按系统接收工作迅速完成。截至 2 月底,共计接收工厂 115 处,仓库 165 处,机关及医院 316 处,各种武器弹药、军需粮、被服、机器、原料、成品、货物、资产、现金等大批物资。迅速实现了通车、通邮、通航、通电、通话,公营工厂已开工者 115 处,其他工厂因原料材料不足及厂房或机器破坏,也在修理整补、采购原料,积极筹备复工。

天津的接收工作,坚决贯彻落实党中央各项决策部署,坚持"原封原样,整套接收""慎重考虑,要稳、要准,多调查研究",以及原薪原职原制度"三原"等原则,紧紧依靠工人群众,团结一切可以团结的力量,形成了接收工作的天津模式。

一、接管政府机关

天津市人民政府秘书处干部于 1 月 15 日深夜抵达国民党市政府大楼。这座大楼在太平洋战争爆发前是英租界的工部局,是英国人在天津进行殖民统治的首脑机关,为了纪念英租界的勘界者戈登,这座建筑被命名为戈登堂。大楼前是个小花园,时称"英国花园"。就在这个花园门口,曾悬挂过"华人与狗不许入内"的禁牌。花园里还有一个为纪念第一次世界大战中死亡的英国军人而竖立的纪念碑,接管干部很快就将它连根拔除了。

天津市人民政府办公地点——原戈登堂

第二天，紧张的接管工作就开始了。接管人员在国民党市政府的档案里发现了一份国民党天津市市长杜建时的"手谕"，内容是命令其档案室人员在局势紧张时将全部档案转移到美国花旗银行保存，如果来不及转移即行全部销毁。但是我军以迅雷不及掩耳之势攻入天津，国民党大小官员未来得及销毁档案。二楼机要室保管机密档案，一部分绝密文件在天津解放前夕被销毁了，但国民党党政军联席会议的记录材料，以及国民党市政府与其军警宪特之间的来往函电，却真实地反映了他们仓皇逃窜的情景。国民党市政府秘书主任王余杞曾在我军大举进攻天津之际，仓促建立了反革命应变组织"除奸团"，妄图隐蔽力量，伺机策反，但敌人的阴谋很快就被粉碎了。

接管工作开始后，原在天津地下党工作的市政府秘书长吴砚农，以及由胜芳先期到市里的市政府副秘书长杨振亚来到市府开始办公。宋祝勤等接管干部在原秘书处办公室安营扎寨，开始了紧张的接管工作。先张贴安民告示——天津市人民政府第一号布告，宣布党的接管政策。原国民党军警看到人民政府的宽大政策，纷纷交出枪支等武器。对交出武器者，一律开付收据，表示欢迎，不问其他。党的正确政策稳定了人心。

接管干部 16 日进驻国民党市政府旧址办公。党的接管政策指出，国民党政府旧职员是一支不可忽视的力量，争取旧职员的合作是接管工作中的一项重要内容。党对旧职员的使用是，对科处级以上的工作人员，要求他们认真交接工作，其中的一贯与人民为敌者，不碍大局，可暂不追究；对请求回返原籍者，也开具证明，听其自便。接管工作初期，在旧政府工作过的人员，先是前来探望虚实，当他们看到进城干部谦虚温和的态度，又看到愿者可继续留用的告示，便陆续有人前来报到，表示愿意为人民服务。旧职员从 16 日起开始报到登记，当日报到登记 144 人，17 日登记 158 人，从 17 日下午开始，这 302 人按照从前办公时间进入办公状态，在原来的工作岗位上整理档案卷宗，做交代工作的准备。这些旧职员复工后,接管人员自动深入旧职员当中,从下层职员中了解旧政府情况和人员的思想状况,并逐个对旧职员作了客观评价。与此同时,一般的旧职员对党的政策也有了进一步的了解,因此他们思想上的顾虑都基本打消了,整理文件负责认真,还有许多人积极地报告情况。比如杜建时曾在 1 月 14 日下令各科室办理假交代,并且派假交代人把一份清册交给接收人员。旧市政府印刷厂的工人和职员完整地保护了工厂,解放后工人的工作情绪空前饱满,18 日即开动机器全部复工。

在接收的旧市政府及其所属局、院、处、社、区政府、企业工厂、学校等共 283 个单位中,其中有行政机关(包括民、财、教、社会、司法、外交、秘书、人事等)、技术性行政机关(工务、公用、商品检验等)、民意机关、监(狱)所、救济机关、训练机关、民众武装机关、地方军事机关、公营公用企业经营机关及工厂、合作机关、中小学、社教机关及需要管制的特殊私营企业工厂及其他机关等。仅民政机关所属七局五处一院统计(各该直属单位及学校、区政府等均不包括),旧机关人员就有 7917 人。仅民政局等 14 个单位统计,共接收档案文件 135,570 卷,又 5005 册,又 223,768 件;图书杂志 47,484 册,又 558 件。

军管会在接收时,根据机关性质不同有所区别。对反动行政机关、民意机关、训练机关、民众武装机关、地方军事机关,接收并解散其组织,人员甄别录用;对技术性行政机关,接收并解散组织,人事从宽甄别录用;对监(狱)所进行接收管制,人员从严甄别录用;公营公用企业、经营机关、工厂、救济机关、学校及社教机关,进行接收,不宣布解散其组织,人员除个别官僚主义、特务分子外,均原职原薪;合作机关接收并解散其组织,但有的尚可继续经营;有关民生之特殊私营企业工厂,如冀北电力公司等,实施军管,派军事代表监督管制,机构人员均不动;特殊私立学校(如特务化)以"军管精神"管制,但不宣布接管。历史证明这些政策是正确的。

对国民党天津市警察局入城接管的方针是,对旧警察局机构彻底摧毁,对警察人员则暂时留用,改造教育,争取大多数为我服务,打击和孤立少数特务破坏分子,迅速建立革命秩序,巩固社会治安。在入城前已成立了党团、特务、监狱等 3 个接管小组,负责接管国民党党团系统、特务系统和监狱,而警察系统以接管各分局为对象,结合地下关系调查的内部情况。在市警察局的接收方面,如我秘书处接管原警察局的秘书处、人事室、统计室;公安处接管督察处、消防队、清洁队,司法处接收监狱、刑事队、指纹照相室;总务处接收总务科、会计室、仓库、汽车摩托队及其他全部资财。在统一方针下,分头同时接管,组织了接管小组,将主要接管骨干分散至各分局,一面接收,一面监督旧警察人员维持与恢复社会秩序,避免了因自上而下接收而产生的空隙和混乱,社会秩序迅速恢复。对旧警员采取大量争取、分别对待、暂时利用、恢复秩序,逐步进行教育、改造、洗刷、淘汰的方针,一面接管,一面执行紧急任务。接管干部到各分局后立即召集已报到人员,宣传政府政策,迅速稳定旧警员的情绪,使之迅速各归岗位,执行紧急任务。入城第三天,除少数畏罪分子匿逃及小部分警员被俘外,报到者为 10,568 人,达全数 97%。其中消防队与警察医院全数报到,保警队原有 1928 名,除被部队俘虏及未报到者外,报到人数 1015 名。因此在战斗结束一个半小时后,交通警察即部分出岗,两天后即全部报到,市内秩序于第四天即恢复正常。消防队于解放次日即出动救火,半月中曾发生火灾 34 起,由于消防队迅速扑灭,损失不大。清洁队也立即出动,打扫街道消除障碍物,掩埋尸体共 225 具,拆除碉堡 768 个,结合群众清理散兵游勇 11,627 人,收缴枪炮等武器 1542 具、弹药 138 箱,迅速地建立起革命秩序。

对国民党天津市社会局的接收,1949 年 1 月 17 日上午,接管干部召集了全体旧职员会议,宣布社会局解散,决定旧职员从 18 日起每日照常上班,办理交代事宜,当即取消社会局的牌子,交出印信,并制定出初步办理移交计划。当日报到人数达到 95% 以上，只有少数因战争被封锁在北平而未报到，其余自社会局局长起至工友全体报到。1 月 18 日起，各个科室办理交代，社会局秘书室、统计室、人事室、合作室、出版登记科、团体组训科、劳工行政科、工商管理科、粮食经济科、会计科等先后按计划交代完毕。2 月 1 日，直属的度量衡检定所、社会福利科点交完毕，总务科各种清册全部造完，自此对社会局的接收工作全部完成。对旧有人员的甄别，先解决好坏两头，然后再审查一般，一般人员审查则需通过学习、工作鉴别其好坏，再行决定是否录用。从通过材料审查的 118 个职员的情况来看，其中特务分子 9 人，官僚分子 9 人，较坏分子 9 人，冗员 6 人，政治清白而又有工作能力、年轻和可改进与有一定技术者 22 人，一般基本可留用 63 人。

接管干部抵达位于威尔逊路的国民党参议会后，立即召集前来报到的职工开会，宣布了党的入城政策和纪律，要求他们登记、造册并移交全部文件、档案、资料及其他财产，不得破坏和转移；枪支、弹药须立即交出，不得隐匿、私藏和转移，违者定当严惩不贷。并提出表现良好者均可按党的政策予以留用，当天就有人交出手枪。后来在这里组建了天津市人民政府交际处。

二、接管金融机构

随着解放战争的深入，党明确指出了新解放城市要将革命和生产建设一起进行，而以经济建设为中心。1949 年 3 月召开的中国共产党七届二中全会更明确指出："党在这里的中心任务，是动员一切力量恢复和发展生产事业，这是一切工作的重点所在"[①]，"只有将城市的生产恢复起来和发展起来了，将消费的城市变成生产的城市了，人民政权才能巩固起来……如果我们在生产工作上无知，不能很快地学会生产

[①]《天津接管史录》(上卷)，中共党史出版社，1991 年，第 11 页。

工作，不能使生产事业尽可能迅速地恢复和发展，获得确实的成绩，首先使工人生活有所改善，并使一般人民的生活有所改善，那我们就不能维持政权，我们就会站不住脚，我们就会要失败"①。天津是解放战争开始后最早解放的特大城市，也是当时中国北方最大的商品集散地、水陆交通枢纽，迅速恢复天津经济对支援正在进行的解放战争和摸索党的城市经济工作经验，具有十分特殊的意义。

按照党的城市接管方针和"肃清敌人、接管天津、改造天津、建设天津"的接管总任务，根据以前城市接管的经验教训，为顺利接管好天津这一北方最大的工商业城市的经济工作，稳定社会秩序，恢复经济，发展生产，支援解放战争，天津市军管会确定的金融接管原则是：全面接管金融管理局和证券交易所，对旧有银行按资本性质分别处理，凡属国民党反动政府办的国家银行、省市银行及四大家族办的银行，或属四大家族以私营面目出现和隐匿的日伪资财，依法接管并没收其一切财产；对官商合办银行，没收其官股部分，派军代表监督管理，审查其商股股权及资产负债情形。天津市军管会、天津市委带领天津人民英勇奋战，城市管理工作在摸索中前行，迈出了恢复天津经济的第一步。

（一）接管金融管理局

1948 年 11 月，天津市军事管制委员会金融接管处成员在河北省霸县胜芳镇集合，做接管前的准备工作。为做好金融接管工作，从各方面抽调了大批干部，约 500 人。其中多人具有从事金融工作的丰富的实践经验，还有 7 个地委、35 个县委以上的干部，小部分是从石家庄市招收的学生。当时负责接管天津金融业的是天津市军事管制委员会接管部副部长、华北银行副经理胡景沄。接管部下设金融处，处长为胡景沄。

---

① 《天津接管史录》（上卷），中共党史出版社，1991 年，第 11 页。

金融接管队伍在胜芳镇集训了一个多月。集训的主要内容是：第一，学习党的城市方针政策和金融接管政策，研究天津市的经济、金融情况，包括各金融机构的分布、负责人情况、金融市场状况，明确军管期间应达到的目的；第二，根据地下党和有关人员介绍的材料和天津金融业的实际情况，特别是国民党金融管理的组织、业务范围等，熟悉接管对象，研究接管方案，确定接管每个行的军代表人选；第三，拟订进城后的金融政策和管理法规，如建立货币市场、金银、外币的流通与收兑，制定天津市统一的人民币市场，包括对外币、金银、金圆券及解放区货币的一系列办法等；第四，学习入城后的纪律及生活和城市知识，包括城市交通、卫生等情况，转变原来农村工作的方法和习惯，研究新情况，解决城市问题。当时党团员约占总人数的三分之一，组织生活抓得比较紧，要求党员在加强团结、遵守纪律、严守秘密和在各种环境里都应以身作则，起带头模范作用。特别是在进城后，在复杂的环境里，一定要服从领导、站稳立场，掌握政策、执行纪律，不贪污腐化、投机取巧、混水摸鱼，保持共产党员的高尚品质，防止"李自成思想"的产生。大部分党员进行了入城宣誓。中国人民银行总行南汉宸经理提出要学"鸭子式"的战术，即要求在复杂的斗争中学会"外松内紧"。经过一段时间学习，接管队伍在组织上纪律上加强了，为以后顺利完成天津金融接管工作创造了良好条件。

天津金融管理局是国民党政府财政部管理天津和北平两市金融的机构，其主要任务是检查银行钱庄、审核行庄业务、取缔金钞黑市，以配合政府财政经济政策，控制和打击平津私营行庄，为官僚资本服务，具体业务实际上由中央银行总行领导，该局是金融接管队伍接收官僚资本的对象。

1949年1月16日凌晨，金融接管军代表孙及民带着两名干部到达六区威尔逊路2号金融管理局，孙及民向留守者了解金融管理局的情况，询问人员状况，并仔细地讲解党的政策，解除他们的思想顾虑。

翌日上午，召开旧有人员大会，宣布接管政策和清点移交方法，要求大家坚守岗位，保护财产，办好移交。当时原国民党天津金管局局长施奎龄已逃跑，副局长和主任秘书也已在解放前夕相继辞职，中下层职员大部分对接管有思想准备，接收工作比较顺利。金融管理局人员比较复杂，与国民党"二陈"（陈立夫、陈果夫）的关系比较深，国民党员也较多，很多人都是大学生，文化程度高。由于人民解放军解放石家庄、济南、沈阳的影响，以及党的地下工作者的积极配合，他们并不惧怕解放军队伍，但是对能否全部任用他们，以及军管会有无能力来管理这座城市心存怀疑，对军管会的领导存有戒心。

金融接管处认真贯彻了党的接管工作方针，针对当时旧人员普遍存在的担心职业和待遇思想，在完成接收金融管理局工作以后，本着凡愿为人民服务的人一律保留下来的精神，尽量不打乱原有机构，利用原来的人员，按照我党的政策去做好金融管理工作。通过组织学习，使旧职员对我党有了比较深刻的了解，感到人民政府管制金融物价有办法，一定会取得最终的胜利。在提高认识的基础上，金融接管处及时改组了金融管理局的机构和人员，基本保持了原来的组织分工，使其成为金融接管处的一部分，负责办理私营行庄的管理和查缉黑市金钞、地下钱庄及起草执行金融银行政策法令等工作。这样金融接管处就有了一支金融管理工作队伍，能够及时地进行金钞黑市的取缔和私营银钱业的管理工作，为迅速澄清金融市场创造了良好条件。1949年2月，为了平抑上涨的物价，金融处与有关部门配合，发动了一次大规模黑市金钞的查缉，不分白天黑夜，采用寻根究源的方法获得更多的线索和情报，进行突击式查缉，共查获黄金近千两，美钞万余元，还有白银、银元近万两，有力地打击了黑市投机活动。同时督促劝导金店银楼转业，取缔首饰摊贩，并勒令私营行庄将其囤积之物资呈报登记和出售。除黄金、白银、银元外，还有面粉、大米、棉布、棉纱、白糖、染料、碱面、药品、五金、纸烟等，将售款和后账并入前账，不准其再进行非法经营和金钞交易,明令制止行庄投机活动,为平抑物价、稳定金融市场奠定了基础。

(二)接管证券交易所

天津证券交易所是在 1947 年下半年由天津市银钱业和天津市临时参议会共同筹资成立的,于 1948 年 2 月 16 日开业,1948 年 8 月 20 日按行政院令停业。该交易所是天津市的大型市场,主要经营股票和债券,投机性很强,交易量也很大,其代收的交易税仅次于天津海关的收入,居天津市预算收入的第二位。营业中经手费收入为主要收益,其数额相当可观,但购置楼房、添置家具设备及支付社会上各种募捐摊派,请客送礼耗费巨大,造成入不敷出,资金反而拮据,因此尽量克扣职工待遇,薪资比一般公教人员低三分之一,每届发薪,资金无着,只好迟发,劳资矛盾非常尖锐,物价又不断上涨,职工生活难以维持。该所停业以后,职工 250 人都停薪留职,只留少数有关人员守岗,只供膳食(后停止)无工资,仅给临时性的少量补贴,留守职工们仍坚守岗位。平津战役中,该所楼房曾被国民党军队家属强行占住。天津解放后,原交易所地下党员韩恩甲、刘祥祯二同志即召集原交易所部分职工和留守人员开会,组织职工学习党的政策,要求职工们继续保护好国家财产,准备由国家接管。在党的启发教育下,职工们认清了形势,展望未来,信心百倍,在无工资无收入的情况下,每天按时到班,清理财产,清理账务,做了大量的准备工作,迎接军管会接管。

天津证券交易所资本法币 10 亿元,由中国、交通、农业三银行及中信、邮汇二局认购 40%,市商会及银钱两公会认购 50%,社会公开招募 10%,均经招募足额。至交易所停业时,财产有营业用楼房一座,内有交易大厅、财务办公大厅各一,办公用房 100 多间,交易用各种电器设备及办公用家具共 1000 多件。

交易所的清理接收工作自 1949 年 2 月 5 日开始至 24 日结束,清理重点是庶务组的财产管理和会计组的账务。会计组 21 日结账,24 日完成，均无差错；秘书部门的资料大部完整，少量有散佚。只有庶务组财产紊乱，账实不符，账簿丢失现象严重，主管人极不负责任。4 月 4 日，军管会金融处派员接收了前交易所的官股部分，并责成原交易所副经理冯紫墀等召集在津理监事将该所私股部分进行清理，由中国人民银行天津分行暂借一部分款项将旧有职工给资遣散，留用其中有工作能力、认真负责的职工 80 人，作为重建交易所的人力基础。资遣工作于 20 日结束。4 月 27 日中国人民银行发布设立天津市证券交易所的公告以后，筹备工作即全面展开，陆续制定各项章则办法。5 月 23 日起办理经纪人申请登记手续。29 日公布第一批合格经纪人共 39 名。6 月 1 日举行开幕典礼。4 日起正式开业，上市证券计启新洋灰公司股票等 5 种，以后又陆续增加。因证券交易由私相买卖变为公开买卖，所以人心轩昂。此时各种商品经营均呈疲萎，而证券价格又相对较低，所以股市激涨，如启新股票由 4 日到 7 日 4 天内涨达 80% 以上，大量游资流入证券市场。

天津市证券交易所共有职工 95 人，其中留用原交易所职工 80 人，由中国人民银行委任孙及民为经理，刘希武为副经理。4 月 28 日，宣布机构建制二科一室（业务科、财务科、秘书室），职员 60 人，其中科长 6 人、股长 8 人，大部分为原交易所的课长、组长留任，这些人大都熟悉证券市场业务，有纯熟的操作经验，对新交易所的机制运行发挥了积极作用。由于党的接管政策、干部政策的正确贯彻，新交易所朝气蓬勃，欣欣向荣。

（三）接管各类银行

1948 年 12 月，集结胜芳的参与金融接管人员共有 925 人。他们学习了接管人员约法八章、七次党代会报告、天津风俗人情的介绍及注意事项，进行城市纪律、安全保卫教育。在金融政策上制定了金融处关于金融接管与清审工作总方案，金融处接管人员奖惩办法，对被接管金融企业人员办理移交奖惩办法，金融处人员入城后应注意事项，接收敌伪金融企业时应宣布事项,旧人员录用办法草案,接收敌伪银行结束清理手续草案,旧职员甄别办理办法草案,债权债务处理办法等。经过一段时间的学习培训,由解放区金融机构与国统区旧职员汇聚起来的金融接管队伍,在组织纪律方面加强了。同时准备了六辆大车(马车)及一辆汽车,接管人员每人发了 5 天的干粮及菜金,配备了接收、入城纪律等手册,军管会统一准备了地图、封条、布告,为入城接收作了充分的准备。

原计划接管金融总单位 22 个、分单位 33 个,清审总单位 27 个、分单位 28 个,调查单位 1 个,共计 111 个单位。至 3 月中旬,正式办理完毕交接手续的有天津属于官僚资本的中央银行、中国农民银行、中国银行、交通银行及中央合作金库河北省分库,山西裕华银行、河北省银行、天津市民银行、金融管理局及附属协和印刷厂、中央印刷厂北平天津厂两家工厂,共计总单位 11 个、附属单位 27 个,与原定接收数字相比,减少了 17 个;监理清审单位有官私合办新华信托、中国通商、中国实业、太平洋保险公司。

按接管政策处理办法分三种情况:①凡属国民党反动政府经营者,不论国营、省市营,一律接收。②属四大家族以私营面目出现者,不论其股金、存款、财务,一律接收。③除四大家族外,其他上战犯名单的先监督暂不接收。接收进行方式,上述第一类,入城即宣布接收,如中央银行、中国农民银行、中国银行、交通银行及中央合作金库河北省分库。第二类,接近于接收,但又不宣布接收,为了慎重与工作便利起见,采取先由视察过渡到接收的步骤,如山西裕华银行。第三类,浙江财阀的小四行(中国银行上海分行、上海商业储蓄银行、浙江实业银行、浙江兴业银行)、官商合办的北四行(盐业银行、金城银行、中南银行和大陆银行),有官股嫌疑的重点审查。

对银行等金融机构的接收工作,一般分四个步骤:第一步,看管、封存、找人、宣布接管事项。第二步,责令原有人员造具各种表报、账册、档案等的移交，接收其印鉴，封库，清点档案，等等，集中主要物资如汽车、电台等。进行接管的同时，抽调审查人事表报，掌握进行国民党员登记及填发人才调查表，根据情况有重点地进行个别谈话，为第三步审查财产时人员配备及接收后的处理，打下准备工作的基础。第三步，组织审查小组，审查全部财产及了解账外和外库库存的物资。我接管人员分头进行监督宣传教育，组织闲余人员学习及参加兑换工作，调查了解各种情况，进行复审，认为无误即算交代完毕。第四步，人员、资材、档案、机构的处理。

英工部局账册

从时间上看，接收工作分三个阶段进行。第一阶段即接收阶段。解放后4天内完成了查封、造表、点交3项工作。除仓库营业器具只点清一部分外，其余金库、会计库、传票库、文书档案、电台、汽车等重要物资，均点交完毕，做到了：库存全符、账库全符；账册表报齐全；电台、汽车、汽油及其他物资大体完整；账外物资及某些隐瞒的财产，如中国银行总行发下320万元应变费，买了金银尚未发走的资金及剩余的金圆券亦已报出；职员大部未跑，天津解放时被阻于北平者，北平解放后归来。第二阶段即审查阶段,组织清查小组,指定地下工作者及较进步的职员组成,并派军管接收干部一人或二人参加领导,由军代表在大会上宣布名单,并阐明该组权力及任务。这种做法解决了我入城人员技术不熟练与不熟悉该项工作的困难,也达到了团结旧有人员的目的,并从中发现、挑选积极分子便利我今后的工作。清查小组内分财产审查、人事审查两方面。财产方面审查其账表、档案、器具、材料、仓库、账外事项,主要是利用"死材料"文件报表和"活材料"人员结合,而且"活材料"胜过"死材料",总的由金融处会计审查小组统一领导。人事审查方面号召参加反动党团者登记、填表等工作,由接管人员负责,并一次校正和补充审查小组的财产审查。第三阶段即债务债权清理,基本原则是各银行清理自己的债权债务,私人存款发还,放款收回,公家的存款转入国库。汇入者不承认、汇出者电报未发出的予以退费,否则不承认。抵押者予以交回放款与利息,取回押品。此项工作于1月20日全部完成。

在没收官僚资本银行的过程中,对凡符合我党金融政策尚属日常业务范围的技术、事务部门一般不予打乱,尽量利用,以适应迅速恢复城市经济的要求,如在接管后的中国人民银行天津市分行罗斯福路办事处,原天津市民银行副总经理董伯棠被任命为罗斯福路办事处副主任,原中国银行河东办事处主任陈玉琨为业务股股长,原天津市民银行会计副主任王有传为会计股副股长,基本上维持了原职;对那些长期奉行国民党反动政策的部门,包括国民党时期制定的各项反动制度,以及旧社会遗留的官僚主义衙门作风坚决废除。同时本着迅速、完整、确实掌握接收资财的方针,采取全面查封、分头点交、最后集中审查处理的办法,对债权全部接收,债务视具体情况处理;对官僚资本金融机构旧职员,凡愿为人民服务的一律保留下来。根据上述原则,顺利接收了官僚资本银行,建立了新的国家银行。

当时在天津属于官僚资本银行的有中央银行、中国农民银行、中国银行、交通银行、邮政储金汇业局、中央信托局、中央合作金库等在津设立的分行、局、库,还有河北省银行、天津市银行和以私营面目出现的山西裕华银行及亨记钱庄。利用原中央、农民、省、市各行及合作金库等机构,建立了中国人民银行天津分行,直属中国人民银行总行领导。将中国、交通两行改为专营外汇及工矿信贷的专业银行。

国家银行建立后的首要任务是建立新的金融秩序,为统一货币,确定人民币阵地,军管会采取如下措施:

(1)兑换蒋币。军管会在解放天津的第二天便宣布"本会为稳定物价,保障人民权益,对于蒋伪政府所发行之一切货币(包括金圆券、东北流通券、台币等),自即日起,一律为非法货币,商民人等可以拒用"①。随即组织大批干部进行收兑,收兑具体措施如下:凡持伪金圆券金额在10万元以上者,准持向海关(或工商局)办理登记手续,携运出境换回物资;凡持有伪金圆券金额在10万元以下者,准持向本市中国人民银行天津分行各中心兑换所申请登记,开给敌币携带证携运出境换回物资;如商民确因自行携运困难,特准持向本市中国人民银行各兑换所及代兑所依照牌价兑换本币;凡工厂职工、农民、学生、教职员、贫苦市民,持有伪金圆券在500元以下者,取得本会派住各该工厂、学校、机关及各行政区负责人之证明,准向第三条所列各兑换所及代兑所,按特定优待比价兑换之;伪金圆券统限于2月4日停止行使,违者严惩。收兑工作从1月17日开始至2月4日结束,历时19天,设兑换机构276个,参加兑换工作人员3250人,共兑入蒋币3.48亿元。由于组织工作周密,方法得当,尽管兑换中比价曾几次变动,低价排挤不利,但仍比预定时间提前完成。

---

①《天津市军事管制委员会布告(金字第2号)》,1949年1月16日,转引自《中共天津历史档案汇编(1949—1952)》。

群众在天津东马路(银行)办事处兑换纸币

（2）禁止金银流通。国民党统治时期恶性通货膨胀频繁,人们为逃避货币贬值的损失,就以金银作为贮存保值的手段,并逐渐用以计价,行使起来;加上国民党中央银行曾经为了缓和蒋币濒于崩溃的危机,一度开放黄金自由买卖,并抛售了一些黄金,从而使金银流通更"合法"化了。天津解放前夕,国民党政权还投放了80万枚银元的军费,市面上银元流通现象更为普遍,银元小贩随街叫卖,当时金银实际上已成主币地位。解放后,虽然收兑了金圆券,但倒卖金银的黑市活动仍十分猖獗,如不严加管理,势必阻碍人民币市场的建立。军管会在宣布废除蒋币同时,还发出公告,"严禁一切金银、银元计价流通,私相买卖和携带出市,但准许人民持有,凡愿出售者必须向国家银行兑换"①。国家银行的兑换牌价一般低于市场价格,同时还采取了低价冻结金银的方针。军管会发出公告后,金银流通投机等现象仍然存在,1949年1月下旬更为猖狂,后经公安部门缉查打击,至1月底2月初,才使银元退

---

① 《天津市军事管制委员会布告(金字第2号)》,1949年1月16日,转引自《中共天津历史档案汇编(1949—1952)》。

出市场,3 月底金价与物价才脱离。顽固的金银黑市至 1950 年初基本肃清。

(3)肃清外币。解放前天津市场上曾流通外国货币,主要是美钞。天津解放次日,军管会即公告:"严禁一切外币计价流通,私相买卖,并禁止民间持有,限于 1 月 21 日前持向国家银行兑换本币。"①兑换牌价与当时外汇牌价基本一致。目的是由国家把外币集中起来,投入国际市场,换进物资,为恢复国家经济服务。收兑外币采取兑换本币或作为外币存款等措施,消除一些人怕兑换后遭受损失的顾虑,使人民币的地位不断巩固,加速了兑换和存款工作。1949 年 5 月以后,外币黑市式微,再经过了与投机奸商的反复较量后,至 1950 年初基本肃清。

统一货币工作,除采取以上主要措施外,还收兑了各解放区的地方币。经过肃清蒋币、外币和制止流通金银的斗争,并收兑各种地方币,初步确立了统一的人民币阵地。随着银行信贷、储蓄等业务按照党的金融政策迅速展开,新的金融秩序很快建立,对整个天津国民经济恢复发展起到了广泛而直接的影响,为城市工商贸易恢复,新的经济秩序的建立,也起了保障作用。

三、接管文教卫生部门

(一)接管新闻部门

新闻机构如报社、通讯社等,对社会舆论起到直接的引导作用,是新旧政权都积极控制和争取的领域。因此为更好地掌握社会舆情的走向,巩固新政权的稳定,必须彻底接管新闻机构。

为了更好地团结旧的新闻机构工作人员,中共中央作出指示:"采取争取、团结和改造的方针,除始终追捧国民党反动派的反动人员之

①《天津市军事管制委员会布告(金字第 2 号)》,1949 年 1 月 16 日,转引自《中共天津历史档案汇编(1949—1952)》。

外,对一般的旧报纸、刊物的新闻机构工作人员要进行适当改造。"①天津军管会在接管天津过程中,根据中共中央指示,对新闻机构作了接管和处理。天津作为当时中国较为发达的工商业城市,政治情况复杂,国外侨民甚多,因此在接管前夕,天津共有"20家22种新闻机构,其中外文4种,中文18种,日发行量最多的报社每日发行35,000份,最少者有300余份"②。对于不同政治背景、经营方式的报纸,天津市军管会采取了分别处理的方式,避免用"一刀切"的方式解决问题。

军管会入城后,先将所有报纸一律停刊,听候审查。所采取的原则主要是审查报纸刊物对中共各种政策的理解程度及对国民党政府的态度。审查的重点一般是注重社论、通讯、版讯、副刊标题。审查的方法是先确定着眼点,分头检查集中讨论,最终得出审查结果及处理办法。除此之外,军管会对各新闻机构进行审查时十分注重审查的及时性,充分考虑到了审查拖沓将带来的后果,如黄克诚在后来的自述中说道:"审查若不能短时间结束,不能尽早宣布审查结果,问题拖下去工人生活就会解决不了,就会发生劳资纠纷,那我们就要被迫拿出不少时间与精力去处理纠纷,介绍职业、救济等问题,会反落不少怨言。"③

天津市军管会在处理报纸问题上并无过多不当之处,且取得了较为良好的效果,这些处理方法可以减少宣传工作的混乱,使群众不被当时社会上所流传的错误消息所影响。对新闻机构快速合理地审查,也让工人的生活尽量少受一些影响,避免了劳资纠纷的发生,能较快恢复当时的社会秩序。

中共中央对旧有新闻工作人员的态度是明确的,即"(甲)对于已

---

①　刘宋斌:《中国共产党对大城市的接管(1945—1952)》,北京图书馆出版社,1997年,第233页。

②　天津市军事管制委员会文教部编:《关于接收报纸、通讯社、书店、出版及广播电台工作的初步总结》(节录),1949年4月12日,转引自《天津接管史录》(上卷),中共党史出版社,1991年,第363页。

③　黄克诚:《黄克诚自述》,人民出版社,1994年,第215页。

经登记许可之旧有报纸、刊物与通讯社的新闻工作人员，除已指名撤换的反动分子外，一般采取争取、团结与改造方针。我们党员及进步分子应积极地领导他们去组织新闻团体，进行学习，改进工作与生活，以便逐渐地改进与团结他们。（乙）已被接收、没收及停刊之报纸、刊物、通讯社，对其工作人员的处理分别如下：①反动者不用，其中特务分子应按一般特务分子处理。②明显的进步分子与确有学识的中间分子留用，一般地应先任用于次要工作和内勤工作，根据其进步程度逐步提升。③一般的编辑与记者，其比较容易改造者，应经过短期教育与分别留用，然亦不应轻易使其担任编辑与记者工作；其思想顽固、生活腐化、不易改造者，应命其或助其转业。④技术人员（例如出版经理、广播电务等方面的技术人员），则按对待一般技术人员的方针办理"[1]。根据这一方针，天津市军事管制委员会对天津市的报刊、书店、通讯社及广播电台进行接管，并根据其不同情况采取了有针对性的接管措施。

天津作为工商业城市，政治情况复杂，外侨甚多，因此全市报纸到解放前止，中外大小共计20家22种，为外文4种、中文18种，内计日刊16种、晚刊5种、间日刊1种。影响较大的对开报纸有4种，其他多为4开或8开报，影响甚小。日发行量最多者为35,000份，最少者仅有300余份。各报均有政治背景或政治关系，并无算得上进步的报纸发行，仅有个别私营报纸较为中立。

天津市军事管制委员会文教部依据经营方式、政治背景分别处理如下：

（1）对于国民党公开的机关报均予完整接管并立即使用。

（2）对于以私营面目而实为伪机关的报纸共3家，亦予调查确实后接管。

---

①《中共中央关于新解放城市中中外报刊通讯社处理方法的指示》（节录），1948年11月，转引自《天津接管史录》（上卷），中共党史出版社，1991年，第35页。

（3）对于私人资本而有显著政治背景,为反动党派人员主持者,共10家,予以查封,财产分别处理。

（4）私人资本内容不甚反动者,暂不复刊营业。

（5）私人资本而由其内部进步人士发起,改组改名出刊。

（6）私人资本无一定组织,在敌占时期即已停刊者,未处其登记复刊。

（7）外国人所办之报纸,一律令其停刊。

文教部进城将所有报纸一律停刊,听候审查。具体的工作方式为,对第一、第二类进行接管,按原计划宣布命令查点资财。对第三、第四类进行清审,令其呈交新闻企业调查表、人员财产清册及一年来之报纸,先进行经济来源的追查,其次进行主要负责人员的背景调查,最后进行报纸审查。第二阶段进行对报纸审查。审查的原则为:

（1）对中共解放军与解放区政府的态度。

（2）对土改政策的态度。

（3）对国内外民主运动的态度。

（4）对国民党政府的态度。

经过认真细致的审查,一批不适合从事新闻工作的人员被清除了出去,较为积极进步且有工作经验者被留了下来。

天津的中外通讯社,同样反映出天津的特殊情况。当时的公、民营通讯社约分下列三种:其一是公营者两家,即中央社、中国经济通讯社;其二是附设于民营报纸内者两家,即时事通讯社（《时事日报》）、工商通讯社（《工商日报》）;其三是民营面目者9家,即中国民生社、新大华社、商联社、今日社、华北社、津沽社、国风社、商闻社、青联社。

以上通讯社除中央社、中国经济通讯社较大外,其他均小,仅有两三人和一部油印机,无电台,其经营多靠少数津贴、配给报纸面粉和卖稿维持。外国通讯社在津市者仅有路透社、美联社及美国新闻处。天津解放后,我党即将中央社、中国经济通讯社接管。其他民营面目的通讯社因报纸停刊，亦停止发稿。

　　天津市的书店出版工作尚发达，大小书店近百家，书摊200多家，印刷所多至100余家。书店除书摊外约可分为四类：其一为政治反动的书店，其二为中间的、政治色彩不浓的，其三一般为旧书店，其四为进步书店。印刷所除各报馆印刷所、协和印刷所较大外，其他均较小，一般印小册子、广告、名片等。我军进城后即将书店中第一类接收，第二、第三类未动，第四类即加以帮助发展业务，并在接收之第一类书店原址，建立我党的书店。对于印刷所，除军管会其他部门接收外，凡由文教部接收者，其可以印刷书籍者，即进行组织为我党印书。

　　军管会进城后，群众对宣传介绍共产党的书籍需求迫切，军管会利用之前接收的旧书店原址，撤去旧有书籍，使用旧有一般职员重新开店，并尽量动员解放区书店进行书籍发售，并向其他书店批发。军管会组织印刷出版了大量当时群众急迫需要的文件、小册子，协调40余家单位（其中包括报社印刷所）在两个月内印出80万册之多。

　　军管会对书店、印刷所实行适当管理。为防止反动书刊的印刷和发行，进城后由负责人召集全市书店、印刷所会议，宣布方针如下：

　　（1）所有书店不许发售反共、反人民、反人民解放军、反解放战争、反世界民主运动之书籍。由各书店以此原则，自己进行检查。违犯此方针之书籍，一律禁止出售，由书店自行处理，并限半个月将发售书目及预售书目，抄送文教部备查。违反一次警告，二次受处罚。

　　（2）所有印刷所不许印刷反共、反人民、反人民解放军、反解放战争、反世界民主运动之宣传品或小册子。一般商业广告不问，小册子、宣传品必须于印刷后，立即送文教部审查，违者查究处罚。

　　（3）禁止随意翻印。一般私营书店之版权，不许侵犯。对中共民主政府之各种文件书籍，由文教部适当保留版权，有欲翻印者必须印前呈报文教部，经批准后，始得照样翻印，不得发生修改、错字等错误。印出后未发行前，须先检送3份，送文教部审查。错字少者须改正，5万字之书籍,错字 10 个以上者,即禁止发行,并取消其下次请求翻印之资格。

（4）一切出版物,均采取事后审查办法。平津一带私自翻印书刊的小商人甚多,军管会进城后不久,就在市面上发现不少,其中有人翻印我党小册子,以图牟利。更有甚者系伪造我党文件,破坏我党政策影响,显然其中有敌特分子在伺机进行破坏。对此,军管会及时对书店、书摊进行检查,伪造文件予以没收。同时我党下辖书店除门市外,也向报摊批发书籍,以求占领文化市场。

解放前天津的广播电台从经营方式与政治背景上,可分为以下 5 类:

（1）国民党机关公开经营者。

（2）以私营面目出现而受命于国民党反动特务机关支持者。

（3）民营股份而凭借国民党反动机关之名义,从事播音者。

（4）附设在较大的私人公司,而从事商业广告等业务者。

（5）为理工科大学设立供学生实习者。

对于第三类民营股份者,军管会对其处理方式是电台查封、机器没收、资财准备令其找保人,有确实证据为私人资本者发还。对于第四类附设在较大的私人公司者,处理方式是令其找保人,并依照我党广播电台管理暂时办法暂行复播。

军管会进城后,各广播电台一律封闭机器,进行审查。对第一类者,立即接收并尽速利用,对第二、第三、第四类各广播电台则进行审查。军管会共计接收机器 4 部,620 千周 500 瓦晶体震荡机一部,810 千周 100 瓦晶体震荡机一部,1110 千周 100 瓦晶体震荡机一部,1290 千周 250 瓦晶体震荡机一部(这些机器全为国民党接收日伪时代的机器,发射能力除 620 外,其他皆弱),旧人员 57 人。

（二）接管教育部门

教育在社会中具有独特的作用,它能够潜移默化地对社会的方方面面进行渗透和影响。因此教育接管在社会接管中就显得尤为重要了,教育机构接管成功对于教化民众、培养人才的意义至关重要。天津市军事管制委员会对各个学校进行整顿和接管，从而改变了国民党时期教育界混乱不堪的局面。

1949 年 2 月，天津市人民政府成立文教接管部。文教接管部彻底贯彻"接管、恢复、整顿、改造"①的方针，顺利接管了各类高等院校、中学、小学等学校。中共在城市接管政策当中对社会接管当中的教育机构接管作出了明确规定："首先要保护学校，禁止破坏教学设备和教学设施；其次尽快安排复课并制定行之有效的复课办法；对于学校课程进行严格管理，坚决取消一切反动课程，按'先维持后改进'的方针，改进或取缔反动教材。"②天津市军事管制委员会根据中共中央的政策及天津的具体情况，提出了符合天津自身情况的系列方针政策，如为了更好地团结改造旧教职员工而提出的"原职原薪"③政策，以及为了学生能尽快重新接受教育而出台的"立即开学复课"④政策等。

在天津教育机构的接管中，北洋大学的接管对天津市的教育接管工作具有很重要的影响。1949 年 3 月，任命校务委员会主任刘锡瑛、副主任赵玉振、潘承孝。1949 年《天津日报》对当时北洋大学的接管工作状况进行了详细的报道："首先，在事前的准备工作上，充分到位。在遵守协管会组织章程和工作原则的规定下，联席会议由学生召开，按照人员比例成立协管小组，教授、工警组成协管机关，这样一来，就产生了全校性的接管委员会。其次，与群众密切联系。让群众了解接管意义，然后再发动群众。"⑤这份报道在最后的总结中写道："接管工作的顺利开展，得益于接管开始前的详细调查。"⑥在这个背景下，天津市其

---

① 天津市军事管制委员会：《天津市军事管制委员会文教部接管工作初步总结》，1949 年 3 月，转引自《天津接管史录》（上卷），中共党史出版社，1991 年，第 356 页。
② 李文芳：《中共接管城市的成功实践》，《北京党史》，2000 年第 6 期。
③ 黄克诚：《黄克诚回忆录》，解放军文艺出版社，1989 年，第 97 页。
④ 同上，第 98 页。
⑤《接管北洋大学》，《天津日报》，1949 年 3 月。
⑥ 同上。

他公立学校的接管也十分顺利,在学校和教职员的安置方面,采取了"原封不动,原职原薪,保持现状,慢慢改造"①的方针。

1949年1月16日,军管会文教部即派林子明等36人组成工作队去接管天津市教育局,并出安民告示以稳定民心,旋即按照"维持现状,立即开学,稳步改造"的方针和"公立学校接收,私立学校扶持"的原则,先后接收了国立和省立的8所高等学校,对私立的3所高等学校,也派干部到校指导工作。各高等学校的师生员工兴高采烈地迎来了新曙光,局势稳定,秩序井然。为了解决部分大中学校师生食粮的困难,军管会于1月21日至26日,调拨米面395,000斤、旧人民币950万元,救济法商学院、河北工学院、南开大学、北洋大学和部分中学的师生。为了迅速建立起学校工作的新秩序,1月19日,军管会文教部通知公私立各高等学校负责人,于1月21日前携带师生员工花名册和财产清册到文教部报到,登记备案。着手整顿恢复和健全高等学校的组织机构:

(1)北洋大学:校长张含英调往华北人民政府工作,后任水利部副部长。5月25日设立校务委员会,由原教务长刘锡瑛教授任主席,校务委员会常务委员会由刘锡瑛、张国藩、刘之祥、魏寿昆、陈荩民组成。

(2)南开大学:因校长张伯苓居留重庆未归,代理校长何廉教授尚在美国讲学未归,由原教务长、元素有机化学家杨石先教授代行校长职务。5月25日成立了以杨石先、吴大任、黄钰生、邱宗岳、张克忠、冯文潜、袁贤能为常务委员的校务委员会,杨石先为校务委员会主席,统理全校工作。

(3)河北省立天津女子师范学院:3月军管会派王金鼎到校任教务主任。

(4)国立国术体育师范专科学校:1949年暑假后与河北省立女子

---

① 中共天津市委党史研究室编:《城市接管与社会改造(天津卷)》,天津人民出版社,1998年,第371页。

师范学院合并,8月1日改称河北师范学院,齐璧亭继任院长。

(5)河北工学院:院长路荫柽于1949年3月23日向军管会文教部主任黄松龄提出辞职申请,获准。由文教部指定原水利工程系主任赵玉振(1952年后改名赵今声)教授为代理院长,同年7月任命为院长。

(6)河北省立法商学院:1949年3月18日接到军管会文教部通知,撤销法商学院建制,原校址改作华北人民革命大学分校。中共天津市委组织部部长黄火青为校长,副校长毛铎主持校务。原法商学院学生有85人愿转入南开大学政治系、经济系、工商管理系、会计统计系和货币银行系插班就读,其余部分学生安排就业,教职员工均可转入新成立的行政干部学校学习后,安排适当工作。

(7)河北省立医学院:于1950年初全院迁回保定市(当时河北省省会)。原校址成立天津市人民政府创建的第一所高等学校——天津医学院,委托南开大学为医学院开办预科班,并于1951年首次招生授课,院长是著名内分泌专家朱宪彝教授。

(8)河北省立水产专科学校:原校未动,仍由张元第担任校长。

(9)私立津沽大学:天津市军管会派驻该校的干部,主要是限制教会对教育工作和学生活动的干涉。至1951年1月6日,津沽大学的师生自动成立校政改革委员会,要求将拒不执行新中国教育政策的副校长法国人卜相贤撤职,成立由著名实业家李烛尘为代表的津沽大学董事会。根据广大师生的要求,决定撤销卜相贤等人的职务,任命中国神甫王峻德为校长,同时决定聘请该校商学院会计财政系系主任李宝震出任副校长,并聘请文教部干部王金鼎为教务长。1月10日,李、王二位到任。同年9月5日,根据津沽大学董事会的请求,中央人民政府教育部决定接办津沽大学,同时将私立达仁学院并入,改称国立津沽大学,张国藩任校长。

(10)育德学院:因其主办人国民党天津警备司令部稽查处处长陈

仙洲已逃离天津,学院无人主持,且该院并无固定校产,等于自动解散。但对于原登记在册的学生,人民政府均予以承认,并安排他们就业或转学,使之各得其所。

上述高等院校,在军管会和市政府的正确接管和积极安排下,于1949年2月陆续正常开学授课。1949年9月5日,在天津市各界代表会议上,天津市市长黄敬作报告在谈到文教工作的情况时指出:"接管初期,我们的政策是'暂维旧制'。对教职员工一般原职原薪,以安定其情绪,迅速复学复课;在课程上先废除反动课程,如党义、公民、军训、童子军;在制度上废除反动的训导制度,强调文化学习和科学学习,并帮助教职员思想与政策的学习。"①在正确的接管方针指引下,学校很快建立了正常秩序,广大师生得以安心工作和学习,校园秩序也步入了正轨。

总而言之,天津市军管会和天津市政府的正确接管方针,使得天津的教育机构得以完整地保留,为天津市教育事业的蓬勃发展打下了坚固的基础。

(三)接管卫生部门

军管会卫生接管处成立于1948年12月24日,共有165人。这些人来自东北、华北、军队、地方及中共天津地下组织等,有知识分子、工农干部、老同志,也有参加工作不到一个月的新同志,在思想上、作风上及看问题的角度上都不一致,同时对天津的情况不太了解,大多数同志没有到过大城市,不知应如何作接管天津的工作,甚至一部分同志有恐惧心理。卫生接管处的任务是接管一切敌伪军队的、联勤的、国立的、省立的、市立的、四大家族及战犯的医院、医务学校、药库、药厂。天津有多少应接收的医院、药库、药厂及其具体地点,接管干部起初都不太清楚。

---

① 《黄敬同志在各界代表会议上的书面报告》,1949年9月5日,转引自《天津接管史录》(上卷),中共党史出版社,1991年,第497页。

　　在这种情形下,作大量的准备工作十分必要。第一,组织准备,卫生接管处成立了办公室、总务科、人事科、接管组。办公室负责整理材料、调查情况,处理人事与总务科以外的问题;总务科负责本处管理及各接管单位的供给问题;人事科负责本处的党政工作,除管理本处人员外,还负责了解旧职员情况,以及对敌特人员的审查登记等;接管组共分三个组,负责所有的医疗机构的接管。第二,思想准备。在胜利的鼓舞下,接管干部的情绪十分高涨,学习与工作都很起劲,但是问题也很多。这些人来自五湖四海,社会经历、文化背景、作风习惯不同,要完成共同的任务,需要进行系统地政策教育与工作研究。主要是:制定了接收方案;聆听了黄敬主任的报告;学习了华北局接收太原的决定、入城政策、工商业政策、知识分子与技术人员的政策、非常情况下的接收方法、如何鉴定阶级立场、继承光荣传统教育;深入了解天津地理与风俗习惯、军事代表与助理员的工作、在接管中可能碰到的几种人、簿记接收与经济接收方法、物资封存保管法;如何清查库存、对贵重药品器材的特殊保管及紧急情况下的措施等;传达学习黄克诚主任的报告;等等。经过半个月的教育,大家提高了对政策的认识,打破了害怕到大城市的恐惧心理,讨论研究了各种不同情况的接收方式方法。第三,工作准备。研究确定接收对象时,开始仅对照《天津概况》一书来选择对象,因其内容非常简单,加之对天津情况了解不够,在确定对象及发现对象问题上有了困难,为了克服这些困难,又组织了调查研究组专作搜集整理材料工作,除从军管会编印的参考材料中查找,又重新在电话簿里找,到各处去访问熟悉天津情况的人,召开本处熟悉天津同志的座谈会等方法。在充分研究的基础上,确定了 65 家接收对象及接管对象的基本信息。由三个组分别接收,接管一组负责接管联勤系统的医院,包括一切军事性质的医院;二组接管市立、省立、国立系统的医院,包括一切地方性医科学校;三组接收各系统的药厂药库。第四,作了个人生活工作必需用品的准备,出发前准备了干粮及小米,各个工作组还发了饭钱,准备了纸张、蜡烛,整理了衣服、行装等。经过十几天的准备,在组织上由非常混乱做到有秩序,思想上由恐惧不安做到了安心地工作学习,工作上由无头绪做到了头绪清晰,而且进一步懂得了党的政策,学会了一些接管的具体方法,这就为进城以后的接管工作打下了基础。

1月15日晚,卫生接管处便开始了接管工作。由于天津接管工作的特殊性,要根据不同对象的性质与不同的情况制定不同的接管方法。地方性的医疗机构如各市立医院、中央医院、河北医学院等,它们与军队联系较少,属于半企业性质的社会服务机构,职员身着便装,看势做事,为了今后的工作学业,加之地下工作同志的努力配合,旧职员大部分没有逃跑,并看守着医院准备交代,于是对他们的看法也比较松一些,因此他们在行动上、工作上没有受到限制,很快就恢复了工作,保持原来的完整建制。另一种是军事性质的医疗机构,如联勤系统的各医院、药厂、物料库后勤人员,他们与国民党军队有直接联系,有组织有武装,有大量身着军服的国民党军队伤员,这部分人员接管办法不同于地方人员,采取了不同的接管方法与步骤。接管步骤大体分为这样三个阶段:

第一阶段,弄清单位、弄清系统,从攻城部队手中接过来,旧人员的报到、物资封存保管与封账,使资财不再受损失。①了解情况接上头,16日至19日大体完成。②从看守部队手中接收过来,20日至26日接收完毕。③人员报到。由于坚持了"争取团结旧人员"的正确方针,留在市内的技术人员约在一周内几乎全部报到,绝大部分在一两天内报到。如市立系统原有964人,报到959人;国立系统原有445人,报到413人;学校原有373人,报到363人;药厂原有960人,报到640人;药库原有189人,报到164人。④封存物资与账目。解决吃饭问题,维持生活。

第二阶段,进一步了解和必要地组织整理。①清查库存、清点物资与汇总。清查的原则,对于重点单位、重点物资,与旧留守人员共同清点逐件登记,先清点量多的、贵重的、容易被人偷盗的,不仅清点数目,还要分出好坏及能用与不能用者,并且在药品上要详记其单位含量,以防偷换。②处理伤俘。在入城前,对于处理伤俘工作即有了比较充分的准备,组织了伤俘管理处,作为处理伤俘的领导机关,下设医务科领导各区的医务股。医务科负责动员组织医药医师公会,配备医师及供发材料及药品,医务股按组织进行医疗。处俘处直接受军管会领导,在医疗上受卫生处的领导,并对卫生处负责。另外则迅速将已痊愈或伤情较轻者转出。市立医院原有 1181 人,联勤医院 9108 人,散在 3493人,合计 13,782 人。遣送市立医院 1158 人,联勤医院 8038 人,散在2849 人,合计 12,045 人。③冗员处理与反动党派登记人员处理。因对情况不大了解,对旧人员的处理持慎重原则,恶行多端的分子、官僚分子、冗员、多余的工役、敌人的党政人员,有以上情形之一者,可以裁退,军管会发路费遣散。遣散的情形,卫生局系统 30 人,联勤卫生材料厂 20 人,共计 50 人。反动党派登记开始于 3 月 3 日,首先在各工作小组助理员中进行动员教育后,即开始进行对各单位旧有人员的宣传,说明我党的宽大政策,有的交出了材料、党证等,有的在不得已情况下才承认,有的有凭据但仍不承认,至 3 月 13 日共登记 413 人,缴出党团证、手牒 43 份。

第三阶段,接管阶段。根据不同情况,采取了不同方法:①按系统由上而下的接管方法。这个方法适用于和平地接管完整的地方性工厂、企业、医院、学校,如市立医院、中央医院与河北医学院用的这种方法。②由下而上与由上而下的接管结合的方法,这个方法适用于我们对情况不了解,同时人员、物资都不完整的接管对象,首先弄清单位系统,把它组织起来,这多是在战斗情况下接收军事性质的后勤机关。如天津联勤医院卫生材料厂,就是这种情况。③利用旧有人员的接管方法。为了迅速安定社会秩序,在没有建立起一套新机构、新方法之前,要使各单位继续正常工作,必须使用旧有人员、利用原来制度,这些人中的绝大部分是受压迫的,他们有熟练的劳动技术,而接管人员不仅人员不足,技术条件也不行,从主观和客观都必须充分利用旧有体系开展工作。这种情况如药库和市立第三医院做得较好,打破了军管人员包办代替和包而不办的情况,卫生系统整体接收十分顺利。

四、接管工商企业

对于天津工商企业的接管,军管会把握的原则是"对私营之企业工厂、公司、银行、商店、仓库、货栈等民族工商业,均须负责保护,不得有任何侵犯"[①]。天津作为当时北方最大的工商业城市,工矿企业众多,官僚资本、外国资本及民族资本利益交织,错综复杂,接管起来如果全都采取"一刀切"的打击手段,不但会挫伤工人阶级建设新政权的积极性,更会给国民党反动派以攻讦口实,破坏共产党在人民群众心目中的形象;而倘若全部姑息处理,又无法彻底推翻压在人民头上的"三座大山",无法完成反帝反封建的历史任务。面对复杂多变的局势,军管会审时度势,条分缕析,采取以人民为中心的接管思路,针对不同情况实事求是地采取措施,完成了对企业的接管。

(一)接管官僚企业

军管会对内贸易接管处、对外贸易接管处接管的官僚企业大致可分为三种类型:①国民党行政机构和公营企业,计有津海关税务司公署、商品检验局、输出入管理委员会、中国石油公司、中美信托局、同济公司等。这些部门均较完整,其内部一切文件、档案、设备等,除有个别单位因战争遭受很小损失外,一般无缺损。除石油公司、信托局在战争混乱时期被国民党军抢走一部分汽油、麻袋、煤等,其他物资则无多大损失。各单位的职工人员,由于我解放较大城市实施政策的影响和我

[①]《接管人员工作守则》,1948 年 12 月,转引自《天津接管史录》(上卷),中共党史出版社 ,1991 年,第 64 页。

胜利形势的促使，加之我地下工作的作用，故大部分人员均未逃走，甚至很多高级职员也未逃走。海关、石油公司等还先作了移交准备，造具了部分表册。②四大家族的私人财产，计有祥记公司、扬子建业公司等，这些单位在济南、长春、沈阳等大城市解放时，即作了疏散、隐蔽、逃跑的准备，有的将规模缩小，有的结束营业，将大部分物资运走，人员逃跑、遣散，仅剩少数的下层职员和无法转移的零星物资、家具等。③四大家族及战犯财产与私人合营者，计有中美联合企业公司、工矿建设股份有限公司、泰东股份有限公司、中美工商股份有限公司等。此种部门一般是物资空虚，主要人员个别的逃走，其内部情况更为复杂，股东多种多样，如中美公司既有好汉股（干股）、化名股、私股（真正出钱的人），文件档案不全，有的被其主要负责人逃走时带走。

　　根据以上不同的类型，在接管时，对资产、人员、档案完整的接管对象，一般采取军代表责令其原有组织办理交代，由军管人员进行监督审查的办法，对这些对象的接收比较顺利。基本步骤是：①宣布接管，查封账货及重要文件档案，催造清册。②清点物资，索要表册，进行审查，结合教育与了解旧职员。③重点了解审查旧职员，拟定去留意见和组织旧人员学习，对原有组织进行处理。对不完整的接收对象，因其内部人、物均不全，接管人员亲自点收现有物资，侧面、正面进行调查，追索隐藏物资。基本步骤是：①清点登记物资家具，搜集检查文件档案。②追索物资，清理结束。对部分股份的官僚资本采取代管的方法，宣布代管命令后，说明党的政策对私人财产概不损害，将所有物资进行冻结，责令其负责人办理清结，做出清册。3月初，完成了对中央信托局天津分局、同记有限公司天津分公司、扬子建业公司天津分公司、韩记股份有限公司天津分公司、中国石油公司天津分公司、财政部输出入管理委员会天津区办事处、工商部商品检验局、津海关税务司公署及塘沽、秦皇岛、北平分关、长芦盐务管理局、华北煤炭调配委员会、井陉煤炭、天津仓库等的接管。

解放前天津的官僚资本商业较少,进城后军管会贸易接管处用很短时间接管了官僚资本开办的"山西实业公司"和"粮食调配处"等。正式建立了天津市贸易公司,下设纱布、粮食、煤铁、盐业、百货、信托等各专业公司。初步形成的国营商业体系,主要任务是恢复市场秩序、组织物资供应、打击投机商贩、安定人民生活、扶持生产、繁荣经济、沟通城乡物资交流。解放初期物价还不稳定,市场极为混乱,不法私商经常以粮食或纱布为对象,进行投机倒把活动,引起物价波动。

(二)接管工商企业

军管会工业接管处成立于 1948 年 12 月中旬。接管干部由华北区公营企业部所属各工厂,华北大学工学院、职工学院,华北局党校、团校,东北区及冀察辽热区的各企业部门会合而成。工业接管处在接管对象性质不同的情况下,成立了 9 个接管组,即纺织组、钢铁组、机械兵工组、电力组、化工组、纸业组、地产组、恒大组、机关组,后增加耀华玻璃公司组。在组的下面,按个别接管对象的单位划分为小组,每一个小组是由行政接管小组及一个群运工作组组合而成,行政接管小组是由技术干部或工人管理方面的干部组成,担任行政接管的任务;群运工作组是由职工会领导下的群运工作干部组成,担任职工运动工作的任务。在行政接管组、群运工作组成立后,立即展开政策的学习,进行思想上、生活上及工作上的入城准备工作。

由于及时宣布政策及地下工作同志的力量,各工厂原有职工在思想上、组织上均有移交准备。军事代表宣布政策与接交方针手续,于 3 日内从上而下,按系统基本上顺利地接受了各企业。截至 2 月底,共计接收工厂 115 处、仓库 165 处。除通车、通邮、通航、送电、通话外,大部分公营工厂开工,其他工厂因原材料不足及厂房或机器破坏,也在修理整补、采购原料,积极筹备开工。

党对私营工商业采取保护政策,提出"发展生产、繁荣经济、公私兼顾、劳资两利"方针。根据这一方针,由华北总工会筹委会天津办事处派出工作组到较大的私营工厂去，区也相继派出工作组到中小型私营工厂去，向广大职工及资本家讲明党的政策，号召职工报到上班，动员资本家安心复工。党对私营工商业的政策和迅速复工的号召得到了广大工人的热烈拥护。工人们饱受失业的痛苦，当听说复工的消息后，他们奔走相告，纷纷到厂上班，赶修机器，争取尽早恢复生产。

　　天津解放时正值旧历年关，私营企业工人迫切希望复工，并希望厂方按照旧例发放工资和年终分红并结算一年积欠的工资。但由于资本家受国民党反动派的欺骗宣传和谣言影响，对保护民族工商业的政策半信半疑，误认为共产党的经济政策是"资方、劳方、政府各分三成；共产党要平分工厂；提高工资，增加税收，私人经营没有前途"。还有的认为"今后工人没法管，劳资两利变成资方没利"。资本家顾虑重重，因此除少数开明资本家外，一般企业主对复工复业、发放欠薪、年终分红问题，多采取推、拖、观望的态度，借口存货无销路或者没现金等，甚至无故缩小营业，解雇工人。因此工人曾因要求复工与发放欠薪、年终分红、反对解雇等问题与资本家发生纠纷。根据10个区不完全统计，从天津解放到2月底，共发生劳资纠纷400余件。工人群众对资本家这种拖延复工的消极态度极为不满，纷纷向工作组揭发资本家的假象，积极提供企业在原料资金等方面的实情。还有的工人主动与资本家个别交谈，有的工作组和工人代表一起同资本家座谈，进一步宣传和解释政策，讲清开工生产与国家、人民及资方本身的利害关系，使其逐步消除思想顾虑，考虑复工。工作组坚持"两利"原则，对劳资双方进行耐心说服教育，求得公平合理地解决纠纷。如某工厂，工人按自己应得的工资要求每人暂借

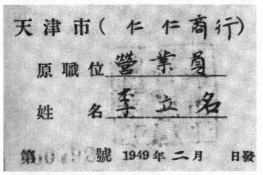

天津解放初期，市军管会统一印制的工商业者营业证章

5000 元(按旧币制计算),因资本家存货不能畅销,现金不足,确实有困难,而只答应每人借给 1000 元,为照顾到年底工人过年生活困难,工作组向资本家提出如有诚意解决这个问题,应考虑工人要求并设法解决;另一方面照顾到资本家的实际困难,工作组又说服工人降低要求,最后以每人借发 4000 元,解决了纠纷。由于劳资纠纷合理解决,双方均表满意。到 1949 年 2 月已有 89.5%的私营工厂复工生产。

在私营商业方面,由于军管会在解放后第二天公布了人民币为法定货币,并公布了兑换金圆券的比值,打消了商人担心货币贬值的顾虑,市场交易日渐增多,又因为旧历年迫近,商人也想多销售货物,因而私营商业较私营工业恢复快得多,到 1949 年 1 月底商业基本恢复。

由于军管会和市委、市政府正确地贯彻了"发展生产、繁荣经济、公私兼顾、劳资两利"的方针,正确掌握了"城乡互助,内外交流"的政策,私营工业在天津解放后较短的时间内就大部复工,而且由原来的 9837 户增加到 12,311 户,职工人数也较原有数字增加了 18.82%。私营商业户增加更多,到 1949 年底,各类商户达 44,979 户。私营工商户的大批涌现,在一定程度上缓解了解放初期的市场供需矛盾,对疏导城乡关系及促进物资交流起了一定作用。

(三)管理外资企业

近代,帝国主义掠取了军事、政治、经济上的许多特权,他们把持天津海关,控制天津的对外贸易、金融、工业制造、公用、房产等经营权,使天津成为列强推销产品和掠夺资源的重要城市。抗日战争爆发前夕,列强在天津的投资额中,英国占首位,美国次之,法国第三。太平洋战争爆发后,日本帝国主义接收了英美企业,日资占据首位。日本投降后,美国代替日本,成为天津出入口贸易的主要垄断者,仅 1946 年 3 月至 1948 年 3 月,美国入口货值占天津入口总值的 68%,出口占天津出口总值的 65%。

天津解放时,外商企业在津有 216 家,包括美、英、法、德、瑞士等

17 个国家。其中英国占 57 户，美国 52 户。他们经营的行业有进出口业及与之密切联系的航运、码头、仓库、内河驳运；金融业的银行与保险；加工制造业的烟草厂、汽水厂、打蛋厂、打包厂；公用事业的发电厂及房产公司；服务性行业的旅馆、饭店、咖啡店、服装、百货、委托行等。其中以进出口与金融业的经济势力最大。帝国主义的侵略、掠夺，阻碍和排挤了民族工商业的发展空间。天津解放后，要建立起独立的社会主义经济，就必须取消帝国主义在津的种种经济特权，削弱其经济势力。

为了加强对外商企业的管理工作，军管会派出军代表驻厂，监督生产经营。为尽快恢复生产建设，在坚决反对帝国主义，取消其经济特权的原则下，对英美等外商的业务机构、业务活动作必要的、暂时的利用，而不笼统地反对和排除，但也不是无原则的利用。军管会规定：凡遵守我国法令的外侨商户，只要服从我政府法令，从事正当经营，并有利于我经济建设就允其存在；凡危害国计民生带有垄断性的企业和进行投机等非法活动的企业，则采取各种方法，严格控制，实行征用和代管方法，停止其营业。

当时在津的外商工厂有三类：一是以内销为目的的工厂，如英商颐中烟草公司，利用中国原料和劳动力，制造卷烟和中国卷烟竞争；二是以出口为目的的制造业工厂，如美商美古绅洋行的地毯工厂，利用中国原料和劳动力，制造地毯，销往英国等地；三是为出口而加工的工厂，如英商和记洋行的蛋厂，从农村收集鸡蛋，制成蛋粉或冰蛋，销往英国等地。对此，政府采取区别对待的方针，第一类对我们利少害多予以限制；第二、第三类在我管制对外贸易下可以换取外汇，对我有利，故加以利用。对外商经营的公用事业，采取依法征收其营业税的办法加以限制，以逐渐达到自办之目的。对在津的外商银行本着独立自主的外汇政策，采取外汇事业由国家银行统一管理、统一经营的方针，指定国家银行体系中的中国银行为经营管理外汇的专业银行。外商银行经申请核准方得补充为外汇指定银行，代理中国银行为客户办理买卖外汇业务,但其本身不能买卖外汇、外币。采取外汇由国家银行统一经营管理的政策,粉碎了帝国主义多年来对我国外汇的垄断控制,增加了外汇收入,节约了外汇支出,天津经济逐步走上了独立自主的道路。

第三节 接管工作的主要经验

接管城市工作是初进大城市的中国共产党所面临的全新工作。天津的顺利完整接管并迅速恢复城市功能和生产建设,离不开党的正确领导,离不开党所制定的一系列关于接管和建设城市的方针政策,同时也是在中共地下组织的积极配合下,天津市军管会、中共天津市委、市人民政府及广大接管干部正确执行党的方针政策的结果。

一、党制定的正确接管方针

随着解放战争的不断推进, 人民解放军解放的城市不断增多,国民党快速退败,中国共产党将工作重心由农村向城市转移,城市工作变为中共的工作重心。在城市工作中,党员干部缺乏经验,对管理城市、建立社会新秩序缺乏行之有效的方法。天津亦是如此,入津工作的干部对于如何做好天津的社会接管和治理,并迅速发展生产,发展工商业经济,恢复社会秩序,同样没有经验。但是天津的干部对中共中央的方针政策,彻底贯彻、坚决执行,始终坚持中共中央下达的命令,在摸索中前进,在工作中学习,在天津的社会接管和治理过程中始终不违背党的一系列大政方针,在党的政策框架下,完成社会接管和治理工作。如在调整工资的问题上,中共中央作出了这样的政策指示:“一方面,必须反对那种盲目的无限制的过分提高工资,因为这种办法不能提高工人的积极性,并且使企业无法扩大生产,甚至无法继续再生产。另一方面,则必须反对那种无原则的过分压低工资,反对那种抹杀工程师、技师及技术工人和普通工人之间的差别,而主张平均主义的待遇,因为这种办法必然阻碍他们的生产积极性,使生产力不得进步,而且退步。"①1949 年 4 月,天津市军事管制委员会已经把党政机关、公私立学校、医院及大小企业等 1000 多个单位完整地接管下来。这些单位从接管之始到接管结束,未遭到任何破坏和损失,单位的旧人员(潜伏的敌特分子除外)也整套接收下来。这种接管政策和接管方式,后来当作经验被其他城市所借鉴,这就是著名的"三原"政策。天津接管所施行的有效政策,其精髓正是来源于中共中央的城市接管政策,这恰恰反映了只有坚持党的领导才能攻克难关、战无不胜。

接管城市工作是在党中央严明的城市政策指导下,接管干部严格执行城市政策的过程中完成的。党的工作重心转移到城市后,党的城市工作面临全新的任务、内容和对象。面对城市工作中的各种复杂关系,以及许多干部可能或已经发生的错误做法,党中央如果不能用严明的政策来规范和指导,或者中央在政策指导上有所松懈和迟缓,就会造成接管人员由于缺乏政策依据而无所适从、各自为政,从而犯主观主义、自由主义错误。早在 1948 年 12 月 22 日,中国人民解放军平津前线司令部就发布布告,对接管天津作出明确指示,主要包括:保护城市全体人民的生命财产;保护民族工商业;没收官僚资本;保护学校、医院、文化教育机关、体育场所,及其他一切公共建筑;妥善安置不加抵抗的各级官员;勒令散兵游匪投诚报到;保护外国侨民生命财产的安全;号召全市市民共同维护秩序。明确的指示如同一颗定心丸,令一些尚在观望中的国民党官员和普通市民积极向我党靠拢,对顺利接管天津起到了决定性的作用。

党中央对接管城市工作的政策指导有如下特点:

一是政策指导与接管工作相始终。接管城市工作自始至终是在严明的政策指导下进行的,中央政策指导与接管实践如影相随。

①中央档案馆编:《中共中央文件选集》(第 18 册),中共中央党校出版社,1992 年,第 89 页。

二是注意纠正错误、总结经验。对过去发生的错误及时进行纠正，对好的做法和经验及时进行总结和推广。

三是政策指导具体明确。从重大问题到一般问题都有明确的政策，发出专门指示，如对没收官僚资本、民族工商业、城市各界代表会、学校教育、旧人员旧组织、涉外事务、城市房地产、对待民主人士、对外贸易、平稳物价、劳资关系、中外报刊通讯社等问题，都作出了明确具体的政策规定。

四是政策量大，连续性强。中央不仅就接管城市工作的每项问题都作出指示，而且对其中大部分问题多次发出指示，并根据形势发展和具体情况不断进行政策调整。

党中央不仅制定了系统而明确的接管城市工作政策，而且强调在接管城市的实践中要严格执行各项政策。注意教育干部掌握城市政策。在入城前，进行干部培训，对入城部队和接管干部进行城市政策教育，使干部熟悉城市政策，牢固树立政策观念，接管工作严格按照政策进行。政策宣传到位。入城后首先对接管对象进行政策宣传，目标落实，政策宣传到位，深入人心，让接管对象明了党的政策，让他们积极配合，安下心来开工生产。

二、地下党组织积极配合

解放前，天津潜伏着大量地下工作者，他们是与天津市民直接接触的共产党人。1948 年 12 月 13 日，华北局对潜伏在天津的地下党组织发出指示，要求他们做好争取市民的工作，"在我军入城之前与入城的过程中，城市党的地下组织，应根据各个时期的具体情况，用各种各样和群众联系的方法，向各个阶层、各种职业、各界的人民群众，进行思想上、政治上的解释动员工作"[1]。按照上级布置，在发动攻城前，地

---

[1] 中共华北局：《关于对平津地下党的组织在接管城市中应做工作的指示》，1948 年 12 月 13 日，转引自《天津接管史录》（上卷），中共党史出版社，1991 年，第 44 页。

下工作者以向市民家塞纸条、写信、通过内部关系打招呼等细致的工作方式宣传共产党的政策，以至于当时市民接到地下党宣传品"已成了公开的秘密和街传巷议的消息，对宣传党的政策，扩大我们的影响，稳定人心、安定秩序是起了很大作用的"①。

　　为配合解放、接管天津，中共中央华北局对天津市内地下党的组织系统进行了调整。1948 年 11 月上旬，华北局城工部向天津地下党组织传达了中共中央关于天津战役的部署，决定把天津市内原由上海局领导的地下党组织和北平学委领导的地下党组织进行合并，从而成立天津工委（即中共天津工作委员会，对外称迎接天津解放行动委员会）。中共天津工作委员会下设市政银行委员会、企业委员会、学校委员会，受华北局城工部直接领导，主要任务是：组织群众保护所在单位，反对南迁，开展护厂护校，搜集军事情报，作上层统战工作，配合解放军解放天津。同时宣布原由华北局城工部直接领导的天津市内的"地方系"（指原冀中区党委城工部直接领导的天津地下党组织），仍继续按原来单独系统进行工作；并明确在解放军入城前，原有市委仍旧领导城市工作，在解放军入城后，一切工作则由军管会来领导。天津解放时，市内有地下党 1564 人。②调整后的天津地下党组织，加强了集中统一领导，更有利于完成配合解放、接管天津的任务。

　　遵照中共中央配合解放、接管平津的指示，华北局于 1948 年 12 月 13 日发出指示，向平津两市地下党组织部署了任务，要求"平津地下党组织对平津等大城市和工业区有足够的重视，完整的对其进行接管固然重要，但也不能忽视了这些城市和工业区的发展"③。在解放城市的

<hr />

①《天津地下党迎接解放军进城配合工作的几点主要经验（节录）》，1948 年 12 月 13 日，转引自《天津接管史录》（上卷），中共党史出版社，1991 年，第 127 页。

②参见中共天津市委党史研究室：《城市接管与社会改造·天津卷》，天津人民出版社，1998 年，第 470 页。

③中共华北局：《关于对平津地下党的组织在接管城市中应做工作的指示》，1948 年 12 月 13 日，转引自《天津接管史录》（上卷），中共党史出版社，1991 年，第 44 页。

战役中,实行军事上的里应外合或许不是那么容易做得到,但是在对城市进行接管的工作中,里外配合是完全有可能实现的,而且是完成接管工作所必须实现的。在完成这些城市和工业区的解放后,平津地下党组织要对以下三项任务进行有计划性地分步完成:"第一项任务,彻底肃清原有的反革命及其破坏活动,防范其他破坏行为;第二项任务,完整地接收全部公产;第三项任务,及时供应城市的粮食、燃料以及工业原料,以保证社会生活与生产秩序进入正常化轨道。"①同时也指出:"完成这三项任务的关键,是内外力量相结合,也就是处于内部的人民群众和外部的人民解放军之间的配合,才能完整地接收和管理城市。"②

天津地下党组织在华北局城工部的直接领导下,认真贯彻中央及华北局的指示精神,反复研究沈阳、济南等城市的接管经验,针对天津实际情况,在前期的准备工作中积极配合。在天津解放之初,城内残余敌军作好了坚守城市和破坏城市两种心理准备。在此种情形下,天津地下党组织为了配合部队顺利攻入天津城,他们冒着艰险冲破敌人防线,将敌情资料送至前线,这为人民解放军掌握敌情,进行详细的作战部署提供了可靠的依据;天津地下党组织使攻城部队掌握重要建筑物的位置,避免工厂、学校、医院等遭受炸药的破坏;承担着宣传中国共产党政策的任务,为顺利接管天津城打好头阵;带动工人学生开展护厂护校斗争,阻止了国民党的重要工厂、学校南迁计划的实施;重点保护具有社会公共职能的工厂、学校等设施;维护社会秩序,防止敌人破坏捣乱;掌握国民党军、警、宪、特的动态,及时与市外攻城部队和军管会取得联系;千方百计地作瓦解敌人内部的工作和爱国民主人士及国民党上层人物的统战工作。通过这些工作配合人民解放

---

① 中共华北局:《关于对平津地下党的组织在接管城市中应做工作的指示》,1948年12月13日,转引自《天津接管史录》(上卷),中共党史出版社,1991年,第46页。

② 同上,第47页。

军迅速准确地歼灭敌人，保护人民财产，维护社会秩序，保证胜利解放和完整接管天津。

天津的很多工厂、机关、学校在解放前就已有中共地下组织的同志积极活动。在解放天津前夕，他们通过各种渠道，积极宣传中共中央关于保护城市资财、文件、档案等各项政策，并提出破坏者惩、立功者奖；同时还组织工人、教员、学生开展护厂护校运动。有许多机关、学校党的地下工作者还以各种名义把本部门的重要资财及文件档案保护起来，不少地下党员把市区内国民党机关、仓库的所在地画在图上提前交给部队，为天津解放后顺利而完整的接管打下了基础。部队进城后，地下党员又主动带路，在街上维持秩序，保证了接管工作顺利进行。

勾宪真就是千千万万个为天津解放贡献自己心力的地下党员的典型代表。勾宪真，又名勾真，1919年生于天津，1937年毕业于北平新闻专科学校，后长期从事新闻工作。1945年后在天津《民国日报》当记者和编辑。1948年参加共产党外围组织——天津新闻记者协会（简称"地下记协"）。天津解放后曾任《天津日报》记者、编辑、天津人民印刷厂干部，后为天津教育出版社特约编辑。

"天津新闻记者协会"是在中共中央南方局平津工作委员会领导下建立的外围组织，成立于1948年春。负责人是段镇坤（中共党员，当时在天津《益世报》任编辑），参加者都是当时天津新闻界中的一些进步编辑、记者。它的任务是配合中国人民解放军，保护工厂，迎接解放，为接管天津作准备。勾宪真当时是天津《民国日报》的记者兼"教育与体育"版编辑，早在1948年冬成立"天津新闻记者协会《民国日报》小组"时，他就与天津《益世报》记者、中共党员姚仲文建立了联系。在姚仲文的帮助下，勾宪真提高了政治觉悟，接受了共产党给他的秘密任务，即搜集和提供情况，保护工厂，配合解放军，以便利解放后对天津民国日报社的接管。

《民国日报》是国民党天津市党部的机关报,社长、总编辑都是国民党天津市党部的委员,报社内的大部分人是国民党党员,有的还是国民党特务。社长、总编和一些特务腰里别着手枪上班,有的特务则各处乱转,实行特务统治。这个报社的机器设备齐全,日本投降后它接收了敌伪唯一一家报社——天津华北新报社的全部财产和设备,后来又购置了一些设备,还从美国购进一台轮转机(尚未安装使用),存纸也比较多,还附有一个承印所,是当时天津市物资雄厚的一家报社。

为了使这些财产顺利地回到人民手中,为解放后顺利接管作好准备,地下党非常重视对民国日报社的护厂斗争。为调查民国日报社的机器设备情况,勾宪真利用夜间到排字房看着"拼版"的机会,和工人们聊天,暗中了解设备情况,白天则到各处以"串门"为名,实地察看承印所。用了四五天时间,勾宪真把天津民国日报社工厂、承印所和仓库里的所有印刷机(包括轮转机、平版机、圆盘机)、铸字机、压版机的数量,铅字架子的数量,以及存纸的数量、汽车部数及使用者等调查完毕。

天津民国日报社的人员情况,也是地下党急需了解的。勾宪真根据了解到的情况,及时上交报告,其中包括哪些人是国民党特务,哪些人携有枪支,哪些人在敌伪时给国民党做过地下工作,哪些人是日本投降后由北平找来办报的,都一一写明。当时民国日报社内主要有两派,即沧县派和北平派,这两派的头目是谁,各有哪些人,报告里均作了介绍,并附有编辑部、经理部所有人员和他们所担任职务的花名册。国民党对共产党和共产党的政策疯狂地进行攻击和诬蔑,造谣共产党进城要"十大杀",其中包括就"新闻记者杀",勾宪真等人利用和周围人聊天的机会进行宣传党的政策,使不少编辑和工作人员的情绪稳定下来。

随着天津解放日益临近,"地下记协"研究如何迎接这一伟大时刻,当时决定以"地下记协"的名义出版号外。在勾宪真的运作下,《民国日报》的承印所表示愿意接受印刷任务。当时由于战争导致停电,又

天津《民国日报》发行《号外》

正值隆冬时节，天津非常寒冷，加上停电，条件的艰苦可想而知，但工人们硬是用脚踏的方式将一张张《号外》印刷了出来，免费发给报童。很快，"号外，号外，天津解放了"的叫卖声就在大街小巷传开了。这张《号外》是16开型的，正面是天津解放的消息，大意是中国人民解放军从昨夜起发动总攻，迄今天全歼敌军，天津获得解放，受到人民的热烈欢迎。背面是中国人民解放军的布告。当天下午，接管天津民国日报社的同志们陆续到来，至此，国民党的机关报——天津《民国日报》，随着天津的解放，顺利地、完整地回到了人民的手中。

三、贯彻执行党的群众路线

中国共产党作为马克思主义政党，在城市工作中坚持一个基本原则，就是按照人民的利益和要求进行决策，人民的城市依靠人民来管理。毛泽东指示全党"城市已经属于人民，一切应该以城市由人民自己负责管理的精神为出发点。如果应用对待国民党管理的城市的政策和策略，来对待人民自己管理的城市，那就是完全错误的"①。刘少奇也指出"城市工作就是把城市群众组织起来，教育好并且保护他们的利益"②。

在管理城市问题上，毛泽东提出了"依靠谁、做什么"的问题，这就

---

① 《毛泽东选集》(第四卷)，人民出版社，1991年，第1324—1325页。

② 中共中央文献研究室编：《刘少奇年谱》(下)，中共中央文献出版社，1996年，第192页。

是依靠工人,发展生产。刘少奇指出:"我们党过去同工人很有联系,但后来被迫转入乡村。国民党在工人中活动了这么多年,散布了影响,工人内部也复杂起来了,而我们与工人的联系减弱了,我们的干部包括中央委员在内对工人生疏了,对工人的面貌也不熟悉了。所以必须努力学习,时刻注意毛主席关于依靠工人的指示,加强工人工作。"①刘少奇还特别强调指出:"我们把工厂里的职员认为是工人阶级的一部分,是因为脑力劳动与体力劳动都是劳动人民,同是劳动阶级,不要因为他们较接近于资产阶级,在思想上受其影响,就将他们划成另一个阶级,不把他们当作工人阶级的一部分,那样就会分裂工人阶级,造成基本的原则错误。"②

进城前,天津市军管会制定了非常严格的纪律,要求发扬共产党人"深入群众"的感情优势赢得民众。黄克诚在入城前的讲话中强调:"深入群众,不准官僚习气,不要进城后忘记了接近群众,要深入到工人劳动市民中去……任何人不得有违反的特权。"③在按照讲话精神制定的《接管人员工作守则》中,要求接管干部"必须坚决实行和宣传党的政策,保护各阶层人民的生命财产,不得擅入民宅,不拿群众一针一线,严禁一切破坏群众利益的行为,并贯彻为人民服务之精神"④革命者较严格地执行了这一纪律,而这一精神面貌也感染了很多市民,让很多人在和旧政权的对比中树立了初步的政治认同。军管会电讯处在入城 3 个月后的一份报告中曾这样描述:"入城后全体干部以高度的积极性,忘食废寝日以继夜紧张地进行接管工作。在生活上保持与发扬了艰苦奋斗吃苦耐劳的优良传统。尤其最初几日,吃干粮睡地板,喝

---

①《刘少奇选集》(上卷),人民出版社,1981 年,第 421 页。
②中共中央文献研究室编:《刘少奇年谱》(下),中共中央文献出版社,1996 年,第 200 页。
③《黄克诚同志向入津高级干部的讲话》,1948 年 12 月,转引自《天津接管史录》(上卷),中共党史出版社,1991 年,第 59 页。
④《接管工作人员守则》,1948 年 12 月,转引自《天津接管史录》(上卷),中共党史出版社,1991 年,第 63 页。

不到开水烧不上火,面对这种艰苦情况,大家能顽强的克服困难毫无怨言的去积极进行工作。在遵守纪律上,绝大多数同志发扬了自觉性,他们很少到外游逛,全心全意关注于工作。至于发洋财抓东西现象,更是绝无所闻,这种优良的埋头苦干的作风与艰苦朴素的精神,给了旧人员以良好的印象,甚至感动了他们,而广大市民更是同声赞誉。"①

　　尽快建立革命秩序,清除战争痕迹,恢复城市功能,安定人民生活,是天津解放后接管工作中十分重要的工作。军管会在组织发动群众打扫战场,收容国民党军队的散兵游勇的同时,抓紧时间恢复交通、水、电、邮政业务。水、电、交通等公用事业的恢复直接关系到人民生活,是安定人心、稳定社会秩序的重要环节,又是工厂、商店、学校复工复业复课的前提条件。在天津解放当天,军管会即首先派出部队守护电车厂、公共汽车厂、电厂、水厂。所有派驻接收单位的军代表以高度的革命精神和责任感,率领广大工人群众积极投入抢修恢复工作,因而天津解放后仅48小时,除铁路与公共汽车外,电灯、电话、自来水、电车、邮政等行业即初步恢复了工作。1949年1月15日18时,冀北电力公司天津分公司所属的两个发电所和一个变电所即行开始发电,次日天津第一发电厂复工发电,全市供电恢复;解放当天,天津自来水厂和济安自来水公司即向市民供水,至23日,市区供水全面恢复正常;17日,电车开始通行;18日,公共汽车大部分恢复通车;20日,各医院相继开业;23日,7条有轨电车通车;25日,各路全线通车。此外,15日至21日,全市所有的菜市场全部开业,粮食、蔬菜源源入市,生活必需品物价渐趋稳定,人心逐渐安定下来;人民银行公布兑换金圆券比价,天津分行通告优待兑换办法;市贸易公司粮油部开始配售面粉;邮局开始营业,各处电话大部分通话。2月3日起,全市公立、私立大中小学

---

① 《天津市军管会接管部电讯接管处接管工作总结》(节录),1949年3月,转引自《天津接管史录》(上卷),中共党史出版社,1991年,第328页。

相继开学,2月5日已有350余所各类学校正式复课,2月8日南开大学正式复课。

天津解放后不久,市中心秩序恢复正常,商店开始营业[选自《天津接管史录》(上卷)]

军管会还在第一时间办理急赈,救济灾民和失业人员。因国民党当局于解放前夕把市区、郊区的民房纵火烧毁,造成10万群众流离失所。又由于国民党黑暗统治时期造成的大批失业人员及附近农村自然灾害所致,广大工农群众急需得到党和政府的救济。为此军管会抽调一大批干部专门进行救济工作。军管会采取了依靠积极分子(失业工人、城市贫民)组成赈济委员会,召开群众大会的策略,讲解赈济意义,打消群众的恐惧。通过这一方式,军管会逐渐取得了市民的信任,发放工作顺利开展。以第二区为例,"第二次赈济户5913户,26,290人,占全区人口16%。两次发粮380,379斤,7841户,33,512人"①。整个天津市,除了发粮3,914,985斤外,还对战争期间毁坏的民房进行修缮,"经呈请政府批准75,278,910元(折合小米1,571,885斤)贷款协助灾民修

---

① 《中共天津市委第二区区委关于入津后半月工作总结》,1949年1月30日,转引自《天津接管史录》(上卷),中共党史出版社,1991年,第135页。

房2456.5间，解决8430人住房问题"①。对于失业者除了拨发粮食1.2万余千克外，政府还组织专门机构对失业人员进行登记，选择多种途径解决就业问题。随着新秩序的建立，生产建设及各项事业恢复正常发展，失业问题逐渐得到解决。此外军管会和市政府还对行乞这一社会痼疾开展整治，救贫苦乞丐，制止职业乞丐，于1949年5月成立了收容处理乞丐委员会，开始收容、处理乞丐，直到将其基本肃清。

为恢复城市功能，安定人民生活，还进行了交通秩序的整顿。天津解决后，很快颁布了《天津市临时交通管理规则》，严格交通秩序，整顿影响市容、妨碍正当商业经营的摊贩市场。通过采取多种措施，使得社会秩序由混乱到稳定，建立了正常的新秩序。

面对战后群众的基本生存需求，革命者在打扫完战场后，借鉴农村革命给贫雇农借粮、清债、分浮财的做法，开始赈济贫民、工人。鉴于前文提到的贫苦市民对外来革命者普遍的怀疑和恐惧，在就业方面，新政权刚一建立，就宣布私人工厂"不得降低工人的实际工资及其他待遇。过年费、年终花红等旧习惯发给"②。对国民党官僚资本企业改办的公营工厂，更是失业问题不解决，工厂不得随便解雇工人。此外还通过渤海垦荒、建设公共工程及组织合作社进行社手工生产解决失业问题。③被新政权接管的职业介绍所通过将失业人员介绍到津内宣教、会计等部门，以及在冀中、东北、晋南、冀东、西北各区及野战部队工作落实就业，10个月来，"经处介绍得业者2640名（内男2295名，女345名），要和国民党时期比较，我9个月来介绍得业人数几乎超过伪职业

---

① 《天津市民政局1949年全年社会救济工作情况》，1949年12月，转引自《天津接管史录》（上卷），中共党史出版社，1991年，第579页。

② 《中共中央关于私人工厂复工等问题给天津市委的指示》，1949年2月5日，转引自《天津接管史录》（上卷），中共党史出版社，1991年，第582页。

③ 参见《黄敬给毛主席及华北局的综合报告》，1949年11月22日，转引自《天津接管史录》（上卷），中共党史出版社，1991年，第588页。

介绍所 37 年全年介绍得业人的 2 倍"①。这个成绩的取得与全国解放战争急需用人有关,但也确实解决了大量的失业问题。德国哲学家哈贝马斯认为:"国家之证明自己有助于合法化,只有它成功的处理了它计划要承担的任务时,才成为可能。"②解放初期的赈济工作不仅目标于国家的合法化,更重要的是赈济的百姓是革命者的"阶级兄弟",出于对"穷人"的阶级认同而进行的帮助,这一点通过与革命者面对中间阶级的态度对比可以看得较为透彻。

在革命者接管天津财政局时,除了将精通业务、同情革命的人员留用并加以改造考察外,将"老朽无用的旧员工,均予以辞退"③。在革命者的物质帮助下,"穷人"理解了共产党打天下是为穷苦大众谋利益的理念,加速了对"自己政权"的认同感。正如接受救济的贫民所说:"国民党天天要东西,共产党来就发粮、贷款,国民党来时接公馆,共产党来了发救济粮……解放军再不解放天津,我们这些穷人都得饿死,想过个年,比登天还难。"④

对于"旧人员"的妥善安置,也是接管工作的重中之重。"旧人员"是指在国民党政权机关、金融机关,以及企业、学校等机构从事服务的人员,它是一个相对的概念。由于这类人员的数量较大,对他们的妥善安置事关社会秩序和新政权的稳定。旧职员在经历过社会的动荡混乱以后,生活困苦,新政权建立后,他们仍然希望可以继续从事工作。此外在旧职员这个队伍中,还存在着一部分技术性人才,他们掌握着丰

---

① 《天津市民政局职业介绍所 10 个月工作总结》,1949 年 12 月,转引自《天津接管史录》(上卷),中共党史出版社,1991 年,第 570 页。

② [德]尤尔根·哈贝马斯:《交往与社会进化》,张博树译,重庆出版社,1989 年,第 203 页。

③ 《天津市财政局接收工作总结》(节录),1949 年 3 月,转引自《天津接管史录》(上卷),中共党史出版社,1991 年,第 184 页。

④ 《中共天津市委第二区区委关于入津后半月工作总结》,1949 年 1 月 30 日,转引自《天津接管史录》(上卷),中共党史出版社,1991 年,第 136 页。

富的技术经验,又能够很清楚地了解工作情况。因此对这些人员的接收与安置,能够对发展经济、繁荣文化、活跃社会气氛起到作用。正是由于中共妥善接管安置了旧人员,使其能够保住"饭碗",在接管天津时,这些旧职员积极参与,帮助接管单位进行物资接管,才使得财粮等物资接管能够顺利完成。

旧人员的接管和安置是社会接管工作的一项重要任务。为保证旧人员能够得到充分尊重,做到"为我所用",天津并未采取"一刀切"全部遣散的做法,而是将旧人员的工作性质进行分类界定,不同类型的旧人员采取不同的接管安置政策。在对旧人员的接管安置工作中,受到特殊"优待照顾"的是技术人员。"除特务分子"[①]外,做一般技术工作的人员或有专门知识经验的人员,均得到留用。针对学校、技术性部门、公益性部门的旧人员,也并未全部遣散,而是采取"暂且不动,了解之后再行决定"[②]的方法,在了解查明后,使中立、主动的旧人员保留原职。对行政机关中的旧人员则采取较为严格的方式,如"警察局中局长室、秘书室的人员、专员等和官僚老朽分子、靠面子吃饭的人,一律遣散"[③]。除上述做法外,针对被遣散的部分旧人员,天津市委同样进行了分类处理。针对被裁减的知识青年,可送到华大进行特训,并举办训练班,改造、争取知识青年。针对家庭较为困难的旧人员,采取"留职学习"的方法,学习期间给予适当经济补助,成功录用后,照发工资。这一方法赢得了人心。那些曾在公共部门任职的旧人员受到了公正的对待,也得到了不低于在旧政权时工作的待遇。由此在后来中共接管学校及其他公共部门的过程中,这些旧人员主动揭发旧政权的丑恶,为

---

①《天津市委关于对旧人员处理问题的决定》,1949 年 1 月 31 日,转引自《天津接管史录》(上卷),中共党史出版社,1991 年,第 520 页。

②周铎:《在市长办公室的日子》,1950 年 7 月,转引自《城市接管亲历记》,中国文史出版社 ,1999 年,第 613 页。

③《天津市委关于对旧人员处理问题的决定》,1949 年 1 月 31 日,转引自《天津接管史录》(上卷),中共党史出版社,1991 年,第 521 页。

中共能顺利接管学校及其他公共部门提供了很大帮助。

从上述做法可以看出，天津市委在处理旧人员的问题上始终秉持着以人为本、为我所用的"团结教育改造"原则。通过职工大会或者座谈会等形式，民运宣传部门对旧职工进行一系列教育改造，如通过时政教育、政策教育和革命教育，让这些旧职员实现自我改造，从思想上看清楚国民党的反动本质。天津市军管会对普通旧职员的安置，不仅为接管部门搜集国民党隐匿分散的物资提供了重要帮助，也促进了生产工作的恢复与发展，更使旧人员保住了家庭生活来源的"饭碗"，为天津社会稳定、人民拥护新政权提供了良好的政治环境。

四、坚强有力的接管队伍

接管大城市是中国共产党执掌全国政权、治理国家的开始，有一支坚强有力的接管干部队伍是完成这项伟大事业的关键。正如陈云指出，接收一个大城市，除方法对头外，需要有充分准备和各方面能称职的干部。为此接管城市工作首先要求建立坚强有力和作风正派的干部队伍。

首先要组建坚强有力的接管城市工作的领导机构和领导班子，准备各方面能称职的干部，组建领导班子。陈云向中共中央提出建议："中央和各战略区野战军，均需准备有专门接收大城市的班子，待工作告一段落，即可移交给固定的市委等机关。这样的接收班子，可以积累经验，其中骨干可以暂成专职，依次接收各大城市。"①军管会的领导必须坚强有力，高度负责，把握全局，掌握方向，精通政策，处事果断，雷厉风行，并善于调动一切积极因素做好工作。城市卫戍部队要精明强干。城市卫戍部队应是单一建制，由训练有素、纪律严明、有相当城市知识的部队担任。接管城市工作是初进大城市的中国共产党所面临的

---

① 《陈云文选》（第二卷），人民出版社，1995年，第379页。

全新工作。中共中央以与时俱进的战略眼光,向全党提出提高马克思主义理论素养以适应新的时代要求的任务。在接管城市工作中,中国共产党顺应新的时代潮流,极大地推进了马克思主义时代化的进程,并创造了成功接管城市的光辉成就。

其次要确保接管干部保持良好的工作作风。保持艰苦奋斗的作风。党中央注意教育进城干部要继续保持和发扬长期在农村中建立起来的艰苦奋斗的革命传统。军管会各负责人,严格遵守城市政策和纪律、政府法令,工作作风严谨,纪律严明,秋毫无犯。如天津接管干部进城时,为了不影响城市人民的正常生活,每个人都准备了干粮。接管干部坚持原则,秉公办事,不偏不私,模范行动,没有发生贪污腐败的现象,全力制止争房子、争汽车、争工厂等纠纷。坚持实事求是精神,把接管工作建立在调查研究基础上,每个接管部门和接管干部做到深入细致的调查研究,想方设法了解和掌握接管对象的实际情况,以此为依据,制定接管计划和方案。接管干部要精诚团结,军管会内部各接管系统积极配合,相互支持,做到减少扯后腿、耗精力之事。接管干部要具有高度负责、全力以赴的品质,对重大事件、容易出乱子的问题预先要有充分的精神准备,军管会的领导人要有足够时间考虑研究重大问题,如外交、粮食、金融、捕杀等重大问题,军管会都有精神准备。

随着解放战争的胜利发展,许多城市已经解放或者即将解放,把许多解放区连成一片。这种情况要求统筹一致,克服存在于党内和军队内的无纪律无政府状态。中共中央强调必须加强对各地的集中统一领导,建立严格的请示报告制度。为了保证各地严格执行城市政策,不犯政策性错误,不发生各自为政,犯自由主义、无政府主义和无组织无纪律现象,中央规定凡是政策性决定,除中央已有规定外,必须事先请示,各中央局和前委对于下级发出的一切有关政策及策略性质的指示及答复,无论属于何项问题均须同时发给中央一份。

1948 年 6 月,中央军委批转《东北野战军入城纪律守则》,规定了

8项入城市纪律,中央转批的《东北局关于保护新收复城市的指示》(以下简称《指示》),对攻城和入城部队、后方党政军民机关也都规定了详细和严明的注意事项。《指示》指出:"必须普遍地从军政后勤干部直到战士进行党的城市政策、工商业政策的教育,对指定的攻城部队,必须在战斗之前专门进行爱护城市、保护工商业的进城纪律教育,对这种教育必须检查是否普遍,是否深入。"①同年,毛泽东、朱德联合签发的《中国人民解放军布告》及中共中央发出的《关于入城部队遵守城市纪律的指示》,严格规定了我军的城市纪律。例如在接管上海时,上海市军管会制定的《入城守则》,规定入城后军队不住民宅。陈毅把这一条作为人民解放军送给上海人民的"见面礼"。上海枪声停息后的第一个清晨,当市民打开家门时,惊奇地发现马路两边睡满了解放军战士。

制度和纪律是现代文明的标志,是实行科学管理的主要途径和方式,是治国安邦和健全民主法制的保证。中国共产党在接管城市过程中运用了这个科学管理的方法,依靠严格的管理制度和铁的组织纪律

天津市军事管制委员会接管干部正在进行接管仓库工作

---

① 中央档案馆编:《中共中央文件选集》(第17册),中共中央党校出版社,1992年,第213页。

来保证正确政策的贯彻实施。制度和纪律是中国共产党进行革命和建设亘古不变的法则。

天津城市的完整接管与经济恢复，是同广大接管干部那种为了人民的解放事业而忘我工作的牺牲精神和简洁高效、严格朴素的工作作风分不开的。准备接管时正值寒冬腊月，冰天雪地，胜芳生活条件十分艰苦，来自各根据地的接管干部全然不顾严寒，认真地学习中央关于接管城市的各项方针政策，废寝忘食地筹划着接管方案，规划着恢复建设新天津的蓝图。在向天津进军中，他们风餐露宿，毫无怨言，入津后不分昼夜地在各自岗位上，严格执行党的接管政策，以最快的速度完成接管任务，为迅速恢复生产，与天津人民同甘共苦，加班加点，学管理学技术，工作起来雷厉风行，求实务实，讲求效率。在物质和荣誉面前他们不以功臣自居，不贪图个人享乐，不求索取，乐于奉献，撰写了一篇篇大公无私的篇章。党和人民感谢他们，天津人民永远不会忘记他们。他们的丰功将永远铭刻在天津的社会主义建设史上。

第三章

建立各级人民政权

　　天津解放后,天津市人民政府和全市各级人民政权建立起来,实现了人民当家做主。从 1949 年到 1952 年,为适应形势变化和工作需要,市人民政府不断充实调整,加强所属职能机构,并对区级政权及街道、居民委员会进行多次变更、调整和加强,为党领导天津经济恢复发展和稳定社会秩序提供了坚强组织保证。同时,工会、青年团、妇联建立起来,进一步扩大了党和人民政权的社会影响和群众基础。

第一节 建立政权机构

一、建立市级政权

　　明永乐二年(1404)天津建卫后,东起渤海、南至山东德州的地区成为天津卫军事管辖范围。随着天津城市发展,人口增多、事务日繁,军事体制的卫所无法再治理军民混杂的城市,清雍正三年(1725)三月,清廷将天津卫改为天津州,隶属河间府。卫是军事单位,而州是行政区划,因此天津州的设置,成为天津城市行政管理性质开始转变的一个标志。然而当时天津州政区仍然散布在其他州县里:天津州城的西门

123

外和南门外，属于静海县境；州城的北门外和东门外，除南运河南岸和海河西南的一隅之地属天津州外，两岸的对岸属武清县境。天津虽由卫改州，由军事区划改为行政区划，但在管理上仍然是错落纷乱的。因此在同年九月，清政府升天津州为直隶州，兼管武清、静海及青县三县。雍正九年（1731）设天津府，附廓置天津县。天津府管辖天津、静海等六县一州，府界东至渤海，西至顺天府霸州，南界山东武定乐陵县，北界顺天府宝坻县，东北、西北界顺天府宁海县、东安县，西南界河间府东光县，成为畿辅首邑。

1912年民国建元后，行政建制废除州、府，改为天津县，属直隶省。1928年6月，依据《行政法》，南京国民政府决定将天津城厢及附近地段设为"天津特别市"，并设立"特别市政府"，此为天津设市之始。根据《天津特别市组织条例》，又设置了组织机构，内设参事室、设计委员会、秘书处、技术室、市政传习所、自治事务监理处；下设港务局、教育局、土地局、卫生局、工务局、财政局、公安局、社会局等部门，后部门多有调整。至1945年9月抗日战争胜利，8月中旬和9月下旬，国民政府先后任命张廷谔、杜建时为天津市正、副市长。10月2日，张、杜率领一批职员抵津，于3日重新组建天津市政府，内设总务处、秘书处、会计处、新闻处、统计处、人事处和外事处；下设民政局、财政局、教育局、社会局、地政局、卫生局、工务局、公用局、警察局，该机构设置一直沿用到1949年1月天津解放。

平津战役开始前，毛泽东就已经在考虑天津等城市的接管问题。1948年11月8日，毛泽东致函刘少奇、朱德、周恩来、任弼时、彭真："北平、天津、唐山、张家口解放在即，即准备接管干部及党政机构的配备，务于一个月至多一个半月内准备完毕"①。为迎接解放全华北，特别

---

① 中国人民解放军历史资料丛书编审委员会：《平津战役》，解放军出版社，1991年，第53页。

是为接管平津作好干部储备,华北局成立了华北人民政府市政干部训练所,将华北局党校、团校和华北大学学员集中到平山,统一组织和领导这些学员系统学习关于城市政策的文献。董必武、薄一波、蓝公武、黄敬等人亲自授课,为接管大城市培训了很多干部。

1948年11月29日,平津战役打响。为了顺利完成天津接管工作,迎接天津解放,中共中央开始为接管天津进行准备,组建天津市军事接管机构,同时也对党政领导机构进行组建,并制定入城政策、纪律,还完成了配备干部、人事组织安排等工作。12月15日,中共中央致电华北局,同意黄克诚、黄敬、黄火青等9人为天津市委委员,黄克诚为书记,黄敬为第一副书记,黄敬、张友渔为天津市正、副市长。12月22日,中央军委发出《中共中央军委关于平津管辖范围的指示》,告知黄敬从速抵达胜芳,指导全部工作。根据中央命令,黄敬等人迅速赶往紧邻天津的河北省霸县胜芳镇一带,开始着手接管天津的准备工作。同时中央及华北局还先后抽调干部7000余人,在胜芳进行集中整训学习,主要学习相关政策文件及接管工作人员守则、三大纪律八项注意,并由熟悉天津情况的相关人员介绍天津的历史沿革、地理河流、街道交通、社会阶层、民俗风情、生活习惯、相互称谓、禁忌言行等。市级人民政府机构亦在此时初步组成,设立秘书处、人事处、行政处、外侨事务处,并下设公安局、民政局、工商局、财税局、教育局、卫生局、工务局、公用局、公产清理局等部门,还设立了市人民法院、合作社、地政处、物资供应处。同时也开始了区级政权和基层政权的建立工作,市内11个区均建立了区政府。1949年1月10日[①],中共天津市委正式委任各区人民政府区长。天津市人民政府公安局在胜芳成立后,由徐建国任局长,万晓塘任副局长,并拟定入城后治安工作的计划草案。至此,

---

① 按:1949年1月10日为《天津接管史录》大事记中所记载日期,或有记载为1949年2月2日天津市人民政府正式委任各区人民政府区长。参见刘素新编著:《解放初期的天津》,中共党史出版社,2009年,第38页。

天津市军事管制委员会、天津市委及天津市人民政府均已完成接管天津的组织准备工作。

1949 年 1 月 14 日，人民解放军总攻开始，各部门、各单位的接管干部集结于天津杨柳青镇附近。部队进城后，接管干部随即到达指定岗位开始工作。根据军管会、市委、市人民政府确定的"各按系统、自上而下、对口接管、原封不动、先接后管"的原则和"接收管理一切机关、产业物资财产，没收官僚资本，保护民族工商业"的政策，经向被接管机关单位人员讲明政策以后，即办理清点物资、文件、档案、资料、图表、印章等交接手续。1949 年 1 月 15 日，市人民政府正式开始接管国民党天津市政府。吴砚农、杨振亚主持接管工作，具体工作由主任秘书宋祝勤领导，接管的机关包括国民党天津市政府本部秘书处、人事处、总务处、交际科、统计处，以及国民党天津市参议会、国民党天津县政府等。政府机关的接管工作大约进行了十几天，2 月中旬基本完成，3 月初工作转入正常。

1 月 16 日黎明，天津市人民政府发出第 1 号布告："奉华北人民政府令：委任黄敬为天津市市长，张友渔为副市长，遵即就职。际兹军事管制时期，肃清蒋、傅残匪，建立革命社会秩序为首要之任务。仰各界人民严格遵守军事管制委员会命令，各安生业，不得自相惊扰为要。"随即宣布国民党政权机构及反动党、团、特组织，包括各级政府、部队、警察、宪兵、法院、监狱，各级国民党党部、三青团队及保甲组织等予以彻底摧毁、一律解散，继续保留一般行政机关。

与此同时，天津市人民政府及其所属的公安局、工务局、公用局、地政处等政府机构相继宣告成立，并全面开展接管工作，如天津市人民政府公安局在接管国民党天津市警察局后，为防止敌特分子潜逃和进行破坏活动，在和平门、八里台、陈塘庄、中山门、民权门、法政桥、席厂、丁字沽等 8 处设立检查站，对出入市区的人员车辆实施严格检查。

天津市人民政府的建立，给灾难深重的天津人民带来了曙光。1 月

16日,南开大学、北洋大学、河北工学院等院校教职员工和学生4000余人联合举行盛大游行,各界人民也相继举行游行集会,庆祝天津解放,拥护新生政权。

1949年10月1日,中华人民共和国中央人民政府成立。10月11日,撤销华北人民政府,天津市受中央人民政府直接领导。

天津市人民政府宣布成立后,即着手组建和完善一系列职能部门:

1949年1月,成立天津市公安局、民政局、工务局、公用局、财政局、教育局、工商行政管理局、外侨事务处、人民法院、中国人民银行天津分行。2月,成立税务局、交际处、供销合作社。3月,成立华北对外贸易管理局。4月,成立公产清管局、卫生局。6月,成立地政处。9月,成立财政贸易委员会、都市建设委员会、劳动局。11月,成立办公厅、研究室、工业局。12月,成立供应局。截至1949年底,天津市人民政府委、办、局机构有:办公厅、研究室、地政处、外事处、交际处、人事处、财经委员会、都市建设委员会、公安局、法院、民政局、教育局、工商局、财政局、公用局、税务局、工务局、卫生局、公产清管局、劳动局、工业局、供应局和供销合作总社。

1950年1月,成立人民监察委员会、政治法律委员会、水利处、新闻出版处、私营工业管理局(7月与工商局合并为工商局),办公厅改为秘书厅,都市建设委员会改为市政建设委员会,外侨事务处改为外事处。2月,公产清管局撤销,分为公产管理局和敌伪产业清理局(12月撤销敌伪产业清理局)。3月,成立文化事业管理局、卫生工程局,工商行政管理局改为商业局(对外仍称工商局)。4月,工业局改为公营工业管理局。5月,依据中央人民政府交通部指示,将原华北航务局秘书处与天津航政局合并,组成天津区航务局(9月更名为中央人民政府交通部天津区港务局,由天津市人民政府代管)。6月,卫生局改为公共卫生局,中国纺织建设公司天津分公司改为天津华北纺织管理局。8月,成立园林广场处。9月,成立人民检察署。1951年1月,秘书厅改为办公厅，华北对外贸易管理局改为中央人民政府贸易部天津对外贸易管理局。8月，成立宗教事务处。1952年5月，成立建筑工程局，建设局、水利处、园林广场处、卫生工程局合并成立市政工程局，公产管理局与地政处合并，成立房地产管理局。8月，公营工业管理局改为地方国营工业局。10月，成立农村工作委员会，供应局并入财政局。

1953年1月，人事处改为人事局，中央人民政府交通部天津区港务局改为港务管理局(5月又改由交通部领导)。2月，成立统计局、农林水利局。3月，中央人民政府贸易部天津对外贸易管理局改为华北特派员办事处。4月，成立民族事务委员会，国营贸易公司从工商局分出，成立国营商业局。8月，成立体育运动委员会。12月，成立交通运输管理局、基本建设材料供应处，以市粮食公司为基础成立粮食管理局。

1954年2月，华北特派员办事处改为华北行政委员会对外贸易局。4月，成立手工业生产合作社联合社。7月，成立计划委员会。9月，在地方国营工业局轻工业管理处的基础上成立地方国营第一轻工业局，在市企业公司基础上成立地方国营第二轻工业局，地方国营工业局撤销。10月，成立纺织工业局。同年，研究室撤销。

自1955年1月18日天津市人民政府改称人民委员会以后，为加强对各委员会、各局(处)的统一集中领导，进一步克服分散主义、提高行政工作效率，依据《中华人民共和国地方各级人民代表大会和地方各级人民委员会组织法》的规定，并结合天津市的具体情况，对所属职能机构作了如下调整：2月19日，市人民委员会第一次全体会议通过，决定市人民委员会设立办公厅和7个办公室，7个办公室分别为政法办公室、工业办公室、财粮贸办公室、文教办公室、建设办公室、区政办公室、国家资本主义办公室，原市政府所属的政法、文教、财经、城市建设、农村工作等5个委员会撤销。决定设立计划委员会、体育运动委员会、民族事务委员会、外事处、宗教事务处、物资供应处、人事处、交际处、民政局、公安局、司法局、监察局、财政局、粮食局、税务局、重工业局、纺织工业局、第一轻工业局、第二轻工业局、商业局、对外贸易局、工商局、交通运输局、农林水利局、建筑工程局、建设局、房地产管理局、公用局、劳动局、统计局、文化局、教育局、公共卫生局。法院和检察院不再受市人民委员会领导。

1955年1月至1957年12月，各委、办、局又作出以下变动：1955年1月，成立郊区供销合作社，市供销总社改为市消费合作社（是年12月撤销）。2月，人事局改为人事处，基本建设材料供应处改为物资供应处，市监委改为监察局，地方国营重工业局改为重工业局，交通运输管理局改为交通运输局，市政工程局改为建设局，粮食管理局改为粮食局，国营商业局改为商业局；成立工业办公室、司法局。3月，机电行业从重工业局中分出，成立机电工业局，同时成立手工业局（手工业局与手工业生产联社合署办公，为一个机构两个名称），华北行政委员会对外贸易局改为天津市对外贸易局。7月，撤销商业局，同时成立一、二、三商业局。

1956年4月，成立编制委员会、水产管理局。12月，计划委员会改为经济计划委员会。同年，成立农产品采购局。

1957年2月，成立科学工作委员会，农副产品采购局和郊区供销合作社合并，成立市供销合作社。3月，成立侨务工作委员会。5月，成立天津市地方国家档案馆筹备处。7月，成立物价委员会，撤销建设办公室，成立建设委员会。10月，撤销工业办公室。12月，成立农村工作委员会，撤销农林水利局。至1957年底，天津市人民委员会委、办、局机构有：办公室、经济计划委员会、物价委员会、建设委员会、科学工作委员会、体育运动委员会、侨务工作委员会、民族事务委员会、农村工作委员会、编制委员会、财粮贸办公室、文教办公室、政法办公室、国家资本主义办公室、外事处、交际处、宗教处、档案筹备处、人事处、物资储备处、物资供应处、公安局、民政局、劳动局、司法局、监察局、统计局、重工业局、机电工业局、手工业局、一轻局、二轻局、纺织局、建设局、建工局、房管局、公用局、交通局、财政局、税务局、工商局、外贸局、一商局、二商局、三商局、水产局、粮食局、卫生局、教育局、文化局、手工业联社和供销社。

1949—1956 年天津市人民政府市长、副市长、秘书长名录

姓名	职务	任职年月	备注
黄敬	市长	1949.1—1953.4	1952.8 调任一机部部长，1953.4免去兼任天津市长
吴德	代市长	1952.12—1953.4	—
吴德	市长	1953.4—1955.1	—
黄火青	市长	1955.1—1958.6	—
张友渔	副市长	1949.1	未到职
刘秀峰	副市长	1949.8—1951.2	—
周叔弢	副市长	1950.1—1966.5	—
许建国	副市长	1951.2—1952.12	—
吴德	副市长	1952.8—1952.12	—
白坚	副市长	1954.8—1956.12	—
李耕涛	副市长	1954.10—1958.7	—
万晓塘	副市长	1954.10—1958.7	—
杨亦周	副市长	1955.1—1958.7	—
李华生	副市长	1956.10—1958.7	—
宋景毅	副市长	1956.10—1966.5	—
毕鸣岐	副市长	1956.12—1958.3	—
张国藩	副市长	1956.12—1966.5	—
吴砚农	秘书长	1949.2—1952.11	—
李耕涛	秘书长	1955.2—1956.12	兼
娄凝先	秘书长	1956.12—1959.6	—

二、建立区街政权

解放前夕,天津城市共划分为 11 个区,国民党天津市政府在区一级设立了区公所,这些区公所名义上是民选的地方自治机关,但实际上是国民党政府直接统治城市居民的下层机构,它们负责整编保甲和登记户籍,并执行征兵征实的命令,其上由国民党政府民政部门领导,其下则控制若干保办公处和甲长。天津解放之初,保甲制度废除,对国民党政府基层政权中重要的一环——区公所,亦采取全面打碎的政策。在此基础上,开始建立新型城市区一级的政权组织。

(一)设立区人民政府

天津解放后,天津市军管会在开展接管工作的同时,也开始着手建立和完善各级政权。由于接收工作繁杂且缺乏工作经验,同时国民党统治时期的旧警察制度尚未开始改造,社会秩序也没有完全恢复,为了迅速建立起各级人民政权,天津市人民政府根据当时情况和开展工作的需要,拟定了《天津市区街人民政府暂行编制规程草案》,成立了市、区、街人民政府三级政权组织,将区、街人民政府作为市人民政府的助佐机关,并明确提出区、街人民政府纯为执行机关,均不是一级政权,不设代表会,不能单独决定问题。天津市人民政府在摧毁国民党保甲制度的同时,行政区划以不变原区划为原则,保留了国民党政府时期划定的管辖区域,沿用了原有 11 个区的格局。11 个区分别为:

第一区,东临海河,南至营口道,西迄海光寺、卫津河,北到海拉尔道、官沟街、荣安街、保安街、治安街;

第二区,东起京山铁路、地道小马路,西南至海河,北至金钟河;

第三区,东南临金钟河,西接北运河、白河,北至市界普济河故道;

第四区,东起市界,西南至京山铁路,北至金钟河;

第五区,东至市界,南为海河,西至地道小马路,北至京山铁路;

第六区,东至新兴路、海河,南至市界,西至津盐公路,北迄开封道、马场道；

第七区，东至海河、广兴街、大兴街、禄安街，南至保安街、荣安街、治安街，西至鼓楼南大街、南门外大街，北至水阁大街、鼓楼东大街；

第八区，东临海河，南至西关街、鼓楼大街，西至西营门，北至南运河；

第九区，东起北运河、白河，南至南运河，北接北运河，西至市界；

第十区，东临海河，南至开封道、马场道，西至新兴路，北至营口道；

第十一区，东至鼓楼南大街、南门外大街、卫津路、津盐公路，南至市界，西至大围堤，北至鼓楼西大街、西关大街。

上述 11 个区均设置了区人民政府，各区区长分别是：一区陆锦，二区苏克，三区李钧，四区刘忠，五区岳亭（张樾堂），六区王明，七区李士曾，八区李守真，九区马青年，十区吴明，十一区王勇进。1 月 17 日，塘沽解放，塘大办事处成立，郭振邦①任主任。

按照《天津市区街人民政府暂行编制规程草案》（以下简称《草案》）规定，各区人民政府的人员编制基本为 30~35 人，经费按每人每月 15 斤米计算，区人民政府干部采取供给制待遇。区人民政府设区长 1 人，负责掌握本区政府应办事项，受市政府的监督、指挥，并执行市政府委办的各类事项。区长以下设办公室、民政股、调解股、户政股和文教股，其中：办公室，协助区长掌握区政府工作，设主任 1 人，收发员 1 人，会计员 2 至 3 人，文书员 2 人，警交员 2 人，炊事员 3 人；民政股，掌管干部行政、政权建设、优抚救济、环境卫生等事宜，置股长 1 人，干事 5 至 7 人；调解股，负责调解劳资及普通民事纠纷，置股长 1 人，干事 2 至 3 人；户政股，负责户籍行政，办理户籍调查、统计、转移等事宜，设股长 1 人，干事 3 至 4 人；文教股，负责国民教育及宣传事宜，置股长 1 人，干事 4 人。《草案》还对每个区所使用的交通工具作出了明文规定，即每个

---

① 一作郭正邦。

区可使用自行车 16 辆,区长 1 辆、每股 3 辆、会计员 1 辆、警交员 2 辆。

在区、街人民政府的领导下,打扫战场、救济灾难民、清查户口等战后紧急工作顺利完成,同时推动了工商业迅速复工复业。第十区区长吴明回忆,解放初期的区人民政府主要负责恢复城市正常秩序的工作,促使商店复业、工厂复工、学校复课,城市公用、市政设施功能恢复正常运转,并开展战争痕迹清理及散兵游勇、游民的整顿工作。为了加强区政权的建设、更广泛地联系市民,各股室多采取召开市民座谈会的办法,其中包括各项专业会议,从而起到了交流作用。同时有的区还单独设立了人民接待室,既可以听取市民的反映意见和建议,也可以回答市民的各种询问,还可以进行党的政策方针和政府各项规定的宣传教育,成为联系群众的重要桥梁。

(二)改组设立区公所

1949 年 4 月,刘少奇到天津视察工作。在天津市委会上,关于天津地区政权建设的问题,他指出:"在城市工作中要彻底转变农村的工作方式,不要用农村的工作方式来管理城市。城市工作的特点是集中领导,区、街一级组织应是市级组织的派出机关,一切都要集中到市级机关,市一级的机构还要加强。"① 刘少奇反复强调必须调整城市行政层级,天津市原则上同意刘少奇的意见,但碍于现实条件,不能立即付诸实践。认为进入城市初期"以区街政权形式发动群众来完成紧急的和群众性的临时任务或过渡任务(如打扫战迹、收遣散俘、急赈、兑换伪币、发放小本贷款、组织市民生产等等)",效率很高,速度很快,而且"因城市经济目前还存在着很大的落后性,因之一切集中到市又不能做到,势必将一部分任务交区办理"。即便在城市秩序稳定后,区街政权仍要承担很多任务,如组织市民生产、户籍治安、社会教育、卫生防

---

① 刘崇文、陈绍畴主编,中共中央文献研究室编:《刘少奇年谱 1898—1969》,中央文献出版社,1996 年,第 198 页。

疫、纠纷调解等。这些任务在城市建设过程中的较长时期内，同样"是不能缺少的，而且也是很重要的任务。因此在一定时期里，还必须加强区街建设与其各方面的工作，如果忽视了这些重要作用而不去加强领导，不注意区街工作，恐怕也是不对的"。①

2 个月后，鉴于当时城市秩序已恢复常态，各项工作逐渐走上正轨，公安机构也做出了适当调整的情况，根据刘少奇的指示，按照"市级为城市工作之基本单位"的指令，又根据"警政合一"的原则，为了加强市级集中领导，消除各区、各街在执行政策上比较严重的各自为政的现象，天津市人民政府对区街人民政府组织进行改组，调整现有行政层级，于 1949 年 6 月 17 日发布《关于变更区街组织的指示》：一是将各区政府改组为区公所，使警区与行政区合一，各区公所为市级派出机关，履行市政府执行工作的助手职能，其机关工作（生活、总务、会计、收发、文书等项）能与公安分局统一者应尽量统一。二是市内区与市郊区（农村区）区公所的任务和组织应有不同。市内区公所的任务除了优抚、救济、调解和临时性的零星行政工作外，大部分应集中到市级，因此其组织除副区长或秘书外，设助理员或干事 5 人，炊事员 1 人，共 7 人，基本上采取不分工的一揽子工作方式；市郊区公所（带农村性质的区公所，即三、四、六、十一等区公所）的任务除了优抚、救济、调解等工作外，另有经常性的农业生产、副业生产、土地问题解决、农业税的评定征收及出租公地的管理等多项工作，因而区公所的组织必须扩大，区长或秘书应设置 9 人为宜。三是规定了几点对于政令传达的原则。天津市人民政府有关全市的一般问题以通令形式发布，直达各局处、各公安分局、各区公所；有关单独的公安事项，可令市公安局转发各分局；有关区公所的行政事项，市政府则直接下达给各区公所；

---

① 《天津市民政局关于入城初期区街建政的综合报告》，中共天津市委党史资料征集委员会、天津市档案馆编：《天津接管史录》（上卷），中共党史出版社，1991 年，第 455、457 页。

市各有关局的相关业务,在坚持既定政策的基础上,还应坚持不违背其直接上级决定的原则,坚持直接指导关系,如须会同办理的事项,则通过市政府确定;公安分局、区公所有关各局业务上的问题,与有关局联系即可。四是明确规定了各区原来所管辖的各种业务事项,应分别划归各有关部门管辖。如合作社有分社者(四、六、八区),应建立自己系统的领导关系,和区公所保持平行的配合关系;尚无分社者,则由经济股合作干部拨给总社2人为总社干部,为了工作方便,可驻在区公所工作,区公所应协助其建立分社。再如文教工作,原则上原有文教股干部归市教育局管理,充实民教馆、建立中心小学,市教育局通过民教馆和中心小学,直接领导各区的社会教育与小学教育工作,与区公所是平行的配合关系。而调解工作,基层由派出所到区所,调解不成时即直接转至法院,市人民政府不再保留调解的职能。卫生行政方面,交由市卫生局负责,各区设立卫生事务所,所长兼区公所的卫生指导员,在市卫生局的领导与区公所的指导下,统一环境卫生和防疫注射等工作(清扫队仍归公安局领导)。工商局在每区设一分局,其干部由市政府人事处就原区的经济股干部配备,工商分局与区公所亦是平行关系。公安局承担办理一切身份证明和婚姻登记工作。同时区公所可以建立不定期的联席会议制度,解决联系、配合等相关问题。

此后,天津市人民政府又进一步明确了区公所的组织结构和工作任务,于1949年7月29日作出《关于区公所组织与任务的决定》(以下简称《决定》),明确区公所是天津市人民政府的派出机关,非一级政权,各区公所应定名为天津市人民政府第×区区公所,并据现阶段情况,确定区公所需要办理的具体任务。同时规定了区公所干部数目为7人,设区长1人、秘书1人,其余为助理员或干事,包括交通员、炊事员(实行包干制后取消)各1人,对于事务特别繁杂的区,人员可酌情增加,有市郊农村区则另增干部2人。区公所的工作方式基本上采取一揽子方式,也可根据工作情况与需要,采取不固定分工,例如分为内勤（须在机关工作者）、外勤（较经常在人民中工作），或按调解、优抚、调研等工作形式分类。有农村的区域，还可以设置专职或兼职干部管理农村工作。为工作便利，也可设置不脱离生产的专门委员会，如调解委员会、优待烈军干属委员会等。此外，《决定》中还对区公所和各级政权机关的关系作了规定，如：市人民政府是各区公所的直接上级，直接领导区公所，区公所需要向天津市人民政府作工作报告；市级各局、院在主管业务范围内，对区公所有指导关系，但必须在市人民政府统一办理下，给各区公所布置工作任务；区公所与公安、工商分局、工程处、卫生事务所、稽征所、人民文化馆、中心小学、合作分社等市级派出或分支机关均为平行机关，如需解决各单位必要的工作联系配合问题，以区公所为主，召集全体或有关单位的工作联席会议，各单位认为必要时，亦可建议区公所召集工作联席会议，区长为工作联席会议主席，等等。

通过调整，政策决定与领导执行均统一集中到市人民政府，由其直接掌握，从而强化了市一级的行政权力，弱化、虚化了区一级的政权。这次对城市管理体制的调整，得到了新华社的肯定，被认为是"使我们人民城市的工作方式和组织形式适合于城市特点的一个显著的例子"[1]，并要求其他城市"善于根据城市的特点，迅速加以改变"[2]。

区街组织变更后，天津市人民政府在掌握政策、便利群众、加强公安工作与密切联系群众上，都取得了一定的成效。但随着城市政权的巩固，经济建设、社会管理事务不断增多，这样的行政层级也暴露出一些问题，矛盾主要集中在区公所编制人员过少，特别是街公所取消后，缺乏必要的市民组织，区公所向下传达的工作均需通过派出所，导致派出所工作任务过于繁重，影响了其本身治安任务的执行，而对于小

---

① 《津市变更区街组织》，《新华社电讯稿》，1949 年 6 月卷，第 296 页。
② 《把我们在城市中的组织形式和工作方式适应城市的特点》（1949 年 6 月 22 日），《新华社电讯稿》，1949 年 6 月卷，第 299 页。

学教育及文化馆的领导,则容易造成不能及时全面掌握情况的现象,并且还存在着市级驻区的派出机构多,之间缺乏紧密联系等问题。因此城市政府增加行政层级、扩大各级管理机构规模的要求日渐强烈。

1950年2月,中共天津市委提出,必须加强区公所的工作,扩大区公所编制,视区划大小和工作情况,适当扩编并增强机构,增设股、室或委员会来处理日常工作。天津市人民政府按照天津市委的决定,于1950年3月1日发出《关于加强区公所组织机构的决定》,要求各区公所视行政区域大小及工作情况,决定编制人数,人数控制在24人至34人之间。区公所设区长1人,掌管全区行政事宜,必要时可以设副区长1人以辅助区长工作。在正、副区长之下,设秘书室,负责文印、收发、机关行政及会计等工作;民政股,负责社会救济、婚姻登记、优属抚恤、免费医疗,介绍组织烈属、军属、干属生产及办理市民身份证明等工作;调解股,负责民事纠纷及轻微刑事纠纷的调解工作(有关劳资纠纷案件则须劳动局办理);文教股,负责小学教育及人民文化馆工作的督导事宜;卫生股,负责卫生行政、环境卫生,并领导卫生事务所、医疗站的日常行政工作;农田股,只限郊区设置,负责农村工作;合作指导员,负责领导本区合作社工作。

同时为了满足工作推动的需要,区公所之下可以成立各种委员会以协助工作,如优抚委员会,以民政股为主,吸收有关部门及烈属、军属、干属和社会贤达,负责协助政府进行优抚,组织烈属、军属生产等工作;调解委员会,以调解股为主,吸收有关部门及本区公正人士,负责搜集反映群众有关调解的意见并协助调解工作;文教委员会,以文教股为主,吸收人民文化馆、中心小学及各驻区单位宣教部门和一些热心专家,负责研讨本区文教工作改进、配合事宜;卫生委员会,以卫生股为主,吸收有关部门及私人医生或专家,负责协助清洁卫生教育,环境卫生推动、配合等工作。各委员会的成员人数,可以视各区工作情况及具体条件酌定。为了便于区公所开展工作、加强与市民联系,天津市人民政府还要求各区在派出所辖区内设立居民委员会，负责传达政府法令、政策及各种工作决定，搜集反映市民的建议与意见。各居民委员会由15～21人组成，设主任、副主任各1人，由公安派出所所长及区公所派定专职干部担任，其他委员则在当地市民中选聘。此外为了解决市级驻区的派出机构沟通不足的问题，加强各机构在工作上的联系与配合，天津市人民政府规定，区长或副区长可以作为召集人，召集有关部门召开联席会议，在不违背其直属上级的指示与布置下，形成联席会议决定。

通过一段时间的运行，区公所的工作任务基本厘清，天津市人民政府详细调查、分析区公所工作的开展情况，认为可将区公所的基本工作任务划分为两类：一类是属于长远发展的工作任务，即随着社会与城市的发展建设，其工作任务也越重，包括卫生、文教、合作事业、工程养护及民政工作（如小食堂、托儿所、婚姻等属于市民福利）等5种；另一类则是暂时性或具有过渡性质的工作任务，包括社会救济（如冬令救济、介绍职业、失业救济、移民等，随着生产的发展不会再成为问题的）、优恤（随着战争结束、部队供给改制，也要发生变化的）、调解（社会关系趋于稳定，此类问题会大幅减少，或可将此类事务移交区人民法院办理），还有身份证明（如证明成分、介绍免费及各种优待等，也属于暂时性事务），共4种。

天津市人民政府在调研中发现，区公所的工作人员由于对自己的工作任务存在一定的认识盲区，因此还反映出一定问题，如干部感觉区公所工作没前途，工作信心不高；工作方面，整天忙于社会救济、调解、优恤、身份证明等事务；文教工作尚好，卫生、合作、工程养护等工作或因缺乏信心未被重视，更有人未下定决心打基础、创经验，因此也未作计划。同时由于区公所干部（包括区长）熟悉社会救济、优恤、调解、身份证明、文教等工作，合作也有积极性，因此这些工作区里已接收并开始运行；但对于城市卫生、工程养护等工作缺乏经验，因此至今仍未曾接收，也还未做起来。调查认为，这类问题可以通过提高工作人员的认识来加以改进。从组织机构来看,当前区公所的组织,区长下设秘书室及民政、调解、文教、卫生、农田(仅限郊区)等5股,还有合作指导员,也基本合理,但工程养护(包括建筑工程与卫生工程)等在区公所里尚未设置主管人员,且区公所中干部的配备一般都偏重于民政、调解、文教各股,卫生、合作等股相对较弱,特别是卫生工作,有的区只有1人负责,甚至有的区公所还主张不设卫生股。这种配备的偏向,可以通过对区公所工作任务的认识逐步提高而得到改善。而在调查中也发现现有的干部队伍,区长大多数是解放前的县科长级干部,在处理区公所的工作任务时能力明显不济,突出表现在工作缺乏主动性、计划性,思路墨守成规,至今没有任何区公所对区工作创造出一套相对成功的经验来;并且没有能力领导或是监督指导同级的其他机关,形不成区级的核心,有的区长很怕开联席会,于是提议取消联席会,甚至提议取消监督指导关系。由于有的区公所干部不具备相关的专业知识,不便于开展工作,造成卫生事务所、养护处段不愿意接受区公所的领导。

同时区公所的很多工作任务需要与区公安分局配合完成,如某些需要动员人民群众才能开展的工作(包括宣传工作),区公所干部如果力所不及,便大大增加了公安分局派出所的事务性工作;一旦公安分局派出所拒绝配合,就会引起相关部门的不满,甚或无法完成工作。而公安分局愿意配合其他部门的工作,一般是与公安工作相关,或是不需要再专门抽调力量的任务,如通过房捐调查即可更好地了解户口情况,等等。据统计,有的分局一个月内需要与区公所配合完成的工作类型有25种之多,如:烈、军、干属调查,发补助粮,介绍职业,调查坐商、小商贩,家庭手工业营业照,调查私烟、私酒、私屠耕牛,征房捐调查房子,调查危险建筑物,调查、拆除违章建筑物,调查应贷款户对象,调查灾难民,动员移民还乡,开身份证明介绍信,介绍职业考学及贫民治病,调查失学儿童,孕妇登记,填发购粮证,组织代售店调查,审查合作社干部,给复员军人找房子,等等。个别分局甚至达到51种。

为解决上述问题，天津市人民政府在 1950 年六七月间，发出《关于再次加强区公所任务与机构的决定》，率先采取切实措施强化区公所，弥补市级政权权力过于集中而导致效率低下、管理不善的缺陷。对区公所组织的再次调整，使区级的领导和统一均得到加强，小学校、文化馆、市民合作社、小型工厂、机关和若干市局在区内的派出机构，包括建设与卫生工程养护分段、房屋管理所、清洁分队等，均划归区公所直接领导或管理。同时再次对区公所的组织机构进行调整，调整后区公所设区长 1 人、副区长 1 人，副区长协助区长掌管全区行政事宜。

在正、副区长之下设 1 室 9 科，编制人数为 31 人至 40 人（不包括兼职、合作科、勤杂人员及合并、改组的人数），其中：办公室，置主任 1 人，分组织（3 人）、统计（2 人）、人事（2 人）三股办事，并设文书 2 人，办公室负责组织并指导中心工作及协调各部门的配合，如拟订计划、准备会议、检查决议及工作执行等，帮助总结、解决各部门间的工作关系，建立和领导居民委员会，组织民主选举（如区各界人民代表会议），并负责区公所及区公所所属各部门的干部学习、考核、作风等检查，完成区公所内部及居民委员会主任、副主任的任免与提请任免事项，同时还要负责统计本区内各类工作的基本情况，以及供上级、区及其他各部门决定工作的材料，区级各部门及派出所需提供的材料等，另外还要负责文牍、收发等事项。文教科，设科长 1 人，副科长 1 人（副科长视干部条件可由文化馆馆长兼任），科员 5 至 7 人，领导本区市立小学，负责整顿与改进私立小学（包括私营企业中的职工子弟小学），推进学龄儿童入学工作，领导本区文化馆推进社教工作，领导公私立小学内所办的工农业余文化学校，负责监管私人创办的各种补习学校、补习班，还负责办理私立小学及各种补习学校、补习班的审查、转请、立案，组织公私立小学、文化馆、业余学校等教职人员学习，以及协助区长办理市立小学、文化馆、业余学校人员的提请任免等事务。卫生科，设科长 1 人，副科长 1 人（副科长视干部条件，由卫生事务所所长兼任），科员2至4人,负责领导卫生事务所、医疗站、清洁队,办理本区环境卫生、清洁运动、防疫、诊疗、妇幼保健等工作。建设科,设科长1人,必要时设副科长1人,科员2人(均就原建设与卫生工程两养护分段改组或抽调担任,不另增加),负责领导建设工程及卫生工程两养护分段,办理道路、桥梁、下水道(包括明沟)的养护及小型工程事项。房屋科,在公房多的区设科长1人,副科长1人,科员依工作繁简配备(就原公房管理所人数改组,不另增名额),公房较少的区设科长1人,科员2至3人,负责办理民用公房的经管收租(按公产管理局规定执行),办理私人房屋租赁纠纷的调解、修缮、建设等指导事项,如房屋买卖、租赁介绍所工作。社会科,设科长1人,科员4至6人,负责社会救济(包括烈军属优待及其他社会救济,以及介绍职业、介绍贫苦市民免费治疗等)、婚姻登记、各种身份证明、社会福利(如市民公共食堂等)。合作科,设科长1人,科员1至2人,负责贯彻执行总社计划,组织领导市民、小型工厂机构及郊区各种合作社,以扶植生产调剂供求。调解科,设科长1人,科员2至3人(另设传讯员1人),负责调解民事纠纷及轻微的刑事案件、劳资纠纷,规定各区人民法院建立后,法院所在区不再设调解科。郊区科(只限郊区设置),设科长1人,科员1至4人,负责郊区农业生产、公田使用调剂,协助征收农业税及贫苦农民的生产自救及其他郊区工作。总务科,设科长1人,科员2至4人,负责办理区内事务、会计及其他行政事项。

　　除上述科室外,天津市人民政府为了推动各类工作的有序开展,还要求设置各类委员会,以协助区公所工作,各委员会的人数,视各区工作情况及具体条件酌定,同时对区公所的工作权限作出规定:一是区公所的工作由市人民政府统一领导,各科日常工作在不妨碍市人民政府统一布置下开展,须接受市级各主管部门的直接指导,并须向市人民政府及市级各主管部门同时汇报工作;二是区公所所属的卫生事务所、医疗站、建设与卫生工程养护分段、清洁队,必要时人力可以互相抽调使用,但有关编制增减时,须通过市人民政府;三是区公所在市人民政府领导下,对公安分局、工商分局、税务分局、银行办事处有施行指导监督之责,所谓指导监督是指在不违背其上级指示、布置的原则下,检查其工作执行情况,监督任务完成及干部作风,各部门要在具体工作执行中接受区公所的指导,并应经常主动联系交换情况与意见;四是为统一区级工作步骤,区公所需建立定期的联席会议,区长或副区长为主席,联席会议所作出的决定在不违背其直属上级的指示和布置的原则下,各部门必须坚决执行;五是区长、副区长的任免由市人民政府办理,科长、副科长、科员由市人民政府任免,办事员由区长任免,但须填任免申请书,报市政府备案后方得发任免令,而卫生事务所、医疗站、建设与卫生工程养护分段、清洁队干部,则均由各主管局照规定任免,区公所可以提供相关意见。

(三)重设区人民政府

天津解放以来,改变区街组织、建立集中领导的市人民政权取得了良好的成效。但是随着工作的发展、人民生活逐渐安定及政治要求的提高,仅是天津市人民政府和各界人民代表会议,已经不能适应工作深入下层和更广泛地反映广大市民的意见和生活上的要求,出现了很多事情市政府管不了,而区公所又无权无力管的情况,例如各区市民迫切要求解决修建房屋、添筑下水道、加强清洁卫生工作、扩充小学教育及其他公共福利事项等问题,由于市人民政府只能有重点地解决重大问题,对各区的局部性问题,甚至是一般性问题,有许多是照顾不过来的,市民不能满意。同时市人民政府各局又都因为工作上的需要,在各区分别建立了直接领导的组织,如工商税收部门设立分局,市政部门在区建立养护段、清洁分队、卫生事务所、房屋管理所等,这些单位合起来并不比原来的区政府小;而且在区执行上级局所交付的任务时,没有一个统一的领导,工作步骤上也没有适当安排,以致区工作头绪繁多、异常忙乱,尤其是从事稽查工作的人员,税收稽查、卫生稽查、房屋建筑稽查等分门别类,都要与派出所你来我往,配合协同执行,这就给市民增添了许多麻烦。

为了适应这些城市建设与发展的需要,天津市人民政府对行政区划进行了大幅度调整。1952年,天津市人民政府将天津县全部划归天津市,使天津市区与塘沽区连成一片,城市规模进一步扩大。同年8月16日,天津市人民政府还批准将原有的11个行政区简化为8个行政区:

第一区,北接南京路,南至营口道、墙子河,东临海河,西达南门外大街;

第二区,北为南运河,南到南马路,东至海河,西至西马路;

第三区,北到转盘村、何兴村,南临海河、金钟河,东至旧城防、京津铁路,西至北运河、白河海河;

第四区,北至金钟河,西至海河,东至旧城防京山铁路东侧,南至旧市界;

第五区,北至墙子河、营口道,南至徐州道、吴家窑,东到海河,西至卫津路;

第六区,北为徐州道、马场道、吴家窑、废墙子河,南至跑马场、灰堆,东到海河,西至津盐公路;

第七区,北至西关大街、南马路,南到水上公园,东至西马路、南门外大街、卫津路,西至小园村、侯家台、人民银行广场;

第八区,北至北运河、丁字沽,南至西关大街、南运河,东至北运河、白河、西马路,西至旧市界。

1953年5月14日,天津县建制撤销,建立了津东、津西、津南、津北4个郊区,实现分区域层次管理。1955年8月15日,根据国务院《关于市区的名称均按地名称呼不按数字排列的规定》,天津市人民政府于1956年1月1日起将市内以序数排列的8个行政区改为以地名命名:第一区为和平区,第二区为城厢区,第三区为河北区,第四区为河东区,第五区为新华区,第六区为河西区,第七区为南开区,第八区为红桥区。1958 年 2 月，天津市内 8 个行政区调整为 6 个，即中心区（旋即改为和平区）、河北区、河东区、河西区、南开区、红桥区，沿用至今。

此外天津市人民政府也在积极探索如何对区公所组织机构进行调整。随着民众动员和控制程度最大化需求的减弱，削减基层政府及其管理幅度、集权于市政府的市政府和区公所形式的城市行政管理框架，已经不能满足实际工作需要，城市基层政权再度下移大势所趋。为此天津市人民政府在检查并总结了一年来区的工作与组织领导情况以后，提出了重新建立区人民政府的意见。

1950 年 11 月，中央人民政府政务院正式颁布《大城市区人民政府组织通则》（以下简称《通则》），规定区人民政府为区人民代表大会闭会期间行使政权的机关，以国家法律的形式肯定了区级行政机关的实体政府性质。《通则》规定："区人民行使政权的机关为区人民代表大会或代行其职权的区各界人民代表会议和区人民政府，在区人民代表大会闭会期间，区人民政府即为区的行使政权的机关。区人民政府委员会为区一级的地方政权机关，受市人民政府委员会的领导。"①《通则》还规定了区人民政府委员会，由区人民代表大会选举区长、副区长及委员若干人，提请市人民政府批准任命组成之。按照《通则》内容，新设立的区政府较之区公所，在行政职能、机构设置等方面都呈现出新的特色：首先，全国统一设置的区政府的行政职能与各城市成立的区公所有较大区别，区政府基本包括城区政府应具备的职能，如执行市人民政府的决议、命令，实施区人民代表大会通过并经市人民政府批准的决议案，统一领导区人民政府各部门的工作，根据市人民政府各有关局、处的业务指示，监督与协助或指导各局、处在本区内各分支机关的工作，向市人民政府反映市民的意见和要求，并提出兴革意见等；同时将区公所办理的优抚、救济、婚姻登记及其他民政工作，一般民事

---

① 《大城市区人民政府组织通则》，《人民日报》，1950 年 11 月 14 日。

纠纷调解工作,以及一部分市民、小贩及零散劳动者的社会教育工作等基层管理职责下放街道一级政府。这些措施在极大程度上扩大了区政府的行政范围,加强了区政府与市政府之间的工作密切程度,合理地对区一级城市事务进行统筹管理,消除了区公所设置时,很多事情市政府管不了而区公所又无权无力管的情况。《通则》还规定区政府的机构原则:由市人民政府根据工作需要精简,酌设秘书室及民政、文教、卫生建设、工商劳动等科股;区人民政府各室、科股的编制,由市人民政府根据政务院指示的原则具体核定。各个城市依据《通则》要求,结合城市自身特点,设置区政府的下设机构。

1952 年 10 月 22 日,天津市人民政府拟定《关于市局与区人民政府关系问题之决定(草案)》,明确提出区公所改为区人民政府,确定为市政权的一级,在市人民政府领导下,贯彻执行一切政策、法令、决定,并办理有关本区一切行政事务。同时明确了市属各有关局与区人民政府的工作关系:一是市人民政府是区人民政府的直接上级,有关具体事务可委托市属各有关局对区实行指导,各区也要在有关范围内接受其指导,并坚决完成任务;二是市属各有关局如需向各区部署定期工作计划、中心工作及重大工作,均须事先作好计划,并经市政府审核后,统一由市政府向区政府布置,但接受双重领导的市属各局可向其驻区的派出机构布置业务工作;三是区内文教、卫生、建设、劳动、民政等工作,业务上均分别受市属各有关局的指导,其指导关系包括市属各局可以通过区长召集区内有关科长的联席会议,研究、布置执行任务的方法步骤,或听取各区工作执行情况的报告,市属各局的一般工作可以由局以"函"或"通知"形式,通知区人民政府办理,市属各局对于其既定业务范围内的工作,可以会同区政府进行检查,必要时也可以单独进行,区人民政府应尽力予以协助,区人民政府向市人民政府所做的各种报告(定期的、专题的、综合的、总结的)应将有关部分抄送市属各有关局;四是区内公安、法院、工商、税务工作均由区人民政府和市属各有关局双重领导，双重领导的要求包括区人民政府对受双重领导的单位，在行政上应经常进行具体领导，受双重领导的单位的领导干部均须参加区级行政会议和区务会议，区人民政府在必要时可以派员参加受双重领导单位的行政会议或业务会议，并定期向区人民政府报送工作计划、总结与报告，而市属各有关局在向其双重领导单位布置工作或发送重大"指示""通知"时，应同时抄致区人民政府，区人民政府可以随时针对某一问题，要求受双重领导的单位提供全面情况；五是市属各有关局与区人民政府需要密切配合的事项包括凡属于政策、方针、任务、全面计划、条例办法的内容，由市属各有关局掌握制定，属于具体执行、完成任务的部分，则由区负责掌握，区人民政府各项事业费的预算，由市属有关局统一编造并分配各区，业务费的报领以及计算决算编造，均由区人民政府掌握，受区人民政府直接领导的单位的人事工作（小学校长及教导主任的任免调动除外），均由区掌握，但由市局配备的干部，市局可以根据实际情况通过区人民政府进行人事上的统一调配，受双重领导单位的人事工作，则由市局掌握，但区人民政府认为必要时，可以提出工作意见，区内卫生、建设器材，均由区掌握，市局可以根据工作需要统一调配，区内在区工会办事处工作范围内的公私营工厂及小手工业者，由区人民政府领导，其余则由市局领导。

此外还对市属各有关局与区人民政府出现争议的情况提出了解决办法：工作属方针、任务、政策、全面工作计划、条例办法等原则问题，区人民政府除可以提出意见外，不得变更决定，并须保证任务按期完成；而关于具体工作的方式方法、各类资源的使用等，区人民政府可以根据区内工作的全面情况，在不违背市局工作计划下，灵活掌握；发生争议时，需双方协议解决，若争议不能解决，则需报请市人民政府解决。

从将区人民政府改为区公所、裁撤街政府，到再次建立区人民政府的这种反复，是由新中国对如何建立新型的、适应城市自身发展的政权形式，还处于摸索阶段决定的，基层政权组织的设置作为城市政权形式的重要环节,出现反复也是历史的选择。面对全新的城市事务,天津再一次建立区级人民政府,表明新生的城市政府在政权机构设置方面已经较军管时期成熟,在管理理论认知、管理实际运作等方面都有了长足的进步,实现了社会政治结构的一次重大变革,也为国民经济恢复时期,顺利完成恢复和组织城市大规模的经济建设工作,提供了稳定有力的政权制度保障。

三、建立基层政权

城市的基层政权建设,除了区一级的政权设置外,还包括成立街道一级的政权机构。各个城市的新政府,在建成区一级人民政权的同时,也加大了街道一级机构的设置力度,使之与区一级政权组织相配合,共同构成国民经济恢复时期城市的基层政权系统。与各个城市区一级政权机构设置的不断调整相同,街道一级的政权组织形式也存在一个不断变化的过程。

（一）废除旧保甲制度

解放前,国民党基层政权组织采用保甲制。保甲制是中国封建社会中后期最主要的基层组织形式和统治人民的工具,20 世纪 30 年代,国民党在苏区周围复活这一基层组织形式,进而推行到全国。到了抗战时期,日伪统治下的沦陷区也普遍推行这一制度。作为一种基层政治制度,保甲制是一种带有军事管理性质的户籍管理制度,其根本特征就是以"户"为社会组织的基本单位,实行社会管控。由于保甲是国民政府统治和压迫广大人民群众的基层组织,其为国民政府进行催粮、逼款、征丁、摊派勒索等活动,早已引起市民的痛恨,因而在天津解放后,天津市人民政府对国民政府时期的保甲制度一律废除,对于旧保甲人员,采取分别处理的办法:对有严重贪污勒索行为、为人民所痛恨的,实行有组织的群众说理清算活动;对贪污不大、群众不十分痛恨的,则撤销其职务,令其在群众面前承认错误,给以戴罪立功的机会;

对比较正派又无贪污勒索行为,且尚能为人民谅解的,则让其继续工作一段时间,在工作中对其思想进行改造。对保甲制度的废除及对保甲人员的区别处理,是当时人民政府在进行旧的基层政权接收与管理过程中普遍采用的方针。

(二)初创基层政权

在废除旧的保甲制度的同时,天津市军管会和市人民政府也开始着手建立和完善各级人民政权。因接管任务繁重,且接管干部对天津城市的情况还不够熟悉,于是采取了按照旧政权的管辖地区,组成区人民政府和街公所、闾。1949 年 1 月颁行的《天津市区街人民政府暂行编制规程草案》规定,行政区划初期不变,仍划 11 个区,单独设 1 个水上街,合并 3(或 2)保为 1 街,以原保划为闾,以原甲划为邻。

从 1949 年初开始,每个街政府设工作人员 18 名,设街长、秘书、收发、办事员、工役等职,并设民政委员会、调解委员会、户政委员会、文教委员会、合作委员会,每个委员会设委员 5 至 9 人,主任委员 1 人脱产,其余人员均不脱产,生活贫困或影响生产较多者,可按章呈请补助。其中水上街政府直属市政府管辖,组织编制与其他街同。街政府下设闾公所,但不是一级政府,仅为街政府的助佐机关,设闾长 1 人,行政干事、户籍干事、事务员各 1 人,合计 4 人。闾下设乡,设正、副乡长各 1 人,由街政府遴选报区批准,负责传达政令和执行区街政府指示,反映本乡群众的意见和要求,乡长均为无给职。每街分配自行车 3 辆,由街政府统一掌握使用。街闾办公经费按每人每月 8 斤米,由区造具预算计算,统一领发报销。街闾干部为薪金制,按街长每月 180 斤、秘书及各委员主任每月 160 斤、收发办事员每月 140 斤、工役每月 120 斤、闾长办事员每月 140 斤,不脱离生产的干部按每人每天 1.5 斤米预算,由区政府统一掌握,由街政府转呈区拨发。全市共设 314 个街公所,经群众选举产生 12,556 个闾,这种政权形式对迅速建立革命秩序,恢复和发展生产发挥了重要作用。

在天津市民政局《关于入城三个月来区街建政的综合报告》中,对区街建政进行了综合分析,认识到城市解放初期发动群众是和城市中的区街建政分不开的。而就天津而言,摧毁敌伪保甲,建立人民街间政权的过程,可分为三个阶段:

第一阶段,即进城初期(1949 年 1 月 15 日至 2 月 4 日)。这一时期,通过区街发动群众的主要任务为:一是打扫战迹。自 1 月 17 日开始至 1 月 31 日止,掩埋烈士 243 人、敌军 1344 人、百姓 260 人。平毁碉堡 1160 个,收集主要军用品有小炮 3 门、机枪 13 挺、大枪 154 支、手枪 158 支、冲锋枪 3 支、炮弹 4160 个(518 箱)、子弹 219,617 发(382 箱)、地雷 4561 个、手榴弹 12,276 个(79 箱)、炸药 74 箱,还有电话机 66 架、衣服 8141 件、被褥 1265 条及其他物品。二是收容国民党军队俘虏。自 1 月 15 日起截至 30 日,共收容 16,161 人,送训 9951 人,遣送 3863 人,送医院 1985 人,死亡 176 人,继续处理 186 人。自 2 月 1 日至 3 月 3 日共计收容处理 3977 人(内伪属 1181 人,散兵 2796 人),共收容处理 20,138 人。三是急赈贫民。共救济 312,047 人,发粮 3,763,125 斤。组织工赈 1,509,152 人,发粮 453,105 斤。救济失业工人 4925 人,发粮 24,389 斤。四是组织兑换伪币。

此时入城干部数量不多,绝大多数不了解城市,没有城市工作经验,人地生疏,急急忙忙,这四项工作却是天津解放初期的紧急任务,刻不容缓。在此情况下,对敌伪保甲采取公开宣布解散,实际上暂时保留利用的方针。具体执行的方法和步骤, 是以区为单位分开 3 个或 2 个会,即首先召开伪保长会(或保甲长同时参会),向他们说明伪保甲是反动阶级用以对人民进行压迫统治的工具,必须解散,并宣布办理交代,在交代期间听候差遣,严格工作纪律,说明这是立功赎罪,求谅解于人民的机会。之后再以保或几个甲为单位开群众大会,向群众讲明伪保甲的反动性和对待的方针,并让群众监督其言行,这样在政治上划清界限,使群众在政治上有明确的认识。群众积极踊跃地执行上述任务,伪保甲人员也都是唯勤唯谨的听候差遣。与此同时,对首先接管的几个敌伪区公所宣布解散,着令交代,并迫速宣布成立区人民政府,以人民政府的名义发动群众,在区公委会统一领导下,派遣若干工作组,采取一揽子方式,分别到各保进行工作,随时命令伪保甲人员作必要的协助,广泛地宣传党和人民政府的各种政策来教育群众,在发动群众进行各项工作时,随时发现与培养积极分子,坚定地以地下党员、地下关系为发现积极分子的线索和桥梁,再将这些积极力量,作为发动群众和将来建设人民街间政权的骨干或核心。在使用保甲人员的过程中,随时关注他们的言行表现,作为将来去取的考核根据。

第二阶段,自完成或基本完成第一阶段后的一个半月,约从 1 月末 2 月初开始,至 3 月上旬止。这一时期通过区街发动群众的主要任务是:一是号召复工复业,开展私营企业中的工人工作。截至 2 月底,原工业户 1684(包括 15 个行业),已开工的 1406 户,未开工的 278 户。截至 2 月 15 日,原商业户 24,944 家(包括 112 个行业),已开业的 22,681 家,未开业的 2263 家。由复工复业引起的,以劳资纠纷为首的各种纠纷很快发生,2 月份民政局和各区共接受纠纷事件共 889 件,解决 526 件,其中劳资纠纷为 339 件,解决 227 件。二是发放小本贷款,组织群众生产。截至 2 月底,共发给 6524 户,贷出 12,996,300 元。三是有计划地组织人口疏散,共疏散 21,845 人。四是有计划地结束接管区保工作及处理区保人员,11 个区共有旧人员 309 人,留用 107 人,送训 70 人,遣散 132 人。9 个区(其中第六区、第十一区未报)保公所人员共有人员 642 人,留用 408 人,送训 40 人,遣散 194 人。

第二阶段任务的完成,一方面依赖于入城区街干部有了前一段的锻炼,在工作上摸到了一些头绪,和群众也初步地建立了联系,掌握了一批积极分子,对旧区保甲人员也有了初步了解;另一方面在于接管工作已告一段落,在此情况下如不迅速结束接管和分别处理旧人员,反而成为工作行进上的障碍,因此对区保人员采取留用、送训、遣散等分别对待的方针,由区甄别,经市府批准,分别宣布处理、配备力量、适当分工,将任务迅速转到发动群众复工复业、发放小本贷款、组织城乡交换的中心任务上来。与此同时,街闾建政问题提上工作议程,对旧区保甲人员经过考查和教育,采取分别对待的处理方针,在摧毁敌伪保甲、建立人民街闾政权的初期,以原来行政区划不变、熟悉该保各工作组,作为将来该街干部。通过各个时期和各个不同的任务,在发动与组织群众中加强与群众的联系,发现与培养积极分子,并以他们为街闾机构中的骨干或核心,并重点示范,以吸取指导经验、推广全盘的做法,取得了一定成果。如第七区,要求各街报送积极分子,到区集中加以短训,派任闾长;第一区则开召集积极分子会议,讨论闾长条件,根据这个标准,再分别去物色推荐,短训后派任闾长;而第十区和第四区则是选择重点街,集中一定干部组织居民小组,选举小组长,由小组长再互推闾长;第八区是根据现有积极分子的数量,将旧的公认不好的甲长换掉,其余的闾暂由旧甲长接任,先集中力量搞私营企业和分散的工人工作,待发动群众后,再行更换。

第三阶段,自3月初开始,至4月16日止。这一时期,区街力量集中在变救济性小本贷款为扶持小作坊、手工业、运销等生产的贷款,有重点地组织合作社或生产小组。有的区人民政府设立小本贷款委员会,以克服混乱的现象,有的区则设立了由民政股、银行、合作社、工商分局或经济股人员参加的经济会议,统一工作步调。同时初步确定了区、街、闾的组织机构,进一步试行街闾建政。此外还解决了郊区土地问题与春耕准备工作,并完成反动党团人员登记,并开展了几项群众性的工作,如街道卫生突击、种痘防疫、清明节祭扫烈士墓、群众纪念烈士大会、全市各界群众劳军运动等。4月初,又进行了全市总户口查对。

在工作任务日趋繁忙的情况下,区街建立基层组织的要求愈发强烈。天津市民政局在调查报告中就指出,在解放之初,以区街政权形式发动群众来完成紧急的、群众性的临时任务或过渡任务（如打扫战迹、收遣俘虏、急赈、兑换伪币、发放小本贷款、组织市民生产等），是效能很高、速度很快的，但过了这一特定阶段或时间后，工作任务便不明确了，容易发生混乱现象。这就需要根据城市建设的总任务和城市特点，来确定城市区街政权的长期性任务。市、区适当分工，正确处理城市区街政权的地位和作用，将成为解决城市区街建政的关键。

城市建设中的总任务是发展生产、繁荣经济，变消费城市为生产城市。发展生产首先是公营工业生产，因此发动和组织群众，首先需要发动工人群众，特别是公营企业的工人群众，这一工作必须统一于市，这是城市工业集中所决定的。而其他很多小手工业生产，工人分散，还有很多是独立劳动者，但他们也必须发动和组织，这个任务目前统一于市恐怕困难，应交区负责。同时为了便于管理和掌握私营工商业，贯彻工商政策，就需要组织商会和工业会，也需要统一于市，这是城市工商业集中所决定的。其他小商贩、小摊贩、小作坊，也需要组织和管理，这个任务统一于市恐怕也困难，亦应交区负责。

此外天津市有中学54所，小学333所，中学生20,637名，小学生102,330名，中学教职员1448名，小学教职员3310名，这说明天津的教育也是较为集中的，学校教育统一由教育局领导，但散在各区的市立小学121所、私立小学212所，是否需要统一于市局，需进一步讨论，或将小学教育的领导采取市局与区的双重领导制更切合实际。而各区的民教馆则应以区领导为主、市局指导，社教活动需要针对各区、各街的具体群众对象而定，市教育局直接领导各区民教馆的活动是不能想象的。

同时天津市有工人约30万，其家属每家按3人计，即有90万人，全市的军属1518户，干属150户，烈属34户，共计烈军干属1702户，贫苦市民312,047人，组织这百万人的生产和加强他们的教育，也必须列为各区长期且重要的工作。城市人口集中、交通便利、政治情况复杂,而建立户政工作、加强户籍管理,加强街道卫生、税收等都是十分必要的工作,这一任务主要是在区街落实。还有由于过去长期受反动统治,积累下来的各种纠纷和悬案非常多,新的民事纠纷也会产生,所以调解民事和轻微刑事纠纷,调解关系、加强团结、免除诉讼等职责,也须交区街担负。

因此在长期的城市建设过程中,需要区街完成的工作任务应包含:组织市民生产(特别是工人家属,烈、军、干属,贫苦市民),发放各种贷款,组织各种生产小组和合作社;加强户政工作与户籍管理,维持社会治安,加强调查研究,了解各阶层的动态和要求,提供领导决策;组织成年市民学习,加强社教与文娱活动,使之有机会提高文化或政治认识;提倡和推动个人及街道的季节性卫生防疫工作,以保证市民的健康;解决市民间的各种纠纷,调解关系,加强团结;此外还需要发动和组织季节性和非季节性的劳军、优属、救济、贷款、支前、文娱等广泛政治性群众运动。这就需要加强街的组织工作,如扩大街的行政区划、调整个别区划,增加脱产街干部人数,合并警区、行政区划等,同时区政府也应在民政、经济、户政、文教、调解等5股基础上,加强经济股,增设卫生股。除此之外还需要提高街干部待遇标准及区、街、间办公费。

(三)调整基层政权

1949年6月,按照中共七届二中全会精神和刘少奇来津视察工作时的指示,中共天津市委在《关于传达刘少奇同志指示的决定》中表示:

我们因多年在农村工作,对城市不熟悉,由于狭隘经验主义作祟,不知不觉的把农村工作方式带到城市里来了。例如对资产阶级的态度,实质上就是一种农民意识,真正无产阶级因经常与资产阶级打交道、作斗争,是不怕因接触多而就丧失立场的。乱发标语口号,一律停刊报纸,查封外领电台,表现出小资产阶级的急性病与游击习气的无组织无纪律状态。至于劳资关系上的冒险主义、平均主义，职工关系上的斗争形式、整风形式，以及公私、内外、城乡关系方面的垄断作法，虽市委并非如此主张，但因领导未抓紧，指示不明确，也或多或少带有农民社会主义的色彩。特别明显的是将工作重心放在区街，不了解工商、文教、交通、市政、治安五大中心都带全市统一性，城市本身就是一个基层组织，是一个不可分割的整体。但我们却采取分而治之的精神，将群众运动、职工工作、劳资关系、合作贷款、生活救济、治安户籍、市政设施、小学教育等等或者大部分或者一部分都交给区街去作，上面指示不详，检查不严，只是坐等汇报，下面又多事前不请示，事后不报告，或反映情况不实，或掌握政策有偏差，等到发现问题指出错误后，上面又解决不及时，教育不严明，许多原则上的错误，都是从这里产生出来的。

根据决定，天津市人民政府重新部署工作。为加强市一级的机构和领导，适应城市政治经济情况比较集中的特点，决定将各区人民政府改为区公所。区公所只作为市人民政府的派出机关和执行工作的助手，受市人民政府直接领导。

1949年6月17日，天津市人民政府发出《关于变更区街组织的指示》，同时取消街公所、闾，各街公所分别并入各派出所，水上街并入水上公安局建制。各街干部到公安局工作，派出所设所长和副所长，根据干部条件配备工作，所长兼管行政，增设文书1人。街取消后，市郊较大村庄皆增设派出所，但为保证一部分行政工作的完成，可以建立不脱产的村公所，受同村派出所指导，归该区区公所领导。相关交接工作，以区为单位，各街统一向原属区公所交接。区公所对市政府负责，财物经费造清册、工作问题造表分别移交各有关部门，并报市政府备查，各种贷款的交接（如小本贷款、农业贷款、小工业贷款、建房贷款等）则由银行整理材料制定交接办法。

对于这一调整，黄敬在1949年9月5日的各界代表会议上的书面报告中认为:"解放后对于国民党的反动统治机构伪保甲制度,是采取摧毁的方针。解散伪组织以后,在过渡期间临时建立了区政府及街公所,以联系群众及进行战后各项紧急工作。由于区街组织大部分是从农村来的,或是由群众中经过训练新提拔起来的干部,凭借其艰苦朴素的民主作风与全心全意为人民服务的精神,在工作中迅速地完成了许多任务,树立政权的威信,是有成绩的。但由于区街组织机构本身有分散领导的弱点,因此在具体解决问题时,就表现出不一致、不统一的严重缺点。6月中我们检讨了区街工作后,决定把区政府改为区公所,领导集中到市、区以下,统一于派出所。实行以来,已克服过去工作中的缺点,唯派出所的工作任务依然繁重,人员也不够,今后仍须研究改进。"①

1949年6月,街公所撤销后,原来属街公所的工作都归到公安局派出所内完成,派出所工作量陡然增加,虽然采取了一些措施,但弊端逐渐凸显,如市民福利、公用设备、优抚救济、政治宣传、文化活动等工作,都必须由派出所来管理,难免不出现纰漏。为此中共天津市委作出《关于加强对区委之领导及增强区公所组织机构之决定》,提出"成立居民委员会,居民委员会是政府与人民之间的桥梁,是当地人民之代表性的组织",市人民政府也于1950年3月1日在《关于加强区公所组织机构的决定》中作出"在派出所辖区内设立居民委员会,负责传达政府法令政策及各种工作决定,搜集反映市民之建议与意见"的指示。在探讨了居民委员会的性质、组织、任务及与区公所、公安分局、派出所之间的关系,干部产生和建立范围后,于1950年7月21日试行《天津市各区居民委员会组织办法》,规定居民委员会受区公所领导,协助政府组织市民兴办、改善卫生设施,举办小学及其他社会文化教育事

---

① 中共天津市党史资料征集委员会、天津市档案馆编:《天津接管史录》(上卷),中共党史出版社,1991年,第49—50页。

业，兴办合作事业，以及协助介绍就业和落实其他社会福利，向市民传达区公所布置事项，向区公所反映市民意见等。居民委员会设主任1人，副主任1人；委员人数则根据户数，约百户上下推选1人。居民委员会主任需由派出所所长兼任，副主任由市人民政府派任，委员则由市民推选并经区公所批准，且委员需按当地实际情况照顾人数众多的阶层（即多选些委员参加），并须适当照顾全面。同时对主任、副主任的任期及开会、汇报等事宜作了详细规范。

（四）确立基层政权

随着新中国成立后各种群众性运动的不断展开、计划体制的逐渐形成和政府权力向城市所有社会领域的渗透，各个城市政府增加行政层级、扩大各级管理机构规模的需求日趋强烈。天津的市政府及区公所，在行政管理框架内再行修补显然已经无济于事，城市基层政权再度下移不可避免。

1950年11月，中央人民政府政务院颁布《大城市区人民政府组织通则》，规定区人民政府为区人民代表大会闭会期间行使政权的机关，从而以国家法律的形式肯定了区级行政机关的实体政府性质。1951年后，原来改设区公所、裁减街政府的石家庄、北京、天津等城市先后恢复了区政府，并在区以下开始试建街道派出机构及组织居民委员会。

1952年2月"三反"运动中，围绕增产节约的中心任务，探索城市基层政权建设问题，天津市政府抽调市区319名干部，组成天津市民主建设工作队，在第二、第九两个区进行区街民主建政试验工作，建立了与公安派出所辖区相同的街公所，经过半年实践，街公所已可以及时解决群众中存在的问题。7月21日，黄火青在《关于党代会的动员报告》中正式提出"区街政权问题应提到主要地位来解决，党代会应该研究怎样建立区街政权"。10月10日，天津市人民政府委员会第十五次会议讨论通过了《关于基层政权建设的决定》，发布了调整行政区划及撤销区公所、恢复区人民政府和街公所的指示，按照各区性质、人口、地域毗连、交通及天津市工业、商业、小手工业及住宅等分布情况,将市内原有的 11 个区划为 8 个区(塘沽单属 1 个区),各区成立区人民政府作为一级政权机构,天津县划归天津市领导,郊区大部分村庄并入天津。

这次行政区划的调整,为区街建政工作奠定了良好基础。10 月 11 日,在总结试点经验的基础上,市人民政府通过了《建立街公所暂行办法》和《建立居民委员会施行办法》,在全市范围内开展一次大规模的区街建政民主运动,以满足伴随经济发展日益增长而产生的街道居民政治和共同福利等要求。

天津市《建立街公所暂行办法》中提出,街的区域范围应根据街道自然形势及居民的社会联系划定,街公所与派出所的管辖范围应当一致,街公所是区人民政府派出的工作机构,在区人民政府之下,其命名应为天津市第×区×街公所,街公所的工作任务包括:①组织领导居民的政治文化教育、公共卫生、调解、救济、优抚以及其他社会福利等工作;②领导本街各居民委员会及居民代表会的工作,并统一街道居民各项工作的步调;③推动执行区人民代表会议和区人民政府有关街道工作的决议、指示及交办事项,交办事项必须控制,不得将许多任务下压到街,市、区各部门需要街协助工作时,均须经过区人民政府统一布置;④向区人民政府反映街道人民的意见和要求,并提出兴革意见。街公所的机构,根据工作需要和精简节约的原则,设街长 1 人,干事 4 至 6 人(均为脱产干部),另设公务员 1 人(炊事员兼通信)。街公所在街道居民工作上对公安派出所领导(派出所的本身业务工作仍直受公安分局领导),派出所在不影响本身业务工作情况下,应积极参加和协助街道居民工作,且派出所所长需定期向街长报告一般治安工作。同时还对街公所的职能作了规范:街公所的街务会议一般每周举行一次,由街长召集,派出所所长及各干事应出席,其他必要人员列席;街公所应召开居民委员会正副主任会议,听取汇报并传达区人民政府的决议和指示,研究布置工作;街公所还应召开本街有关人民团体(如街道妇女代表、妇女保健网、合作社、军属代表等）的联席会议，统一策划本街居民工作，密切配合，统一步调。

在《建立居民委员会施行办法》中，对居民委员会的工作范围作了新的要求：一是落实处理居民的学习、文娱、卫生、建设、调解、优抚及其他社会公益等项居民福利；二是做好居住地区的一般治安、消防等工作；三是向居民宣传政府政策法令；四是向政府反映居民的意见和要求。同时要求各区人民政府根据具体情况，参照居民委员会的工作范围，以"便民"为原则，规定居民委员会的具体工作任务。

居民委员会由居民代表会议产生，居民代表会议的组织和职权包括：一是一般以户为单位，每10户至30户编为一个居民小组，选举居民代表1人，组成居民代表会议；二是代表负责传达居民代表会议及居民委员会决议，推动进行工作，并反映小组居民意见；三是代表任期1年，连选则可以连任；四是居民代表会议的职权，包括选举居民委员会主任、副主任及委员，听取并审查居民委员会的工作报告，讨论及决定有关居民的重要工作，撤换居民委员会的不尽职人员。居民委员会的组织则包括：一是居民委员会由同届居民代表会议选举主任1人，副主任1至3人（主任、副主任中至少应有妇女1人）及委员若干人组成；二是居民委员会主任、副主任和委员任期1年，连选得连任；三是居民委员会对居民代表会议负责并报告工作；四是日常的居民工作，由居民委员会领导各居民小组长进行，每一委员可分工联系若干小组；五是居民委员会内部可设立各种专门工作组（如卫生、文教、救济福利、优抚、调解、治安等），以便工作分工进行，工作组人员由居民委员会聘请或由居民小组推选；六是居民委员及居民代表以不兼职为原则（即一人一职），以免妨碍生产，同时培养大量积极分子参加工作；七是居民委员会人员必须建立兴利除弊、忠诚为人民服务的观点，以及遇事与群众商量的民主作风，密切联系群众，做好工作。

1952年12月28日，天津市第四届各界人民代表会议的报告中指出,从 10 月开始,天津市开展了区街民主建政工作,经过宣传调查、自由结组、民主选举、召开居民代表大会等阶段,在充分发动群众、摸清情况的基础上,选举产生了街道和居民组织。此项工作的开展,加强了区政权,并计划逐步建立街公所,在街道中建立居民代表会和居民委员会,把无组织群众组织起来。街道的民主建政工作预计在 1953 年 1 月底全部结束,然后将建立街公所,并逐步完成区街的民主建政工作。当年的《天津市人民政府委员会一九五二年全年工作报告》对此次民主建政进行了详细统计:区划调整后,拟建立派出所 177 个,建立街公所 174 个(包括工人新村 3 个)。目前在全市范围内,区街民主建政工作已普遍开展,截至 1952 年 12 月 22 日,全市正进行建政工作的街 98 个,有 27 个已建立起街公所,建立了 201 个居民委员会,3327 个居民小组,共组织大小会议 17,643 次,到会群众累计数达 553,935 人,目前已选出居民代表 4512 人(其中有妇女 2786 名),候补居民代表 729 名(其中妇女 563 名)。妇女数量在街道组织中占这样大比例,说明居民委员会以劳动人民为基础,同时又是广泛组织各阶层人民参加的统一战线性的组织。在这样壮大的区街民主建政运动中,势必涌现出大量热心为人民服务、与人民保持紧密联系的积极分子,天津市的区街工作也将步入一个新的阶段。

至 1953 年 2 月 10 日,全市共建立街公所 172 个,居民委员会1093 个,选出委员 6879 名。结合建立街公所和居民委员会,还整顿调整了街道原有的各类组织,即在街公所范围内,建立或保留了公安派出所、治安保卫委员会、扫盲委员会、税务段、群众宣传队街分队、中苏友好街支会、妇女代表委员会、合作社分销处,其他组织除了已合并的,一律予以取消;居民委员会范围内建立或保留了居民小组、合作社社员小组、妇女小组,其他组织一律取消。

从 1954 年 2 月开始,天津市整顿街道组织,街公所改名为街道办事处。1954 年 12 月,全国人民代表大会常务委员会第四次会议讨论通过《城市居民委员会组织条例》《城市街道办事处组织条例》《公安派出所组织条例》，由市、区两级政府及其派出机关街道办事处，以及居民自治组织的居民委员会协同构成的城市行政管理结构正式确立，派出所原来承担的行政任务被剥离，只承担治安、保卫、户籍等工作。

第二节 建立群团组织

群众性团体组织（简称群团组织）是社会的细胞，中国共产党历来非常重视群团工作。在联系与组织群众方面，除了通过党自身的组织，另一个重要的渠道就是通过跟社会各阶层有密切联系的群团组织。因此群团组织是党联系群众的桥梁和纽带，做好群团工作，有利于扩大党的群众基础，巩固党的执政地位。

在革命战争时期，各类群团组织已经开始萌芽、成长。天津解放后，工会、青年团、妇联等中国共产党领导的群众团体组织逐步建立起来。这些群团组织服务于国家和地方的发展大局，服务于各自联系的群众，不断激发工人阶级"主力军"、青年"生力军"、妇女"半边天"的作用。它们的建立，进一步完善了新建立的人民政权的治理结构，也成为中国共产党开展群众工作、推进群团事业的伟大创造。

一、总工会及其活动

天津的工人阶级从一诞生起，就直接身受帝国主义、本国封建势力和资产阶级的压迫和剥削，因而天津的工人运动有着悠久的历史，早在20世纪20年代，就曾一度建立了由中国共产党领导的天津总工会。天津解放前夕，工人阶级采用隐蔽斗争的策略，发展组织，开展政治和经济斗争，配合人民解放军解放天津。天津解放后，各行业建立了行业工会，天津市建立了市总工会，在建立和巩固人民政权的过程中，各级工会协助政府接管和改造官僚资本企业，积极参与对手工业、资本主义工商业等的社会主义改造，对职工进行思想教育和动员，参与制定有关职工的政策法令，对工人开展救济、安置、扫盲等各类服务工作，开展了各类以技术革新为主要内容的劳动竞赛和先进生产者运动。

20 世纪二三十年代的天津总工会、天津工人救国联合会。天津市是中国北方经济贸易中心，是港口城市、交通枢纽和文化名城，具有雄厚的工业基础。作为中国北方第一代产业工人队伍发祥地和重要的商贸城市，天津的工人长期受到资本家和封建势力的压迫。劳动强度大、工作时间长、工资低微、无安全保护措施，以及包工、把头制等种种苛刻的管理规则十分普遍。天津的工人运动正是在这一历史背景下兴起的。运动使得工人们产生了组织起来的要求，一些按照同乡联谊、结社帮派的组织，也曾一度发展起来，但它们多被封建势力、资本家利用和控制，不能适应工人阶级利益的需要，因而工人们渴望摆脱行会，成立工人自己的组织。

1922 年 7 月，中国共产党领导的中国劳动组合书记部在天津设立支部。1924 年 5 月，中共天津地委建立后决定在工业集中地区开展工人运动，在党的领导下，通过"劳动补习学校"的形式，对工人阶级群众开展了马克思主义的宣传教育活动，提高工人阶级的政治觉悟。1925 年 6 月，继纺织总工会、津汉铁路工会建立后，码头、印刷、地毯等行业工会组织也相继成立。1925 年 8 月 4 日，天津 20 多个行业的工会代表举行会议。8 月 6 日，天津总工会宣告成立。共产党员安牟生被选为委员长。8 月 9 日，与天津各爱国团体一起，组织天津反帝大同盟，领导天津人民开展反帝爱国斗争。8 月 11 日，为抗议日本资本家枪杀工人，天津总工会领导工人进行"砸裕大"斗争，遭到军阀的镇压，随后被河北省督军李景林查封。1926 年 1 月 5 日，天津总工会自动启封，公开发表宣言，表示要为工人群众争取自由而继续斗争，同时创办会刊《工人小报》。此后共产党人王藻文、王醒吾先后任委员长。1926 年 3 月，为抗议日本炮击大沽口事件，与天津其他进步团体一起举行了 4 万余人参加的声讨大会。1926 年"八三"惨案后，被奉系军阀封闭会所。

抗日战争时期，为反对日本帝国主义的侵略，于 1937 年 12 月成立了天津工人救国联合会，在中国共产党的领导下，工会组织团结带领工人群众，在极为艰难的条件下开展了多种形式的抗日活动，有力地配合和支持了根据地军民的抗日斗争。

天津解放前夕的工人运动与各业工人迎接天津解放。解放战争时期，针对国民党的反动统治，天津工人阶级采用隐蔽斗争的策略，发展组织，开展政治和经济斗争，配合人民解放军解放天津。

据国民党天津社会局统计，1947 年 7 月到 1948 年 12 月，一年半间共发生"工潮"165 起（内有 20 起为 11、12 月的估计数），其中行业联合斗争有 20 多起，涉及地毯、印刷、牛奶、澡堂、绒毛、制香、木材、火柴、食品、油坊、石油、造纸、橡胶、拢材、织染等许多行业，460 多家工厂、数以万计的群众加入斗争行列。

在迎接天津解放的过程中，天津各业工人在中共迎接天津解放委员会（即天津工委）和地下党组织的统一领导下，展开了破坏军火生产的斗争、反南迁的斗争、英勇的护厂斗争，并为天津解放后的完整接管、迅速恢复生产做出了贡献。

1948 年 8 月，按照中共中央的战略部署，第六次全国劳动大会在东北解放区哈尔滨市隆重举行。以周青为团长的天津工人代表团参加了这次具有历史意义的大会。大会作出《关于中国职工运动当前任务的决议》，讨论通过《中华全国总工会章程》，并选举产生了新的中华全国总工会领导机构。这样，全国工人的统一组织重新建立，中国工人运动的统一才得以实现。在《关于中国职工运动当前任务的决议》中，强调国民党统治区的职工运动"应比以往任何时期都要更加善于联系群众，聚积力量扩大队伍，以便迎接人民解放军的到来。同时应尽一切可能谨慎地支援和参加国民党统治区一切人民群众的革命运动，对蒋介石的军火制造与军事运输给以可能的阻碍"。当"人民解放军到来时，职工们应当尽力保护一切公私企业及其工厂机器和物资不受破坏和损毁，并应联合各界人民监视反革命分子，维持社会秩序，以待新的秩序之建立"。

在中共地下组织的领导下，各行业工人广泛开展了护厂活动。其中纺织业的护厂活动就是一个典型。天津是国内纺织业重镇，坐拥多个规模庞大的纺织厂。如中纺一厂，位于天津市河东区六纬路六号路17号，始建于1936年，时称裕丰纺织株式会社，1945年抗日战争胜利后国民党中纺公司接管，改名为中国纺织建设公司天津第一棉纺织厂（简称中纺一厂）。天津解放前夕，国民党政府曾密令天津反动当局将重要工厂设备及高级技术人员南迁，还指示撤退前将天津的大企业、大厂破坏掉。为了保证解放军进城后能够完整地接管，河东地区地下党在一些工厂中领导和组织工人开展了英勇的护厂斗争，并向各界人士、广大群众宣传党的政策，稳定人心；开展政治攻势，震慑瓦解敌人；组织纠察队，维持社会秩序，为天津的解放和完整接管，并迅速恢复生产，做出了重要贡献。当时的中纺一厂已将一些机器设备拆除，准备运走，对此，中共地下党员商兆华领导中纺一厂的进步工人，组织职工开展了针锋相对的斗争：一是通过厂内各车间的书记工，查清本车间机器设备的数量、型号、性能，以及被厂方拆除、存放等情况，然后统一整理造册。二是调查厂内上层人物（厂长、科长、技术人员）的政治身份、政治态度和现实表现、技术能力等方面的情况，有重点地接触他们，作他们的工作，动员他们同工人一道参加护厂工作。三是发动厂里职工积极参加护厂活动，保护好厂房、机器、原料，防止敌人破坏，从而保证了工厂在天津解放后的第三天就恢复了生产。

成立华北总工会筹备委员会天津办事处。天津解放前夕，1948年11月左右，华北局城工部将一批此前撤出天津的党员和积极分子工人集中在胜芳准备进城。他们主要是来自中纺一至七厂、东亚毛纺厂、恒源纱厂、仁立毛纺厂的工人，以女工为主。准备接管的干部进行了积极的准备工作，印制出约 60 余个工厂的情况表格和情况简介，整理出全市各工厂地下党组织状况材料，绘制了天津各主要工厂方位及内部设置图，标出重要部门的位置，并提供给有关同志。

天津解放后，为了贯彻中共中央关于依靠工人阶级管好城市的方针，天津市军管会于 1 月 22 日邀请各大工厂企业工人 100 多人举行座谈会，征求对军管会各项措施、复工复业情况，以及今后天津建设等方面的意见。军管会主任黄克诚、副主任兼市长黄敬亲自出席并主持了会议。

天津解放不久即开始筹备建立市总工会。1949 年 1 月 26 日，华北总工会筹备委员会天津办事处成立，李颉伯（后为黄火青）、丘金分任正、副主任，积极开展全市职工工作，筹备成立天津市总工会。

各产业行业、各工厂单位成立职工代表会。入城初，华北总工会筹委会天津办事处立即派出 700 多名干部，组成纺织、摩托、联勤、电讯、私企等工作组到各工厂企业和各区去，进行职工群众的组织与教育工作，发动工人协助接管、复工复业，并根据华北总工会筹委会天津办事处关于建立职工代表会的具体实施方案，组织职工代表会。特别是刘少奇来到天津发表讲话后，根据刘少奇的指示和全国工会工作会议的精神，全市职工组织工作进展非常迅速。各工厂企业职工经过民主讨论和充分酝酿选出了自己的代表，成立了职工代表会。各单位职工代表会建立后，代表立即分工负责，积极着手进行协助接管清点、推动职工学习、举办福利等工作。由于职工代表会处处为职工着想而受到工人拥护，同时职工代表会还在培养积极分子、组织教育职工群众等方面作了大量工作，为建立工会作了组织上和思想上的准备。

各产业工作委员会相继召开了产业、行业的职工代表会议，成立了产业、行业工会筹委会，并推动基层单位大力发展会员，建立基层工会组织。到 7 月底，全市铁路、纺织、海员、运输、产联、五金、化学、手工业、店员等工作委员会，已发展会员 89,497 人，建立基层工会 138 个，基层筹委会 71 个,建立了工会小组 3210 个。

协助政府接管官僚资本企业。这是工会和职工群众在城市接管工作中最重要的一项任务。各地工会和职工群众根据有关方针政策,在党政机关的具体领导下,积极参与完成了这项任务。天津市在 1949 年 1 月 15 日解放以后,军管会立即派出军代表接管市内各单位。天津市各官僚资本企业中的中共地下党员和为迎接解放而组成的工人护厂队,立即组织广大工人群众迎接军代表进厂,并积极配合接管工作,为军代表介绍情况、收集情报,并帮助清点物资、核验设备。至 1949 年 3 月底,天津市军管会辖下的工业、交通、铁路等 13 个处对官僚资本企业的接管工作基本结束,完成了对市内大小企业和机关 663 个单位的全部清点和接管。

召开天津市首届职工代表会议,成立天津市总工会筹委会。1949 年 4 月 28 日,天津市召开了首届职工代表会议,出席和列席代表 600 余人。会议总结了华北总工会筹委会天津办事处入市以来的工作,中共中央书记处书记、中华全国总工会名誉主席刘少奇向大会作了报告,明确了当时工人运动的主要任务是恢复生产,发展会员,建立工会,按产业把工人组织起来。刘少奇的重要指示,使天津职工的努力方向更加明确。他表示:"今天中国不是资本家太多,太发展了,而是太少,太不发展","资本主义的剥削在今天还不能够废除"。并进一步提出了发展我国经济的"公私兼顾、劳资两利、城乡互助、内外交流"的"四面八方"的政策。会上产生了全市性的工会组织——天津市职工总会筹委会(后改为总工会筹委会),选举产生执行委员 55 名、候补执行委员 10 名。5 月 24 日召开首届执行委员会,选举常务委员 23 人。在 28 日首次常委会上又推选出主任、副主任,并讨论了天津职工总会章程草案。天津市总工会筹委会的建立,为加强全市职工运动的领导创造了条件。

天津市总工会首次至第五次代表大会、第一至第五届委员会。从 1950 年到 1956 年,天津市总工会共召开五次代表大会,选举产生天津市总工会五届委员会(其中第一届为执行委员会,第五届名称为"天津市工会联合会委员会"。1954 年,根据中国工会七大通过的章程规定,天津市总工会更名为天津市工会联合会。1958 年后根据全国总工会的指示精神又恢复为天津市总工会)。

天津市总工会第一届执行委员会 (1950 年 1 月至 1951 年 1 月)。天津市首次会员代表大会于 1950 年 1 月 10 日至 14 日举行, 会议代表 498 人,代表全市 344,349 名职工,197,295 名会员。中华全国总工会文教部部长刘子久、天津市副市长刘秀峰到会并发表讲话。会议听取了市总工会筹备委员会主任黄火青作的工作报告,大会原则通过了《天津市国营公营企业劳动保险暂行条例草案》,选举产生了天津市总工会第一届执行委员 73 名、候补执行委员 10 名,宣告天津市总工会正式成立。1 月 22 日在首次执委会上选出常务委员 25 名和主任、副主任(6 月改为主席、副主席)3 名。主任(主席)黄火青,副主任(副主席)丘金、王老五。

天津市总工会第二届委员会(1951 年 1 月至 1952 年 1 月)。天津市工会第二次代表大会于 1951 年 1 月 21 日至 25 日举行, 正式代表 446 人,列席代表 29 人。中央人民政府外交部副部长伍修权、中华全国总工会副主席刘宁一和组织部部长栗再温到会讲了话。会议听取了市总工会主席黄火青的报告,确定了 1951 年工会工作的主要任务,明确了"密切结合生产运动健全与巩固工会基层组织"是当前工会工作的正确方针,并通过了《关于工会工作的决议》和《关于财务工作的决议》。大会选举产生了天津市总工会第二届委员会委员 49 名、候补委员 10 名。在 2 月 18 日二届一次全委会上选出常务委员 19 名和主席、副主席。主席黄火青,副主席王老五。

天津市总工会第三届委员会(1952 年 1 月至 1953 年 1 月)。天津市工会第三次代表大会于 1952 年 1 月 19 日至 20 日举行, 出席会议代表 530 人。这次会议的主要内容是讨论与决定 1952 年工会的中心工作——开展反贪污、反浪费、反官僚主义运动和增产节约运动。会议听取了市总工会主席黄火青关于当前工人运动中心任务的报告,选举产生了天津市总工会第三届执行委员58名。4月6日召开了三届一次执委会,讨论了近期的工会工作,并选出天津市总工会主席、副主席和常务委员23名。主席黄火青,副主席谷小波、潘长有、李权超。

天津市总工会第四届委员会(1953年1月至1955年2月)。天津市工会第四次代表大会于1953年1月10日至13日举行。出席会议代表500余人。这次会议的主要任务是总结1952年工作,部署1953年的任务,推广东北五三工厂工会工作的重要经验。大会形成两项决议:《关于推广五三工厂工作经验的决议》和《关于贯彻〈婚姻法〉的决议》。选举产生了天津市总工会第四届委员会委员49名、候补委员9名。在2月18日四届一次全委会上,选出天津市总工会主席、副主席及常务委员19名。主席黄火青,副主席谷小波、李权超、潘长有。

天津市工会联合会第五届委员会(1955年2月至1957年4月)。天津市工会第五次代表大会于1955年1月31日至2月3日举行。出席会议代表360人,代表全市57万工会会员。全国总工会副主席刘宁一到会讲了话。会议听取和通过了天津市工会联合会第四届委员会关于两年来工会工作及今后任务的报告,并形成了决议。大会选举产生了天津市工会联合会第五届委员会委员49名、候补委员8名。在2月8日五届一次全委会上选出天津市工会联合会主席、副主席及常务委员14名。主席谷小波,副主席潘长有、许明、陈好问、王一达、王文源。

举办工人业余学校。天津解放初,为了提高工人文化政治水平,学习基本科学知识,培养工人阶级出身的知识分子,依据全国总工会及中宣部的布置,市总工会筹委会提出要组织正规化工人业余学校。

1949年9月17日,市总工会筹委会与市教育局召请妇联、学联、文教部、青联、教联等机关团体成立"天津市工人业余学校筹委会",拟定了《天津市工人业余学校计划草案》(以下简称《草案》)。《草案》就工

天津市第一工人业余学校

人业余学校的任务、市级业校筹委会校务委员会的产生与办法、经费来源、学制、课程、教材选编、开办计划、教员聘任及选用、学员考试等作出原则规定。工人业余学校筹委会决定，以工厂和学校为主，创办两种组织形式的工人业余学校，并以一区为重点成立第一工人业余学校，作为以学校为主的示范。1949年11月3日，天津市第一工人业余学校举行开学典礼，该校设立在万全道一区中心小学内，校长车英。

经过调研、宣传、组织与发动，业校发展迅速。是年12月初统计：全市试办正规工人业余学校20所。计以工厂为主办的中纺一厂至七厂、恒源纱厂、仁立毛纺厂、北洋纱厂、东亚烟草、被服一厂、电车公司、中华火柴厂等14个厂校；以普通中小学附设的第一和第二工人业余学校两校；第一、第七、第八、第十等4个区文化馆附设的4所学校。共办有139班，学员5515人，其中初小一年1511人，占学员总数的27.4%；初小二年1113人，占20.1%；初小三年866人，占15.7%；高小四年至五年1625人，占29.5%；初中一年至二年400人，占7.3%。

1949年12月16日，市教育局工农教育科正式成立，与市总工会筹委会配合，负责全市职工业余学校的组织和推动工作，天津市职工教育开始实行"政府领导、依靠工会"的方针。1950年1月，市教育局工农教育科会同市总工会文教部在调查业已成立的职工业余学校的基

业余中学上课场景

础上,制定了《天津市正规业余学校简章(暂行草案)》。工人业余学校的创办,以及规范化的《业余学校简章(暂行草案)》的颁布施行,为全市各类业余小学中学的建立与发展,起到了示范作用。各区教育部门、工厂企业、机关团体纷纷开展业余中小学教育。学员包括厂矿企业工人、机关团体干部、店员、手工业者、市民及近郊农民。1957 年 3 月 8 日市教育局《关于我市当前工农业余教育工作情况报告》称:到 1956 年下半年,全市共有学员 20.3 万多人参加了业余文化学习,其中小学班 13 万余人,初中班 6.8 万余人,高中班 5141 人(扫盲未包括在内)。在学习中已有 6.9 万多人高小毕业,9202 人初中毕业,132 人高中毕业。据不完全统计,中学毕业后的学生中已有 260 人考入各中等技术学校和专科学校,有 70 人考入天津大学等高等院校学习。到 1957 年,全市有业余中学 293 所,在校学员 7.1 万多人,教职工 1718 人,其中专职教师 1121 人、兼职教师 177 人。全市有扫盲、业小班学员 24 万余人,其中 5 县 6.1 万多人,有专职教师 1989 人,兼职教师 8701 人。①

---

① 参见曲维富:《建国初期的天津工农教育(1949—1957)》,天津市政协文史委编:《天津文史资料选辑》(第 98 辑),天津人民出版社,2003 年,第 140 页。

　　推进社会主义竞赛和先进生产者运动。1956 年,根据中共中央的号召,为提前完成、超额完成第一个五年计划,全国各地广泛开展社会主义竞赛和先进生产者运动。这个运动的开展,加速了社会主义建设的进程。在天津,市总工会(市工会联合会)及各级工会组织在这个运动的推进中发挥了重要作用,将先进经验推广到各家工厂企业,有计划、有针对性地把广大职工的劳动热情引导到解决生产的关键问题上来,组织工人学习技术和文化,各工厂企业涌现出一批技术精通、勤劳肯干的先进生产者。

交通电工器材公司天津公司开展增产节约竞赛活动

　　1956 年 3 月 30 日,天津市举行先进生产者代表会议。市工会联合会副主席王文源在会上介绍了天津市社会主义竞赛的情况。他说,目前全市参加竞赛的职工已经有 35 万多人。职工们在竞赛中提出了33,500 多条合理化建议,总结和推广了 600 多项先进经验。全市有 75个国营和地方国营工厂、32 个工业专业公司所属的公私合营工厂,可以提前一年完成第一个五年计划。在这些工厂生产的 502 种产品中，已经有 344 种产品的质量有不同程度的改进。会上，天津钢厂和天津纺织管理局工程技术人员的代表、青年铣工范以贤、织布女工孙桂珍、售货员张淑华等先后发言。他们报告了本单位或个人实现竞赛保证条件的情况，表示今后在先进生产者运动中努力带动全体职工，改进技术，学习先进经验，不断扩大先进生产者的队伍，保证提前完成第一个五年计划。出席会议的代表还一致通过了天津市出席全国先进生产者代表会议的代表 50 人。

二、新民主主义青年团及其活动

天津青年有着光荣的革命传统，源远流长的海河水哺育了一代又一代革命青年。早在五四运动时期，天津就掀起了青年运动、学生运动的高潮，建立了觉悟社、天津学联等一批爱国青年团体。1920 年，天津社会主义青年团创建。随着国家局势的变化发展，从抗战胜利后到天津解放前夕，天津的"民青"等在中国共产党领导下的进步团体，开展了一系列迎接解放的活动。

天津解放前夕，中共天津市委专门成立了青年工作委员会。天津解放后，1949 年 3 月，按照中共中央与华北局关于建设新民主主义青年团的决议，中共天津市委成立了以黄敬为主任的青年团天津市筹备委员会。同年 8 月 1 日，中国新民主主义青年团天津市工作委员会成立，张淮三、楚云先后任书记。全市青年积极响应团市委的号召，以高昂的爱国主义热情，投身于抗美援朝、镇压反革命运动，打退资产阶级的猖狂进攻，为恢复和发展生产、稳定社会秩序而斗争，涌现出了杨连弟等一批先进青年典型。先后于 1953 年 1 月 3 日至 7 日、1954 年 8 月 21 日至 27 日、1956 年 8 月 20 日至 27 日，召开中国新民主主义青年团天津市第一、第二、第三次代表大会，楚云任第一、第二届团市委书记，张玉任第三届团市委书记。

（一）天津社会主义青年团

早在五四运动时期，天津青年即投身爱国运动，为争取民主、自由而斗争。1919 年 5 月 7 日，天津学生成立了天津学生联合会和天津女界爱国同志会，掀起了五四运动新高潮。1919 年 9 月，周恩来、马骏、刘清扬、郭隆真、邓颖超等发起组织了觉悟社，传播马克思主义，为青年播下了革命的种子。1920 年，张太雷创建了天津社会主义青年团的组织。该团宗旨是"研究和实现社会主义"。天津社会主义青年团建立不久，经酝酿研究，于 1921 年 1 月 4 日，在天津公开出版了一份 8 开的以工人为对象、指导工人运动的报纸——《来报》。后来团组织迁出租界到中国地，由天津教育界爱国人士马千里帮助起草了呈文，用《津报》的名义重新出版，继续战斗。1921 年 1 月，张太雷离开天津去苏联，加上初建团组织时缺乏经验，人员复杂，天津社会主义青年团的活动没能继续下去。

1921 年 9 月，在李大钊的指导下，由于树德、安体诚创建了天津工人工余补习学校。1922 年 3 月 12 日，中共北方区委派党员来津，在天津工人工余补习学校内建立了天津社会主义青年团。团组织设执行委员会，内分书记、出版、宣传 3 部，负责人于树德、李峙山。3 月 22 日，在天津社会主义青年团给团中央的报告中，谈到这个团组织"为中国社会主义青年团之一部"。团章规定其性质"为纯粹的康民尼斯特（即共产主义）"，其宗旨是"研究共产主义，实行社会改造"。1922 年 5 月 5 日，中国社会主义青年团第一次代表大会在广州举行，全国 15 个地方团组织的 25 名代表出席会议，天津社会主义青年团团员吕一鸣也出席了会议。天津团组织的创建人张太雷是这次大会的主席，并被选为团中央委员。

1924 年 3 月 9 日，中国社会主义青年团天津地方执行委员会成立会在高等工业专门学校举行。到会团员 45 人，会议由韩麟符主持，选举产生了委员与候补委员各 5 人，委员为于方舟、李廉祺（即李希逸，后为叛徒）、崔博（崔物齐）、王乃宽、张宝泉，候补委员是王贞儒、张儒林、卢硕棠（即卢绍亭）、谢曦、邓颖超。[①]至 1924 年 6 月 30 日，天津团员发展到 88 人。

1925 年夏天，随着五卅运动的爆发，党领导天津人民掀起了前所未有的反帝革命高潮，广大团员、青年在这场反帝爱国运动中充分发挥了革命先锋作用。

（二）天津的"民青"

"民青"，全称为民主青年同盟、民主青年联合会等，都是抗日战争后期和解放战争时期，中国共产党在国民党统治区建立的先进青年的地下组织，属于中国共产党的外围组织。它的主要成员是学生及职业青年，任务是在中国共产党的领导下，团结广大青年积极参加反对国民党反动派的斗争。

早在抗战胜利结束后，中共天津地下组织就在各类学校中开始组建党的外围组织"民青"。到 1948 年以前，北平、天津党的领导关系分为两系，有些党员和其外围组织"民青"（中国民主青年同盟）成员，因其原在西南联大等地，随校复员北返，故仍属中共中央南方局领导，称"南系"；有些党员和其外围组织"民联"（中国民主青年联盟）、"民青"（民主青年联合会）成员，一直在华北活动，受晋察冀中央局（后改为华北局）领导，称"北系"。1948 年 11 月，中共中央决定将两个系统合并，成立中共天津工作委员会（对外称迎接天津解放委员会），书记为黎智。天津解放前夕，"民青"成员和中共地下党员一道，积极开展护厂护校、维持革命秩序、迅速复工复课等各类迎接解放的行动，做出了积极的贡献，"在解放前后实际形成了青年学生中的核心，为人民解放事业，为广大青年服务做了许多有益的工作"[②]。

---

① 参见董振修：《天津早期社会主义青年团组织的建立及其活动》，共青团中央青运史研究室编：《中国社会主义青年团创建问题论文集》，1984 年，第 159—168 页。
②《中共天津市委员会关于建设新民主主义青年团的决定（草案）》，1949 年 3 月 12 日。

在筹备建立新民主主义青年团后,"原有'民青'一类先进青年积极分子的组织正式为新民主主义青年团,应为建团工作的第一步"①。此后绝大多数的"民青"成员,转为新民主主义青年团团员。

(三)中共天津市委成立青年工作委员会

1949 年 1 月上旬,新成立的中共天津市委任命张淮三为中共天津市委青年工作委员会书记。陶正熠回忆,包括他在内的几位来自华北城工委学生室的干部也被分配到这里。1 月 15 日晚,天津市委青委的干部紧跟部队进入市区,到达罗斯福路多伦道中原公司大楼对面的一座小楼,1 月 16 日早,转移到原三青团市团部(亦称中国国民党中央执行委员会青年部天津青年馆,位于迪化道 52 号。此后的相当一段时间内,共青团天津市委机关在此办公),正式接收该处。与此同时,正式举行进城青年干部与地下党干部会师大会。在这次会议上,中共天津市委负责同志宣布张淮三、黎智任青委正、副书记,楚云、康力、左建为委员,领导全市青年工作。②这一时期,青委的主要工作是大力开展宣传,发动群众,配合接管工作,维持学校和社会秩序。③按照"原封不动,先接后管"的方针,青委负责接管了各中学校。当时全市有大、中学校 72 所,其中 42 所中有党员 158 人,外围组织"民青"(含 14 种名称)成员 442 人。为了迅速进行接管,以海河为界,分设南北两个工作区,共 13 个工作组,工作组人员一律以军代表身份进驻学校。④1949 年 4 月,青委系统完成了发动群众配合接管的工作任务,开始转入建立中国新民主主义青年团的工作阶段。

①《中共天津市委员会关于建设新民主主义青年团的决定(草案)》,1949 年 3 月 12 日。
②参见易福才等主编:《黎智纪念集》,武汉出版社,2004 年,第 128 页。
③参见陶正熠:《天津接管过程中我的经历》,《天津接管史录》(下卷),中共党史出版社,1994 年,第 410 页。
④参见左建:《天津解放前后的三天》,《天津接管史录》(下卷),中共党史出版社,1994 年,第 415 页。

（四）新民主主义青年团的建立

1949 年元旦，中共中央正式发出《关于建立中国新民主主义青年团的决议》，同时还公布了《中国新民主主义青年团团章（草案）》。2 月 18 日，以中共中央书记处书记任弼时为主任的中国新民主主义青年团筹备委员会宣布成立，并且在当天立即召开了筹委会常务委员会议，开始了筹备新民主主义青年团第一次全国代表大会的工作。

3 月 12 日，中共天津市委发布《关于建设新民主主义青年团的决定》（以下简称《决定》），同意中央与华北局关于建设新民主主义青年团的决议，成立筹备委员会，并有重点有步骤地进行建团工作，督促各级党委与各有关部门根据具体情况列出计划执行。其中，原有"民青"一类先进青年积极分子的组织正式转为新民主主义青年团，应为建团工作的第一步。此外《决定》还指出，团员在工厂中应协同工会发动青工，开展职工运动，并在职工运动的开展中有计划地团结与培养青年中的积极分子作为建团的准备；在中等以上学校中，应该在全国学生代表大会的决议下，积极发动全体同学加强学习，并随之有重点地开展建团工作。

1949 年 3 月 22 日，青年团天津市筹备委员会成立。黄敬任主任，黄松龄、张淮三任副主任。委员 15 人，常务委员 7 人。

1949 年 4 月 11 日至 18 日，中国新民主主义青年团第一次全国代表大会在刚刚解放的北平隆重举行。出席大会的代表共 364 人，代表着 19 万青年团员。中共中央十分重视这次会议，会议开幕时特地向大会发出贺电。毛泽东不仅在驻地北平香山亲切会见部分会议代表，还亲笔为大会题词"同各界青年一起，领导他们，加强学习，发展生产"。人民解放军总司令朱德出席了大会的开、闭幕式，并且发表了热情洋溢的讲话，同时还为大会题词"由于人民解放战争即将在全国范围内取得完全胜利，领导青年群众积极参加恢复和发展工业与农业生产，已日益成为新民主主义青年团的头等重要的任务"。中共中央军委副主席周恩来在协助毛泽东完成人民解放军渡江战役的部署后，于 4

月22日特地接见已经开完会的全国团代会代表,并且围绕青年团的作风问题发表了重要讲话。中共中央书记处书记任弼时于4月12日抱病代表党中央向大会作了政治报告,结合当时全党和全国人民所面临的形势和任务,以及五四运动以来中国青年运动的经验和教训,全面阐述了青年运动的指导方针、青年运动的方向和团的任务。鉴于任弼时为中国青年运动和青年团组织做出了卓越的贡献,与会代表一致同意请任弼时担任中国新民主主义青年团中央名誉主席。这次大会还分别听取了中国新民主主义青年团筹委会副主任冯文彬、蒋南翔所作的工作报告和关于《团章》的报告。

经过8天的会议,大会圆满完成了预定任务,通过了团的工作纲领和章程,以及关于团的任务与工作报告、大会结论等决议,选出了由45名中央委员、15名中央候补委员组成的中国新民主主义青年团第一届中央委员会,随后宣告胜利闭幕。在4月22日至24日召开的青年团一届一中全会上,选举冯文彬等9人为团中央常委,冯文彬担任团中央书记,廖承志、蒋南翔担任副书记。中国新民主主义青年团一大的召开标志着中国青年运动又有了自己的领导核心,中国青年运动即将进入一个新的历史发展时期。

中共天津市委对于青年工作、青年团的筹建非常关心,市委领导多次参加团市委筹委会有关会议,并就青年工作发表讲话。1949年5月4日,天津市各界青年集会纪念青年节,黄敬到会讲话,分析中国革命形势,号召学生努力学习,提高自己。8月13日,团市委筹委会青工部召开扩大干部会议,黄敬到会报告工资政策问题。10月27日,团市委筹委会召开扩大干部会议,传达团中央常委扩大会议精神,并报告解放后本市团的工作,29日,团市委筹委会又邀各大中学校校长及青年团干部1000余人集会,传达会议精神,黄敬到会号召巩固师生团结、办好学校,同时要求党员、团员在学习和改善师生关系上起更大作用。10月30日,中共天津市委和团市委筹委会召开各厂党、团干部会议,市委副书记黄火青作报告,指示团和工会在党支部统一领导下发展生产,搞好学习。

青年团天津市工作委员会的成立。1949年8月1日,经中共天津市委决定,中国新民主主义青年团天津市工作委员会由13名委员、7名常务委员组成。1950年1月8日,经中国新民主主义青年团中央委员会批准,中国新民主主义青年团天津市工作委员会正式成立,张淮三(任期1950年1月至1952年9月)、楚云(任期1952年9月至1953年1月)先后任书记。[1]

这一期间,全市青年积极响应团市工委的号召,以高昂的爱国主义热情,投身于抗美援朝、镇压反革命运动,为恢复和发展生产、稳定社会秩序而斗争,涌现出了一批先进青年典型。

1.组织青年参加抗美援朝

1950年,美国利用中国邻邦朝鲜内战爆发之机,悍然发动了侵略朝鲜的战争,并且把战火烧向中国,妄图把新中国扼杀在摇篮中。中国人民坚决响应中共中央的号召,高举"抗美援朝,保家卫国"的战旗,向以美国为首的"联合国军"发起了反侵略的正义之战,轰轰烈烈的抗美援朝运动迅速在全国展开。

青年团响应党的号召,在广大青年中进行了广泛深入的爱国主义和国际主义教育,以提高青年的民族自尊心和自信心,动员广大青年做抗美援朝的生力军。1950年12月2日,青年团中央和全国学联分别发出告全体团员和同学书,号召广大青年工人和学生积极行动起来,献身祖国,参加各种军事干部学校,学习军事科学与军事技术,为国防事业贡献青春。广大城市青年热烈响应这一号召,在第一次动员后的一个月中就有25万余人报名,完成了原定的动员任务。1951年7月底,

---

① 参见中共中央组织部、中共中央党史研究室、中央档案馆编:《中国共产党组织史资料》附卷4《中华人民共和国群众团体组织(1949.10—1997.9)》,中共党史出版社,2000年,第67页。

第二次动员工作也顺利完成,报名人数达40万人左右。两次报名活动中,有近70万人报了名,青年党员和团员起了很好的表率作用。被军事院校录取的人中,有35%~40%的人是党团员。这一运动有力地支援了抗美援朝、保家卫国的斗争,推进了国防现代化的进程。天津青年杨连弟就是其中涌现出来的杰出代表。

2.组织青年参加增产节约、"三反"等运动

组织青年参加增产节约、"三反"等运动,设立青年监督岗。新生政权的巩固要有一个过程,中国人民在开展抗美援朝的同时,还面临着十分繁重的社会改革工作。各级青年团组织在党领导开展的土地改革、镇压反革命、"三反""五反"等一系列社会改革运动中,充分发挥了先锋带头作用,有力地配合党政领导推进运动胜利开展。

1952年,党和政府开展了增产节约运动与"三反"斗争,根据生产与经济活动的实际需要,为了帮助党政机关发现和消除厂矿企业工作中的缺点和不良现象,开始在各类工矿企业设立"青年监督岗",并逐渐形成群众性的活动。到1955年9月底,全国工矿企业建立青年监督岗1122个,参加人数5000多人。他们通过公开批评和内部协商等办法,达到解决问题消除缺点的目的。与此同时,农村青年也建立了监督岗(或称青年检查队、组),主要任务是揭发和批评生产上的缺点,提合理化建议,找出解决问题的办法,表扬好人好事。这项活动对吸引青年协助政府管好工农业,发挥青年积极性,培养青年关心集体、爱护国家财产、坚持原则的优良品质都起到了积极的作用。

1956年,青年团天津市委员会向团中央提交了《关于工厂企业中青年团监督岗情况的调查报告》,提出监督岗作用显著,表现在协助党和政府消除生产和经济活动中的缺点,提高产品质量、防止事故、反对浪费、巩固劳动纪律和向官僚主义作斗争中发挥了积极作用,成为党在工业战线上的一支有力的群众性的监督队伍;监督岗的活动,也培养了青年职工的共产主义品德,提高了他们的荣誉感与责任心,使他

们不但关心自己的生产,也关心集体,关心整个车间与工厂,关心整个国家的利益,也培养了他们坚持原则的优良品质。同时也汇报了监督岗在实际工作中的一些缺点和问题,如性质、任务不明确,活动方式简单生硬,少数岗位设立不当、成员选择不够慎重,有些监督岗在活动中得不到充分支持,等等。这些情况得到了团中央的高度重视,并专门复信,提出"协助党开展群众性的监督活动是青年团组织的重要责任。团组织应加强对监督岗的领导,另外还要通过团员大会、职工代表会、生产会议等各种含有监督内容的形式和方法以协助党和行政有效地克服企业中的官僚主义和经济工作中的缺点"①。

天津的青年突击队活动。青年突击队活动是在社会主义改造时期,在全国青年中开展的,以提高劳动生产率、加快建设速度为主要内容的活动。1954 年 1 月 13 日,在北京苏联展览馆建设工地,18 名青年团员建立了一支木工青年突击队,他们首战便用 3 小时完成了 7 小时才能完成的混凝土溜槽任务,随后又用 181 个工完成原计划用 478 个工的拱顶大梁建造任务。在他们的带动下,工区又先后建立了瓦工、抹灰工、电气工、水暖工、混凝土工 6 支青年突击队。1954 年 6 月,团中央帮助共青团北京市委总结了苏联展览馆工区组织青年突击队的经验,《人民日报》和《中国青年报》发表了以推广青年突击队经验为主要内容的社论。12 月,中共中央向全国批转了北京团市委的报告。在团中央"重点试建,逐步推广"的方针指导下,各地先后建立和发展了青年突击队。到 1955 年 9 月底,全国工矿企业、建筑行业等建立青年突击队1597 个,参加人数 31,518 人。与此同时,各地农村也纷纷组织了青年突击队。青年突击队活动适应了社会主义建设的需要,在提高劳动生产率、推动劳动竞赛、增强青年生产劳动的自觉性等方面都产生了积极作用。

---

① 《青年团中央关于青年团监督岗问题给团天津市委的复信》,1956 年 8 月 20 日。

　　天津第六建筑公司(后划归构件公司)以卢珊命名的青年突击队，是新中国建立初期闻名全国的先进集体。在第一个五年计划期间，这个队共完成 4393 吨钢筋的加工任务，劳动生产率达到定额的 153%，提前 21 个月完成了小组"一五"计划任务；1958 年提前 5 个月完成全年计划任务；1959 年又实现效率翻番，提前半年完成计划任务，始终走在时间前面。这支突击队自组建以来，大力开展技术革新，到 1959 年就使全队的机械化、半机械化程度提高到 95%，生产效率提高了 11 倍多，先后试制成功了 9 种新机具，年节省人工 4064 个。同时改造了 5 台外国设备，其中多头点焊机的改进，提高效率 2.5 倍。此外还为兄弟单位培训技工 40 多名。1959 年 10 月，队长卢珊出席了全国工业、交通运输、基本建设、财贸方面社会主义建设先进集体和先进生产者代表大会，突击队被授予"全国先进集体"称号。①

卢珊青年突击队

　　开展青年劳动竞赛。第一个五年计划开始后，广大青年提出了"把青春献给社会主义"的口号，围绕着经济建设，在各行各业、各条战线上广泛开展行业性青年劳动竞赛。天津的公共汽车服务行业就是其中

---

① 参见中华全国总工会编：《中国工会百科全书》，经济管理出版社，1998 年，第 740 页。

的一个典型。1954 年 12 月 9 日，青年团天津市委员会青工部向团中央提交了"青年团天津汽车公司委员会协助党深入开展'争取做优秀售票员竞赛'的初步经验"，总结了深入群众摸清底细，针对问题提出鲜明、生动的竞赛口号，作为开展"争取做优秀售票员竞赛"的具体目标；召开售票员代表会议，由先进工作者提出竞赛倡议，自下而上地掀起竞赛；开展各种活动，具体地贯彻决议和帮助青年实现竞赛要求；通过第二次售票员代表会议的筹备工作，进一步推动竞赛深入开展等几点经验，并表示："自开展争取做优秀售票员竞赛以来，已经收到了良好的效果。先进工作者的经验也得到了广泛的推广。……随着竞赛的开展，乘客的批评信逐渐减少，表扬信日益增多。……各个路线都涌现出不少热忱为乘客服务的生动事迹。……经工会第三季度评比，有 35 名售票员（全是青年，其中党员 7 人、团员 22 人）获得了'优秀售票员'的光荣称号。"这份经验汇报得到了团中央的充分肯定和重视，团中央将其转发给各地参考，并指出："在各大、中城市，都有一定数量的公用企业。这些企业的活动，直接关联着城市劳动人士的日常生活。在这些企业里，青年工人数量占有很大比重。因此希望各地团委加强对公用企

无轨电车青年女售票员工作照

业团的领导，教育团员和青年树立新的服务态度，树立认真负责、耐心服务、团结互助、努力学习的工作作风；在劳动竞赛中应注意充分的运用青年先进生产者的力量，发挥他们的带头作用和桥梁作用，团结广大青年职工共同前进。"①

3.组织天津青年参加志愿垦荒运动

青年志愿垦荒运动是社会主义改造时期青年团领导的，以垦荒、移民、扩大耕地、增加粮食为主要内容的活动。随着社会主义建设事业的迅猛发展，对粮食的需求量越来越大，发展农业、增产粮食成为国家建设中的一个重要问题。1955 年 5 月，毛泽东发表"农村是个广阔天地，在那里是可以大有作为"的指示，中共中央批准农村工作部发布的《关于垦荒、移民、扩大耕地、增加粮食的初步意见》。7 月，团中央发出了《关于组织青年参加边疆建设问题的一些意见》，提出"动员一部分城市中未升学的初中、高小毕业生及其他失业青年参加垦荒工作"，向全国广大青年发出号召："到农村去，到边疆去，到祖国最需要的地方去。"北京市石景山区青年农民杨华率先响应，他联合庞淑英等 4 名青年作为发起人，向全市青年倡议，组成北京市青年志愿垦荒队，远征北大荒，仅 10 天时间，报名 2000 余人。北京团市委从中挑选 60 名青年，组成先遣队，由杨华任队长。8 月 30 日，垦荒队在首都 1500 人参加的欢送大会上，接过胡耀邦代表团中央授予的垦荒大旗，辞别北京，乘车北上，奔赴黑龙江省萝北地区的荒原上开荒建点。从此拉开了全国青年志愿垦荒的序幕，全国广大青年热烈响应号召，迅速掀起了垦荒热潮。从 1955 年 8 月到 1956 年 9 月，在一年多的时间里，各省、市、自治区青年团协助政府组织了 20 余万人投身到垦荒事业中，为新中国的农业生产及边疆建设的发展做出了重要的贡献。

---

①《青年团中央批转青年团天津汽车公司委员会协助党深入开展"争取做优秀售票员竞赛"的初步经验》，1955 年 1 月 17 日。

在天津团市委的鼓励和支持下,1955年11月5日,以范素兰、杜俊起为首的天津市青年垦荒队52人到达黑龙江省萝北县。曾任天津农庄主席、共青农场教育中心党总支书记的杜俊起回忆,他就是在《青年垦荒队队歌》的旋律中走进北大荒,成为共青农场第一代垦荒人。翌年,第二批天津等各地青年到达萝北。在去北大荒之前,团中央组织了培训班,对支援北大荒的青年们进行了深刻的"思想武装"。面对严酷的自然环境和未知的困难,各地青年必须建立牢靠的思想基础,只有思想坚定,才能完成国家给予的任务。真实的北大荒比想象中荒凉,杜俊起回忆:"那里夏天沼泽遍布,蚊虫成群,晚上蚂蚁和蛇会爬到被窝里,冬天风雪极大,严寒难耐。刚到北大荒的我们,时常因艰苦的环境感到恐惧。"谈到那段岁月,回忆起很多战友将生命奉献给了北大荒,杜俊起眼眶湿润。最让他心痛、难忘的是来自北京的一名战友,刚到北大荒不久,在出工的路上被雷电击中牺牲了,战友们一直没敢把这个消息告诉他的父母,直到父母去世时仍带着思念儿子的遗憾。还有一位战友,妻子和儿子都不幸被压在了沙墩下,自己依旧拖着病重的身

垦荒队照片

体坚持劳动,最后将生命献给了北大荒。杜俊起说,像他们这样在北大荒奉献了生命的战友还有许多,他们将青春献给了北大荒,用生命抒写了北大荒精神。①

为了加强对各省市青年垦荒队的领导,萝北县成立了青年垦区委员会,各垦荒队混编为 4 个大队。1956 年五四青年节,为各队命名,建立集体农庄委员会。天津青年垦荒队的新建点,命名为"天津青年集体农庄",简称"天津庄",此外还有"北京庄""哈尔滨庄""河北一庄""河北二庄""山东一庄""山东二庄""山东三庄",共 8 个集体农庄。②同年 6月,团中央书记胡耀邦亲临萝北视察,探望在荒原建点的青年垦荒队员,赞许他们为祖国献身的崇高理想和艰苦创业的英勇精神,并赠言"忍受,学习,团结,斗争"。1957 年春,"天津庄"的大豆长势喜人,可一场突如其来的冰雹却把 4000 亩大豆全部砸毁,青年们经过三天三夜的抢种,到秋天仍然获得了 250 吨粮豆的好收成。③1958 年,黑龙江省萝北县 8 个集体农庄合并成立共青农场(原名青年、向阳农场),共青农场也就是今天的农垦共青管委会,至今仍保有"天津庄""天津街"等地名。

(五)天津青年组织的其他活动

1.天津市团校的创建

天津市团校的创建可分为如下几个阶段：

第一阶段,新中国成立初期青年团天津市筹委会干部训练班(1949 年 8 月—1953 年)。在全国人民欢庆解放战争取得伟大的决定性胜利和迎接新中国开国大典之际,在天津市委的直接领导下,1949

① 参见《共青农场第一代垦荒人杜俊起：四十年坚守 不忘传承》,中国青年网,2015年 4 月 30 日消息。
② 参见黑龙江省地方志编纂委员会编：《黑龙江省志》(第 14 卷)《国营农场志》,1992年,第 84—85 页。
③ 参见黑龙江省地方志编纂委员会编：《黑龙江省志》(第 73 卷)《共青团志》,1999年,第 278 页。

年 8 月 5 日在南开男中(现天津市南开中学)举办了为期 20 天的中学暑期团员、青年训练班,培训学员 467 人,培训对象是来自全市 50 所中学的团员、"民青"和进步青年。训练班办班目的是:尽快培养出具有新思想、新作风的新一代青年团的干部。训练内容是:解放初期国内外"形势与任务"的教育,团课、党的基本知识。重点了解"中国青年运动""国际两大阵营""为何要建团""团的任务与工作""如何搞群众运动"等内容。主任委员康力代表团市委筹委会在开学典礼上讲了话。训练班主任张淮三在团训班上给学员作了时事报告。训练班结束后,学员们的政治思想觉悟有了很大提高,亲身体验到了组织的温暖和力量,许多青年在学习后光荣地加入了青年团,壮大了团的组织,培训了团的骨干。

　　1950 年至 1953 年,天津团市委工委正式组建了干部训练班,配备了 7 名专职干部,在团市委的直接领导下,干部训练班共举办团训班 4 期,培训学员 1172 人;短训班 8 期,培训学员 2049 人;干部讲座 7 次,听课者达 2386 人。在国民经济恢复和发展时期,训练班针对培训对象的不同情况,分别对中学、大学,特别是私营、国营企业分支以上基层干部进行了脱产培训,培训时间为三周至一个月。培训的方针是:以团的业务基本知识教育为主,结合进行政治思想教育,以进一步提高其业务水平及阶级觉悟。1952 年 7 月至同年底,训练班在"三反""五反"运动中,以增产节约为中心,举办了 5 期以国营、私营企业店员为主要对象的基层干部训练班,时间为一个月,培训学员 860 人(其中私营企业学员 220 人、国营企业学员 640 人)。根据团干部的要求和基层团干部的分工,举办了各种短训班、干部讲座班。与此同时,还积极配合和协助各区局举办团干部培训班,协助团二区、三区、六区等 9 个区工委举办了多期小组长以上干部培训班。1950 年 9 月至同年底,团市工委训练班还协助工业局团委举办了分支以上干部参加的短期轮训班 4 期,每期时间为两周,共培训学员 202 人。四期的培训,使学员初步学会了用阶级的观点分析问题和处理问题;对党有了进一步的认识,从思想上与党和团组织进一步靠拢了;明确了团的性质与任务,认识了团组织是党以马列主义教育青年的学校,是为新民主主义社会之实现而奋斗的革命组织。

第二阶段,青年团天津市委员会干部训练班(1954 年 3 月至 1959 年)。1954 年 3 月,天津团市委决定成立"青年团天津市委员会干部训练班"(简称"干训班"),是天津市建团以来成立的第一个培训团干部的专门机构,是天津团校的前身。干训班主要任务是轮训全市基层团支部书记。训练内容为关于党在过渡时期的总路线、关于党的当前任务和具体政策、团的当前工作。干训班坚持"短期多训,精简实用"的办学原则,从 1954 年 3 月至 1956 年底,共举办短期班 12 期,培训基层团干部 2500 人。与此同时,干训班除单独办班外,还配合团市委各部门举办了多期训练班,为天津共青团事业培训了大批共青团骨干力量。1957 年 6 月,由于受反"右"斗争的影响,干训班在办了 3 期短训班后(培训团干部 600 余人)停办了半年。1958 年 2 月至 1959 年初,根据中共中央关于干部下放劳动锻炼的指示精神,干训班在此期间未举办培训班。1959 年 6 月至 10 月,干训班在天津市内各区举办了数期为时 15~30 天的基层团支部书记训练班,参加人数 1900 余人。[1]

2.《天津青年报》的创建

1949 年 6 月,青年团天津市委创办《天津青年报》,朱德为该报题写了报名。《天津青年报》的任务是传播马列主义、毛泽东思想,宣传党的路线、方针、政策,帮助广大青年成长为有理想、有道德、有文化、有纪律的一代新人,为实现四化,振兴中华作出自己的努力。凡青年奋斗的,将给以指导;凡青年探求的,将给以知识;凡青年操心的,将为之分

---

① 有关天津市团校的资料均摘自张修学主编:《中国共青团干部院校》,朝华出版社,1993 年,第 12—13 页。

忧;凡青年需要的,将提供服务。《天津青年报》面向广大青年,其中以青年工人、大中学生为主要读者对象,向全国发行。1957 年 5 月 2 日,周恩来为《天津青年报》题词:"纪念五四,新中国的青年人,要努力学习,积极劳动,热爱祖国,提高政治思想觉悟,树立艰苦朴素作风,准备做一个有文化有技术的工人和农民,准备做一个体力劳动和脑力劳动相结合的知识分子。"此后《天津青年报》曾几度停刊又复刊。

3.青年团天津市第一次至第三次代表大会

1949 年至 1956 年间,天津市新民主主义青年团共召开了三次代表大会。其中楚云任第一、第二届团市委书记,张玉任第三届团市委书记。

1953 年 1 月 3 日至 7 日,中国新民主主义青年团天津市第一次代表大会召开。大会正式代表 500 人,列席代表 232 人,代表全市 5.6 万多名团员和 2046 个团的基层组织。中共天津市委代理书记黄火青作政治报告,楚云作《在天津市广大青年中掀起一个为建设一个伟大祖国而努力学习和努力工作的热潮》的工作报告。楚云当选第一届团市委书记。这个时期,青年们响应毛泽东"身体好、学习好、工作好"的伟大号召,激发"一切为了社会主义"的积极性、创造性,开展了增产节约劳动竞赛,踊跃提出合理化建议,不断改进操作法,成为祖国建设的一支强大的劳动后备军。青年团在私营和公私合营企业、手工业合作社中逐步建立。

1954 年 8 月 21 日至 27 日,中国新民主主义青年团天津市第二次代表大会召开。大会正式代表 512 人,列席代表 139 人,代表全市 9 万多名团员和 2065 个团的基层组织。中共天津市委常委、组织部部长杨真讲话,楚云作《关于青年团天津市第一届代表大会以来团的工作情况和今后努力方向》的工作报告。楚云任第二届团市委书记。此后全市团员青年广泛开展了社会主义劳动竞赛、农业增产竞赛,在社会主义建设和社会主义改造的伟大斗争中,发挥了高度的劳动热情和积极性,在工商业合营和手工业合作化进程中发挥了积极作用。截至 1956 年 8 月,全市团员达 177,000 人,基层团支部达 2884 个。

1956 年 8 月 20 日至 27 日,中国新民主主义青年团天津市第三次代表大会召开。大会正式代表 975 人,列席代表 138 人,代表全市 17.7 万多名团员和 2875 个团的基层组织。中共天津市委书记处书记吴砚农讲话,张玉作工作报告。1957 年 5 月,中国新民主主义青年团改名为中国共产主义青年团。在党的总路线方针指引下,全市青年积极参加"整风"、工农业生产"大跃进"、人民公社化、技术文化革命、全民皆兵、除"四害"讲卫生、植树造林等运动,开展了"人人动脑筋、个个献计策"活动,投身"改造海河"的伟大工程,成为各条战线上生动活泼的突击力量。截至 1958 年底,全市共有团员 405,000 余人,基层支部 16,900 多个。

三、民主妇女联合会及其活动

天津的妇女运动发起较早,早在 20 世纪 20 年代,就涌现出了邓颖超、刘清扬等一批妇女运动的先驱者,创办了女星社等进步妇女团体,以《女星》旬刊(后改为周刊)和《妇女日报》为阵地,与残害、压迫妇女的封建礼教和社会恶势力展开抗争。天津解放后,中共天津市委高度重视妇女工作,召开了各界妇女代表会,动员全市妇女积极参加新天津的恢复与建设,并成立了妇联筹委会。随后成立的市民主妇女联合会,在争取妇女进一步解放、维护妇女的合法权益等方面发挥了重要作用。

20 世纪 20 年代天津的"女星社"。女星社是继天津女界爱国同志会、女权运动同盟会直隶省支部后,开展妇女运动的一个重要团体。1923 年 4 月,以邓颖超、刘清扬为首的一批青年马克思主义者和进步分子,创办了进步妇女团体"女星社"。它以"实地拯救被压迫的妇女""宣传妇女应有的革命精神""力求觉悟女子加入无产阶级的革命运动"为宗旨,联合各相关社会团体和进步力量,为改革女子教育、改善妇女社会地位、拯救处于水深火热之中的妇女、声援女工运动、学运和妇运,作了大量的有益工作。

女星社成立后,一方面通过自己的报刊《女星》和《妇女日报》,发表大量文章,宣传马克思主义,探索妇女解放的根本道路;另一方面作了大量争取妇女切身权益的实际工作,对当时全国妇女解放运动产生了广泛的社会影响,为天津近代革命史和妇女运动史增添了光辉的一页。

召开各界妇女代表会议,产生妇联筹委会。天津解放后,中共天津市委高度重视妇女工作。1949 年 3 月,天津市召开各界妇女代表会议,选举产生了妇联筹委会,第一次筹委会决议确定了天津市妇女工作的方针是动员与组织以女工、贫苦的家庭妇女和职业妇女、女学生为主的全市各界妇女,积极参加新天津的恢复与建设工作。筹委会主任罗云。

市第一至第三次妇女代表大会,市民主妇女联合会第一至第三届执行委员会。天津市民主妇女联合会从 1949 年 3 月至 1959 年 10 月期间,共召开 3 次代表大会,选举产生天津市民主妇女联合会第一至第三届执行委员会。

天津市民主妇女联合会第一届执行委员会(1949 年 11 月至 1952年 9 月)。1949 年 11 月 5 日至 7 日,召开了天津市第一次妇女代表大会,出席代表 508 人。中共天津市委宣传部部长黄松龄、人民解放军第 20 兵团政委李天焕到会讲话。天津市妇联筹委会主任罗云作《天津市解放以来七个月妇女工作总结及今后工作方针》的报告,传达了全国及华北区妇女代表会议精神。通过了《天津市民主妇女联合会组织章程》。选举罗云等 6 人出席亚洲妇女代表会议。选举第一届执行委员会委员 41 名,候补委员 10 名。一届一次执行委员会选举产生天津市民主妇联常务委员会委员 21 名及主任、副主任。主任罗云,副主任丁一、俞霭峰、綦秀蕙。

黄火青在天津首届妇女代表大会上讲话

天津市民主妇女联合会第二届执行委员会（1952 年 9 月至 1956 年 3 月）。1952 年 9 月 23 日至 25 日，天津市第二次妇女代表大会举行。出席代表 550 名。天津市委副书记黄火青、副市长吴德出席会议。吴德作了报告，号召全市妇女努力学习文化。华北区妇联副主席万丹如到会并讲话。市妇联主任罗云作工作报告。大会选举产生第二届执行委员会委员 42 名，候补委员 1 名。二届一次执委会选举产生了市妇联常务委员会委员 18 名及主任、副主任。主任罗云，副主任丁一、俞霭峰、綦秀蕙、李兆珍、徐光。

天津市民主妇女联合会第三届执行委员会（1956 年 3 月至 1959 年 11 月）。天津市第三次妇女代表大会于 1956 年 3 月 8 日至 9 日举行。出席代表 1060 名。市委书记黄火青、市委常委王亢之到会并讲话。许明代表妇联作《调动妇女积极因素，为实现社会主义建设总路线而奋斗》的报告。大会选举产生妇联第三届执行委员会委员 54 名，候补委员 7 名。三届一次执委会选举产生了市妇联常务委员会委员 17 名及主任、副主任。主任许明，副主任徐光、刘金、任君、俞霭峰、綦秀蕙、李兆珍。①

天津市宣传贯彻第一部《婚姻法》。中央人民政府于 1950 年 5 月 1 日公布了《中华人民共和国婚姻法》(以下简称《婚姻法》)。这是新中国建立后出台的第一部具有基本法性质的法律。《婚姻法》的基本精神是彻底废除包办强迫、男尊女卑、漠视女子利益的封建婚姻制度,实行男女婚姻自由、一夫一妻、男女权利平等,保护妇女和儿童的新民主主义婚姻制度。

1950 年 4 月 13 日,中共中央向全党发出《关于保证执行〈婚姻法〉的通知》。同日,中华全国总工会、全国民主妇联会等人民团体发布联合通知,号召各级民主妇联和广大妇女积极宣传、贯彻《婚姻法》。1950 年 4 月 16 日,市妇联、市总工会女工部召集各工厂、各级工会、单位进行女职工座谈,大家表示一致拥护《婚姻法》。会议对与会人员提出的离婚后财产问题、子女问题都依照《婚姻法》给予了解答。会后,市民主妇联立即组织机关干部进行了学习,并向 102 个有妇女组织的单位部署学习《婚姻法》。随即全市妇联组织在妇女群众中大张旗鼓地开展了宣传贯彻《婚姻法》的活动。

1950 年 4 月 23 日,为宣传贯彻《婚姻法》,市民主妇联召开了宣传贯彻《婚姻法》群众大会。会上,市人民法院院长王笑一主讲《从天津一年来的婚姻案件,看〈中华人民共和国婚姻法〉》。听众达 1600 余人,其中妇女群众占二分之一,还有工会女工干部、工人家属、机关干部、在校学生。会后,通过电台向全市进行播讲。

市民主妇联除选派干部到工厂、学校、机关作报告外,还组织宣传员、读报员培训。培训包括《婚姻法》的内容、如何向群众讲解《婚姻法》,然后通过他们向群众进行宣讲。各级妇女组织举办讲座、训练班、

---

① 参见中共天津市委组织部等编:《中国共产党天津市组织史资料 1920—1987》,中国城市出版社,1991 年,第 1034—1036 页。

市民们排队参观"天津市贯彻《婚姻法》展览会"

广播、印发小册子，并在群众中召开各种小型的婆婆会、媳妇会，引导教育群众进行自我教育。为了便于群众了解《婚姻法》，市民主妇联翻印散发《婚姻法》4000多份，还出版通俗易懂、图文并茂的《图解〈婚姻法〉》。天津市的文艺工作者还创作、编演了《大喜事》《婚姻自由》《四个女性》等文艺节目宣传《婚姻法》。为配合《婚姻法》宣传，截至1951年12月，《天津日报》刊载稿件109篇，《新生晚报》登载194篇，广播电台在8个区建立收听小组6614个。

通过宣传《婚姻法》，受到教育的妇女群众达25万人，占全市成年妇女的50%。妇联组织深入到户宣传群众占成年妇女的70%，有的区甚至达到90%。随着《婚姻法》宣传的深入，新的婚姻制度包括家庭关系、夫妻关系开始树立起来。青年要求婚姻自由，恋爱结婚，许多包办婚姻被解除，寡妇要求再嫁，童养媳要求回娘家，受丈夫、公婆虐待的妇女要求离婚，不和睦的家庭要求改善家庭关系。要求摆脱旧婚姻、旧习俗的束缚成为主流，自主自由的婚姻关系迅速建立。许多在旧婚姻制度下结婚的青年男女纷纷向人民政府请求解除他们封建婚姻的枷锁。一些青年解除了娃娃亲。广大妇女群众认识到，《婚姻法》的颁布保障了自己和后代的幸福。

在此期间，市民主妇联编辑出版《婚姻法》宣传手册1万册；出版两期婚姻专号；发行《图解〈婚姻法〉》30万余份；动态广播10次，广播针对妇女群众提出的问题公开解答4次，每次收听者达20万人；召开

天津市贯彻《婚姻法》广播大会会场

大小会 3000 余次,10 余万人参加。同时利用漫画、大小字报、快板、生活剧、橱窗展览等群众喜闻乐见的形式宣传《婚姻法》。为了及时听取群众意见,了解群众想法,有的妇代会还设立了"《婚姻法》信箱"。在职工较集中的纺织业、轻工业、食品业工会中,利用广播大会及工余学习时间,以集体上大课和演剧方式进行宣传,并在城乡物资交流展览会设立《婚姻法》展览棚,受众共约 23 万人次。

　　1953 年 2 月,中央人民政府政务院发布《关于贯彻〈婚姻法〉的指示》,决定:"全国各地,除少数民族地区及尚未完成土地改革的地区外,无论城市或乡村,均应以 1953 年 3 月作为宣传贯彻《婚姻法》运动月。"随之天津市委向各级党委发出贯彻《婚姻法》运动月的通知。市委决定自 2 月 20 日起至 3 月 20 日止为天津市贯彻《婚姻法》运动月,并要求于 1953 年 3 月在全市展开一个宣传贯彻《婚姻法》及检查《婚姻法》执行情况的广泛深入的群众运动,各级党委必须遵照中央指示精神,抓紧领导,开展一个声势浩大的贯彻《婚姻法》群众运动。在贯彻

《婚姻法》运动月期间，妇女干部走家串户，深入群众、深入家庭，和女青年、童养媳、寡妇及思想阻力大的老婆婆促膝谈心，反复讲解《婚姻法》的精神，坚决支持青年男女争取婚姻自由的权利，为受压迫受迫害的妇女撑腰、伸张正义。各级妇联还派人担任法院陪审员。在贯彻《婚姻法》运动月中，宣传《婚姻法》做到了家喻户晓。

天津市取缔妓院与改造妓女。解放前，天津的娼妓业是随着天津的商业发展而不断发展起来的，有近 600 年的历史。泛滥盛行的娼妓问题严重影响着社会的稳定和谐。天津解放初期，市公安局就着手对全市妓院、妓女的分布和窑主领家、妓女等的状况进行了全面细致的调查。新中国成立后，人民政府对娼妓业采取有力措施，封闭、取缔妓院，严厉惩处妓院老板、领家和鸨母，对妓女实行集中收容改造，从而在短短的几年时间之内彻底根除了这一社会丑恶现象。在取缔妓院与改造妓女的过程中，市民主妇联积极配合市政府和市公安局作了大量细致艰苦的工作，对取缔妓院与改造妓女工作起到了积极的作用。

为了加强对妓院的管理，1949 年 9 月 24 日，市公安局颁发了《管理乐户及妓女暂行办法(草案)》(以下简称《办法》)。《办法》共 12 条。主要内容包括：限制乐户营业范围，只准收缩，不许扩大；严格限制对妓女的剥削；提高妓女觉悟，促其转业，加强性病检治，防止蔓延；不准虐待妓女，不得阻拦妓女转业；遇公安局、纠察部队检查时，应予协助；等等。

1949 年 11 月 11 日，天津市人民政府作出《关于乐户及妓女的指示》，指出：根据天津市的实际情况对天津的娼妓业实行在"寓禁于限"的原则下，采取"加强管理，严格限制，鼓励转业，逐渐消灭"的方针。这一政策的最终目标是彻底消灭罪恶的娼妓制度。

按照市政府的指示精神，妇联组织及有关部门配合市公安局，对各家妓院均采取了步步紧逼、严格限制、迫其停业的措施。在鼓励妓女脱离妓院的同时，对每一个脱离妓院的妓女都作了妥善的转业安排。解放初，天津有妓院 530 户，妓女 2000 多人，依靠妓院为生的茶房、跟妈等 2 万多人。到 1949 年 11 月中旬，全市有 114 家妓院停业，570 名妓女脱离妓院，其中结婚的 200 多人，回原籍的 100 多人，做工学艺的 50 多人，私逃的 60 多人。

1949—1953 年，市民主妇联和民政、公安等部门抽调干部，负责收容和改造妓女的工作，建立了妇女生产教养院。妇女生产教养院，一方面组织妓女政治学习，提高觉悟，对她们进行思想教育，对她们进行精神拯救，使她们重新做人；另一方面给她们治疗疾病，对她们进行劳动技能的培训，力求通过劳动改造她们的恶习。经过一段时间的学习、治病、劳动，曾被旧社会扭曲了的妓女，绝大多数思想有了进步，改变了行为作风，恢复了健康，获得了新生。她们有的回到农村参加生产劳动，有的在城市安排了工作，有的建立了美满的家庭。

组织妇女参加扫盲运动和文化教育。解放初期，天津市大多数妇女文化水平极低，成年妇女文盲、半文盲 42 万人，占文盲总数的 74%。天津解放后，市民主妇联组织会同工会、教育部门组织、发动妇女参加文化学习。在工厂和街道建立了各种类型的群众业余学校、学习班、识字班、夜校。妇女不仅可以参加文化学习，还可以参加政治及时事学习。

解放初期，妇女的文化教育主要围绕扫盲识字运动开展。扫盲识字运动对妇女自身解放和社会主义建设起到了重要作用。扫盲初期，妇女参加扫盲的热情高涨。1950 年，市民主妇联办的妇女识字补习班有 120 个，有 8000 多名妇女参加学习。第一期学员一般可以认 600 多字，能简单记账、写信。据中纺一、二、三厂、恒源、达生纱厂、电信局、盛锡福帽厂、电工器材厂与中华火柴厂 9 个单位统计：参加夜校、识字班、短训班学习的女职工有 2725 人，占参加学习职工总数的 40%；中纺二厂和达生纱厂参加秧歌队、话剧团的女职工有 154 人，占总数的 60%；参加政治训练班、原棉训练班、技术训练班、职工干部学校等较高级学习的女职工 186 人，占参加人员总数的 7.5%。

天津解放初期，市民主妇联筹备委员会在妇女群众中，一方面推动扫盲识字，另一方面进行"新妇女人生观"教育。为此市民主妇联筹备委员会制定"新妇女人生观"教育学习计划并印发学习提纲。1949 年 7 月，市民主妇联筹备委员会举办"新妇女人生观"培训班，培训班以全国妇联常委兼秘书长区梦觉在妇女讲座会上的《怎样做一个新妇女》报告作为教材。参加学习培训的有职业妇女、文化馆女学员、医务界、工厂职工及部分干部家属，总计 4200 多人。同时妇女干部深入被服厂、生产文化社、文化馆，通过阅读讨论、集体诵读、个别阅读和各种文艺晚会、演讲等形式宣传新妇女人生观。有 22 个单位的 500 多名职业妇女听了讲课，有 1000 名女学生、女医护人员、企业女职工到 10 个文化馆课听讲。经过学习，妇女们受到许多启发。她们从思想上更加认识了旧社会妇女的痛苦及妇女在新社会的地位，从而提高了自尊心，树立了劳动观念。

为了供给妇女以适当的读物，市民主妇联筹备委员会在生产文化社建立小型阅览室，翻印了《妇女运动文献》《新妇女人生观》等文件书籍，举办流动书库，购置书籍杂志到 10 多个工厂、机关、学校宣讲、发放，深受职业妇女的欢迎。1954 年，全市组织了 11 个政治学习班，5000 多名妇女参加。一些参加过学习的妇女，有的担任街办事处主任、生产服务社主任、工会女工委员。

从 1954 年 3 月开始，天津市除第七区、塘沽区外，全市有 7 个区开办了政治学习班，共有 5000 余名妇女参加学习。授课内容包括总路线、妇女解放、《中华人民共和国婚姻法》、社会发展史及有关妇女工作的时事政策。除对妇女进行"新妇女人生观"教育外，市民主妇联还组织妇女学习时事政治。组织宣传总路线广播讲话时，全市共有 11.9 万余人收听，各区街道有 20 余万名家庭妇女受到教育。

1955 年，市民主妇联组织政治学习班，全市开办 11 个班，参加学习的妇女代表及积极分子 6000 余人，主要学习总路线、妇女解放及婚姻政策。1956 年，在学文化的同时，妇联组织开办了 11 个政治学习班，开展《中华人民共和国宪法》宣传，组织报告会、座谈会、片会、院会、读报组。

　　鼓励妇女参与选举，登上政治舞台。在旧社会，妇女不仅受着帝国主义、封建主义、官僚资本主义的压迫，而且在男女地位上极不平等。由于社会上存在着重男轻女的封建思想，妇女被剥夺了参加社会活动的机会，没有选举权和被选举权。解放后，妇女在政治、经济等方面的权利都得到了法律的保障，社会地位、政治地位大大提高。

　　《中华人民共和国宪法》和《中华人民共和国全国人民代表大会及地方各级人民代表大会选举法（草案）》（以下简称《选举法》）规定，妇女在各级选举活动中与男子一样，享有选举权和被选举权。1953 年，邓小平对《选举法》作了详细说明。他指出妇女参加普选的重要意义，所有男女选民都在平等的基础上参加选举。4 月，中央选举委员会发出《关于基层选举工作的指示》，由此天津市开始各级人民代表大会普选工作。天津市的普选工作从 1953 年 5 月开始筹备，并成立市选举委员会。

天津第二棉纺厂的女工们高兴地领取选民证

普选初期,妇女中普遍存在"普选与我无关"的思想,认为"男主外,女主内",选举是"老爷们"的事,女人管好家务,照顾好老人、孩子就行了。市民主妇联针对妇女中存在的这些思想进行了广泛深入的宣传发动。根据《天津市选举工作计划大纲》的部署,市民主妇联组织妇女骨干率先学习。全市参加普选学习的有街道妇女干部2400名和妇女代表1.4万多名,并通过广播训练妇女总代表和妇女小组代表3万余名。这些妇女总代表和妇女小组代表是普选宣传工作的积极分子。她们利用集会、串门等方式把普选的意义宣传到每家每户。许多妇女还被推选为选区的选民小组长、选举资格审查组组长等。通过走家串户地宣传,全市90%以上的妇女群众受到普选的宣传教育。通过宣传,使妇女群众认识到《选举法》赋予人民当家做主的权利,妇女也是人民中的一员,参加普选就是行使自己的权利,一定要重视珍惜。广大妇女群众提高了认识,以主人翁的姿态和热情积极参加民主普选活动。天津市参加普选的妇女来自各行各业。妇女们说:"过去妇女在家庭、社会都没有权利,现在毛主席让我们当家作主,妇女也有了管理国家大事的权利。"

解放前,天津市妇女大多是文盲、半文盲,许多妇女没有自己的名字,姓氏随夫家。选民登记时,许多妇女第一次有了自己的名字。当选民资格公布后,妇女们看到自己"榜"上有名,感动地说:"过去活了一辈子跟'黑人'一样,从来没有名字,不是叫张王氏、李赵氏,就是叫'某某娘''谁谁妈'。现在我们有了自己的名字,感到真是翻身解放了。"她们把选民证叫作"当家作主证""解放证""翻身证"。参加选举大会时,妇女们穿着节日的盛装,欢欣鼓舞地来到会场。有的老年妇女走不动,请人搀扶着参加选举。她们说,参加选举是有生以来的一件大喜事,一定要亲手投出这来之不易的一票。天津市广大妇女十分珍惜这种权利,在选举活动中表现出很高的热情。

根据《选举法》,天津市对妇女代表名额作了相应规定。规定:市区女代表人数一般不少于代表总数的 20%~25%，郊区妇女代表人数不少于 15%~20%。在普选运动中，妇女十分重视自己的民主权利，参加选举的女选民达到很高的比例。1953 年 6 月，天津市人口普查，天津市有 2,628,317 人，其中女性 1,183,225 人，占人口总数的 45%。全市参加投票的妇女占登记妇女选民总数的 95%。据 9 个区对 508,057 名女选民的统计，女选民中有 484,499 人参加选举，占女选民总人数的 95.36%。女选民最多的区达到 99.8%，郊区也达到 97.9%。

经过普选，许多优秀妇女被选为人民代表大会的代表。全市当选的 1426 名区人民代表中，女代表 389 人，占代表总数的 27.28%（最高的一区达 32.1%）。当选的女代表以女职工、女干部、职工家属最多。

经过层层选举，到 1953 年 11 月下旬，天津市普选运动胜利结束。在天津市出席全国人民代表大会的 28 名代表中，有 4 名是妇女，占代表总数的 14%；天津市第一届人民代表大会，代表 519 人，其中妇女代表 109 人，占代表总数的 21%；在 1426 名区人民代表中，女代表为 389 人，占区人民代表总数的 27.28%；在街道各组织代表中，妇女占 70%以上。市、区人民委员中女委员占 13.65%。这些女代表勤勤恳恳地执行政府的方针政策，忠实地代表群众利益，为维护妇女的合法权益努力工作。

此外随着国家政治建设和经济建设的发展，天津市越来越多的妇女走出小家参与国家大事，走上了领导岗位。市民主妇联号召妇女们要"议大事，爱本行"，即在做好本职工作的同时，关心国家大事，参与国家管理。当时从市人民政府到各级基层政权中均有妇女干部。她们忠实地代表群众利益，执行政府的政策法令，为人民服务，为保护妇女利益而努力工作，因而得到了群众的拥护和爱戴。天津市妇女走上领导岗位的人数逐年增加，成为天津市政治建设中的积极力量。1954 年，天津市有 639 名女职工被提拔到机关、团体、企业担任干部，占被提拔人数的 10.39%。1955 年,许多妇女担任了区长、法院院长、陪审员及市、区政府委员。全市科级以上干部为 2878 人,其中女干部 218 人,占干部总数的 7.57%。1956 年以后,全市有妇女干部 13,161 人,占干部总数的 17.87%。

第四章

恢复发展国民经济

从 1949 年天津解放到 1956 年基本完成社会主义改造,天津市委认真贯彻党中央的各项指示，带领全市人民开展土地改革和各项民主改革,涤荡旧社会的污泥浊水,建立新的社会秩序;在没收官僚资本的基础上,建立国营经济,发展新民主主义经济,开展抗美援朝和"三反""五反"等政治运动,在全市国民经济全面恢复的基础上,开展有计划的经济建设,完成了对生产资料私有制的社会主义改造,相继实现了由半殖民地半封建社会到建设人民当家作主的新社会,从新民主主义到社会主义两个历史性转变,社会主义制度在天津确立起来,天津获得了新生。

第一节 恢复发展经济

在国民党政府的反动统治下,天津社会经济凋敝,市场秩序混乱,人民群众困苦不堪。解放初期,天津市委市政府在党中央的领导下,迅速稳定经济秩序,医治战争创伤,围绕恢复和发展生产这一中心任务,领导全市人民认真贯彻新民主主义经济建设方针，没收官僚资本,组建国营经济,调整民族工商业,建立新的经济秩序,发展城乡贸易和对外贸易,改善人民生活,并取得了显著的成就。

一、解放前夕天津经济状况

天津在近代以前即具有发达的水陆交通和重要的政治经济地位。近代以来，天津逐渐成为外国侵略者在中国进行经济掠夺的重要基地。与此同时，随着港口贸易的发展和西方先进技术的输入，商品经济也得到发展，民族工业诞生并逐步形成规模，交通、金融、贸易及城建、公用、教育事业也得到相应发展。天津成为仅次于上海的全国第二大商埠，中国北方最大的工商业城市和北方的经济中心。但是由于列强的长期瓜分，特别是日本帝国主义的殖民统治和侵略掠夺，加之国民党政府发动全面内战的影响，至解放前夕，天津经济和社会生活的各个方面都处在严重危机之中。

第一，经济命脉主要掌握在官僚资本和外国资本手中。据 1947 年统计，全市工业总产值中，官僚资本和外国资本占 62%，占据了电力工业、钢铁工业、机器制造工业和盐业生产的全部及纺织工业的 4/5。[①]银行、铁路、邮电、港口等重要经济部门都控制在官僚资本和外国资本手中。第二，经济结构不合理。与倾销商品和掠夺原料相关的商业相对发达，而工业基础薄弱，部门残缺不全，主要有原料和农副产品加工业，如打包工厂、用工业原料加工半成品的工厂和用国外零部件装配成品的工厂。生产资料部门的生产能力异常薄弱，仅有的一些生产资料工业发展也很不平衡，大部分原材料需要从国外进口。第三，企业生产技术水平低，管理落后。全市工厂中千人以上的大企业不足 2%，大部分私营工厂中没有机械设备，基本上以手工劳动为主。由于缺乏有效的扶持措施，天津工业生产一直处于停滞和半停滞状态。1947 年，全市 95% 的工厂处于停工半停工状态，工业产销量仅达到原有的 10% 左右。官僚资本企业天津机械厂自行车分厂直到 1948 年 3 月才依靠库

[①] 参见《天津四十年》编辑部、天津市统计局编：《天津四十年(1949—1989)》，中国统计出版社，1989 年，第 53 页。

存零件装配了 50 辆自行车。民族资本工业中的中小织染厂,原料依靠大厂供应,但每个月获得的原料还不够一天所用。这种状况,使天津的工商业几近崩溃。

国民党政府为了应付庞大的内战军费支出,千方百计掠夺社会财富。一方面,滥发纸币,特别是 1948 年 8 月进行的"币制改革",造成物价成倍上涨。物价上涨引起的原料价格和工资的上涨,使工商企业成本飙升、资金紧张,正常的生产和经营无法进行。另一方面,不断增加税种,提高纳税比例。1948 年,天津市的营业牌照税税率比 1947 年提高 10 倍,所得税也提高了 5 倍。同时通过强制性摊派对工商业进行公开掠夺,驻军需要的布匹等物资,几乎被摊派征集一空。在北方军事失利的情况下,国民党政府支持物资南运,而对南方运往北方的物资加收各种费用。以面粉为例,加入各种费用后,在天津的售价几乎比上海高一倍。

为阻止人民解放军的进攻,国民党天津市政府搜刮大量财物,构筑环绕市区的工事。1947 年 3 月,天津城防构筑委员会成立后,向市内工商企业强行募集"城防捐"8000 多亿元[①],搜敛了大量砖石、水泥等物资。1948 年 6 月,陈长捷任天津警备司令后,提出继续加固城防工事,又向工商企业摊派 2900 多亿元[②]。国民党当局的横征暴敛,进一步加重了天津工商企业和各界群众的负担。

在政治经济危机日益严重的环境下,天津社会经济秩序混乱,人民生活境况更加艰难。中纺天津分公司的工人平均工资,1948 年 9 月折合玉米面 347.27 斤,到 10 月份,就只能折合玉米面 49.18 斤,下降了 85.8%。由于工厂停工、倒闭,造成大量人口失业。到解放前夕,天津失业工人达 11.3 万人。此外还有大量灾民和难民涌入天津,至 1948 年 6 月,全市灾民难民达 26 万人,而能够得到救济的只有 1.5 万多人。在

---

① 法币,当时可以购买约 2900 万千克大米。
② 法币。

解放军对天津实施包围后，国民党反动当局把天津市区、郊区的许多民房烧毁，又造成13万多群众流离失所。

天津解放后，面对国民党政府遗留的经济危机、民生凋敝、百废待兴的局面，党领导天津人民稳定经济秩序，医治战争创伤，按照新民主主义经济方针，建立国营经济，恢复发展生产，在短短三年内实现了经济的全面恢复和人民生活水平的提高。

二、组建社会主义性质的国营经济

没收官僚资本归国家所有，进而组建社会主义性质的国营经济，使之成为国民经济的领导成分，是党的新民主主义经济纲领的重要内容之一，也是从半殖民地半封建经济转变为新民主主义经济的重要步骤和关键所在。旧天津是帝国主义对中国实行经济侵略的重要据点，也是官僚资本汇集之地。天津解放后，市军管会和人民政府立即开始没收官僚资本控制的银行、工厂和商业机构等，而后在建立国营经济体制和恢复生产的基础上，组织工人职员进行企业民主改革，对企业管理方式进行改造。

没收官僚资本银行等金融机构是接收工作的重点。当时在天津属于官僚资本的银行和金融机构，有中央银行、中国银行、中国农业银行、交通银行、邮政储金汇业局、中央信托局、中央合作金库等在津设立的分行、局、库，还有河北省银行、天津市民银行和以私营面目出现的山西裕华银行及亨记钱庄等。市军管会金融接管处接管官僚资本银行和金融机构36个，并利用原中央、农民、省、市各行及合作金库等机构，建立了中国人民银行天津分行，直属中国人民银行总行领导，把中国银行、交通银行改为专营外汇及工矿信贷的专业性银行，从而组建起新的国家银行和金融机构。

完整接管官僚资本工业企业，是建立国营工业的基础，不但对搞好天津城市接管工作，而且对建立人民民主政权的经济基础都具有重要意义。全市共没收和接管了原国民党官僚资本工业企业 100 多个，其中较大的有：天津钢厂、天津机器厂、天津机械厂、天津橡胶厂、大沽化工厂、天津化工厂、天津耐火器材厂、东亚烟草厂、中国纺织公司所属 7 个工厂、冀北电力公司所属 3 个发电所、中国盐业公司等。接管干部在没收官僚资本工业企业时，严格做到不打乱企业原有组织机构，并在此基础上建立国营企业，迅速恢复生产。

国营商业体系在没收官僚资本商业的基础上迅速建立起来。天津的官僚资本商业企业数量不多。军管会接管部贸易接管处接管了长芦盐务局、山西实业公司、天津粮食调配处等 39 个商业机构和企业，将这些机构和企业与由晋察冀边区迁来的原边区人民政府所属商业机构合并，成立了天津市贸易公司，下设纱布、煤铁、盐业、百货等专业公司，奠定了天津市国营商业组织的基础。为稳定物价和保证人民生活需要，国营商业部门还新建了一些零售机构，在工厂、机关和学校中大力发展消费合作社。

市军管会按照中央制定的政策，收回海关管理的自主权，实行对外贸易的管制，取消了帝国主义在津特权。对于外国资本家在天津开设的工商企业，根据调查后各企业的不同情况，采取了监管、控制、收购、征用、代管等方法，较为妥善地处理了外国资本在津企业的问题，使天津经济彻底摆脱了外国资本的操纵和控制。

没收官僚资本，具有民主革命和社会主义革命的两重性。通过没收官僚资本和取消帝国主义的特权，天津国民经济重要部门大都掌握在了国家手中。1949 年，天津国有和集体工业企业总数为 120 个，仅占全市工业企业总数的 2.5%，但工业总产值比重达到 39%。此后国有经济比重不断增长，至 1952 年，工业总产值比重达到 59.5%，[①]国营商业

---

① 参见《天津四十年》编辑部、天津市统计局编：《天津四十年（1949—1989）》，中国统计出版社，1989 年，第 415、420 页。

营业总额占全市的60.24%。①社会主义性质的国营经济成为天津城市经济发展的主要物质技术基础和社会经济的领导力量，在恢复生产、发展经济中发挥了无可替代的重要作用。

按照党的新民主主义经济纲领的要求，迅速恢复与发展生产是天津解放后的中心任务，也是最紧迫的任务。接管天津前，市军管会就反复强调，进城后的最根本工作是依靠工人阶级恢复秩序，发展工业，发展生产；一切工作都要为了恢复与发展生产。随着接收工作的展开和完成，迅速实现复工复业、恢复与发展生产成为全市首要的工作任务。

没收官僚资本任务的完成，使官僚资本企业开始变成党和政府领导下的社会主义全民所有制企业。企业性质的根本变化，提高了工人的政治觉悟和社会地位，提高了工人的主人翁意识和恢复发展生产的积极性。如中纺系统所属7个纺纱厂在接收后的第二天，就有90%以上的职工到厂报到，即恢复开工生产。天津被服厂在接收后的15天内，完成了几十万条军裤的生产，及时支援了解放大军南下作战。天津钢厂工人潘长有冒着高温抢修马丁炉，为早日出钢做出了贡献。在接管的同时，职工群众即进行了机器设备、复工用料的清点，并打扫工房，擦洗机器，购置复工急需的原材料，为尽快恢复生产作了充分准备。

在恢复生产过程中，刚刚接管的金融机构发挥了重要作用，它们积极给予企业贷款，帮助企业解决资金困难。市军管会还全力组织全市国营工厂之间互通有无、调拨原料，贸易部门也派出人员分赴各地采购急需的原材料。随着生产的恢复和工厂秩序的稳定，1949年3月，国营工厂企业的民主改革逐步展开，促进了管理民主化，推动了生产的恢复和发展。到1949年6月底，许多国营工厂恢复到原有产量，有的还超过国民党时期生产水平的20%~30%。据统计，工业处所属的各公司企业，上半年不仅完成了恢复生产的任务，而且增加盈余6000万

---

① 参见中共天津市委政策研究室：《四年来的天津市私营工商业》，1953年4月12日。

千克小米。[①]与此同时,由于职工积极性与创造性的提高,国营工业在技术创新与改进、原材料节约与代用品的发明、机器设备的维修与改造,以及业务经营等方面,都有很大的进步。这为国营工业的进一步发展创造了有利条件。

三、稳定经济秩序

天津解放之初,新的经济秩序一时还没有建立起来,城市经济处于极不稳定的状态。国民党统治遗留的通货膨胀仍然在延续,黄金、银元和外币充斥市场,经济秩序极其混乱。这不仅影响到生产的恢复发展和人民生活的稳定,更是对党能不能管好城市、能否在城市站稳脚跟的严峻考验。市委市政府依靠新建立的国营经济和广大人民群众的支持,采取各种措施打击不法投机资本,平抑物价,使经济秩序迅速稳定下来。

为了加强金融市场管理,确立和巩固单一的人民币信用和地位,军管会在天津解放的第二天即宣布"国民党政府所发布的一切货币从即日起为非法货币,以中国人民银行发行的钞票为全国解放区统一流通本位币"。随即组织大批干部进行收兑,至 1949 年 2 月 4 日结束,历时 20 天,兑入金圆券 3.48 亿元。[②]在兑换金圆券的同时,采取禁止金银流通和肃清外币的办法,并对金银流通投机者采取强制兑换等措施。对于外币,采取了禁止民间持有和流通,允许换为本币或作为外币存款的方式。此外还收兑了各解放区的地方货币,由此确立了人民币作为统一货币在天津市场的地位。

管理和整顿私营银行、钱庄,打击投机资本,管理游资,是建立新的金融秩序、规范金融市场的重要任务。在市军管会、市委、市政府领

---

① 从抗战时期开始,各根据地和解放区的财政预算决算及供给标准均以小米计算,一直沿用到 1950 年全国物价基本稳定。

②《天津市军事管制委员会接管部金融接管处关于天津市区肃清金圆券工作总结(节录)》,1949 年 2 月。参见中共天津市委党史资料征集委员会、天津市档案馆编:《天津接管史录》(上卷),中共党史出版社,1991 年,第 738 页。

导下，中国人民银行天津分行等金融机构，贯彻党的新民主主义经济方针，采取措施帮助私营银行和钱庄迅速恢复了金融业务，同时加强对其进行管理和改造。对私营银行和钱庄实行资产清审，对其中的官僚资本部分没收后转为公股，并与私营部分合作为公私合营银行；规范账目管理，取消账外账，建立定期报表制度和存款准备金制度；规范业务活动，取缔投机活动，将囤积物资上报并立即出售。为疏导游资，在政府金融管理机构的组织下，天津市私营银行和钱庄于 9 月和 10 月相继成立起两个联合银团，解决了经营分散不利于金融市场发展的突出问题，同时对违法经营的地下黑钱庄给予坚决打击。

为了加强对游资和各种证券的统一管理，进一步活跃金融市场，1949 年 6 月 1 日，经中国人民银行和天津市军管会同意，天津市证券交易所正式开业，并颁布了管理证券交易暂行办法。规定证券交易所为本市唯一的合法证券交易场所，严禁一切场外交易。不久又创办了投资公司，制定了投资公司章程，使其成为疏导游资转向生产资本的媒介，防止游资冲击市场。随着党的金融政策的贯彻执行，银行信贷、储蓄等业务迅速开展起来，新的金融秩序很快形成，对天津新的经济秩序的建立和国民经济恢复发展起到了重要的保障作用。

平抑物价、稳定市场，是建立新的经济秩序的关键。天津战役打响之前，党充分估计到天津粮食库存和供应的困难情况，从解放区筹集了大量粮食。天津解放后，立即将粮食运往市内，并在各区设立代售店，以低于市场价销售面粉、玉米面和小米。1949 年 3 月，天津市粮食公司成立，其主要职能就是疏通粮源，稳定物价。但是由于投机商操纵市场、哄抬物价等原因，从 1949 年 4 月到 1950 年 2 月，天津先后出现了四次物价波动。第一次发生在 1949 年 4、5 月间，由于当时冀中灾情十分严重，农村粮价上涨，而天津粮价较低，造成粮食大量外流。与此同时，纱布又逢销售旺季，东北、西北各地客商大批来津采购。投机商乘隙而入，哄抬物价，导致粮食和纱布价格猛涨，物价上涨 119.8%。第二次发生在 6 月下旬至 8 月上旬,主要原因是受上海和江南新解放区物价上涨的影响,以及外地水灾泛滥、粮源受阻等原因,物价上涨201.6%。第三次发生在 10 月中旬至 11 月下旬,在全国性物价上涨的影响下,由于存粮不多和粮食外流增加,天津物价上涨 310.5%。[①]第四次发生在 1950 年 1 月至 2 月,由于春节前商品储备不足,加上一些商人和部分市民抢购商品等原因,造成物价上涨。

针对每次物价上涨的原因和特点,天津市采取政治和经济两种手段稳定物价。在第一次物价波动中,政府与投机商人首次交锋。工商行政、贸易、银行联合行动,工商局突击检查纱布、黄金、美钞黑市,给投机者以严重打击;国营贸易公司先提价后压价,大量抛售商品;银行机动调整外汇牌价,停止放款,物价波动遂告平息。此后在平抑物价的斗争中,市场手段被更充分地使用。市委市政府在中央统一部署下,与各大城市联合行动,利用国营公司控制主要物资,采取囤积和抛售相结合的方式,有力地打击了投机资本。到 1950 年底,天津和各地物价基本趋于稳定。

按照中央统一部署,天津市采取了统一财政收支、物资调度和现金管理的措施,初步形成了集中统一的财政经济管理体制。1950 年 3月,为迅速恢复国民经济,稳定市场物价,并从根本上解决财政收支平衡问题,政务院颁布了《关于统一国家财政经济工作的决定》。其基本内容是:统一全国财政收支,使国家收入的主要部分集中到中央,用于国家的主要开支;统一全国物资调度,使国家掌握的重要物资集中起来,合理使用,调剂余缺;统一全国现金管理,把国营企业、机关、部队的现金集中于银行;统一管理调度,以减少流通中的货币,增加国家能够使用的现金。为贯彻执行这一决定,4 月 17 日,天津市人民政府发

---

① 参见中共天津市委党史资料征集委员会、中共天津市委统战部、天津市档案馆编:《中国资本主义工商业的社会主义改造(天津卷)》,中共党史出版社,1991 年,第 8 页。

布《关于贯彻执行政务院〈关于统一国家财政经济工作的决定〉的决定》，要求坚决做到在全市范围内财政收支和调度统一，消除浪费，整顿收入，保证本年度收支概算的全部实现。4 月 26 日，天津市人民政府批准公布《1950 年财政工作方案》，制定了统一财政经济工作的具体实施措施。要求实行全年总预决算和预算分配制度，委托中央金库天津分库代理市金库，基本做到"一切收入归财政，一切支出通过财政"。将粮食、棉花、纱布等国营贸易专业公司改组为全国性贸易公司在天津的分支机构，使其掌握足以影响市场的物资力量，在中央的统一计划下，对涉及国计民生的主要物资进行调度，调节供求。统一现金管理，要求周营企业、机关、部队和团体及供销合作社的现金必须存入银行，各单位之间的交易往来，除零星小额外，一律通过银行转账支付，不用现金。实现全国财经工作统一后，天津向中央上缴了大量税收节余，提供了大量存款供中央统一调度。同时中央通过国营贸易公司向天津调拨了大量物资。这些措施对遏制通货膨胀、制止物价上涨起到了积极作用。

由于稳定物价和统一财经各种措施的实行，自 1950 年 3 月起天津物价开始下降，并逐步趋于稳定。市场物价的稳定，为新经济秩序的建立打下了基础，使人民生活和经济发展得到保障，对于巩固人民政权和恢复发展经济具有重要意义。

四、恢复调整私营工商业

私营工商业的恢复，是在贯彻党的民族工商业政策、正确处理劳资关系的基础上实现的。天津是我国解放较早的仅次于上海的第二大工商业城市，资本主义工商业比较集中，在全国具有举足轻重的地位。恢复私营工商业，对于天津的复工复业、安定人民生活具有重要意义。1949 年初，天津私营工商户约 36,725 户，职工总数 11 万多人。解放前夕，多数有益于国计民生的民族工商业被迫停产，有的甚至面临破产，处于奄奄一息的状态。天津解放后一个月,私营企业开工尚不足30%,广大工人饱受失业之苦。为使民族工商业迅速复工复业,华北总工会筹委会天津办事处向较大的私营工厂派出工作组,各区也派出干部深入中小型私营工厂,重点宣传讲解党的保护与发展私营工商业、繁荣经济的政策,号召职工报到上班,动员资本家复工生产。党对私营工商业的政策和迅速复工的号召得到广大工人的热烈拥护。他们纷纷到厂上班,赶修机器,争取尽早恢复生产。私营企业复工最早的恒源纺纱厂,在解放后的第四天,就有1200多名工人上班。[①]当时仍有许多资本家或资方代理人,由于受到国民党反动欺骗宣传或谣言的影响,不愿复工,有的拖延复工时间。工人群众对资本家这种消极态度极为不满,纷纷向工作组揭发,积极提供企业在原料资金等方面的真实情况。各工作组也主动与私方人员个别交谈,讲清开工早晚与国家及私方人员本身的利害关系,纠正了一些私营企业工人对资本家进行"清算"斗争,甚至要求分店分厂的"左"的做法,使资本家逐步消除思想顾虑,为私营工厂复工扫清了障碍。至2月底,私营工业复工者达89%,商业复业者达90%。至3月底,复工工厂更多,商业不仅全部复业,而且增加新开业者140多户。

1950年春,由于经济结构的转型,围绕稳定经济采取的措施过猛,再加上盲目竞争,全国普遍出现了私营工商业的生产经营困难,一度影响整个国民经济的恢复发展。为使私营工商业早日摆脱困境,促进国民经济恢复发展,于6月召开的党的七届三中全会提出"不要四面出击"的战略方针,确定了合理调整城市工商业的任务,明确了调整工商业工作的三个主要环节,即调整公私关系、劳资关系和产销关系,重点是调整公私关系。根据中央的部署,天津围绕促进有益于国计民生

---

①《天津市工商局关于复工复业问题的总结》,1949年4月。参见中共天津市委党史资料征集委员会、天津市档案馆编:《天津接管史录》(上卷),中共党史出版社,1991年,第596页。

的私营工商业的恢复和发展,采取了一系列措施。

一是扩大加工订货、收购包销业务,帮助私营工业克服产销困难。市人民政府要求国营经济机构根据需要和可能,对私营工业企业实行有组织的加工订货和收购产品,以解决私营工业在原料来源、产品销路和资金周转方面的困难,帮助企业维持和恢复生产。1950 年 1 月至 11 月,与国营贸易公司的合作业务已占私营工业业务总值的 74.43%,面粉业私营企业生产能力的 80%以上是替国营公司加工,机器行业有 76%以上的私营工厂承担加工订货。国营商业部门按照公私兼顾的原则,在加工费、交换率和价格上科学核算,合理减轻私营工业的负担,使它们不仅能够维持生产,而且还有合理利润。国营企业在货物销售困难的情况下,仍坚持收购私营工厂的大量滞销品,如碱面、玻璃、麻袋、火柴、染料等,解决了不少工厂的纳税、偿付工资等资金周转问题。1950 年,国营贸易公司对天津私营工业加工、订货、收购、包销总值达 1600 余万元。这对于恢复私营工业的生产起到了直接推动作用。

二是合理划分公私商业经营范围,调整批零差价,扩大私营商业的利润空间。国营商业主要掌握批发业务,发挥调节市场、稳定价格的作用。国营零售公司只经营粮、布、油、煤、盐和石油,经营数量以能够稳定价格、制止投机为限度。在农产品采购方面,国营商业重点收购粮、棉等重要作物和部分外销物资,并缩减经营商品的种类,给私商保留了较大的经营空间。对于原棉、小麦等重要原材料的收购,公私双方成立联合采购的机构,保证了原料的正常供应。在物价稳定的基础上,适当调整批零差价和地区差价,使产、运、销三个环节都能够有适当的利润。

三是加大对私营工商业的资金支持,帮助私营企业解决资金周转难题。中国人民银行天津市分行提高对私营工商业的贷款比例,提供专项资金并发动私人钱庄组成银行银团、钱庄银团和小本贷款处等 3 个公私合营贷放组织。在贷款过程中,采取逐步降低利率、简化手续和放长期限等措施,减轻私营工商业的负担,鼓励扩大资金投入。此外在加工订货和收购包销过程中,还推行了流动质押贷款、产品推销贷款、押汇等措施,为私营工商业者申请贷款提供方便。至 1950 年 11 月,对私营企业放款比例达到 60%,其中绝大多数为工业贷款。[①]1951 年,中国人民银行天津市分行又根据总行的指示,以扩大放款为重点,广泛与私营企业订立业务合同,向私营工商业发放大量贷款。放款对象主要是手工业和城乡内外贸易等轻工业企业。

在巩固财政收支平衡、有利于生产恢复和发展的原则下,市人民政府通过调整税收政策,减轻私营工商业的负担,对部分工业产品予以免税、减税,将部分产品不同生产环节的税收合并,货物税税目由 1136 项减并为 358 项,提高所得税和高额累进税的起征点,减轻纳税者的负担,鼓励中小型私营工商业者的经营积极性。

在采取以上调整公私关系措施的同时,对私营企业内部的劳资关系也进行了调整。针对某些私营工商企业存在的劳资冲突问题,通过召开职工代表会议等方式对职工开展教育,使职工群众认识到私营工商业遇到的困难,指出只有协助资方把困难度过去,才符合工人阶级的长远利益,提出努力搞好生产、酌量减低过高工资或缓发一部分工资等克服困难的方法,号召工人协助资方共渡难关。各产业工会还在重点私营企业成立劳资协商会议,协助劳资双方进行协商,订立行业临时合同。同时说服资本家打消思想顾虑,从观望等待转向主动经营以取得合理的利润,逐步了解和学习民主协商的管理方式。在此基础上,私营企业普遍制定劳资临时协定,主要内容包括资方积极改善经营管理,增产节支;职工降低工资,减低福利,暂时轮流歇工等。全市私营工业中有 20 多个行业、3 万余名工人签订了劳资临时协定或行业集体合同,劳资双方在平等地位上明确了各自的权利与义务。通过正确

---

① 参见天津市地方志编修委员会编著:《天津通志·金融志》,天津社会科学院出版社,1995 年,第 443 页。

处理劳资关系，充分调动了广大工人阶级和民族资产阶级的积极性，促进了企业生产的恢复。

经过调整，天津私营工商业渡过难关并有所发展。1950年，全市工商业净增1919户，就业人员增加4000人。存款、税收等指标显著增长，为实现财政经济的根本好转和国民经济的恢复发展做出了贡献。在调整工商业的过程中，国营经济发挥了重要作用，领导地位和调节国民经济的能力进一步增强，私营工商业的生产和经营逐步被纳入国家计划的轨道。一些企业开始走上公私合营的道路。1949年，全市成立公私合营企业4户，1951年增加到57户，1952年发展到62户。①

五、发展城乡贸易

扩大城乡交流，是贯彻新民主主义经济方针的一项重要内容，是发展和繁荣城市经济的重要手段。20世纪30年代天津就已经发展成为华北，乃至西北和东北部分地区的经济中心，由于日伪当局的经济统制和国民党政府的全面内战，天津与腹地的经济联系削弱，经济中心的地位下降，这是解放前天津经济陷于困境的重要原因之一，也是党和人民政府恢复发展经济亟待解决的一个问题。打通城乡物资交流渠道，对于获得工业原料，打开产品销路，尽快恢复和发展城市的生产建设，具有重要意义。

天津解放后，党和人民政府立即建立相应的贸易管理机构和部门，采取措施加强与周边地区的物资往来。1949年2月6日，天津市信托公司正式挂牌办公，负责各地来津统一采购和本市厂商对外统一销售。3月23日，天津市在军事管制委员会贸易接管处的基础上，成立天津市贸易公司，下设花纱布、粮食、煤铁、百货等专业公司。为

---

①《中共天津市委政策研究室对四年来本市私营工商业政策情况的综合分析（节录）》，1953年4月12日。参见中共天津市委党史研究室编：《城市的接管与社会改造（天津卷）》，天津人民出版社，1998年，第455页。

了加强对包括商品流通在内的财政经济工作的领导,7月28日,天津市成立财政经济委员会,统一管理全市经济。外贸局、财政局、税务局、工商局、公用局、合作社及人民银行等经济管理部门的工作均受其领导。根据形势的发展,9月15日,天津市贸易公司撤销,各专业公司由相应的华北专业公司领导。华北专业公司均成立天津分公司,属国营贸易部门。其中,华北百货公司在天津成立,与天津市分公司为同一机构,既担负天津市的市场供应,又担负华北地区各分公司的物资调拨任务。12月6日,天津市专门成立城乡贸易指导委员会,为组织物资供应、沟通城乡交流提供了组织保障。市政府还实行了一系列措施,如允许私商城乡贩运,实行贸易自由政策,建立各类交易所等,促进城乡物资交流。

这些国营贸易部门按照"发展经济、保障供给"的总方针,根据各自的经营范围,在扶植生产、稳定物价、调剂供求等方面积极开展业务经营活动,在扩大城乡交流中发挥了重要的领导作用。市信托公司主要为来津的采购单位代购各类商品、物资,主要包括煤油、汽油、糖、盐、棉布,以及各种钢材、新闻纸等在成立后的4个月内,天津为华北、东北、西北、华东、华中等地区代购大量麻、汽油、洋灰、碱面、玻璃、烟叶、西药及五金电料等商品,成交总额30万元以上。粮食公司积极组织粮食调运,仅1949年就筹运粮食近38万吨,满足了广大市民的需要,平抑了市场物价。百货公司通过各种方式增加商品货源,扩大商品销售,在坚持面向农村、薄利多销的原则下,把质优价廉的商品供应到市外11个地区。在搞活商品流通的过程中,百货公司对针织、橡胶等行业,采取以原料加工换成品、包销等方式,扶植工业生产。国营经济部门还组织了50个贸易小组,在中国人民银行的协助和支持下,分赴各地采购物资。

按照公私兼顾的方针,各个国营专业公司积极支持私营商业参与城乡贸易活动。贸易公司协助私商组成购销委员会,组织赴外埠集中采购小麦等原料,解决私商因规模小而遇到的采购困难等问题。在经营范围上,合理确定国营专业公司的经营比重,尽量向私商让利。天津的私商从东北、山东等地贩进大量的粮食、棉花,有力地支持了私营工厂的生产。仅 1949 年 5 月,天津私营货栈成交的粮食、油料、山干货总数达 1.25 万吨。

1949 年 11 月 4 日,天津市工业展览会开幕。图为市委书记、市长黄敬为展览会开幕式剪彩

为扩大城乡物资交流,天津市还采取了举办工业展览会和物资交流会等形式,恢复和加强天津作为华北地区经济中心的地位和物资集散功能。1949 年 11 月 4 日至 12 月 6 日,天津市在民园体育场举办工业展览会,70 余万人参加。展览会设立了公用事业、化学工业、工业改进、电器工业、矿冶业、日用品工业、食品工业等 11 个陈列馆,参展厂商达 1700 余户,展品 1 万余件,北京、上海及华北地区都派出代表团参加。这次展览会的召开,直接促进了天津与其他地区的产品和物资交流,大量的粮食、棉花、肥料运进天津,天津出产的百货、纱布、玻璃等日用工业品则大量销往华北各地农村。1951 年 10 月 5 日,华北城乡物资交流展览会在天津举办。这次展览会在为广大农民服务,推销农副土特产、手工业产品、药材、矿产的基础上,着力开辟和扩大工业品市场。展览会设 17 个展馆,历时 45 天,全国各地有 900 多个贸易代表团、2350 余人参加。毛泽东等多位党和国家领导人莅临展览会。展览会期间,订立各种合同和协议 3000 余件,购销总额达 3 亿元。此外天津还多次举办华北地区物资交流大会和天津物资交易会,积极组织贸易代

表团到各地进行物资交流活动,积极组织广大农民把粮食、工业原料供应到城市,并疏导长期积压的工农业产品流入城乡。

城乡交流的扩大,促进了天津城乡经济的进一步活跃,加强了工业和农业的联系。农村产品大量销往城市,不仅为城市工商业提供了大量的原料和生活资料,也使农民有能力增加对生产的投入,促进了农业生产的恢复。农民购买力的提高,使工业企业的产品有了更广阔的销路,加速了城市工商业的进一步好转。扩大城乡物资交流,是在国营商业领导下有计划地进行的,在此过程中,国家对市场的宏观调控能力进一步增强,工商税收逐步增加,加速了天津商业的繁荣,对全市国民经济的恢复和发展起到了重要的推动作用。

1951年10月5日,华北城乡物资交流会在天津开幕,中共中央华北局财经工作委员会主任刘澜涛为开幕式剪彩

六、恢复发展对外贸易

在城乡物资交流不断扩大的同时,天津市的对外贸易工作也得到初步的恢复和发展。天津解放后,市军管会对外贸易接管处接收了输出入管理委员会天津办事处、天津海关、天津商品检验局等国民党政

府的对外贸易行政管理机构，接管了中央信托局天津分局、扬子公司天津分公司等官僚资本外贸企业，将它们改造成独立自主的社会主义外贸机关和国营外贸企业。按照"自力更生、奖出限入"的对外贸易管理方针，天津积极组建专业公司开展进出口业务，扩大对外经济联系，促进国内工农业生产发展。

解放初期，天津对外贸易机构的任务是建立独立自主的对外贸易。根据华北人民政府 1949 年 3 月和 4 月公布的《对外贸易管理暂行办法》《外汇管理办法》的有关规定，市人民政府废除了国民党政府的关税政策，特别是废除了有利于帝国主义经济侵略的协定税率，实行对外贸易许可证制度，外汇由国家银行统一经营和管理。3 月 18 日，在市军管会对外贸易接管处的基础上，成立华北对外贸易管理局；将华北贸易总公司的对外贸易职能划出，成立华北对外贸易公司，下设进口、出口、储运、油脂、土产药材等 5 个部，专门从事对外贸易活动。9 月，又先后建立了猪鬃、油脂、皮毛、土产、蛋品等五个专业出口公司和一个进口公司，国营对外贸易比重逐步上升。国营外贸机构积极参与进出口业务的经营活动，主要与苏联、东欧部分国家和香港地区开展贸易，出口皮毛、花生仁、猪鬃、珍贵药材等，进口石油、化工原料等。为鼓励出口，华北人民政府实行免征出口税、免收出口签证费等措施。新成立的金融机构也积极为对外贸易服务，至 1949 年 7 月底，为外贸企业供给外汇 4000 余万美元，提供贷款 50 万元。天津市人民政府鼓励私营外贸企业利用原有渠道和客户，在国家政策允许范围内，按照国内经济发展需要积极开展进出口业务，有效地调动和发挥了私营外贸企业的积极性，加快了天津对外贸易的发展。

至 1949 年 7 月，对外贸易管理局共批准进口总值 1673 万美元，出口总值 1861 万美元，基本上达到了进出口总值的平衡。在贸易方式上，主要是利用私营进出口商通过国外关系，自行配运进出口货物，采取以货易货的方式。在进出口总值中，私营华商占 52.08%，国营占

29.16%,外商占 18.76%。外商把持对外贸易的局面得到根本改变,民族商业在人民政府的扶持下获得经营和发展的有利条件。由于上海口岸被封锁,直到 1950 年 5 月华南、华东所需物资大多通过天津口岸进出口。1950 年,天津进口贸易总值达 2.36 亿美元,出口 1.49 亿美元,出口额达全国出口总额的 27.64%。天津不再是帝国主义进行经济掠夺的通道,而成为新中国与世界各国互通有无,支援全国经济建设的重要口岸。

恢复和发展对外贸易面临的一项重要斗争,是反对和打破以美国为首的西方国家的封锁禁运。新中国成立后,美国不仅对中国实行出口管制制度,还联合西欧国家在巴黎成立巴黎统筹委员会,作为强化对中国、苏联等社会主义国家执行禁运的国际机构。朝鲜战争爆发后,美国政府将对华禁运升级为全面贸易禁运,正式宣布禁止与中国之间的所有进出口贸易。美国实施禁运后,天津口岸被冻结的资金和其他债权总值达 1800 多万美元。为了避免更大的风险,天津对外贸易部门采取了多项措施:主要物资先进后出,逐笔核算;在收付款方式上,出口用跟单电汇,进口实行货到付款,保证了外汇收入和外贸物资安全,等等。为了改变出口商内部无序竞争导致的商品价格被压低的局面,对外贸易管理局组织公私贸易企业成立了 15 个出口专业组和 7 个进口专业组,做到统一步调、一致对外,避免出口产品在国际市场上价格下跌造成损失。天津还采取充分供应私营外贸企业外汇和银行贷款、简化结汇手续等措施,促进贸易往来,打破帝国主义封锁。

与此同时,天津在中央政府领导下积极开拓同苏联和其他人民民主国家的贸易。1951 年 6 月,中波轮船公司在天津成立,开辟了由波兰格丹尼亚至天津新港的中波远洋航线。天津对苏联、东欧国家的贸易量迅速增长。此外天津还积极开展同港澳地区和东南亚国家的贸易往来,通过香港市场把新产品推向日本和东南亚各国。天津对外贸易中大部分的土特产、新产品经由香港试销,对亚非市场的许多贸易也利用香港转口成交。1951年，天津对香港、澳门的贸易占天津对资本主义国家、地区进出口贸易额的42%。

根据建立集中领导、统一管理的对外贸易体制的需要，1950年3月，华北对外贸易管理局改组为中央人民政府贸易部天津对外贸易管理局，天津口岸对外贸易的重点转向按国家计划组织出口业务，为国家经济建设换取外汇；进口则是根据中央分配给天津的进口合同负责接货和拨交给用货部门，天津需要的物资和设备也由中央统一调配。在党和人民政府的领导下，天津对外贸易取得明显的恢复和发展。1950年，天津进出口贸易总额达3.85亿美元，占全国进出口总值的28%，居全国第一位，比1949年增长3倍多，分别为抗日战争时期最好年份1938年的4.4倍和解放战争时期最好年份1947年的10.5倍。1952年，天津口岸批准对资本主义国家贸易进出口总值达1.7亿美元。天津对外贸易的开展为打破帝国主义对新中国的经济封锁、促进国民经济恢复和发展，做出了重要贡献。

七、实现经济全面恢复

从天津解放到1952年底，市委市政府紧密联系天津实际，贯彻执行党的七届二中、三中全会精神和新民主主义经济方针政策，实施了一系列符合实际情况的工作部署，采取了一系列切实可行的有力措施，带领天津人民克服重重困难，实现了经济的全面恢复，取得了经济建设的辉煌成就。全市经济社会发生显著变化，人民生活日益改善，人民群众的思想意识和精神面貌焕然一新。

经济得到全面恢复和发展。1949年全市国内生产总值仅为4.07亿元，人均国内生产总值只有102元。到1952年底，全市国内生产总值达到12.80亿元，增长了2倍多。人均国内生产总值达到299元，增长近2倍。地方财政预算内收入由0.44亿元增长到3.88亿元，支出由0.18亿元增长到1.08亿元。全社会固定资产投资额由0.04亿元增长到1.03

亿元。①

随着新经济制度建立和产业结构逐步调整,工业生产得到迅速恢复和发展。全市工业总产值 1949 年为 7.29 亿元,1952 年达到 19.71 亿元,②相当于解放前最高年份 1947 年的 3.5 倍,与当时全国各省市比较,天津位居全国第四位,直辖市中排名第二位③。产业结构的调整,使主要工业产品产量大大超过解放前最高年份的水平,产品种类也由几种发展为几十种,产品行销全国 20 多个省市,遍及全国城乡,对于国家生产建设、市场繁荣及保障城乡人民生活都发挥了重要作用。工业生产的发展,也促进了工业技术水平、技术力量和劳动生产率的提高。截至 1952 年底, 全市工业职工人数达 23 万人, 较 1949 年增加了 2 倍,其中工程技术人员达 5219 人,比 1949 年增加了 2.3 倍。

土地改革激发了农民的生产积极性,促进了农业生产的增长。人民政府根据农业生产成本,规定最低收购价格和棉粮比价,保证了农民的收益。积极发放农业贷款,促进了农业基础设施建设,为农业丰收打下了良好基础。全市 1949 年农林牧渔业总产值为 1.39 亿元,1952年为 2.73 亿元。粮食由 1949 年的 23.28 万吨增长到 1952 年的 55.85万吨,其他经济作物产量也有一定增长。农业机械拥有量逐年提高,农业机械总动力由 1949 年的 0.51 万千瓦发展到 1952 年的 0.81 万千瓦;农业排灌机械由 1949 年的 979 台发展到 1952 年的 1544 台。④

为了满足恢复工农业生产和城市生活的需要,天津市重点进行了铁路线路修复和港口修建工作。为解决铁路线路通过能力不足问题,

---

① 参见天津市统计局编:《天津五十年(1949—1999)》,中国统计出版社,1999 年,第119、121 页。

② 同上,第 120 页。

③ 1952 年全国设有 12 个直辖市。

④ 参见天津市统计局编:《天津五十年(1949—1999)》,中国统计出版社,1999 年,第270、275、278 页。

农民交售公粮的车队

1954年，东郊区(现东丽区)种植的水稻获得丰收

于1951年建成了塘沽、唐山间复线，全长85.6千米。[1]此外还改建了天津火车站，着手建设南仓铁路编组站。1951年，经国家批准，对新港原有码头进行重新修建，并改造成为万吨级码头，1952年10月17日正式开港对外通航。同时积极恢复和发展公路运输、海运和空运。在此期间，共翻修改善旧区道路120条，使高级路面比例提高到66%。[2]

[1] 参见天津市地方志编修委员会编：《天津简志》，天津人民出版社，1991年，第633—634页。

[2] 参见天津市地方志编修委员会编著：《天津通志·城乡建设志》，天津社会科学院出版社，1996年，第265页。

海运和内河运输业迅速恢复,发展了客运和货运业务,成立了中波轮船公司。天津是我国最早兴办民用航空的城市之一。1951 年至 1953 年天津机场进行了扩建。扩建后的机场,跑道长 2000 米、宽 60 米,滑行道宽 15 米,可供 60 吨以下飞机起降,成为当时全国最大的民航机场之一。①

1950 年 12 月 12 日,天津市电车公司研制的全国第一辆无轨电车举行试车典礼

国营商业和对外贸易有了长足发展,逐步建立起与国民经济发展相适应的商品流通体系。解放后,天津商业发生了本质变化,国营商业和合作社商业从无到有,逐步发展壮大起来。到 1952 年,在商业部门职工中,国营和合作社商业职工人数由 1949 年的 5987 人增加到 21,176 人。在社会商品零售额中,国营和合作社商业所占比重已由 1950 年的 17.1%上升到 34.7%。在纯商业机构商品批发额中,国营和合作社商业所占比重由 1950 年的 36.0%上升到 72.1%。在建立和发展国营商业,发挥公有制经济对市场的领导作用的同时,私营商业在沟通城乡物资交流和对外贸易中发挥了重要作用。在国民经济恢复时期,天津

_____

① 参见天津市地方志编修委员会编:《天津简志》,天津人民出版社,1991 年,第 647 页。

市率先在全国开展城乡物资交流活动,以展览会的形式推进工业产品销售和农产品交易,对于沟通城乡贸易,活跃城乡经济,实现城乡互助、内外交流起到十分重要的作用。

天津的对外贸易迅速发展。在彻底取缔了帝国主义在中国的对外贸易特权和收回海关管理主权、建立独立自主的对外贸易后,天津口岸仅用 10 个月进出口贸易就达 5000 多万美元,在我国对外贸易中发挥了重要作用。到 1952 年,全市出口总值达 1.9 亿美元。同时进口了大批工农业恢复发展急需的机器设备和原材料。经过解放后四年的努力,天津作为我国北方重要物资集散中心的作用得以恢复,很快形成遍及华北及全国的购销网络,成为我国对外贸易的重要窗口。

伴随着工农业生产的恢复与发展,人民的物质文化生活得到初步改善。城市就业人数增加,职工工资大幅度增加,劳动保险、集体福利事业陆续开展起来,职工生活水平明显提高。1952 年,全市职工总数达 45.18万人,比 1949 年增加近 1 倍,国营企业工资提高了 40%~81%。私营工厂中的工人也都普遍提高了工资和福利待遇。农民生活显著改善,自行车、暖水瓶、搪瓷脸盆、胶鞋、雨鞋等生活日用品普遍进入农民家庭。

1950 年 7 月 5 日, 新中国第一批国产自行车在天津自行车厂问世

1951 年 9 月 14 日,新中国第一辆吉普车在天津汽车制配厂研制成功

1955 年,拓宽后的大沽南路

第二节 "天津讲话"

　　中共中央和毛泽东等中央领导同志对天津工作高度重视。1949年至 1956 年期间，毛泽东先后八次莅临天津，考察天津工农业生产、塘沽海防和社会主义改造等相关问题;周恩来、朱德、刘少奇等老一辈革命家也多次来到天津视察工作,对天津工作作出指示,为天津发展指明方向。1949 年 4、5月间,中共中央政治局委员、书记处书记刘少奇受中央和毛泽东的委托,来到天津视察工作。刘少奇在天津一个月的时间里,通过各种方式接触干部职工和工商界的代表,听取汇报、调查研究,发表了多次讲话(史称"天津讲话")。他在讲话中一方面传达党的七届二中全会精神,一方面针对天津当时的实际情况宣传党的经济政策,尤其是对待民族资产阶级的政策,批评了领导工作中的"左"的倾向。根据党的七届二中全会精神和"天津讲话"精神, 中共天津市委和市人民政府检查并纠正了在实际工作中的"左"的倾向,采取具体措施,贯彻落实"发展生产,繁荣经济,公私兼顾,劳资两利"的政策,有力地促进了天津解放初期的社会稳定和经济恢复等项工作。

一、天津之行的背景

　　新中国成立前夕,帝国主义、封建主义、官僚资本主义的压迫,国民党反动统治及多年战争的破坏,使本来就极端落后的经济濒于崩溃的边缘。面对生产力水平低下、物资匮乏,解放战争尚未结束,军费开支巨大,数百万失业工人、手工业者和知识分子及 4000 万农村灾民亟须安置救济的情况, 中国共产党十分清醒地认识到必须将恢复经济、发展生产作为最迫切的中心任务。为此,党的七届二中全会做出将党的工作重点由乡村转移到城市的战略决策,强调指出:"必须用极大的努力去学会管理城市和建设城市"①，"从我们接管的第一天起,我们的眼睛就要向着这个城市的生产事业的恢复和发展"②，"如果我们工作上无知,不能很快学会生产工作,不能使生产事业尽可能迅速地恢复和发展, 获得确实的成绩……那就必然地会使我们不能维持政权,我们就会站不住脚,我们就会要失败"③。

　　1949 年 1 月 15 日,天津解放。同日,天津市军事管制委员会成立,宣告对天津实行军事管制。刚解放的天津百废待兴,虽然没收了帝国主义和官僚资本主义企业,但如何管理好这些企业,经验明显不足;在经济中占比例最大的民族资本家和小工商业者,虽然反对国民党,真诚欢迎解放军进城,但对中国共产党的政策和领导能力心中没底。当时在党和政府工作人员中也存在"左"的情绪,许多工人认为解放了,不用劳动了,向私方提出过高的要求。有些地方发生了把农村斗地主、分田地的办法搬到城市,用对付地主的方式对付资本家的情况。天津解放后一个月内,就发生过 53 起斗争资本家的事件,并有几十家小型私营企业被分。在"左"的思想和行为的波及下,很多私营工商业者顾虑重重,惶恐不安。据统计,当时私营企业开工不足 30%,工商业瘫痪。时任华北局书记在给中共中央的《平津财经情况报告》中指出,由于工厂不开工,天津有上百万人口生活无着落,并指出"城市的中心问题,就是如何有步骤地有计划地妥善地复工,这一问题得到解决,则万事皆通"④。另一份报告更详细地列举了天津工业生产中的问题,指出除了城乡交换阻隔、外贸断绝、原料匮乏、产品滞销、通货膨胀外,工作中没有处理好公私、劳资关系,也是存在的突出问题。

---

①《建党以来重要文献选编(一九二一——一九四九)》(第二十六册),中央文献出版社,2011 年,第 203 页。

②同上,第 204 页。

③同上,第 205 页。

④薄一波:《若干重大决策与事件的回顾》,中共党史出版社,2008 年,第 36 页。

正是在这样的情况下，刘少奇受中央和毛泽东的委托，来到天津视察指导城市接管工作。王光美回忆说："少奇同志是为了贯彻党的七届二中全会精神，肩负着真正管好城市的使命到天津去的。"①刘少奇还与时任天津市工商联主任委员王光英会面，询问天津市工商业的情况，让王光英回去多和天津工商业人士联系，宣传党的政策，安定下来，恢复生产。临行前，他阅读了相关材料，撰写了调查提纲，并邀请刚从香港回来，熟悉贸易和金融工作的龚饮冰、卢旭章两人同行，北平市委派张文松等人随行，以便及时反馈回去指导工作。

二、"天津讲话"的主要内容

"天津讲话"的主要内容有三个方面：一是贯彻党的七届二中全会精神，把工作重心由乡村转移到城市，将恢复和发展城市生产作为中心任务，纠正城市接管工作中"左"的偏向，要求既重视自由资产阶级的作用，同时还对私人资本主义采取限制措施；二是重视城市工作中的"四面八方"②，重视依靠群众组织，发挥各方积极性，促进城市生产的发展；三是关心天津教育事业的发展，尤其是发挥知识分子作用的问题。

（一）关于将工作重心转移到城市

"天津讲话"将党的七届二中全会精神作为指导城市工作的总遵循，纠正城市接管工作中的"左"的偏向，强调要管理城市，恢复生产，发展经济，正确分清团结和斗争的对象。

1.明确城市工作的总方针

党的七届二中全会决议指出："党的工作重心由乡村转移到了城市"③，那么以城市为重心进行工作就要"依靠工人阶级，团结其他劳动

---

① 黄峥：《王光美访谈录》，中央文献出版社，2006 年，第 72 页。

② "四面"指公私、劳资、城乡、内外这四方面的关系，"八方"则是指每一方面关系中的两方。

③《建党以来重要文献选编（一九二一——一九四九）》（第二十六册），中央文献出版社，2011 年，第 203 页。

群众,争取知识分子,争取尽可能多的能够和我们合作的自由资产阶级及其代表人物站在我们方面",同时对帝国主义者、国民党与官僚资产阶级进行坚决的斗争;在具体的工作中要"一步一步学会管理城市,恢复和发展城市中的生产事业"。①在天津指导工作期间,刘少奇明确指出党的七届二中全会提出的指导思想及制定的方针政策"是城市工作的总路线、总方针",它明确了依靠、合作和斗争的对象,是"很完整的一个路线"。②在如何对待资本家的问题上,他细致地讲政策,释疑惑,谈利害,目的也只有一个,就是发展生产。

在津期间,刘少奇做了大量的调查研究工作。到天津的第二天下午便听取了黄克诚、黄敬等人的汇报,在肯定天津接收工作取得成绩的同时,他明确指出:"我们接收城市只是工作的开始,今后的任务是如何管理好城市,只有将城市的生产恢复起来发展起来,把消费城市变为生产城市,人民政权才能巩固。"③他利用听取汇报、开座谈会等方式进行了广泛深入的调查研究,并高屋建瓴,从天津实际出发,分析了问题存在的原因,提出了解决问题的意见和方法,为天津干部群众深刻领会党的七届二中全会精神,进一步恢复发展天津工商业生产,发展经济奠定了基础。

2.纠正城市接管工作中的"左"的偏向

干部是党的方针政策的执行者,要保证党的七届二中全会精神在天津得到正确的贯彻实施,关键是要提高干部的思想觉悟。4月18日,在天津市委会上,刘少奇就天津工作明确提出,在接收工作基本完成后,主要任务是:管理、改造、发展天津。管理、改造是为了发展。因此主

---

① 《建党以来重要文献选编(一九二一——一九四九)》(第二十六册),中央文献出版社,2011年,第204页。

② 《在中共天津市委员会上的讲话》(1949年4月18日),转引自中共天津市委党史资料征集委员会编:《刘少奇在天津》,天津人民出版社,1993年,第3页。

③ 转引自中共天津市委党史资料征集委员会编:《刘少奇在天津》,天津人民出版社,1993年,第166页。

要工作是在生产方面。他针对干部中存在的把民族资产阶级当作斗争对象，而对工人的过高要求不加制止、不加教育引导的错误做法提出批评。针对工作中出现的片面强调斗争，不顾一切地解除雇佣关系的"左"的思想，指出其结果是一方面造成资本家的恐惧心理，害怕共产党要领导工人对他们开展清算斗争，另一方面使工人对政策产生误读，认为共产党允许分店分厂、斗争资本家。

为了使广大干部党员明确党的方针政策，4 月 24 日、25 日，刘少奇又分别在天津市委扩大干部会议上讲话，强调要依靠工人阶级，团结其他劳动人民，争取知识分子，争取尽可能多的能够跟我们合作的自由资产阶级及其代表人物站在我们方面，以便和帝国主义、国民党、官僚资产阶级作坚决的斗争，一步步地战胜敌人，同时开始我们的建设事业，一步步地学会管理城市，恢复发展城市中的生产事业。

虽然恢复发展生产需要私营工商业，但由于资本主义工商业阶级属性的限制，其又有着天然的弱点与不足，有时也表现出相当的危害性。因此党的七届二中全会的报告也指出，中国资本主义的存在和发展，不是不受限制的；容许私人资本主义在一定政策和计划的轨道内有发展余地，是为国民经济整体，以及工人等劳动人民利益考虑。[1]因此，"天津讲话"也一再指出，要对私人资本主义采取限制措施，"为资本家找利益"必须站在"无产阶级的基本立场上"。[2]

3.团结争取民族资产阶级

为了使天津私营企业尽快复工复业，刘少奇在团结争取民族资产阶级方面做了大量工作，主要目的是使民族资产阶级了解党的城市工商业政策，打消疑虑。4 月 19 日、21 日，他分别与天津市一些知名资本家和中小工商业者座谈，了解情况，包括李烛尘、周叔弢、资耀华、朱继

---

[1] 参见《毛泽东选集》（第四卷），人民出版社，1991 年，第 1431—1432 页。
[2] 中国人民大学中共党史系资料室：《刘少奇同志天津讲话》，1980 年，第 54 页。

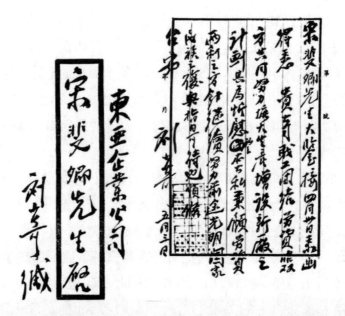

1949 年 5 月 3 日,刘少奇给天津东亚企业公司总经理宋棐卿的复信

圣、毕鸣岐、宋棐卿等在内的华北知名人士都参加过座谈会。5 月 2 日,市人民政府交际处召开由来自进出口贸易、织染、皮革、火柴等 10 余个行业的共计 128 位工商业者参加的大型座谈会。会上,刘少奇对大家提出的意见表示肯定, 并指出:"政府的方针就是在改善和发展生产,只有这样,国家才能富强。"①

在学习贯彻"天津讲话"的过程中,天津市在复工复业和正确处理与资本主义私营经济有关的劳资关系等问题上形成了共识,认为恢复与发展生产是天津接管之初严重而迫切的任务。这些共识的达成为促进天津经济恢复发展提供了正确指导。

(二)关于指导城市工作的具体措施

1.要照顾城市工作中的"四面八方"

在 4 月 8 日的天津市委会上,刘少奇就贸易公司的原料与产品问

---

① 《在天津市工商业家庭座谈会上的讲话》(1949 年 5 月 2 日),转引自中共天津市委党校资料征集委员会编:《刘少奇在天津》,天津人民出版社,1993 年,第 51 页。

题,阐述了城市工作中的"四面八方",指出:"四面八方"的总体情况,以及每一方的全面情况、具体情况都要了解。"四面八方"缺一不可,"公私兼顾,劳资两利"贯穿着四面八方的各个方面,尤其重要。"天津讲话"中关于"四面八方"的阐述是对党的新民主主义经济政策的高度概括,切中当时城市经济工作的关键,为天津的经济建设提出了明确的指导方针。

在对外贸易方面,刘少奇认为搞好天津的对外贸易不仅对于天津经济,而且对于整个华北经济都将产生影响。他指出:可以组织对外贸易委员会,但要注意公私兼顾,如让资本家参加对外贸易委员会,国营工厂和私营工厂互相商量,共同把对外贸易搞好。他明确提出:政府的主要任务就是让国营与私营相互合作,共同发展,也就是公私兼顾。他强调,要建立独立自主的关税与对外贸易政策,才能免除帝国主义的经济侵略。同时他还清楚地认识到对外贸易对于国计民生"会引起决定性影响,它的任务是'发展生产,周转经济',搞不好就会不利于生产经济"①。

在畅通城乡物资流动方面,刘少奇指出:城乡物资的周转即是城市的工业品与农村的农业品交换的问题,而让城乡交换灵活发展,也需要和资本家商人合作。只有畅通城乡物资交换渠道,农业和工业、城市和乡村才都会获得利益。

2.要重视依靠群众

刘少奇先后参加过安源路矿工人运动及中华全国总工会的工作,对工人运动、工会工作有着丰富的经验和准确的认识。在天津,他对工人组织的重要性也相当重视。考察期间,他利用大量的时间深入工厂企业,实地考察,听取各方面群众的声音。4月11日,他便到刚刚完成接收的中纺一厂视察,召集部分职员工人谈话,阐释了党的城市政策,

---

①《同天津市对内对外贸易负责干部的谈话》(1949年4月20日),转引自中共天津市委党史资料征集委员会编:《刘少奇在天津》,天津人民出版社,1993年,第11页。

并提出依靠工人阶级的重要性及职员也是工人阶级一部分的道理。他要求职员与工人、接管干部与工人和职员要相互体谅、团结协作,共同发展生产。在随后的几天中,他几乎每天都要去一个工厂,利用一切时间参观企业,如天津造纸厂、电工器材厂、汽车制配厂、自行车厂、电灯泡厂、永利制碱厂、新港码头等。4月21日,他来到创建于1932年的东亚企业公司并召开座谈会,提出了资本主义在一定历史条件下也有其进步性的观点。他的讲话深深教育了职员和工人,许多公司职员把这短短一小时的讲话称作"胜读十年书"。

刘少奇深入工厂企业调研时,还非常注意了解职员的情况,随时进行思想工作。4月25日,他出席了全市国营企业职员会议并发表重要讲话,指出:"现在的工厂是国家的工厂,人民的工厂,你们是国家在工厂中的组织者。职员,在马克思主义者看来,是无产阶级中的一个特殊阶层,是整个工人阶级中的一部分。国家依靠工人,同时也依靠职员,特别依靠厂长、工程师和技师。"[1]他还指出职员必须认清自己的缺点,看不起体力劳动者这一点是不对的,大家在人格上政治上都是平等的。他还坦率地指出解决办法:第一是要改正轻视体力劳动的观点;第二是要自我批评,承认错误,改正错误。他鼓励职员要好好发挥技术专长和管理才能,与工人团结一致把生产搞上去。

4月28日,刘少奇在黄克诚、黄敬、黄火青的陪同下出席了天津市职工代表大会。会上他讲道:"中国共产党是代表中国工人阶级利益的党……共产党只有靠你们,才能实现自己的理想,而且唯一的只有依靠你们。"[2]为教育引导工人阶级明确自己的地位和作用,他指出,工人阶级的利益和全国最大多数人民的利益是一致的,工人要求得解放是

---

①《对天津国营企业职员的讲话》(1949年4月25日),转引自中共天津市委党史资料征集委员会编:《刘少奇在天津》,天津人民出版社,1993年,第30页。

②《在天津职工代表大会上的讲话》(1949年4月28日),转引自中共天津市委党史资料征集委员会编:《刘少奇在天津》,天津人民出版社,1993年,第40—41页。

件很不容易的事情，是要长期的奋斗和努力才能做到的……不找同盟军是不能战胜敌人的……工人阶级、农民阶级、小资产阶级、民族资产阶级，这四个阶级联合起来进行革命，这队伍就壮大了，这个队伍的指挥官是工人阶级。但他告诫工人阶级，要分清敌友，不要把小资产阶级与民族资产阶级当作敌人来对待；与民族资产阶级要既有斗争又有联合，现在是以联合为主，改正过"左"的、不合理的要求。通过这次座谈，工人们真正明白了为了发展城市生产肩上所担负的历史重担。

在随后 5 月 5 日召开的华北职工代表大会上，刘少奇又对工厂管理民主化问题、建立工会组织问题发表意见，最后他号召工人阶级努力学习政治、学习文化、学习技术，不断提高自己。在津期间，他还指示市委市政府要通过以工代赈的形式，组织失业工人劳动；积极作劳资双方工作，促进工厂尽快开工、商店开业。他还向各级领导干部反复强调要注意在政治上关心工人的成长，注意发展工人党员，提高、培养工人干部，要通过工会组织把工人组织起来，要派最好的干部到工会去工作，等等。

由于深入工厂企业，面对面和广大工人职工对话，宣传了党的七届二中全会精神，已经开工的企业继续扩大生产，一些尚未开工的企业加快开工生产的准备，天津经济发展出现崭新局面。

（三）关心天津教育事业，尤其是知识分子的问题

在听取汇报的过程中，刘少奇了解到学校接管后，师生员工思想和学校本身存在的问题，主要表现在高校中出现"学术自由""教授治校"两种口号，私立学校存在无政府主义倾向，另外在教职员工待遇、学校经费、学校建设及高校教育方针等方面也存在不少问题。

5 月 3 日，在军管会文教部会议室召开的部分高等学校教授座谈会上，刘少奇谈到，讨论可以自由，可以辩论……如果当作学术研究去批评是可以的……思想问题与政治问题不要混淆在一起。他站在马克思主义立场上，辩证地分析了所谓"学术自由""思想自由"的概念与实

质。在座谈中,他语言朴实,平易近人,以自身经历讲述了自己革命道路的选择。他还鼓励在座的教授:"军事时期很快就要过去,天津要建设,要有办法。你们谁能做什么,就毛遂自荐。"①他坦诚、朴实的话语,使在场的教授们真正感到共产党对他们的重视。这次座谈会后,专家教授都非常重视天津的恢复发展,积极推动天津教育事业的发展。

三、贯彻落实"天津讲话"

针对"天津讲话",中共天津市委先后进行了两次认真讨论,一致认为,它切中了天津市工作的要害,表示完全同意,并于 6 月间作出了《市委会讨论少奇同志指示的决定》。该决定着重检讨了市委进城以来在城市工作中的路线、方针、政策方面的模糊认识及工作偏向,分析了产生这些偏向的原因,并研究制定了改进措施。这些措施主要是:

(1)执行独立自主的关税与对外贸易政策,以免除帝国主义的经济侵略,保障国营企业和民族工商业独立自主地发展。4 月 18 日,市政府宣布成立外汇交易所,既活跃了外贸,又确立了国家对外经济的领导地位。6 月 21 日《天津日报》报道:4 月份天津外贸进出口总值为128,790 万元,其中逆差 2640 万元;5 月份进出口总值增加了 22%,达到 322,280 万元,且出现了 54,670 万元的顺差;6 月,进出口总值已相当于解放前最高的 1936 年同期的 144%。

(2)扫除障碍,沟通城乡贸易。通过向私营企业发放购销证、公私联合收购、发展供销合作社等办法,沟通与各解放区及城乡间的物资交流,以促进生产。为更好地做好流通工作,统一管理全市经济工作,1949 年 9 月成立财政经济委员会,统一领导市外贸局、财政局、税务局、工商局、公用局、合作社及人民银行的工作。为进一步恢复市场秩序,沟通城乡交流和扶植生产,1950 年又成立城乡贸易指导委员会。据

---

① 中共天津市委党史资料征集委员会编:《刘少奇在天津》,天津人民出版社,1993 年,第 179 页。

统计，到 1949 年 6 月底，全市经由铁路运进货物 519,421 吨，运出货物 95,076 吨。至 6 月中旬，私商从东北、济南、徐州等地先后购入粮食 2 亿余斤，自天津市南运的粮食 5100 余万斤。

（3）贯彻公私兼顾政策。如为了帮助私营工厂解决原料问题，贸易部门保证供给中纺原料，腾出上市的棉花满足私营纱厂对原料的需求。市粮食公司与面粉业工会共同组成购麦销粉委员会，解决小麦的收购供应问题。纱布公司大量抛出与配售棉纱，使各染织厂原料得以解决。天津煤铁公司面向东北、太原代购铁料，供给机器制造业。除了帮助解决原料外，政府还帮助私营工厂开拓销路。天津市百货公司自 4 月至 7 月上旬，与纺织、橡胶、造胰、牙刷、牙粉、文具等将近百余家工厂建立了订货关系。信托公司 5 月份帮助永利碱厂、仁立造纸厂、东亚、大中等厂推销成品，使工业资本家专心致力于生产。当时有部分工厂因缺乏资本无法进行再生产，除了政府贸易部门采取措施予以补助外，还由人民银行发放大批贷款。

（4）贯彻劳资两利政策。按照刘少奇的指示，一面解决干部和工人的认识问题，一面解决资本家的顾虑，劳资关系渐趋正常。4 月 14 日，《天津日报》头版头条大字刊出执行这个方针的四条经验：①在发展生产的前提下，采取稳重态度，防止急性病；②教育职工，依靠职工，支持工人正当要求；③消除资方顾虑，使资方有利可图；④防止"左"、右倾向，开两条战线的斗争。这些做法使已倒闭的 5 家制蛋厂中的 4 家复工，而且还增加了新工人，一方面挽救了奄奄一息的私人资本主义经济，另一方面及时地把它纳入半社会主义性质的国家资本主义轨道。

由于采取了上述一系列措施，市委在接管天津工作中出现的"左"的倾向得到及时纠正，调动了各方面的积极性。在国营企业生产和贸易蒸蒸日上的同时，私营工商业也出现了迅速恢复和蓬勃发展的新气象。据天津市工商局《1949 年上半年工商综合报告》和《1949 年工商工作总结》记载："从 4 月至 10 月底为工商业向上恢复阶段"，之后，即

"由恢复转入发展阶段"。全市主要工业生产行业,6、7月以后即恢复到解放前水平,到1950年1月又超过了解放前水平。

工业方面:天津原有私营大小工厂9873家,共有职工71,863人。经过一年的恢复发展,至年底共有工厂12,311家,职工85,385人,工厂增加2438家,较原户数增加24.69%,实际增加职工13,522人,增加18.82%。从经营状况看,各行各业因为经营有利,劳资双方情绪都很高涨,尤其是机器、染料、橡胶、染整等二十几个行业的生产量迅速增加,工人和设备不断扩充。如橡胶行业从4月份起,一改原先的半停顿状态,70多家工厂全部开工,6月份起即超过解放前最高生产水平。

商业方面:上半年新开业1144家,全年新开业5814家,歇业1181家,开歇相抵,实际增加4633家,较原有24,944户增加19%。从营业状况看,除珠宝、古玩、香料等行业外,大多数行业随着工业的恢复和发展日趋繁荣。据5月份煤业、粮食业、杂货业、百货业的15家店铺统计,进销货数量一般比3月份增长2至3倍,多者达到8倍。其他如货栈、大车店、油商、运输业等,更是十分活跃。

上述事实充分说明"天津讲话"的实际效果明显,它使党的政策得到正确的贯彻,使天津市私营工商业生产顺利恢复发展、经营改善,在为国家供给产品、积累资金、培养干部和维持就业方面发挥了重要的作用。

四、"天津讲话"的影响

"天津讲话"符合并顺应了当时社会历史发展的需要,有效地指导了天津等城市的接管工作,促进了城市生产事业的恢复与发展。

第一,"天津讲话"着重纠正了大城市接管后出现的"左"倾错误,科学地论述了民族资产阶级在新中国建设中的历史地位。在党的历史上,"左"倾错误曾经给党造成了严重危害,在新中国即将诞生的重大历史关头,"天津讲话"深刻地指出天津工作中的"左"倾偏向,为推动指导天津工作产生重大影响。接管天津后,一些党员干部幻想在小农生产经济的基础上，采取平均主义的办法，更有甚者"认为城市领导乡村，工人领导农民不合理"。刘少奇严厉批评这是"左"的情绪，必须坚决纠正，同时指出城市的管理是集中，不能像农村那样分散，并指示天津市委纠正不适合城市工作要求的机构设置和部门。在对待民族资产阶级方面，他强调，在执行党的七届二中全会制定的路线、方针和政策的过程中，最容易发生模糊的是把民族资产阶级当作斗争对象，搞乱敌我阵线。他说，民族资产阶级不是我们今天的敌人，"如果当作斗争对象，则是犯了错误……这错误是路线错误"①。他认为："资本家在生产方面占很高地位"，"保护他们实际上就是保护生产"，"天津的工商业将近有四万家，光是搞生产的——工业就有上万家，有好几十万工人……社会上很多的必需品，吃的、穿的、用的，鞋子、袜子、牙刷、牙粉……要他们供给，他们是社会上的一个很大的生产力，这个生产力是很重要的，今天没有他们还不行"。②因此"天津讲话"符合党的七届二中全会路线，符合全会制定的对私人资本主义企业实行利用、限制、改造的方针。

第二，"天津讲话"立足于天津实际，结合党的七届二中全会精神，深刻阐述了我国由新民主主义社会向社会主义社会过渡的长期性，即新民主主义经济是一种过渡性质的经济的观点。"天津讲话"指出资本主义的发展，并不妨碍将来搞社会主义；相反，在有了更多的私人资本主义以后，实行社会主义就会更快一些。关于过渡方式，刘少奇提出要和平转变，即和平过渡。他指出，中国可以不采取苏联、东欧推翻资产阶级的流血方式，而采取民族资本家"与我们一起走入社会主义"③的方

---

① 《在中共天津市委员会上的讲话》(1949年4月18日)，转引自中共天津市委党史资料征集委员会编：《刘少奇在天津》，天津人民出版社，1993年，第3页。

② 薄一波：《若干重大决策与事件的回顾》，中共党史出版社，2008年，第37页。

③ 中共天津市委党史资料征集委员会编：《刘少奇在天津》，天津人民出版社，1993年，第16页。

针。他在同几位有代表性的资本家谈话时表示,希望他们多办工厂,一个变两个,两个变四个,以至八个、十六个,办的越多,贡献越多,将来大势所趋,把工厂交给国家。国家不是没收,而是给以代价,还可以发给高薪,请资本家继续办厂。其中提出的由国家收买资本家的工厂,是"天津讲话"中首次提出和平赎买资本主义问题。针对新民主主义经济,"天津讲话"将其概括为"四面八方"。对这一政策的阐述,切中了当时城市经济发展的关键,为开展党的城市经济工作提出了明确的指导方针。

第三,"天津讲话"关于城市接管的做法具有普遍的指导意义。正确贯彻党的七届二中全会精神,迅速恢复生产并发展经济,不仅关系到天津一个地方,对于之后其他大城市解放后的接管工作也产生重大影响,关系到人民政权的稳固。1954年2月,邓小平在党的七届四中全会上指出:"少奇同志的那些讲话是根据党中央精神来讲的","我们刚进城,最怕的是'左',而当时又确实已经发生了'左'的倾向。在这种情况下,中央采取坚决的态度来纠正和防止'左'的倾向,是完全正确的","我认为少奇同志的那个讲话主要是起了很好的作用的"。"天津讲话"解决了劳资矛盾,稳定了社会情绪,恢复了工商业界的信心,调动了各方面的积极性,为党的城市工作顺利开展发挥了独到而积极的作用。

第四,"天津讲话"明确指出,解放后,天津的"中心、关键是发展工业",刘少奇在天津的活动也都是围绕这个中心展开的。

在反帝、反封建任务基本完成后,当前的主要问题便是恢复与发展生产,政府的方针就是在改善与发展生产,只有这样,国家才能富强。以经济建设为中心,发展才是硬道理,这是历史的经验。经济建设必须尊重客观规律,不能靠行政命令。刘少奇在讲话中回答外贸、贷款、公司法等具体问题时,反复强调按经济规律办事,用经济的办法管理经济。在用人问题上,不搞宗派主义,量才录用。他认为在生产建设中,要用懂经济会管理的专门人才,搞"专家治厂",而不是考虑出身、成分、党与非党或论资排辈。在恢复和发展国民经济与社会主义建设过程中,必须不断调整各方面的关系,调动一切积极因素。

第三节 抗美援朝

1950年6月,正当全国人民为争取财政经济状况好转而奋斗的时候,朝鲜内战爆发,美国随即派兵干涉,发动对朝鲜的全面战争,并入侵台湾海峡,使新中国的国家安全受到严重的外来威胁。为援助朝鲜人民抵抗以美军为首的"联合国军"的侵略,维护国家安全,中共中央作出了"抗美援朝、保家卫国"的决策,于同年10月19日毅然派遣中国人民志愿军赴朝作战。从此开始了中国人民伟大的抗美援朝战争。面对强大的敌人,为支援志愿军作战,党和人民政府在国内发动了一场声势浩大的全国人民抗美援朝运动。天津人民在市委市政府的领导下,积极投身这一伟大运动,为抗美援朝战争做出了自己的贡献,也有力地促进了天津各项事业的开展。

一、开展抗美援朝宣传教育

1950年6月朝鲜战争爆发时,天津才解放一年零五个月。饱尝了帝国主义侵略和黑暗统治痛苦的人民热爱和平,痛恨战争,痛恨侵略者。朝鲜战争开始后,天津人民和全国人民一样,密切关注着形势的发展,对美国侵略朝鲜,并把战火燃烧到中国东北边境,妄图侵略中国、称霸亚洲义愤填膺,愤怒谴责美国的罪恶行径。随着战争形势的发展和宣传工作的深入,天津逐步展开了抗美援朝运动。

自美国武装侵略朝鲜和中国台湾后,当时群众的主要思想疑虑是"谁发动朝鲜战争"和"会不会引起第三次世界大战"。因此中共天津市委和人民政府动员全市宣传力量,展开了一场声势浩大的爱国宣传活动。在宣传中着重说明美国蓄意侵略的阴谋、两种力量的对比、第三次世界大战有制止的可能性,用爱国主义、国际主义精神统一人民的思想,把各阶级、各阶层人民最大限度地调动起来、组织起来,投入反对美帝国主义侵略朝鲜斗争中去。同时结合宣传,天津市进一步扩大和平签名运动,使群众反对美国侵略、保卫世界和平的认识和决心大为增强。但是在朝鲜人民军胜利的局势下,一部分群众对朝鲜战争前途盲目乐观,产生麻痹轻敌思想,认为到 8 月底就可以解决朝鲜问题。针对这一思想,全市各界都按系统、行业组织了讨论会、座谈会、读报纸等活动,传达朝鲜战场形势,组成市民宣传队、郊区农民宣传队,宣传朝鲜战争形势。宣传的内容主要是揭露美国侵略本性及挑起这场战争的真正目的, 告诫人们美国对朝鲜战争暂时失利是决不会善罢甘休的,要准备应付最坏情况,随时抗击美国的侵略,保卫新生的共和国。通过宣传,激发了人民对美帝国主义的仇恨,全市各界群众纷纷抗议美国干涉朝鲜内政和武装占领中国领土台湾的侵略行径。

1950 年 7 月 16 日,天津市各界群众 3 万余人举行大规模集会,反对美国入侵台湾海峡和武装干涉朝鲜。7 月 25 日,天津人民反对美帝国主义侵略中国台湾、朝鲜运动委员会成立。8 月 29 日,天津市各界人民对美国飞机侵入中国领空,扫射我建筑物、车站、车辆造成群众伤亡的罪行,表示极大愤慨,一致拥护外交部部长周恩来于 8 月 27 日向美国政府提出的严正抗议和向联合国安理会提出的控诉与建议,表示坚决打败美国的任何挑衅。天津市总工会等 6 个团体发表声明,抗议美机侵犯中国领空。天津市反对美帝侵略中国台湾、朝鲜运动委员会及中国人民保卫世界和平天津分会联合抗议美军罪行。

1950 年 9 月中旬美军登陆仁川后,朝鲜战局急剧恶化,群众的思想又开始混乱,"崇美、亲美、恐美"的思想抬头,新中国也面临着外部侵略的严重威胁。同年 9 月 30 日,周恩来总理发表国庆公告指出"唇亡齿寒,中国不能置之不理",号召全国人民抗美援朝、保家卫国。在这个危急关头,应朝鲜劳动党和政府的请求,中共中央和中央人民政府决定抗美援朝、保家卫国。10 月 19 日,以彭德怀为司令员兼政治委员的中国人民志愿军奉命开赴朝鲜战场,以大无畏的英雄气概,毅然承担起保卫和平的历史重任。10 月 25 日,天津市人民政府召开市政府委员会及政协委员会联席会议,座谈时事。市长黄敬针对一部分人的模糊认识和错误观点作了总结发言,统一了各界人士的思想认识,提高了政治觉悟。10 月 27 日,《天津日报》发表社论《抗美援朝》。10 月 28 日,中国人民保卫世界和平大会天津分会与反对美国侵略委员会天津分会合并,组成中国人民保卫世界和平反对美国侵略委员会天津分会,负责领导全市人民的抗美援朝运动。1950 年 11 月 1 日,天津市召开各界代表及干部会议,与会者 2000 多人,听取市委书记、市长黄敬传达周恩来总理的时事报告。会议决定在全市开展时事宣传和抗美援朝运动,要求全市人民加紧生产、工作、学习,积极支援朝鲜人民,保卫祖国和平建设。随后大规模的抗美援朝、保家卫国运动在全市迅速展开。

最初主要是解决干部群众的思想问题,进行思想上和组织上的准备。当时反革命谣言颇为猖狂,群众的思想很混乱,干部中也产生了一些思想波动。因此根据市委决定,天津市在干部群众中进行了时事学习,普遍传达黄敬的报告,并进行反复深入的讨论,提高政治觉悟,驳斥反动谣言。在学习讨论中,着重说明美帝国主义是我们的敌人,要建立仇视、鄙视和藐视思想;对美帝侵朝我们不能置之不理,援朝即是保卫自己;特别强调,今后长时期内政治生活的主要内容就是反对美国侵略,发扬爱国主义精神。时事学习逐步深入,从机关干部普及到工厂、学校、各民主党派及各阶层的积极分子,仅机关干部就有 5 万人完成了思想准备工作。一方面,为广泛宣传抗美援朝运动,市委从市级各机关抽调 700 余名干部组成宣传队,深入市内各区街道、工厂企业等单位进行宣传。各区也把区级机关干部编入宣传队伍,利用业余时间进行宣传。另一方面,采取按地区分片负责的方式,组织宣传人员进行挨户访问,普遍做到家喻户晓,"不漏一户一人"。经过这一次大规模的宣传教育,全市人民提高了政治觉悟,更加认清了美国的侵略本性和纸老虎的丑恶面目。各界干部群众纷纷以签名、游行等方式,表达热爱和平、反对侵略的正义呼声,在全社会大力弘扬了爱国主义和国际主义精神。

自1950年5月开始的由中国人民保卫世界和平大会天津分会发起的保卫世界和平签名运动得到迅速发展,全市各界人民踊跃在拥护世界和平大会常委会发出的《和平宣言》上签名,至10月10日签名运动结束,签名者达170万人,占全市总人口的86%。[①]根据中共中央1951年2月2日《关于进一步开展抗美援朝爱国运动的指示》,3月1日,中国人民保卫世界和平反对美国侵略委员会天津分会召开第一届代表会议,通过反对美帝武装日本、拥护世界和平理事会宣言和进一步深入开展抗美援朝爱国运动的决议。3月14日,中国人民抗美援朝总会发出《为响应世界和平理事会决议,在全国普及深入抗美援朝运动的通告》,号召全国普遍集会,拥护缔结和平公约的签名运动。天津市、区及各系统、机关、学校纷纷开展签名运动,在一些交通要道、车站、码头、桥口、摆渡口,到处都有签名站。4月25日,天津市举办拥护缔结和平公约签名、反对武装日本投票广播大会,听众约占全市人口的80%,1,543,672人当场签名投票,并有数以千计的工人、干部、学生和居民要求参加志愿军。

为抗议美国的侵略罪行,支援朝鲜人民的自卫战争,支援中国人民志愿军,各界群众纷纷走上街头,举行了声势浩大的示威游行。青年学生纷纷展开宣传活动,进行示威。南开大学、北洋大学等1400多人举行集会,反对美国侵略,许多白发苍苍的老教授和学生一起到街头

[①] 参见中共天津市委党史研究室主办:《天津党史》,2000年第3期。

抗美援朝开始后，1950 年 11 月 12 日，天津市各界青年 4 万余人举行"纪念世界青年日、国际青年周和抗美援朝大会"

天津市工商界举行抗美援朝示威大游行

宣传；医药界举行了 7000 人的大游行。1950 年 11 月 30 日，天津工商界 4 万余人举行抗美援朝、保家卫国示威大游行。工商界知名人士李烛尘、毕鸣岐等参加了游行。市长黄敬、副市长周叔弢等应邀参加检阅。①大会致电毛泽东，表达天津市工商界抗美援朝、保家卫国的决心。12 月 2 日，毛泽东电复天津市工商联主委李烛尘等人，对天津市工商界 4 万多爱国同胞举行的抗美援朝、保家卫国大游行表示支持，并希望全国一切爱国的工商业家和人民大众一道，结成巩固的反对帝国主义侵略的统一战线。全市更大规模的示威游行于 1951 年 5 月 1 日举行，市区 60 万人和郊区 50 万人纷纷走上街头，表达天津人民热爱和平、反对侵略，抗美援朝、保家卫国的心声。②

二、以实际行动支持抗美援朝

在广泛宣传抗美援朝、保家卫国的同时，天津人民还挺身而出，用自己的实际行动保卫祖国。

（一）组织青年参军参战

刚刚获得解放的天津人民，热爱人民当家作主的新中国。当祖国安全受到威胁的时候，天津各界青年怀着高昂的爱国热情和不怕牺牲的精神，踊跃报名参军，奔赴抗美援朝战场。朝鲜战争爆发时，我国西南部一些地区和沿海一些岛屿尚未解放，加上美国企图侵占中国台湾和武装干涉朝鲜，我国更需要加强国防建设和补充兵源。1950 年 12 月 1 日，中央人民政府、中国人民革命军事委员会和政务院联合发出关于招收青年学生、青年工人参加各种军事干部学校的决定，随即天津市委积极部署和领导了这项工作。12 月 13 日，市总工会发表《告天津市青年工人书》，号召青年工人踊跃参加军事干校。12 月 14 日，天津市文化教育委员会召开会议，研究军事干部学校在本市招生问题。12 月 16

---

① 参见《天津通志·政权志·政府卷》，天津社会科学院出版社，1996 年，第 202 页。

② 参见《天津通志·中国共产党天津志》，中共党史出版社，2007 年，第 255 页。

1951 年 9 月 3 日，天津人民热烈欢送天津市志愿运输队离津赴朝

日,团市委发表《告团员书》,号召团员踊跃参加军事干校。青年工人、学生响应党的号召,踊跃参军或报考军事干校。截至 1951 年 1 月 2 日,全市青年工人和学生报名总数达 6300 余人。[①]同时大批青年应征入伍,奔赴朝鲜前线。1951 年下半年,仅天津铁路局就有 3000 名青年职工报名参军,其中有百余人在前线立功。

（二）组织医疗队开赴朝鲜前线

天津医务界提出"国家的安危就是我们个人的安危"。组建医疗队开赴朝鲜前线,成为医务工作者的共同心愿。1950 年 11 月 19 日,根据中央和市委指示,天津市医务界决定组织抗美援朝志愿医疗队开赴前线救护伤员,20 日开始报名,不到 3 天报名者就达 600 余人,并迅速组建了第一支医疗大队。该队由 77 名队员组成,11 月 26 日开赴前

---

① 参见中共天津市委党史研究室主办：《天津党史》，2000 年第 3 期。

线，黄敬等市领导及 1000 余人赴车站欢送。随着抗美援朝运动的发展，尤其是在中国人民志愿军节节胜利的鼓舞下，报名参加医疗队的人越来越多，到 1951 年 5 月已达 3700 多人。在抗美援朝战争期间，全市医务界 4000 余人先后组成医疗救护、医疗服务等 16 个大队，并参加了国际医疗队，承担了大量前方救护和后方防疫消毒等工作，其中还有许多医学专家和医务界知名人士参加。医疗队员发扬不怕牺牲、不怕艰苦的精神，废寝忘食、夜以继日地救护伤员，许多医护人员还为伤员输血，有的还为伤员洗衣、缝被、洗澡、喂饭，教伤员学文化，为伤员们编演文艺节目。他们在自己的岗位上兢兢业业地奉献着，有的集体立功，不少队员个人立功。天津医疗队出色的工作，不仅受到市领导的赞扬，还受到周恩来总理的表彰。周恩来在天津局级干部会上说，天津医疗队有三好：医疗技术好、医患关系好、内外团结好，称得上是全国模范医疗队。

1950 年 11 月 18 日，天津市医务工作者举行座谈会，纷纷表示自愿参加战地医疗工作。22 日，天津市抗美援朝志愿医疗队第一大队成立。23 日，天津市医务界组成抗美援朝救护委员会，上书毛泽东，表达抗美援朝决心。图为天津市抗美援朝志愿医疗队队员合影

1950年11月,天津市抗美援朝志愿医疗队第一大队出发前合影

(三)开展捐献活动

天津人民踊跃开展各种捐献活动,支援志愿军作战。抗美援朝初期,天津医疗队到前方后,国药业曾5次主动捐献药材,天津制药业和新药业及一部分市民曾两次主动捐献药品、器材,满足了医疗队的部分需要。为了用实际行动支援前线,1951年1月6日,天津市各界发起"千元劳军运动",成立了天津市慰劳中国人民志愿军募捐委员会。至2月3日,共捐款23万余元,还募集了大量救济朝鲜难民的物资。1951年1月15日,中国人民保卫世界和平反对美国侵略委员会发出通知,在全国各地募集救济朝鲜难民的物品。天津分会于1月30日发出号召,并于2月16日配合天津救济分会开始募集救济物资。截至3月8日,共募集鞋子8.35万双,衣服4640件,其他物品5381件,救济金4.35万元。1951年4月,在天津市反对战争、保卫和平签名投票广播大会上,各界人士当场捐款7万余元。

1951年6月1日,抗美援朝总会发出关于捐赠飞机大炮、推行爱国公约、做好优抚工作等3项号召,天津市各界共捐款2001亿元(旧人民币),可买战斗机133架。图为各界群众踊跃为抗美援朝捐款

　　1951年6月1日,中国人民抗美援朝总会发出《关于推行爱国公约,捐献飞机大炮和优待烈属军属的号召》。3日,《天津日报》发表"立即掀起爱国捐献运动,推行爱国公约增加生产,捐献飞机大炮,尽更大力量争取抗美援朝战争早日胜利"的号召。天津人民以极大的热情积极响应,开展各种捐献活动。50年代初,天津经济基础薄弱,物资匮乏,人民生活贫苦,仅能维持温饱。就是在这种困难条件下,天津人民为了支援抗美援朝战争,节衣缩食,捐款捐物,支援前线将士,并掀起了捐献飞机大炮的热潮。随后市总工会提出捐献"天津工人号"、郊区农民提出捐献"天津农民号"、市妇联提出捐献"天津妇女号"、医务工作者协会提出捐献"白求恩号"飞机。工人阶级更是充分表现了主人翁的爱国主义热情,为了捐购"天津工人号""天津店员号"飞机,争先恐后地拿出自己的工资或奖金,并以加班加点提高生产来支援志愿军。如恒源纱厂工人将半年所得奖金4万元(旧人民币)捐献出来。在没有得到

具体布置的情况下，实力雄厚的天津工商界人士纷纷主动捐献。如仁立实业股份有限公司、久大盐业公司、启新洋灰公司、开滦矿务总局、耀华玻璃公司、永利化学工业公司等大型企业积极捐献飞机、大炮，全国第一架捐献飞机就是天津的"仁立实业股份有限公司号"。抗美援朝运动期间，全市工商界共捐献资金近1600万元，可购买飞机104架，超额完成原计划捐献100架飞机的指标。[1]教育、科技、文化等各界人士也都纷纷捐款捐物。许多市民还把金戒指、银锭、美金、手表、照相机等贵重物品捐献出来。当时属和平区黄家花园派出所管辖的鹏寿里，有一位68岁的赵大娘，她把自己从32岁起存的25块银元（养老金）捐出。她说："没有国，家也保不住，更谈不上养老。"从1951年1月至12月，天津市各行各业和人民群众共捐款2001万元，[2]可购买战斗机133架。

在抗美援朝的捐献活动中，天津人民所表现出的无私奉献、齐心协力的可贵精神，涌现出的数不胜数的感人事迹，令后世难忘。

（四）组织妇女参加军需生产

天津市广大妇女与全国人民一道，积极投入伟大的抗美援朝运动，做出了自己的贡献。其间有许多感人事迹，仅以1953年上半年天津市妇女支援志愿军加工生产为例。

为继续支援抗美援朝战争，市妇联组织劳动妇女扩大与巩固生产组织，在原有的生产基础上，全市在半年中共发展100个生产小组，近1400余人，进行临时性的军需加工任务，另外又带动郊区妇女1000余人进行副业生产。这些任务都是数量很大、时间很紧，并且规格较一般任务严格，如在一个月内即需完成38.5万余双单袜的缝帮补底，又要制作军用衬衫、裤3.8万余套；50天就要完成9500余双志愿军军鞋擦

---

[1] 参见《天津通志·中国共产党天津志》，中共党史出版社，2007年，第255页。
[2] 参见《中国共产党天津历史·第二卷·1949—1978》，中共党史出版社，2015年，第44页。

油的任务。虽然是困难重重,但在爱国热情的鼓舞下,天津妇女以不怕任何艰苦的高度热情参加军需生产。大家都说:"加点班这算什么,人家志愿军负伤还不下火线,我们难道就连这点辛苦也不能坚持吗?"在半年中她们完成了加工衣服、鞋、袜、军用符号和军用布带等突击性的任务 20 余种,保证了及时供应前线。同时她们在生产中精打细算,在加工衣裤时节省材料,还把剩下的布头、布边给志愿军做成了裤衩和背包。广大劳动妇女通过参与军需加工生产,提高了爱国热情和参与抗美援朝战争的积极性,更加深了祖国人民与志愿军的情感。

(五)天津文艺工作者赴朝慰问前线将士

1951 年 3 月 12 日,天津文艺界举行誓师大会,通过爱国公约,表示"运用文艺武器打击美帝","运用各种文艺形式,深入工厂及各种群众文艺活动中,以培养人民的爱国主义精神和国际主义精神"。3 月底,中国人民第一届赴朝慰问团组建,以中国人民保卫世界和平反对美帝侵略委员会天津分会秘书长方纪为领队,天津文艺界多人参加的中国人民赴朝慰问团曲艺大队赴朝慰问志愿军将士。他们分别到朝鲜各地慰问演出,奔赴接近前线的中朝各部队、各后勤部门、民工大队及后方伤兵医院的驻地,向英勇的中朝指战员、战斗员、政治工作人员、后勤人员、民工和医疗工作者们慰问,还带去慰问品、慰问金。在西北部多山地区的云山,曲艺慰问大队慰问分散在阵地上的连队,走崎岖山路、爬高山、过峡谷,跋涉前进。随团的天津文艺工作者多次现场演出。例如,在西线 19 兵团指挥部驻地慰问,演员常宝堃(艺名"小蘑菇")登场表演相声《抓俘虏》,受到万名指战员的欢迎与喝彩。他还利用演出空隙,与赵佩茹一起创作出《新揣骨相》,揭露战争贩子是大贼骨头;《建设新天津》,歌颂天津各条战线的新变化。他们在异国他乡的精彩演出,博得中国人民志愿军将士的极大欢迎。慰问活动圆满完成。4 月 23 日在返回途中,曲艺大队第四队所住村庄遭到美军飞机的狂轰滥炸,造成天津籍队员三人负伤、两人壮烈牺牲。

1952 年，第二届抗美援朝慰问团华北分团组建文工队，天津籍著名演员马三立、骆玉笙、李润杰、苏文茂、常宝霆等参加其中，他们随团前往朝鲜慰问志愿军将士，并演出精彩节目，受到中朝军民的欢迎。

三、用抗美援朝激发的爱国热情建设家园

抗美援朝运动进行期间，正值我国三年经济恢复时期。成立不久的新中国，百废待兴，百业待举，恢复生产、发展经济成为中国共产党执政后面临的重大而迫切的任务。抗美援朝运动激发了天津广大人民群众的爱国热情，全市人民积极以实际行动抗美援朝、保家卫国，建设新天津。

第一，广泛进行爱国生产劳动竞赛。当英勇的志愿军战士在朝鲜战场上勇猛杀敌之时，在工农业生产战线上，全国广大工人、农民响应中共中央的号召，为打破帝国主义的经济封锁，加速国民经济的恢复和发展，提高中国进行抗美援朝战争的经济能力，保证以充足的物资供应志愿军的需要，开展了轰轰烈烈的爱国主义生产劳动竞赛。在爱国主义精神的鼓舞下，1950 年 11 月后，天津工人普遍开展爱国生产竞赛，他们提出"工厂就是战场，机器变刀枪"的口号，从大厂到小厂，从国营工厂到私营工厂，到处是你追我赶的生产竞赛场面。交通运输职工提出"多拉快跑"，铁路职工提出提前半个月完成全年任务。天津棉纺业在爱国主义生产竞赛热潮的推动下，将平均正布率提高到 97.7%，超过国家标准。天津各国营棉纺厂，实行三班制，每周产量增加达 28%。天津机器厂职工以革新的精神，成功试制出 100 马力移动式高速柴油机及空气压缩机。天津市恒大烟草厂女工张淑云在竞赛中，细心研究包烟动作，创造了新的工作方法，提高了生产效率，其经验在全市推广，市公营工业管理局授予张淑云爱国竞赛运动特等劳动模范称号。据 13 个大型国营企业统计，1951 年 1 月至 8 月生产率平均超过计划的 21.9%，有的超过 92.9%；生产总值比 1949 年同期提高 97.8%。私营

企业生产效率平均提高 20%~200%。①另外在郊区农村也广泛掀起了爱国丰产竞赛热潮。郊区农民以多种田多打粮为荣,在劳动竞赛中涌现出了许多劳动模范和技术能手。

第二,订立爱国公约。为引导人民群众以实际行动巩固爱国热情,并逐渐使爱国主义教育经常化,推动各项工作,从 1951 年 4 月下旬开始,全市各行业普遍开展了订立爱国公约活动。公约内容包括积极参加抗美援朝运动,搞好增产节约,努力捐献,防奸防特,不传信谣言等。爱国公约最初以全厂、全校、全机关等整个单位的名义订立,后来逐步深入车间、生产小组或居民院落,直至以个人名义订立。爱国公约的制定,把抗美援朝运动与各行各业及每个人的实际行动有机地结合起来,促进了抗美援朝运动和经济建设及各项事业的发展,并有力地推动了爱国主义教育活动的深入开展,极大地调动了广大人民群众的积极性。工人、农民把毛泽东号召的“增加生产,厉行节约,支援抗美援朝”的内容订立在公约上,以履行自己的爱国义务,普遍开展爱国生产竞赛。工商界把扩大生产、投资经营、遵纪守法、接受工人监督、不偷税漏税、不哄抬物价、不偷工减料等内容订立在爱国公约上,促进了生产也改善了劳资关系。城市居民通过订立爱国公约,普遍响应党的号召,在拥军优属、勤俭持家、搞好卫生、团结邻里等方面发挥了重要作用。订立爱国公约等活动,使爱国主义教育更加具体深入,进一步激发和凝聚了广大群众的爱国热情。

第三,开展爱国卫生运动。美国为了挽救其在朝鲜战场的失败命运,公然违背国际公法,在朝鲜前线和中国后方进行细菌战。美国在中国东北及河北、山东、江苏、浙江、安徽一带,投放了细菌武器,如带有鼠疫杆菌的鼠类等,妄图在中国造成传染病大流行。针对这种罪恶行径,毛泽东发出“动员起来,讲究卫生,减少疾病,提高健康水平,粉碎

---

① 参见中共天津市委党史研究室主办:《天津党史》,2000 年第 3 期。

敌人的细菌战争"的号召，天津人民积极响应，立即开展了大规模的群众性的爱国卫生运动。爱国卫生运动的主要措施是：市卫生局设置了防疫保健处；创建卫生防疫站、卫生宣教所；组织动员全市人民大搞卫生，要求室内室外清洁，室内处处干净，翻盆倒罐，消灭蚊蝇滋生地，创造无蝇区，清除万吨垃圾，搬运几百处粪场，疏通下水道排除污水。通过爱国卫生运动，市容环境大大改善，创建了许多无蝇区域，在粉碎细菌战中起了很大作用，同时也改变了许多人的卫生习惯，提高了人民的健康水平。

登高英雄杨连弟。1952年5月15日，他和战友们一起抢修朝鲜清川江大桥时，壮烈牺牲

天津人民为支援抗美援朝战争做出了巨大贡献，这不仅仅包括物质和精神的贡献，还有天津人的流血牺牲。在抗美援朝前线，许多天津籍志愿军指战员及有关人员血洒疆场，为国捐躯。例如，天津籍志愿军登高英雄杨连弟1950年10月赴朝，担任抢修铁路和桥梁的工作，多次立功受奖，1952年5月15日壮烈牺牲。6月4日，中国人民志愿军领导机关为他追记特等功，并追授"一级英雄"称号。1953年6月25日，朝鲜民主主义人民共和国最高人民会议常任委员会追授他"朝鲜民主主义人民共和国英雄"称号和金星奖章、一级国旗勋章。曲艺艺术家常宝堃（艺名"小蘑菇"），1951年3月至4月参加中国人民赴朝鲜慰问团慰问演出，4月23日遭美军飞机疯狂轰炸扫射，不幸牺牲。天津市人民政府授予他"人民艺术家"称号，并追认为革命烈士。还有许多天津人

为国捐躯,仅天津铁路局就有 89 名职工在朝鲜前线光荣牺牲。

1953 年 7 月 27 日,美国被迫在《朝鲜停战协定》签字,历时两年零九个月的抗美援朝战争胜利结束。这场正义战争的胜利,极大地提高了中国共产党在全国人民心目中的威信,提高了中国人民的民族自信心和自豪感,维护了亚洲和世界的和平,使新中国的国际威望空前提高。天津开展的抗美援朝运动,既支援了志愿军作战,又推动了经济建设和各项社会事业发展,也使全市人民受到了一次深刻的爱国主义和国际主义教育,精神面貌发生了深刻变化。

第四节 土地改革

开展土地改革运动,废除封建土地制度,解放农村生产力,发展农业生产,是新民主主义革命的一项重要任务,也是党领导人民彻底解决土地问题的一场深刻革命。天津解放后,为完成民主革命时期遗留下来的历史任务,党领导天津人民深入开展了农村土地改革运动。

一、市郊农村的土地改革

(一)解放前市郊农村土地状况

解放初期,天津市所辖农村主要分布在市郊。[①]市郊 36 个行政村辖 67 个自然村,有 14.32 万农村人口,其中纯农业人口 4.9 万人,共有土地 15.63 万亩。[②]按总人口计算,人均土地只有 1 亩多。按农业人口计算,人均土地为 3 亩多。

解放前的天津市郊农村,其土地占有关系为封建土地所有制,即少数地主富农占据大多数土地,而广大农民只占有少量的土地。市郊农

① 此时天津县等地尚未划归天津市。
② 中共天津市委党史资料征集委员会、天津市档案馆编:《天津接管史录》(上卷),中共党史出版社,1991 年,第 24 页。

村因靠近城市,与一般农村相比,其土地状况有所不同。

一是土地所有权更为集中。市郊农村地主占有 7.5 万亩土地,富农占有 1.3 万亩土地,工商业资本家占有 0.5 万亩土地,公共社团及教堂占有 3.1 万亩土地,外侨占有 0.25 万亩土地,公地 0.6 万亩,贫农和其他劳动人民共占有 3 万亩土地。[①]即占市郊总人口 6%的地主和富农,占有高达 54%的土地;而占市郊总人口 90%左右的贫农和其他劳动人民,仅占有 18.46%的土地。按照平均每户占有土地计算,贫农等每户平均占有 0.79 亩土地,地主为 188.9 亩,富农为 141.3 亩,工商业资本家为 68.5 亩。[②]

市郊农村的地主大都住在市内,他们中约 1/3 的人是经营地主,本人并不直接参加土地经营,而是雇佣庄头管理土地;市郊农村与城市民族工商业者和小手工业者联系紧密,约 2/3 的地主、富农兼营工商业,他们把来自土地的收入和财富投入工商业;富农经济不发达。市郊农村阶级成分复杂,富农、中农和贫农都不占多数,占多数的是贫民、商贩和手工业者。据统计,在市郊总人口中,贫民约占 50%。

二是剥削程度更加严重。市郊农村地主出租约 86%的土地,经营地主出租 20%的土地,富农出租 25%的土地。租佃以死租和活租两种形式为主。死租,绝大部分经过二地主[③]转租给农民,并且大部分是预交租,租额约在 40%~60%之间;活租,以"三大堆"(地主得一堆,农民得两堆)分法最多,也有"三七""四六"等分法。此外还有"酌地分粮"(临收获时协议租额)、菜园分菜、分畦、分钱等。农民租赁土地大多没有永佃权,基本上是一年一说。只有经农民自己开垦的荒地才有永佃权。此外经营地主及部分富农,大都雇短工而不雇长工,使贫苦农民的生活更加

---

① 中共天津市委党史研究室、天津市档案馆编:《天津土地改革运动》,天津人民出版社,1998 年,第 2 页。

② 同上,第 3 页。

③ 二地主,即租入土地又转租他人从中收取地租的人。

艰难。这与城市贫民较多,地主可以贱买劳动力有着直接关系。

三是农作物商品属性较强。为满足城市生活需求,市郊农村有20%的土地被用来种植经济作物、养殖禽畜。每年都会有大量的蔬菜、苇、鱼、稻米等农产品被运到城市出售,供城市人口消费。也有不少农民把粮食卖掉,用来换取从事其他小本经营的资本。在市郊,初步出现了农业进步设备,如有些农业资本家和富农置办了抽水机等设备,用于提高生产效率。

这些情况决定了市郊农村土改工作的特殊性和复杂性。

(二)第一次土改的开展

天津解放后,市郊贫苦农民迫切要求平分土地,摆脱地主剥削,彻底改变贫困面貌。而各村的地主、富农怀有顾虑,消极观望,导致春耕生产停滞不前。因此土地问题亟待解决。考虑到当时市郊土地状况复杂及春耕已来临等问题,天津市确定了市郊土改的指导思想,即以稳定社会秩序为重,在充分发动和依靠群众、满足农民获得土地要求的同时,维护工商业,恢复与发展城市经济,不搞大规模的群众斗争。天津市军管会在调查研究的基础上,于1949年3月28日颁布《关于市郊农田土地问题暂行解决办法的决定》,明确了土地改革的方针政策。主要内容是:没收地主所有土地,废除二地主中间剥削;富农自营的土地不动,出租土地征收;凡用机器耕种的农田不动,但要改善雇工待遇;没收征收土地归政府所有,连同原有公地,继续由农民耕种,一律维持原佃不动。该《决定》公布执行两周后,市政府根据实施中出现的问题,作了若干修改补充。4月10日,市政府发布《各区土地问题解决办法》,将原规定中"没收地主所有土地"改为"没收出租土地,雇工耕种部分不动"。另外补充了工商业用地、地主假分农民土地、押金及预付地租等问题的处理措施。文件下达后,天津市郊农村土地改革运动迅速开展起来。

市政府派出土改工作团深入农村,直接领导这场运动。相关街道成立农民土地委员会，执行没收、征收、分租土地工作。通过下设农民小组、召开农村片会、组织群众诉苦、宣讲政策法令等方法，提高群众的政治觉悟，启发群众自己起来斗争。市郊土地改革分为调查、评议、征收和分租四个步骤进行。4月初，三区宜兴埠、九区杨柳青十九街等率先启动土改工作。进入评议阶段后，因市郊各阶层兼业较多，评议阶级成分工作相当困难。为节省时间，工作团采取分批评议，分批送交区、市两级政府审核批准的办法，以张榜方式公布地主、富农成分名单及对其土地的处理情况。4月13日，市政府经反复核查，公布了宜兴埠村第一批地主、富农名单及处理办法。4月底，开始了分租工作。由于地少人多，分租实行有地少分、无地多分、够种不给的办法，同时对烈属、军属适当照顾。6月底，市郊第一次土改运动结束。这次土地改革，没收地主土地31,877亩，征收富农土地1262亩，工商业资本家土地1723亩，公共社团（主要是社会救济机构广仁堂）等土地27,905亩，共计土地62,767亩，占市郊土地总数的40%以上。此外为帮助新租到土地的农民开展生产，市政府还采取了发放农业贷款等扶助措施。

冀东各县农民集会庆祝《中国土地法大纲》颁布

这次土改运动，提高了农民的积极性，促进了农业生产的发展。但由于照顾春耕生产以及对市郊情况不熟悉，土地改革政策执行得不够彻底，也遗留了一些问题。主要包括：一些地主、富农土地被遗漏；因一些土地占有者成分难以确定，经营地主雇工生产部分的土地未被没收；外侨、教堂、公共社团、寺庙、族田等占有的土地未得解决；没收和征收土地原佃户未动，这些土地有待公平分配与合理调整,等等。

(三)第二次土改的开展

为彻底解决第一次土改遗留问题,1949 年 12 月 7 日,天津市军管会公布《关于解决市郊农田土地遗留问题的决定》,指出:"组织工作团,逐村检查,凡有遗留未决之问题,仍由各村组织土地委员会办理。务于今冬将本市农村土地问题之处理作一结束,以利来年生产之进行。"1950 年 1 月 4 日,市政府抽调民政局、财政局等单位的 42 名干部组成新的土改工作团,到市郊农村开展第二次土改工作。此次土改分三步进行。

第一步是深入调查,重点示范。为总结经验以便推广,市政府选择三区柳滩、四区大毕庄、五区贾沽道、六区土城、九区丁字沽、十一区王顶堤、塘大区胡家园等 7 个村进行试点。1950 年 1 月 5 日,土改工作团分赴各村,召集群众大会,宣传政府清理郊区土地问题的政策,同时了解 1949 年春天土改情况,巩固建设农民土地委员会组织。1 月底,此项任务初步完成。

第二步是拟订具体方案,各村全面铺开。1950 年 1 月31 日,政务院第 15 次政务会议通过《政务院关于处理老解放区市郊农业土地问题的指示》,对天津工作予以肯定,并制定了解决市郊土地问题的 13 条方针。为贯彻政务院指示,2 月 13 日,市政府决定于当年春耕前完成土改。10 天后,经中共中央批准,天津土改工作团进一步扩大,民政局、合作总社、区公所等 11 个单位的工作人员及 8 所大学的学生共 140 人参与此项工作。同时各区设大组,受工作团及区委双重领导。下乡前,全体干部集中学习政策。2 月 26 日,工作团分赴各村开展工作。3 月 10 日,市政府拟定了《关于解决市郊农田土地遗留问题的补充决定》,作为市郊第二次土改的政策依据。由于准备充分,工作进展顺利,到 3 月中旬,多数农村完成划定阶级成分工作,个别阻挠、破坏土改的地主分子被送到公安局扣押,各村普遍进入酝酿分配土地阶段。3 月

20日,土改工作基本结束。此次土改没收地主土地36,991亩,征收富农土地1959亩、工商业资本家51户土地2726亩、其他社会团体等土地1048亩,共计土地42,724亩。

第三步是征收地主多余房屋。土改基本完成时,地主多余房屋还未作处理。4月10日,市政府颁发了《关于处理市郊地主房屋的指示》,确定与市区毗邻村庄的地主房屋不动,对离市区较远的地主房屋进行征收。所收的房屋归政府所有,由公产管理局接管,尽先充作公用,而后分给无房少房的农民。经过两个多月的努力,市郊地主多余房屋征收工作全部结束。共征收砖房689间、瓦房111间、灰房86间、土房1107间,还有其他草房、楼房和浮房等,共计2036间,房基土地259亩。

天津市郊农村经过以上两次土改,共没收、征收土地107,157亩。被没收、征收土地的地主、富农、工商业资本家共462户,占市郊总户数的1.2%。两次土改所没收、征收的土地加上原有的公地共112,127亩,占土地总数的71.1%。[1]此外地主多余房屋问题、特殊占地问题等

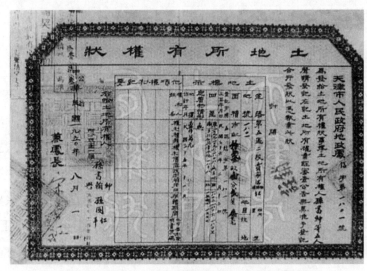

1950年天津市人民政府颁发的土地所有权状

[1] 参见《当代中国》丛书编辑部编:《当代中国的天津》(上),中国社会科学出版社,1989年,第40页。

一并得到解决。天津市郊农村的土地改革摧毁了封建的剥削关系,改变了不合理的土地占有制度。广大农民获得了土地,生产积极性空前高涨,为恢复和发展天津经济奠定了有力基础。

在土改工作中,翻身农民在丈量土地,确定地权,颁发地照

二、天津县的土地改革

天津县位于天津市区的外围,东临塘沽连接渤海,东北部与宁河县、宝坻县接壤,西北部与武清县交界,西南部与静海县、杨柳青相连。1948年12月20日天津县成立,隶属晋察冀边区冀中区八专署。1949年8月,天津县隶属河北省天津专区。[①]1952年4月,河北省天津县划归天津市后,天津农村范围扩大到386个行政村和小站、咸水沽、葛沽、宜兴埠、北仓等5个镇,农业人口达59.6万人,耕地达151.97万亩。1953年5月,天津市人民政府决定撤销天津县,将原属市区管辖的

---

① 1949年8月,中共河北省委、河北省人民政府将围绕天津市周边、与天津市经济联系密切的地区设置为天津专区,组建了中共天津地委,设置了河北省天津区行政督察专员公署。1950年11月,河北省天津区行政督察专员公署改名为河北省人民政府天津区专员公署。

36 个行政村和天津县的全部村、镇合并，改为津东、津西、津南、津北四个郊区的建制，后又改名为东郊区、西郊区、南郊区和北郊区。

刚刚解放后的天津县，除少数恢复村①外，绝大部分是新解放区。全县 5 个区、3 个镇(咸水沽、葛沽、小站)，共辖 330 个村、53,038 户、268,686 人，共有土地 610,238 亩，另有大批"黑地"未统计在内。封建反动残余势力依然存在，村街反动政权尚未摧毁，地主阶级仍统治着农村。据对 4 个典型村的调查，地主、富农占总户数的 6%，而他们占有的土地则达到 70%，赤贫者却地无一垄。地主、富农采用高租额、高利贷、雇佣长短工等方式压榨贫苦农民，造成广大农民贫苦不堪，迫切要求得到土地和其他生产资料。

(一)"四十天农村运动"

为了推动和促进新解放区土地改革工作的开展，中共冀中八地委向所管辖各县发布指示，主要内容是：宣布没收地富出租出佃于农民的土地；对 200 亩以上土地的大地主，除留给其一部分土地外，将多余的土地分给农民，但不确权；对要没收的土地、浮财等生产和生活资料均不采取斗争方式，可由农会命令拿出；在曾解放过又被侵占的恢复区，对过去农民从地主手中取得的土地财产，一律宣布合法有效。②为贯彻中共冀中八地委的指示，迅速恢复和发展生产，解决农民的土地问题，天津县委于 1949 年 3 月 15 日发布了《关于四十天农村工作的决定》。决定要求在 40 天内，结合生产救灾工作，扫除必须和可能扫除的生产障碍，通过平衡负担，清查地主、富农的"黑地"及解决其他可能解决的土地问题，发动广大群众，彻底摧毁国民党政权及一切反动组织，建立起革命新秩序。在不妨碍生产的原则下，适当地解决无地少地农民的生产资料，达到不荒地、不减产、少减产的目的。具体任务是"没

①曾被解放后又被侵占过的村。
②参见中共天津市委党史研究室、天津市档案局编：《天津土地改革运动》，天津人民出版社，1998 年，第 23 页。

收 200 亩地以上大地主之土地和生产资料,废除地主、富农出租土地的所有权,取消二地主的中间剥削,给有准备的彻底的消灭封建半封建土地制度作好准备"。

为了在 40 天内完成这一艰巨任务,天津县委加强了对此项工作的领导,除正副书记、县长外,将县委其他委员分派到各区帮助工作。同时确定二区为重点区,由县委直接掌握并及时总结经验全面指导。然后召开了干部动员会,号召党、政、武、群众工作干部集中力量投入这一运动。各部门都积极响应号召,除留下少数干部继续做好机关工作外,绝大部分干部都参与到此项工作中。县委抽调 350 名干部,加上地委派来的工作队共 400 名干部,组成 8 个工作组进驻各区、村,在全县范围内开展了轰轰烈烈的"四十天农村运动"。

工作队进村后的第一件事是以村为单位召开农民大会,宣传中国共产党的土改政策,选出农民代表,成立农会。第二件事是斗争恶霸地主。如老大营村斗争了号称"四大家族"的恶霸地主张华存(伪大乡长)、崔有怀(伪大乡长)、李营州和石忠义等。第三件事是平分占有 200 亩以上土地大地主的土地。在试点阶段,天津县没收了 191 户大地主的土地 47,777 亩,分给无地少地的农民。试点阶段结束后,普遍推广示范村经验,很快掀起平分大地主土地的热潮,并取得丰硕成果,共没收土地 155,950 亩,并对地主、富农出租农民的土地实行了废租;没收浮财计牲畜 734 头、水车 489 台、大车 306 辆、机器 233 台、耧耙 833 件、粮食 451,840 千克、豆饼 83.5 万千克、房屋 1349 间归农民所有,共分配给无地少地和贫苦农民 17,254 户、69,684 人。全县农民积极响应党的号召,迅速投入解放后的第一个春耕生产。

经过"四十天农村运动",天津县解决了大部分贫雇农无地少地的困难,在群众中培养和提拔了村干部 2808 人,在各村建立了农会和村政权,有重点地建立了民兵组织,发展民兵 359 名,初步摧毁了封建势力,建立了革命新秩序。同时积极慎重地发展党员,在运动中共发展 227 名党员,建立52个农村党支部和122个党小组。此次运动匡扶了正气,提高了农民生产积极性,增强了党在群众中的威信,更加密切了党群关系。

"四十天农村运动"尽管取得了显著成效,但土地改革进行得不彻底,仍存在一些问题。如地主仍占有较多土地,而且多数是良田、园田;部分中农由于原佃不动,加上自有土地,其拥有的土地超过当地人均土地的3~4倍。

杨柳青镇农民庆祝贫协筹委会成立

(二)稻田区土地改革

1950年11月6日,中共河北省委在《关于土地改革的指示》中强调:"靠大城市的稻田区(主要是天津、宁河两县)情况复杂,土地经营是近代化的,解放后只将特别明显的地主土地没收,分与农民合伙耕种,中小地主土地还未动。一年来,地主知其大势所趋,对土地投资不积极,并加紧隐蔽分散土地财产,农民迫切要求解决土地问题。""因靠近津市①,应按城郊土改原则进行。认真划分阶级,保存富农和农业资

———————————
① 这里的津市指的是天津市。

本家经营之稻田。将地主土地及其封建财产收归国有,除留给地主一份土地、财产外,将没收的土地、耕畜、农具、房子分租给农民合伙经营,国家给以扶助和投资,以利稻田生产"。

因此,1950年12月9日—12日,中共天津地委召开津、宁稻田区土改会议,有县、区、村的50名干部参加。会议分析了稻田区的复杂情况,研究布置稻田区的土改工作,确定在天津县二区和宁河县六区两个稻田区进行土改。同年12月20日,中共天津地委制订了《关于天津、宁河两县稻田区土地改革办法》,主要内容是:没收地主土地,征收半地主式富农的出租土地。其中稻田及大块旱田收归国有,小块旱田分给农民所有。对愿意在土改后从事耕种以维持生活的地主,也应该留给他们与分得土地的农民同样一份。没收归国有的土地,由人民政府管理,如国家急需者,则由国家直营;凡国家不直接经营或不使用的且原来又以机器耕种或有其他进步设备的农田以及菜园农事实验场等,则不论其何种成分,一律由原经营者继续经营不变;余下的一般农田,分配给无地少地的农民合伙或单独使用。没收地主的耕畜、农具及其多余的粮食分配给农民,以解决农民生产资金之困难等。

根据天津地委指示,从1950年12月开始,在天津县二区的43个村进行了土改。该地处于津东,是"小站稻"的主要产地之一,多采取现代化经营方式,有柴油机、电动机及扬水设备,是较进步的农业区。该区土地有官地和民地之分,民地多为地主占有,占总户数不足4%的地主即占有土地的45%。在土改前,天津县召开了农民代表会,进一步了解稻田区的土地情况,训练各村的土改骨干,统一思想、交代政策、研究土改的方法步骤,并抽调县区干部组成工作团进入各村帮助开展土改运动。为吸取经验、指导带动一般,首先在稻田区选择了几个有代表性的村庄,集中所有的土改干部,进行重点示范。试点村一般的工作步骤是:以五六天的时间宣传贯彻政策,发动组织群众,调查登记地主土地财产;以三四天的时间评定地主成分;另以三四天时间进行没收分配。在试点村工作取得成功的基础上，土改运动全面展开。考虑到稻田区干部少，情况比较复杂，天津县在稻田区成立了土改委员会（县委委员任主任，本区区委书记和区长任副主任）和土改区人民特别法庭，以保证土改工作的顺利进行。这样，到1951年2月，天津县二区的土地改革工作基本完成。

稻田区土改的完成，充分体现了中国共产党一切从实际出发，实事求是的思想路线。此次土改，没收了地主大量土地（其中稻田地权与30亩以上旱田地权收归国有）。这些土地除留出一部分给地主兼农业资本家或农业资本家继续使用外，其余土地分给农民使用。其中地主原出租地分给佃农，地主原分散（包括地主过去交出、赠送和转移等）土地与多余的土地分配给无地少地的贫雇农，使大部分农民获得了土地。据统计，津东稻田区的人均占有土地数量，地主由12亩下降到2.5亩，贫雇农为1.5亩。此外还将没收的地主多余房屋、农具、牲畜、粮食等物资分配给贫苦农民。可以说，土改后的稻田区土地占有关系发生了重大变化。

（三）全面进行土改和结束土改工作

1951年10月，中共天津地委发出《关于全面进行土地改革和结束土地改革的指示》，明确土改的总路线，即依靠贫农、雇农，团结中农，中立富农，有步骤、有分别地消灭封建剥削制度，发展农业生产。要求各县在1951年冬，最迟至1952年春，全部完成土改和结束土改工作。该指示立足于天津地委所辖各县的实际，提出：在已进行过土改的村着重解决土地遗留问题和开展确权发证工作；在只进行过废权废租甚至未搞过土改的村庄，要全面深入地开展土地改革工作。土改和结束土改的中心环节是解决土地问题和颁发土地证，整个工作必须在各级党委的直接领导下进行。

根据天津地委指示，天津县从1951年10月开始，在没有进行过土改的374个村分3批进行了土地改革，共抽调203名干部有计划地分批到土改村进行土改与结束土改工作。1951 年 10 月 2 日,天津县委在组织县区村土改训练班结束的基础上,又确定每区 1 个村,全县共 7 个村进行重点示范。参加村土改示范干部有县委领导 4 人,科长 4 人,一般干部 35 人;区委领导 18 人,一般干部 34 人;聘请村协勤员 98 人,共计 193 人。目的在于通过重点示范找出经验,培养一批土改干部,为普遍开展土改工作创造有利条件。

在天津县委统一领导下,7 个重点示范村于 10 月 5 日开始进行土改。土改干部帮助村支部作出具体计划,以党的领导为核心,依靠贫雇农,团结发动群众。10 月 5 日至 10 日,通过各种会议宣传土改政策,召开诉苦会,登记贫雇农名单。在此基础上,以贫雇农为主,吸收广大中农,选举代表,成立农民协会。在土改过程中,土改干部在贯彻土地改革方针、路线的同时,深入各阶层调研,了解到无地或少地的农民迫切要求土改,其中多数存有平均土地思想的情况。土改初期,一部分中农、特别是较富裕的中农,因对政策不了解,表现出不安和恐惧。在贯彻团结中农政策后,一般中农消除了顾虑。有的富农出现懒于生产、隐藏东西的现象。地主阶层均表现恐慌,有的藏匿东西,有的拉拢干部。也出现个别的富农和地主破坏土改的行为。根据上述情况,区村干部及宣传员组成宣传队,用黑板报、高房广播、漫画、秧歌、开会、座谈会等形式开展政策宣传,还有在各阶层中进行有针对性的政策解释,收到良好效果。

在试点的基础上,全面开展土改。土改村一般经历四个阶段:第一阶段是调查了解情况,贯彻政策,组织农民队伍;第二阶段是划分阶级,斗争地主富农,分配土地;第三阶段是确定地权,发放土地证;第四阶段是宣布土地改革结束,并帮助分得土地的农民制定生产计划。结束土改村大体经历三个阶段:第一阶段是宣传贯彻党的土地改革政策,建立农代会;第二阶段是处理遗留问题;第三阶段是登记土地,办理土地证。经过三个月的紧张工作,到 1952 年 2 月下旬,天津县顺利完成了土地改革任务。

在土改运动中，113,366 名农民参加农民协会（其中女会员 46,270 名），7405 名积极分子当选为农民代表，5350 人当选为农会委员。对 1337 户地主、73 户富农、51 户兼有土地的工商业者、217 户小土地出租者及 171 户收租较多的富农，分别采取没收、征收等办法调剂出土地 112,817 亩（其中没收地主土地 52,731 亩），分配给 9613 户无地或少地的农民。没收 97 户地主的房屋 5997 间分配给农民（其中 1309 间留做公用）。没收 885 户地主粮食 1,204,682 千克，分配给 9655 户农民，还有随房屋没收的家具等。这次土地改革运动，废除了封建土地所有制，实现了土地归农民所有。生产关系的变革，大大解放了农村的生产力，为天津县的农业互助合作运动的开展和农业生产的发展打下初步基础。同时，在土改运动中，整顿了 205 个村级组织，清理了 705 名不纯分子，提拔了 1950 名积极分子参加村政权工作，培养了 1947 名党的宣传员，发展了 861 名党员，使党的组织更加纯洁，更具有战斗力。

三、郊区的改造落后村运动

1953 年，中共中央公布了过渡时期总路线，全国掀起了以"一化三改"为中心内容的社会主义建设热潮。天津由于一些稻田村、偏僻村和较小村的土改仍不彻底，地主、富农暗中破坏，影响了农业互助合作运动的发展，为此中共天津市委决定从 1954 年下半年到 1955 年初，着重解决郊区落后村土改时漏划地主、富农等问题，称为"土改补课"工作，后根据中央统一指示，改称"改造落后村运动"。

郊区外来户很多，一些人来历不明，政治情况复杂。在粮食统购统销中也发现了类似问题。为了摸清情况，天津市政府研究室于 1954 年秋冬组织部分干部成立调查组，对部分乡村进行了广泛深入的调查研究。调查后认为，郊区农村经过了初步土改和镇压反革命，摧毁了封建势力，解放了生产力，农民在政治上、经济上翻了身。但是由于解放初期土改只是初步的,在土改与镇反中群众发动得不够充分,郊区约有1/3的村庄土改和镇反不彻底,处于落后状态。

据津东务本村的调查,有16户漏划地主(即在40天土改运动中保留的所谓"农业资本家",有的占有大量私有土地,有的占据国有土地,自己不劳动或只进行附带劳动,靠剥削为其主要生活来源)占有土地1605亩(每户平均占有土地100亩以上,每人平均占有土地9亩),电动机18台,大车11辆,牲口30头,雇长工48人。而206户贫下中农只占有土地1967亩(户均土地9.5亩,人均土地2.17亩),电动机17台,大车4辆,牲口23头。其中有的地主人均占有土地数量比贫农高达30倍。北荒草坨10户地主,有9户利用各种手段在土改中逃避斗争,其中有一户地主仍占有土地400多亩。这类村庄的地主反动气焰十分嚣张,他们说:"你们(指农民)只吃了我的饺子皮,没吃到我的饺子馅。"津北区有100多户地主、富农在初步土改后向农民要回土地、房屋、家具等。

市委听取调查组汇报后,提出应在这些落后村开展一次土改、镇反补课运动,并向中央农村工作部汇报请示。部长邓子恢亲自听取汇报,完全同意天津市委的意见,并作出具体指示。

为加强对改造落后村工作的领导,市委决定成立改造落后村指挥部,并从市级机关抽调200多名干部,连同区、乡干部共1400人,于1954年冬集中进行培训,组织学习党的政策,布置改造落后村的工作任务。1954年底至1955年1月初,抽调的1400名干部陆续进驻落后村。1955年1月5日,市委发出《关于在郊区改造落后村的指示》,要求"在今冬明春一段时间内,集中一切力量,在郊区进行大力改造落后村的工作。要以互助合作、发展生产(实际是生产自救)为中心,在落后村中认真发动群众,解决'土改'与'镇反'所遗留的问题,彻底消灭封建残余,严厉镇压反革命分子,整顿和健全乡、村基层组织"。根据市委指示,抽调干部严格执行党的政策,充分发动群众,向地主和反革命分子开展了斗争。广大农民情绪高涨,纷纷揭露地主的种种罪行。许多群众还自动组织起来站岗放哨,监视地主和反革命分子的活动。津东区小东庄的农民发现一漏划地主分子偷运稻谷,隐藏财物,立即将他押至乡政府处理,还协助政府抓捕了有三条血债的反革命分子冯少祥。津西区大卞庄的群众,于1月16日和17日连续召开斗争大会,揭露地主宋启祥的罪行,经上级政府批准,当场宣布没收了其土地、牲畜和农具。根据各郊区广大群众的要求,人民政府依法处理了一批血债累累的恶霸地主、反革命分子。在这期间,充分发挥《农民小报》的宣传作用,及时发表社论和有关文章,指导改造落后村工作健康发展。

至2月24日,各郊区共召开斗争会525次,有5100人次在大会上进行了控诉,斗争漏划地主、反动富农共1370户,没收、征收和收回国有土地47,270亩,以及部分马达水车、大车、牲畜、房屋等。有20,947户农民(其中贫雇农19,677户)分到了胜利果实。[1]在这次改造落后村工作中,整顿了乡村基层政权,清洗和撤换了混入基层政权组织的反革命分子、地富分子和蜕化变质分子100多人。改造落后村的成果,极大地鼓舞了农民群众发展生产和互助合作的热情。时逢春节,有的农民在门上贴上红对联"年年过年这年好,回回翻身这回真"。由于贯彻党的方针政策和改造落后村的胜利,农民的生产积极性得到充分调动。1955年天津郊区农业生产获得了空前大丰收。

天津郊区开展的"土改补课"运动,进一步肃清了封建残余势力,扫除了农业社会主义改造道路上的障碍。以天津郊区结束"土改补课"运动为标志,天津郊区的土地改革任务彻底完成。

天津解放初期[2],武清、宝坻、宁河、静海、蓟县等隶属河北省管

---

① 参见中共天津市委党史研究室、天津市档案局编:《天津土地改革运动》,天津人民出版社,1998年,第422页。

② 1949年天津解放后至1956年间。

辖。蓟县是革命老区,曾是冀东地区最基本的根据地之一。天津解放时,土地改革已基本完成。蓟县县委于 1949 年 6 月开始着手结束土改和确权发证工作。1950 年底,蓟县 658 个村全部结束土改,贫雇农每人分得 1.5 亩至 3 亩的土地。宝坻县、宁河县均属革命老区,解放后土改已进入解决土地遗留问题阶段。1951 年底至 1952 年初,宝坻县、宁河县同武清县、静海县、天津县一起,在中共天津地委的领导下,同步完成结束土改工作。

1954 年,东郊区的 31 万余亩水稻获得丰收

　　土地改革运动彻底消灭了封建剥削的土地制度,对于中国共产党领导广大被压迫阶级夺取和巩固政权,恢复和发展经济及推进社会主义意识形态建设,发挥了重要作用。

　　首先,土地改革彻底废除了封建土地制度。土地改革运动结束后,天津郊县土地占有状况发生了根本性变化。北辰区旱田地区的朱唐庄,解放前雇农无一寸土地,贫农人均仅占有 1.23 亩,地主人均占有 27 亩,土改后,雇农人均占有 7.56 亩,贫农 6.37 亩,地主 6.07 亩。土地占有关系的变化,导致了农村阶级关系的根本变化。贫雇农的经济地位普遍上升,地主、富农的经济地位下降,中农成为大多数。土改后的天津农村,封建土地占有关系被消灭,封建的阶级关系不复存在,取而代之的是大体平均的农民个体土地所有和个体农民之间的平等关系。

其次,土地改革运动促进了天津经济的恢复和发展。天津解放前,农业生产凋敝,农田设施破败,河道沟渠年久失修。受洪灾、旱灾影响,大批农民四处逃荒,粮食产量逐年下降。1949 年,郊区粮食总产量只有 15,955 万斤。经过土改,农民成为土地的主人,劳动热情高涨,掀起了兴修农田水利设施、开展基本建设、开荒种田和增产高产的热潮。1950 年至 1952 年,郊区共完成土方 817 万立方米,筑堤 29 处,安装电动机、扬水机等 259 台,修桥、闸、涵 457 处。在开荒种地运动中,津南区白塘口村 140 多户的近 300 人进入大洼,经过两个多月苦干,开垦荒地 2700 多亩并及时种上水稻。经过翻身农民的辛勤劳作,农业生产喜获丰收。据统计,与 1949 年相比,1950 年天津农业总产值增长了 30.6%,粮食产量由 23.3 万吨增加到 55.9 万吨,蔬菜产量由 21.5 万吨增加到 21.8 万吨。

最后,土地改革的完成促进了农村思想文化建设。土地改革后,农民翻身成为主人,农业经济的发展和生活水平的提高,让他们有了学习文化和掌握科学技术的迫切需求。天津各级政府为适应广大农民需要,设立了文化站、冬学、民校等文化机构,组织农民学习科学知识、时事、政策和各项法令。农民文化水平普遍提高。"三纲五常"等封建意识形态受到猛烈冲击,"天命论"等封建迷信观念被摒弃,取而代之的是"男女平等""婚姻自由"等观念的盛行。土地改革运动对农村新民主主义思想文化建设和社会主义意识形态建设发挥了巨大的推动作用。

第五节 对生产资料私有制的社会主义改造

在开展有计划的经济建设的同时,党领导了生产资料私有制的社会主义改造。国民经济实现全面恢复,并有了初步发展之后,党制定了过渡时期总路线,将党和国家的工作全面转向动员一切力量,为把我国建设成为一个伟大的社会主义国家而奋斗的新阶段。在过渡时期总路线的指引下,天津对农业、手工业、资本主义工商业进行全面的社会主义改造,成为继北京之后第二个完成社会主义改造的城市,实现了生产资料公有制,为全面进行社会主义建设奠定了基础。

一、社会主义改造的背景

对生产资料进行社会主义改造,是党根据革命胜利后国民经济的迅速恢复及经济领域出现的新变化、抗美援朝战争局势的好转作出的重大决策。革命胜利后,党的一个根本任务是将我国由农业国向工业国转变,由新民主主义社会向社会主义社会转变。经过三年的恢复发展,农村互助合作有所发展,手工业得到恢复和发展,试办了手工业合作社,并初步显示出优越性,私营工商业有相当一部分通过各种形式被纳入国家资本主义轨道,社会主义性质的国营工业产值在整个工业总产值(不包括手工业)中所占的比重有所增长。

(一)农村互助组织的建立

新中国成立初期,天津农村面积不大,只有靠近市区边缘的 36 个行政村(简称市郊),辖 67 个自然村,人口总计 14.32 万人,其中以农业为生者 4.9 万余人,共有土地 15.6 万余亩。[①]解放后,在市郊农村和天津县开展了土地改革运动,广大贫雇农分得土地,摆脱了沉重的封建剥削,激发了他们的生产积极性。1952 年 4 月,河北省天津县划归天津市,农村范围扩大到 386 个行政村和小站、咸水沽、葛沽、宜兴埠、北仓等 5 个镇,农业人口 59.6 万,耕地 151.97 万亩。[②]1953 年 5 月,天津市人民政府将原属市区管辖的 36 个行政村和天津县的全部村、镇合并,改为东、南、西、北四个郊区。

---

① 参见孙五川主编:《征途回首》第二集,天津人民出版社,1991 年,第 41 页。
② 参见天津市农村合作制发展史编辑办公室:《天津市农村合作制发展简史(1949—1987)》,内部刊物,1989 年,第 5 页。

按照苏联的经验,农业改造的方式是先机械化,再实行集体化。但新中国成立初期中国工业非常落后,小农经济占主体地位。随着土改的进行,农业生产互助形式发展起来,人们看到先搞合作化、再搞机械化的新的农业发展道路的可能性。

天津解放初期特别是土地改革后,农业互助合作在郊区农村逐步兴起。农民个体生产的模式存在规模小、分散落后且缺少必要生产资料的弊端。在党和政府的引导和扶持下,郊区农村逐步兴起以"互助换工、集体劳动"为主要特征的劳动互助组。1949 年春已出现了军粮城的互助插秧队、王顶堤的治鱼生产组等简单的劳动互助形式。天津郊区建立的第一个互助组是 1949 年由 40 户贫雇农组成的天津县白塘口村李吉顺互助组。1949 年秋,天津郊区遭受严重涝灾,大量农田被淹,冬荒无粮,群众的生活陷入困境。天津市政府在调集大批物资救灾的同时,号召广大农民组织起来,开展生产自救。其中王顶堤的贫雇农通过集资入股和向供销社借款的方式, 开办机米加工厂, 仅开工 20 多天,就盈利 7000 余斤粮食,缓解了群众口粮不足的问题。天津县还通过"四十天农村运动"(即初步土改),群众自发组织互助组 991 个,入组农户 1122 户,占总农户的 4.1%。[①]

为引导互助组进一步健康发展,同年年底天津县召开首届党的代表会议,按照毛泽东"组织起来"的指示,运用老解放区互助合作的经验,专门讨论研究了互助组问题。会议一致认为,恢复生产的基本环节就是将农民组织起来,要按照群众自愿互利的原则,按照不同的生产方式,组织不同类型的互助组。之后农村互助组得到迅速的发展。同时在一些互助合作开展比较好的地区, 开始试办以土地入股为特点的初级农业合作社,实行统一的生产计划和经营,大大推动了农业生产发展。

---

① 参见天津市农村合作制发展史编辑办公室:《天津市农村合作制发展简史(1949—1987)》,内部刊物,1989 年,第 58 页。

　　1951年9月,中共中央召开了第一次农业互助合作会议,由毛泽东主持制定了《中共中央关于农业生产互助合作的决议(草案)》。1953年2月15日,中共中央正式通过了第一个《关于农业生产互助合作的决议》,要求按照积极发展、稳步前进的方针和自愿互利的原则,采取典型示范和逐步推广的指示方法,推进农业互助合作的发展。在党的积极领导和广泛发动下,农业生产互助合作运动迅速发展,到1952年秋,市郊和天津县共建立了4583个互助组,入组户数为28,782户,占农户总数的36.75%,其中42%是常年互助组。[1]

　　劳动互助组是在党和政府的领导下,农(渔)民在自愿互利基础上建立的带有社会主义萌芽性质的劳动互助组织。劳动互助组的特点:一是组织松散,形式多样;二是生产资料个人所有制,虽然一家一户为一个生产单位的格局有所突破,但土地、牲畜、农具等仍然私有私用或私用伙用;三是生产力水平低;四是平等互利,等价交换。这就决定了互助组的各项管理措施都比较简单,而且互助组经营管理的差异性较大。在一般情况下,在生产管理方面,临时互助组以种植业为主。种什么作物,种在哪里,种多少,均由农户自行决定,组长只负责组织劳动互助,按生产环节分别给农户干活;作物单打单收,归农户所有。常年互助组的成员比较固定,各项生产都实行互助。有些把农业生产和副业生产结合起来,劳力按技术专长分工;有的农忙季节全部务农,农闲时集中力量做副业。互助组的经营管理方式帮助每个农民解决了单干难以克服的困难,很适合当时的生产力状况和农民的管理水平,在发展生产、改善生活方面起到了很大作用。

　　绝大多数地区认真贯彻执行"自愿互利、等价交换"的政策,互助组获得较为顺利的发展。但少数地区出现了不管农民是否愿意,一律按户口强行编组,引起农民不满,以及没有管理制度,工作无计划,平

---

　　[1]《党史资料与研究》,1990年第1期。

时组员能够比较好地相互帮助，但一到农忙季节，彼此争劳力、争畜力、争车辆，给正常的农业生产造成了困难。为了解决这些问题，1950年到1952年，中共天津市委等单位相继发布文件，召开会议，组织干部和积极分子学习党的政策，转变强迫命令作风，防止主观主义和形式主义，自觉加强领导。由于各级领导的重视、帮助和互助组自身的努力，互助组走上了健康发展的道路。

天津城市郊区农村与内地、山区农村差别较大，小型的互助形式无法适应集体生产发展的需要。天津在发展互助组运动过程中，结合天津市郊农村具体情况，曾试办了生产合作组。天津市郊农村有许多土地属于国有，而农户有相当多都是外来的，对土地的私有观念比较弱。而且解放后，一批公有的水利设施得到修复或兴建，旱田区建立拖拉机站，大片荒地亟待开发。到1952年底，天津已经出现了28个初级农业生产合作社和141个合作组，实行统一生产计划和统一经营。合作生产形式的出现，推动了农村互助运动的深入发展。但是由于仍有大部分个体农民没有入组、入社，他们中的一小部分人借助大城市郊区的优越条件，采取了雇工、经商等剥削方式成为暴发户，而另一些人出卖土改时分到的土地，重新陷于被雇佣的状况。

(二)恢复和发展手工业，试办手工业合作社

旧中国，在现代化大工业为数不多的情况下，人民需要的生活用品和农业生产资料，主要依靠手工业生产和供应，手工业在国民经济中占据重要的地位。但个体手工业生产经营方式分散，生产条件落后，抵御经济风险的能力弱，不便使用新技术，很难进行扩大再生产。天津解放前夕，由于多年的战争，以及帝国主义、封建主义和官僚资本主义的压榨和剥削，天津手工业已濒临破产。

新中国成立后，在中央"为争取国家财政经济状况的根本好转而斗争"的口号下，通过党和政府的积极扶持，手工业得到迅速恢复和发展。根据个体手工业的特点，党和政府积极探索手工业者走向集体化

的途径,采取说服、示范和国家援助的办法,组织手工业者发展工业供销生产合作组织,建立了少量的手工业生产合作社。在市供销合作总社生产指导处的直接领导下,天津试办最早的一批手工业生产合作社。由于缺乏经验,人员数量有限,因此组社时采取了极其谨慎的方针,结合生产自救,进行摸索试办。在天津市委和市政府的领导下,遵循自愿互利的原则,通过说服示范的办法,市供销合作总社从 1949 年 3 月起开始进行组织手工业合作社的工作。根据中共中央"在国民经济恢复时期,手工业合作事业要在同国民经济关系最密切并有发展前途的行业,同时选择觉悟高而具有代表性的手工业者,重点试办合作社"的指示,天津首先选择了与人民生活密切相关的行业,如地毯、棉织、针织、布夹子、毛巾等行业组建合作社。

天津市第一个手工业合作组织,是 1949 年 3 月由 4 个失业的地毯工人组织成立的地毯合作小组。4 月,由 62 户手工业者组织起来,成立了洪垣布夹子生产合作社。1949 年 12 月,全市共登记手工业 3330 户(据当时估计未登记的手工业户,至少 1500 户)。[1]根据中共中央指示,天津市对手工业采取了积极扶植发展的方针,对于它们最困难的供销方面给予帮助,通过实行加工订货、发原料收成品、包销收购、投放贷款、降低税收等项措施,帮助手工业恢复和发展生产。到 1950 年底,全市手工业户达到 11,740 户,1951 年增至 22,734 户,1952 年底又增加到 23,254 户。1952 年,天津手工业涉及 72 个行业,产品达到近万种,从业人员达到 53,492 人(参加手工业联合会者),占全市职工总数的 1/5。[2]主要涉及五金制造、纺织、缝纫、布鞋、文体用品、木器、纸制品、竹藤制品、各种修理业、皮革制品、食品制造、橡胶杂品和化学制品等行业。天津市政府通过对合作社所需物资价格、贷款利率、营业税方

---

① 参见中共天津市委党史研究室、天津市档案局、天津市第二轻工业局编:《天津手工业的社会主义改造》,天津人民出版社,1998 年,第 4 页。

② 同上,第 5 页。

面给予优惠,为合作社的发展创造了有利的条件。

为了总结组织手工业生产合作社的经验,推动手工业合作社更加健康地发展,全国合作总社于1951年6月召开了第一次手工业生产工作会议,这次会议根据多数合作社不符合组织原则的情况,制定了"先整顿后发展"的方针。天津市从1951年6月开始对现有的手工业生产合作社进行了整顿。这次整社的宗旨是对社员进行民主教育,使他们树立主人翁思想,建立与健全生产管理制度,实行民主办社。通过整顿,合作社的质量有了明显提高。1951年底,全市共有11个手工业生产合作社,社员达到1408人。手工业生产合作社的数量有所减少,生产总值却比1950年增加了54%,较好地发挥了合作社的示范作用。

1952年,天津市手工业生产合作社获得了新的发展。到1952年6月,全市已有16个手工业生产合作社,社员1800余人。1952年8月,全国合作总社召开第二次手工业生产合作会议,明确了"积极发展、稳步前进、努力提高,继续整顿"的方针。经过重点试办,到1952年底,全市共有手工业生产合作社25个,社员达到3155人,[①]主要涉及棉织、毛织、针织等行业。

1953年初,针对部分干部产生了急躁情绪、部分地区违反"自愿、互利、民主"三大原则出现强迫编组等问题,中共中央及时给予纠正。1953年1月31日,中共中央华北局第一书记刘澜涛给各县委书记写信,要求积极发展、巩固和提高互助组,积极稳妥地发展农业生产合作社。3月11日,华北局发出《关于加强党对农业合作社领导的指示》,着重强调要加强领导,充分搞好思想发动,推动合作化的发展。3月16日,中共中央发出《关于春耕生产各级党委的指示》,指出当前的中心工作是抓紧准备工作和开始春耕生产,要切实纠正农业生产互助合作

---

① 参见中共天津市委党史研究室、天津市档案局、天津市第二轻工业局编:《天津手工业的社会主义改造》,天津人民出版社,1998年,第8页。

运动中正在滋长着的急躁冒进倾向。3 月 27 日,中共中央《关于农业生产互助合作决议》公开发表。按照中央的指示和《决议》精神,中共天津市委采取相应的措施,给予正在进行互助合作的天津郊区的基层干部、广大农民极大的鼓舞和教育,为发展和巩固互助合作运动提供坚强保障。各区、乡镇和村组织力量深入宣传初级社的优越性,召开积极分子会议,酝酿办社,并制定本地区、乡、镇、村、社的发展规划和方案。互助组组员互相联系,协商组织初级社的相关事宜。要求入社的新成员担心不被批准,主动与村党支部、村长、社长甚至乡长联系谈愿望、提申请。已实现互助合作的初级社帮助新社解决建社中遇到的具体问题。许多负责同志也深入一线,给干部群众出谋划策,排忧解难。互助合作运动得到较快发展。

1953 年 4 月底,天津市手工业生产合作社已达到 38 个,涉及白铁、缝纫、帆布、牙刷、麻绳等 15 个行业,社员达到 5488 人。这些合作社由于改变了原有的手工业作坊中的生产关系,调动了生产者的积极性,合作社的生产有了很大发展,1953 年 1 月至 4 月的产品总值比 1952 年同期增长了近两倍,达到 330 多万元。为了更好地发挥手工业合作社的优越性,天津市又于 6 月开始了一次整顿现有合作社的工作。通过整社,提高了社员的思想水平,进一步建立与健全合作社的民主管理机构及各项规章制度,巩固和发展了这些手工业生产合作社。手工业合作社在提高产量、节省原料、减少费用开支、降低成本方面成效明显,提高了手工业者参加合作生产的积极性。

(三)恢复和发展私营工商业,对资本主义工商业进行利用、限制和改造

新中国成立初期,天津资本主义工业比较集中,"私营工业 4588 户,私营商业 74,334 户"①,在国民经济中占有相当大的比重。1949 年,

---

① 参见中共天津市委党史资料征集委员会、中共天津市委统战部、天津市档案馆编:《中国资本主义工商业的社会主义改造(天津卷)》,中共党史出版社,1991 年,第 5 页。

私营工业产值占全市工业总产值的60.11%。国民经济恢复时期，党和政府对资本主义工商业实行了利用、限制和改造的政策。一方面，以"保护民族工商业"为基本原则，制定"发展生产，繁荣经济，公私兼顾，劳资两利"的方针；另一方面，采取措施限制资本主义的消极面，打击资本主义的破坏活动，特别是着重打击了粮食和纱布商人的投机活动，在"五反"运动中与不法资本家进行斗争。通过对私营工业实行加工订货和收购包销，对私营商业实行经销代销等方式，把资本主义工商业逐步引向初级形式的国家资本主义轨道。初级形式的国家资本主义的发展，使民族资本主义企业与国营企业从外部建立了联系，在一定程度上限制了资本主义企业的盲目发展。

天津解放后，各级人民政府相继成立。为尽快恢复私营工商业，立即对私营工业生产进行全面调查，办理工商业登记，合法承认工商业者。天津市组织召开工商界代表人士座谈会，听取他们的意见，帮助有利于国计民生的工商业恢复和发展。人民政府一边接管天津，一边积极组织私营工商业复工复产，使资本家动摇、犹豫、恐慌的情绪得到缓解，逐步安定下来。积极向资本家宣传"公私兼顾""劳资两利"的政策，阐明早开工或晚开工对国家的好处或坏处，使资本家逐步消除了思想顾虑，私营工商业得到较快的恢复和发展。

在接管企业的过程中，形成了一些公私合营企业。1949年，天津就出现了4家合营企业，其中1家是工业。在这些公私合营企业中，一些私营企业具有敌伪股份或官僚资本，这部分股份被国家没收后，便形成了公私合营企业；少数机关、生产单位利用资本家的技术和设备，实行了公私合营。"五反"运动后，一些私营企业因无力退赃，要求国家将企业的部分财产作为退赃款转为公股，经国家批准，也形成了公私合营企业。一些由于资方经营困难无法维持而申请合营者，一些由于无力增资扩大生产规模以适应国民经济发展而申请合营者，一些由于国家为了引导社会游资投入企业生产，经国家投资后，共同建立新厂者，这些企业经国家批准后,也转变为公私合营企业。

1952 年初,天津私营资本主义工业主要涉及 56 个行业,其产值为 63,444 万元,其中加工订货、包销收购的产值为 38,554 万元,占 60.77%。面粉、棉纺织、植物油、盐、碱等工业,与国营企业联系紧密,生产的产品基本上都供给国营企业加工。

在中共中央统一部署下,从 1951 年底至 1952 年 6 月,天津市开展了一场大规模的"三反""五反"运动,教育了广大干部和群众,揭露了资产阶级唯利是图的本质,纠正了工作中的偏向。经过"五反"运动,全市查出不法资本家共盗窃国家资财 2 亿元以上。在"五反"运动后期,对资本主义工商业中的违法户,分不同情况做了处理。在"三反""五反"运动中,由于注意了"运动与生产相结合",因此运动初期、中期,加工订货没有中断,私营工厂继续维持生产。但在运动中,一些干部滋长了"左"的情绪,在处理劳资关系时,强调斗争,忽视团结,在处理公私关系上,只顾国营,不顾私营。国营商业和合作社商业发展速度过快过猛,因此在"五反"运动后期,私营工商业再度出现生产减缩、市场萧条、劳资关系动荡的困难,工厂停工半停工增多,失业队伍扩大,国家税收减少。

1952 年底,私营工商业在国民经济中的比重开始下降。私营工业在工业总产值中占 37.9%,私营商业在商业营业总额中的比重为 35.94%,国家资本主义的加工订货等产值又占了私营工业总产值的 60%。[①]至 1953 年 3 月,全市各类合营企业增至 66 家。按组织管理形式,公私合营企业 15 家,公股私营(私营企业中有公股,但公股不参与管理)41 户,公营私股(企业中有私股,但私股不参加管理)10 家。[②]在 15 家公私合营企业当中,生产集中、设备先进的大中型厂占多数,例如

---

①　参见中共天津市委党史资料征集委员会、中共天津市委统战部、天津市档案馆编:《中国资本主义工商业的社会主义改造(天津卷)》,中共党史出版社,1991 年,第 16 页。

②　同上,第 13 页。

能生产多种机床的天津示范机器厂、华北玻璃产量最大的耀华玻璃厂、生产全国知名"三宝漆"的永明油漆厂等。

1953 年，天津市就已经通过打击投机活动，淘汰了一些对恢复和发展国民经济有害的行业，取缔了专营投机生意的银号、钱庄，对全部私营银行实行公私合营，实现了银行业由国家银行统一领导，为工商业的社会主义改造创造了良好的基础。

（四）学习宣传党在过渡时期的总路线

随着党对进入社会主义社会的时间在认识方面上发生重大变化，适时地提出了过渡时期总路线。1953 年 6 月，中共中央政治局正式讨论和制定了党在过渡时期的总路线。1954 年 2 月，党的七届四中全会通过决议，正式批准总路线。1954 年 9 月，第一届全国人民代表大会第一次会议通过《中华人民共和国宪法》，以根本大法的形式，把党在过渡时期的总路线作为国家在过渡时期的总任务确定下来。过渡时期总路线的提出，表明党对总任务及发展战略做出了重大调整。

党在这个过渡时期的总路线和总任务是"要在一个相当长的时期内，逐步实现国家的社会主义工业化，并逐步实现国家对农业、手工业和资本主义工商业的社会主义改造"[1]。按照过渡时期总路线的要求，天津在加快工业建设的同时，大力推进对农业、手工业和资本主义工商业的社会主义改造。

过渡时期总路线提出后，党中央立即部署在全国普遍开展关于总路线的学习宣传活动。1953 年 6 月至 8 月，党中央举行的全国财经会议传达了党在过渡时期总路线的内容，号召团结全党为实现过渡时期总路线而奋斗。12 月，中共中央批准了中央宣传部拟定的《为动员一切力量把我国建设成为一个伟大的社会主义国家而斗争——关于党在

---

[1] 中共中央文献研究室编：《建国以来重要文献选编》（第 4 册），中央文献出版社，2011 年，第 602—603 页。

过渡时期总路线的学习和宣传提纲》。

按照中央要求,天津市委对全市普遍开展关于总路线的学习宣传活动进行了部署。1953 年 11 月 19 日,天津市委发出《关于在全市开展总路线的宣传教育的通知》,决定在全市范围内开展大规模的党在过渡时期总路线的宣传教育活动。按照"先党内后党外、先干部后群众、先基本群众后一般群众"的顺序,在全市干部群众中,普遍进行过渡时期总路线的传达报告和讨论,再分别通过干部理论学习、职工政治教育等方式进一步系统深入地学习。

党员干部、党内外群众通过参加短期培训、集中学习、聆听动员报告等方式,对过渡时期总路线有了比较深入的认识,农民和手工业者逐渐认识到,变个体经济为集体经济,走合作化道路是唯一正确的方式,私营工商业者逐渐认识到社会主义社会的前途是大势所趋,情绪逐渐稳定下来,为积极推进社会主义改造打下了坚实的基础。

二、对农业进行社会主义改造

随着国民经济的恢复和发展,国家开始有计划地进行大规模经济建设,国家对粮食和农产品的需求量迅速增加,分散的小农经济难以满足需求,小农经济与国家工业化、社会主义计划经济的矛盾日益明显地暴露出来。党中央认为,大量增加粮食生产,是解决粮食紧张问题的关键。为促进农业生产,避免农村产生两极分化,建立社会主义的新型生产关系,在党和政府的引导和扶持下,对个体农业实行社会主义改造。天津市根据新中国成立后天津农业的发展状况,贯彻中共中央决策部署,积极引导农民走合作化道路,到 1956 年基本完成对农业的社会主义改造。天津市对农业的社会主义改造,主要历经了初级农业合作社普遍发展、农业合作化高潮两个发展阶段。

（一）初级农业合作社普遍发展

1953 年至 1955 年上半年是初级农业生产合作社普遍建立和发展

的阶段。天津市贯彻落实过渡时期总路线，有计划、有步骤地对农业进行社会主义改造，使互助合作化运动在农村蓬勃地发展起来。

1953 年 9 月，中共中央公布了党在过渡时期的总路线，随后党中央作出关于发展农业生产合作社的决议，推动农业合作化的发展。1953 年 10 月至 11 月间，中共中央召开全国第三次互助合作会议，讨论通过了《中共中央关于发展农业生产合作社的决议》。决议指出了土地革命完成后，农村存在向社会主义或向资本主义发展的两种趋势及两种道路的斗争，党在农村工作中最根本的任务是教育和促进农民组织起来，逐步实行农业的社会主义改造，要求各地把农业工作的重点更多地转向兴办初级农业生产合作社。此后在农村迅速掀起大办农业社的热潮。

根据中央精神，市委发出指示，采取措施积极领导各郊区农民办互助组、合作社。为推动合作社的发展，在 1953 年 11 月、12 月举办了两期郊区农业生产互助合作化训练班，对郊区的区、乡干部 1776 人进行了培训，集中学习领会总路线、总任务的精神和互助合作等政策。1954 年 1 月 4 日至 13 日，市委农村工作委员会举办 580 余人参加的郊区农业生产合作社训练班。随后各郊区先后召开区、乡干部会议，组成宣传队巡回各乡宣传农业合作社的优越性。姜德玉农业合作社作为天津互助合作的先进典型，获得广泛宣传。这个合作社最初是在 1950 年春成立，是由 8 户农户组成的临时互助组。组员以换工互助的方式，共同开荒 115 亩播种水稻。经过精耕细作，每亩稻谷产量达到 570 斤，每户分稻谷近万斤，比周围单干的农民产量高很多。组员感慨地说："这一辈子家里也没进过这么多粮食呀！"对合作社典型进行广泛的宣传教育，极大地鼓舞了广大农民坚持互助合作道路、支援国家工业化的信心，农民群众纷纷申请加入互助组或初级社。

1954 年 1 月，根据中共中央指示精神，天津郊区农村开展了加强工农联盟教育。1 月 22 日，由天津市总工会举办，郊区农业社主任、互助组组长、生产积极分子和工业战线著名劳动模范等1000多人参加了工农联欢大会。会后全市出现了工人邀请农民参观工厂、农民邀请工人到农村访问的景象。这些活动进一步加深了工农之间的相互了解，使农民认识到只有搞好互助合作，发展农业生产，才能给工业提供更多的粮食、副食品和其他原料，实现工业化；工业愈发达，才能给农业提供诸如电力、农机具、化肥、农药、工业品等更快改造农村落后面貌的技术装备。因此，农民搞好互助合作、发展生产的责任感进一步增强了。

为推动农业合作社的发展，天津市委发出指示，要求各郊区区委成立互助合作办公室。1954年2月11日，天津市委发布《关于郊区互助合作运动的几点指示》，指出农业合作社由试办转为大力发展阶段。各郊区区委相继成立互助合作办公室，及时召开各乡党支部书记会议，交流经验，抽调干部组成工作组，深入各乡检查指导建社工作，天津郊区农业互助合作运动呈现出较快发展的局面。

以互助组的发展为基础，初级农业社得到较快发展。初级农业社在规模上一般比互助组大3~5倍，组织上更加严密。合作社章程对天津农村初级社正常运行起到了很好的保障作用。合作社章程明确规定了合作社的性质、任务、职能、管理及收益分配方法。合作社内的各项活动按照社章规定进行，社员入社自愿，退社自由。社委会或管委会、监察委员会拥有社章赋予的相应权力。初级社成立后，在降低生产成本、推广新技术、共同抵御自然灾害、开展劳动竞赛、扫除文盲等方面取得了一系列的成效。到1955年2月底，全市已有初级农业合作社902个，入社农民占郊区总农户的32.4%；有94个村基本实现合作化，占村庄总数的25%；入社、入组农民已占郊区总农户的50%以上。[1]

---

[1] 参见中共天津市委党史研究室编：《中国共产党天津历史大事记(1919—2010)》，中央文献出版社，2011年，第256页。

大部分初级农业社是以互助组为基础建立起来的，但郊区也有不经过互助组而直接办初级社的情况。例如北郊区小淀乡的刘安庄，土改时全村360户共2470人，土地1.56万亩。土改中，土地分配给每户，并发给土地使用证，但是因为人少地多，贫苦农民没有牲畜、农具和资金，只有组织起来才能克服困难，而且土改前，渤海农垦局在该乡设立了全市第一个华北机耕试验站，只有将土地连成片才能符合机耕条件，价格也才能便宜，除地主外其余农民都可以入社，入社自愿，退社自由，收获物除扣留少量公积金、公益金以外，全部按土地40%、劳力60%的比例分配也符合农民的要求和利益。因此农户没有各自耕种，而是自愿成立5个初级社搞合作生产。

从互助组到初级社是一大进步，实现了组织上由松到严，任务上由简到繁，性质和职能也发生了深刻的变化。半社会主义性质的初级社，是农村合作制的初级阶段，既继承和发扬了互助组的积极成果，又适应了农村生产力发展需要。

初级社大发展的过程中，绝大多数地方都较好地贯彻了党的相关政策，因此主流上是好的，发展是健康的。第一，贯彻中国共产党在农村的阶级路线，依靠贫农，巩固中农，逐步发展互助合作，逐步由限制富农剥削到最后消灭富农剥削。在接收社员时，优先吸收贫农、雇农和下中农，其次是中农，地主和富农不能入社。第二，贯彻"积极领导，稳步前进"的方针。组织规模由小到大，发展过程中注重总结典型，示范引导，按发展条件是否成熟决定是否发展，坚持发展一批、巩固一批、提高一批，建立健全内部管理制度。第三，按照国家信贷政策，积极扶持农业社。第四，按照自愿互利而又不剥削农民的原则，对生产资料进行合理处理。第五，及时纠正歧视单干农民的某些错误思想和行为，坚持照顾、帮助和耐心教育的原则。

发展农业生产合作社的根本任务是提高农业生产力。只有生产发展，农民收入增加，社员生活改善，才能逐步改变农村落后面貌。随着合作社的发展,合作化的优越性逐渐显现出来。通过广积农家肥,土壤得到改良,生产成本降低;新技术得到推广;开展劳动竞赛,劳动积极性提高;抵御自然灾害的能力得到提高;提高了农民的知识水平,扫除文盲方面取得了一定的成效。

在全国农业合作化迅速发展的形势下,有些地区出现了合作社发展过多过快,经营管理混乱等现象,尤其是1954年长江流域各省又遭受特大水灾,但粮食收购计划并未调低,还在全国多收购了500万吨粮食,农民负担加重,不满情绪增长,引起党中央、国务院的高度重视。1955年初,党中央、国务院相继发出文件,加强对农村工作的指导。3月中旬,为整顿农业合作化运动大发展中所出现的过快过急等问题,中央制定了停止发展、实际收缩、适当发展的"停、缩、发"三字方针,以及保护耕畜、粮食定产定购定销政策。在4月21日至5月7日中央农村工作部召开的第三次全国农村工作会议作出决定,1955年农业社一般停止发展,立即抓生产,全力巩固,同时把互助组办好。天津市委贯彻中央指示精神,发出指示、抽调干部,确定整社工作的总要求,贯彻"积极领导、稳步前进、质量第一、健康第一"的方针,从生产入手,根据各地具体情况调整发展速度,进行合理收缩。通过整顿,天津大多数农业合作社得到了巩固。

从1953年至1955年上半年,农业合作化进步基本上是稳定的、健康的。随着郊区互助合作运动的不断发展,组织起来的农民逐渐成为农村中的主要力量,农业合作社显示出巨大的优越性,农业生产逐年显著增长。1953年粮食总产量为12765.5万斤,1954年达到13525.5万斤,1955年增加到18,259万斤。

(二)掀起农业合作化高潮,基本完成对个体农业的社会主义改造

1955年下半年到1956年初,我国加快了对农业社会主义改造的步伐。天津农业社会主义改造掀起高潮,互助合作运动由初级社进入高级生产合作社阶段。

自 1955 年 4 月起，在毛泽东多次视察南方的过程中，对农业合作化运动发展速度问题又有了新的认识。在 7 月 31 日召开的省、市、自治区党委书记会议上，毛泽东专门作了《关于农业合作化问题》的报告，批评"坚决收缩"方针是右倾，强调农村中新的社会主义群众运动的高潮即将到来。10 月召开的中共七届六中全会（扩大），根据毛泽东的报告，通过了《关于农业合作化问题的决议》。决议强调农村中存在发展社会主义或发展资本主义的两条道路的斗争，对农业合作化运动发展的速度作出了更为超前的规定，全会批判了邓子恢在农业合作化问题上犯了"右倾机会主义"错误。会后全国各地区再次修订加快合作化步伐的规划，再次掀起了农业合作化发展的高潮。

按照中央的部署要求，天津市采取了一系列加快农业合作化发展的措施。市委先后两次召开扩大会议，以及郊区、乡和农业生产合作社三级干部会议，传达中央关于农业合作化问题的决议，讨论以农业合作化为中心的全面工作规划，要求加快农业合作化进程，作好郊区农业合作社大发展的各项准备。1955 年 10 月 31 日，天津市委召开扩大会议，传达毛泽东的报告和中共七届六中全会的决议，并根据中共中央"全面规划、加强领导"的方针和天津郊区农村的具体情况，对郊区的农业社会主义改造作出全面规划。在会议上对原有的合作发展规划进行了调整，要求到 1957 年，郊区的农业生产合作社发展到 1549 个，入社农户将达 7 万户左右，约占总农户的 82%，基本上完成半社会主义合作化。同时增加若干高级社，试办一些大社，以便取得经验。

11 月 10 日—12 日，天津市委又召开郊区、乡和农业生产合作社三级干部会议。会上，市委作了"迎接郊区农业合作化运动新高潮"的指示，对郊区领导农业合作社运动中存在的右倾保守思想进行了批判，并作出加快农业合作化进程的决定和迎接郊区农业合作社大发展的各项准备。随后各郊区抽调干部深入基层具体指导。2 万多人的宣传队伍采用报告会、讲解会、文娱活动等多种方式，每天到各乡对农民集中开展建立合作社的宣传。同时抽调干部下乡,整顿党团组织,发动干部群众批判在合作化运动中的右倾保守思想和资本主义自发倾向。广大农民在"社会主义是天堂、合作化是天梯"口号的号召下,出于对社会主义社会美好生活的向往,纷纷提出入社请求,农业合作社数量快速增加。到 1955 年 12 月 28 日,郊区入社农户已达 71,994 户,占总农户的 82.71%;建高级社 50 多个,百户以上的大社 160 个,基本实现了初级农业合作化。农业合作社的发展,进一步带动了资本主义工商业和手工业的社会主义改造。

　　1956 年初,由毛泽东主持编选的《中国农村的社会主义高潮》一书出版,对于广大农村掀起社会主义高潮产生了重要的影响。天津在全市基本实现初级农业合作化的基础上,农村很快进入了转入高级社的高潮。高级农业社实行主要生产资料集体所有制,社员的土地必须转为集体所有,取消土地报酬,耕畜和大型农具作价入社,等等。高级农业社规模差别很大,有的一村一社,有的一乡一社,规模大的数乡一社,社下设生产队。耕地、牲畜、车辆、农具等生产资料由合作社根据生产队的规模,统一调配固定到队,作为生产队的固定资产。生产队根据各种生产条件划分等级,按照等级定产、定工,对社员实行包工包产责任制,收益由社管理委员会统一核算,实行按劳分配。根据党的七届六中全会精神,天津各郊区先后建高级社 50 多个,百户以上的大社达到 160 个。其中西郊区葛庄乡继泰高级社成为联合 20 个农业社、565 个单干户,规模超 1000 户的工农联盟高级社。

　　1956 年 1 月 5 日,率先建成一乡一社高级社的是南郊区会馆乡、东郊区白塘口乡。南郊区会馆乡前营村 7 个农业社与石庄房村 2 个农业社,同 104 个单干户组成幸福之路集体农庄。东郊区白塘口村李吉顺等 4 个初级社合并为金星高级农业生产合作社,入户农民占全村 95%。仅用 7 天左右时间,南郊区和西郊区将全部初级社全部合并转成高级社。毛泽东视察天津期间,1 月 12 日到西郊区王顶堤村,对成立农业生产合作社的发展和劳动报酬问题高度关注。之后高级社的发展呈现出更为迅猛的态势，东郊区和北郊区只用两三天就完成了并社转社工作。原来全市的 946 个初级社，经过合并、扩大或调整，改建为 201个高级社，入社农户 92,301 户，占农民总数的 98.45%，平均每个社454户，最大的社达到 2000 多户。①在"跑步进入社会主义"口号的影响下，1 月 18 日，天津市四个郊区同时宣布完成社会主义改造，实现农业合作化，进入社会主义。

高级农业合作化发展时间短，要求急，转建或新建高级社时对原有条件没有充分的评估，从初级社猛然转到几百户、几万亩的大社，情况复杂，工作量大，有的基层干部和群众感到不适应，经济工作中一度出现混乱现象，劳动积极性受到影响。因此在数量上完成高级农业合作化之后，从中央到地方立即下功夫整社。从制定章程、加强领导、合理解决遗留的经济问题、调整社队规范、严格计划管理等多方面开展整社工作，取得较好的成效。

尽管农业合作化在急剧发展的高潮中存在过急、过粗、过快等问题，但经过对农业的社会主义改造，广大农民迈入了建设社会主义农村的历史时期。农业社会主义改造的完成，农业合作经济制度建立起来，农村社会主义生产关系的基本确立，对农业农村的发展产生了深远的历史影响。随着农业合作化的发展，天津郊区耕地面积有所增加，水利工程事业获得发展，耕作技术有所改进，农作物单位面积产量得到提高。1956 年天津粮食产量为 25.95 万吨，比 1953 年增加 94%，超过第一个五年计划 1957 年的生产指标。②

---

① 参见天津市农村合作制发展史编辑办公室：《天津市农村合作制发展简志(1949—1987)》，1989 年，第 5 页。

② 参见《中国共产党天津历史·第二卷·1949—1978》，中共党史出版社，2015 年，第162页。

三、对手工业的社会主义改造

天津手工业历史悠久。新中国成立后,在党和政府的积极扶植下,手工业得到迅速恢复和发展。按照过渡时期总路线,手工业社会主义改造的主要任务是引导个体手工业者走合作化道路,逐渐把分散的个体手工业者组织起来,改造分散落后的生产方式;把生产资料的私有制改为集体所有制;进行一些必要的技术改革,逐步实现手工业生产的机械化或半机械化。天津市积极引导个体手工业者走上合作化的道路,实现了手工业从个体所有制到集体所有制的伟大变革,比较顺利地完成了手工业的社会主义改造。手工业的社会主义改造主要经历了手工业合作社普遍发展、手工业合作化高潮的到来及对出现问题的调整两个阶段。

（一）手工业合作社普遍发展

新中国成立初期,天津市按照中央的指示精神,试办了少量的手工业生产和消费合作社,在手工业合作方面取得了一些经验。从1953年秋至1955年上半年,天津贯彻"积极领导,稳步前进"的工作方针,进一步加强对手工业社会主义改造的领导,推动手工业合作化运动全面开展,引导手工业合作化运动从典型示范走向普遍发展的新阶段。

1953年11月—12月,中华全国合作社联合总社召开第三次全国手工业生产合作会议,会议经过讨论,确定了对手工业进行社会主义改造的方针和政策。为贯彻会议精神,市委于1954年2月召开全市第一次手工业工作会议。市、区级有关部门和各国营贸易公司、供销合作社的党员负责干部123人出席会议,160余人列席会议。会议通过市委常委李华生所作的《展开对手工业的社会主义改造,把成千上万的手工业者组织起来》的报告,要求采取"积极领导、稳步前进"的方针,有计划、有步骤地对手工业进行社会主义改造。在发展路径上,要坚持由小到大、由低级到高级,通过手工业生产小组、手工业生产供销社、手工业生产合作社三种形式，组织和引导手工业走向合作道路，实现社会主义改造。这次会议为天津手工业社会主义改造工作指明了方向。市委于 4 月 15 日成立天津市手工业生产合作社联合总社筹备委员会（筹备处），专门负责全市手工业的社会主义改造工作。同时各区为宣传手工业社会主义改造政策建立办事处，推动个体手工业者加入手工业生产合作组织。

为巩固提高已建成的合作社，通过召开手工业者代表会议，加强对个体手工业者的领导和教育；通过加强基层社的生产管理、开展增产节约运动等，搞好生产；通过召开专业会议和手工业品推销会议，解决个体手工业的供产销问题；在合作社的组织形式上，试办了一些低级形式的供销生产社和小组发挥示范作用，促使更多的手工业者走上合作化道路。在市委和手工业系统党组织的领导下，天津手工业生产合作组织迅速发展。1954 年建立各种形式的生产合作组织 158 个。至1954 年底，全市参加合作组织的手工业者达 18,470 人，占手工业从业人数的 18.5%。[①]

1954 年底，由于国家大规模经济建设全面展开，对主要农产品和某些工业品实行统购统销、统购包销政策，手工业在生产原料供应、产品销售方面均出现问题。1954 年天津手工业总产值为 1.73 亿元，与1953 年基本持平，人均产值下降 23%。[②]针对手工业社会主义改造的过程中存在的问题，进行调整和整顿。为此，中央手工业管理局于 12月 8 日召开第四次全国手工业生产合作会议，要求各地区各部门贯彻"统筹兼顾、全面安排"的方针，进一步加强对手工业的领导。1955 年 3月，市委召开全市第二次手工业工作会议，贯彻全国会议精神。会议确定了 1955 年进一步实行对手工业社会主义改造的方针，即在"统筹兼

---

① 参见中共天津市委党史研究室、天津市档案局、天津市第二轻工业局编：《天津手工业的社会主义改造》，天津人民出版社，1998 年，第 11 页。

② 同上，第 12 页。

顾、全面安排、积极领导、稳步前进"的原则下,统一安排合作组织与个体手工业生产,保证完成生产任务;继续贯彻"积极领导、稳步前进"的方针,完成组织发展任务,不断促进低级形式的合作组织向高级形式过渡。在市委市政府的领导下,市手工业生产合作社联合社筹备处积极参加全市统一安排生产工作,密切了手工业和商业部门的供销结合,帮助手工业合作社和个体手工业者解决生产上的困难。同时根据现有手工业合作组织的情况,分类进行全面整顿。对组织不纯的社进行整顿,主要通过在合作社中建立党、团组织,加强思想政治工作,健全管理制度,提高社员觉悟,清洗社内坏分子,搞好合作社生产经营。通过整顿,解决了突出问题,巩固了生产合作组织。

洪垣生产合作社刘凤亭小组一起研究打浆成分及生产方法

　　为进一步加强对全市手工业社会主义改造工作的领导,1955 年 5 月天津市成立手工业管理局,与手工业生产合作社联合社筹备处合署办公。针对手工业合作化过程中出现的问题,在组织新的手工业合作社的工作中,更加注意调查研究和思想发动,采取从供销入手,由小到大、由低到高地发展方式,推动了手工业合作社的发展。仅 1955 年上半年，全市组织了 86 个手工业生产合作组织，其中包括 23 个生产合作社、12 个供销生产社和 51 个生产小组，社员共 3567 人。[①]同时各区通过召开手工业者代表会议、改选和加强手工业联合会、试办手工业者协会等方式，加强了对手工业者的团结教育。

(二)手工业合作化高潮的到来及对出现问题的调整

从 1955 年下半年开始，天津的手工业社会主义改造由前一阶段的有计划、稳步发展阶段改为加速进行，尤其是 1955 年底到 1956 年初，掀起了全市手工业合作化高潮。之后根据中共中央指示，天津市对手工业合作社进行了几次调整，解决了手工业合作化高潮后存在的一些严重问题，使手工业合作社得到了巩固和壮大。

1955 年下半年，《关于农业合作化问题》的报告发布以后，在农业合作化浪潮的推动下，手工业的社会主义改造也加快了步伐。12 月中旬，根据中央"加速加快，迎接高潮，全面规划，计划平衡"的精神，天津市制订了《1956 年手工业社会主义改造工作规划》，计划在 1956 年组织个体手工业者约 4.7 万人加入合作社，使全市走上合作化道路的手工业者达到 80% 左右。为了加快合作化速度，天津市要求手工业社会主义改造工作必须在"全面规划、加强领导"的方针下进行，采取按行业实现合作化的新形式。从 12 月下旬开始，各区先后成立手工业改造办公室或工作队，全市共抽调干部 400 多名，专门开展组社工作。各区又抽调 4000 多名基层骨干和积极分子，担任新建社、组的理、监事委员或负责其他工作。同时各区通过召开劳协代表会、手工业劳动代表会或骨干分子会，向手工业劳动者开展宣传。全市手工业者备受鼓舞，积极投入建社准备工作。

[①] 参见中共天津市委党史研究室、天津市档案局、天津市第二轻工业局编：《天津手工业的社会主义改造》，天津人民出版社，1998 年，第 10 页。

手工业改造中,天津市第一皮毛生产合作社吸收新社员入社

　　在农业合作化运动迅猛发展、工商业全行业公私合营浪潮的影响下,手工业社会主义改造高潮开始出现。1956 年 1 月 9 日,市委地方工业部召开关于加快手工业合作化的会议, 决定 1956 年手工业改造的基数由 4.7 万人增至 7 万余人,增长近 1 倍,并要求在春节前全部组织起来。1 月 18 日,天津市召开近 10 万手工业者参加的广播大会,宣布全市手工业实现社会主义合作化。随后天津市手工业生产合作社联合

1956 年 1 月 22 日,天津市和平区手工业社庆祝手工业社会主义改造的胜利

社筹备处对手工业合作化的工作发出"加快速度，继续完成建社工作"的指示。各区相继开展一系列建社工作，宣布实现合作化的手工业者正式成立合作社，一些已成立的合作社也积极吸收新社员，扩大规模。至1956年1月底，全市手工业社会主义改造的任务基本完成。

由于手工业合作化发展迅猛，对于我国手工业长期形成的分散生产、独立经营的特点注意不够，以致在手工业社会主义改造高潮中出现一些问题。1956年2月8日，国务院发出《关于目前适应工商业和手工业的社会主义改造中若干事项的决定》，强调必须保持参加合作社的个体手工业户原有供销关系，一般应该在一定时间内暂时在原地生产。长期保留部分服务性手工业便利群众、关心质量的优点，保护传统工艺，允许适合个体经营的手工业行业维持单独经营。

为贯彻党中央、国务院的指示，天津结合全市手工业社会主义改造高潮后的具体情况及行业特点，在1956年第一季度重点对服务性的合作组织进行了整顿。保持修理服务行业原来一家一户的经营方式，既满足了群众生活需要，又保证了社员的收入。

1956年5月，天津市召开手工业生产合作社第一次社员代表大会。在总结了前一阶段手工业合作化工作的经验教训的基础上，制定了《天

1956年5月4日，天津市手工业管理局和市联社召开特种工艺老艺人座谈会

津市手工业合作社联合总社章程》，确定了1956年手工业的工作任务，并且指出要"依据手工业中各种自然行业的情况，妥善解决集中生产与生产的问题的原则，继续稳妥地进行生产改组"，进一步整顿手工业生

产合作社。6月,天津市集中对生产制造行业的手工业生产合作社进行整顿,把不适当集中或统一管理、无法维持下去的合作社分开,根据不同的供销关系和经营特点,采取多种组织形式。从6月到8月初,各区对106个生产性的合作社进行了改组和调整,将这些合作社重新划分为234个社(组)。

根据1956年8月召开的全国手工业社会主义改造工作汇报会议精神和本市手工业合作社的具体情况,天津市手工业的分社改组工作在第四季度进一步开展。到1956年底,又将76个手工业合作社重新调整为104个社(组)。至此,天津市共有831个手工业合作社(组),社(组)员9.3万余人,全市80%左右的手工业从业人员社(组),基本完成了手工业社会主义改造后的调整改组任务。

经过1956年三次调整,天津手工业社会主义改造得到巩固和发展,初步改变了因产品复杂或规模过大而造成的混乱现象,恢复了原有的业务关系和被取消的特殊手工业产品,保持了原有较好的经营方式。

经过对手工业的社会主义改造,手工业生产得到发展,手工业者的收入得到提高,表现出集体经济的优越性。1956年手工业生产总值达到35,733万元,提前一年零三个月完成第一个五年计划。1956年社员个人平均年产值达到3859元,劳动生产率达到36.58%,社员个人全年平均实际工资收入达到570元,比1955年提高了22.94%。[①]以地毯合作社为例,1953年8月,地毯合作社社员1627人,为集中生产建立8个分社,生产资料由个体变为集体所有。经过积极引导,1954年3月起陆续组织了85个社外小组, 共342人,11月小组成员全部入社。1956年市内的地毯手工业者全部入社。通过合理调整劳动组织,提高了劳动生产率;通过李炳玉小组织毯经验的推广,节约了原材料;公开

---

① 参见中共天津市委党史研究室、天津市档案局、天津市第二轻工业局编:《天津手工业的社会主义改造》,天津人民出版社,1998年,第302、305页。

地毯生产过程中的优秀技术，总结推广工艺技术操作规程，提高了生产效率，培养和储备了技术人才。社员的月均收入从1953年的28元提高到了65.5元。[①]但是在合作化高潮中，由于在指导思想上对手工业生产小而分散、产品多种多样等特点认识不足，片面强调集中生产和统一计算盈亏的优越性，造成产品品种减少、一些服务无法正常供给，对人民的正常需要产生了一定的影响。

四、对资本主义工商业的社会主义改造

新中国成立初期，天津是我国北方最大的工商业城市，党和政府采取措施把资本主义工商业逐步引向初级形式的国家资本主义轨道。按照过渡时期总路线，采取由国家资本主义的初级形式到高级形式逐步过渡的方式，实现对天津工商业的社会主义改造。天津对资本主义工商业进行有计划、有步骤的改造，从总体上历经扩大初级形式的国家资本主义、扩展个别企业的公私合营，实现全行业公私合营两个阶段。

（一）扩展个别企业的公私合营

对资本主义工商业进行社会主义改造，是过渡时期总路线的重要内容。1953年过渡时期总路线提出，必须使初级形式的国家资本主义向以公私合营为主的高级形式的国家资本主义发展，再逐步地由国家资本主义经济转变为社会主义经济。

为做好向工商界的宣传工作，天津市委统战部以培养骨干分子、召开工商联代表会议等方式，传达贯彻总路线和中华全国工商联合会会议代表大会的决议精神，帮助工商业者树立正确的认识。加之农业互助合作运动的发展及国家对粮食等物资的统购统销政策，原料、资金、市场等过去有利的因素都已不复存在，不少资本主义工商企业由于缺乏原材料、产品销售渠道和流动资金，不得不接受国家的委托加工、计

---

① 参见中共天津市委党史研究室、天津市档案局、天津市第二轻工业局编：《天津手工业的社会主义改造》，天津人民出版社，1998年，第384页。

划订货,一些私营工商业者主动要求进行公私合营。至 1953 年 12 月,天津已有 1200 多家私营工业企业接受国家加工订货,走上国家资本主义道路。对私营商业的改造是按照政务院的统一部署,有计划地推行。针对部分私营批发商偷税漏税、哄抬物价和扰乱市场的不法行为,按照"排挤大户、限制中户、维持小户"的原则,采取扩大加工订货、控制货源的具体措施,对大、中批发商进行排挤和控制。

初级形式的国家资本主义虽然使资本主义企业同国营企业从外部建立了联系,在一定程度上限制了资本主义企业的盲目发展,但并没有从根本上触动资本主义企业的性质,实现国民经济恢复后国家开始有计划地进行经济建设,资本主义经济与开展有计划的计划经济建设的矛盾日益突出。从 1954 年到 1955 年下半年,天津市对资本主义工商业进行了有计划、有步骤的社会主义改造,由初级形式的国家资本主义过渡到半社会主义性质的高级形式的国家资本主义,重点是扩展个别企业的公私合营。

1954 年,天津市在对生产集中、设备先进的私营大厂进行个别企业的公私合营的基础上,有计划地扩展个别企业的公私合营。1953 年至 1954 年,由于国家对粮棉实行统购统销政策,私营批发商经营也受到限制,天津资本主义工业所需原料和产品销售渠道,基本上为国营经济控制,私营企业不得不进一步依靠加工订货、统购包销方式经营,这就为扩展公私合营创造了条件。市委于 1954 年 3 月召开第一次公私合营工作会议,传达中共中央《关于将资本主义工业有步骤地基本上改变为公私合营工业的意见(草稿)的精神》等重要精神和指示。会议根据中央确定的方针,制定了《天津市 1954 年扩展公私合营工作计划》,确定了对个别企业公私合营工作的政策。公私合营是国家资本主义的高级形式,其特点是社会主义成分同资本主义成分在企业内部的合作,公方占有股权,公私双方共同经营,公方代表居于领导地位,企业的利润实行"四马分肥"。天津市制定的计划针对天津市私营工业比较分散落后、大小厂发展很不平衡的情况，要求在具体执行时，采取"先少后多，先大后小，先慢后快"的做法，强调要根据"国家的需要、企业改造的可能和资本家自愿"的原则，积极慎重，稳步前进。

根据会议确定的精神，个别企业公私合营进一步扩展。1954年，一些与国计民生有密切关系的比较大的工厂先后实现了公私合营。其中包括职工达到3981人、洋灰产量居全国第一的启新洋灰公司，全国最大的制碱企业永利制碱公司，全国著名的精盐制造企业久大盐业公司，天津私营棉毛纺织业5个最大的工厂恒源、北洋、达生、仁立、东亚纺织厂，以及伟迪氏制药厂、新安电机厂、新兴钢厂、近代化学厂、丹华火柴厂、寿丰面粉厂等天津有名的私营大厂。

企业的公私合营按照对申请合营的工厂进行调查，成立筹备委员会，清产定股，确定公私股比重，企业利润按"四马分肥"原则进行分配，建立健全管理制度等6项方法步骤依次进行。由于政策明确，方法得当，步骤稳妥，这一阶段公私合营工作进展比较顺利。

公私合营促进了企业生产发展，增加了企业积累。1954年，全市78户公私合营工厂的平均利润率高达40%，而私营工业本年的平均利润率在20%左右。由于工厂合营后的利润增多，职工福利得到提高，资本家的红利股息也随之增多。据对53个合营厂的统计，在1954年企业总利润中，共提取公积金448万元，职工奖励金135万元，股息红利291万元（其中私股分得127万元），这就为进一步扩展公私合营树立了榜样。此后公私合营的企业逐年增多。1953年全市公私合营工业只有23户，到1954年扩展到78户，1955年进一步扩展到237户，500人以上的大厂全部实行公私合营。公私合营工业产值在工业总产值中的比重1953年占6.8%，1954年占13.5%，1955年占21.7%。[1]

在推进对资本主义工业企业改造的同时，按照中央统一部署，积

① 参见中共天津市委党史资料征集委员会、中共天津市委统战部、天津市档案馆编：《中国资本主义工商业的社会主义改造（天津卷）》，中共党史出版社，1991年，第18页。

极开展对私营商业的改造。1954 年 5 月底,在市委领导下,成立了私商处理委员会,并按归口安排的原则由各国营公司分别成立不同行业的处理小组。天津市对私营商业改造的方针是"排挤批发、改造零售、发展经销代销",重点是对私营批发商的改造。在对私营批发商改造中,坚持"排挤大户、限制中户、维护小户"的原则,由国营批发机构控制商品货源,私营大批发商业被国营商业所代替,中小批发商的经营活动受到限制。1954 年第二季度,国营商业中的批发额已占全部商品流转中批发额的 83.2%,基本上占领了批发阵地。

天津市盛锡福鞋帽厂挂上公私合营招牌时,经理和职工们聚在门前互相祝贺

（二）实现全行业公私合营,资本主义工商业的社会主义改造基本完成

1955 年,天津对资本主义工商业的社会主义改造从初级形式为主的国家资本主义向高级形式为主的国家资本主义发展,从个别企业公

私合营向全行业公私合营发展。

1955年3月，中共中央批转第二次全国扩展公私合营工业计划会议的报告，确定实行"统筹兼顾、合理安排"的方针，在扩展公私合营的方式上，采取"个别合营与按行业改造相结合"的办法。7月，天津市委召开第二次公私合营工作会议，根据中央公私合营工作的方针政策，确定了1955年下半年公私合营工作的任务，要求做好19个重点行业的调查工作，为加快推进社会主义改造做好准备。会后，全市公私合营的速度开始加快，市人民委员会批准81家企业在第三季度实行公私合营。

1955年秋，受农业和手工业社会主义改造迅猛发展浪潮的影响，资本主义工商业改造的步伐进一步加快。1955年10月29日，毛泽东在北京邀请中华工商业联合执行委员会举行座谈会，天津的执行委员李烛尘等应邀参加，座谈工商业的社会主义改造问题。会议上，毛泽东提出全国工商业者应该认清社会发展规律，掌握自己的命运，争取光明前途，并指出将对接受改造的工商界人士给予政治上和工作上的适当安排，继续贯彻赎买政策，鼓励他们把自己从剥削者改造成为自食其力的劳动者。这次座谈会和毛泽东的讲话，激励了全国的工商业者，在一定程度上稳定了工商业者不平静的心情，也在一定程度上推动了资本主义工商业社会主义改造高潮的到来。

为进一步加快对资本主义工商业的社会主义改造，市委于1955年11月，先后在纺织、面粉、车具、毛麻纺织、橡胶、植物油、烟草、染料等8个行业进行全行业公私合营试点工作。全市213家私营工厂实行公私合营，共拥有职工1.7万多人，其中100人以上的工厂达到43家。同时，市人委正式批准糕点行业实行全行业公私合营，并指定由天津市饮食公司负责，组建天津市公私合营糕点公司，统一经营全市糕点的生产和销售业务。糕点行业成为天津市第一个被批准实行公私合营的行业。

为了动员工商业者积极地参加到改造的高潮中来，1955年11月1日—21日，全国工商联第一届执行委员会第二次会议在北京召开。

会议号召一切爱国的工商业者把自己的命运和国家发展的前途统一起来，为适应经济发展的新形势，在现有的基础上进一步接受改造。11月 16 日—24 日，中共中央政治局在北京召开各省、市、自治区党委代表参加的关于资本主义工商业社会主义改造问题的会议。为贯彻会议精神，2 月 7 日至 12 日，市委召开会议，贯彻中央关于资本主义工商业改造问题会议精神，进一步提出对全市资本主义工商业实行全行业公私合营的要求和规划，计划到 1957 年把全市私营工商业基本上按行业实行公私合营。会议动员全党认真落实中共中央指示，把对资本主义工商业的社会主义改造推进到一个新的阶段。

会后，为进一步加快资本主义工商业社会主义改造，市委成立了统一领导资本主义工商业社会主义改造工作的 9 人小组。天津市人民委员会、各区人民委员会、各专业局及各行业也分别成立了专门机构，各有关局和区抽调干部 5000 余人，组成了对资本主义工商业改造的队伍，在全市展开了更加深入的宣传教育工作。多数资本家表示响应中共中央的号召，拥护国家对资本主义工商业和平改造的方针，接受社会主义改造，服从全面规划、统筹安排、经济改组、按行业改造的政策。市总工会为做好职工动员工作，召开私营企业职工代表及工会干部会议，为实行全行业公私合营做好职工思想上的准备。市工商业联合会、各区工商业联合会和各行业同业公会委员会举行联席会议，传达和讨论全国工商联执行委员会第二次会议的精神，号召工商业者认清国家对资本主义工商业采取的和平改造方针，更好地接受改造。到1955 年底，全市 500 人以上的大厂全部合营完毕，500 人以下、100 人以上的厂也仅有 24 户没有合营，公私合营企业已达 294 户。

天津工商界为了协助政府推动全行业公私合营工作，1956 年 1 月7 日成立了 3000 多人参加的资本主义工商业社会主义改造工作队。总队长由全国工商联主席、天津市工商联主任委员李烛尘担任，副总队长由天津市副市长、工商界知名人士周叔弢和天津工商联主任委员毕鸣岐、朱继圣担任，在工商界中进行广泛宣传。

在国营商业逐步代替私营批发商后，不可避免地使商业中的公私关系趋于紧张，很多私营批发商无货可卖，大批从业人员的生计受到影响。市人委于 1956 年 1 月 9 日召集全市百货等 33 个行业的职工和资方参加代表大会，宣布批准商业实行全行业公私合营。全市公私合营商店店员代表举行会议，通过《告全市合营商店店员书》。会后，国营商业职工和公私合营商业职工 3000 多人，举行盛大的会师联欢晚会，庆祝私营商业全行业公私合营。

1956 年 1 月 10 日，市人委又批准橡胶、车具等 8 个工业行业的 1359 户企业实行全行业公私合营。这些工业行业的公私合营产生了较大的示范效应，进一步推动了全市私营企业的改造工作。1 月 14 日，市人委采取"先合营、后清产核资、按行业陆续批准"的办法，又批准钢铁、金属冶炼等 37 个工业行业的 4556 户企业实行公私合营。连同原已正式批准的造纸、橡胶的 13 个行业，全市共 50 个工业行业全部被批准实行公私合营。1 月 15 日，在纪念天津解放 7 周年大会上，市委和市人委正式公布，全市资本主义工商业的社会主义改造基本完成。

由于对资本主义工商业的改造发展速度之快准备不足，不可避免地出现了一些问题，天津市贯彻中央部署，在一定程度上纠正了改造高潮中出现的问题。1956 年 2 月 8 日，国务院通过《关于目前私营工商业和手工业的社会主义改造中若干事项的决定》，对私营工商业和手工业在社会主义改造过程中的问题、私营企业实行公私合营时财产清理估值、公私合营企业推行定息的办法作出了规定。天津市工商业者传达学习后，纷纷表示拥护这三项规定，全力做好清产核资工作。3 月 29 日，全市公私合营企业的清产核资工作基本结束。在清产定股后，公私合营企业普遍实行定息制。全行业公私合营后，在人事安排上，根据中央"对原有实职人员一般要包下来，并参照原有情况量才使用，使之

1956 年 1 月 15 日，天津市 5 万多名公私合营企业的职工、资本家及其家属，游行庆祝公私合营

各得其所，各司其事"的方针，对凡是愿意工作和能够工作的资方人员及其代理人，都分别安置了工作，使他们在企业经营管理和技术工作中发挥专长。

对资本主义工商业的社会主义改造，实现了在计划经济体制下，对企业生产的统一管理。改造完成后，资本家成为社会主义劳动者，广大职工的主人翁思想得到提高，劳动热情高涨。大部分公私合营企业经过初步改造集中了技术力量，解决了部分行业过去在生产经营上的困难，提升了企业生产潜力。尽管在对资本主义工商业改造的过程中存在着一些缺点和问题，如一些小工业、小商业，特别是一些服务性行业，盲目练兵，实行统一核算，小商品、特殊产品的生产受到影响，给群众日常生活带来一些不便。但总体而言，天津对资本主义工商业的改造工作是迅速的,步骤是比较稳健的。资本主义工商业社会主义改造工作的顺利完成,为开始全面建设社会主义奠定了良好的经济基础和社会基础。

五、社会主义改造的成就和意义

1956 年,天津胜利完成对于农业、手工业、资本主义工商业的社会主义改造,取得了一系列成就,具有重要的意义。

随着社会主义改造的完成,天津确立了社会主义公有制,实现了从新民主主义到社会主义的深刻变革。对生产资料的社会主义改造是中国共产党领导中国人民在探索我国社会主义建设过程中进行的最为广泛而深刻的社会变革,实现了我国由新民主主义革命向社会主义社会的顺利过渡。在过渡时期,党创造性地开辟了一条适合中国特点的社会主义改造道路。通过三大改造,农户、手工业者融入农业生产合作社、手工业生产合作社,改变了个体生产的模式,个体所有制经济转变为集体所有制经济,资本主义私有制基本转变为国家所有即全民所有的公有制。通过社会主义改造,天津社会主义公有制经济在国民经济中占据优势地位,建立起了社会主义公有制这一经济制度。在保证国民经济稳定发展和得到人民群众普遍拥护的情况下完成的,党领导人民消灭私有制,这是一场深刻的伟大的社会变革。

生产关系的变革,促进了生产力的发展。把个体私有制改变为集体所有制,从过去从属的地位改为民主的互助合作关系,促进了生产力的发展。1956 年,虽然天津部分地区遭受水灾,但天津主要农作物的产量比丰收的 1955 年有所增长。手工业合作社通过分工合作开展生产活动,分工协作、优化流程、提高了劳动生产率。1949 年手工业生产总值为 531.7 万元,1956 年增长到 35,733 万元,占全市地方工业总产值的14%左右,提前一年零三个月完成了第一个五年计划。①对手工业进行

---

① 参见中共天津市委党史研究室、天津市档案局、天津市第二轻工业局编:《天津手工业社会主义改造》,天津人民出版社,1998 年,第 10 页。

社会主义改造,提升了手工业的生产能力,在满足国家建设和城乡人民生活需要方面,发挥了重要的作用。而且随着手工业合作社的不断发展壮大,一些合作社成为天津地方工业的骨干力量,如天津市的无线电厂、自行车厂、地毯厂、帆布厂等都是在手工业合作社的基础上发展起来的。生产者的物质文化生活水平随之提高,机械化程度日益增长,为向工业化迈进奠定了基础。随着工商业社会主义改造的完成,钢、生铁、钢材等19种主要工业产品产量迅速增长。

三大改造的完成为全面进行社会主义经济建设和实现社会主义现代化奠定了基础。1956年1月20日,全市一片欢腾,90万天津市民举行"天津市各界庆祝社会主义改造胜利联欢大会",市委书记、市长黄火青在讲话中指出,社会主义改造胜利完成,"这就给我们提高生产、改善生活,为我们子孙后代过幸福生活、美好的日子,打下了巩固基础"。伴随着生产资料社会主义改造的完成,社会主义经济体制、政治体制、教育科学文化体制基本形成,经济建设和国家工作的各个方面都因适应和服务于社会主义经济制度的建立而得到发展和改善。

当然,新中国在向社会主义过渡的过程中,存在一些缺点和不足。1955年上半年以前,对农业、手工业、资本主义工商业的社会主义改造基本上是稳步前进的。但从1955年下半年开始,合作化速度骤然加快,仅一年时间,就基本完成社会主义改造任务。全行业公私合营开始时,天津市实现8个行业的公私合营,用了3个月的时间,但1955年底,全市原定两年完成全部行业的公私合营,不到1个月就提前完成了。高潮来势迅猛,又缺乏全行业合作化的经验,就不可避免地出现"要求过急,工作过粗,改变过快,形式上也过于简单划一"的缺点和不足,以致有些问题没有来得及研究决定,留下一些后遗症。

基本完成对生产资料的社会主义改造,标志着我国生产资料所有制形式发生重大转变,向社会主义社会的过渡已经实现。社会主义改造完成后,如何在确立社会主义制度的基础上实现国家富强、人民富裕，成为中国共产党新的历史任务，建设社会主义需要党和人民进行长期艰苦的奋斗。正是肩负着这一新的任务，党领导天津人民开始了社会主义建设新的历史征程。

第六节 实施"一五"计划

从 1953 年开始，按照中央统一部署，天津市开始编制实施第一个五年计划。在全市人民的共同努力下，至 1957 年底，"一五"计划超额完成，天津经济发展取得重要成就，人民群众物质文化生活水平进一步得到提高，城市面貌发生重要变化，同时为支援国家经济建设作出重要贡献。

一、第一个五年计划的制定及其方针任务

天津市发展国民经济的第一个五年计划是在中共中央领导下编制的，是全国第一个五年计划的组成部分。从 1953 年开始，我国开始执行发展国民经济的第一个五年计划。按照中央统一部署，天津市进行了第一个五年计划的编制工作。"一五"计划编制时间较长，采取边实施、边修改、边补充的方式进行。

1952 年 8 月，市委决定从编制工业生产计划着手，由市财委牵头，按工业部门分别组织有关单位进行研究，开始编制五年国民经济计划轮廓。12 月 22 日，中共中央发出了《关于编制一九五三年计划及五年建设计划纲要的指示》，为地方开展长期经济计划的编制提供了指导。《指示》强调按照中央的"边打、边稳、边建"的方针来从事国家经济建设，将其作为制订计划的出发点，来考虑国家工业建设的投资、速度、重点、分布和比例；以发展重工业为建设的重点，集中有限的资金和建设力量首先保证重工业和国防工业的基本建设；合理地利用现有工业基础和现有设备，充分发挥现有企业潜在力量；以科学的态度从事计

划工作,使计划能够正确反映客观经济发展规律。根据中央指示及天津工业的特点,1953 年 3 月《天津市工业五年计划草案》形成,初步提出了天津工业五年发展的基本目标。

党在过渡时期的总路线和总任务公布后,1954 年 2 月,按照国家计委、华北财委对天津五年计划的有关指示意见,在深入开展调查研究的基础上,形成天津市五年计划新的草案。7 月,天津市人民政府计划委员会正式成立,由市委副书记、市长吴德兼任主任,冯文彬、李华生、杨黎原等任副主任。刚成立的市计委的首要任务就是逐步接手天津"一五"计划的编制和组织实施工作。8 月,华北行政委员会下发有关天津"一五"计划主要指标的意见。9 月,全国第一次计划会议召开,提出经济发展的平衡要求,明确了发展地方工业的方针。根据这次会议精神及国家计委下发天津的指标,《天津市第一个五年经济计划纲要草案》进一步进行修改完善,内容上体现了国家关于工业布局的指导方针。

1954 年底,根据中共中央关于进一步编制地方经济五年计划纲要的有关指示,天津市加紧了第一个五年计划的编制工作。市委常委会议上对《关于天津市第一个五年计划草案的报告》进行反复讨论,进一步明确了天津工业发展方针、发展速度、如何充分发挥现有工业基地的作用等重要问题。经过反复研究修改,1955 年 3 月,《天津市第一个五年计划(1953—1957)草案》基本定稿。6 月 27 日至 7 月 4 日,中共天津市代表会议讨论并通过市委副书记、副市长白坚作的《关于天津市发展国民经济的第一个五年计划报告》。9 月 22 日,天津市第一届人民代表大会第三次会议讨论并通过《天津市第一个五年经济计划纲要》。至此,天津"一五"计划正式编制完成。

党的过渡时期总路线和国家"一五"计划确定了集中主要力量发展重工业,建立国家工业化和国防现代化的初步基础的重要指导方针。在工业布局上,强调在全国各地区适当地分布工业项目,使之接近原料、燃料的产区和消费地区，逐步地改变过分集中于沿海城市的分布不合理状态，提高落后地区的经济水平。鉴于朝鲜战争结束后国际形势仍然紧张，考虑国防安全的需要，中央确定了"沿海城市不再新建扩建"的方针，提出"应该逐步地把沿海城市的某些可能迁移的工业企业向内地迁移"。①"一五"时期的一些重大建设项目，如国家156项重点项目，没有放在天津等一些沿海城市。中央对于天津这类原有工业基础较好的城市的要求是：控制发展，充分利用，增加工业设备生产和建设人才培养输出，支援国家重点项目建设。

在坚决贯彻执行中央要求的前提下，市委市政府对天津自身的发展情况进行了深入分析。天津处于沿海地区，是当时我国工业的重要基地之一，具有较好的工业基础和较大的生产潜力。拥有相对发达的轻工业、食品工业和相当规模的机器制造业、橡胶工业和化学工业，主要工业产品的产量在全国占较大比重，在设备、生产技术、交通运输及市政建设等方面具有一定基础和便利条件，生产潜力较大。就78种主要产品来看，其中有61种产品1954年生产能力利用率仍在60%以下。经过三年经济恢复，经济工作取得了很大成绩。但在工业发展中仍然存在一些问题，如加工配置的工业较多，生产基本原料的工业较少，距原料出产地很远，除农业原料外有很大部分的工业原料必须依靠国外输入，原料供应有很大困难；一些工业部门和企业内部设备不平衡，生产程序配置不合理。国民经济中经济类型复杂，私营经济仍占相当比重。但私营工业中生产分散、技术设备落后、10人以下的小型企业占2/3。大多数私营工厂生产工序不完整，很少有生产完整的企业，社会主义改造的任务相当繁重。

根据党的过渡时期总路线和国家"一五"计划要求，结合天津实际，天津市确定了第一个五年计划的方针，即在全国平衡的基础上，尽

---

① 中共中央文献研究室编：《建国以来重要文献选编》(第六册)，中央文献出版社，1993年，第424—425页。

量利用现有设备能力,积极稳步地对资本主义工商业、手工业和农业进行社会主义改造,以支援国家建设,满足人民日益增长的对生产资料和生活资料的需要,并在提高劳动生产率的基础上,相应地提高人民的物质文化生活和精神文化生活水平。

根据天津市第一个五年计划的方针,在"一五"期间,天津应担负的任务概括说来是:第一,尽量利用现有设备,发挥现有工业的作用,以支援国家重点建设。第二,在全国平衡的基础上,尽量发挥现有工业的潜力,努力增加新品种。第三,国家商业和合作社商业应该有计划地扩大商品流转,贯彻对私营商业的社会主义改造方针。第四,系统地完成对私营批发商的改造工作,对私营零售商逐步进行改造;有计划地进行对农业和手工业的社会主义改造。①

为保证上述任务的完成,"一五"计划对各方面发展国民经济指标都作了具体规定:②

(1)工业方面。地方工业产值五年内增长 1.17 倍,平均每年递增16.8%。计划规定,新种类工业产品共有 109 种;地方国营工业五年内增长 1.68 倍,即每年平均递增 21.8%。合作社营工业五年内增长 2.07倍,每年平均递增 25.2%。公私合营工业五年内要扩展 1195 户,1957年的产值比 1952 年增长 17.52 倍,平均每年递增 18%。除按计划进行改组和尽量利用已有设备外,全市工业应着重解决改进产品质量和增加产品品种的问题。

(2)农业方面。计划规定五年内耕地面积扩大 17.7 万亩,较 1952年增加 13.4%。粮食产量 1957 年将比 1952 年增加 16,200 万斤,增加49.1%。造林 82 公顷。整顿、改进并适当发展国营农场,发挥其示范作

---

① 天津市档案馆藏《天津市第一个五年经济计划纲要(草案)》《党代表会议上关于天津市发展国民经济的第一个五年计划的报告》,《天津日报》,1955 年 9 月 23 日。
② 天津市档案馆藏《天津市第一个五年经济计划纲要(草案)》《关于天津市发展国民经济的第一个五年计划的报告》。

用,继续深入开展农业合作化运动。还应大力开垦荒地,扩大耕地面积。兴建一些必要的农田水利工程。推广先进耕作技术。此外有计划地增加蔬菜、家禽、家畜的饲养和水产品生产,以满足人民对副食品的需要。

(3)商业方面。根据对社会购买力的估算,社会商品零售总额五年内增长 20.16%。城市商业社会零售总额五年内增长 24.51%,其中国营、合作社营商业零售额增长 28.93%,公私合营商业的零售额增长30.07%,私营商业的零售额(包括经销、代销等)增长 21.74%。

(4)基本建设方面。五年内基本建设原计划投资总额为 2.32 亿元。后根据中央关于全面节约的指示,削减了基本建设投资,削减后五年总投资额约为 1.92 元,建筑面积共为 965,594 平方米。其中建设限额以上工程项目 13 项,包括改建针织厂、新建洪泥洼国营农场、新建上沽林国营农场及其水利工程、新建农林机械拖拉机站,修建金钟河大干沟、墙子河截流管、卫津河大干沟,新建体育馆、自来水公司,公共汽车公司扩建工程、拓宽大沽南路工程、新建天津汽车运输公司停车保养厂等。此外有建设限额以下的丙类建设 176 项。

(5)文教卫生事业方面。教育方面,1957 年与 1952 年比,高中、初中和小学的在校学生比例将分别增加 37.26%、189.82%、240.7%。五年内扫除文盲 266,335 人。卫生方面,五年内全市市立医院达到 32 个,病床达到 4509 张。到 1957 年, 全市公立及私立医院共有病床 6562张。到 1957 年全市保育院机构将发展到 465 个,收托儿童人数将达到16,181 人。文化事业方面,1957 年全市电影院达到 27 个,电影放映队达到 44 队,剧场达到 34 个,剧团达到 27 个。报纸、出版、书刊发行的数量都有相应增长,同时群众文化艺术事业也有很大发展。

此外按天津市第一个五年计划的指标规定,城市公用事业、交通运输事业等都将有很大的发展。

天津市"一五"计划是国家"一五"计划的一个组成部分,五年计划的完成,将为支援国家经济建设做出重要贡献,人民物质文化生活水平将继续有所提高,并进一步改变天津市的面貌。在"一五"计划的鼓舞下,全市广大党员干部群众以高度的政治觉悟和饱满的干劲,努力工作,支援国家建设,积极投身到天津第一个五年计划的建设中。

二、"一五"计划的实施和经济建设热潮的兴起

为保证"一五"计划的顺利开展,市委市政府采取了一系列有力措施,动员组织工人和各界群众,掀起大规模经济建设热潮。

国家"一五"计划对上海、天津等老工业基地提出"充分利用、合理发展"的方针,国家重点建设项目没有安排在天津。纳入国家计划的天津地方基本建设总投资额实际仅为 1.92 亿元,限额以上工程 13 个。而由于国家新建的工业企业短时期内大部不能迅速投入生产,天津作为我国工业基地之一,担负着为支援国家建设、满足人民需要而生产大量工业产品的任务。同时还要为国家建设积累一定的资金。因而"一五"期间,如何在有限投资的基础上,利用现有设备,充分发挥老工业基地的作用,是天津建设面临的主要问题。此外从全市工业企业生产经营情况看,地方工业企业普遍存在着生产设备落后,企业生产管理水平和生产效率不高,产品质量低、成本高、品种少等多种问题。为确保"一五"计划的实施和经济建设的顺利开展,市委着力在工业生产和流通等环节加强对经济工作的领导,引导企业从内部挖掘潜力,增加生产,从而支援国家建设和满足人民生产生活需要。

(1)工业的领导机构进一步调整。天津市"一五"计划执行前,市委领导工业的工作机构为市委工业部,同时设有直属市委领导的华北纺织管理局党委、地方国营工业管理局党委和重工业局党委。1955 年 2 月,为适应天津地方工业发展的需要,加强对工业企业的领导,市委决定将市委工业部中地方国营工业划出,成立了市委地方工业部,管理地方国营工业、公私合营、私营工业及手工业工作。同时市委工业部改称市委国营工业部。这些措施,从领导机构设置和干部配备上为"一

"五"计划的实施提供了保证。

(2)广泛发动工人群众积极投入"一五"计划建设。按照市委工业部指示，很多企业于1953年初开始制订年度生产计划和推行工人作业计划，并通过大字报、快报、快板、广播、定计划问答栏等宣传方式，组织宣传员和工会宣传队员，深入车间小组，对工人的问题及时加以宣传解答。然后发动职工研究讨论，调动他们的生产热情，解决计划实施中的问题。通过编制和实施作业计划，加强计划管理工作，促进了企业生产计划的完成，增强了企业和职工的计划观念，发挥了广大工人群众的生产积极性。

(3)开展爱国劳动竞赛，加强劳动管理。1953年上半年，根据市委决定，全市各企业组织广大职工广泛开展了爱国劳动竞赛。4月21日，市委书记黄火青在全市工业系统党员干部大会上提出，应把提高出勤率作为爱国劳动竞赛的奋斗目标之一。市总工会随后发出指示，要求各级工会干部在劳动竞赛中，对工人进行劳动纪律教育。通过介绍先进工人的模范事迹，提高工人群众的组织性和纪律性，使他们真正认识到个人利益和国家利益的一致性，从而焕发出热爱劳动、建设祖国的热情。在爱国劳动竞赛中，一些企业根据需要，改进了劳保福利工作，订立或修订了一些生产管理制度，促进了企业生产的发展。1954年，天津市开始贯彻执行《国营企业内部劳动规则纲要》，推行"厂长

1953年，天津卷烟厂提前完成全年任务

负责制"，以进一步加强工业企业管理，提高生产效率。通过进行加强劳动纪律的教育，很多企业劳动纪律松弛的现象有所转变，旷工和无故请假的情况也大为减少，出勤率普遍提高，生产秩序得到加强，生产效率也随之提高。

（4）开展技术革新运动，提高企业技术水平。充分挖掘企业潜力，提高产品产量质量，节约成本，除了规范企业管理，最为核心的还是提升企业的科技水平。新中国成立初期，天津科技力量十分有限，特别是天津一部分科技人员支援国家重点建设项目被派往外地。在这种情况下，为提高企业技术水平，天津工业企业在组织劳动竞赛与提合理化建议的基础上，广泛开展了技术革新运动。通过建立健全各项操作规范加强对新工人的教育培训等，很多企业技术管理水平都得到了提升。天津毛织厂职工在"查定"①后，发动技术人员协助工人制订出10余种技术操作规程，并把操作规程印成条文，发给工人学习，使该厂的产品产量质量都得到提高。②国营橡胶九厂通过组织新老工人签订师徒合同，帮助新工人提高技术水平。在市委领导下，广大工业企业还积极总结并借鉴其他单位的先进技术经验，鼓励技术人员和老技术工人挖潜力、找窍门，推进企业的技术进步，提高产品产量和竞争力。

1954年5月，市委工业部和市工会联合会先后组织本市工厂企业党、政、工、团负责干部和劳动模范、老技术工人及工程技术人员1000余人，赴京参观"鞍钢技术革新展览会"，学习鞍钢技术革新的先进经验，并积极推广。③1956年1月，党中央召开知识分子问题会议后，天津的企业更加注意发挥技术人员的积极性。具备条件的企业，普遍实行

① 查定，即查工查料，也称测定、技术定额查定。其内容包括查工作时间、查机器效能、查原材料消耗等，是1952年10月天津工业企业开始实行的一项生产管理措施。
② 参见《天津毛织厂职工在查定中制订出十余种技术操作规程》，《天津日报》，1953年1月19日。
③ 参见中共天津市委党史研究室：《中国共产党天津历史大事记(1919—2010)》，中央文献出版社，2011年，第249页。

了以总工程师为首的技术责任制,并建立了总工程师室、中心试验室、设计科、工艺科、技术监督科等。组织各种技术进修班、夜大,吸收在职技术人员和工人进修。市委还制订了《天津市知识分子工作纲要(草案)》和《天津工程技术科学研究十二年规划》,号召广大知识分子向科学技术进军,为广大知识分子发挥才能提供了更广阔的空间。

(5)大力拓展国内外市场,促进工业生产发展。天津商业部门和工业部门密切配合协作,继续开展城乡物资交流,为工业生产积极组织货源,努力开拓国内外市场。在销售工业品过程中,国营商业部门还广泛征求建设部门和消费者的意见,指导和协助工厂改进规格品种、提高产品质量,满足人民生产生活需要。1953 年,天津出产的卡其布布面粗糙,质量很差,人们称作"疙瘩呢""毛巾布",几乎销不出去。国营商业积极向厂家反馈意见,市织染行业及时改进生产工艺,提高了产品质量,成为畅销的布匹。[①]为活跃城乡交流,天津国营商业各部门除积极参加各地召开的供应会议外,在华北行政委员会的直接领导下,先后组织了多次物资交流大会,进行了大规模的工业品和土特产品的交流。1955 年 6 月 8 日,天津举行了物资交流大会,根据华北农民对工业品需要大大增加的情况,贯彻了"以推销工业品为主"的方针,成交额高达 5701 万元。通过这些交流大会,进一步打开了天津工业品的销路,并满足了农村对工业品的迫切需要,扩大了城乡交流,加速了资金流转。

(6)大力扩大对外贸易。扩大对外贸易,是实施天津"一五"计划的一项重要内容,是促进天津经济发展的一个重要途径。天津作为我国北方重要的港口,具有开展对外贸易的历史和优势。为扩大进出口货源,天津外贸部门加强对国外市场情况的调查研究,并妥善安排外销

---

① 《在第一个五年计划的前半期,津市社会主义商业扩大,保证市场稳定促进工农业生产发展》,《天津日报》,1955 年 10 月 7 日。

计划以扩大国外销售市场。各外贸公司根据业务需要,结合推销中的现实问题,开展了商品研究及厂商资信调查工作,通过召开商品行情座谈会及对一些具体商品的分析研究,采取调整价格、改变推销方式等措施,并建立了商情网,及时掌握国际市场的价格变动等情况,以扩大对外出口、多争取外汇。结合国内外市场需求,协助内地产区基层合作社扩大土特产品的收购工作。[1]1956年、1957年,先后组织并参加了中国出口商品展览会和第二届出口商品交易会。在第二届出口商品交易会上,天津市50个生产部门的800多种产品参与展出,成交额达854万美元,占大会成交总额12.31%。在会上还推销了141种新产品,发展了新关系566户,建立或续订经、代、包销合同共32份。[2]"一五"期间,天津出口商品中,工业产品的比重逐年增大,1953年只占5.90%,1956年达19.36%。[3]1955年,已有40余种主要工业品出口到其他社会主义国家、亚非国家及资本主义国家。天津对外贸易的蓬勃发展,为天津工业的发展提供了支持和保障,更为国家建设提供了大量的生产物资和外汇收入。

(7)大力表彰、弘扬劳模精神。在大规模有计划经济建设开始后,为提前和超额完成第一个五年计划的任务,天津工人群众以高度的主人翁意识,积极投身到社会主义生产建设中,涌现出了一大批生产劳动模范和先进单位,他们在社会主义工业化建设中发挥了先锋带头作用。国营天津自行车厂的阎春洪就是其中的代表之一。他所在的冲模工段,曾是自行车厂各工段中的薄弱环节。他从1950年开始研究改进冲压自行车零件的模具,以提高现有设备的生产能力。1952年至1953

①《津市对外贸易部门和合作社积极扩大收购各地土特产品》,《天津日报》,1955年10月12日。

②天津市档案馆藏《天津市对外贸易局1957年工作基本总结》,1958年3月26日。

③李耕涛:《天津市人民委员会关于第一届人民代表大会以来的工作和今后方针及1957年工作任务的报告——1956年12月25日在天津市第二届人民代表大会第一次会议上的报告(摘要)》,《天津日报》,1956年12月26日。

年，先后由他创议设计、其他工人共同参与研制了多头模具、自动模具、转盘式自动多头模具等 62 件模具，使许多零件的产量提高了 30% 乃至十几倍。他刻苦钻研技术的事迹，带动和鼓舞了其他工人的创造热情，使整个冲模工段的劳动生产率提高了近 4 倍，产量提高了 4 倍多。同时还提高了产品质量，节约了大量原材料，保证了操作安全，使全厂生产水平得到大幅度提高。1954 年 3 月 11 日，《天津日报》发表社论《学习阎春洪的革新精神，努力发挥工业潜力》，对阎春洪的事迹进行了深入报道，对他的爱岗敬业、勇于革新的精神和成绩予以肯定，并号召天津市的广大职工学习阎春洪的精神，为实现社会主义工业化做出贡献。从 1953 年起，天津每年召开劳模表彰大会，介绍劳模事迹和先进单位的经验，表彰他们为天津社会主义工业化建设所做出的突出贡献。天津广大青年也积极投入社会主义建设热潮，他们在自己的工作岗位上勤奋拼搏、刻苦钻研。在 1955 年 5 月召开的青年社会主义建设积极分子大会上，来自全市各条战线的优秀青年 1075 人受到表彰。

在市委及工业、交通、商业、基建等各系统党组织的发动领导下，在各级政府和群众团体的组织和支持下，全市经济建设在一轮轮的劳动竞赛中不断推进，取得了显著成绩。1953 年，全市国营工业完成全年总产值的 104%。在完成国家计划的同时，为国家增产 1.09 亿元，节约 7639 万元。①1954 年，国营、地方国营和公私合营工厂职工劳动生产率比 1953 年平均提高了 10.75%。工厂企业总产值比 1953 年增长了 39%，并给国家多上缴了 4128 万元。②工程技术人员在竞赛中，提出很多工艺改革建议，发挥了重要作用。1953 年至 1955 年，天津连续三年超额完成增产节约计划，实现了经济快速发展，为完成"一五"计划确定的目标任务奠定了坚实基础。

---

① 参见黄火青：《中共天津市委向第一次党代表大会的工作报告》（1954 年 7 月 20 日）。
② 参见天津市地方志编修委员会、中国共产党天津志编修委员会：《天津通志·中国共产党天津志》，中共党史出版社，2007 年，第 855 页。

三、"一五"计划的提前完成及其主要成就

1956 年 4 月，毛泽东在中共中央政治局扩大会议上作了《论十大关系》的报告，提出了正确处理沿海工业和内地工业的关系，以及充分利用沿海工业基地的方针。根据这一方针，在 7 月召开的中共天津市第二次代表大会上，确定天津市以后的中心任务是"发掘一切潜力，发展经济，支援国家社会主义建设"。在此方针的指导下，天津市工业基本建设投资额加大，生产能力有所扩大，生产和建设事业掀起又一轮高潮。至 1956 年底，在市委的正确领导下，经过全市人民的共同努力，天津克服了种种不利因素，社会主义改造事业取得了决定性的胜利，工业、商业等部门的主要指标提前一年达到了 1957 年的计划水平。到 1957 年底，天津不仅圆满完成了支援国家经济建设的繁重任务，第一个五年计划的各项指标也大都提前和超额完成。

第一个五年计划期间，天津市工业企业所创造的产值达 150 亿元以上，完成五年累计计划的 106%。1957 年工业总产值达 37.94 亿元[1]，相当于 1952 年的 2.3 倍，平均每年递增 18.1%。[2]1957 年天津工业产值占全国的 6.56%，仅次于上海、辽宁，居第三位；地方工业产值约占全国地方工业的 12.3%，仅次于上海居第二位。[3]在主要工业品的产量方面，中央工业企业在 28 种产品中，有电力、钢、烧碱、原盐等 18 种产品完成了五年累计计划；地方工业企业在 31 种产品中，有钢材、硫酸、胶鞋、自行车等 22 种产品完成了五年累计计划。[4]

工业结构也发生了很大的变化。"1949 年，各类工业所占比重是：

---

[1] 据天津市统计局编：《光辉的三十五年——天津市国民经济和社会发展统计资料》，1984 年，第 7 页，表《工农业总产值》（按 1980 年不变价格计算）。
[2]《津市工业超额完成五年计划》，《天津日报》，1957 年 12 月 31 日。
[3] 天津市档案馆藏《天津市工业第一个五年计划的基本总结和第二个五年计划的初步发展意见》。
[4]《津市工业超额完成五年计划》，《天津日报》，1957 年 12 月 31 日。

重工业占12.7%,轻工业占38.9%,纺织工业占48.4%。到1956年,各类工业在工业总产值的比重是:重工业上升到36.52%,纺织工业是31.76%,轻工业是31.72%。"①在全市工业总产值中,生产资料所占的比重,"已由1952年的29.6%上升为1957年的48.9%,生产资料的产值,平均每年递增在30%以上"②。特别是机器制造业,解放前只占全部工业的1%,到了1956年,就上升到了11%。机器制造业已基本上形成了独立制造体系,能够独立制造精密工作母机、起重、锻压、运输、纺织、食品、焦化、农业等机械和医疗、电子仪器、地质勘探等设备。③钢铁工业和化学工业也有了一定的基础和比较强大的技术力量。到"一五"计划完成时,天津市已拥有纺织、钢铁、机器制造、化学、造纸、橡胶、电力、食品等比较完整的工业,逐步成为一个综合性的工业城市。

从工业产品的种类和质量来看,物美价廉的消费品和国家建设需要的装备、器材,一年比一年增加。"一五"时期,天津市工业企业共试制和生产了将近4000种新产品。这些新产品中既有供应农业生产需要的一六〇五农药、高丙体六六六杀虫剂等,也包括氨基塑料、玻璃布、人造麝香等工业原料代用品,还有五百匹马力拖轮、手表、自动转盘电话机、不冻液灭火器等。④同时许多产品的质量得到明显提高。天津自行车厂生产的"飞鸽"自行车,坚固耐用,受到了国内外消费者的欢迎。天津墨水厂生产的蓝黑墨水,经过化验,腐蚀度比美国派克墨水还低。此外如罐头、立德粉、直接靛蓝、石油油毡、铅丝等产品都已经达到或接近国际先进水平。

"一五"时期,郊区农业成就显著。虽然遭受了洪水等自然灾害,但

---

①《津市逐步成为综合性工业城市》,《天津日报》,1957年10月1日。

②《津市工业超额完成五年计划》,《天津日报》,1957年12月31日。

③《充分发挥沿海原有工业基地的作用天津市工业有很大发展》,《天津日报》,1957年8月25日。

④《津市逐步成为综合性工业城市》,《天津日报》,1957年10月1日。

由于政府在发放贷款、推广农具、供应化肥、兽疫防治等方面对农业的扶持,以及采取大力兴修农田水利、开垦荒地、扩大灌溉面积、改进耕作技术等措施,实现了主要作物增产。截至 1957 年,粮食总产量达到 144,338 万斤,平均每年增长 5.3%。农业总产值达到 4.71 亿元,比 1952 年的 3.89 亿元增长 21.1%,平均每年增长 3.9%。农业户数达到 48.83 万户,农业人口 231.84 万人。1957 年,稻谷产量增长明显,达 55,067 万斤,比 1952 年增长 24.4%。其他粮食作物如小麦、玉米也都有不同程度的增长。蔬菜产量大幅度提升,五年间平均每年增长达 12.1%。[1]国营农业继续发展,机械化程度有所提高。机械化农场和拖拉机站共有拖拉机 171.6 标准台,拖拉机站总工作量 26 万市亩。[2]这一时期天津农业的快速发展离不开国家给予农业的支援。

商业方面,社会零售总额在 1956 年已提前达到五年计划水平。从 1956 年 7 月到 1957 年 6 月底一年内,天津市社会商品零售总额已经达到第一个五年计划规定的 1957 年计划指标的 122.89%,比 1952 年增加 47.73%。[3]物价基本稳定,商品流转扩大,对外贸易发展很快。"一五"计划末期与初期相比,国营和合作社商业的商品购进总额增长 62.8%,连同私营商业和小商小贩在内的社会商品零售总额,年平均增长 8.1%。对外贸易方面,出口总值 1957 年比 1952 年增长 30.1%;出口商品中,工业品到 1957 年已占 37%。[4]

基本建设方面,五年内新建厂房、学校 500 余万平方米,新建职工住宅 184 万平方米。两者合计,相当于天津市"一五"计划开始前原有

---

① 据天津市统计局编:《光辉的三十五年——天津市国民经济和社会发展统计资料》,1984 年,第 31—37 页。

②《天津市统计局关于天津市 1956 年国民经济计划执行情况的公报》,《天津日报》,1957 年 4 月 30 日。

③《津市人民生活日益提高》,《天津日报》,1957 年 7 月 29 日。

④ 天津市地方志编修委员会编著:《天津通志·政权志·政府卷》,天津社会科学院出版社,1996 年,第 238 页。

建筑面积的 45%。①五年中，市区新建了王串场、中山门等工人新村，并治理了墙子河、赤龙河、金钟河及南开蓄水池等污染严重的河道水域。

在经济发展的基础上，全市科学、文教、卫生、体育事业也有进一步发展，人民物质生活水平有很大提高。1956 年，新建扩建中小学 127 所，大、中、小学在校人数达到 581,716 人，较 1955 年增长 12.53%；电影观众较 1955 年增长 38.63%，杂志发行份数增长 27.9%，报纸增长 27.5%，图书发行册数增长 75.6%。②1957 年与 1952 年相比，卫生机构增加 1.5 倍，病床增加 1.3 倍，医生增加 66%，全市人口死亡率由 1952 年的 10.7‰下降到 1957 年的 9.3‰。③由于生产的发展，人民生活水平日益提高。1956 年增加职工 37,019 人，职工总数达到 347,941 人，职工平均工资增长 10%以上。④据市统计局统计结果，"1956 年与 1952 年比较：牛羊肉，增加 748 万斤，约 126.41%，实际消费量平均增加每人 2.13 斤；蔬菜，增加 18,300 多万斤，约 55.68%，平均每人多吃 40 多斤；水产海味，增加 2000 多万斤，约 47.11%，平均每人多吃 4 斤；食油，增加 3500 多吨，每人多吃 1.12 斤。还有猪肉增加 29.79%；棉布增加 26.85%；衣着类的棉毛衫裤、绒衣绒裤、背心、服装等的销售量都增加 20%到 300%，皮鞋增加 207.83%"⑤。一般日用百货，像袜子、毛巾、棉毛衫裤、汗衫背心、搪瓷面盆、竹壳热水瓶等销售量都增加很多。"1956 年上半年各种酒的销售量比去年同期增加 0.5 倍，烟的销售量比去年同期增加 30%多。比较高级的消费品，销售的数量也不断增加，手表销售量 1956 年比 1952 年增加 34.93%，预计今年将增加 81.7%。照相机销售

---

① 天津市地方志编辑委员会办公室、天津市计划志编委会编著：《天津通志·计划志》，天津社会科学院出版社，2005 年，第 63 页。

②《文教事业的发展》，《天津日报》，1957 年 9 月 6 日。

③《当代中国》丛书编辑部编：《当代中国的天津》（上），中国社会科学出版社，1989 年，第 100 页。

④《人民物质生活的提高》，《天津日报》，1957 年 9 月 7 日。

⑤《津市人民生活日益提高》，《天津日报》，1957 年 7 月 29 日。

量去年也比 1952 年增加 1.5 倍以上。1952 年,商业部门积压收音机到处推销,卖不动;现在,出现了供不应求的现象,1956 年比 1952 年多销售 681.17%。自行车的销售量比去年上半年增加 1 倍以上。"[1]

1954 年 9 月 12 日,公私合营后的北洋纱厂,国家投资增装 8800 枚纱锭,已全部投入生产。图为工人在新装的细纱机前工作

天津市第一个五年计划的顺利实施和超额完成,对天津经济发展起到了重要作用。从天津实际出发,贯彻这一时期党在领导经济建设上制定的一系列正确的方针政策,是天津市"一五"计划顺利实施和完成的根本原因。天津市"一五"期间所取得的突出成就,为天津经济建设进一步发展奠定了坚实基础,积累了宝贵经验,也充分证明了党的八大作出集中力量发展社会生产力的决策是完全正确的。

四、"一五"时期天津对国家工业化建设的贡献

第一个五年计划期间,国家发展的重中之重是以苏联帮助我国设计的 156 个单位为中心的、由限额以上的 694 个建设单位组成的工业建设,国家在天津基本上没有安排重点建设项目。天津市工业发展贯

---

[1]《津市人民生活日益提高》,《天津日报》,1957 年 7 月 29 日。

彻了"充分利用，合理发展"的方针，充分发挥天津工业基地作用，尽量利用现有设备，为国家新建企业承制机器设备，培训和输送了大批人才，生产了大量的日用工业品，供应了全国人民的需要，有力地支援了我国社会主义工业化建设。

1956年，天津照相机厂试制成功中国第一架"幸福"120型照相机

1955年3月24日，新中国自己生产的第一只手表在天津手表厂的前身——公私合营华威钟表厂试制成功

（1）充分发挥天津工业基地作用。天津工业尤其是机械制造工业，解放前设备陈旧、技术落后，有的名为机器厂，实际根本不能制造机器。国民经济恢复时期，调整和扩建了部分设备之后，也只是从事修配服务，整机生产也只是以轻工业小型机器为主。进入第一个五年计划后，随着国家建设的快速发展，市地方工业首先根据产品的特点和国民经济的需要，重新进行了必要的调整与扩建。同时各单位的领导干部在中共天津市委1954年召开的第二次工业会议后，吸取了过去片面追求生产单一化思想的教训，进一步明确了增加新产品对支援社会主义工业化建设的重要意义。工业生产发展迅速，机械工业已开始发展成为具有相当规模，能够制造一些成套设备和少量仪器仪表的工业部门，包括动力机械、建筑机械、矿山和通用机械、纺织机械、汽车配件及农业、水利方面的各种机械

设备等。天津机械工业也开始改变以往主要为本市服务的状况，逐渐以较多的机械产品供应全国各地，有些产品还直接支援了国家重点建设。

（2）为支援国家建设承制先进机器设备。国营天津汽车制配厂为第一汽车制造厂生产了大量专用工具，这些工具精密度很高，种类和规格也很复杂，天津汽车制配厂的工人和工程技术人员积极学习苏联帮助设计的图纸，研究制造方法，有计划地进行试制和生产。在不到一年的时间里，绝大部分产品生产合格，送交第一汽车制造厂使用。地方国营和公私合营各机器厂也为第一汽车制造厂生产了 1A62 车床、电动吊车、皮带运输机等 27 种产品。①据不完全统计，在我国第一个五年计划的前两年半中，仅为支援鞍山钢铁公司、第一汽车制造厂、包头钢铁公司、本溪钢铁公司、太原钢铁厂等 100 多个单位，天津生产的新产品就达 300 多种。

1954 年 2 月，天津市第五机器厂仿照苏联设计标准，在国内首先试制与制造的新产品，在第一汽车制造厂、包头钢铁公司、北京苏联展览馆等许多单位基本建设工程中发挥了作用。公私合营示范机器厂根据苏联图纸，试制成功了 1A62 型、1615M 型两种高速度切削的精密车床及 3A64 万能工具磨床等 3 种新产品，供给了鞍山钢铁公司、第一汽车制造厂等单位使用。天津市第一机器厂供应琉璃河水泥厂的四组、二组水泥包装机，每一出料嘴只用 8 秒钟就能装满一袋水泥，装足重量后还能自动停车。天津市第三机器厂还为郑州油脂化学厂生产了 141 片型的棉籽脱绒机，每小时能脱棉绒 500 千克。②天津市纺织机械厂③生产的粗纱机、细纱机、并条机，供应了河北、河南、陕西、江西等地新建的纺织厂。④在鞍钢、武钢、包钢、武汉长

---

① 《津市许多工厂职工支援重点建设，为第一汽车厂生产大批器材》，《天津日报》，1955 年 10 月 7 日。

② 《发挥现有企业作用，增加新产品，支援国家建设》，《天津日报》，1955 年 10 月 1 日。

③ 当时是全国最大的纺织机械厂之一。

④ 《天津日报》，1954 年 1 月 4 日。

江大桥、黄河三门峡水库等建设工地,也有天津工业提供的各种机械在运作。

1953年12月18日,天津纺机械厂制造出中国第一台可织府绸、咔叽等高级布料的五四型合股机

　　(3)为人民生活提供大量必需品。天津市工业生产,除了为国家重点建设提供了大量的生产资料外,还为人民生活提供了大量必需品。仅1953年至1955年,就为全国市场提供了棉纱近18.9万吨,棉布近11.7亿米,针织品近41万吨,胶鞋2025万双,纸及纸板16万吨。[1]天津工业的发展,有力地支援了国家的重点建设,同时还向国外出口了很多工业产品,推动了我国对外贸易的发展,为国家创收了大量的外汇,为国家建设提供了资金。

　　(4)培训和输送大批优秀人才。第一个五年计划以来,天津市还为

――――――――――
　　[1]《当代中国的天津》(上),中国社会科学出版社,1989年,第94页。

国家重点建设和其他新建工矿单位输送了大批人才。在天津调往全国各地的工人和干部中，有工程技术人员、企业管理人员，还有五金、机电、铁路、纺织、建筑等工地的工人。在第一汽车制造厂、第一拖拉机制造厂，邯郸、石家庄、北京新建的纺织厂，以及在康藏公路和新疆等建设工地，都有他们劳动建设的身影。根据天津市劳动局、天津市铁路管理局、天津市纺织管理局、天津电业局、天津汽车制配厂等单位不完全统计，1953 年至 1955 年，天津向国家重点建设和其他工矿单位输送各种人才近两万名。[①]支援重点建设和其他新建工矿企业的职工们，都以饱满的劳动热情，在新的工作岗位上发挥了重要作用。天津纺织管理局两年多来输送到邯郸和石家庄新建的纺织厂的 1000 多名技术工人，在帮助这些新建纺织厂安装机器、保证按时移交生产上，起了很大的作用。由天津输送去的运输工人，绝大部分在新建纺织厂内当了"小先生"，帮助这些工厂培养新工人。天津的大型工业企业为了做好输送人才支援国家建设的工作，在厂内由专人负责这一项工作。许多单位还成立了训练班，以完成为国家一些工矿企业培训人才的任务。天津市自来水公司从 1953 年至 1955 年，已为全国 19 个城市的兄弟公司培养了 230 多个技术工人和管理干部。[②]

　　"一五"期间，作为全国重要的老工业基地，天津坚决贯彻国家"充分利用、合理发展"的方针，努力克服各种困难，发挥其应有作用。天津生产的机械工业设备，不但为本市工业发展提供了助力，更为国家重点建设项目输送了一大批先进设备。此外天津的产品行销海内外，在国内满足了人民对生活必需品的需求，在国外为国家换回了大量外汇。天津还为国家培养了大批优秀的技术人才，他们在祖国各地的建设中都积极发挥作用，为国家建设做出了贡献。

---

①《津市大力支援国家建设，输送各种人才近两万名》，《天津日报》，1955 年 10 月 7 日。
②《为太原等城市培养建设人才》，《天津日报》，1955 年 11 月 17 日。

第五章

推进城市治理和社会文化建设

　　天津解放初期,由于残余反动势力的活动、敌特分子的潜伏、帝国主义分子的虎视眈眈、散兵游勇的故意扰乱,城市社会秩序十分混乱,面对这种局面,整顿社会成为新生的天津市委市政府无法回避的问题。社会治理与民生建设存在于社会的方方面面,与人民群众息息相关,涉及社会生活的各个方面。它关系社会稳定,群众认同,并为城市职能的恢复、经济的发展提供有力的社会层面的保障,更能体现中国共产党对城市的接管和治理能力及新生政权的稳固。虽然由于时间仓促准备不充分,在天津市社会治理与城市建设的过程中出现了一些问题,但善于学习、勇于创新的中国共产党人充分吸取经验教训,在中共中央和华北局的领导下,天津市委市政府团结社会各界,同舟共济、排除万难,因地制宜地提出了一系列社会治理政策,并将其运用到治理实践中,顺利解决了生产生活、文化教育、灾民救济、城市建设等社会治理与民生问题,使天津走出了战争带来的阴霾,天津的社会秩序逐渐稳定,政治、经济、文化重新步入正常轨道。为中国共产党顺利接管、治理大城市提供了"天津经验"与"天津模板"。

第一节　解放初期的社会治理

1949 年 3 月 5 日—13 日,中国共产党第七届中央委员会第二次全体会议在河北省平山县西柏坡举行。会议确定了党工作重心的战略转移,即工作重心由乡村转移到城市,同时也指出"党要立即开始着手建设事业,一步一步地学会管理城市,并将恢复和发展城市中的生产作为中心任务"[①]。天津解放后,面对战后百废待兴的城市,按照党中央的部署,天津市委市政府围绕发展生产、繁荣经济的目标,对城市社会问题的治理进行了可贵的探索,改变了百乱待理的社会状态,初步建立起一个稳定有序的新社会。

解放前的天津是仅次于上海的中国第二大城市,是北方最大的工商业港口城市,也是国民党政权的重要堡垒。然而在中国共产党及其领导的人民军队进攻之下,仅用一天的时间就迎来了解放。[②]天津解放后,摆在天津市人民政府面前的不仅有城市的恢复与重建,还有两大类社会问题:一类是乞丐流民、烟毒、娼妓、一贯道及脚行把头等旧社会遗留问题;一类则是政权更迭产生的"匪特""反革命"等问题。这些"污泥浊水"的存在犹如毒品一般,腐蚀着城市的恢复与发展,也让城市呈现出一片颓废景象。

面对复杂的形势,在党的领导下,新诞生的天津市人民政府依靠工人阶级和人民群众,主要围绕基层组织建设、社会风气治理及广泛动员群众共同参与等方面展开城市治理工作,积累了天津城市社会治理工作经验,并为巩固国家新政权、稳定社会秩序和开展社会主义建

---

① 中共中央党史研究室编:《中国共产党历史》(第一卷下),中共党史出版社,2002 年,第 1027 页。

② 参见天津市档案馆编:《天津市档案馆馆藏珍品档案图录 1655—1949》,天津古籍出版社,2013 年,第 429 页。

设提供了有力支撑,体现了人民民主政府的优越性。正如毛泽东在新政协筹备会上的讲话:"中国的命运一经操在人民自己的手里,中国就将如太阳升起在东方那样,以自己的辉煌的光焰普照大地。"①

一、加强城市基层政权与群众自治组织建设

早在大城市解放之初,考虑到进城干部缺乏城市工作经验,遂仿照农村解放区的县、区、村三级建制,设立市、区、街过渡政权组织形式。天津解放后,为实现从革命向执政的转变,天津市人民政府也参照农村经验,废除国民党时期的保甲制度,建立市、区、街、闾四级政权。到1949年3月底,天津市内11个区、380个街、12,556个闾及塘沽区的2个镇和5个街的人民政权全部建立。②

按照《关于各区、街组织试行办法》③,区、街政府成立后,立即组织发动群众完成了紧急的和群众性的临时任务或过渡任务。比如各区街政府动员群众就近清整,掩埋尸体、收容俘虏、平毁碉堡、收缴武器弹药、拆除路障、清扫街道垃圾。④到1949年1月30日,全市共掩埋尸体1882具⑤,战争痕迹基本消除,市容基本恢复。从天津的经验来看,街道工作者实际上是区政府派出的临时性权力组织。通过政治动员,区街干部能够迅速以政权的形式发动和组织群众,能够与群众初步建立联系,同时发现和培养积极分子充实革命干部队伍。

①《在新政治协商会议筹备会上的讲话》,《毛泽东选集》(第四卷),人民出版社,1991年,第1467页。

②参见中共天津市委党史研究室编:《城市的接管与社会改造(天津卷)》,天津人民出版社,1998年,第579页。

③郭凤岐总主编、王涛等主编,天津市地方志编修委员会编:《天津通志·民政志》,天津社会科学院出版社,2001年,第93页。

④参见中共天津市委党史资料征集委员会、天津市档案馆编:《天津接管史录》(上),中共党史出版社,1991年,第11页。

⑤参见褚凤亭:《接管国民党街道政权的回忆》,政协天津市河东区委员会文史资料委员会:《天津市河东区文史资料》(第10辑),政协天津市河东区委员会文史资料委员会编印,1998年,第1页。

　　随着城市工作的日渐繁杂，仿照农村建立的多级政权形式在实际工作中逐渐暴露出一定的弊端。多级政权形式适应分散的农村地区，中央借助各级政权组织可以有效地与群众建立紧密联系，但城市具有"经济是集中的，人口是集中的，地区也是集中的"特点，如果采取多级政权形式，"区、街政府就难免各自为政，必然形成无政府、无组织状态，市政府的政策、决定很难迅速贯彻下去，有时甚至被歪曲。同时，这种将城市政权工作分散和割裂的做法，必然会减弱市政府和广大市民的联系，脱离群众，助长工作中的官僚主义和文牍主义的作风"。①鉴于权力无法集中于市一级政权，1949年6月22日，天津市按照党中央的指示，召开区街干部扩大会议，决定变更区、街组织，撤销街公所，同时缩小区政府编制，改为区公所（为市政府直接派出机关），办理市府授权及"令""示"事项，以及目前市级机关尚无法接收的工作，如优抚、救济、调解等。

　　将权力集中于市一级政府，解决了因分而治之政权组织形式所造成的社会治理工作效率低下的问题。在市一级政府下再设区公所，则是基于发挥区公所"作为市人民政府联系下层、联系群众机构"的作用，主要目的是为了通过区公所分割区域，以加强与城市居民的联系，实现对城市社会的有效治理。这种在城市设立单级市政府政权管理城市的方式，与中国共产党始终强调的，任何工作都要深入基层群众的工作思路相吻合。比如，将原来街道工作放在公安派出所内，实行值、守、巡轮流制，并由每一警察负责分担100户的户口调查，既保证了社会治安，如呈报户口者较之前显著增加，而且及时掌握了不少社会情况，为市级机关处理问题提供了帮助，如区公所办理人民身份证明、职业介绍、分发贫苦儿童救济品等工作，都是以派出所掌握的户口为依据。因此从联系群众和贯彻政策方面，市政府已初步在市民中建立起

①《把我们在城市中的组织形式和工作方式适应城市的特点》，《人民日报》，1949年6月22日。

新的工作基础。

　　然而城市社会问题的繁杂程度远远超过了政府的估计,"区公所最忙者为调解工作(以婚姻、房租、债务为最多),次为优抚救济工作,另有一些临时性的突击任务,如目前之防汛工作。七区有一天调解案件达十四件之多,而一般亦有两三起。这是一个极复杂的工作,依靠区公所几个干部进行调解,确有困难且无法处理别的事情"[①]。再者,中国共产党长期以来就极为重视组织群众,重视"从群众中来,到群众中去"的工作方式,既要求将每一项政令落实到群众中,也要求将群众意见收集上来,缺乏对市民的组织,单纯依靠市级政府将各项工作落实到基层,落实到城市的每一个角落是有难度的。

　　为适应城市基层社会治理需要,1950 年 3 月,天津市政府按照居民的居住状况,在公安派出所的辖区内设立居委会。7 月 21 日,天津市人民政府公布试行《天津市各区居民委员会组织办法》,该办法赋予居民委员会协助政府组织市民兴办改善卫生设施,举办小学及其他社会文化教育事业,兴办合作事业,以及协助介绍就业和其他社会福利,向市民传达区公所布置事项,向区公所反映市民的意见、要求等多种功能。[②]不过,此时的居民委员会干部是由区公所和派出所委派,并非完全意义上的群众自治性组织。

　　我们国家的社会主义性质,决定了我国人民享有最广大的民主权利。要实现社会主义民主,保证人民民主权利,正如毛泽东曾强调的,我们不能够把人民的权利问题,理解为国家只由一部分人管理,人民在这些人的管理下享受劳动、教育、社会保险等权利。而是把九亿人民组织起来,自己管理自己的事,这是人民群众当家做主,直接参与国家管理的一种很好的组织形式,体现了我国社会主义有组织的民主制度

　　[①]《天津完成区街政府改组工作效率显著提高证明在人口经济集中的城市,把工作尽可能集中在市级机关的方针是正确的》,《人民日报》,1949 年 7 月 30 日。

　　[②] 参见刘素新编著:《解放初期的天津》,中共党史出版社,2009 年,第 40 页。

的优越性。按照党中央的工作思路，天津市人民政府结合自己的实际进行了大胆的摸索和试验。

1951年，市政府抽调319名干部组成天津市民主建设工作队，在今河北区、红桥区试点居民委员会建设。1952年10月，市人民政府制定了《天津市关于今冬明春进行区街建政工作计划》《天津市建立街公所暂行办法》及《天津市建立居民委员会试行办法》，成立了天津市区街建政委员会，具体领导区街民主建政工作。随着天津市区街民主建政工作的全面展开，一方面，恢复街公所，只不过此时的街公所已不再是一级政权，而是区人民政府的一个派出机构，主要任务是联系帮助各居民委员会展开工作；另一方面，原来具有一定政权性质的居民委员会逐渐改造成具有完全自治性质的基层群众自治组织。当时的做法是经过宣传调查、自由结组、民主选举及召开居民代表大会等阶段，在充分调动群众积极性的基础上，组成居民小组，选出居民代表，然后由代表直接选举7~9人组成居民委员会，再由委员会选举主任1人、副主任2人。因为这些办事人员由居民选出，所以他们是群众熟悉和信赖的人。他们和居民朝夕相处，了解和熟悉群众的情况。他们与居民邻里相依，守望相助，和群众有深厚的感情联系，在群众中享有威信。①居民委员会成立后，他们依靠群众宣传、贯彻党和政府的政策，提高居民政治觉悟；他们向政府反映群众的意见与要求，为群众解决子女上学、劳动就业及贫民救济等生活实际困难，并在处理房屋纠纷、邻里纠纷及家庭矛盾等问题时，往往更为切合实际、周到细致、入情入理，使群众心悦诚服。因此居委会协助政府管理本地区社会生活，起到了加强政府与人民群众联系的桥梁和纽带作用。

城市居民委员会是由人民群众自己用民主的办法组织起来的，依靠自己的力量，管理好自己的事，举办为居民服务的各种福利事业，解决政

---

① 参见《健全基层群众自治组织加强政权建设》，《人民日报》，1980年1月16日。

府力所不及或照顾不到而又事关本地区居民切身利益的问题。因此，居民委员会是街公所的"腿"，而街公所则是区级政府的"腿"。通过不断地"装腿"，上级政府的各项任务、政策可以依靠这些"腿"走到基层群众当中，这反映的是中国共产党"深入群众"式的社会治理方式。①

二、社会风气治理运动的开展

新中国成立后，毛泽东敏锐地发现："因为革命胜利了，有一部分同志，革命意志有些衰退，革命热情有些不足，全心全意为人民服务的精神少了，过去跟敌人打仗时的那种拼命精神少了，而闹地位，闹名誉，讲究吃，讲究穿，比薪水高低，争名夺利，这些东西多起来了。"②他认为，要改变这种状况，就要在全社会大力弘扬革命价值观，"我们要保持过去革命战争时期的那么一股劲，那么一股革命热情，那么一种拼命精神，把革命工作做到底"③。为了建立革命化的新社会，在毛泽东的领导下，全国掀起了声势浩大的社会风气治理运动。天津亦然，并在实际工作中体现了天津特点。

天津市人民政府主要是从三个方面来抓社会风气的治理，形成了上下团结、拥护政府和全民争做"新中国建设者"的良好社会风气。④

（一）扫除"黄毒赌"，荡涤旧社会污泥浊水

以改造娼业为例。解放初期全市有一至五等妓院 450 家，妓女 1916 人，依靠妓院为生的约 2 万多人。与北京一夜封闭所有妓院不同，天津市政府考虑到天津刚刚解放，经济尚未恢复，如果立即封闭娼业会导致政府无法承受的经济压力，进而影响到政权与社会秩序的稳定。因此采取了限制与逐步改造的方针，主要步骤为：1950 年以前，以

---

① 参见杨菁：《新中国成立初期城市政权的重构与现代化转型》，电子科技大学出版社，2016 年。

② 《毛泽东文集》（第七卷），人民出版社，1999 年，第 284 页。

③ 同上，第 285 页。

④ 李长莉：《社会风气与社会治理：建国初百年回望》，《人民论坛》，2019 年 9 月（下）。

"取缔领家制度,严禁增添妓女及虐待妓女"为原则,控制娼业发展。1950年1月,在各界代表的强烈反映下,天津市政府参照北京经验,制定了"严加管理,解放妓女人身自由,消灭压榨,帮助转业,防止流为游妓暗娼,以达到预定期内全部消灭,妓院老板领家尽量帮助转业、回籍、结婚、适当安置有生活出路"①的方针。到3月,全市妓院减少到166家,较解放时减少了54%。1950年4月起,天津市军事管制委员会逮捕了一批罪大恶极、证据确凿的妓院老板并对其判处极刑;各区开展控诉会,促使娼业人员提高认识,消除对窑主、领家的恐惧;同时天津市政府投入大量人力、物力和财力,帮助妓女转业及安排生活。到1952年5月,天津市公开的妓院已经绝迹。在治理娼业过程中,天津市政府发挥社会舆论、社会团体的宣传教育、舆论监督作用,对娼业人员采取教育与法治相结合的方式,有计划、分步骤地解决了天津市的娼业问题,赢得了人民的信任,稳定了社会秩序。

(二)打击贪污腐败,开展整党整风运动

由战争到和平,由乡村到城市,发生了翻天覆地的变化,随着这个变化而来的是有些干部人员在思想上也发生了一些新的变化。②

1950年中共七届三中全会以后,党中央和人民政府采取了一系列政治经济措施,资本主义工商业得到了迅速发展。然而其中一些不法分子却不满足于正常利润,开始拉拢腐蚀干部,甚至有的天津不法资本家疯狂地说:"干部不能没有所好,总能拉过来。"③结果不仅在经济上给国家造成重大损失,而且在政治、思想上也腐蚀了工人阶级和国家干部。于是从1951年底到1952年10月,全国在党政机关工作人员中开展"反贪污、反浪费、反官僚主义"和在私营工商业者中开展"反行

---

① 《本局关于游妓、暗娼、清音调查材料》,1952年。
② 参见杨秀峰:《沉重的责任,惨痛的教训!》,《理论与实践》,2003年第5期。
③ 《当代中国的天津》编辑委员会编:《当代中国的天津》(上),当代中国出版社、香港祖国出版社,2009年,第42页。

贿、反偷税漏税、反盗骗国家财产、反偷工减料、反盗窃国家经济情报"的斗争,统称为"三反""五反"运动。

1951年11月20日,毛泽东在原中央人民政府副主席高岗的报告批语中首次提出了"在此次全国规模的增产节约运动中进行坚决的反贪污、反浪费、反官僚主义的斗争"。同时指出:"这场斗争是极为必要和适时的,不三反,党要烂,国要亡,经济建设谈不上,如果再迟几年三反,将有许多地方出现政权性质的变化,其危险不堪设想。"①时任中共天津地委书记刘青山、专员张子善,就是被资产阶级腐蚀而蜕化变质的典型,贪污、盗窃171.6万余元(旧币),最终被判处死刑。天津市第十一区的人民群众在区政府领导下,采取"突破一点,控制全盘"的方法,向有"五毒"行为的奸商进行斗争。此方法不仅取得了显著的效果,而且还得到了毛泽东的肯定批示:"这是天津第十一区的同志们向奸商进攻获胜的一件好消息。这是天津同志的有益创造,请你们加以研究并予以仿行。"还有在治理娼业的过程中,经查证被游妓暗娼引诱下水的公安、税务、铁路、工会及国营企业工作人员有50余人。如公安总队三团干部米××贪污挪用公款1000余万元(旧币),被以贪污罪逮捕。②花园路派出所警士徐××、刘××因为嫖娼被开除公职,老干部辛×也栽在舞女的石榴裙下。③

(三)破除封建迷信和陋习,开展移风易俗运动

按照中央人民政府颁布的《婚姻法》,天津市废除了包办强迫、男尊女卑、漠视子女利益的封建主义婚姻制度,实行男女婚姻自由、一夫一妻、男女权利平等、保护妇女和子女合法利益的新民主主义婚姻制度,提高了妇女地位。妇女开始冲破封建思想束缚,走向社会,先后有

---

① 史全伟编著:《毛泽东与艰苦奋斗》,中央文献出版社,2004年,第194页。

② 参见韩国强:《旧天津的娼业及取缔经过》,中共天津市委党史资料征集委员会、天津市公安局编:《难忘的岁月——天津市解放初期社会治理纪实》,中共党史出版社,1994年,第309页。

③ 参见《九个警察受到处分》,《进步日报》,1950年3月25日。

367 人到河东区清洁队参加义务劳动，其中有 30 多名青壮年妇女，主动帮助拉小粪车入户"播灰"。[1]开展识字运动，创办专门培养扫盲师资的师范学校。迅速发展的群众性识字运动，得到了社会各界的大力支持，各小学校也都办起青少年文化补习班或大龄妇女进修班。在识字运动中，文化馆和小学教师热情为有姓无名的中老年妇女起名，将刘张氏、王孙氏等代名改成张玉珍、孙桂兰等。派出所也热情接待更名妇女，郑重地将她们新起的姓名写在新更换的户籍页上。[2]

天津市人民政府在进行社会风气治理中，强调以多种形式面向普通民众进行宣传。宣传方式主要是通过确定一种革命价值观的精神文化模式，以广播、电影、戏曲、连环画等文化产品形式，借助政治力量的推动重塑民众的价值观。天津解放后，天津市委抽派 40 余名干部到工厂帮助职员们开展文艺活动及创作，中纺五厂组建的歌咏队，在推动生产、配合工厂建团和成立工会等工作中，发挥了积极作用；文艺处各宣传队先后到各工厂巡演 69 场，观众人数达 10 余万人；[3]对旧剧，主要从典型培养与演出示范做起，天津人民广播电台多次录制、播放清苑县著名西河大鼓书艺人魏炳山唱段，其中有《董存瑞》《刘胡兰》《五虎征南》，以及《少英烈》等唱段，受到广大市民的热烈欢迎。[4]

利用解放初期摄制的电影开展宣传教育活动。1949—1957 年，中国各电影厂摄制的故事片达 156 部，各界群众踊跃观看，仅《白毛女》一部影片，天津第一轮公映观影人数就达到 351,278 人次。[5]还有一些

① 金裕钊：《粪业与磕灰》，政协天津市河东区委员会文史资料委员会：《天津市河东区文史资料》（第 11 辑），1999 年，第 141 页。

② 参见刘锡增：《解放初期的街道文化活动》，政协天津市河东区委员会文史资料委员会：《天津市河东区文史资料》（第 12 辑），政协天津市河东区委员会文史资料委员会编印，2000 年，第 45 页。

③ 参见周雅男编著：《天津解放》，中国档案出版社，2009 年，第 341 页。

④ 参见清苑县地方志编纂委员会编：《中华人民共和国地方志丛书清苑县志》，新华出版社，1991 年，第 705 页。

⑤ 参见《新电影》，1951 年第 11 期。

剧场,共演出包括《三打祝家庄》《九件衣》等评剧、秦腔在内的新戏
1089场,观众在80万人以上。这些反映农村中觉醒了的劳动人民新风
格、新气魄的文艺曲目,在城市里也同样受到广大市民的欢迎,并产生
了巨大的影响。新文艺活动已逐渐成为群众运动。

三、发动群众参与治理工作

人民群众是中国共产党的立党之本、力量之源。高度重视做群众
工作,是党的优良传统,也是党的政治优势。早在土地革命战争时期,
毛泽东就指出:"真正的铜墙铁壁是什么? 是群众,是千百万真心实意
地拥护革命的群众。这是真正的铜墙铁壁,什么力量也打不破的,完全
打不破的。"①抗战爆发后,毛泽东也坚定地认为,只要依靠人民坚持抗
战,抗战必胜。因为"战争的伟力之最深厚的根源,存在于民众之中"②。
解放初期,社会治理的任务千头万绪,并且与人民群众的利益息息相
关。秉承党的经验和一贯信念,广泛动员群众积极参与,成为天津市人
民政府开展社会治理的基本思路。

(一)遵循自觉自愿原则,鼓励人民群众参与社会治理工作

"凡是需要群众参加的工作,如果没有群众的自觉和自愿,就会流
于徒有形式而失败。"③为了获得人民群众的理解和认同,市人民政府
按照党中央的指示,采取灵活多样的宣传动员方式,广泛地进行宣传
教育工作。

召开各界代表会议,广泛团结人民群众,开展革命和生产建设。天
津解放初,华北总工会筹委会天津办事处立即派出700多名干部,组
成各工作组深入各工厂企业和各区,进行职工群众的组织与教育工
作。经过民主讨论和充分酝酿,各工厂企业职工组建了自己的代表组

---

① 《毛泽东选集》(第一卷),人民出版社,1991年,第139页。
② 《毛泽东选集》(第二卷),人民出版社,1991年,第511页。
③ 《毛泽东选集》(第三卷),人民出版社,1991年,第1012页。

织——职工代表会。在工人群众的支持下，永利、久大、恒源、华新、东亚等私营大厂也相继复工生产，到 1949 年底私营工厂开工户数增长了 24.7%，职工人数增长了 18.3%，商业户数增长了 19%。①到 1950 年底，生产效率较日伪时期和国民党时期均有了大幅度提高。恒源纱厂的生产效率较日伪时期提高了 114.9%，较国民党时期提高了 114.4%；北洋纱厂则分别为 115.4% 和 122.3%。②

利用广播、群众会、举行苦主控诉等形式对广大群众进行宣传，鼓励群众积极参与社会治理工作。1951 年 2 月，天津市通过《关于拥护镇压反革命报告的决议》，在中共天津市委统一领导下，由市委宣传部牵头，组织公安、司法、新闻等单位成立了镇反宣传委员会，推动全市镇反运动的宣传工作。各区、街也普遍在机关、工厂、学校、街道，通过召开户政代表会、小型座谈会及走家串户等形式进行宣传。"天津人民广播电台将会场实况即时向全市广播，组织了 50 万人收听广播。"③"从 3 月份至 7 月份，召开各种群众会 21,400 次，参加人数累计 220 万人。"④还有在解放妓女的运动中，妓女的血泪史激起了广大人民群众的愤怒，几天内就有 1700 多名群众写信，揭发恶霸窑主。⑤

采用歌咏的方式开展街道文艺活动。河东区文化馆在群众中推广的第一首歌是《庆祝天津解放》，发动小学教师和街道文艺积极分子在学生和群众中教唱。此后文化馆陆续推广《解放区的天》等群众歌曲，并经常举办歌咏比赛。群众性的歌咏活动，有力地促进了解放之初的社会治理、民主建政和土地改革（当时河东郊区有农业人口 12,000

---

① 参见天津市地方志编修委员会、中国共产党天津志编修委员会编：《天津通志·中国共产党天津志》，中共党史出版社，2007 年，第 261 页。
② 参见《黄敬市长开幕词》，《天津政报》，1951 年第 21 期。
③《镇压反革命运动必须大张旗鼓》，《人民日报》，1951 年 4 月 3 日。
④ 罗瑞卿：《伟大的镇压反革命运动》，《人民日报》，1951 年 10 月 1 日。
⑤ 参见周利成：《解放前夕北京与天津取缔娼妓始末》，《今晚报》，2009 年 6 月 17 日。

人），也活跃了街道群众文化生活。①

（二）发挥人民群众的主观能动性

"菩萨要农民自己去丢，烈女祠、节孝坊要农民自己去摧毁，别人代庖是不对的。"②城市社会治理工作也是如此。

遵照毛泽东的指示，通过宣传，人民群众对反革命分子进行揭发举报和面对面斗争的事例大量涌现。1950年，在取缔反动会道门的斗争中，大直沽一号路出现了一个群众自发组织起来的读报小组。这个由十几名妇女组成的读报小组，读出了大道理，读出了大方向，在与"一贯道"的斗争中，让歪理邪说无立足之地。在她们的影响下，五区各街迅速形成读报活动热潮，甚至全市各区也相继开展读报活动。③在镇反宣传中，"在3小时之内，收听广播的群众纷纷向广播电台表示拥护政府镇压反革命的各种意见，其中电话二千余次，信六百余封，长途电话二十余次，参加控诉的群众，有专门从北京赶去的"。④河东区的工人、农民、失学失业青少年及小学教师等积极参加街道文化活动，他们生活在群众中，热心为群众扫盲、读报、广播、讲解等，群众亲昵地称他们为党的"十大员"⑤。

发动各界参加抗美援朝运动，掀起全市的爱国高潮，形成新的爱国主义。抗美援朝运动对新中国的崛起有着极其重要的意义，它不仅

---

① 参见刘锡增：《解放初期的街道文化活动》，政协天津市河东区委员会文史资料委员会：《天津市河东区文史资料》（第12辑），政协天津市河东区委员会文史资料委员会编印，2000年，第45页。

② 《毛泽东选集》（第一卷），人民出版社，1991年，第33页。

③ 参见刘锡增：《解放初期的街道文化活动》，政协天津市河东区委员会文史资料委员会：《天津市河东区文史资料》（第12辑），政协天津市河东区委员会文史资料委员会编印，2000年，第47—48页。

④ 《镇压反革命运动必须大张旗鼓》，《人民日报》，1951年4月3日。

⑤ 刘锡增：《解放初期的街道文化活动》，政协天津市河东区委员会文史资料委员会：《天津市河东区文史资料》（第12辑），政协天津市河东区委员会文史资料委员会编印，2000年，第48页。

极大地提高了中国在国际社会中的地位和声望,也极大地激发了全国民众的爱国热情和民族自豪感。天津各界民众在市人民政府的组织下,也掀起了声势浩大的抗美援朝运动。1950 年 11 月 30 日,天津市工商界 4 万人举行抗美援朝保家卫国大游行,12 月 2 日, 毛泽东复电赞扬,天津市工商界在全国工商业界起到了模范带头作用。医护界率先组织"抗美援朝救护委员会",组建志愿医疗队赴东北为志愿军伤病员服务,市长黄敬称这是一次"伟大的创举"。大批青年工人、学生报考军事干部学校,以及参加华北军区部队。全市市民举行了"千元劳军"运动。宗教界积极地参加抗美援朝运动,并开始进行爱国反帝的宗教革新运动。工厂工人发动爱国主义的生产竞赛和增产节约运动。

通过一系列惠及民生的政策措施,经过抗美援朝运动形成的爱国主义热潮的洗礼,天津市民众"新的爱国主义思想发展起来了,对帝国主义仇恨的情绪增强了, 这就引起了一个反帝爱国主义的新高潮。这个高潮在经济上,文化上都将起到深刻的影响,将有很大的帮助和发展"①,也将对天津社会秩序的稳定和社会风气的焕然一新起到促进作用。

(三)党要在人民群众参与社会治理的过程中发挥领导作用,不能放任自流

毛泽东曾明确指出:"凡属人民群众的正确的意见,党必须依据情况,领导群众,加以实现;而对于人民群众中发生的不正确的意见,则必须教育群众,加以改正。"②在解放初期的社会治理过程中,天津市人民政府密切关注各项工作的进展情况,发现问题及时纠正。

在"三反"运动中,由于某些单位的一些错误判断和工作方式上的生硬,对社会经济秩序造成了一定的冲击。比如在运动中,经济工作人

---

①《黄敬市长开幕词》,《天津政报》,1951 年第 21 期。
②《毛泽东选集》(第四卷),人民出版社,1991 年,第 1310 页。

员对经管财物都谨慎起来,这当然是好的,但有失之过苛的地方,结果出现了"批发商业成交较前减少一半;银行不贷款,银根很紧;私人不买货,也无心卖货;工业生产开始下降;税收显著减少"①等问题。为避免"三反"后经济恢复遇到更多的困难,生产和税收受到更大的影响,天津市委向毛泽东、中央、华北局、中财委作关于在"三反""五反"期间维持正常经济生活的请示报告,并获得毛泽东的肯定批示,认为天津市委关于"在不影响三反运动的条件下,必须兼顾经济工作"②的想法是正确的,并要求"各城市市委、市政府均应于开展'三反'和'五反'斗争的同时,注意维持经济生活的正常进行,如果在一个短时间内出现了不正常状态,亦应迅速恢复正常状态"③。

"五反"运动中,在劳资关系及公私关系上也曾发生一些动荡。本来运动是针对那些不法资本家的,但是随着运动的深入开展,群众的热情日趋高涨,结果出现了一些过激行为。如某些职工店员和工作人员对资本家监督面过宽、要求过高等,一些工人和店员开始对资本家颐指气使,"反对资本家'不劳而获',要资本家洗碗扫地;要'按劳取酬'或'按人分红';给资本家评定薪水,不许在柜上长支短借,不许经理用柜上的钱去退'五反'的款,要资本家从自己家里拿,不许经理的老婆孩子在柜上吃饭。把资本家赶到地下室去,资本家的住室改做工人宿舍,要资本家降低生活不许吸好烟"④等。结果使得工商界人士产生一些错觉和消极情绪,不敢积极经营。这些现象引起了天津市人民政府的高度重视,并及时作了甄别审查,使得"五反"运动得以在正常的轨道上健康发展,达到了既打击不法资本家,又团结多数守法资本

①《天津市"三反""五反"运动胜利结束》,《人民日报》,1952年6月16日。
②《建国以来毛泽东文稿》(第3册),中央文献出版社,1989年,第214页。
③《毛泽东年谱(一九四九——一九七六)》(第一卷),中央文献出版社,2013年,第493—494页。
④ 中国社会科学院、中央档案馆:《中华人民共和国经济档案资料选编·工商体制卷(1949—1952)》,中国社会科学出版社,1993年,第900页。

家的目的。

四、城市治理的成效与特色

解放以来，在党中央的领导下，天津市人民政府依靠发动人民群众，建立基层自治居民委员会，安定社会秩序，净化社会风气，重塑了革命价值观，在社会治理方面取得了巨大的成效。

第一，建立城市基层自治组织，赋权居民委员会。天津市建立街道居民委员会以后，针对街道中组织多、会议多、积极分子兼职多的现象，撤销或合并了一些不适当的组织，由过去的 20 多种减到 3 种，改变了过去街道中组织重叠、工作忙乱、街道积极分子负担过重的情况。街道工作秩序的改善，对于解决居民生活福利方面也起到了很大的作用，比如在实行粮食和食油计划供应初期，由于居民委员会及时对群众进行了宣传教育工作，保证了供应工作有条不紊地进行，而且工作落在实处，树立了居民委员会在居民中的威信。①

第二，重视革命价值观的宣传力度，使之成为推动城市社会治理工作的内驱力。比如为推动"三反""五反"运动建立的宣传网，宣传内容明确、具体、通俗，和当地实际情况相结合；宣传步骤自上而下，自内而外，由积极分子到广大群众；宣传方式大胆、公开、多种多样，形成了"大家拥护宣传网""人人愿当宣传员"的氛围。到 1952 年 7 月，全市共有宣传员 16,388 名。其中"三反""五反"运动前发展的宣传员有 7062 名，"三反""五反"运动中发展的宣传员 9671 名。②

第三，重视群众动员的社会治理工作，将人民群众组织起来，充分发挥组织的积极性和内在活力是保证社会治理工作有序进行的前提。

---

① 参见《在城市建立居民委员会和街道办事处的情况和经验》，《人民日报》，1954 年 12 月 6 日。

② 参见《天津市在"三反""五反"运动中发展和巩固党的宣传网的经验》，《人民日报》，1952 年 7 月 16 日。

解放初期,在面对复杂的城市形势和迫切繁重的任务时,动员组织人民群众显得尤为重要。不到一年时间,天津市人民政府修建"两园一场"(人民公园、水上公园和杨柳青飞机场),改造"一池两河"(南开蓄水池、赤龙河和墙子河)工程相继竣工,天津脏差乱臭的现象得到了根本治理,[①]有效解决了解放初期天津的民生问题。

第四,尊重人民群众,树立模范典型,社会成员的思想观念和精神面貌发生了巨大变化,实现了以道德建设带动经济发展的目标。在增产节约运动中, 天津钢厂线材部在 1952 年 2 月创造了 27 项新纪录,产品一级品率达到百分之百, 超过了当时国家钢铁工业局规定的标准。线材部工人刘长福领导的小组,因超额完成增产节约计划成绩突出而登上了《人民画报》1952 年第 4 期封面。

综上所述,解放初期, 在党中央和毛泽东社会治理思想的指导下,天津市人民政府充分发挥基层社会组织的自治作用,调动市民群众的积极性和内在活力;进行社会风气治理,重塑革命价值观,形成争当国家建设者的良好氛围;在密切联系群众的基础上,有力且高效地解决了复杂的城市社会问题。解放初期天津市的社会治理工作既降低了社会治理成本,提高了社会治理的效果,又密切了党与人民群众的关系。

第二节　解放初期的社会文化教育

近代天津中西文化交融,文化艺术繁盛,教育体系较为完善。但是抗日战争爆发后,天津的社会文化事业受到严重摧残,开始逐渐凋敝。1949 年 1 月天津解放后, 在中国共产党和人民政府的领导关怀下,天津的社会文化事业迎来了新生。天津原有的部分职业文艺团体得到恢

---

① 参见《天津市长黄敬守护首都门户的 3 年》,《党史天地》,2013 年第 13 期。

复和重建,并创建了一批新的私营文艺团体,团体组建方式多样,艺术种类齐全。随着社会主义改造的推进,文艺团体经历了清理、整顿、改造和重组,逐渐实现了国营化,剧团的性质发生了改变。除了职业剧团外,工人群众还组建了一些群众性业余剧团。当时正处于新民主主义社会向社会主义社会的过渡时期,社会正经历着剧烈变革,政治运动频繁,文化艺术活动担负着思想政治宣传和政治教育的任务,群众文化生活呈现出明显的革命化特点。同时天津教育事业得到较快发展,天津市政府在接管和改造旧教育的基础上,以为人民服务为导向,逐渐构建起从幼儿园、小学到高等教育的完整学校教育体系,并积极发展工农社会教育,开展扫盲运动,开办工农速成学校,提高工农群众的文化水平。

一、文艺团体的类型与国营化

文化艺术团体主要是指"承担文艺生产和传播、研究任务的专业文艺组织机构"①。中华民国时期,天津曾有过大量的戏曲、曲艺、话剧班社,但这些班社人员流动较大,存在时间较短,后来受战争等因素影响,到天津解放时已经所剩无几。在 1949 年 1 月天津解放时,在解放区成长起来的华北群众剧团、抗敌剧团等革命文艺团体组成文艺宣传队随军一同进入天津,成为天津最早的主流人民文艺团体。

天津解放后,由于党和人民政府对社会文化艺术事业的大力支持和倡导,天津出现了一大批新建私营文化艺术团体,组建方式多样,艺术种类齐全,并在革命新文艺队伍的带动和影响下,积极排练和演出现代戏,参与戏剧改革。1951 年 5 月 5 日,中央人民政府政务院颁布了《关于戏剧改革工作的指示》,以"改人、改戏、改制"为中心的戏剧改革在全国范围迅速展开。天津市也开始对私营戏曲班社、文艺团体实行

① 花建、于沛:《文艺社会学》,上海文艺出版社,1989 年,第 310 页。

民主改革,整顿和改组了大量民间职业剧团,并于 1956 年全部实现了国营化。

(一)解放前的文艺团体

天津戏剧爱好者众多,观众的戏剧鉴赏水平全国闻名。早在 20 世纪 20 年代,在戏剧界就形成了"北京学艺,天津唱红,上海赚包银"的梨园界俗语,这也说明天津在戏剧发展史上具有重要地位。天津戏剧演员实力雄厚,其中不乏全国名角,表演团队、场地众多。京剧、梆子和评剧是天津最有代表性的剧种,它们虽然不是起源于天津,但其形成与发展都与天津密不可分,与天津有着深厚的历史渊源。解放前,天津曾出现了大量戏剧班社,既有"班主成班""主演挑班"的固定班社,也有茶园、戏院邀请名角搭建的临时组班。但这些班社由于流动性较大,时聚时散,难以作完整统计。

到 20 世纪三四十年代,河北梆子、京剧逐渐衰弱,评剧和话剧发展迅速,团体增多。一时间,天津的评剧班社和话剧团体林立。评剧社主要有爱莲社、鲜灵霞班等。话剧团有天津剧团、北艺剧团、艺华剧团、群英话剧社、和平话剧社、红光剧艺社、新世纪剧艺社等,其中有不少进步话剧团体活跃在天津的艺术舞台上。它们宣传抗日、针砭时弊、提倡自由民主,对天津社会的进步与发展产生了影响。解放前比较知名的剧团主要有:

(1)南开新剧团。1909 年,张伯苓自编自导与学生同台演出的《用非所学》,成为天津话剧史的开端。1914 年,"南开新剧团"成立,周恩来是其骨干成员之一。[1]"据《南开话剧运动史》记载,从 1908—1922 年期间,上演的剧目有 46 个,都是师生们自编的。"[2]该剧团诞生了曹禺等一批优秀的话剧作家和艺术家,推动了北方话剧运动发展,对我国话

---

① 参见刘泽华主编:《天津文化概况》,天津社会科学院出版社,1990 年,第 137 页。
② 天津地方志编修委员会办公室、天津市文化局编著:《天津通志·文化艺术志》,天津社会科学院出版社,2007 年,第 192 页。

剧事业产生了重要影响。但该剧团仅仅活动到解放前为止。

（2）兄弟剧团。1940 年,天津相声演员常宝堃（小蘑菇）、赵佩茹和杂耍艺人陈亚南等人组建了这个杂耍表演团体。该剧团在杂耍后表演笑剧或反串戏以提高票房收入,因此排演了许多笑剧。"如《活僵尸》《一碗饭》《前台与后台》《八点半》等,造成轰动效应。"[1]常赵二人也成为当时名满平津的著名相声搭档。在笑剧表演中,艺人直接进入角色,"还采用诸多相声包袱的处理技法,使人物形象更加立体化。后来,相声业内普遍认为,日后出现的相声剧与兄弟剧团开创的笑剧有着直接联系"[2]。新中国成立后,常宝堃任团长,陈亚南任副团长,在 1950 年 6 月改为民主管理共和制,废除了包银制。1951 年 3 月,常宝堃、赵佩茹等参加中国人民赴朝鲜慰问团曲艺服务大队,常宝堃不幸牺牲,该剧团自动解散。

（3）中华茶园河北梆子班。1946 年 7 月,由中华茶园经理魏学瀛邀角组成。先后搭班的演员有金刚钻（王莹仙）、银达子（王庆林）、金宝环、葛文娟、韩俊卿等著名河北梆子演员。演出剧目主要是河北梆子传统名剧,韩俊卿也曾带头在该园演出从京剧移植的《锁麟囊》等新剧。该班社作为当时天津市唯一的专业河北梆子戏班,为解放后天津河北梆子的发展奠定了基础。该班社于 1948 年 10 月解散。[3]

（4）正风剧社。成立于 1948 年,曾经一度停演,1949 年 2 月重新成立。社址位于南市升平戏院,全社约有 80 人,主要演员有小灵霞、花迎春、吴凤霞、吴翠霞、六岁红、羊兰芬、自云峰等人。该社曾自编、改编、移植《九件衣》《一贯道》《祥林嫂》《刘胡兰》等 60 多个剧目,其中一些剧目深受观众喜爱,并流传到山东、河北等地。[4]

（5）中华马戏团。1948 年开始扎根天津。演出节目除了"弹簧钢丝"

① 倪钟之:《中国相声史》,武汉大学出版社,2015 年,第 255 页。
② 高玉琮:《搭档》,百花文艺出版社,2018 年,第 39 页。
③ 参见天津地方志编修委员会办公室、天津市文化局编著:《天津通志·文化艺术志》,天津社会科学院出版社,2007 年,第 193 页。
④ 参见齐会英编著:《天津戏曲五十年》,天津杨柳青画社,2002 年,第 44 页。

"刀门子""地圈""上杆"等传统节目外,还增加了"空中体操""空中转梯"等新的马戏节目。其中,伦金兰的"飞铙""训熊",孙连贵、孙振昆父子的"武术对打""中幡",杨香菊的"重蹬技"等是长演不衰的优秀节目。后来,伴随着"飞人明星"孙占凤等人的加入,团体实力更加雄厚,深受观众喜爱,年演出场次有时能达 500 余场,1951 年被评为文艺界模范单位。①

(二)解放后的文艺团体

天津解放后不久,军管会文艺处就遍访戏曲界知名演员,宣传党的政策,了解他们的生活状况,营造了相对宽松的文艺生产、发展氛围。黄敬市长制定了"接收、稳定"的总方针,提出"大家都有饭吃,才能谈改造"的原则。1949 年 4 月,刘少奇视察天津时又指出:"对戏曲不要随便禁戏,禁了戏,就会使人少吃饭或吃不上饭,会造成一些人失业,不满我们。"②4 月 22 日,文艺处召开了梨园界座谈会,传达刘少奇讲话精神,征询文艺工作者的意见,提倡为人民服务的文艺思想,从而极大地鼓舞了文艺工作者的表演热情,文艺界的从业人数也迅速增加,组建了一批种类丰富、组合形式多样的私人文艺团体,促进了天津文化艺术的短暂繁荣。

1.传统戏剧演出团体

天津解放后,京剧、梆子和评剧等都得到了较快发展,并取得了诸多成绩。天津刚刚解放一周后,就有河北梆子、评剧剧团恢复演出。1949 年 2 月,新华京剧社、正风评剧社率先排练演出了《三打祝家庄》《白毛女》《九件衣》《血泪仇》等解放区的戏剧。这期间,涌现出来很多戏剧演出团体。它们大多是演员自由结合而成,有的是主演挑班,有的是乐师领头。③但剧团人员构成较为复杂,剧团演出的内容较为混乱,

---

① 参见天津地方志编修委员会办公室、天津市文化局编著:《天津通志·文化艺术志》,天津社会科学院出版社,2007 年,第 427 页。

② 齐会英编著:《天津戏曲五十年》,天津杨柳青画社,2002 年,第 12 页。

③ 参见齐会英编著:《天津戏曲五十年》,天津杨柳青画社,2002 年,第 44 页。

有的剧团甚至没有固定的演出剧本。

从下表可以看出，1949—1956 年，天津市新组建了许多文艺团体，其中京剧团有红风、扶新、建华、建新、革新等剧团，河北梆子剧团有复兴、移风、民主、益民等剧社，评剧团主要有进步、民益、艺文、大众、捷化、新华、前进等剧团。这期间，新建的评剧团数量最多，多达 15 个，京剧团有 6 个，河北梆子剧团 5 个，北方越剧团 4 个。剧团的所有制也是多种性质并存，有私营共和班、私营、私营公助，主要以私营为主。在演出剧目方面，京剧和河北梆子主要以演传统戏为主。评剧由于其特殊性，更容易反映现实，贴近群众生活，在演出剧目上多是传统戏与现代戏两者兼顾。

1949—1956 年天津新建传统戏剧文艺团体简表

剧种	成立年份	剧团名称	所有制	主要演员及全团人数	剧目情况	变迁情况
京剧	1949	红风（新艺)剧社	私营共和班	李铁英、闻占萍 等 80 余人	传统戏外，侧重演出新编剧目	1956 年初支援山西省太原市建国京剧团
	1950	共和班	私营共和班	班底团。端玉昆负责，60 余人	配合外地来津演出，以演传统戏为主	1956 年与宝华社合组国营天津市京剧团
	1951	扶新剧社	私营	小盛春、刘汉臣等百余人	擅长演海派老生及猴戏	1956 年改为新国营团
	1951	建新剧团	私营	赵松樵、刘龄童 等 60 余人	传统戏及猴戏	1956 年改为新国营团，并划归河北区政府领导
	1951	建华剧社	私营	舒昌玉、王则昭 等 60 余人	以演传统唱工戏为主	1956 年改新国营团，划归和平区
	1951	革新剧社	私营	徐高扬、松志友 等 60 余人	传统戏	1956 年划归南开区政府

续表

剧种	成立年份	剧团名称	所有制	主要演员及全团人数	剧目情况	变迁情况
河北梆子	1949	复兴剧社	私营	银达子、金宝环、宝珠钻等50余人	传统戏	1951年，云香剧社解体，1952年6月，市文化局以复兴剧社为基础，另抽移风剧社部分主演组成天津市秦腔实验剧团。1953年，改建为国营天津市河北梆子剧团。1956年，复兴、移风、益民三团各归南开、河西及红桥区所属
	1949	移风剧社	私营	韩俊卿、柳香玉等50余人	传统戏	
	1949	益民剧社	私营	金玉茹、张宴清等60余人	传统戏	
	1950	香云剧社	私营	云笑天、刘香玉等	传统戏	
	1952	民主剧社	私营	张美华、梁蕊兰等60余人	传统戏	
评剧	1950	民益剧社	私营公助	李文芳、小月樵等70余人	擅长新编现代戏	1956年改为新国营剧团
	1950	大众剧社	私营	花迎春、王律痕等50余人	传统戏、现代戏	1954年解散
	1950	进化建设	私营	郭砚芳、刘小楼、李子蔚等	传统戏	1951年，主要演员分别到外地演出，该社解体
	1950	汉沽评剧团	私营	袁素珍等	传统戏、现代戏	—
	1951	进步剧社	私营	鲜灵霞、袁凤霞等80余人	擅长演传统唱工戏	1956年改为新国营剧团
	1951	捷化评剧社	私营	义侠君、王世影等60余人	传统戏、现代戏	—
	1951	努力剧社	私营	邵静娴、王凤山等40余人	传统戏、现代戏	1955年支援山东聊城地区

续表

剧种	成立年份	剧团名称	所有制	主要演员及全团人数	剧目情况	变迁情况
评剧	1951	勇风剧社	私营	小淑琴、李兰舫等60余人	传统戏、现代戏	1956年支援河北青县
	1951	民声剧社	私营	林向鸿等50余人	传统戏、现代戏	1956年支援天津专署
	1951	前进剧社	私营	花月仙、王素秋、李福安等70余人	传统戏	1953年解体
	1951	新进剧社	私营	李宝顺、小秋影等40余人	传统戏、现代戏	1956年支援静海县建团
	1951	新华剧社	私营	小桂芳、马玉珍等50余人	传统戏、现代戏	1956年划归河东区政府领导
	1952	艺文评剧社	私营	小月珠、张艳云等60余人	传统戏、现代戏	1956年小月珠离开剧团
	1952	进化剧社	私营	庹玉芳等50余人	传统戏、现代戏	1956年改新国营团，改成进化分团
	1952	新新剧社	私营	义侠君、王美云等40余人	传统戏、现代戏	1956年支援宝坻县建团
越剧	1950	上海联合女子越剧团	私营公助	裘爱花、筱少卿等百余人	传统戏	1956年改为国营天津市越剧团
北方越剧团	1954	互助北方越剧团	私营	贾松涛、张虹、张英杰、石芳等	移植越剧，编演新戏	—
	1954	群星北方越剧团	私营	唐素云、张韵宏等	移植越剧，编演新戏	—
	1954	红云北方越剧团	私营	马香云、王锦芷等	移植越剧，编演新戏	—
	1956	红艺北方越剧团	私营	甘春丽、刘子娟等	移植越剧，编演新戏	—

资料来源：参见中国戏曲志编辑委员会：《中国戏曲志·天津卷》，中国 ISBN 中心，2000 年，第 276—278 页

2.话剧艺术团体

1949 年 1 月天津解放，随军入津的有 5 个文艺宣传队，开展了声势浩大的宣传庆祝活动。其中"华北群众剧社"组成了天津市军管会第一宣传队，华北联大第三部学员和从北平、天津奔赴解放区的进步青年组成了军管会第三宣传队，1949 年 7 月两队合并成立"天津群众剧团"，演出了《子弟兵和老百姓》等话剧，给天津带来了解放区新文艺和优良作风。

1949 年 3 月，华北总工会筹委会驻天津办事处成立天津工人文工团。该团是在中纺七厂工人业余话剧团基础上，从群众剧社等单位调入了部分人员担任领导和业务骨干，又吸收了部分工人、学生和社会青年组成，演出了《不是蝉》《在新事物面前》《提高一步》等大型话剧。同年，团市委领导组建了天津青年文工团，该团以解放区来的文艺工作者为骨干，吸收了一部分青年学生和社会上的青年演员，并配备政治和业务领导干部，曾演出话剧《小雪花》、歌剧《赤叶河》等。[1]这两个团分别于 1950 年 7 月、1952 年 5 月撤销。

1949 年—1953 年，是天津民营职业话剧团的繁荣时期，先后有民艺、光华实验、人民、艺华、振兰、兄弟曲艺、群进、大路、新艺、艺联等剧团，以及天津艺术、北京演剧、民众、新天津等剧社，多达 20 余个，演出剧目 40 多个，盛极一时。[2]但由于这些剧团大多为临时组建，演员流动性大，演出条件较差，存在时间不长就陆续自行解散了，有不少演员参加了国营剧团。

3.曲艺杂技团体

天津市是我国著名的曲艺发祥地，享有"曲艺之乡"的美誉，曲艺

---

① 参见天津市地方志编修委员会办公室、天津市文化局编著：《天津通志·文化艺术志》，天津社会科学院出版社，2007 年，第 138 页。

② 参见天津市文化局文化史志编修委员会编：《天津文化简志稿》，天津市文化局，1988 年，第 114 页。

种类繁多,艺术流派风格各异,约有20种。但在日伪时期,天津曲艺受战争影响严重,陷入生存绝境。天津解放后,由于党和政府的大力扶持,天津曲艺重获新生。1949年成立了"大众曲艺社",1950年,天津戏剧曲艺工作者协会在燕乐戏院组建"红风曲艺社",大众曲艺社被红风曲艺社取代。1951年,建立集体所有制的"群声曲艺团",于1954年解散。1951年,按照常宝堃、程树棠两位烈士的遗愿,建立了第一个民营公助性质的"天津市曲艺工作团",该团在1953年改为国营。同年,天津电台还成立了"天津广播曲艺团"。1956年,两团合并为"天津人民广播电台天津曲艺团"。①这一时期,天津曲艺刚刚恢复,发展比较缓慢,剧团数量较少,存在时间也较为短暂。

吴桥、沧州是近邻天津的杂技之乡,许多杂技艺人汇集津门演出谋生。解放前活跃在天津的杂技表演团体多达数十个,影响较大的也有十几个。解放后,新成立的民间杂技团主要有:1949年由著名魔术师陈亚南、陈亚华等优秀杂技演员组建的"红风曲艺杂技社",陈亚南的徒弟韦汉声、陈鸿章等青年演员组成的"青年杂技团",1950年由魔术师于化民、郭新民等组建的"红星杂技团",1951年由杨志伟组建的"霞光杂技团",王永庆率领原中华马戏团的王氏家族成员等人组建的"中华技艺团",1952年由南派魔术师石仲化组建的"新中国杂技团"等。②

4.群众性业余团体

解放后,来自解放区和部队的文工团不仅给天津市民带来了新文艺,而且深入工厂、学校积极开展群众文艺活动,帮助群众建立了许多群众性业余文艺团体。《大公报》曾报道:"两月来,津市各工厂的文艺活动已有很大开展,许多工厂的工人自动组织了板报社、快歌队、歌咏

---

① 参见天津市文化局文化史志编修委员会编:《天津文化简志稿》,天津市文化局,1988年,第155页。

② 参见天津地方志编修委员会办公室、天津市文化局编著:《天津通志·文化艺术志》,天津社会科学院出版社,2007年,第402页。

队、话剧团、歌剧团,并自编剧本。"①

这些新建的群众性业余文化艺术团体分布在全市不同的群体、阶层中,演唱和表演群众喜闻乐见的优秀歌曲和舞蹈,并经常参加有组织的表演活动,活跃在人们的日常生活中。这一时期主要的群众业余表演团体有天津教师合唱团、新歌合唱团、苏联音乐合唱团、天津市职工业余歌舞团、天津市少年业余广播艺术团、天津青年业余歌舞团、天津业余广播乐团、天津群众业余歌舞团、六号门工人艺术团等。

（三）文艺团体的国营化

政府对剧团的管理工作自新中国成立初期便已开始。②1951 年 5 月 5 日,政务院发布《关于戏曲改革工作的指示》(又称为"五五指示"),明确指出"旧戏班社中的某些不合理制度,如旧徒弟制、养女制、'经励科'制度等,严重地侵害人权与艺人福利,应有步骤地加以改革,这种改革必须主要依靠艺人群众的自觉自愿"③。在"五五指示"精神的指导下,天津市文化局着手对剧团、班社进行整顿。

1952 年 5 月,天津市文艺工会对全市私营班社实行民主改革,"使各班社发展成为合作社性质的民营剧团(社),各团经选举产生了委员会,统管团内行政与业务"④。10 月,市文化局让各私营剧团填写戏曲剧团、班社情况调查表,以详细了解掌握私营剧团、班社的具体情况。1953 年,制定了《书场、茶社管理办法暂行规定》,对书场茶社、小型剧团和零散艺人进行全面管理,冻结剧团人事关系,只许出不许进。对零散艺人进行登记注册,将其区分为民间职业艺人和非正式艺人,属于民间职业艺人的登记注册后才能进行营业性演出。经过整顿,天津小

---

① 《津工人文艺活动进一步积极展开》,《大公报》,1949 年 4 月 16 日。
② 参见张翱:《"十七年"时期国家对民间职业剧团管理体系的构建》,《文艺研究》,2018 年第 10 期。
③ 王正强:《甘肃戏剧史》(下),甘肃文化出版社,2016 年,第 13 页。
④ 中国戏曲志编辑委员会:《中国戏曲志·天津卷》,中国 ISBN 中心,2000 年,第 255 页。

型剧团逐渐衰弱,私营剧团数量明显减少。"到1955 年,全市有私营以及私营公助剧社 22 个,从业人员 1300 多名。"[①]到 1956 年 1 月,天津市民间职业剧团全部改为国营剧团。曾有报道:

> 在天津的进步评剧社、民艺评剧社、艺文评剧团、勇风评剧社、新华评剧社、捷化评剧社、新新评剧社、复兴河北梆子剧社、移风河北梆子剧社、益民河北梆子剧团、民主河北梆子剧社、建华京剧社、扶新京剧社、建新京剧社和天津市越剧团等 15 个民间职业剧团,以及 9 个小型的曲艺组织,自 1 月 22 日起,全部成为国营剧团了。[②]

其中大多数新建国营剧团划归了所在辖区管理和领导,有的支援了外省市剧团建设。这期间,对一些实力强、群众基础好的剧团,则直接改为或合并成立国营剧团,并借鉴苏联文艺发展模式,组建了天津市人民艺术剧院、天津京剧院等市级国营剧团,天津文化艺术逐渐走上专业化的发展道路。组建的市级国营职业剧团主要有:

(1)天津市人民艺术剧院。1951 年 8 月,在天津群众剧社(原华北群众剧社)基础上,吸收第三宣传队、天津工人文工团和天津青年文工团的部分专业人员组建而成。该剧院为集话剧、音乐、舞蹈等多种艺术表现形式于一体的综合演出团体。成立时方纪任院长,何迟、王莘任副院长。1953 年,该剧院扩建,并向专业化发展,分别设立话剧团和歌舞团。1954 年,组建天津人民艺术剧院歌舞团、天津人民艺术剧院话剧团。

---

① 天津市地方志编修委员会、中国共产党天津志编修委员会编:《天津通志·中国共产党天津志》,中共党史出版社,2007 年,第 442 页。
② 阮文涛:《天津市戏曲剧团全部国营》,《戏剧报》,1956 年第 2 期。

天津人民艺术剧院演出苏联话剧《曙光照耀着莫斯科》(1953)

图片来源：天津市地方志编修委员会办公室、天津市文化局编著：《天津通志·文化艺术志》，天津社会科学院出版社，2007年，第139页

（2）天津市京剧团。1956年8月建团，由原"北京宝华社"和"天津共和社"合并，并邀请少数外地主演组成。该团以表演传统京剧剧目为主，团址在天津中国大戏院内。组建时全团共有演员及职员160余人，主要演员有杨宝森、厉慧良、张世麟、丁至云、周啸天、林玉梅等。保留剧目有杨宝森的《失·空·斩》《伍子胥》《杨家将》。厉慧良的《长坂坡·汉津口》《钟馗嫁妹》《艳阳楼》《铁笼山》《野猪林》等。[1]该剧团"演员阵容强大，实力雄厚，行当齐全，技艺精湛，文武兼备，尤以杨派老生戏和长靠短打武戏最佳"[2]。

（3）天津市河北梆子剧团。1953年7月建团并改为国营剧团，其前身是天津市秦腔实验剧团。1952年6月，天津市文化事业管理局以复兴剧社主演为基础，抽调移风剧社部分主演，组建了天津市秦腔实验剧团。团长为阎凤楼，副团长为王韧、杜义亭。剧团下设一队、二队两个

---

① 参见杨振主编：《天津市和平区文化旅游局志·文化篇》，天津市和平区文化和旅游局，2008年，第43页。

② 《中国戏剧年鉴》编辑部编：《中国戏剧年鉴》，中国戏剧出版社，1987年，第301页。

演出单位，主要演员有韩俊卿、银达子、金宝环、王玉磬、宝珠钻等。曾在第一届全国戏曲观摩演出大会、天津市第一届戏曲观摩演出大会中获得重要奖项。①

（4）天津评剧团。1953 年成立。在正风剧社基础上组建，主要演员有新翠霞、六岁红、孔广山、莲小君、羊兰芬等。1956 年，鲜灵霞、李文芳加入该团，全团有 70 余名演职人员。该团创作、整理了《妇女代表》《刘伶醉酒》《王二姐思夫》《孔雀东南飞》《雪玉冰霜》《桃花庵》等剧目。在唱腔方面创出了男、女腔"反调大慢板"。在第一届天津市戏曲观摩演出大会上，该团参演的剧目《妇女代表》《刘伶醉酒》获得多项奖项。②

（5）天津市越剧团。1953 年成立，其前身为上海联合女子越剧团，该团由上海甬江状元楼的梁志卿与天津天华景戏院的高渤海参股组建，1950 年 3 月来津演出，深受观众喜爱，被挽留而驻足津门。1956年，转为国营剧团，主要演员有裘爱花、筱少卿等。该团将越剧南花北移，不仅上演传统剧目，而且还创作演出了《小喜子》《鸿顺里》《菊花石》等现代剧目。③

（6）天津歌舞团。原为天津人民艺术剧院下设的歌舞团队，1953 年改称天津歌舞团。该团成立后，创作了《茉莉花》《板舞》《打熊》等一批具有华北民间艺术风格和特色的舞蹈，并多次参加慰问演出。④

二、文化生活的多元化与群众化

群众文化生活是社会构成的一个重要方面，它是社会经济、政治

---

① 参见中国戏曲志编辑委员会：《中国戏曲志·天津卷》，中国 ISBN 中心，2000 年，第266 页。
② 参见齐会英编著：《天津戏曲五十年》，天津杨柳青画社，2002 年，第 46 页。
③ 中国戏曲志编辑委员会：《中国戏曲志·天津卷》，中国 ISBN 中心，2000 年，第 272 页。
④ 参见天津市地方志编修委员会办公室、天津市文化局编著：《天津通志·文化艺术志》，天津社会科学院出版社，2007 年，第 537 页。

面貌的反映。天津是全国最早解放的大城市,当时全国大部分省市尚未解放,天津承担着欢送军队南下、支援全国解放的任务。新中国成立后,新生的人民政权面临着来自国内外的诸多严峻考验,需要给全国人民坚定的信念,团结和带领人民共同进行社会主义改造。因此把群众文化生活与土地改革运动、"三反""五反"、抗美援朝等政治运动相结合,对人民进行思想教育和政治动员,具有一定的时代性。从人民群众的角度讲,天津的解放、人民政权的建立,给市民群众带来了新生活的希望和曙光,为了表达内心的兴奋和喜悦,他们表现出极高的政治热情,纷纷主动参加文艺演出和创作活动,文化生活丰富多彩。群众文化生活在很大程度上也继承了革命时期的文艺传统,呈现出革命化的时代特征,国家意识形态贯穿于群众文化生活的始终,受社会运动影响较为明显,折射出鲜明的政治性。

(一)群众文化活动的广泛开展

毛泽东《在延安文艺座谈会上的讲话》指出:"无产阶级的文学艺术是无产阶级整个革命事业的一部分,如同列宁所说,是整个革命机器中的'齿轮和螺丝钉',因此,党的文艺工作,在党的整个革命工作中的位置,是确定了的,摆好了的;是服从党在一定革命时期内所规定革命任务的。"①这说明文艺工作是为党的中心任务服务的,革命离不开文艺,文艺也需要革命,文艺必须在内容和形式上配合政治运动。在抗日战争和解放战争中, 党和人民军队积累了丰富的运用文学、戏剧、音乐、舞蹈等文艺形式,组织开展宣传教育工作的经验,并证明了寓教于乐的宣传形式不仅能吸引群众,也能给群众留下深刻的印象,容易被人民群众所接受,比直接的政治宣传更有效果。著名作家丁玲曾说过:

---

① 毛泽东:《在延安文艺座谈会上的讲话》,《毛泽东选集》(第三卷),人民出版社,1991年,第 865—866 页。

有些人看一本新文艺的书，要比看一本马列主义的书有兴趣，很多人看《共产党宣言》看不下去，因为里面讲的道理他不能明了，同时自己感觉有趣味的事范围也很狭小，但读一本文艺书不同，比较喜欢，因为其中有故事，有人物，和自己的生活联系比较多，容易被接受。看一本土地改革的小说，中间描写干部如何下乡，如何划分阶级、分土地，看了以后增加了很多知识，扩大了眼界，对农村有了初步的了解，比看一本讲土地政策的书容易看得进去。[1]

天津市军管会文艺处在进城后，在接管青年馆、艺术馆、电影院等文化演出场所、设施的同时，组织了丰富的群众文化活动来开展宣传教育。但由于当时经济社会尚处于接管的过渡时期，群众文化活动在形式、内容方面很大程度上继承了革命时期的文艺传统，采取陕西秧歌、新歌剧、腰鼓等艺术形式，以群众游行联欢的方式来欢庆天津解放、新中国成立和"五一"等重要的节日。周巍峙处长曾把群众游行联欢活动称为"新文艺的启蒙运动"，指出它并不单单是纯粹的文化娱乐活动，通过把群众组织起来参加游行活动，向群众讲解党的政策和纪律，讲解联欢的目的和意义，有利于提高群众的政治觉悟，增加群众对党的政策和纪律的理解，"实际上是一种带群众性的职工自我教育的好机会"[2]。

1949年1月15日下午，战斗刚刚结束，大街小巷便挤满了人，锣鼓喧天，人们载歌载舞，欢迎解放军进城，庆祝天津解放。"解放区的天是明朗的天，解放区的人民好喜欢，民主政府爱人民呀，共产党的恩情说不完……"这样的歌声，响彻全城。[3]2月14日，又有约14万群众集

---

① 丁玲：《在前进的道路上——关于读文学书的问题》，《丁玲全集》（第7卷），河北人民出版社，2001年，第124—125页。

② 周巍峙：《工厂文艺工作的目的和做法》，荒煤辑：《论工人文艺论文集》，上海杂志公司，1949年，第96页。

③ 张鸿雁等：《1949中国城市：五千年历史的切面》，东南大学出版社，2009年，第134页。

会游行欢庆天津解放。中国纺织公司制作的彩车、南开大学绘制的领袖像、南星合唱团的合唱、军管会文艺处宣传队的秧歌等,均出现在队伍中,既反映了人民群众欢庆解放的喜悦心情,也展现了群众文化艺术的精神风貌。10月2日,为庆祝中华人民共和国成立,约30万群众聚集在人民广场举行了庆祝联欢。①

为了配合土地改革、镇压反革命、"三反""五反"、抗美援朝等政治运动,党中央发动了自上而下的群众文化宣传运动。围绕这些运动,天津市委和人民政府组织开展了一系列群众文化活动。通过文化活动的形式宣传党和国家的政策,动员群众的积极性,激发群众深厚的阶级感情,使群众自愿主动地参加政治运动。

以抗美援朝为例,在志愿军入朝后不久,中共中央发出了《关于时事宣传的指示》,要求全国各地深入地进行抗美援朝宣传教育,激发广大人民群众的热情,积极支援前线。在中央精神指导下,天津市积极动员全市宣传力量,进行爱国宣传。各区成立了区宣委会,下设各种不同的宣传队。在工人中设立工人宣传队,深入工厂宣传,采用召开报告会、工人大会、座谈或访谈、集会游行等多种形式宣传。1950年11月30日,天津工商界4万余人举行大游行;1951年5月1日,市区60万群众和郊区50万群众举行大游行。②天津文艺界也积极参加了抗美援朝文化宣传运动,声讨美国侵略朝鲜,积极创作文艺节目,参加中国人民赴朝慰问团,到朝鲜前线为中国人民志愿军进行慰问演出。天津著名相声演员常宝堃、著名弦师程树棠参加演出后,在回国途中遭美军飞机轰炸,光荣牺牲。京津两市还联合举办了"抗美援朝、保家卫国电影宣传月",在影院上映国产故事片《中华儿女》和苏联影片《易比河会

---

① 参见天津市地方志编修委员会办公室、天津市文化局编著:《天津通志·文化艺术志》,天津社会科学院出版社,2007年,第841页。

② 参见梁丽辉:《新旧更迭中的巨变:建国初期天津工人研究(1949—1956)》,南开大学2012年博士论文,第36页。

师》《俄罗斯问题》等，全市停放美国影片。1951 年 10 月，全市影剧场、舞厅、茶社为抗美援朝"捐献飞机大炮"联合举行义演。①学界举办了抗美援朝学生戏剧大竞赛，有 17 个学校自编自演了 15 个短剧。

（二）革命文艺作品的大量涌现

文艺活动在群众动员和思想宣传中具有独特优势，既源于天津群众对戏剧等文化艺术的喜爱，又在于当时天津城市人口的文化程度普遍较低，文盲半文盲占城市居民的相当部分，演戏、文艺演出在当时是各种思想政策宣传的有效形式。文艺活动的宣传职能决定了文艺作品在内容上必须要符合党和国家意识形态的要求，与无产阶级意识形态相符。解放前流传下来的一些文艺作品，其内容含有封建主义、资本主义思想和小市民趣味，具有封建、落后、反动因素，它们的存在对政治动员和社会主义文化建设无疑是一种阻碍，必须加以改造，并尽快创作出一批服务人民、服务工农兵的现代文艺作品。

1."反映革命意识"的解放区剧目

天津解放后，一批由解放区演出团队带来的具有新思想、新内容和新形式的剧目展现在天津文艺舞台上，这些剧目有歌剧、话剧和京剧，都带有强烈的革命意识，主要表现战争时期的军民战斗生活、群众支援前线、军民关系及农村土地改革等内容。例如天津解放后，"军管会第五宣传队公演《白毛女》招待天津职工同志，其中有联动被服厂各个厂的职工共演出六场，观众一万多，绝大多数都是职工，也有少部分职工家属"②。《白毛女》通过杨白劳和喜儿两代人在旧社会的悲惨命运，揭露了地主与农民之间的尖锐矛盾，控诉了旧社会的罪恶，歌颂了党和新社会，形象地说明了推翻旧社会、建立新中国的必要性与合理

---

① 参见天津市文化局文化史志编修委员会：《天津文化简志稿》，天津市文化局文化史志办公室，1988 年，第 178—180 页。

② 苏中：《工人看了白毛女》，荒煤辑、周巍峙等：《天津解放以来文艺工作经验介绍》，天津人民艺术出版社，1949 年，第 117 页。

性,以艺术的手法向群众说明了"旧社会把人变成鬼,新社会把鬼变成人"。通过观看《白毛女》,工人们意识到自身地位得到了提高,对革命斗争有了新认识。"只有共产党解放了天津以后,人家就净演戏给咱们看,特意招待咱们,你看到和过去简直是没法比了。"[1]"看了戏才知道斗争会是和他讲理啊,大伙和他诉苦、申冤,老百姓大伙做主。"[2]

当时在天津舞台上还上演了《兄妹开荒》《王秀鸾》《纺棉花》《宝山参军》《骨肉亲》《夫妻识字》等解放区的文艺作品,这些剧目的演出形式质朴率真,演出内容丰富多样,有鼓励劳动生产的、开展阶级教育的、解决婚姻问题的、破除封建迷信的,等等。如《王秀鸾》描写了解放区人民在党的领导下,依靠自己的双手,勤劳创造美好新生活的故事;《宝山参军》则通过解放区青年人满怀热情,积极要求参军上前线的事例,表现出广大民众对解放战争的支持和战争必胜的信念。[3]这些新剧目令天津民众耳目一新,引起了天津观众的共鸣,深受观众喜爱。这也促使一些剧团对解放区新剧目进行移植演出,如正风剧社移植演出了《九件衣》,李文芳、鲜灵霞将《白毛女》搬上了评剧舞台。在军管会的引导和部队文工团的帮扶下,天津市兴起了解放区戏剧排演热潮。"1949年11月27日,军管会文艺处负责人方纪,在欢送梅兰芳离津赴沪的座谈会上发言谈道:"天津解放9个月来, 全市的剧艺工作者人数有3200名,已演出'解放戏'1854场(包括新曲艺130多段),观众300万人左右。"[4]

2."为人民服务"的戏曲改革

天津的戏曲改革走在了全国的前头, 早在1949年4月22日,军

① 苏中:《工人看了白毛女》,荒煤辑、周巍峙等:《天津解放以来文艺工作经验介绍》,天津人民艺术出版社,1949年,第117页。

② 同上,第118页。

③ 参见齐会英编著:《天津戏曲五十年》,天津杨柳青画社,2002年,第11页。

④ 王琼、甄光俊:《新中国成立前后天津剧目概貌》,《中国戏剧》,2012年第7期。

管会文教部文艺处召开了梨园界座谈会，会上推举李少春、奚啸伯等16人筹备成立"改革旧剧委员会"，来监督和指导天津戏曲舞台演出，对传统剧目进行改编。在当时的天津文艺舞台上，演出的许多剧目都是经过长期打磨，师徒传承流传下来的传统剧目，展示的内容多限于帝王将相的史实演绎，才子佳人的风流韵事，充满奇幻的民间传说，戏曲艺术的服务对象则是城市居民中的有闲阶层。天津解放后，劳动人民翻身做了主人，为人民服务、还原历史的本来面目成为对戏曲艺术发展的新要求。陈荒煤处长在旧剧改革工作座谈会上曾说：

> 几十年来所演的旧戏，一直停留在旧社会封建的宫廷的阶段，意识都非常歪曲，对于观众有恶劣影响。希望大家今后能多演新戏。天津演剧场所有一百四十多处，每天有几万人去看，所演的戏有的可以感人泪下，但大都是有坏影响的。好些戏裹（里）的贪官污吏都成了正派，而真正以劳力为生的老百姓都在戏裹（里）被涂成了三花脸。一些剥夺压迫农民的员外也打扮得很正经。所以过去所演的戏都是颠倒黑白，把事实翻了个身，老百姓被教育得不再反对统治者，这就是他们的用意。但是今天，大家在台上已是主人了，应该把戏翻个身，让老百姓了解真的事实，这就是为什么要改革旧剧的道理。[①]

1949年7月2日，第一次中华全国文学艺术工作者代表大会在北京召开，会议明确把毛泽东《在延安文艺座谈会上的讲话》提出的"文艺为人民服务、首先是为工农兵服务"的方针确定为全国文艺运动的总方向。周恩来作了政治报告，详细论述了"为人民服务""改造旧文艺"的问题，指出："这种改革，首先和主要的是内容的改造。但是伴随

---

① 王又新：《天津评剧改革浪潮》，《大公报》，1949年5月29日。

这种新内容的发展而来的,对于旧形式也必须有适当的与逐步的改造,然后才能达到内容和形式的和谐与统一。"①这次会议拉开了全国戏曲改革的序幕。②10月2日,中华全国戏曲改革委员会成立,作为政府行政机构负责和领导全国戏剧改革工作。1951年5月5日,《政务院关于戏曲改革工作的指示》中更是明确提出:"戏曲应以发扬人民新的爱国主义精神,鼓舞人民在革命斗争与生产劳动中的英雄主义为首要任务。凡宣传反抗侵略、反抗压迫、爱祖国、爱自由、爱劳动、表扬人民正义及其善良性格的戏曲,应予以鼓励和推广,反之,凡鼓吹封建奴隶道德、鼓吹野蛮恐怖或猥亵淫毒行为、丑化与侮辱劳动人民的戏曲应加以反对。"③对戏曲作品的思想引领性提出了明确要求,戏曲作品不再以观赏性、市场卖座为核心追求,而应配合时政发展需要,统一民众思想,发挥政治宣传的功能,这促使戏曲作品由市场性向政治性转变,对戏曲艺术的内容和表演形式都提出了改革的要求。

在中央戏曲改革精神的指导下,天津市认真对传统戏曲剧目进行了改造,自觉剔除趣味低下的表演和庸俗下流的台词,去除反映封建思想、小资产阶级思想的戏曲内容,突出人物的反抗精神、斗争性和社会主义改造思想。例如《杜十娘》是成兆才的代表作,约创作于1915年,描写了明代京城名妓杜十娘的爱情悲剧。新中国成立后,何迟等人对此剧进行了重新整理、改编,去掉了原剧中杜十娘鬼魂抱怨、活捉孙富等情节,着重增加了杜十娘的反抗性格,强化了悲剧意蕴。④鲜灵霞对《井台会》的唱腔进行了修改,去掉了夹杂在评剧唱腔中的"啊""嗯""哼"等对吐字收音没有帮助的多余唱词,使唱腔更加干净,表演更加

① 中国艺术研究院戏曲研究所《戏曲研究》编辑部、吉林省戏剧创作评论室评论辅导部编:《戏剧工作文献资料汇编》,中国艺术研究院戏曲研究所,1984年,第237页。
② 参见马少波:《20世纪50年代戏改回忆》,《当代戏剧》,2008年第1期。
③ 关保英主编:《教育行政法典汇编(1949—1965)》,山东人民出版社,2016年,第52页。
④ 叶炳南主编:《新中国地方戏剧改革纪实》(上册),中国文史出版社,2000年,第53页。

生动和感人。①剧协天津分会成立大会上,还专门讨论了对评戏男声唱腔改进的问题。

这期间,天津市文艺工作者整理改编了京剧《艳阳楼》《水帘洞》《智激美猴王》,评剧《杜十娘》《刘伶醉酒》《茶瓶计》《井台会》《花魁》,河北梆子《三上轿》《秦香莲》《铡美案》《喜荣归》《拾柴》《教学》《感天动地窦娥冤》《画皮》《杀寺》等众多传统剧目,并选送《打金枝》《喜荣归》《铡美案》等剧目参加了第一届全国戏曲观摩演出大会演出。1954 年 1 月 15 日,天津市文化事业管理局主办了全市第一届戏曲观摩演出大会,京剧、河北梆子、评剧、越剧等剧种的 19 个专业剧团,700 多位戏曲工作者参加会演,历时 15 天,共演出 46 节目。大会演出了河北梆子《三上轿》《打金枝》,评剧《井台会》,京剧《艳阳楼》,越剧《梁山伯与祝英台》等众多优秀传统剧目,②集中展示了天津戏曲改革工作取得的重要成就。

3.“为工人服务”的现代新剧

天津解放后,部分文艺工作者意识到从农村到城市,文艺工作的服务对象发生了变化,新的城市生活已经开启,如何与工人相结合,创作工人文艺,已变得非常迫切。陈荒煤提出“创造反映工人的文艺,很好地为工人服务”,“这就是我们天津文艺工作者最主要的、最光荣的任务”③。孙犁在《谈工厂文艺》一文中也指出:“进入城市,为工人的文艺,是我们头等重要的题目。”④在这种思想观念引导下,天津的文艺工作者创作和上演了许多反映工人生活,激发工人生产热情,歌颂祖国的话剧、歌舞。

这些新创作的文艺作品,一方面主要反映了工人的生产、生活场景,体现了工人阶级的主人翁意识;另一方面与重大历史事件、政治运

① 参见张真:《天津会演观摩散记》,《戏剧报》,1954 年第 3 期。
② 参见《天津举行戏曲会演》,《戏剧报》,1954 年第 2 期。
③ 陈荒煤:《天津文艺工作者的光荣任务》,《陈荒煤文集》(第 4 卷文学评论)(上),中国电影出版社,2013 年,第 41 页。
④ 孙犁:《谈工厂文艺》,《天津日报》,1949 年 1 月 18 日。

动、党和国家政策宣传密切相关,对工人起到了思想动员的作用,具有鲜明的政治性。其中一些剧目往往是在某个政策下达或者为了配合某项政治运动临时创作并表演的,具有鲜明的政治色彩。如"1949年底,正风评剧社结合当时社会取缔一切反动会道门、查封一贯道的政治任务,编演了大型时事新剧《一贯害人道》。上演后轰动全市,相继有17家戏院同时搬演"①。这台戏的问世,为引导群众破除迷信思想,揭露"一贯道"的罪恶,宣传党的政策,发挥了重要作用。为了配合天津市取缔脚行把头的行动,原晋察冀群众社社长王雪波与"六号门业余艺术团"共同编演了大型话剧《六号门》。

除了戏曲外,天津的作曲家、歌唱家和演奏家们还创作了许多优秀的歌曲,如《歌唱祖国》《歌唱人民共和国》《码头工人歌》《钢铁工人歌》《红色五月联唱》《美好的生活》等,庆祝解放,歌颂工人,宣传将革命进行到底。比如曹荆予作词、肖云翔作曲的《搬运工人之歌》,歌词中写道:"别看我们手又黑来脸又脏,我们心眼里可亮堂堂。旧社会咱们运输工人,被人剥削受冤枉,自从来了共产党,咱们才是真正的解放……"②倾诉了搬运工人的心声,表达了他们对党、对祖国的感激与热爱。

"在特定的历史语境中,文艺与政治并不是绝对的介入与服从、改造与被改造的关系,有时它们之间是一种合作与共赢的关系。"③天津解放后,为了顺利接管城市,尽快恢复城市生产生活秩序,实现社会的平稳过渡,天津市委和人民政府沿用了解放区运用革命戏剧开展思想政治宣传的做法,许多解放区创作的革命剧目登上了天津文艺舞台,对市民进行政治动员,激发了市民的政治热情,取得了他们的政治信任和认同。同时有序地对传统民间戏曲进行了改革,去除封建性的思

---

① 王琼、甄光俊:《新中国成立前后天津剧目概貌》,《中国戏剧》,2012年第7期。

② 王雪波:《绽开的工人文艺之花》,中国人民政治协商会议天津市委员会文史资料委员会编:《我与天津五十年》,天津人民出版社,1999年,第29页。

③ 郭赟林:《晋察冀边区的革命戏剧与政治动员》,山西大学2009年硕士论文,第1页。

想内容,改进其表现形式,在继承传统戏曲的同时,推陈出新,创编了一些优秀的历史新剧, 并积极引导文艺工作者创作和排演庆祝解放、歌颂祖国、反映工人生产生活的现代新剧,创作属于工人阶级的文艺作品。但当时社会正处于剧烈变革和过渡时期,"戏剧艺术应当为政治服务,为工农兵服务"①成为这一时期文艺工作的指导方针。文艺作品和群众文化活动往往与现实社会生活中的社会主义改造,与频繁的政治运动密切相关,成为这一时期群众文化活动的特点。

(三)工厂文艺活动的普遍推广

天津刚一解放,作家孙犁在《谈工厂文艺》一文中写道:"在天津,文艺工作主要是为工人服务,并在工厂、作坊,培养工人自己的文艺","我们就要有计划地组织文艺工作者进入工厂和作坊,也要初步建立工人自己的文艺工作"。②"这篇文章揭开了天津工人文艺活动的序幕。"③随后不久,天津市军管会文教部文艺处设立了群众文艺工作组和工厂文艺工作组,专门负责群众文化活动和工厂文艺活动。组织了大批文艺骨干和文艺团体深入工厂,了解工人和市民的需求和爱好,进行文化艺术创作和演出,并把工人组织起来,帮助和辅导工人自己开展文化艺术活动,以此提高工人的思想觉悟,改变工人的思想意识,促进工厂生产。在工厂开展文艺工作的目的,周巍峙曾专门作了论述:

> 工厂文艺工作必须与职工运动相结合, 与工人阶级的日常教育相结合,使广大的职工认识到积极生产是完成当前革命任务,建设新中国的中心环节,认识到自己工作岗位的重要性,发扬自己的主人翁精神, 关心整个工厂的建设与发展, 时时注意自己在技术上、工作上、思想上的进步,更好的提高生产效率。这样工厂文艺才

---

① 刘英华:《戏曲应更多地反映现代生活》,《戏剧报》,1956年第2期。
② 孙犁:《谈工厂文艺》,《天津日报》,1949年1月18日。
③ 谢保杰:《十七年时期天津工人写作的历史考察》,《文艺理论与批评》,2010年第5期。

真正成为配合职工思想教育推进生产事业的有力武器。[①]

解放后不久，文艺处的各个秧歌队、剧社经常在各工厂巡回演出，"在三个月内即演五十一场，数目达十余万人，对工厂文艺工作起了重要的示范与推动作用，部队宣传队的演出在这方面也有着积极影响"[②]。1952 年 12 月，文化部明确规定："国营戏曲剧团每年至少应有六个月在剧场公演；国营话剧团、歌剧团每年至少应有四个月在剧场公演。此外，国营剧团每年应有两三个月的时间到工厂、农村或部队巡回演出。"[③]按照这一规定，天津京剧团、歌舞剧团、评剧团、河北梆子剧团等国营剧团纷纷走进工厂进行文艺巡演，以满足工人的文艺需求，对工人进行思想教育，转变工人的思想观念，促进生产。修理厂的一位烧焊工人曾说"自己没有文化，从前什么也不懂，从唱歌才知道劳动纪律、生产团结、民主管理等许多大道理"[④]。

文艺处组织文艺骨干深入工厂的一个重要任务是辅导工人进行文艺创作，帮扶工人开展文艺活动。天津工人文艺的代表作《六号门》，就是由王雪波与搬运工人一起编创的，"这部剧作从主题的确立和情节的设定到语言的推敲和编导的安排，都充分吸纳这些工人的意见"[⑤]。该剧以搬运工人胡二被脚行头子马金龙一伙害得家破人亡，最后在地下党员丁占元的帮助下走上革命道路的故事为主线，批判了码头工人深恶痛绝的封建把头制度。这部戏的创作素材来自工人，演员也是工人，因

---

① 周巍峙：《工厂文艺工作的目的和做法》，荒煤辑：《论工人文艺论文集》，上海杂志公司，1949 年，第 95 页。

② 周巍峙：《天津文艺工作中的主要经验》，华北大学三部编：《戏剧论文选集》，华北大学，1949 年，第 135 页。

③ 中共中央文献研究室编：《建国以来重要文献选编》（第 3 册），中央文献出版社，2011 年，第 403 页。

④ 孟波：《天津解放后的音乐工作》，《人民音乐》，1950 年第 1 期。

⑤ 符鹏：《生产组织、文教实践与主人意识——一九五三年天津工厂的秩序重建及其精神意涵》，《中共党史研究》，2018 年第 5 期。

而公演后产生了轰动效应，在天津市区和塘沽、大港区共演出 60 余场，观众达 12 万人左右。[1]阿英任天津市文化局局长时，对工厂文艺始终抓得很紧，经常有一批青年文艺工作者下厂做辅导工作。"在文化局内设置了工厂文艺辅导科，负责辅导和培训工厂文艺活动骨干。举凡戏剧、舞蹈、曲艺、美术、歌唱、音乐、读书都在辅导之内。"[2]

《六号门》人物造型

图片来源：中国戏曲志编辑委员会：《中国戏曲志·天津卷》，中国 ISBN 中心，2000 年

为了更好地团结和组织工人开展文艺活动，缓解工厂文艺干部紧缺的状况，"1950 年初天津成立了工人文化俱乐部，专门培养工厂文艺干部。通过举行文艺讲座，开办文艺培训班，甚至直接进厂指导等形式，一大批文艺干部逐渐参与到文教部的日常工作之中"[3]。同年，全市一些有条件的大中型工厂企业，建立了"工人之家""职工俱乐部"等组织，领导工人开展文艺活动，推动了工厂文艺活动的组织化。"1951 年，市总工会和市文化局对 159 个大型工厂的群众文艺组织进行调查，摸

---

① 参见王雪波：《绽开的工人文艺之花》，中国人民政治协商会议天津市委员会文史资料委员会编：《我与天津五十年》，天津人民出版社，1999 年，第 31—32 页。

② 周骥良：《忆阿英同志在天津》，晓光主编：《阿英纪念文集》，中国戏剧出版社，2000 年，第 238 页。

③ 刘亚：《培养工人文艺干部的一点经验》，《文艺报》，1950 年第 10 期。

清共有文化组织 528 个,其中话剧团 93 个、京剧团 11 个、美术组 69 个、歌咏队 74 个、乐队 89 个等,参加活动的职工共有 17499 人,占所在单位职工总数的 17%。"①

　　早在 1949 年 4 月 10 日,军管会文艺处和华北总工会驻津办事处宣传处联合举办的座谈会上,陈荒煤就鼓励工人同志们要有信心,要相信自己有力量来开展工厂文艺活动,"各工厂的文艺活动应以自卖自愿为原则,并提倡工人'自己写,写自己;自己演,演自己的方向'"②。工厂文艺活动组织的大量成立,为工人文艺活动的自编自演和活跃提供了可能。随着镇压反革命、反对霸权主义、抗美援朝等政治运动的开展,工人自编自演的文艺活动日趋增多。在"三反"运动期间,"棉纺三厂在每个车间设立'反贪污宣传鼓动台',发动职工开展群众性创作,共编演短剧 36 个、曲艺段子 45 个。棉纺四厂开展文艺比赛,工人自编自演 29 个文艺节目"③。

三、教育系统的革新与体系化

　　近代天津教育开华北风气之先,成为我国新式教育的中心,公办教育和民办教育竞相发展,既有从事幼儿启蒙教育的幼稚园,又有培养专业人才的高等学府,还有从事技能培训的专门职业教育机构,教育体系较为完善。但是"从 1919 年至 1949 年,天津教育屡兴屡辍,尽管新建一些小学、中学、大学及专门、师范、实业、女子、社会等教育机构,但终未免陷入困顿之中"④。天津解放后,教育事业有了很大发展。天津市政府有计划、有步骤地开展接管和改造旧教育工作。接管教育设施,对教职

---

　　① 天津市地方志编修委员会办公室、天津市文化局编著:《天津通志·文化艺术志》,天津社会科学院出版社,2007 年,第 843 页。
　　②《津工人文艺活动进一步积极展开》,《大公报》,1949 年 4 月 16 日。
　　③ 天津市地方志编修委员会办公室、天津市文化局编著:《天津通志·文化艺术志》,天津社会科学院出版社,2007 年,第 842 页。
　　④ 刘泽华主编:《天津文化概况》,天津社会科学院出版社,1990 年,第 17 页。

员工的思想进行改造,促使学校性质发生改变,为劳动人民子女创造接受教育的条件。同时积极发展工农教育,开展扫盲运动,兴办工农业余教育事业,开办工农速成学校,快速提升了工农群众的文化水平。

（一）对旧学校的接管与改造

1.解放前天津教育状况

解放前,天津教育机构的构成较为复杂,既有洋务派创办的学校,也有民族资产阶级创办的学校,还有教会学校。就高等教育而言,天津辖区内有11所高等学校较为完整地保留下来, 分别是：国立南开大学、北洋大学、国术体育师范专科;省立的河北工学院、河北医学院、河北女子师范学院、河北法商学院、河北水产专科学校;私立的津沽大学、达仁学院、育德学院。

天津普通教育多为私立学校,公立学校较少。"1948年全市有普通中学45所,其中38所是私立(占84.44%);小学384所,其中258所是私立(占67.19%)。"①在这些学校中,部分带有商业性质,个别是国民党等利用公产设立的。整体上学校规模较小,设备较差,缺少图书、仪器和实验室;学费高昂,儿童入学率较低。普通市民难以承担学杂费,子女入学困难,劳动人民子女失学更为普遍。

2.对旧学校的接管与改造

中共中央对天津的接管工作十分重视,1948年12月13日, 任命黄松龄为市委宣传部部长兼军管会文教部部长。天津解放后第二天,市军管会文教部即派出由36人组成的工作队接管国民党统治时期的旧市教育局,组建了天津市人民政府教育局。依据"各按系统、自上而下、原封不动、先接后管"的城市接管政策,天津市军管会制定了"维持现状,迅速复课,稳步改造"的方针和"公立学校接收,私立学校扶持"的原

---

① 史易、贾翰文:《回忆解放初期天津旧教育的接管和改造》,中国人民政治协商会议天津市和平区委员会文史资料委员会编:《天津和平文史资料选辑》(第7辑),政协天津市和平区委员会文史资料委员会,1999年,第23页。

则,在具体接管中采取了自上而下、分轻重缓急、分批接管的方法,对高等教育和普通教育实行有计划、有步骤、分批次地接管和改造。

市军管会文教部首先接管和整顿了 8 所公立高等学校和 3 所私立高等学校,并于 1949 年 1 月 19 日通知各高等学校负责人,携带师生员工花名册和财产清册到文教部报到,登记备案,并针对部分学校的困难状况,开展了救济。"在 1 月 21 日到 26 日调拨米面 395,000 斤、旧人民币 950 万元,救济法商学院、河北工学院、南开大学、北洋大学和部分中学的师生。"①并在公立高等学校内部成立校务委员会,负责学校整顿和管理工作。5 月 25 日,北洋大学成立了校委会,由原教务长刘锡瑛教授任主席,刘锡瑛、张国藩、刘之祥、魏寿昆、陈荩民任常务委员;南开大学则成立了以杨石先、吴大任、黄钰生、邱宗岳、张克忠、冯文潜、袁贤能为常务委员的校务委员会,杨石先为校务委员会主席,统筹全校工作。②对私立津沽大学则派遣了驻校干部,协助学校的整顿和管理。

对中小学的接管,是在教育局、区文教股主持下,按照先公立学校、后私立学校,先大后小的顺序进行的。据天津市人民政府教育局 1949 年 3 月 9 日接管工作总结记载:共接管市立中等学校 8 所(其中中学 3 所、师范学校 1 所、职业性质学校 4 所),教职员 292 人,在校学生 4848 人;接管市立小学 120 所,教职员 1533 人,在校学生 57,801 人;接管私立中等学校 49 所(其中普通中学 38 所,职业性质的学校 11 所),教职员 1229 人,在校生 21,982 人;私立小学 215 所,教职员 1341 人,在校学生 29,611 人。③

---

① 王金鼎:《解放初期天津高等学校的接管与改革拾零》,中国人民政治协商会议天津市委员会文史资料委员会编:《天津文史资料选辑》(第 57 辑),天津人民出版社,1992 年,第 3 页。

② 参见王金鼎:《解放初期天津高等学校的接管与改革拾零》,中国人民政治协商会议天津市委员会文史资料委员会编:《天津文史资料选辑》(第 57 辑),天津人民出版社,1992 年,第 3 页。

③ 参见郭凤岐总主编、李福生卷主编,天津市地方志编修委员会编著:《天津通志·基础教育志》,天津社会科学院出版社,2000 年,第 289—290 页。

为了安定教职员工的情绪,克服教职员工怀疑和担心的问题,在接管学校工作前,市军管会召开了国立、省立、市立大中学校教职员代表参加的座谈会;市教育局召开了市立各小学校长、教导主任联席会议和私立中小学教职员联席会议,阐明党和政府对教育工作的重视,对知识分子的尊重和团结态度;1949 年 4 月 28 日召开了第一次全市公私立学校教职员代表大会,对私立学校的去留、教职员工的生活保障等问题作出了明确说明。为了提高教职员工的思想认识,减弱学校改造的阻力,在待遇上实行了折实发薪办法,以保障教职员工的生活不受物价影响。规定"中学或师范学校教员及主任以上职员,每月薪金米 200～300 市斤;高中或相当高中的专科学校教员及主任以上职员,每月薪金米 250～300 市斤;一般职员每月薪金米 130～200 市斤;勤杂人员每月薪金米 110～150 市斤"[1]。

3.对私立学校的接办

对于私立学校的接办,政府采用了"加强领导,积极扶持,重点补助"的方针。在第一次全市公私立学校教职员代表大会上,黄敬市长明确提出,私立学校只要办的符合新民主主义教育精神,于人民有利,就不会被淘汰,且会得到党和政府的奖励和帮助。但是某些学校依然存在困难,出现了董事会解体或经费困难,学校难以运营,请求政府接管。"到 1950 年 1 月就接管了教保、爱华、觉民、坚基、平莲、怀德、积善、时文、辅英、会澈等 10 校,分别改为市立小学或分校,此外另有合并及停办者 9 校"[2],接管了觉民等中学。

由于私立学校的发展愈加艰难,1952 年,毛泽东在《关于北京市中小学校学生负担及生活情况的报告》上作出"如有可能,应全面接管私立中小学"的批示,教育部迅速进行了研究。9 月,教育部发出《关于接

---

① 郭凤岐总主编、李福生卷主编,天津市地方志编修委员会编著:《天津通志·基础教育志》,天津社会科学院出版社,2000 年,第 290 页。

② 周雅男编著:《天津解放》,中国档案出版社,2009 年,第 467 页。

管私立中小学的指示》,全国私立中小学全部由政府接办,改为公立。天津市根据教育部精神,结合天津市实际情况,自 12 月初开始实施接办。具体办法是"先接办曾经接受帝国主义津贴的学校,后接办私人自办的学校;先接办政治条件差,办学成绩差和经费极端困难的学校,再接办条件好的学校;先接办市边缘区工农子女较多的学校,后接办市区工农子女较少的学校"①。"到 12 月 23 日全市 29 所私立中等学校完成接办任务。当年接办小学 132 所,1057 个班,学生 49,314 人,教职工 1682 人。"②

另外在 1949 年天津还有 37 所教会学校,包括 1 所大学、8 所普通中学、23 所小学、3 所职业学校、2 所外侨子弟学校。在这些教会学校中,有 23 所学校接受美、法、英等国家津贴。为了维护国家教育主权,1950 年 12 月 29 日中央人民政府颁布了《关于处理接受美国津贴的文化教育救济机关及宗教团体的决定》,1951 年教育部颁发《关于处理接受美国津贴的教会学校及其他教育机关的指示》。根据这两个文件精神,天津市制定了《天津市教会中学及教会小学暂行管理办法》。对学校董事会进行整顿和调整,清除美籍董事,增选进步董事。撤销汇文中学、究真中学、仰山小学、育真小学、汀文第二小学 5 所学校原校长,委派新校长。对中西女中、汇文小学、培才小学、女青年会附小、女青年会第一小学、恩光义小、神台会义务识字班 7 所学校增派副校长。对教学内容进行调整,取消宗教课,把教会与学校分开,学校不再受教会干涉。

(二)高等教育院校调整

高等教育在教育事业中具有重要地位,担负着为国家培养高级专业人才,发展国家科学技术文化的重要使命。新中国成立后,在对原有大学接管、恢复教学秩序的同时又进行了院系调整,组建新的高等学

---

① 郭凤岐总主编、李福生卷主编,天津市地方志编修委员会编著:《天津通志·基础教育志》,天津社会科学院出版社,2000 年,第 292 页。

② 同上,第 298 页。

校，以构建符合新中国建设发展需要的高等教育体系。

天津高等教育的院校调整走在了全国前列，天津解放后就进行了尝试，为全国范围内院校调整提供了宝贵经验。"1949年3月，天津法商学院因设备和资金问题，市委文教部将该校法律、经济和商学3个系，89名学生，2名教授并入南开大学政经学院，其余教职员工20人到行政干校学习后另行分配。"[1]1949年4月，国术体育师范专科学校并入河北省立女子师范学院体育系，后更名为河北师范学院。

1949年11月1日，教育部将华北大学、南京"国立"音乐学院、燕京大学音乐系合并，在天津河东区筹建了中央音乐学院，1958年迁往北京。1950年4月26日，建立了中国矿业学院。它以北洋大学地质系探矿专业为基础，与河南焦作工学院合并而建成，后也迁往北京。1950年5月6日，天津市教育局和教育工会联合主办的天津教师业余学校开学。1950年12月，成立天津医学院，即后来的天津医科大学。

1950年6月9日，在全国第一届高等教育会议上确定了新的教育方针和任务，并提出有步骤、谨慎地改革旧的高等学校。1951年6月2日，教育部第533号文件通知"北洋大学与河北工业学院合并，自1951年8月1日起正式成立新校，初步意见拟订名为天津大学"[2]。北洋大学和河北工学院接受教育部的调整意见，积极组建了并校筹备委员会，成立了编制委员会、科组调配委员会、校产清理委员会等，开展并校工作。1951年夏，北京农业大学水利组也并入天津大学。1952年9月26日，天津大学成立并举行开学典礼。

1952年，为了适应国家大规模经济建设的需要，教育部提出"以培养工业建设人才和师资为重点，发展专门学院，整顿和加强综合性大

---

① 黄立志、何建芬编著：《1949—2009天津教育史六十年》，中国物资出版社，2010年，第34页。

② 李义丹、王杰主编：《文化记忆》，天津大学出版社，2011年，第49页。

学"①的方针。在此方针的指导下,1952 年底,将南开大学工学院、津沽大学工学院和河北工学院并入天津大学,后又将北京大学、清华大学、燕山大学、唐山铁道管理学院和北京铁道管理学院的建筑系并入天津大学。同时,天津大学的一些专业、院系调出划归其他学校,或与其他院系专业合并组建新的学校。例如天津大学理学院调给南开大学;冶金系、采矿系的金属专业调往北京,与唐山铁道学院、西北工学院的冶金机械系合并,组建北京钢铁学院;地质系调往北京,与西北大学地质系合并成立北京地质大学等。②经过这次院系调整,天津大学已成为一所国家级的具有多学科的工科大学,设有 7 个学科,10 个专修科,专职教师达到 444 人。

此外,在这次院校调整中撤销了津沽大学,将其工学院并入天津大学,商学院并入南开大学,文学院与天津教师进修学院合并,在其马场道原址组建成立天津师范学院,设有中文、数理、史地、生化、政治和俄文等系。同时南开大学、河北师范学院也得到进一步发展,增设新的学科及院系,调入新的师资力量。南开大学并入了津沽大学商学院、天津大学理学院,发展成为具有 14 个系、2 个研究所的综合性大学。为了增强南开大学的师资力量,教育部还从北京大学、清华大学等学校调来郑天挺、朱维之等知名教师。河北师范学院则由原来的 7 个系发展到 11 个系。由于河北省立水产专科学校的撤销,中国矿业学院的迁址,这次院校调整后,天津尚有南开大学、天津大学、中央音乐学院、天津师范学院、天津医学院、河北师范学院 6 所高等学校。

这次天津高等教育的院校调整,几乎涉及在津的所有高校,有的撤销,有的院系调入调出,但进展顺利,基本改变了原来院校系科庞

---

①《当代中国的天津》编辑委员会编:《当代中国的天津》(下),当代中国出版社、香港祖国出版社,2009 年,第 146 页。

②参见王金鼎:《解放初期天津高等学校的接管与改革拾零》,中国人民政治协商会议天津市委员会文史资料委员会编:《天津文史资料选辑》(第 57 辑),天津人民出版社,1992 年,第 14 页。

杂、分散或重复设置,以及学校规模偏小等问题。突出对天津高等工科学校和河北师范学院、天津师范学院等师范学校建设的重视,满足了天津解放后,经济建设对工科人才和师资的急需,使天津高等院校在学科专业、系科设置、师资力量等方面得到加强,为天津高等教育的后期发展奠定了基础。

(三)基础教育的建立与发展

基础教育是我国教育事业的基础工程,是提高国民素质的基石。一般包括幼儿教育、小学教育和普通中等教育。天津解放后,随着幼儿园的增多,旧中小学校的改造、调整和改革,天津市基础教育得以恢复,并有了初步发展,为基础教育后续发展奠定了基础。同时学校的服务对象和性质发生了改变,确立了向工农开门、为国家培养合格建设人才服务的新办学方向。学校成为培养有社会主义觉悟、有文化劳动者的基地,向工农群众敞开了大门,工农群众子女得到了学习的机会,并建立起人民教育的新内容和新制度。

解放前,天津市幼儿园数量很少,全市只有幼儿园28所,招收幼儿1388名。解放后,天津市贯彻执行全社会办园、公办和民办“两条腿走路”的方针,遵循自力更生、勤俭办园的原则,各类幼儿园的数量和质量有了很大提高。“到1956年,市区幼儿园发展到159所,收幼儿13,622名;郊区有4所,收幼儿103名”①,招收幼儿的数量几乎是解放前的10倍。

天津解放之前,劳动人民的子女很少有受教育的条件,儿童失学率非常高。“据天津市公安局1949年4月份调查,本市学龄儿童共有30.7万人(按标准从7岁到15岁),入学儿童仅15万左右(入学儿童除正规小学学生外,还包括私塾、补习班及识字班等学生),失学儿童占总学龄儿童50%以上。特别是市郊区失学儿童数目大,如六区黑牛城一带,劳

---

① 《当代中国的天津》编辑委员会编:《当代中国的天津》(下),当代中国出版社、香港祖国出版社,2009年,第130页。

动子女 600 人竟无 1 人入学。"①为了解决儿童失学问题,使广大劳动人民的子女能够上学,中国共产党和人民政府采取了多种措施,吸纳劳动人民子女入学,积极普及学校教育。对生活有困难的学生,减免和补助学费、书费和文具费;采取多种形式办学,积极推行"二部制",开设特班、义务班、识字班等,吸收儿童入学。"从 1950 年至 1952 年,全市小学增加到 741 所(含四郊),学龄儿童入学率已由 1948 年底的 33.2%,上升为 86%。"②"普通中学发展到 61 所,在校学生人数,初中 41,266 人,高中 5614 人。"③使绝大多数儿童小学毕业后能升入中学。

1951 年,天津市贯彻政务院颁布的《关于改革学制的决定》,从秋季开始,在市区实行小学"五年一贯制"的试点工作。中学则沿用"三三制",将普通中学分为初中、高中两个阶段,修业年限各三年。同时天津市人民政府教育局集中力量对基础教育进行恢复、整顿和调整办学方向,实行政治改革,对学校课程设置、教材内容等进行调整。取消了"公民""军事训练"及"童子军"等课程。④删除语文等学科教材中反动、陈腐、不健康的内容。推进教学改革,加强教学思想领导,着重研究解决教学上"注入式""满堂灌"的问题,大力提倡启发式,注意直观教学,调动学生学习积极性,结合学生实际,改进课堂教学面貌,使课堂类型由单一化变多样化。⑤

1953 年,党中央提出了"整顿巩固、重点发展、提高质量、稳步前进"的工作方针,天津市教育局根据这一方针,积极组织全体教师进行政治理论和教育理论学习,学习苏联的教学理论和教育经验,开展群

---

① 周雅男编著:《天津解放》,中国档案出版社,2009 年,第 468 页。

② 郭凤岐总主编、李福生卷主编,天津市地方志编修委员会编著:《天津通志·基础教育志》,天津社会科学院出版社,2000 年,第 341 页。

③ 天津市教育科学研究院编:《天津教育资料选辑》(第 1 辑),天津市教育科学研究院,1987 年,第 48 页。

④ 参见郭凤岐总主编、李福生卷主编,天津市地方志编修委员会编著:《天津通志·基础教育志》,天津社会科学院出版社,2000 年,第 405 页。

⑤ 参见天津市地方志编修委员会编:《天津简志》,天津人民出版社,1991 年,第 951 页。

众性教学研究工作,教师的思想水平、教育理论、教学水平得到提升。并邀请苏联专家来津讲学,改革旧的教育制度,改进教学方法,贯彻德、智、体、劳全面发展的教学模式。4月,针对学校中(特别是小学)存在的任务多、会议多、兼职多,影响教育质量的问题,市教育局于4月24日召开小学教育工作会议,布置整顿小学工作计划,克服混乱现象,提高教学质量。5月20日,市人民政府发布《关于克服小学教育中的混乱现象及加强区对小学教育领导的指示》,突出强调指出"教学工作是学校中压倒一切的中心任务"①。

1955年7月11日,中共天津市委、市人委联合发出《关于提高中、小学教育质量的指示》,进一步强调"教学工作是学校中心工作,一切工作都应服从教学要求",并提出"要从我们的实际情况出发,任何脱离实际,不问具体情况生搬硬套的教条主义学习方法,必须防止和克服"。②开始纠正学习苏联教育经验中出现的偏向问题,加强各级党委对学校教育工作的领导和监督,逐步提高教学质量。学校教育和教学工作开始沿着正确的方向发展,学校的教学秩序得到恢复。

1955年底,学校事务繁杂、教学秩序混乱现象得到有效治理。学校的乱班率明显下降,学生的学习成绩明显提升。据统计:全市小学毕业生升初中统考,语文、算术两科成绩均及格的比例1953年为44%,1955年上升为75.8%;初中毕业升高中统考成绩比例1953年及格率为30%,1954年为64.7%,1955年为87.3%;高中毕业报考高等学校考试成绩比例1954年及格率为21.13%,1955年为46%。与此同时,天津市中小学的数量发展也很快,1948年小学有384所,1957年发展到2470所,在校学生650,677人。学龄儿童入学率也由1948年的33.2%

---

① 郭凤岐总主编、李福生卷主编,天津市地方志编修委员会编著:《天津通志·基础教育志》,天津社会科学院出版社,2000年,第341页。

② 天津市教育科学研究院编:《天津教育资料选辑》(第1辑),天津市教育科学研究院,1987年,第48页。

上升到 92% 以上,其中工农子女入学人数占学生总数的 47.65%。[①]

这一时期,天津的普通中学(包括初中、高中)发展迅速,学校数量由 1949 年的 45 所,发展到 1956 年的 78 所;班级数由 1949 年的 472 个班,发展到 1956 年的 2234 个班;在校学生由 1949 年的 22,674 人扩大到 1956 年的 119,356 人,为 5.26 倍;教职工人数 1956 年比 1949 年增加了 5729 人,达到 7349 人;招生人数 1956 年比 1949 年增加了 34,986 人,为 1949 年的 3.68 倍,达到 44,482 人(详见下表)。

1949—1956 年天津市普通中学情况表

天津市(市区)普通中学情况表					
年度	学校数	班数	在校学生	教职工数	招生人数
1949	45	472	22,674	1620	9496
1950	46	534	26,599	2008	11,733
1951	48	625	30,333	2192	14,156
1952	54	861	43,306	3007	20,811
1953	65	1170	59,962	4228	26,605
1954	75	1527	81,207	5557	34,715
1955	84	1926	104,798	6841	43,726
1956	78	2234	119,356	7349	44,482

资料来源:天津市教育科学研究院编:《天津教育资料选辑》(第 1 辑),天津市教育科学研究院,1987 年,第 138 页

1949—1956 年间,天津基础教育事业的恢复和初步发展,与党和政府对教育事业的重视,教育经费的大量投入是分不开的。"政府用于教育事业的基建投资 1952 年为 407.8 万元,1956 年增加到 521.6 万元;教育经费由 1952 年的 1136.98 万元,增加到 1956 年的 2863.61 万元,占全市经费支出的比重由 18.09% 增加到 22.05%。"[②]正是在市政府

---

① 参见天津市教育科学研究院编:《天津教育资料选辑》(第 1 辑),天津市教育科学研究院,1987 年,第 49 页。

② 《天津经济年鉴》编辑部:《天津经济年鉴(1986)》,天津人民出版社,1986 年,第 561 页。

的高度重视下，在教育方针的正确引导下，天津基础教育在这一时期得到迅速恢复和初步发展，及时明确了发展人民教育、为工农群众服务的教育发展方向，积极吸收了苏联教育的办学经验，并根据本市的实际情况进行了调整，树立了"教学工作是学校中心工作"的理念，进而恢复了学校的正常教学秩序，初步形成了从初级到高级、从学龄教育到高等专业教育的学校人才培养体系。

（四）工农教育的蓬勃发展

解放初期，天津市政府十分重视工农教育事业，在积极接管、改造、调整和发展学校教育的同时，紧密结合当时工作的中心、群众思想和文化水平的实际状况，在广大工农群众中开展了扫盲运动、冬学运动、业余教育、工农速成教育等，掀起了天津市工农教育的高潮。对于什么是工农教育，马叙伦曾指出："工农教育，主要的是指在生产战线上的广大青年和成年男女工人和农民的教育问题以及培养工农知识分子的问题。"[1]在 1949—1956 年间，天津开展的工农教育实践主要包括两项内容：一项是扫盲教育，一项是业余教育。

1.扫盲教育蓬勃开展

扫除文盲是天津解放初期教育工作的重要内容之一。解放前，由于教育费用较高，广大劳动人民极少能具备受教育的条件，城市中存在许多工农文盲。据天津市公安局调查，"1949 年本市居民受教育程度，以不识字者为最多，占全市人口 40.77%，已受教育者次之，占29.15%，现受教育的占 9.83%，失学者占 5.30%，未及学龄儿童占14.95%"[2]。天津市人民政府为了提高广大工农群众的文化水平，扫除城乡劳动人民中的文盲、半文盲，强化了对教育扫盲工作的领导、组织

---

① 何东昌主编：《中华人民共和国重要教育文献（1949—1975）》，海南出版社，1998年，第 58—59 页。

② 周雅男编著：《天津解放》，中国档案出版社，2009 年，第 471 页。

和协调,并取得了显著成效。

在组织领导方面,以政府为主体,紧紧依靠工会、妇联、青年团等群众团体,联合各有关方面的力量,强化组织管理,共同做好扫盲工作。1949 年 12 月,市教育局设立了工农教育科,并与市总工会筹委会文教部共同负责全市的工农业余教育。"进入 20 世纪 50 年代,在市委、市政府的领导下,先后成立了市群众识字教育推动委员会、市识字运动委员会、市扫除文盲工作委员会、市扫除文盲协会等机构,推动这项工作的开展。"[①]

1949 年 12 月,教育部召开了第一次全国教育工作会议,提出了"从 1951 年开始进行全国规模的识字运动"。1950 年 9 月,在第一次全国工农教育会议开幕式上,教育部部长马叙伦指出工农教育的两大基本任务之一,就是"按照各地区的实际情况,有计划、有步骤地开展识字运动,减少工农群众中的文盲"[②]。会上还提出了"推行识字教育,逐步减少文盲"的口号。12 月 14 日,政务院批准并转发的《关于开展农民业余教育的指示》中,首次提出了扫除文盲的对象和标准。1951 年 4 月 24 日,全国职工教育委员会扩大会议决定,在全国范围内推广速成识字法,以北京、天津为试验点。在此背景下,天津迎来了以推行祁建华速成识字法扫盲为重点的第一次扫盲运动高潮。

1951 年底,市教育局派人赴京学习祁建华速成识字法,随后天津建立了两个实验班,一个班建在群众业余学校,以分散工人为主;一个班建在纺织工会,以纺织工人为主。这次实验取得显著成效,据市教育局工农教育科《关于天津市推广速成识字法的报告》称:"脱产班自 1月 3 日至 2 月 3 日,用 195.5 小时,学员由平均每人识 521 个字增加到

---

① 黄立志、何建芬编著:《1949—2009 天津教育史六十年》,中国物资出版社,2010 年,第 158 页。

② 何东昌:《中华人民共和国重要教育文献(1949—1975)》(第 1 册),海南出版社,1998 年,第 58 页。

识 2108 个字；分散工人业余学习中除 4 人中途退学，50 人中平均每人识字较原来增加 1240 字（原来平均识 441 个字），阅报、写作能力普遍提高。"①

1952 年 6 月，识字运动在天津全面展开。6 月 22 日，天津市人民政府颁布了《关于推行速成识字法，开展识字运动的决定》《天津市1952 年识字运动工作计划》和《天津市各级识字运动委员会组织条例》，对扫盲的对象、工作任务等内容作出了明确规定。"8 月份识字运动发展到高潮，全市共有扫盲班 7712 个、472 个组，共计 32.7 万多人。"②并在具体的教学实践中，创造出多种多样的、符合成人业余学习特点的教学方法，教育扫盲工作取得显著成效。

1956 年，随着天津农业合作化运动的开展，迎来了第二次扫盲运动高潮。1 月 20 日，天津市教育局、工会联合会、团市委联合召开了市第一次职工业余教育工作会议，提出"加快速度、扩大数量、保证质量，争取一年内扫除干部中的文盲，二年内扫除职工中的文盲，四五年内扫除农民中的文盲"③的工作目标。2 月 25 日，市教育局、工会联合会、团市委召开扫除文盲积极分子大会。3 月 16 日，市委召开农村扫盲工作现场会，提出要迅速掀起扫盲学习的新高潮。"到 1956 年 12 月，天津市有 10.9 万余名职工和 6875 名干部在识字班毕业；尚有扫盲、业余小学班在学学员 42 万多人，其中五县 6.9 万余人。"④

2.工农干部学校与培训

天津解放后，工农干部在天津在职干部中占有很大比例，虽然他

---

① 曲维富：《建国初期的天津工农教育（1949—1957 年）》，中国人民政治协商会议天津市委员会文史资料委员会编：《天津文史资料选辑》（第 98 辑），天津人民出版社，2003 年，第 124 页。

② 同上，第 125 页。

③ 同上，第 126 页。

④ 同上，第 127 页。

们拥有丰富的革命斗争经验，经受了长期的政治锤炼，但是缺少系统的文化学习，文化水平较低，迫切需要进一步的文化学习和管理培训，以适应大城市管理和建设的需要。因此天津市人民政府把工农干部培训作为一项重要任务，创建了一批具有成人教育性质的干部培训班、学校和工农速成班。

1949年2月20日，根据"培养干部，建设新天津"的需要，建立了解放后天津最早的干部培训学校，即"天津市政治培训班"，邀请天津市的党政军领导授课，1953年初改为中共天津市委党校。此外还有天津行政学院、华北人民革命大学天津分校、天津教师业余学院、天津教师学院、天津市高等学校马列主义夜大学、天津市中等学校马列主义业余学院等6所机关干部学校。

另外天津市各区、局和企业等单位积极举办干部业余文化补习学校。1950年3月8日，市委市政府成立天津市总学委员会，以便领导干部在职学习，提高他们的思想政治水平和政府管理能力。在市委领导下，天津市制定了干部业余文化教育事业计划，1951年3月7日发布《本市关于加强工农干部文化教育的决定》，要求各单位"将干部文化教育工作列入行政工作计划之内，作出教育计划，经常督促、检查，将干部与勤杂人员的学习成绩列入鉴定、评模条件之一"[①]。此后，天津干部业余学校或业余文化补习学校迅速发展。据1956年上半年统计：全市共有干部业余学校42所，其中区办干部业余中学11所，干部业余初等学校13所，机关企业干部业余学校7所，机关企业自办的干部业余文化补习学校11所。另外尚有企业单位自办的干部业

① 曲维富：《建国初期的天津工农教育（1949—1957年）》，中国人民政治协商会议天津市委员会文史资料委员会编：《天津文史资料选辑》（第98辑），天津人民出版社，2003年，第136页。

余文化班 2 处。[1]

第三节　解放初期的社会救济

天津解放初期，城市社会还没有从贫困中挣脱出来。由于战乱与经济不景气，工厂关门，商店歇业，物价飞涨，天津的贫民增加，出现了一大批需要救济的群体。针对社会中需要救济的人群，在中央人民政府的指导下，新生的天津市人民政府从机构设置上，接管了旧有的慈善机构，设立了专门管理社会救济的机构，制定了一系列救济政策，实施了一系列救济措施，在一定程度上拯救了社会上大批贫困家庭，缓解了社会矛盾，稳定了社会秩序，树立了人民政府的良好形象。

一、贫困群体的构成与成因

解放初期的要求，由于国民党政权的掠夺及战争的影响，国民经济百废待兴，民族工业处于风雨飘摇之中，加剧了贫民生活的艰难与失业工人的增多。当时天津全市人口 180 万，生活无依无靠的贫民约 30 万，其中失业工人 13 万，贫民乞丐 17 万，占全市人口的 16.7%。外地滞留在津的难民 25.95 万人，近郊因被国民党军队烧毁民房 1.7 万间，无家可归的难民约 7431 户 38,443 人；国民党散兵游勇 2.4 万人。[2]在失业群体中，有工商企业、交通运输行业、手工业作坊及机关、团体、学校中从事体力和脑力劳动的工人和职员；有从事季节性行业的工人，由于行业已经衰落或工厂商店已经倒闭而无法找到工作；有搬运工人；有从事

---

① 参见曲维富：《建国初期的天津工农教育（1949—1957 年）》，中国人民政治协商会议天津市委员会文史资料委员会编：《天津文史资料选辑》（第 98 辑），天津人民出版社，2003 年版，第 136 页。

② 参见天津市地方志编修委员会：《天津通志·民政志》，天津社会科学院出版社，2001 年，第 174 页。

临时性工作和突发性加工的流动工和散工；还包括家庭妇女、失学青年、行商、摊贩、失业知识分子、妓女、僧尼道士、旧军官、旧官吏等。大批社会贫困人群及危险群体的存在是社会动荡不安的潜在威胁。

这些贫困群体形成的主要原因是：

第一，经济不景气造成大量工人、店员失业。沦陷期间，由于日本人的长期掠夺与统制，天津经济一直不景气，尤其是在太平洋战争爆发以后。抗战胜利后，经济复原缓慢，金融业凋敝不堪，存款少，放款不足，实际能供给市面流动的资金只有 3000 亿元左右，这只是战前的 1/40。①1948 年中华民国政府币制改革以后，各工业企业工资激增，利息高涨，产品销路受阻，市场凋敝，减工停产，直到 1948 年底，天津市工业会理事长李烛尘一直在呼吁加大对天津工业企业的生产贷款。②这种状况一直维持到解放初。据统计，1949 年初，天津工商业户有 37,000 余家，其中工业约占 20%，商业约占 80%。据不完全统计，工业有 38 行 4781 户，商业有 111 行 24,944 户，未入同业公会的工商业户 7000 余户。③解放初期，有些民族资本家对共产党的政策不够了解，产生了消极和恐慌情绪，有的关闭工厂，有的抽逃资金，有的商店歇业，致使生产不景气，商业不兴旺，部分工人、店员失业。这种情况在中国各大城市均有发生，经济一时很难走出低谷。在人民政府保护工商业政策的支持下，许多商店重新开张，国营大工厂也较快地实现了复工复业，但还有一部分中小型的私营工厂顾虑重重，复工复业较慢。这种状况导致工人店员失业率高，生活更加困难。

第二，战乱造成人口迁移和流向天津。一是由于战乱，许多难民逃

---

① 参见天津市档案馆等：《天津商会档案汇编（1945—1950）》，天津人民出版社，1998 年，第 627 页。

② 同上，第 1030 页。

③ 参见《中国资本主义工商业的社会主义改造·天津卷》，中共党史出版社，1991 年，第 55 页。

向天津，造成城市闲散人口集聚。二是国民党散兵游勇滞留城市。天津解放前，由东北等地溃逃流落天津的国民党散兵、伤俘近2万人，他们到处敲诈、抢劫、抢占民房等，给天津市社会的稳定、百姓的正常生活带来了极大危害。到1950年全国各地相继解放后，各地的国民党散兵游勇又不断极入天津。这些人口集聚天津，不仅对城市社会秩序的稳定造成了威胁，而且使城市就食人口增加，使本来就很紧张的粮食供应、煤炭供应更加捉襟见肘。

第三，灾荒造成周围农村灾民涌向城市就食，造成城市需救济人口增加。华北地区的农民一直有冬季到城市粥暖厂就食的习惯，尤其是在灾荒年份，到城市接受社会救助的人口更比平常年份多。解放前的连年战乱再加上灾荒，致使成千上万的难民涌向天津，加重了城市救济机构的负担。还有一些农村的地主等，因为土地改革运动，来天津躲避。

第四，政权更迭带来的旧政权职员的失业。新旧政权更迭之际，为了维持城市管理的有序和常态，新政权建立过程中留用了一部分旧职员，但还是有一部分职员、小官吏、军官、工友因为新政权的建立而失去了工作，生活面临贫困局面。这部分人虽然不多，但他们曾在旧政权中就职，对旧政权在心理上有依靠，如果他们的生活得不到保障，对新生的人民政权会怀疑、不信任，甚至抗拒，是社会不安定因素之一。譬如，在对广仁堂的接管中，原有职员26人，留用11人，辞退14人，受训1人；原有工友16人，留用5人，辞退11人。[①]职员留用比例只有42%，工友留用比例仅31%。当然广仁堂与其他政府机构可能不太一样，许多节妇通过接管已被劝离广仁堂，留在堂内的人员大大减少，管理人员也相应减少较多，但从广仁堂的例子中也能看出一些端倪。

---

① 《广仁堂接管工作一周汇报》（1949年5月22日），天津市档案馆藏，档案号X0065-Y-000041-005。

二、社会救济的开展与措施

(一)社会救济机构的设立

解放后，国家层面的社会救济机构是内务部（后改名民政部）和中国人民救济总会，全国总工会对失业工人救济方面也起到辅助作用。

1949 年 1 月 15 日天津市解放以后，人民政府接管了旧政权，机构设置逐渐完善起来。主管社会救济的机构是民政局，下设社会科（后改为社会救济科），管理全市的社会救济福利工作。全市各区设民政科，基层街道办事处设民政干事，承担基层社会救济事务性的工作。从市、区、街三级层面强化了社会救济管理机构的设置。

1950 年 4 月 24 日—29 日，在北京召开了中国人民救济代表会议，4 月 29 日成立了中国人民救济总会，简称"救总"。选举产生了宋庆龄、董必武、伍云甫、谢觉哉、李德全、苏井观、阎宝航、康克清、赵朴初、雷洁琼、胡兰生、章元善、陈嘉庚等 49 人组成的中国人民救济总会执行委员会。在救济代表会议闭会期间，执行委员会为最高领导机关，宋庆龄为主席，董必武、谢觉哉、李德全、吴耀宗为副主席，伍云甫为秘书长。"救总"是中央人民政府领导下的群众性的救济组织，其宗旨是团结并领导全国从事救济福利事业之团体及个人，协助政府组织群众进行生产节约、劳动互助，以推进人民大众的救济福利事业。其社会救济工作以动员和组织人民群众实行自救助人为方针。救济福利款物由政府补助和在群众中募集共同组成，同时接受国际友人的援助。国内救济福利团体接受国外救济福利款物，事先须取得"救总"批准，在"救总"的通盘计划下分配使用。在救济总会下，全国各地设立了救济分会，形成了一整套比较完善的规章制度和体制，为指导全国救济工作打下了坚实基础。

1950 年 9 月 16 日，中国人民救济总会天津分会筹委会成立，许建国、李烛尘、边洁清等56人担任委员。10月，召开全市救济代表会议，中国人民救济总会天津分会正式成立，在人民政府的领导下，统一开展社会救济福利工作。1955年该救济分会并入民政局。

中华全国总工会在实施失业群体救济的过程中也发挥了举足轻重的作用。同时中央要求凡决定开展救济工作的城市，特别是上海、广州、天津等城市，必须成立失业工人救济委员会和失业工人救济处，必须指定一两个委员专门负责救济工作，市委应经常指导这一工作的进行。并且要求市内各级工会组织均应设立救济失业工人委员会，分出一两个委员专门负责，并尽量从失业工人中挑选干部参加，以免妨碍整个工会工作。

1950年5月，按照中华全国总工会的指示精神，天津市在第二届第三次各界人民代表会议上通过了救济失业工人暂行办法，成立了失业工人救济委员会。①

(二)社会救济政策的制定

针对解放初期存在大批城市贫困人口的现象，新成立的中央人民政府为稳定社会秩序、恢复和发展社会生产，制定了一系列社会救济政策。

针对失业工人，在1950年2月—11月间，中共中央、政务院发出了一系列有关救济失业工人的指示，如《中共中央关于举行全国救济失业工人运动和筹措救济失业工人基金办法的指示》《中共中央关于临时救济失业工人问题给中南局并各中央局的指示》《中共中央关于救济失业工人的批示》《政务院关于救济失业工人的批示》。在这一系列指示中，对失业工人救济对象、救济方法都给出了指导性意见。救济对象原定以解放后失业者为限，后来改为"现在所有失业的工人职员及失业知识分子，除特务分子及反动有据者外，不问从什么时候起失业，均一律予以救济"。救济方法应以以工代赈为主，而以生产自救、转

---

① 参见中共天津市委党史研究室编：《城市的接管与社会改造（天津卷）》，天津人民出版社，1998年，第272页。

业训练、还乡生产、发给救济金为补助办法,以求达到救济金的使用既能减轻失业工人的生活困难,又有益于市政建设的发展。为了尽快筹集救助金,由全国总工会号召全国工人于 4 月 30 日作义务工一天,以所得工资(或捐出工资一天)作为救济失业工人基金。华北及山东各城市所得捐款,以一半捐给上海,另一半救济本地失业工人。[①]

　　为了使失业工人和知识分子尽快就业,天津市民政局早在 1949 年 3 月就接收了旧职业介绍所,于 1949 年 3 月 21 日成立了社会服务处。到 1949 年底,该处共登记人数为 14,069 名,其中男性 11,061 名,占 78.62%,女性 2008 名,占 14.3%。文化程度以小学为多,初中、高中、大学依次减少,文盲最少。年龄以 15 至 25 岁的青年为最多,25 至 35 岁的壮年次之,不满 15 岁的幼年最少。初期由于经验不足,登记者80% 以上的人找不到工作。后期改变了工作流程,先有需方,后才有针对性地根据需方条件再登记选择、介绍,不合条件的则劝其放弃,提高了工作效率。10 个月中,在登记的 14,069 人中,经该处介绍就业者有 2640 名(其中男性 2295 名,女性 345 名),占 18.8%,是 1948 年旧职业介绍所的 2 倍。到该处登记的机关有 252 个单位。介绍职业以宣教、会计统计、税务及其他技术部门为多,为冀中、东北、晋南、冀东、西北各区及各野战部队介绍人员较多,也为华大、革大介绍了一些学员。通过职业介绍,解决了一部分人的失业问题,不仅为就业人员及其家属解决了生活困难,而且消除了社会不安定的因素。因为失业者中大多数是青壮年,如果不解决他们的就业问题,他们很可能因为生活无着而走上偷盗抢掠的犯罪道路。据 1949 年 10 月份法院盗窃重犯统计,约有一半盗窃犯出狱后因找不到工作而被迫重拾旧业。[②]同时政府也对失业工人进行救济,1949—1950 年上半年,救济失业工人 22,594 人,发放救

[①] 参见《建国初期社会救济文献选编载》,《党的文献》,2000 年第 4 期。

[②] 参见中共天津市委党史资料征集委员会、天津市档案馆:《天津接管史录》(上卷),中共党史出版社,1991 年,第 570—573 页。

济粮 329,564 斤,发放救济款 420,539,357 元(旧币)。[①]

1950 年 5 月,天津市失业工人救济委员会成立后,仅 1950 年下半年就登记失业工人 28,573 人。经过介绍就业、生产自救及参加以工代赈等办法,解决了其中 44% 失业工人的问题。介绍就业者 4742 人,由救济委员会开办工厂参加生产自救者 1867 人,一般每月可得 200 余斤粮的工资;参加以工代赈、修路浚河的有 5300 人,平均每天可得 7 斤小米的工资。单纯救济的每月平均有 2000 人。此外还有 16,036 人,有的转为小摊贩,有的有临时职业或家庭有其他收入,虽然失业,但尚可维持生活,政府通过组织各种技术训练班授之于专门技术以便帮助他们获得就业。[②]

新中国成立初期的城市救济福利制度和政策,是通过几次救济福利工作会议确立的,而且通过各地实践的证明,不断修正和完善,越来越接近实际情况,发挥了救济政策的实效和作用。

1950 年 4 月 24 日,中国人民救济代表会议在北京召开,会议讨论了建立救济制度、确立救济工作方针和救济措施等问题。会上,董必武副总理作了《新中国的救济福利事业》的报告。会议确立的新中国福利救济事业的工作方针是:在人民政府领导之下,以人民自救自助为基础,开展人民大众的救济福利事业。[③]

1951 年 5 月 3 日—12 日,内务部在北京召开了"全国城市救济福利工作会议",主题是改造旧有的救济福利团体。会上,谢觉哉作了《关于民政工作者工作方法上的几点意见》的报告,陈其瑗作了《城市救济福利工作报告》,伍云甫作了《关于旧有社会救济福利团体的团结改造问题》。会议对改造旧有福利设施、健全对私立救济福利机构的管理作

---

① 参见天津市地方志编修委员会:《天津通志·民政志》,天津社会科学院出版社,2001 年,第 175 页。

② 参见中共天津市委党史研究室编:《城市的接管与社会改造(天津卷)》,天津人民出版社,1998 年,第 272 页。

③ 参见《新中国的救济福利事业》,《董必武选集》,人民出版社,1985 年,第 287 页。

出明确规定,强调了城市救济方法是在政府领导下的人民自救、自助和助人。

1953 年 10 月召开了第二次全国民政会议,谢觉哉作了报告,梳理了 4 年中社会救济的基本情况:1949 年全国有灾民 4000 万人,1950年 3300 万人,1951 年 3000 万人,1952 年 2700 万人,1953 年 3400 余万人。在城市社会救济方面,全国各城市共改造游民和教养贫苦无依的残老孤幼 36 万人,救济贫苦市民 120 余万人,接收和改造了 460 多处接受外国津贴的慈善团体,整理了 1600 多处旧有的慈善团体。各地生产教养机构收容了旧社会遗留下来的游民、乞丐、妓女和贫苦无依的孤老残幼, 使不劳而食的游民经过教育改造变成从事劳动的新人,使残老孤儿得到适当的安置和教养。

会议确立了人民政府救灾工作的主要方针是组织灾民生产自救,政府发放必要的救灾粮款,以救护灾民的生命,稳定灾民的情绪,保护灾民的劳动力,支持灾民进行生产。今后救灾工作的要点是:要掌握灾情发生发展的规律,主动预防;灾害发生后,立即抢救,安定社会秩序,扶助灾民迅速恢复生产,从而保护生产力,巩固工农联盟,完成国家粮食及其他农产品的增产计划,支持国家的各项建设事业。

会议提出,城市社会救济的工作原则是:对无依无靠、无法维持生活的孤老残幼和贫民及游民等,应根据必要和可能按其有无劳动力分别予以教养、救济或劳动改造,对一切有劳动能力的人,应设法使其在城市或农村参加劳动,以自食其力。必须纠正那些想把城市所有贫民、游民等一下子包起来,都施以救济的错误观点。①这一原则体现了两个特点:一是对于城市贫弱救济要分门别类,精准施策,设置了教养、救济和劳动改造等类别;二是强调救济不可大包大揽,要发挥救济人群自谋生活的积极性,强调自食其力。

---

① 参见《关于第二次全国民政会议的主要内容及传达贯彻这次决议的初步意见(1953年 12 月)》,天津市档案馆藏,档案号 X65-Y-297。

对于旧社会遗留下来的慈善机构,组织收容人员从事各种可能的生产劳动。对收容的学龄儿童应施以文化教育和可能的技术教育。改进对收容人员的管理办法,加强思想教育,严禁打骂虐待。[①]

1953年10月的第二次全国民政工作会议之后,社会救济福利事业进入初步规划阶段。针对城市救济福利事业单位暴露出来的问题,即没有区分社会救济福利对象和改造对象、收容范围混乱、收养人员成分复杂等问题,"救总"于1953年11月11日—24日召开了第二次全国城市救济工作会议,提出了改进工作的规范性要求。会议根据总路线与民政会议精神,对生产教养院及城市贫民救济工作进行了研究,解决的主要问题是:第一,明确了生产教养机构的性质和任务。生产教养机构应是残老孤儿的救济福利机构,同时又是对一定类型的游民的教育改造机构,主要任务是对无依无靠、无家可归、无法维持生活的老弱、残废、孤儿、弃婴等予以收容安置和教养,对职业乞丐、公开妓女等予以收容改造。对一般城市贫民、失业人员及盲目流入城市的农民不予收容,已收者应协同有关部门分别处理。对暗娼、精神病人、惯窃、地主、恶霸等应由卫生、公安部门予以处理,教养院不应收容。第二,对有相当规模企业性的生产,而对游民改造作用不大者,应争取交出去。对改造游民有作用者,可继续经营,作为游民就业的阵地。主要应发展劳动队,组织他们进行粗工易学的生产,以进行改造。改造期间为1至3年,期满后可自行谋生。第三,对于游民不能随便推出去和不负责任地向社会上挤,对已经改造期满并有就业条件者应予介绍就业。[②]

---

① 参见《民政工作四年来的总结和今后的任务——中央人民政府内务部谢觉哉部长在第二次民政会议上的报告》,《关于第二次全国民政会议的主要内容及传达贯彻这次决议的初步意见(1953年12月)》,天津市档案馆藏,档案号X65-Y-297。

② 参见《关于第二次全国民政会议的主要内容及传达贯彻这次决议的初步意见(1953年12月)》,天津市档案馆藏,档案号X65-Y-297。参见中共中央党校理论研究室编:《历史的丰碑:中华人民共和国国史全鉴15·社会卷》,中央文献出版社,2005年,第42页。

今后城市救济工作的主要任务是：继续整顿生产教养工作，整顿生产教养机构中的生产事业，建立制度，使生产教养工作得到进一步改进；组织贫苦市民劳动互助，生产自救，做好今冬贫苦市民的救济工作；继续调整旧有的社会救济福利团体；注意培养现有的救济工作干部。今后的工作方法，应遵循总路线的精神，反对把一切包下来和不负责任地推出去这两种错误思想。城市救济工作必须依照劳动生产与教育改造相结合、政府救济与群众自救相结合等办法来进行。①

1954 年，第三次全国城市救济工作会议明确了救济工作方针为"生产自救，群众互助，并辅之以政府的必要救济"。

1956 年 3 月，内务部召开了全国城市游民改造工作会议，在其后颁布的指示中明确了游民范围：长期不事劳动，没有正当职业，又没有就业条件，或者以不正当手段为生的人。游民安置改造的具体方式是：采取因地因人制宜的方针，对有条件参加农业生产的游民，通过农场集中安置；对家庭其他成员在城市有固定职业及其他不适合从事农业生产的游民，应当通过组织粗工作业工程队等方法在城市就地安置。②纠正了之前对游民范围划分不清、对改造与安置相结合的方针领会贯彻不足的缺点和问题。

1956 年，民政系统还首次提出"社会福利生产"的概念，逐渐形成了中国特有的社会福利生产体系。

几次会议对城市救济福利事业提出了新的要求：对无依无靠、无法维持生活的残老孤幼和贫民及游民等，应根据必要和可能，按其有无劳动能力分别予以教养、救济和劳动改造；对于一切有劳动能力的人，应设法使其在城市或去农村参加劳动，使其自食其力。通过几年的

---

① 参见中共中央党校理论研究室编：《历史的丰碑：中华人民共和国国史全鉴 15·社会卷》，中央文献出版社，2005 年，第 42 页。

② 参见《内务部关于安置改造城市游民工作的指示（1956 年 7 月 11 日）》，梁玥主编：《治安行政法典汇编 1949—1965》，山东人民出版社，2016 年，第 169—172 页。

整顿，救济福利机构基本上克服了乱收、错收的现象，明确了收养残老、孤儿机构的社会福利性质，实现了社会福利与社会救济、劳动教养的逐步分流。

（三）社会救济的具体举措

根据中央指示精神，天津市制定了一系列社会救济福利政策和举措。

1.举办急赈，解民倒悬

天津解放前夕，国民党纵火烧毁了郊区民房，造成津郊难民流离失所。如宜兴埠、穆家庄、吴家咀、东局子、大觉庵等村庄，"全村均遭付之一炬"，"万千居民，事前毫无准备。值此冰天雪地，一旦流离失所，无家可归，老弱载途，颠仆相继，厥状极惨，而见者触目惊心，全民震动，咸有行将及我之惧，群情摇惑，尤属可虑"。①这是李烛尘等工商界人士在致电傅作义时的担心与所虑。据统计，近郊民房被国民党军队烧毁后，受灾者6489户39,960人。人民政府批准贷款75,278,910元（折合小米1,571,885斤），协助灾民修理住房2456.5间，解决了8430人的住房问题。同时天津市人民政府立即组织办理急赈救济灾民，组成3个慰问团，到灾区慰问，发放粮食3,914,985斤，救济35,315人。②同时鉴于上年雨水较多，郊区民房3803间倒塌，政府发款计玉米面222,462斤，修房1227间、窝铺30间。不久华北各地发生水灾，又有大批灾民涌入天津市区及周边地区。

1949年1月15日，天津市解放，由于刚刚经历了战事，市区集聚难民较多，天津市于1月19日—29日两次举办急赈，发放急赈粮391.5万斤。③

---

① 天津市档案馆等：《天津商会档案汇编（1945—1950）》，天津人民出版社，1998年，第1427页。

② 参见中共天津市委党史资料征集委员会、天津市档案馆：《天津接管史录》（上卷），中共党史出版社，1991年，第578—579页。

③ 参见天津市地方志编修委员会：《天津通志·民政志》，天津社会科学院出版社，2001年，第175页。

1949 年 12 月至 1950 年 3 月 4 日,延续多年习惯,开展冬令救济。该年冬季共开设粥暖厂 4 处,收容外地灾民和难民。采取的方法还是政府与民众互助合作,其中政府拨粮 47 万斤,社会各界捐助粮食近 20 万斤,现金约 10 亿元(旧币),衣物 533 件,鞋袜 3288 双,救济贫苦市民 5556 户 19,506 人。发放救济粮 290,878 斤,发放棉衣 6406 件,棉鞋 120 双,先后救济灾民难民 27,057 人。共救济灾难民和贫苦市民 4 万余人。4 个粥暖厂用粮 57,778 斤。

1952 年,天津市举办急赈,全年共救济 108,415 人次,发放救济款 1.8 亿元(旧币)。其中对部分经营牛羊肉行业的回民,在 6 月、11 月淡季中出现生活困难的,先后两次给予急赈,共救济 1871 人。[1]

这些不定期的急赈,对生活处于困难中的民众来说,犹如雪中送炭,久旱遇甘霖,暂时解决了生活中的难题,帮助他们渡过难关。

2.广开门路,生产自救

解放初期,面对经济不景气和资本家对生产的消极态度,市总工会和区政府都派出了工作组,深入私营企业宣传政府的政策。1949 年 4 月,刘少奇受中央委托到天津指导工作,召开座谈会宣传党的政策,说明对资本主义工商业要采取利用限制改造的方针,而不是没收。鼓励工商业者打消顾虑,扩大积累,办好工厂,为恢复和发展经济做贡献。这些措施缓解了紧张的劳资关系,在一定程度上打消了某些私营工商业者的顾虑,促进了私营工商业的复工复业和天津的经济恢复与发展。

政府部门积极行动,广开门路,通过支持私营企业复工复产,兴办市政水利工程(以工代赈),开办贫民工厂,实施冬令救济等方法,解决了失业工人和贫民的生活困难。仅 1950 年,天津市用在救济失业工人方面的开支就达 8,628,352 斤,其中工赈费 5,199,339 斤,生产自救投资贷款 1,800,000 斤,训练转业费 295,655 斤,单纯救济费 895,609 斤,

---

[1] 参见天津市地方志编修委员会:《天津通志·民政志》,天津社会科学院出版社,2001 年,第 175 页。

失业工人干部薪资 437,749 斤。①

　　1950 年初，政府组织开展生产自救活动。从优抚和冬令救济中拨粮 100 万斤，拨款 10,210 万元（旧币），财政局贷款 11,421 万元（旧币），工商业联合会捐款 1700 万元（旧币），在市区及塘沽区先后组织砖窑、地毯、搪瓷、麻袋、被服、废棉加工、棉织、瓜菜等 29 个行业烈军属和贫民生产厂，吸纳烈军属、贫民 1300 余人参加，每人每日可得 4～6 斤小米的劳动报酬。多数于 1951 年春先后停业，至 1953 年，只剩余 3 个单位移交给有关企业主管部门管理。②

　　在 1951 年全国城市救济福利工作会议上，针对全国现存 150 万失业工人及失业知识分子的情况，③参会人员一致认为，城市主要救济对象是失业工人与失业知识分子，应帮助他们开展生产就业。④会议还制定了贯彻生产自救的方针，指出要充分利用被救助者的劳动力，组织多样性的生产，对老幼可组织轻微劳动。对残疾人以收容为主，也可作轻微劳动，以调剂精神生活。对乞丐、散兵、小偷、妓女等主要是教育及实行强制劳动改造，而后输送还乡，也可组织劳动大队开荒，但要有重点、有计划。搞工业生产必须先把成本、原料、销路都计划好，不要搞大机械生产。⑤

　　1953 年，随着国民经济的恢复，在"群众自办，政府扶助"和"因时因地制宜，稳步发展"的方针指引下，天津市组织了多种形式的生产自救组，分别在三区安定里建立了木箱加工组，在六区浦口道、七区四马

----

① 参见中共天津市委党史研究室编：《城市的接管与社会改造（天津卷）》，天津人民出版社，1998 年，第 273 页。

② 参见天津市地方志编修委员会：《天津通志·民政志》，天津社会科学院出版社，2001 年，第 177 页。

③ 参见《城市救济福利工作报告——1951 年 5 月 3 日中央人民政府内务部陈其瑗副部长在全国城市救济福利工作会议上的报告》，个人收藏。

④ 参见《全国城市救济福利工作会议总结报告提要》，天津市档案馆藏，档案号 X65-Y-121。

⑤ 参见《关于参加全国城市救济福利工作会议向市府及政法委员会的综合报告》，天津市档案馆藏，档案号 X65-Y-121。

路、八区树德里设立了生产自救试点。至 1955 年底,全市共建了 81 个生产自救组,参加生产的有 2100 人,其中除烈军属 488 人和少数管理、技术工人外,多数是贫民救济户。这些生产自救组多为大工业加工服务,工艺简单,粗工易学,占用资金少。生产类型多种多样,除分散加工的拆洗、撕鞋底、锁眼、钉扣等生产外,集中生产的有钉木箱,糊纸盒、纸袋,装订制本,表纸,洗废棉,五金制品,纺毛线,纺麻袋线,拔丝镀锌等。参加生产的人员每月平均收入达 20 余元。其中 1445 户救济对象过去长期或临时依靠政府救济金生活,参加生产后不再需要救济。根据 1956 年 3 月全国城市游民改造工作会议的精神,明确上述生产组织是一种特殊性和群众福利性的生产组织。据此,天津市确定具体组织生产的对象是有劳动能力的盲人、聋哑人和肢体残缺人员。到 1956 年底,参加生产的盲人、聋哑人和肢体残缺者 110 人,50 岁以上的老人 571 人,生产自救逐渐向福利性生产组织发展。

3.以工代赈,兴建工程

天津刚刚解放时,从 1949 年 1 月中旬到 2 月底,各区共组织 1.75 万人参加了清扫战场,掩埋烈士遗体 243 具、国民党军尸体 1344 具、百姓尸体 260 具,平毁碉堡 1168 个,还组织了清理街道垃圾、挖河、筑堤等劳动。共出工 105.9 万个,发放代赈粮 55.77 万斤,平均每人每天可得小米 7 斤左右,可供三四口之家之用。[①]

为了让失业工人和贫民尽快有所收入,政府用以工代赈的形式,兴办了水利工程和市政工程,组织了由 200 名有劳动能力的乞丐组成的劳动大队,参加了清除海河河槽垃圾工作;组织 1950 人参加了挖掘新开河的工程。[②]此外还组织失业工人参加了疏浚新开河(1949 年冬),

① 参见天津市地方志编修委员会编著:《天津通志·民政志》,天津社会科学院出版社,2001 年,第 175 页。
② 参见中共天津市委党史资料征集委员会、天津市档案馆编:《天津接管史录》,中共党史出版社,1991 年,第 576、579 页。

修建人民公园(1950—1951 年)、水上公园(1950—1951 年)、杨村飞机场(1950 年 10 月以后)和改造南开蓄水池(1952—1955 年)、赤龙河(1950 年)和墙子河(1950 年)的工程。

以工代赈实行一段时间以后,由于有的地方政府有"以工代赈是积极的,而生活救济是消极的"的片面理解,把救灾粮款用于兴办各项工程,因此在 1953 年 10 月召开的第二次全国民政工作会议上,从救灾工作方针中取消了以工代赈,随之天津市的以工代赈救济举措也逐渐被舍弃。

4.移民垦荒,支援边疆

为了尽快疏散城市的受救济人口,1949 年天津市组织住在粥暖厂的灾民 152 人到东北垦荒落户。①组织丐民收容所的灾民难民和乞丐 463 人,去芦台农垦局移民垦荒。在芦台的劳动队于 1949 年 7 月正式进入农场生产后,就取消了监视逃跑的制度,他们过上了完全自由的劳动生活,获得月薪 150 斤米的待遇,乞丐成了农场的工人。

1950 年春,又成立了天津市移民委员会,组织向察北移民垦荒。4 月,有 338 户共 1466 人移往察北、康保、化德、尚义、张北、多伦等县落户。对生活困难、缺衣少穿的移民还发放了棉衣 87 件、棉大衣 154 件,以及鞋袜、肥皂等生活用品。各工会组织还号召群众向移民赠送礼物,帮助移民处理积欠的房租和债务等。移民中小商小贩占 35.8%,失业工人占 27.6%,其余为三轮车工人和灾民难民等。1956 年春,又先后组织 10 批移民 2213 户共 10,407 人,到青海省乐都、互助、湟源和贵德 4 个县参加农业生产劳动。移民构成包括失业人员 221 户,无业人员 590 户,无固定职业的临时工 471 户,小商小贩 676 户,三轮车工人 109 户,其他 146 户。移民到达青海后,一部分人因为气候不适应,或者年老体弱不能参加劳动,致使生活出现困难,从 1956 年下

---

① 参见中共天津市委党史资料征集委员会、天津市档案馆编:《天津接管史录》,中共党史出版社,1991 年,第 579 页。

半年开始,发生移民倒流返津现象。这种现象一直持续到 1962 年,共有 1893 户 8968 人返津。①

5.组织还乡,从事农业生产

为了减少城市消费人口,增加农村生产力,各城市将大批无业失业人员疏散遣送回乡从事生产。据北京、天津、上海、南京、武汉、广州、西安、青岛等 8 个城市的不完全统计,截至 1950 年底,被遣送回乡者约有 110 余万人,其中绝大部分得到适当安置。②

中央在指示失业工人救济时提到,对于进入城市的农村灾民,不应与失业工人一律待遇。最好资助这些农村灾民还乡生产,根据实际情况,给予他们必要的车票、船票和若干救济粮作为回乡生产的补助费用,不让他们继续在城市逗留,以改善城市的社会治安秩序。其费用可以从中央拨给各地灾区救济粮中拨付。③对各县逃亡地主、逃荒户、难民等,极力动员回乡。1949 年一年内共遣送回乡 24,076 人。另有从南方新解放区过津回乡人员和难民,由天津市遣送回籍者达 9005 人,支出经费达 14 万斤粮食。最初是按照半价乘车办法补助车费,后来铁道部改为 60 人以上按照 7 折优待。④

1950 年 3 月中旬,天津市冬令粥暖厂停办,但尚有灾民 2888 人,其中经动员回乡生产 1321 人,由政府发给车票,发给路途干粮费 310 万元;自愿离厂谋生者 1257 人,其余无家可归者送丐民收容所安置。

由于天津周围乡村灾民难民有冬季到城市粥暖厂就食的习惯,尤

---

① 参见天津市地方志编修委员会:《天津通志·民政志》,天津社会科学院出版社,2001 年,第 176—177 页。

② 参见《城市救济福利工作报告——1951 年 5 月 3 日中央人民政府内务部陈其瑗副部长在全国城市救济福利工作会议上的报告》,私人收藏。

③ 参见《建国初期社会救济文献选载》,《党的文献》,2000 年第 4 期。

④ 参见中共天津市委党史资料征集委员会、天津市档案馆编:《天津接管史录》,中共党史出版社,1991 年,第 580 页。

其是在灾荒年份，他们经常在城市外围搭盖窝铺栖身，所以每年开春的时候都是救济机构遣散人口回乡的季节。截至1953年底，天津市共疏散城市非生产人口参加农业生产5.8万余人，支付路费和路途干粮补助费7.44亿元。[①]

1954年夏，河北省各地发生水灾，进入天津的灾民达到了3万余人。1955年冬至1956年，在当地政府有关部门的配合下，动员一部分灾民返回原籍参加生产，对于一时不能返乡而生活困难的灾民，则给予临时救济和口粮供应；对孤老、妇幼还乡确有困难，又无亲友投靠的灾民则临时收容，俟后再送回原籍安置。

除了动员灾民还乡，政府对郊区的灾荒也给予救济。1949年解放以后，津郊出现了严重的飞蝗灾害，由于防治及时，未酿成大灾。从1951年开始，利用飞机喷洒药剂杀灭飞蝗，收到较好效果。1952年5月，全市出现了较大面积的飞蝗，以蓟县和宝坻为重，蓟县发生飞蝗面积达37.74万亩，宝坻达16万亩。灾害发生后，除了利用飞机喷洒药剂外，还组织14万治蝗大军捕埋蝗蝻达5000万斤。政府为受灾较重的蓟县拨救济粮50万斤、救济款20万元，其他县也得到了救济粮款。[②]

6.救助孤贫，济民水火

对于社会上的孤老病残、多子女缺少劳动力者、家中遭受意外者，以及贫困的烈军属、五保户等，政府采取了行之有效的救济措施。一是对无依无靠、无生活来源、无亲友帮助，不能维持最低生活保障的孤老残幼，给予长期救济。1951年，对生活困难的鳏寡孤独、老弱残幼人员生活不能自理的，由政府统一收容安置，有自理能力的则给予定期定量救济。1951年，共对3398户此类家庭给予救济。1952年，各区建立

---

① 参见天津市地方志编修委员会：《天津通志·民政志》，天津社会科学院出版社，2001年，第175—176页。

② 同上，第271页。

了救济户卡片登记制度,实时掌握此类救济户的生活变化情况,按时救济。1953 年,救济此类人员 35,101 人次,发放救济款 8.5 亿元。1954年,因对救济户资格掌握较严,全年救济 21,395 人次,较头一年下降了39%。1954—1956 年,原由劳动局负责救济的三四五类失业工人(多为老弱残疾)和三轮车工人、建筑工人、文艺、茶水工人,以及社会主义改造中被精简的工商业老残职工,先后交由民政部门统一救济,因此救济人数增加,到 1956 年救济人数达 51,756 人次。①

二是对收入微薄的妇孺多子女户,按月发放定量救济。1953 年救济 27,756 人次。对其中有能力参加生产的尽量安排参加生产,不能参加集中生产的,安排他们在家中从事分散加工或服务性生产。1955 年,对在打击刑事犯罪和肃清反革命分子斗争中被捕者的老人和幼年子女等无生活来源的家属也给予了定期定量救济。②

三是临时救济,即对无固定职业,或因受季节影响,或家中遭受灾害、丧、病和生育等,生活暂时发生困难的,政府给予临时救济。1952 年共临时救济 93,123 人次,1953 年临时救济 127,403 人次。1954 年,由于生产自救普遍开展,建筑业开工面较大,临时救济户有所减少。1955年,因一些没落行业和迷信职业被淘汰取缔,一些资本家破产等原因,生活困难者有所增加,全年救济 159,082 人次,其中有劳动力、有职业收入不固定的小商小贩和临时工占救济总户数的 58.85%,有劳动力、无职业和犯罪分子家属占 13.91%,其他占 27.24%。1956 年,全年救济117,378 人次,较上年减少 41,704 人次。③

7.收容安置,稳定社会

解放初期,天津城市人员混乱,情况复杂,街头恶丐横行,商民积

---

① 参见天津市地方志编修委员会:《天津通志·民政志》,天津社会科学院出版社,2001年,第 179 页。

② 同上,第 179—180 页。

③ 同上,第 180—181 页。

怨甚深。这些寄生的丐民在曲解"穷人翻身"的错误思想支配下,成群结伙强乞恶讨,严重地影响了社会秩序的维持与恢复。①游荡的乞丐成为城市社会安宁与稳定的一大毒瘤,也增加了城市管理的难度。而且刚刚解放的城市也面临粮荒、煤荒问题,闲散人口不劳而食成为城市管理者面临的难题。为此,1949年5月21日,华北人民政府颁布了《华北区城市处理乞丐暂行办法》,规定:就现有之救济院,或其他救济机构加以整理,成立乞丐收容所,作为一常设社会福利机关,对乞丐采取一面收容一面处理,逐渐肃清的方针。各市根据需要,设临时收容所数处,作为临时处理乞丐的机关。要切实管教游民,禁止入城行乞,劝其回乡生产。收容的乞丐,酌情分别处理:家在城市以外者,动员其返乡生产,遣送回籍;散兵游勇由各地负责部队处理;无家可归而有劳动力之男子编成劳动大队,参加劳动,以工代赈;无家可归的老幼残废或妇女,由救济院或其特设部门(如安老所、育幼所、妇女教育院)安置教育;无家可归的青年由救济院或平民习艺所教以技艺训练,使之能自谋生活;业经改造,有谋生能力的,准其自由就业;家在本市的,经短期教育后交由家人取保领回,从事生产;职业乞丐及以乞丐行业授徒者,严加管教,强制劳动。乞丐在收容期间由院(或所)方供给,供给标准每人每日以2斤小米计。乞丐收容所及救济院的经费,由财政开支,从市政社会事业费内报销。②

据此天津市首先采取集中力量、突击收容的办法。1949年5月,天津市公安局、民政局和财政局等单位联合组成了"天津市收容处理乞丐委员会",并在全市设立5个临时收容所。自5月25日到7月底,全市共收容处理1594人,这些人成分复杂,有职业乞丐、失业工人、知识分子、散兵游勇、残障人员、逃亡地主、妓女、小偷等。收容入所后,对这

---

① 参见《游民改造工作总结报告》,《天津市政》,1951年第25期。
② 参见《华北区城市处理乞丐暂行办法》,《人民日报》,1949年5月23日。

些人进行了分类编制,分所管理,根据性别、年龄、体力,分成了妇女、老弱、残疾、青壮年、儿童等几类分归各所管理。每 10 人为一小组,小组长由管理者担任。收容入所者,要接受消毒、洗澡、理发、查体,接受教育,学习劳动光荣、寄生可耻的思想,改变生活习惯,如储蓄、遵守纪律等。其中 352 人经教育后取保回家,自谋生活;463 人编成劳动队,分批到芦台、察省开荒;遣送回籍者 210 人;死亡、逃亡、送散兵处理会者共 105 人;转送生产教养院者 464 人,基本上肃清了流落市面上的乞丐。①

在收容乞丐之前,针对解放前从东北地区流落天津的国民党散兵游勇,天津市军管会在解放后第二天即成立了解放国民党散兵伤俘处理处,并在各区分设临时收容所,负责迅速收容处理这个群体,促使社会秩序尽快步入正轨。半个月内收容散兵、伤俘近 2 万名,并根据不同情况,分别送解放区受训、入院治疗和发证照资遣回原籍,使散兵问题基本解决。1950 年全国各地相继解放后,各地的国民党散兵游勇又不断流入天津。3 月,市政府成立了"蒋军疏散人员处理委员会",并设立"难民散俘遣送所"。1949—1950 年共资遣处理国民党散俘24,000 人次。②

在收容安置乞丐、散兵游勇的同时,新政权还接管了旧的慈善机构,并加以改造。自 1949 年 5 月开始,天津市人民政府陆续接管了广仁堂、育婴堂、仁慈堂和天津市救济院等慈善救济机构。1949 年 7 月,以天津市救济院为基础,组建了天津市第一个社会救济事业单位——生产教养院,负责收养无依无靠、无生活来源、无生活自理能力的孤老残幼及流浪儿童、游民、乞丐、妓女等,共收养残老孤幼人员 265 人,下

---

① 参见中共天津市委党史资料征集委员会、天津市档案馆:《天津接管史录》(上卷),中共党史出版社,1991 年,第 574 页。

② 参见天津市地方志编修委员会:《天津通志·民政志》,天津社会科学院出版社,2001年,第 295 页。

设完全小学、养老所、疗养院、妇女教养所、劳动服务所各一处，设有纺织部、印刷部、火柴部、制鞋厂等生产劳动场所。8 月，"天津市收容处理乞丐委员会"撤销，将最后两个收容所并入教养院，净化了社会治安环境。①

1951 年 5 月召开的全国城市救济福利工作会议明确指出，新中国的救济福利事业，是要在人民政府领导下，依靠全国人民，团结一切认真从事救济福利事业的团体和个人来完成的。"救总"与各地分会所进行的团结改造国内旧有的救济福利团体的工作，其目的就是要把他们组织起来，在统一的领导下，共同推进人民大众的救济福利事业。②并明确了生产教养院的宗旨和任务是：改造游民及安置无家可归的老弱残幼，并使收容人员逐步成为自食其力的劳动者。据此，天津市生产教养院组织身体强壮、有劳动能力的游民和其他收容人员到砖窑厂、农场参加劳动，以改造其游惰习气，使之自食其力。从 1949 年到 1952 年，天津市生产教养院共收容 14,583 人，其中游民乞丐 3899 人，贫民 5526 人，难民 2403 人，国民党散兵游勇 534 人，其他 2221 人。③1952 年，遵照内务部的指示精神，天津市对救济机构进行调整改造。9 月，民政局所属生产教养院及所设机构统一由天津市救济分会管理。

中国人民救济总会天津市分会成立后，先后接办了育婴堂、红卍字会育幼院及天主教仁慈堂等 7 个单位，建立了育幼院及儿童教养院，作为专门收养弃婴孤儿的救济事业单位。天津市救济分会全面接管后，对原有的教养单位进行调整整顿，分别组建第一、第二育幼院，儿童教养

---

① 参见天津市地方志编修委员会：《天津通志·民政志》，天津社会科学院出版社，2001 年，第 180—181 页；中共天津市委党史研究室：《中国共产党天津历史》（第一卷），中共党史出版社，2005 年，第 508 页。
② 参见《关于旧有社会救济福利团体的团结改造问题——1951 年 5 月 3 日中国人民救济总会伍云甫秘书长在全国城市救济福利工作会议上的报告》，私人收藏。
③ 参见天津市地方志编修委员会：《天津通志·民政志》，天津社会科学院出版社，2001 年，第 204 页。

院,第一、第二残老所,妇女教养所,第一、第二丐民所及分会附设的完全小学等9个机构,共收容人员1626人。1953年,天津市救济分会又对收养机构作出调整,第一、第二残老所改为第一、第二安老院,负责收容"三无"老残人员。第一丐民所改为第一收容所,负责收容"三无"精神疾患病人。第二丐民所改为第二收容所,负责收容游民乞丐。1955年,天津救济分会和民政局合署办公后,下辖教养机构再次调整,调整后的收容教养机构为:第一、第二收容所,第一、第二安老院,妇女教养所,儿童教养院(孤儿和流浪儿童分属两部管理,实行半工半读),共有收容人员2200人,其中孤儿弃婴236人,残老865人,游民1099人。①

8.其他救济,拾遗补阙

针对不同人群的困难,政府还致力于其他方面的救济,如发放修房补助、医疗救助和丧葬救助。

1952年,针对贫苦烈军属、贫苦市民自有自住、年久失修而又无力自行修缮并有倒塌危险的房屋,一部分由人民银行给予贷款进行修缮,对生活困难又无偿还能力者,由政府给予修房补助款,确保其住房安全。当年补助667户,修缮房屋845间,发放修房救济款1.6亿元。1953年,政府拨发救济款8亿元,修缮市区和郊区贫苦烈军属和贫困户房屋3017.5间。1954年后,每逢雨季来临前,各级政府部门均对贫苦烈军属、贫困户和孤老户的私有住房进行勘察,并对确实无力修缮者给予救济。

1950年,天津市制定了《天津市贫苦工人、市民患病医疗减免暂行办法》,由卫生局办理对贫民实行医疗救助。1952年7月以后,交由民政局接办。到年底,共有39,934人接受了减免医疗费的救助,其中住院治疗3491人,门诊36,443人,医疗费用款22.6亿元。1953年有34,331

---

① 参见天津市地方志编修委员会:《天津通志·民政志》,天津社会科学院出版社,2001年,第205页。

人接受了减免医疗费的救助。虽然本年接受医疗救助的人数较上年有所减少，但实际资助医疗费增加了。1954年3月废止了贫民减免医疗费救助办法，改为"贫民看病，政府补助"的办法。补助费用每人不超过40元，病情较重者另视情况而定。1954年共补助5423人，支出54,059元。人数较1953年下降84.2%，开支减少78.43%。50年代后期，年平均补助2100人，开支在45,000元左右。[①]

为解决贫苦市民死亡后无力埋葬的问题，政府酌情给予救济。1949年共发放死亡埋葬救济16人，每人发放小米16斤、现金22.7万元。1950年救济189人，发放小米6443斤、现金670万元。1952年10月出台了《天津市贫苦市民死亡埋葬暂行办法》，对鳏寡孤独、残废、老弱，既无依无靠，死后又无亲友相助；或家中虽有劳动力，无职业或有固定职业，但人口多、收入少，生活困难确实无力埋葬者，按实际情况给予救济。救济标准为大口18万元，小口10万元包括棺木及埋葬费用。1952年全市共补助535人，发放丧葬救济款5000余万元。[②]

三、社会救济的效果与作用

解放初期天津的社会救济，既是中国大城市社会救济的缩影，又有其独特性。通过钩沉史料，我们对当时的社会救济效果和作用进行反思和总结是很有必要的。

（一）失误与不足

中国共产党接管城市之初，一切从头开始，由于中国共产党长期战斗在农村，对城市管理经验不足，尤其是对大城市的管理感到陌生。而且天津是较早解放的城市，没有更多的经验可以借鉴，所有城市管理经验需要接管干部在实践中摸索，所以不仅仅在经济管理中，在社

---

① 参见天津市地方志编修委员会：《天津通志·民政志》，天津社会科学院出版社，2001年，第182页。

② 同上，第182—183页。

会救济管理方面难免也有一些失误和不足。一是对救济金分配不当，产生了严重的浪费。1950年，由于没有研究实际情况，天津花6000万元搭盖了几座席棚，作为失业工人临时居住之用，未想到因靠近臭水沟，蚊子又多，结果无人去住，反须派人看管。①而且对救济金掌握不够严格，发生了将救济金挪用或作为行政开支的错误。②这些做法既造成了救济金的浪费，又在群众中形成了不好的影响。二是在对失业工人进行救济登记时，最初缺乏经验，登记工作做得不够细致准确到位，致使许多失业工人不能精准求职，得到工作。三是对贫困群体的救助范围过广，救济面过大，造成了一部分不应该享受社会救助的人员也受到了救助，影响了社会救济的效果。如对贫困群体的医疗救助方面，也是在不断摸索经验的基础上，一步步改进和完善，达到最佳效果。这些教训在1953年第二次全国民政工作会议上得到了总结："在城市社会救济工作中产生了包下来的思想，收容教养和贫民救济工作中都或多或少的存在着急躁冒进的情绪，如贫苦市民疾病医疗采取的减免办法，有的几乎形成公费医疗。……在救济工作上，有些干部是存在着单纯救济观点的。"③在总结经验的基础上，民政部门不断改进，适时调整政策，使社会救助的措施更加完善。

（二）实效与作用

解放初的一系列社会救济举措，存在一些不足与失误，但更多的是实效和作用。

一是大批失业工人重新就业。随着国民经济的发展，以及通过总结经验教训，改进救济方法，推行行之有效的救济举措，如通过以工代

① 参见《建国初期社会救济文献选载》，《党的文献》，2000年第4期。
② 参见中共天津市委党史研究室编：《城市的接管与社会改造（天津卷）》，天津人民出版社，1998年，第273页。
③《关于第二次全国民政会议的主要内容及传达贯彻这次决议的初步意见》，天津市档案馆藏，档案号X65-Y-297。

赈、移民垦荒、转业培训、生产自救等，安置了大批失业工人，仅 1950—
1952 年，就业的就有 13 万多人，就业率 1950 年较 1949 年提高 51%，
初步解决了国民党遗留下来的失业问题。[①]一个失业工人背后就是一
个四五口之家，所以重新安置失业工人就业，拯救了无数生活处于贫
困的家庭。

二是及时调整救济方法，放弃全部包下来的做法，分门别类地进
行救济。将有劳动能力的游民乞丐组织起来，通过思想教育、体力劳
动、强制改造，使之自食其力，较中华民国时期成效更大。对广仁堂节
妇的改造也比较成功，一方面让更多的节妇树立了自立和劳动观念，
从坐等救济变为参加集体劳动；另一方面鼓励部分节妇冲破腐旧风
俗，再婚改嫁，或出院工作，以新的面貌融入新的社会。对妓女的改造
更是采取全新的思路，从消灭妓女这一群体出发，关闭妓院，迫使妓女
改行、结婚，从根本上铲除了旧社会的这一毒瘤。对真正的残老孤幼则
采取了收养兼劳动、训练、教育的方法救济，实现了"老残者得所养，幼
稚者得所教，青壮者得所能"[②]。

三是城市人口遣返农村的举措。一方面使大批灾后盘桓在城市的
灾民难民尽快返回乡村，使城市就食人口减少，减轻了城市负担；另一
方面这些人口返回乡村后，成为农村劳动力，重新耕种荒芜的土地，不
仅支持了农业生产，还可以为城市生产农产品，反哺城市，支持城市建
设，改善了城乡关系。

在社会救济中，救济机构注重社会救济的覆盖面和公平性，使得
各类社会弱势和困难群体得到了应有的救助，安定了民心，缓和了社
会矛盾，稳定了社会秩序，获得了民众对新生人民政府的支持。

---

① 参见天津市档案馆编：《解放初期天津城市经济宏观管理（1949—1952）》,1995
年,第 420 页。
②《生产教养院工作总结报告》,《天津市政》,1951 年第 25 期。

第四节　解放初期的城市基础建设

　　天津在置卫筑城以前,处于"有市无城"的发展状态,城市建设尚无从谈起。明朝永乐二年十一月二十一日(1404 年 12 月 23 日)置卫筑城以后,随着军事、政治地位的提升和社会经济的发展,城市建设开始起步。1860 年开埠后,随着对外贸易的发展、近代工业的兴起、租界的开辟和社会经济文化的发展,天津城市建设也得到进一步的发展。到1949 年,天津建成区面积已由 1840 年的 9.4 平方千米增至 50.3 平方千米。尽管没有形成完整、统一的城市总体规划,但仍然为解放初期的天津城市建设奠定了重要基础。1949 年 1 月 15 日天津解放后,城市建设进入一个新的历史时期。

一、城市规划的进程与方案

　　城市规划是建设和管理城市的一项基础性工作,在城市总体管理中占有重要地位,"它是指导城市建设工作和一系列城市管理工作的基本依据"[1]。1860 年以前,天津城区规模小,规划布局简单,没有专门的规划管理机构,管理系统不健全,管理水平也有限。"从宏观上看,整个城区建设是任凭自然发展,谈不上正规的统一规划。"[2]1860 年开埠后,随着英、法、美等九国相继在天津城东或沿海河西岸强行划建租界,并在各自租界内筑路建房,各自为政,各自规划,自成体系,天津城区明显被划分为两个部分——华界与租界。"这种整体无序、差异很大的局面,无疑很难形成一个完整、统一的城市总体规划。"[3]1928 年 6 月,天津被

---

　　① 中共北京市委党校国民经济教研室编著:《城市管理学原理》,中共中央党校出版社,1985 年,第 51 页。
　　② 天津市档案馆编:《近代以来天津城市化进程实录》,天津人民出版社,2002 年,第 3 页。
　　③ 同上,第 4 页。

确定为特别市以后，尽管先后出现了著名建筑学家梁思成的规划方案（1930）、日本侵略当局制定的"子母城"方案和"大天津都市计划"方案（1939—1940）、国民党天津市政府提出的"扩大市区计划"（1947）等规划方案，但由于政权更迭频繁，华界与租界并存，天津在城市管理上出现了"三多"现象（多变不定、多元管理和多足鼎立之势），"从而使城市规划、建设缺乏总体的完整性和系统性，形成了天津城市局部合理、整体散乱的特殊格局，严重影响了天津市整体、合理的发展"①。

天津解放后，天津的城市规划也进入了一个新时期。由于天津的分区规划始于 1959 年，因此下文仅对总体规划进行探讨。

（一）天津城市总体规划进程

解放后，天津的城市规划工作以 1949 年 12 月 30 日天津市人民政府建设委员会成立为重要标志。1950 年 9 月，市建委开始编制市区工业区、东南郊区工业区和市区道路系统规划；12 月，充实规划机构，由工程师负责提出天津市城市规划设想，拟定旧区改造规划设想、城市道路系统规划，住宅与大型公共建筑布局、园林绿化规划等。1951 年 5 月，市建委试编天津塘沽都市计划草图、市区东南郊新区发展建设规划及城市道路系统单项规划初步方案；6 月，市建委工程师高治枢提出 4 个工业区规划，即海河两岸（东南郊）为机械、造纸、染整工业区，铁东新开河两岸为预备工业区，新开河北、北运河与京山铁路之间（白庙一带）为危害小的化工及食品、建材工业区，海河右岸（陈塘庄一带）为易燃易爆和不卫生工业区；8 月，市建委提出市中心规划在海河湾（一宫）地段的规划思想。

1952 年 3 月 16 日，市建委制定了《扩大建成区建设计划草案》和工业区详细规划。1953 年 1 月，市城建委（1952 年 10 月 10 日更名）编制《天津市城市建设初步规划方案》；5 月，市城建委向国家建设部汇

① 天津市档案馆编：《近代以来天津城市化进程实录》，天津人民出版社，2002 年，第 6 页。

报《天津市规划总图方案》(即新中国成立后天津市城市总体规划第一稿);6月,市城建委边鸿谋工程师主持规划了天津第一个楼房居住区——尖山居住小区;9月,市城建委提出《天津市城市建设改建计划说明书》及图纸。1954年1月,市城建委组织修订天津市规划总图,明确天津市布局和以海河湾为市中心位置,并写出《天津市规划总图(草案)说明》;5月,由市城建委完成《天津市城市规划要点》《天津市规划说明》和相应图纸。1955年12月,市建设局(1955年1月29日天津城市建设委员会撤销,规划及建筑管理业务并入市政工程局,后改名建设局)修订完成天津城市规划(初步规划新一稿)。1956年7月,国家建工部规划局局长高峰会同苏联专家来天津听取天津市规划汇报,帮助修订总体规划;同月,市建设局规划处和设计处合并为规划设计处,负责编制规划和规划管理业务及基建用地的征用等。①

总体而言,1949—1956年,天津城市在总体规划上仍处于第一阶段,即准备与编制初步规划阶段。②其间,比较重要的总体性规划方案有1951年编制的《天津市道路系统规划大纲》,

1952年《天津市道路系统计划图》③

① 参见天津市地方志编修委员会办公室、天津市规划局编:《天津通志·规划志》,天津科学技术出版社,2009年,第16—19页。

② 参见天津市地方志编修委员会编著:《天津通志·城乡建设志》(上册),天津社会科学院出版社,1996年,第59页。

③ 参见天津市地方志编修委员会办公室、天津市规划局编著:《天津通志·规划志》,天津科学技术出版社,2009年,第88页。

1952 年绘制的《天津市道路系统计划图》和编制的《扩大建成区建设计划草案》，1953 年 1 月提出的《天津市城市建设初步规划方案》①和 1954 年编制的《天津城市规划要点》等。其中，《天津市道路系统计划图》为规划管理工作提供了初步依据。

（二）《扩大建成区建设计划草案》的主要内容

《扩大建成区建设计划草案》的内容主要包括扩大建成区的原因及目的，扩大建成区建设计划范围、面积及地形现况，扩大建成区建设计划原则和扩大建成区建设计划内容等几个方面。由于天津的城市建设存在诸多缺点，如人口过度集中于小块建成区内，形成拥挤不堪的现象；市内各区没有按照土地使用性质适当分配，故工厂、仓库、住宅、商店混合在一起，以致住宅附近或有工厂，学校附近或为仓库，凌乱杂处；租界各自为政，行政系统不统一，造成建设上的混乱；市区人口在 13 年中（1937—1949）增加近一倍，住房缺乏成了普遍现象，加之"本市建成区内，由于人口及建筑密度很大，已没有空地可资建筑工厂、工人住宅之用，而四周郊区又因地势低洼，有 37% ~ 57% 不能用作建筑地基，所能用作建筑地基的地方，如中山门、王串场、西南楼、唐家口、丁字沽等地"，因此"扩大建成区的方向，根据天津市的地理形势，只能向东南、东北、西北三方面求得发展。扩大建成区的第一个计划就是向东南郊方向发展，这是整个都市建设计划中的一部分"②。扩大建成区建设计划的范围位于天津市的东南郊，包括东、西两部，总面积 65,755 市亩。其中，东部在五区中山门外以东，京山铁路与海河之间，东西长约 10 千米，南北宽约 3 千米，"区内大部分为农田，间有河沟、水坑，近海河有村庄数起，地面标高一般在大沽水平 3 米左右。西部比东部较

---

① 关于《天津市城市建设初步规划方案》的提出时间，《天津通志·城乡建设志》（上册）未给出明确说法，《天津通志·规划志》则明确记载为 1953 年 1 月。

② 《扩大建成区建设计划草案》，天津市档案馆编：《近代以来天津城市化进程实录》，天津人民出版社，2002 年，第 47—48 页。

高,南部比北部为低;西部位于六区废墙子河以南,海河右岸及卫津河左岸,南界大围堤,地面标高多在 3.2 米左右,水坑较多,东部沿海河与大沽路之间已设有工厂,西部为农田,间有荒地。东部水陆运输均极便利,以建立大型工厂为宜;西部离建成区较近,建立小型工厂比较恰当"①。在扩大建成区建设时采取的原则为分期逐步建设;尽量减少建设费用;计划标准开始从低,然后根据工业发展的实际情况随时调整计划,逐步提高工业区的工程标准,要充分发挥计划的机动性,以免造成翻工浪费现象;利用既有的有利条件,以节省建设费用等。

扩大建成区建设计划的内容包括填土、道路、下水道、自来水、电力、绿地带、防汛等。填土方面,东部计划填土 26.687 平方千米,估计需要填土 2800 万立方米,拟分期分段实施;西部计划填土 15.216 平方千米,估计需要填土约 1300 万立方米,拟取土后再吹泥填还。道路方面,东部拟修 3 条干线,东西干线除利用津塘公路外,计划自五区郑庄子新仓库路终点起,向东平行津塘公路,修筑 30 米宽道路 2 条;南北干线共 16 条,约每隔 600～700 米辟一线,宽 25～30 米,为连贯海河、津塘公路与铁路间之交通线;津塘公路拟加宽 15 米,开辟为 40 米的干道。鉴于东部有部分河沟及水坑,拟建桥涵工程 668 米。西部拟建南北干线 6 条,东西干线 5 条,另拟建 340 米桥涵工程。

在下水道系统方面,以海河为界,分成河东、河西两区。东区为配合道路计划及建筑单元,下水道设计约 3000 米长,700 米左右宽为一排水区,共计 14 个排水区域;西区以南楼工人新村中央部分为分水线,向北流入废墙子河,西部汇集于卫津河,南面至大围堤经过自动闸门入于堤外河沟仍进海河。在自来水方面,在芥园水厂增设每日净水 2000 万加仑的设备一组,并将 48 英寸水管延长过南运河到达芥园,使

---

① 《扩大建成区建设计划草案》,天津市档案馆编:《近代以来天津城市化进程实录》,天津人民出版社,2002 年,第 48 页。

每日送水量可达 3400 万加仑；在西河水厂加建厂方添置 250 匹马力电泵，每日增加送水量 1400 万加仑；新添 300 匹马力水泵，并利用芥园现有 500 匹马力电动机与柴油水泵相连接，如此可增加每日送水量 900 万加仑；同时东部自一区海河边马家口装设 500 毫米（20 英寸）干管道，过海河流经铁路局东货场，沿八纬路津塘公路直达该区，然后再以支管接通至各用水区域，西部自芥园水厂 1100 毫米（44 英寸）至 800 毫米（32 英寸）干管一条，经西康路吴家窑大街沿西区之 40 米东西大干路而到达陈塘庄海河边，再从此大干管按照需要分别敷设各种不同口径之支管，接通各用水地区，同时再从陈塘庄设一过河干管到达东区与 20 英寸干管相接。在电力方面，东部重新设置容量 12,000 千瓦变电站一处；增置变压器，加设新路线、更换线路及其他电器设备等，并按照需要分期完成等。西部"目前不拟再增加设备。"

在绿化地带方面，东部沿津塘公路北面划出 60 米为绿化地带，以

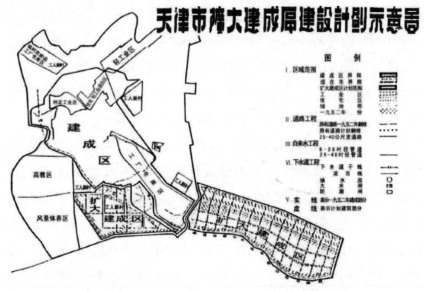

1952 年天津市扩大建成区建设计划示意图①

① 参见天津市地方志编修委员会办公室、天津市规划局编著：《天津通志·规划志》，天津科学技术出版社，2009 年，第 88 页。

隔离工业区与住宅区;除沿铁路保留 31 米为铁路用地并修筑 30 米宽道路一条外,再划出约 40 米为绿化地带,以保持住宅区之宁静清洁;沿海河的沿河马路设 15 米绿化地带,以增加沿河风景;住宅区每个邻里单位均保留一定的地方(15%左右)作为公共广场、运动场、儿童游戏场等用地。西部工业区与住宅区之间设绿化地带一条,宽 100 米,为两区隔离地。住宅区邻里单位内绿化地带与东部相同。在防汛方面,沿海建筑防汛堤坝,"自吴家嘴海河边开始东至区界,然后折向北行到铁路止,堤顶宽 3 米,标高平均以大沽水平 6 米为度"①。

(三)《天津市城市建设初步规划方案》的内容

《天津市城市建设初步规划方案》是中华人民共和国成立后天津市编制的第一个城市初步规划方案。该方案主要内容有:规划期限为

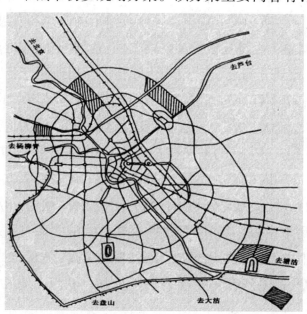

1953 年天津市城市建设初步规划总图②

①《扩大建成区建设计划草案》,天津市档案馆编:《近代以来天津城市化进程实录》,天津人民出版社,2002 年,第 49—52 页。

② 天津市地方志编修委员会编著:《天津通志·城乡建设志》(上册),天津社会科学院出版社,1996 年,第 59 页。

20 年；规划城市规模为人口 250 万人；用地 186.5 平方千米；市中心选在海河左岸一宫周围，同时在每 20 万人左右设置一个地区中心（全市共设置 10 个地区中心）；工业布局选择工业比较集中、建设和环境条件比较适宜的地区，市区共规划东南郊、新开河、白庙和南郊 4 个工业区；道路规划为 3 环 18 射，以解决由于租界分割形成道路不成系统的问题。[①]

1954 年 6 月，国家召开了第一次城市建设会议，天津根据会议精神，在初步规划方案的基础上，按照"全面规划，分期建设，由内向外，填空补实"的原则，编制出《天津城市规划要点》和规划文件，确定城市规模为人口 300 万人，用地 230 平方千米，道路规划仍采取环形与放射结合的 3 环 18 射。[②]

《天津城市规划要点》首先提出了天津城市规划的八大要点：一是天津市的城市性质和发展规模，强调天津市的改建和发展的规模、步骤，必须根据整个经济建设发展的需要，有计划、有重点地进行。二是城市中的区域划分问题，指出必须慎重地、仔细地研究各个区域的具体情况，制定切实可行的办法，逐步达到合理分布城市中的工业、住宅及各项公共设施的目的。三是对外交通运输问题，认为适当地改善对外交通运输系统对生产的发展和人民生活环境的改善有重要作用。四是关于市中心和区中心的问题，强调市中心的建设要吸取苏联改建城市的先进的科学经验，充分利用自然的优美条件，使用一切办法，使市中心（特别是市中心广场）的布置形成整个城市中最美丽最具有吸引力的地方；市中心的规划思想，必须是经济、紧凑、美观，对于现有的较好的建筑物及各项公用设备，要尽可能地加以利用。地区中心可以根

---

① 参见天津市地方志编修委员会编著：《天津通志·城乡建设志》（上册），天津社会科学院出版社，1996 年，第 59 页。参见天津市地方志编修委员会办公室、天津市规划局编著：《天津通志·规划志》，天津科学技术出版社，2009 年，第 88—89 页。
② 参见天津市地方志编修委员会编著：《天津通志·城乡建设志》（上册），天津社会科学院出版社，1996 年，第 59—60 页。

据城市发展的远景做适当的布置,并保留其位置,逐步进行建设。市中心与区中心是整个城市的核心,一定要取得密切的配合,保证整个城市成为一个统一和谐的整体。五是关于市内道路系统问题,认为根据天津市现有道路系统并考虑到将来发展的需要,可以采取环形与放射相结合的形式进行布置,以市中心为核心,联系各地区中心,市外公路,沟通市区的交通联系,同时也要注意到能使市内交通系统配合城市的艺术布局。六是关于河湖系统问题,指出在进行天津的城市规划时,必须科学地考虑天津市的自然问题及水源不足对航运、生产和市民生活的影响。七是关于建筑层数和建筑艺术问题,强调城市中的建筑物一定要争取达到有很好的艺术形式,采取古典的、现代的,在建筑艺术上的优良传统及苏联在建筑上的新成就来建设我们的人民城市,使之能够反映我们在经济上、政治上、文化上的卓越成就。八是关于天津在国防上的地位问题,指出对天津市的城市规划,必须要考虑到国防问题,对于交通系统的布置,要考虑到军事上的用途,沿海一带要保留出一部分土地作为军事用地。[①]

根据以上规划要点,拟定了规划草案:在市区发展规模方面,规划300万人口的城市用地,估计市区总面积将发展为345,000市亩(23,000公顷)左右,范围东至张贵庄,西至韩柳墅,北至北仓,南至南大围堤以外约1.5千米。其中工业用地45,000市亩(3000公顷[②]),占总面积的13%;住宅区(包括高等学校用地)为236,250市亩(15,750公顷),占总面积的68.5%;仓库区用地为24,300市亩(1620公顷),占总面积的7%;军用地9600市亩(640公顷),占总面积的2.8%;铁路用地19,650市亩(1310公顷),占总面积的5.7%;主要河流占地10,200市亩(680公顷),占总面积的3%。在区域划分方面,工业区估计用地约

---

① 参见《天津城市规划要点》(1954年12月13日),天津市档案馆编:《近代以来天津城市化进程实录》,天津人民出版社,2002年,第53—55页。

② 原文作3000市亩,似误。

需 45,000 市亩(3000 公顷)。其中市区北部白庙村一带发展为机器工业和电机机械等大型工厂工业区,面积约 15,000 市亩(1000 公顷);市区东南郊陈塘庄、郑庄子一带发展为中小型工业区,面积约 15,500 市亩(1020 公顷);北站以东国营印染厂、纺织机械厂、第四发电厂所在地区按照现状划为工业区适当保留,发展用地面积约 750 市亩(5 公顷),将来不再扩大。另以宜兴埠村附近沿计划铁路迂回线以内一带,保留作为将来发展用地,面积约 8700 市亩(580 公顷)。零星分散在建成区内的中小工厂,凡与环境卫生、居民安全无严重影响和与居民生活有关的服务性工厂,仍保留在建成区内,估计占地面积约 5000 市亩(350 公顷)。

住宅区规划采用街坊布置的原则,面积一般在 7 ~ 15 公顷,全市住宅区用地面积(包括现有住宅区及高等学校用地)以每人 52.5 平方米为指标,300 万人则需用 236,250 市亩(15,750 公顷),其中住宅街坊用地占总面积的 50%,公用设施用地占 12%,公用绿化用地占 16%,街道广场用地占 22%。仓库区划定 24,300 市亩(1620 公顷),其中西站以西津浦铁路与子牙河间 13 个单位仓库所在地区向西扩充,面积约 13,800 市亩(920 公顷),将东南郊贾家沽道以东、京山铁路以南地带发展为仓库区,与计划中的张贵庄以西全市主要铁路货场衔接,面积约 10,500 市亩(700 公顷)。军用地区保留市区东郊东局子附近一带 9600 市亩(740 公顷)。

在市中心和区中心方面,一是将全市中心地区海河湾处作为市级主要领导机关所在地,使之成为全市政治、经济、文化领导的行政区,并布置各种公共建筑和中央广场作为全市劳动人民社会活动的核心;将胜利桥以东,解放桥以西,海河湾北岸到进步道之间约 13 公顷地方作为市中心人民广场;周围修建市府大厦、市委大楼、市总工会大楼等高大楼房;全市布局的主轴线穿过市府大厦顶,与西北、东南流向的海河大体上成正交,全市布局均以市府大厦为核心。二是预留 15 个区中心建设用地,其中第一区中心位于解放路市人民政府现址附近,第二区中心位于贵州路迪化道间墙子河沿岸,即主轴线跨越墙子河地区,第三区中心位于旧城区鼓楼旧址,第四区中心位于新开河南岸旧曹家花园附近,第五区中心位于王串场工人新村,第六区中心位于市南部南楼村附近,第七区中心位于市南部旧马场道附近,第八区中心位于市西部湾兜地区,第九区中心位于市西部丁字沽村附近,第十区中心位于市西北部北运河与计划京津运河间西横堤以北地区,第十一区中心位于市东北部宜兴埠村附近,第十二区中心位于市东北部金钟河以南地区,第十三区中心位于市东部东局子附近,第十四区中心位于市东南部第二工人文化宫附近,第十五区中心位于市东南部灰堆村以东。

　　在交通运输系统方面,逐步使铁路客货运分开,规划新的货运站场;西站西和东南郊贾家沽道以东两处铁路货运站场所在地开辟为仓

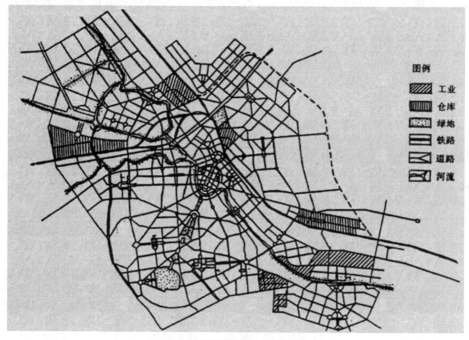

图例

工业

仓库

绿地

铁路

道路

河流

1954 年天津城市规划示意图

库区,两处沿河地带则为码头仓库用地,使陆运与河运和海运取得联系。东站东西货场迁出后可以疏散东站附近一带的交通,而两处新的货场与全市工业用地间的交通,将来可以循第三环道取得联系等。在道路广场系统方面,全市道路(不包括街坊内部支路)共长640余千米,其中环路以市中心为核心,围绕市中心区,共三环,长约60千米;放射路共有新京津公路、津同公路、西站西马路等10条,共长约96千米;通向全市各区和公共建筑场所的南马路、解放路、中山路等干道,总长48千米;分布在各区域的主要街道,宽20~35米;滨河路林荫道;计划开辟市中心广场等广场。在绿化系统方面,规划文化休息公园(全市性的)及郊区公园共两处;大型公园16处,市中心和每区各1处;小型公园约200余个;滨河公园及林荫道、防护林带等。①

1955年,由于美国对我国实行经济封锁,中央确定沿海城市不作新的发展,主要是合理利用,支援内地建设,天津据此修订了城市规划,将城市人口规模由300万人压缩为200万人,对用地规模进行了相应的调整。1956年,又根据中共八大提出的"充分利用沿海工业城市"的方针,再次对城市规划进行修改,后于1957年3月编制出《天津城市初步规划方案》②。

综观1949—1956年间天津编制的主要城市总体规划可以看到,这些方案一方面借鉴了苏联经验,另一方面又受到了国际、国内环境的影响,"虽然还很不完善,存在一些不切合实际的问题,但它对于指导当时的各项建设起了重要作用"③。

在进行城市总体规划过程中,城市定位是一个十分重要的问题。上

---

① 参见《天津城市规划要点》(1954年12月13日),天津市档案馆编:《近代以来天津城市化进程实录》,天津人民出版社,2002年,第55—61页。

② 天津市地方志编修委员会编著:《天津通志·城乡建设志》(上册),天津社会科学院出版社,1996年,第60页。

③ 同上,第59页。

述主要规划方案亦对此有所反映。例如 1953 年 1 月的《天津市城市建设初步规划方案》提出该方案"旨在把旧天津市由于租界分割造成城市布局混乱,各种设施不成系统的状况,逐步改造成比较合理、有利于生产、方便生活的社会主义城市"[①]。1954 年的《天津城市规划要点》则明确天津的城市性质"是一个具有相当规模的工业城市"[②]。

二、基础设施的建设与完善

所谓城市基础设施,可以分为包括城市水资源开发利用设施、自来水的生产和供应设施、雨水排放设施、污水排放和处理设施等在内的水资源及供水、排水系统;包括电力生产和输变电设施,人工煤气和燃气供应设施,集中供热生产和供应设施等在内的能源动力系统;包括道路桥梁设施、城市公共交通设施、城市对外交通港站设施等在内的交通运输系统;包括邮政设施、电信设施等邮电通信系统;包括环境卫生设施、环境保护设施、园林绿化设施等在内的生态环境系统;包括防洪设施、防火(消防)设施、防震设施、防地面沉降设施、战备(人防)设施等城市防灾系统等。[③]据此并结合天津实际,下文将着重考察道路桥梁和供排水系统。

(一)道路与桥梁

道路是重要的城市基础设施。天津市区在解放前夕(1948 年底)共有道路 411 条,长 275 千米,占地面积 245 万平方米,[④]但没有贯通东

---

① 参见天津市地方志编修委员会编著:《天津通志·城乡建设志》(上册),天津社会科学院出版社,1996 年,第 59 页。参见天津市地方志编修委员会办公室、天津市规划局编著:《天津通志·规划志》,天津科学技术出版社,2009 年,第 88 页。

② 《天津城市规划要点》(1954 年 12 月 13 日),天津市档案馆编:《近代以来天津城市化进程实录》,天津人民出版社,2002 年,第 53 页。

③ 参见华奎元编著:《城市基础设施管理概论》,中国建筑工业出版社,1989 年,第 5—6 页。

④ 参见天津市地方志编修委员会编著:《天津通志·城乡建设志》(上册),天津社会科学院出版社,1996 年,第 264 页。另据档案资料记载,411 条道路共长约 296 千米,面积约 295 万平方米。参见《天津市的道路建设》(1950 年),天津市档案馆编:《近代以来天津城市化进程实录》,天津人民出版社,2002 年,第 399 页。

西或南北的道路干线，在整体上也不成系统。如解放路、大沽路由英、法、德三国租界各修一段，联通后弯曲不直；法租界的吉林路、河南路、山东路只修到营口道，无路与道南的英租界相接。这些道路大多数比较窄，如交通繁忙的大沽北路宽仅 9 米，解放路宽 9～12.8 米，最繁华的商业街——和平路也仅宽 13.5 米。与此同时，高级路面如成都道、常德道、睦南道、大理道、马场道等沥青混凝土路面均位于租界内。广大劳动人民居住地区的道路则多为土路或低等级路面，而且许多道路年久失修，坑洼不平。①于是"晴天三尺土，下雨满街泥"，"行路难"就成为当时天津城市道路的一个真实写照。

天津解放后，市人民政府十分重视城市道路的建设，一方面改造旧路，另一方面有计划地修建新路。从天津解放到 1950 年底的 20 多个月时间里，共修筑柏油路 43,267.30 平方米，灌油路 78,402 平方米，碴石路 64,869 平方米，炒油路 19,554.85 平方米，水泥混凝土路 27,111 平方米，土路及炉灰路 96,951 平方米②。此后新建道路工程继续推进，"全市新建道路工程，历年之增长比率，以 1949 年为基期 100%，则 1950 年为 109%，1951 年为 108%，1952 年为 137%"。到 1953 年 12 月，天津全市共有道路 542 条（以一个路各为一条计算）。其中车道共长 365,792 米，占地面积3,315,706 平方米。在长度方面，高级路面长 139,627 米，占总长度的 38.2%；中级路面长 56,527 米，约占 15.5%；低级路面长 84,562 米，约占23.1%；土路长 85,073 米，约占 23.3%；在道路等级方面，高级路面 1,157,799 平方米，约占总面积的 34.9%；中级路面 526,900 平方米，约占 15.9%；低级路面 920,168 平方米，约占 27.8%；土路 710,838 平方米，约占21.4%。此外全市尚有人行道及胡同里巷的道

① 参见天津市地方志编修委员会编著：《天津通志·城乡建设志》（上册），天津社会科学院出版社，1996 年，第 264—265 页。

② 参见《天津市的道路建设》（1950 年），天津市档案馆编：《近代以来天津城市化进程实录》，天津人民出版社，2002 年，第 399 页。

路 1,046,051 平方米,面积为 6,811,547 平方米。[①]

在 1953—1957 年第一个五年计划时期,天津市区新增道路面积为 140.59 万平方米,相当于 1949 年以前市区道路总面积的 57%。新区建设方面,1953 年在中山门、唐家口、王串场、丁字沽、吴家窑、佟楼、西南楼等 7 个工人新村修建配套道路 35 万平方米,1953 年以后又为新辟的南围堤河工业区、白庙工业区、西站西和唐家口仓储区及柳林疗养区修建一批配套道路。旧区道路改造方面,打通黄纬路,使京津公路越过京津桥后不再绕道元纬路;加宽大伙巷(大丰路),修建西站前街和西马路,连接了市中心与津浦铁路天津西站之间的交通;修建金钟河大街、水梯子大街与狮子林大街,开辟了一条东西向的交通干线。[②]

以上所及,大体能够体现出 1949—1956 年间天津市内道路建设的整体发展态势。与此同时,在市内各区[③]中,现和平区境内 1952 年建吴家窑工人新村时修成吴家窑三号路;1954 年将荣业大街改建沥青路面;1955 年将福安大街修筑为沥青路面;1956 年将荣安大街改铺为沥青混凝土路面,宽 6 米。

现河东区境内 1949 年建成大直沽西街(义和街至刘台大街),长 331 米,宽 3.5 米,面积为 1257 平方米;1950 年建成河坝路(大直沽三号路至大直沽五号路),长 362 米,宽 6 米,面积为 2140 平方米;1951 年建成富民路(光华路至津塘路),长 3707 米,宽 7 ~ 12 米,面积为

---

① 参见《天津市交通运输概况》(1953 年 12 月),天津市档案馆编:《近代以来天津城市化进程实录》,天津人民出版社,2002 年,第 410 页。

② 参见天津市地方志编修委员会编著:《天津通志·城乡建设志》(上册),天津社会科学院出版社,1996 年,第 265 页。

③ 据《天津简志》记载,天津市内 1956 年时,分为 8 个行政区:第一区为和平区,第二区为城厢区,第三区为河北区,第四区为河东区,第五区为新华区,第六区为河西区,第七区为南开区,第八区为红桥区。1958 年,将市内 8 个区和 4 个郊区裁并调整为 6 个行政区,即中心区(后改为和平区)、河北区、河东区、河西区、南开区、红桥区。此后虽然各区范围有一定变动,但主体部分未再发生变化,故本书为引用资料方便起见,分别使用现和平区、现河北区、现河东区、现河西区、现南开区、现红桥区等表述。

42,931平方米，同年建成娄庄子大街（富民路至大前街），长321米，宽6米，面积为1654平方米；1952年建成光华路等道路34条（详见下表）；1953年建成王串场六号路（真理道至真理道小学），长217米，宽7米，面积1505平方米；1955年建成大桥道（八纬北路至煤建一厂），长1351米，宽8~10米，面积为14,093平方米；1956年建成井冈山道（王串场一号路至红星路），长647米，宽9~10米，面积为6346平方米，同年建成电传路（津塘路至建新东里），长420米，宽5.5米，面积为2310平方米。

现河北区境内1951—1952年翻修了小王庄大街、元纬路、昆纬路、民主道等道路，改造为高级路面；1953年以后又翻修了王串场工人新村和白庙工业区的配套道路；1954年将黄纬路二五四医院使用的五马路至八马路一段打通，使京津公路过京津桥后不再绕行元纬路，将医院路改建为沥青砼路面，同年修建金钟河大街和水梯子大街、狮子林大街，形成区内第一条东西向干线。

现河西区境内1948年底共有市政道路34条，全长40.3千米，总面积为35.87万平方米。解放后即着手改造旧有道路，到1953年时将吴家窑大街等7条土路翻修为碴石路，卫津路改建为水泥混凝土路面。1953—1957年间，为配合陈塘庄工业区、西南楼工人新村、尖山居住区和柳林疗养区的兴建，新建围堤道、珠江道、太湖路、洞庭路、洪泽路、尖山路、黄山路、柳林路、气象台路等一批配套道路。

现南开区境内1949—1952年将鼓楼南北大街、南门外大街、卫津路改建为水泥混凝土路面，总长为6.52千米；1951年修建了土渣路面的南开二纬路，面积为1400平方米；1953年在南开三纬路铺筑了一条标准炉灰路。①

---

① 参见各区区志。

1952 年现河东区境内建成道路状况表

道路名称	长度（米）	宽度（米）	面积（平方米）	起止地点
富民路	3707	7～12	42,931	光华路—津塘路
中心东道	264	9	2528	团结道—友爱道
中心西道	264	9	2297	中心南道—中心北道
中心南道	354	9	3377	中心西道—中心东道
中心北道	355	9	3320	和睦道—团结道、中心东道交口
友爱道	111	6	757	中心东道—友爱南道
友爱东道	588	6	3517	友爱道—虎丘路
仓库区东大道	593	6	3558	仓库区大道—自行车改制厂
怡安后街	286	3.5～5	1444	刘台大街—西观台大街
唐家口一号路	246	7～9	2521	张贵庄路—唐家口花园街
唐家口二号路	463	6～9	3689	张贵庄路—程林庄路
变电所路	970	9	9287	津塘路—钢厂路
詹庄子砖瓦厂路	967	6	6276	津塘路—京山铁路
唐家口花园街	122	4	684	唐家口一号路—唐家口二号路
万东小马路	1823	12	22875	程林庄路—卫国道
中山门一号路	420	11	5659	津塘路—中山门公园
中山门二号路	699	6～7	5108	东兴路—中心西道
中山门三号路	309	6	1955	皮鞋厂—中山门公园
中山门四号路	685	4.5～6	3664	中心东道—虎丘路
龙潭路	879	7	7123	津塘路—煤建一厂
广宁路	998	9	8824	津塘路—京山铁路
友爱南道	274	6	1660	津塘路—友爱道
团结道	110	6	904	中心东道、中心北道交口—团结北道、团结东道交口
团结东道	270	9	1743	团结道—广宁路
团结北道	211	6	1383	团结东道—钢厂铁路线
和睦道	110	6	733	和睦北道、和睦西道交口—中心北道、中心西道交口
和睦西道	271	6	1640	和睦道—龙潭路
和睦北道	327	4～6	1772	和睦道—京山铁道

道路名称	长度 (米)	宽度 (米)	面积 (平方米)	起止地点
互助道	110	6	809	中心西道—互助南道
互助西道	271	6	1789	互助道—龙潭路
互助南道	275	6	1790	津塘路—互助道
劳动道	444	9	4101	唐家口一号路—红星路
仓库区大道	1373	8	8929	东兴立交桥—月牙河
津塘村道	421	6 ~ 7.3	2607	津塘路—直沽街

　　由于天津地处九河下梢,因此桥梁也成为重要的城市基础设施。到 1948 年底,天津市区共有过河桥梁 72 座,其中钢桥 6 座,钢筋混凝土桥梁 19 座,木桥 46 座,砖桥 1 座。天津解放后,城市桥梁建设也翻开了新的一页。到 1950 年,全市桥梁增至 83 座[1],其中跨海河的 4 座,跨新开河的 2 座,跨墙子河的 33 座,跨南运河的 3 座,跨北运河的 1 座,跨子牙河的 1 座,跨金钟河的 8 座,跨其他支流的 31 座。[2]这种情况一直持续到 1952 年底。1953—1956 年间,又新建和改建了 20 多座桥梁。而在市内各区中,现河北区境内在 1948 年底有跨河桥梁 7 座,其中钢桥 3 座,木桥 4 座,另有铁路钢桥 3 座。天津解放后,于 1949—1952 年改建了旱桥(今京津桥)、北洋桥、胜利桥(今北安桥),使得过河交通得到改善。1954 年建狮子林桥,成为天津解放后新建的第一座桥。现河西区境内 1948 年底共有桥梁 23 座,其中有 13 座建于废墙子河上,5 座建在墙子河上,2 座建在南围堤河上,3 座建在卫津河上。解放后至 1956 年建设的桥梁有:1952 年始建的西楼一号桥,长 5.20 米,宽 8.35 米;1953 年始建的吴家窑一号桥,跨越废墙子河,长 10.42 米,宽

---

　　[1] 参见《近代以来天津城市化进程实录》和《天津通志·城乡建设志》(上册)的记载存在矛盾,综合判断,1952 年底时全市桥梁应为 83 座。

　　[2] 参见《天津市的道路建设》(1950 年),天津市档案馆编:《近代以来天津城市化进程实录》,天津人民出版社,2002 年,第 399 页。

3.3 米;吴家窑二号桥跨越废墙子河,长 11.30 米,宽 3.08 米;造纸厂桥,跨越废墙子河,长 11.40 米,宽 3.4 米;西楼前街桥跨越废墙子河,长 10.40 米,宽 3.4 米。

(二)供水与排水系统

供水与排水系统是城市基础设施建设中不可或缺的组成部分。在供水系统方面,天津在清末由英商筹资兴建了天津自来水厂。到 1935 年时形成了天津自来水厂、天津济安自来水股份有限公司、日租界居留民团水道课和特一区自来水厂等四大供水系统。1945 年日本投降后,全市供水归并成民营天津济安自来水股份有限公司和官营的天津市自来水厂两个系统,一直维持到天津解放。[1]

新中国成立后,天津市人民政府首先统一了水政。1950 年 3 月,将天津市自来水厂和济安自来水公司合并组建为天津市自来水公司,开始对水厂和其他供水设施进行改造和扩建,同时陆续建设新的供水设施。1950—1953 年,天津自来水厂进行了第一期扩建工程,全面扩建了水源、净水和管道工程,提高了进水、净水和送水能力,基本建成了市区主干管系统,解决了市区许多地区没有自来水的问题。自 1956 年起,又开始进行第二期扩建工程,使水厂的进水能力又扩大一倍,净水、送水能力也有了相应的增长。[2]

1950—1956 年天津城市供水基本建设投资情况表

年度	投资额(万元)	年度	投资额(万元)	年度	投资额(万元)
1950	15.68	1951	258.22	1952	319.39
1953	272.99	1954	259.62	1955	101.07
1956	50.20				

资料来源:天津市地方志编修委员会编:《天津通志·城乡建设志》(上册),天津社会科学院出版社,1996 年,第 404 页

---

[1] 参见天津市地方志编修委员会编著:《天津通志·城乡建设志》(上册),天津社会科学院出版社,1996 年,第 400 页。

[2] 参见《天津市政建设的发展》(1965 年 12 月 8 日),天津市档案馆编:《近代以来天津城市化进程实录》,天津人民出版社,2002 年,第 34 页。

1949—1956 年间，天津城市供水系统建设取得的成就，集中体现在芥园水厂改造扩建和管网建设等方面。芥园水厂建成于 1903 年，日产水能力 273 立方米。此后经过不断改建，到 1949 年时日产水能力达到 5.83 万立方米。1950 年，芥园水厂开始进行第一次改造和扩建，总投资 1125.9 万元，是当时天津最大的市政建设项目，也是全国解放后第一座城市净水设施建设。其改造和扩建工程包括以下三个方面：一是扩大西河进水能力。新建西河电泵房；增高西河预沉池，使容积由原来的 19.5 万立方米扩大到 36 万立方米；铺设西河芥园水厂直径为 1220 毫米的钢筋混凝土管道 1630 平方米；拆除原有直径分别为 600 毫米和 500 毫米的两条钢筋混凝土管道；等等。二是新建净水设备。兴建容积为 12,330 立方米的平流混凝沉淀池一座；快滤池 6 个，共计 775 平方米，净水规模增加到每日 9 万立方米。三是扩大送水能力。改建 2 座清水库，容积 1.27 万立方米，安装流量为 2016 立方米 / 小时的水泵 3 台，铺设直径 1000 毫米的铸铁出厂干管 2800 米。此次改建、扩建工程于 1954 年 3 月完成，日产水能力达到 12.73 万立方米。[①]

管网包括输水管网和配水管网。其中输水管网始设于 1898 年，1921 年济安自来水股份有限公司敷设了西河至芥园水厂的两条钢筋混凝土输水管道，直径分别为 558.8 毫米和 610 毫米。1950 年，芥园水厂进行第一次扩建时，敷设了一条自西河预沉池到芥园水厂的现场预制立浇的钢筋混凝土输水管道，直径为 1220 毫米，长 1630 米。1956 年，敷设西河预沉池至芥园水厂的第二条钢筋混凝土输水管道，直径为 1450 毫米，长 1813 米。配水管网在解放时总长度为 245 千米。1950 年，天津市自来水公司将原天津自来水厂和芥园水厂的配水管网连接，实现了管网的统一。1951—1952 年，配合芥园水厂改造，敷设直径 1000 毫米的铸铁出厂干管 2800 米，敷设直径 600 毫米配水管道 7100 米，并在马家

---

① 参见天津市地方志编修委员会编著：《天津通志·城乡建设志》（上册），天津社会科学院出版社，1996 年，第 412 页。

渡口敷设了天津供水系统的第一条过河管道,将自来水引向河东地区。

　　排水系统方面,在天津筑城之初,城内的雨水和污水靠自然坡降或由土明沟流至洼地、坑塘,最后汇集于大坑。此后开始利用护城河解决城内排水出路。清乾隆至道光年间,天津城的西北角和东北角附近又相继修建两座水门,使四个大水坑都与护城河连为一体,城区排水出路为通过城外河渠泄入海河。光绪八年(1882)以后,经过一番整治,路面排水系统有所改进。1860 年天津开埠后,英、法等八国开始在租界内采用近代技术修建排水设施,截至 1937 年,共修建下水道约 152 千米,排水泵站 6 座,其中大部分下水道为雨水和污水合流制,均以就近河道为排水出路。与此同时,在租界以外地区,清政府在 1900 年以后开始将一些排水明沟逐步改建为砖砌暗沟。1905 年,由葫芦罐、小药王庙、刘家大楼二条和五条胡同等 4 条主要出水干沟构成了以鼓楼为中心的排水系统。到 1948 年底,天津市区共有下水道 236.67 千米,排水泵站 13 座,装机 29 台,合计总功率 1307 马力,总排水能力 12.471 立方米 / 秒。[①]

　　天津解放后,市人民政府对城市环境给予高度关注。1950—1954年,天津下水道建设的重点是治理赤龙河、南开蓄水池、金钟河与墙子河等"四大害"。其中,赤龙河位于现南开区北部,东临南门外大街,原先与护城河相连,南通墙子河、卫津河,具有运输和排水功能。1901 年以后逐渐淤短,到解放前只剩下南开一纬路以南一段,长约 1000 米。由于赤龙河两岸达 440 公顷内的雨水和污水均排入此河,加之居民向河内倾倒垃圾,致使河床逐渐淤高。随着污泥和垃圾腐化,赤龙河变成了又脏又臭的水沟,环境卫生十分恶劣。解放后,人民政府开始对赤龙河进行治理。1950 年, 在南门外大街修建了一条马蹄形的钢筋混凝土排水干管,长1652 米,最大口径为 1.55 米,宽 2.8 米。这条排水干管建成后又将赤龙

[①] 参见天津市地方志编修委员会编著:《天津通志·城乡建设志》(上册),天津社会科学院出版社,1996 年,第 349 页。

河填平，重建赤龙河泵站，从而结束了当地居民与臭河为邻的日子。

南开蓄水池在南开区西广开附近，是一个占地面积 130 余亩的大臭坑。"城厢和旧城外西南部广大地区的雨水和污水都汇流到这里，年长日久，坑水又黑又臭，蚊蝇大量孳生，严重影响环境卫生和附近居民的健康，每到雨季，坑水漫溢，一直灌到居民的屋里。人们出入得蹚水，房屋也常被积水泡塌。"①于是"蓄水池"就变成了"害人坑"。治理南开蓄水池的主要工作，是在南开五马路修建高 1.8 米、宽 2.4 米的马蹄形钢筋混凝土排水干管，长 1347 米，同时修建南开五马路泵站，将原排入蓄水池的雨水和污水由马蹄管排除。此项工程于 1952 年 5 月开工，年底竣工，然后填平蓄水池，"在蓄水池的原址上修建了一座美丽的公园——南开公园"。由此改善了南开蓄水池一带的环境卫生。②

金钟河开挖于 1874 年，自金钢桥南的海河起向北，然后向东流经小关大街、昆纬路，穿京山铁路，经王串场至北塘入海，原先是一条具有灌溉、通航和泄洪作用的河道。1893 年以后，由于新开河的开挖和海河三岔口的裁弯取直，金钟河两端受到潮水顶托，加上河身弯曲，水流不畅，逐渐淤塞，再加上两岸工厂和民居不断增多，大量工业废水和生活污水被排入河内，成为臭河，其污秽程度更甚于赤龙河和南开蓄水池。天津解放后，为彻底改善金钟河沿岸的环境卫生，于 1953 年开始兴建金钟河系统排水工程，下水道全长 7.66 千米：从海河口往东至昆纬路，沿金钟河埋设干管，称北干沟，最大管径 1.60 米，主要用于排除昆纬路、新大路北段、东河沿一带雨水和污水；在水梯子、狮子林大街修建马蹄形钢筋混凝土管道，称南干沟，最大管径为高、宽各 2 米，排除货场大街、新大路南段一带雨水和污水；自昆纬路至旧城防河，沿

---

①《天津市政建设的发展》(1965 年 12 月 8 日)，天津市档案馆编：《近代以来天津城市化进程实录》，天津人民出版社，2002 年，第 31 页。

② 参见天津市地方志编修委员会编：《天津通志·城乡建设志》(上册)，天津社会科学院出版社，1996 年，第 351—352 页。《天津市政建设的发展》(1965 年 12 月 8 日)，天津市档案馆编：《近代以来天津城市化进程实录》，天津人民出版社，2002 年，第 31 页。

金钟河敷设污水管,排除附近一带污水;修建新开路北段下水道至小树林泵站,排除新开路以东地区雨水和污水。1953 年 12 月 26 日工程竣工后,将金钟河自海河至京山铁路 21 号桥一段填平,修建成金钟河大街。①

　　墙子河北起南运河南岸的三元村,向南经湾兜、海光寺,再往东偏南至梁家园入海河, 长约 10 千米。该河原为清末所修壕墙的组成部分,后来城墙逐渐湮没,仅剩海河右岸由三元村至海河的一段壕沟,即墙子河。墙子河在开挖之初,兼有灌溉、航运和排泄雨水等作用。1860 年天津开埠后,英、法、日、德租界把大量污水排入墙子河。由于墙子河清水水源不足,加之受到海河潮水顶托,水流不畅,使河床淤高,腥臭污浊,蚊蝇孳生,成为两岸居民的最大祸害。解放后,天津市人民政府为改善墙子河两岸环境卫生,于 1950 年疏浚墙子河。1951 年调查沿河下水道情况。1953 年确定治理墙子河方案,即在墙子河沿岸修建截留、流管,将进入河中的污水截留排除,仍用墙子河承泄雨水;截流管在旱季承纳全部污水,雨季的雨水、污水合流,容纳不了的水可以通过自动闸门和溢流口流入墙子河。此项工程分两期进行,1953 年修建墙子河下游由南开五马路至海河段截流管长 6686 米,最大管径 1.50 米;1954 年继续修建从三元村至南开五马路段截流管 2807 米, 并在湖北路和浦口道修建两座中途提升泵站及溢流堰 11 处、自动闸门 10 处、倒虹吸 1 处。1954 年墙子河截流工程竣工后,继续将河底臭泥挖净,引南运河水冲刷,并由市政工程局与有关单位组成墙子河管理委员会,加强管理,防止污染,使墙子河水变清。②

---

　　① 参见天津市地方志编修委员会编著:《天津通志·城乡建设志》(上册),天津社会科学院出版社,1996 年,第 352—353 页。
　　② 同上,第 353 页。

三、工人新村的计划与建设

天津住房的缺乏,是历史上长期存在的问题。新中国成立后,随着财政经济情况的好转,1952 年在中山门、王串场、唐家口等地,按照适用、经济的原则,建了 7 个工人新村,共建房 5 万间,17 万名职工和家属迁入新居。"以这样大的规模来建筑职工宿舍,这在天津建筑史上是空前的。"①

（一）工人新村建设计划的提出

工人新村建设计划的提出,与解放后天津工业的迅速恢复和工人规模的扩大、工人住房短缺和居住环境较差等密不可分。有研究表明,1949 年时,天津全市有工业企业 4708 家,职工 281,902 人,其中国营工业部门有职工 111,705 人。到 1952 年时,全市工业企业增至 8100 家,有职工 451,814 人,其中国营工业部门有职工 231,375 人。这表明,1952 年时,天津工业企业数量较 1949 年增长 72%,职工人数增长了 60%。在私营工业企业方面,1949—1952 年, 天津全市从业人数分别为 64,443 人、88,801 人、129,810 人和 120,878 人,4 年间增长了 88%。②

1949—1952 年天津工业企业及职工数量情况表

年份	全市工业企业数量(家)	全市职工数量(人)	国营工业部门职工数量(人)
1949	4708	281,902	111,705
1950	6358	345,471	148,860
1951	9190	445,950	212,586
1952	8100	451,814 ·	231,375

资料来源:天津市统计局编:《天津四十年(1949—1989)》,转引自王星晨:《新中国成立初期天津工人新村建设考察》,《当代中国史研究》,2019 年第 2 期

---

① 《天津市政建设的发展》(1965 年 12 月 8 日),天津市档案馆编:《近代以来天津城市化进程实录》,天津人民出版社,2002 年,第 33 页。

② 参见王星晨:《新中国成立初期天津工人新村建设考察》,《当代中国史研究》,2019 年第 2 期。

企业生产规模的持续扩大和组织化程度的日益提高,客观上要求工人就近集中居住,但当时天津有住房短缺和居住环境较差的现实,显然与此相悖。据调查,1952 年,在工厂居住的工人占工人总数的比例不足 30%。例如国营各棉纺厂(不含三厂)共有职工 26,014 人,宿舍 6875 间,仅能解决 12,447 人的住宿问题,约占工人总数的 48%;国营自行车厂有工人 630 人,宿舍 97 间,只能满足 57 名有家眷的工人和 14 名单身工人居住,其余 500 多名工人只能租房;裕津铁丝厂有 600 多名工人,只有 90 余人住在单身宿舍;橡胶分厂的 700 余名工人中,仅有 50 人住在工厂宿舍;恒大烟草厂和中华火柴厂分别有工人 1051 人和 798 人,但分别仅有 58 间和 44 间宿舍;此外华北猪鬃公司和达生纱厂均未建工人宿舍。由于宿舍短缺,因此拥挤不堪就成为普遍现象,条件也比较差。例如棉纺三厂工人姜某某家一间房屋内住了 13 口人;女工李某某家一共住了 11 口人;棉纺二厂宿舍漏雨严重,工人为了避雨将被子顶在头上,被子湿透了,又跑到桌下避雨,无法正常休息;棉纺三厂的两间单身宿舍由仓库改建,工人冬天就直接在水泥地上铺草,睡在上面,夜间老鼠到处乱窜,只有屋顶有窗户,光线不足,通风不畅,且室内卫生情况很差,导致许多工人生病。

天津解放后,各工厂虽然也建了一些工人宿舍,但数量较少,且主要是几个国营大厂,如国营棉纺各厂 1950 年建房 707 间,天津钢厂 1951 年建房 600 间,而中小型工厂一般很少建房或根本没有建房计划。[①]

面对这样的局面,中央和地方从 1951 年开始研究解决工人住房问题。在天津,早在 1949 年 5 月 15 日,时任市长黄敬对新华社天津分社记者详尽地阐述了政府解决城市房屋问题的政策,纠正了群众关于房产关系的一些混乱思想,有利于保护原有房屋不受损坏。1951 年 2 月召开的天津市第三届各界人民代表大会,对天津市房屋问题作了专

---

① 参见王星晨:《新中国成立初期天津工人新村建设考察》,《当代中国史研究》,2019 年第 2 期。

题研究,并通过了《关于房屋问题的报告》。1951 年,尽管还处于经济恢复时期,国家财政还有困难,但政府还是千方百计筹款建房,并维修房屋 25 万间。1952 年,市政府把解决劳动人民的居住问题列为市政建设两大任务之一,专门成立了"天津市建筑管理委员会"领导这项工作,并且吸收党、政、工、企等各方面参加,从 3 月初开始办理登记,申请登记建房的公司企业单位共有 96 个, 申请建房 51,226 间, 总面积达619,107 平方米[①]。同年,决定在中山门、西南楼、吴家窑、丁字沽、王串场、唐家口、佟楼等地建设 7 个工人新村。[②]

（二）工人新村的规划

从 1952 年 4 月到当年年底,天津市建筑管理委员会在靠近工业区地段的中山门等地规划 7 处工人新村,每个新村规划人口为 3~5 万人。

这 7 处工人新村均为平房,其规划以邻里单位理论为依据,注重功能,采用比较规整又有适当变化的路网和良好的房屋朝向及基本配套的生活服务、文化教育设施。新村均为城市干道包围起来的独立地段,再借助内部小路划成 6~8 公顷的街坊,围绕一块公共绿地布置。新村内配有生活服务设施,这样居民购买生活必需品和儿童上学就不用穿越城市干道。住宅建筑布局成组成团,以 10 间或 12 间为一排,排与排之间作为庭院,每个组团中心留出 400 平方米用地作为公共活动场所,新村中心留有较大空地作为公园、文化、医疗和其他福利设施用地。住房设计为一户一室,半间厨房（住户多自行改造为居室使用）,集中使用公厕于上、下水道。[③]工人新村住宅分为眷属宿舍和单身宿舍两种:眷属宿舍净空长 4 米,宽 3.35 米,高 2.85 米,居住面积为 13.4 平方米,屋脊距地面 3.8 米;单身宿舍净空长 6 米,宽 4 米,高 3.35 米,屋脊

① 参见《天津市住宅建筑历史状况》（1986 年 3 月）,天津市档案馆编:《近代以来天津城市化进程实录》,天津人民出版社,2002 年,第 39 页。

② 参见《河东区志》,第 224 页。《天津通志·规划志》,第 199 页。

③ 参见天津市地方志编修委员会办公室、天津市规划局编著:《天津通志·规划志》,天津科学技术出版社,2009 年,第 199 页。

距地面 3.8 米,面积为 24 平方米。[1]

　　在 7 个工人新村中,作为天津市第一个大规模建设的中山门工人新村,具有一定的代表性。该新村由市城建委主持规划,范围北至京山铁路,南抵津塘公路,东至广宁路,西达二号路,占地面积 92 公顷,建筑面积 16.45 万平方米,建住房约 1.01 万间。由于规划建在独立地段,中间没有过境交通穿越,因此能够保证居住区的安全与安静。新村内部道路采用八卦形,将新村划分为 12 个街坊,围绕中心公园布置,生活服务设施安排在中心公园的周围。住宅建筑原规划布置呈东南向,为考虑正朝向,均调整为正南北向布置,与内部道路成 45 度角。[2]

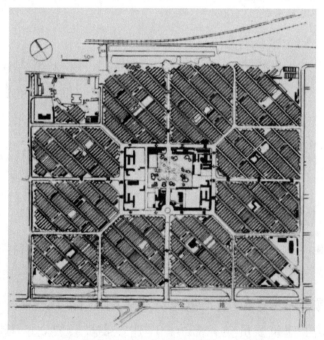

1952 年中山门工人新村规划总平面图[3]

　　[1] 参见《天津市住宅建筑历史状况》(1986 年 3 月),天津市档案馆编:《近代以来天津城市化进程实录》,天津人民出版社,2002 年,第 39 页。
　　[2] 参见天津市地方志编修委员会办公室、天津市规划局编著:《天津通志·规划志》,天津科学技术出版社,2009 年,第 199 页。
　　[3] 同上,第 201 页。

1952 年天津市工人新村规划表

地点	建筑面积（万平方米）	间数
中山门	16.45	10,093
西南楼	15.73	9645
吴家窑	2.60	1592
丁字沽	4.44	2725
唐家口	4.14	2540
王串场	22.54	13,787
佟楼及其他	24.24	14,715
总计	90.14	55,097

资料来源：天津市地方志编修委员会办公室、天津市规划局编：《天津通志·规划志》，天津科学技术出版社，2009 年，第 200 页

（三）工人新村的建设

进行工人新村建设时，为了便于统筹资金、材料，并在建设中不断积累经验，建管会采取了分批建设的方法。第一批建设的 12,000 多间工人宿舍，分别为中山门外 3000 间，王串场 2000 多间，南楼、北楼之间 2000 多间，市区内分散建筑 5000 间。第一批建设的 12,000 多间，又被分为 4 批先后开工，首批开工的是中山门外，为天津钢厂总厂及第一分厂、自行车厂、棉纺一厂、棉纺五厂、搬运公司等单位的宿舍，共计 2968 间。[①]

1952 年 3 月 27 日，建管会召集首批开工的各厂代表开会，划定了各厂的工人宿舍用地，说明了领取建筑材料的具体办法，并发动各厂工人和家属参加义务劳动，平垫地基。为了协调各方事宜，参与建房的各厂都成立了建筑委员会。棉纺一厂建筑委员会成立了工地办公室，抽调 47 名干部及工人组成了工程、材料等 8 个小组分工负责。同时各厂积极组织工人参加义务劳动，自行车厂组织了 344 人的义务劳动队

[①] 参见王星晨：《新中国成立初期天津工人新村建设考察》，《当代中国史研究》，2019 年第 2 期。

伍,在周末进行劳动。棉纺一厂职工积极参加义务劳动,瓦木及机动部工人主动提出在该厂建筑地段平垫地基时多做工作。很多职工家属也被发动起来,棉纺五厂职工家属数百人集体到工地拔草、拾柴火。①

4月19日,首批工人宿舍工程在中山门外正式开工。为了加快工程进度,节省建房经费,各建房单位组织工人和家属参与了平垫地基、运送材料、照顾工人饮食等工作。当时居住在大直沽、郑庄子、娄庄子一带的工人及其家属,像赶庙会一样扶老携幼涌向了工地,参加义务劳动。天津自行车厂钳工组技工刘师傅的父亲很有感慨地说:“我从十岁做油漆工,干了一辈子净给人家油门刷窗,盖的房子是人家的。现在赶上好日子了! 人民政府给咱工人盖房子,咱三辈子住窝铺,这回可算熬出头了。这都是共产党给咱们的好处。”②

5月9日,为全面推广傅鸿宾循环砌砖法,建管会在中山门新村工地举行了动员大会。这一新式砌砖法用铺灰器代替了传统的瓦刀,不仅提高了工作效率,还将每间房屋的造价降低了40多万元。建筑工人们纷纷展开友谊挑战。天津钢厂工地建筑工人宋国荣瓦工组提出用新砌砖法做到保质保量,并保证用40个工在43.5小时内完成12间房屋的建筑任务。建筑工人李振清小组则提出用38个工在43.5小时内盖好10间宿舍。首批工人宿舍工程于5月完成。第二批工程于6月24日在王串场开工,共建设1万余间工人宿舍。其中铁路局、电工二厂两单位的3000余间宿舍自行施工,其余单位均委托天津建筑公司代为建设。随后各工人新村的建设工程均先后开工。③

到1952年底,共建成工人新村宿舍36,506间,其中各单位自行施

①参见王星晨:《新中国成立初期天津工人新村建设考察》,《当代中国史研究》,2019年第2期。

②《天津市住宅建筑历史状况》(1986年3月),天津市档案馆编:《近代以来天津城市化进程实录》,天津人民出版社,2002年,第39—40页。

③参见王星晨:《新中国成立初期天津工人新村建设考察》,《当代中国史研究》,2019年第2期。

工建设 1507 间,委托建筑公司代建 21,479 间。

1952 年天津市各工人新村宿舍完成情况(单位:间)

新村名称	自建	代建	合计
中山门	9279	814	10,093
西南楼	4942	1000	5942
吴家窑	352	1240	1592
王串场	454	9457	9911
佟楼	0	3703	3703
丁字沽	0	2725	2725
唐家口	0	2540	2540
合计	15,027	21,479	36,506

资料来源：王星晨:《新中国成立初期天津工人新村建设考察》,《当代中国史研究》,2019 年第 2 期

在 7 个工人新村中,中山门新村位于津塘路东侧、月牙河以南,原是一片荒地。首期工程由天津钢厂、纺织厂、邮电局等单位参建,1952 年 4 月 19 日开工建设,房屋结构为红砖、硬山木檩平房,每排 10～12 间,中间有通道,横成排,纵成段,陆续建成 12 段。同年 10 月,第一批工人宿舍建成,首批企业职工和家属敲锣打鼓搬进新居。

唐家口工人新村在中山门新村之后兴建。该新村位于唐家口张贵庄路东侧,原为荒地,初期建设平房 1329 间,建筑面积 24,840.63 平方米。房屋布局为 12 间,陆续建成 4 个段,房屋结构与中山门新村相同。①

西南楼、吴家窑、佟楼 3 处工人新村建设与规划一致,即均为由城市干道包围起来的独立地带,再用内部小路划分为 6～8 公顷的街坊,围绕一块公共绿地,配备有生活服务设施,采用"段""排"的名称,

---

① 参见天津市河东区地方志编修委员会编著:《河东区志》,天津社会科学院出版社,2001 年,第 225 页。

等等。丁字沽工人新村亦有相似特征,即房屋采用硬山木檩、苇把草泥瓦屋面,坐北朝南,每排 10 间或 12 间,对面共用厨房,中间留有过道院落等。

1952 年以后,一些企业在大王庄、大直沽、唐家口等地段盖起了职工宿舍。市供电公司、红岩化工厂、纺织机械厂等单位在王串场十七段建职工宿舍 97 间,建筑面积达 1458 平方米,成为王串场工人新村的一部分。①

总体而言,虽然 1952 年修建的 5 万多间工人新村标准比较低,且全部为平房,但在国家经济能力、技术条件、施工和建筑材料都还存在一定困难的情况下,已属不易。

---

① 参见天津市河东区地方志编修委员会编著:《河东区志》,天津社会科学院出版社,2001 年,第 225 页。

第六章

整治社会环境

解放前的天津,是一个典型的半殖民地半封建城市,帝国主义、国民党反动势力根深蒂固。1949年1月15日天津解放后,人民公安机关在天津市军事管制委员会、中共天津市委和市人民政府领导下,立即着手接管国民党警察局,接收国民党及其他反动党团在津机关,对国民党、三青团的党团员进行登记,缉捕匪盗,镇压帮派恶霸,取缔反动会道门,摧毁敌特组织,惩处特务、反革命首恶分子,禁娼禁毒,荡涤了旧社会遗留下来的一切污泥浊水,稳定了天津市的社会治安秩序,巩固了新生的人民民主专政政权,为天津市的社会主义建设奠定了坚实基础。

第一节 解放初期肃清敌特的工作

天津解放初期,市公安局在党的领导和人民群众的支持下,迅速开展了肃清敌特的工作。这项工作的开展对巩固新生的人民政权、维护社会治安、保障经济建设起了重要的作用。

一、国民党天津特务机构概况

国民党特务机构建立伊始,就把天津作为进行特务活动的重点地区。早在 1928 年和 1932 年,国民党中央组织部调查科、"力行社"特务处就已在天津建立组织,进行特务活动。

抗日战争胜利后,国民党政府在美国的支持下,妄图消灭中国共产党所领导的革命武装力量和民主进步力量。国民党党通局、保密局和国防部第二厅等特务机构迅速扩充,特务组织、特务人员遍布天津各个角落,控制着国民党整个机构和社会组织,侦察并破坏我党地下组织,镇压和扑灭民主爱国运动,进而维护国民党反动政权。

党通局特务系统建立了天津直属通讯处,下设 7 个工作站、7 个行运组①、6 个直属情报组及其外围特种经济调查站,共计 22 个单位,分布在市政机关、商业、文教、帮会团体之中。其中组长以上重要人员约80 人,成员 1300 余人。

保密局特务系统在天津的特务组织更为复杂。天津站本部下设第一至五组、津南流动组和各情报公组,此外还设有保密局天津特别站、保密局天津联络站、保密局天津督导组、保密局唐山站等单位。军、警、宪机关的稽查处、稽查组、警务组和铁路、公路的警务处、警务段等稽查和警务单位都由保密局特务人员直接控制。此外还有受其直接操纵的青年联谊会、中国青年协进会等外围组织,甚至一些工厂、商店也在其控制之下。保密局在津有特务分子 800 余人。可以说,整个警察机关、警备机构、铁路交通、码头航运、部分学校、教会、帮会都在其控制之下。

国防部第二厅特务系统在津建立的特务组织,有第二八七组、天津侨防小组、天津警备司令电讯监督组、华北"剿总"第二处第十四通讯组、天津邮电检查组、国防部绥靖总队华北第一大队第三研究室等 7 个,特务人员 520 人。

天津解放前夕,"这些特务组织已呈混乱,大部首要分子仓皇撤逃。

---

① 7 个行运组:工运组、商运组、学运组、帮运组、保运组、文教运组、水运组。

其余则人人自危,惶恐失措,隐匿潜藏"①。有的特务组织虽然做了"应变"准备,布置了潜伏人员和秘密电台,但由于解放军大军压境,只是草草做了布置。当时天津的特务分子总数达 2700 余人,再加上党团分子共计 2.2 万余人,此外还有从已解放城市逃亡至津的一批特务分子,这就使新生的人民政权面临严重的威胁。

二、解放初期肃清敌特的工作

(一)中央关于肃特工作的指示要求

早在 1948 年 11 月 20 日,中共中央社会部就研究制定了肃清特务的方法,就清查匪特、抓捕首恶、敌特人员处理、敌电台逆用等作出明确规定,具体要求为:

壹、在我军强大攻势,迭克各城大量歼敌,大批俘获,以及敌军整军整师起义投降情况下,清俘肃特工作,极其重要,综合各地经验,清查工作必须:

(1)事先掌握材料,熟悉敌情,展开对敌党、政、军、特、警、宪的内线工作,有系统地掌握敌特动向,这是清俘肃特的基础。

(2)结合军政部门,抽调有收复城市经验的干部,组织力量,认真进行情况政策纪律等教育,严格规定制度,在一定的指挥下统一行动,避免入城时不分轻重先后乱捕乱捉的现象。

(3)规定收集材料办法,一切有关敌特文件档案等,全部集中公安部门保管处理,公安部门亦须主动地搜集,任何人员不得撕毁丢弃破坏。

(4)采取机动灵活方法,不仅在入城时须加强对敌特首要的侦捕工作,同时亦应在战斗时与入城前加强外围对敌搜索,防止逃跑

---

① 天津市公安局档案。

或事先潜伏,如有发现,立捕立审,并利用敌特识别敌特,不使漏网。

(5)估计敌特首脑重要分子等可能逃跑方向,沿线组织地方公安机关,进行重点检查,发动群众,进行检举。

(6)清查中注意分清一般官兵与隐藏敌特战犯,区别敌特与敌党政机关人员,区别特务的主要、次要、首要,协从、自愿、被迫,专门性的职业特务机构与一般群众性的反共组织,长期随军活动与临时混入潜伏,以便分别处理。

贰、凡逮捕或清出之国防部二厅及保密局站长组长,直属组长,站以上电台台长,绥靖总队指挥部指挥员、指导员、重要组长,剿总绥署,绥区二处科长,谍报队长,中统分区主任等以上,或相当于该级重要特工人员,应集中在中央社会部,或指定的省委或区党委一级之保卫部门设立之专门组织(由党委抽调较强的干部和配以一定武装看守力量)进行管制,目的在于:

(1)迅速发现线索,弄清搜捕目标,追查在我区所有敌特潜伏组织,特别是敌特第二层潜伏组织进行破案。

(2)有些战犯首恶分子,处理不到时机,放掉又对我不利(如康泽),故须集中管训,有计划地追索材料,达到系统化地了解敌人。

(3)争取可用分子,进行改造,准备为入城搜捕识别敌特之用。

(4)利用敌人所有的科学与技术,为我训练干部,或利用其技术为我将来大城市之用。

叁、对敌特人员的处理,凡诚信悔过、问题弄清者,一般采取大胆利用、大批释放方针,但重点主要敌区,如其中与敌区有关系且能起作用者,可给予一定任务,并履行手续,约好关系,立刻释放。凡作用不大或老弱有病者,可采取训话或个别谈话,释回蒋区进行瓦解敌特工作。对极少数罪恶重大为群众深恶痛绝者,在适当时机,经适当党委批准后,由司法机关经过一定手续,予以公审处决,并报告中央社会部备案。如因特殊情况,并采取紧急处理不可者

（不准秘密处决），须就近经最高党委批准执行，但处理后应补报中央局、分局审查和备案，同时也须报中央社会部备查。

肆、关于敌特电台之逆用，须迅速敏捷，严格控制，掌握技术，不失时机，其作用主要在迷惑敌人骗取情报，扩大破获与侦查，这是很机敏的智慧斗争。同时也易于为敌人所反用，故在逆用敌特电台时必须报告中央局、分局社会部审查，事后必须报告中央社会部备案。

并望各地将现有逆用之敌特电台人员、姓名、地点、系统时间收获等于电到本月内，一律报告中社部备案。①

1949年1月15日天津解放，市公安局在入城前周密准备的基础上，按照中央部署要求，在坚决彻底肃清的总方针下迅速行动，采取"首恶必办，胁从不问，立功授奖，宽严相济"的策略，全面开始肃特工作。

（二）缉捕首恶分子，摧毁敌特组织

参加肃特工作的侦察干部和刑警人员，从入城第一天起就投入了以搜捕为主的第一阶段战斗，并取得了丰硕成果。其中，天津警备司令部稽查处处长、保密局天津站站长李俊才，1月18日被捕获；党通局专员兼中华日报社社长齐协民，于1月19日落网；党通局天津通讯处处长张伯鲁、党通局第五工作站站长王伯伦，1月20日被捕；参与刺杀抗日爱国将领吉鸿昌、任应岐两位将军的国民党特务吕一民亦于1月20日落网；保密局天津站副站长张培英于2月17日被抓获；国防部二厅天津侨防小组中校组长席墨增、华北"剿总"二处第十四通讯组上校组长白浦宣，以及逃匿天津的保密局旅大组组长、长春组组长、热察直属通讯站站长等也相继落网。经过搜捕，国民党三大特务系统的在津组织已经土崩瓦解。在此期间，先后摧毁了党通局的天津通讯处本部及

---

① 《中共中央社会部给各中央局分局并社会部各前委并军政保卫部电》，中共天津市委党史资料征集委员会、天津市公安局主编：《难忘的岁月——天津市解放初期社会治理纪实》，中共党史出版社，1994年，第43—44页。

其所属 7 个工作站、13 个情报组，保密局的天津站本部及其所属的情报、行动、潜伏等 16 个小组，国防部二厅的技术大队、二八七组、侨防小组、华北"剿总"二处第十四通讯组等特务机构。共缴获电台 62 部、电讯器材 8 箱、发电机 30 台、报话机 1 台、密码 4 本、短枪 300 余支、弹药 10 余箱，三大特务组织摧毁率达 80%。

逮捕特务统计表① 　　　　　单位：人

特务系统	组长等首要分子	一般特务	合计
党通局	14	12	26
保密局	48	75	123
国防部二厅	37	40	77
总计	99	127	226

（三）接受秘密自首，开展公开登记

在缉捕国民党特务首恶分子期间，市公安局通过原地下工作关系，进行规劝和动员，先后接受了 302 名国民党特务的秘密自首，其中包括党通局天津区副区长宋彦君、国防部二厅二八七组组长潘锡锟等基干分子 150 人。为执行宽大政策，市公安局对秘密自首的特务一律不捕，令其戴罪立功。

通过缉捕使国民党特务中的首恶分子受到致命打击，也令那些隐匿窥测的特务分子惶惶不可终日。针对这种情况，市军管会于 2 月 23 日发布《关于天津市国民党特务人员申请悔过登记实施办法》。主要内容是：凡国民党党通局、保密局、国防部二厅及其他地方特务组织的成员，限 15 天内办理申请悔过登记手续。并规定了市公安局、区公安分局受理登记的范围和奖惩办法。

2 月 27 日，市公安局局长许建国、副局长万晓塘对登记自首工作作出指示：对特务分子的公开登记是肃特工作的第二阶段，这一时期

---

① 天津市公安局档案。

作战的总方针是进一步暴露敌人，要依靠群众，进一步揭发与孤立特务，并利用自首分子，以敌制敌。

市公安局及其所属机构在各级党组织的领导下，积极开展了登记自首工作，并紧密联合有关部门，动员全市人民支持肃特斗争。为推动登记自首工作的进展，市公安局于 3 月 3 日发出第三号指示，指出登记自首工作的方针是发动群众，加强阶级教育，暴露特务分子及一切反动组织，准备长期的斗争。指示还对登记自首工作的重点、组织领导、宣传动员、部门分工和配合等事项，作了具体安排。市公安局组织了 8 个小组、11 个分组，指挥、利用社会各行业中的群众积极分子，掌握分析敌特情况，并对敌特分子进行规劝和敦促，有效地配合了自首登记工作的开展。

通过公开的政治宣传攻势，大部分特务分子主动申请悔过登记，但仍有少部分特务人员因受国民党的欺骗宣传和影响，对人民政府的宽大政策抱怀疑态度。有的在自首时避重就轻，有的企图逃避登记，有的仍在犹豫观望。据此，市公安局于 3 月 9 日发布第一号《通告》，宣布为贯彻人民政府的宽大政策，对特务人员申请悔过登记的期限延长 10 天，凡仍拒不登记、进行破坏活动者，依法严惩不贷。《通告》发布后，又有一些人进行了登记。

3 月 18 日，登记自首工作结束。申请悔过登记的特务分子共 992 人，其中组长以上主要人员 232 人。

为打击执迷不悟、拒不登记的国民党特务首恶分子，市公安局于 3 月 19 日，逮捕了国民党天津警备司令部政工处副处长、特务分子石中望，华北"剿总"第二处第十四通讯组副组长张子和等 35 人，连同以前逮捕的共 241 人。

通过缉捕和登记自首共暴露特务分子 1400 人，比解放前掌握的 2700 人少 1300 人，原因主要是有一部分已经逃亡，有的还在观望或企图长期潜伏，有的登记时只承认是国民党党员或只登记公开职务，不承认特务身份。

　　为达到彻底肃清敌特之目的,登记结束后,市公安局于 4 月 1 日以中共天津市委社会部名义拟定了《对津市党团特人员今后处理办法》,主要内容是:①已经登记坦白的要立自首具结书,并在一定时期内予以考察;②已经登记但坦白不彻底的组长以上分子和有重大嫌疑的分子,集中于"训练班"继续交待问题,假自首仍在暗中活动的逮捕法办;③没有登记的组长以上主要分子予以逮捕,一般分子酌情处理,少数罪恶大的依法严惩;④登记后真诚悔过,举发他人,戴罪立功的,区别对待,并给以生活照顾。

　　(四)深入开展侦查工作,破获特务、反革命活动案件

　　在对特务分子进行搜捕和开展登记自首的同时,通过使用秘密自首分子"以敌制敌",破获了一批特务案件,挖出了一批隐蔽的特务分子。如从东北逃匿天津的国民党军统局滨江组行动队队长阎慰民,是刺杀东北抗联领导人、优秀共产党员李兆麟将军的凶手,行刺后受到国民党奖赏,升任国民党国防部第二厅绥靖总队东北第二大队突击指挥员,沈阳解放时扮成商人潜来天津,企图继续进行破坏活动,市公安局于 3 月 8 日将其捕获归案。1 月—4 月,围绕搜捕和登记,共破获特务、反革命活动案件 37 起,逮捕 64 人,其中大多数是不在搜捕名单之列、隐蔽较深的敌特分子。通过周密侦查,把这些特务分子挖出来,实为搜捕之继续与补充。

　　经过缉捕首恶和开展登记自首,天津的社会秩序已趋稳定,生产开始逐渐恢复。但是 5 月以后,敌情发生变化,一些漏网的和假自首的国民党特务分子视人民政府的宽大政策为可欺,他们纠集流散的军警、地痞流氓、反动会道门分子,进行爆破、放毒、纵火、造谣、散发反动传单、打黑枪、暗害等破坏活动;残余的国民党势力和帝国主义间谍机构也蠢蠢欲动,妄图颠覆新生的人民政权。

　　针对这一情况,市公安局及时进行了研究,决定采取针锋相对的措施,不失时机地转入肃特工作第三阶段——大力开展侦查破案工

作,进一步肃清残余的特务和反革命分子。许建国指出："侦查工作是保卫工作的主体与灵魂",并明确侦查工作要掌握证据,适时破案。

为了适应对敌斗争需要,市公安局进一步健全了侦查组织,加强了侦查队伍。与此同时,把专门工作与依靠群众除奸结合起来,相信和依靠群众,通过群众揭发检举敌情线索。按照市公安局的部署,市公安局和各分局积极开展了侦查破案工作。6月5日,破获了党通局"和平运动领导委员会"特务组织案。该组织密谋抢夺枪支,炸毁军用物资火车。主犯穆正、李恩华等8人全部落网。7月6日,破获了国民党宪兵特高组潜伏组织案,以汪杰为首的8名特务分子全部被捕。汪杰等案犯自平津解放后,在平津两地行抢40余次,以此作为特务活动经费来源,并预谋暗杀中央首长和天津市市长。11月23日,破获了"中国国民党平津军政办事处"案。首要分子邓海亭（原国民党94军某部书记官）、席振林(原国民党94军127团谍报主任),于六七月间先后发展了军统特务分子施恒瑞等20余人,邓自任主任,下设情报、宣传、暗杀、联络等4个组,他们自制关防,印刷反动传单,气焰十分嚣张。通过侦查,在掌握全部罪证后,市公安局将其一网打尽。

1949年,天津的肃特工作取得了十分突出的成绩。截至1949年底,共破获特务、反革命案件194起,其中国民党残余特务反革命破坏案185起,国民党派遣特务案件9起。然而肃特斗争任重道远,天津市公安机关广大干警严阵以待,随时准备迎接新的战斗。

三、新中国成立初期的肃特斗争

新中国成立后,天津作为首都的门户,肃特工作更加艰巨,为保卫和巩固新生的人民政权,天津的人民公安机关继续同国内外敌人的颠覆破坏活动进行艰苦卓绝的斗争,并取得重大成果。

(一)50年代初,国内外特务相勾结

一是隐蔽潜伏,待机而动。前美国"陆军战略情报处"间谍分子杰克森,于天津解放前夕布置了 2 个潜伏组,在天津以一定职业为掩护进行情报收集活动。[①]在天津解放前夕,国民党保密局、党通局、国防部二厅等三大特务系统中的特务分子, 一部分中上层首要分子南逃,一部分特工人员隐藏下来,准备"长期潜伏,待机而动"。保密局天津站布置了 6 个潜伏组和潜伏电台;国防部第二厅天津办事处布置了 2 个潜伏组、台;党通局天津区布置了 5 个潜伏组,并指令隐藏在工厂、企业、学校的特务分子,以假报姓名、假报户口、假自首、假坦白、假立功等各种方式站住脚,寻机进行暗中破坏活动。1949 年 11 月 23 日,抓获的以邓海亭(原国民党 94 军某部书记官)、席振林(原国民党 94 军 127 团谍报主任)为首的"中国国民党平津军政办事处"20 余人,就是一伙自制关防、印刷反动传单,气焰嚣张的特务组织。

二是秘密派遣,搜集情报。解放后,美国特务机关继续控制偏居一隅的台湾国民党特务组织,在台湾、冲绳岛等地设立训练基地,以中国香港和内地沿海岛屿为跳板, 大量派遣特务分子进行情报搜集活动。派遣到天津的特务的主要活动目标是塘沽海港。他们千方百计地搜集塘沽港口设施、运输能力、军队装备和仓储等情报。朝鲜战争爆发后,他们更加注意搜集我军兵力、物资调动情况。

三是进行各种破坏活动,制造混乱。一些特务分子为了进行所谓"敌后骚扰",颠覆我人民政权,疯狂地进行暗杀、爆炸、纵火、投毒等破坏活动。潜伏特务杨少亭、刘克让于 1950 年 11 月暗杀了华籍俄人李文夫妇,妄图制造混乱,挑起事端。保密局派遣特务屈鸿祺等潜入天津后,自制炸药,企图炸毁仓库、商场、工地制造事端。潜伏在工厂里的特务分子有的阴谋破坏机器,制造停产事故;有的破坏电车机件,图谋破坏电车,制造重大事件。

四是发展组织,阴谋暴乱。一些特务间谍分子,积极网罗流散官兵、

---

① 天津市公安局档案。

顽伪流杂,成立所谓的"救国军""反共团""除奸组""游击队"等反革命组织,伺机进行反革命暴乱。原国民党内调局特务分子张相文,1949年10月从南方潜入天津,到1950年初发展特务分子几十人,筹措枪支、资金、粮食,散发传单,制造舆论,寻找时机,阴谋进行武装暴乱。

五是以教会为掩护进行特务、间谍活动。新中国成立后,美国和国民党集团以宗教活动为掩护进行各种阴谋活动。由美国间谍机关和国民党保密局在解放前建立的"公教青年报国团",在平津冀等地设立区队、支队等分支机构,以天主教为掩护在城乡进行情报搜集、破坏活动。平津解放后,继续发展人员进行反革命活动。

(二)天津市公安机关在同特务间谍斗争中采取了有力措施

第一,加强内部保卫机构和制度,严防敌人破坏。1950年12月,为严防敌特混入内部窃取机密,进行破坏活动,市公安局制定机关、工厂、企业、学校防谍、保密和机关保卫工作措施。1950年至1952年间,先后有350多个单位建立了保卫处、科,随着保卫组织的建立和保卫业务的开展,各单位内部的防特、防火、防盗、防治安灾害事故的"四防"工作很快开展起来,并相应地建立起内部安全保卫、值班、警卫等各项制度。从1951年下半年开始,在各单位党组织的领导下,各单位内部陆续建起了治安保卫委员会,一般由单位党政领导和保卫组织负责人任正、副主任,科室、车间设治保分会或治保小组。治保会和治保小组成员都是熟悉本单位情况、热爱治安工作的职工和家属,到1953年,共建立治保会和治保小组1171个,成员5373名。治保组织的建立,进一步联系和带动了广大职工群众积极开展"四防"工作,有效地预防了敌特的破坏活动。

第二,宣传教育群众。通过报纸、电台、举办展览等形式,进行宣传教育,提高人民群众的革命警惕性和同反革命分子进行斗争的自觉性。1950年至1953年,《天津日报》、天津人民广播电台除了公布"镇反"成果以外,还公布重大潜伏和派遣特务、间谍案件28起,《天津日报》发表专题社论7篇。1950年11月,市公安局举办"肃特展览",展出特务分子活动罪证及被逮捕的特务分子的照片 77 幅，先后在各区文化馆和一些工厂、企业、学校进行巡回展出，到 12 月底，受教育群众达 10 万余人。通过宣传教育，群众擦亮了眼睛，提高了阶级觉悟，仅在 1951 年三四月间，群众就写了检举、控告信件千余封，揭发特务、反革命线索 1800 多件。同时出现了许多群众检举坏人、捕捉特务的生动事例。1951 年 3 月 9 日，家住西站附近的姚大娘、黑昭明将企图外逃的国民党特务杨法章抓获；1951 年 5 月 6 日，中心小学三年级学生刘钟琪、程绍贵、司幼光、胡承志、赵克瀛、杨春生、李华智擒国民党特务王金龙、沈子哲，被称为"七个小英雄"；河西区西楼居民张秀花，在 1951 年协助政府抓获两名特务分子，被评为天津市特等治安模范。《天津日报》先后专题报道了姚大娘、七个小英雄的先进事迹，号召广大群众向他们学习。在市政府和公安机关的大力宣传下，各区学习效行的心情很普遍，掀起了群众协助政府肃清特务和反革命分子的高潮。

第三，加强专门工作。为了及时发现和打击敌特分子，公安机关不断开展调查研究工作，通过调查，搜集敌情资料，发现和确定打击目标，并在调查研究的基础上进行专案侦查，获取罪证，适时破案。为了适应斗争需要，公安机关还加强了各项业务建设，不断提高队伍的战斗力，提高破案能力，及时有力地打击了特务间谍分子。

（三）天津公安机关通过开展侦查破案工作，对进行阴谋破坏活动的特务、间谍给予狠狠打击

1.对纠合性特务、反革命组织的打击

1949 年 10 月，由南方潜入天津的特务分子张相文，与解放前潜伏下来的邢玉亭共同策划建立反革命组织"冀热绥反共青年救国军平津指挥部"。到 1950 年初，先后发展特务人员 60 余名，由张自任总指挥，下设纵队、支队、大队、分队、小队，任命了一批校、尉官职，阴谋在京津进行暗杀和组织武装暴乱，并印刷《告华北同胞书》在城乡散发，进行反革命煽动。这一重大特务案件，经过侦查，弄清全部案情，获取证据

后,于 1950 年 4 月 17 日破案,张相文、邢玉亭及小队长以上案犯共 45 人被一网打尽。《天津日报》发表了题为《坚决镇压反革命活动》的社论。

1950 年 4 月 19 日,破获以军统特务白义田、王治国为首的"中央军统反共抗苏救国军"案。这一反革命组织于 1950 年 2 月至 4 月,在市内先后散发反动传单 1000 余张,进行造谣煽动,诬蔑共产党和人民领袖,并在棉纺四厂、毛纺厂等单位拉拢腐蚀落后工人,阴谋破坏工厂,组织暗杀。由于被市公安局及时破获,阴谋没有得逞。

1950 年 8 月 14 日,破获活动于津鲁两地的"鲁西人民反共自卫救国军"案。特务分子罗金标、吴兰芳等网罗一批土匪、流氓、顽伪流杂加入特务组织,计划以山东聊城为根据地,以天津、济南为两翼,发展扩大组织,开展"敌后游击战"。并妄图与台湾国民党特务机关取得联系,空投武器弹药。正当他们猖狂进行活动,实施预谋计划时,被市公安局及时打掉,罗、吴等 25 名罪犯落网。

1950 年 8 月 16 日,破获以中统特务王文锐、常伯侯为首的"中国国民党青年反共工作团"案。他们发展人员,委任官职,策划抢夺解放军、公安人员和民兵枪支,进行暴乱。破案后,王、常等 11 名罪犯被捕。

1950 年,还先后打掉了"中央国民党华北战区司令部铁血青年工作团""中央政府青年反共救国军""三青团直辖铁血除奸团天津支团""直属国防部二厅青年救国队"等特务、反革命组织 81 个,1951 年又打掉 13 个,从而给破坏性强、危害性大的纠合性反革命活动以毁灭性打击。

2.对潜伏特务的打击

1950 年 9 月立案的美国"陆军战略情报处"重大国际间谍案。美国间谍杰克森在 1948 年秋部署一部分老牌中外间谍潜伏下来, 平津解放后,受命潜伏在天津的李普德(德籍)、瓦夫·罗米也夫(俄籍)、余宗斌、顾宗范(均在 1946 年加入美国"陆军战略情报处")等,以各种职业为掩护,架设电台,发展人员,并在朝鲜战争爆发后,大肆搜集我国政治、经济、军事情报,通过电台和人员往来,与在港美国间谍杰克森保持联系。经过近半年的侦查,在掌握了全部案情后,于 1951 年 2 月 11 日破案,逮捕主从犯 21 人,其中有外国间谍 8 人。这一案件的破获,有力地打击了美国对新中国的颠覆破坏活动。《天津日报》《人民日报》先后公布了这一重大间谍案,《人民日报》于 1951 年 3 月 27 日发表了题为《粉碎帝国主义的间谍破坏活动》的社论。

1951 年 2 月,在侦破美国"陆军战略情报处"重大国际间谍案中缴获的电台

缴获的美国军用收发报机

　　1951 年 9 月,又破获了美国潜伏间谍甘成恩案。甘成恩(美籍)系美国战略间谍,1941 年 12 月在天津因进行间谍活动被日本宪兵队逮捕,

后被遣送回国，1947年再次来天津，在天津的公开身份是某公司董事长，他组织由外商、外侨和华人政客参加的天津"扶轮社"，自任主席，以此为掩护继续在平津两地进行反共反人民的活动。天津解放前夕，他接受美国领事馆的潜伏任务及发报机、电报密码、活动经费等，以外商的身份为掩护，搜集有关中苏关系、民主人士动态，以及我国的军事、政治等情报，通过电台、密信、外侨出境携带等方式发往美国间谍机关。这一案件的破获，又一次沉重地打击了美国的阴谋破坏活动，这一案件也被当时的苏联专家称为新中国成立以来"最大、最复杂、最严重的案件"①。

1951年3月11日、12日，连续破获薛福珍、王文藻、尚祯祥军统特务潜伏案和中统特务董馨远、吴树田、刘振华潜伏案，两案案犯分别潜伏在电车公司、造纸总厂。他们暗中制造事故，进行一系列破坏活动。破案后，6名特务全部被镇压处决。

1951年4月16日，破获了"华北剿总独立突击第二大队谍报组"潜伏案。首犯刘云章，解放后混入解放军华北军区后勤部某仓库当管理员，同潜伏在市内的特务分子王明斌、赵廷忠、张国栋、安伯仁等联络在一起，发展组织，破坏生产，进行反革命破坏活动。破案后，刘等14名罪犯落入法网，并缴获手枪、戳记、证件等一批罪证。

1951年5月13日，破获了潜伏特务组织"北伐部"案。潜伏在棉纺三厂的中统特务李克富，在厂内外发展特务15人。他们破坏机器，破坏生产，阴谋武装暴乱。破案后，捕获主从犯16人。

1950年到1952年上半年共破获潜伏特务案件57起。

3.对派遣特务的打击

1950年9月28日，破获保密局派遣特务行动爆破案。当年6月，国民党保密局驻港特务机关派遣行动特务乔振东、王明五潜入天津。乔、王在津立足后，积极发展人员，购置炸药，选择目标，计划于1950

---

① 天津市公安局档案。

年国庆节在天津市委机关、天津火车站、百货大楼等处进行爆炸活动。正当他们暗中策划、以求得逞的时候,公安侦查部门于 9 月 28 日夜将乔、王两特务捕获。9 月 30 日国庆节前夕,两犯被判死刑。

1950 年 12 月 2 日,破获保密局派遣特务"直属天津特别组"案。首犯秦应麟原系保密局的骨干特工,逃往台湾后被委任为"天津特别组"中校组长。1950 年 4 月,偕特务孙玉清、刘景惠潜入天津,在京津两地发展人员,并妄图向唐山、山海关、石家庄、东北等地扩展。同时架设电台,同港台敌特机关多次通报。破案后,秦、孙等 11 名特务分子被逮捕。①《天津日报》以《镇压美蒋特务破坏活动是当前对敌斗争的严重任务》为题发表了社论。

1953 年 9 月,破获国民党内调局派遣特务案,特务分子张万禄被逮捕。张于 1952 年 7 月潜入天津塘沽区后,在一年多的时间里,以密写方式多次向驻港特务机关寄送塘沽海港军事、码头、仓库运输等重要情报。

1953 年 11 月,破获美蒋合办的"中美联合办公处"派遣特务案。首犯屈鸿祺、刘明扬在台湾经过训练后,1952 年 2 月被派遣潜入天津,发展组织,搜集情报。他们还通过香港"湖北号"轮船运来爆破器材,准备对天津某重要工地、石油公司天津储油库、新中原公司等处实施爆破。此案破获后,屈、刘等 8 名特务分子全部落网。这一案件的破获,受到公安部通电嘉奖;《天津日报》发表了《警惕美帝国主义的特务破坏活动,保卫祖国的经济建设》的社论。

1950 年至 1953 年间,共破获派遣特务案件 46 起,捕获了一批特务分子。

4.对披着宗教外衣的特务、间谍的打击

1951 年 2 月 22 日,与兄弟地区配合,破获了以宗教为掩护的"公

---

① 天津市公安局档案。

教青年报国团天津区队"案,捕获金玉培、刘西满等特务分子 19 名,缴获电台一部、手枪两支及其他反革命罪证,该案的侦破"给予敌人以严重打击"①。

1951 年 4 月 5 日,破获了披着宗教外衣的卜相贤间谍活动案。卜相贤等 4 名神甫被逮捕,缴获发报机一台及电台零件。接着于 5 月 28 日又将背后指挥操纵的帝国主义分子、天津教区主教文贵宾(法籍)驱逐出境。

1953 年 8 月,会同河北省破获了涉及天津、献县两教区以宗教为掩护的反革命活动案。反动神甫张思谦、贾书善、王峻德等 8 名反革命分子被逮捕。《天津日报》以《粉碎帝国主义利用宗教进行破坏活动的阴谋》为题发表了社论。

总之,解放初期,在市委市政府的领导下,天津的肃特工作取得了很大成绩,为人民政权的巩固、城市经济建设的恢复发展提供了重要保障。

第二节 镇压反革命

解放初期潜伏下来的国民党特务等各种反革命分子及其以爆炸、暗杀、窃取国家机密等各种形式进行的破坏活动,严重威胁着新生人民政权的安全。为坚决镇压一切反革命活动和反革命分子,天津市全面贯彻党中央的方针政策,坚持依靠群众和依法办案的精神,基本肃清了国民党反革命残余势力,粉碎了敌人的破坏活动和反革命阴谋,安定了社会秩序和人民生活,巩固了人民民主专政和新生的人民政权,为国民经济的恢复和发展创造了良好的社会环境。

---

① 天津市公安局档案。

一、"镇反"背景

1949年10月,新中国成立,国民党反动政权被彻底摧毁。但是一批残留下来的反革命分子,却时刻梦想复辟,盼望逃到台湾的国民党反动派反攻大陆,里应外合,夺回他们已经失去的天堂。1950年6月,美国悍然发动侵略朝鲜的战争,并把战火烧到我国东北边境。残余反革命分子认为"第三次世界大战"就要爆发,反攻复辟时机已到,便猖狂地进行各种破坏活动。敌人的疯狂反扑和进行的种种破坏活动,严重地威胁着刚刚成立的新中国的安全。

在天津,当时敌人的活动主要表现为:一是以特务、反革命分子为骨干,纠集发展反革命组织,阴谋进行颠覆破坏活动;二是组织反动武装,阴谋进行暴乱;三是搞暗杀、爆炸、纵火、投毒,破坏我党政机关,企图暗害党政军领导人;四是破坏交通、破坏生产,妄图破坏我们的经济建设;五是派遣特务、间谍,打入内部,刺探和窃取我机密情报;六是制造和散布各种谣言,进行反革命煽动,蛊惑人心,制造混乱。

为了维护和巩固刚刚建立起来的人民政权,在天津市军事管制委员会、中共天津市委、天津市人民政府的领导下,天津市公安机关对进行各种破坏活动的特务、反革命分子及时给予迎头痛击。到1950年上半年,通过侦查破案、群众举报,先后摧毁了"冀热绥反共青年救国军平津指挥部""中央军统反共抗苏救国军""鲁西人民反共自卫救国军""三青团直辖铁血除奸团天津支团""中央政府青年反共救国军"等特务、反革命组织79个,逮捕人犯429人。对抢劫、绑票、危害人民生命财产安全的土匪、惯匪也进行了打击。与此同时,取缔了封建脚行和反动会道门,逮捕了恶霸、脚行头子69人,逮捕"一贯道"首恶分子36人。经市军管会军法处判决,对罪大恶极、证据确凿的反革命分子处决了34人,其中包括阴谋进行爆炸破坏的派遣特务乔振东,"冀热绥反共青年救国军平津指挥部"特务组织头子张相文,国民党保密局天津站副站长张培英，汉奸恶霸、青帮头子袁文会，惯匪陈子如等。按照镇压与宽大相结合的政策，对确已坦白悔过并有立功表现的反革命分子74 人，撤销管制、恢复公民权。[①]

这一时期，敌人虽然遭受了重大打击，但仍有一些不甘退出历史舞台的人做垂死挣扎，进行各种破坏活动。有的被释放或坦白自首后，继续与人民为敌；有的进行暗杀，制造破坏事件；有的破坏交通、通信设施和工厂设备；有的散发传单，制造谣言，煽动对共产党和人民政府的仇恨情绪；有的继续隐蔽潜伏，待机而动。这些情况表明，"反革命残余活动仍严重存在，并积极配合美帝侵略，进行各种阴谋破坏活动，若干首恶者、怙恶不悛的甚至经过宽大处理后仍继续为恶的反革命分子没有受到应有的制裁与镇压"[②]。

之所以出现上述情况，除了敌人垂死挣扎和疯狂反扑外，主要原因是各地方政府没有认真贯彻镇压与宽大相结合的方针，存在镇压不及时与镇压力度不够的偏向。

二、"镇反"过程

（一）落实中央指示，做好运动准备

1950 年 10 月 10 日，中共中央向全国发出了《镇压反革命活动的指示》（以下简称"双十"指示），随后中央人民政府公安部召开了第二次全国公安工作会议，对在全国范围内开展镇压反革命运动作出部署。为了落实中央指示，同年 12 月 7 日，天津市第二次公安工作会议在市委直接主持下召开。会上，公安局局长许建国传达了中央"双十"指示和第二次全国公安工作会议精神，市委书记、市长黄敬作了重要讲话。会议回顾总结了前段时间镇压反革命的情况，检查纠正了对反革命分

---

① 参见天津市地方志编修委员会：《天津通志·公安志》，天津人民出版社，2001 年，第411 页。
② 天津市公安局档案。

子片面强调宽大、坚决镇压不够的倾向,研究确定了天津市开展镇压反革命运动的具体计划。会后,各分局和各业务处及时召开了科、所、队干部会议,除传达中央指示精神外,着重解决在干警中存在的右倾麻痹、求稳怕乱、缩手缩脚等思想问题。通过传达学习中央指示和市领导讲话精神,全市公安干警充满了自信,一致表示坚决执行中央指示,把镇压反革命运动进行到底。

与此同时,在市委市政府统一领导和部署下,对全市党政机关党员干部进行了教育,解决党员干部中存在的模糊思想,端正对开展镇压反革命运动的认识。

根据中共中央宣传部关于镇压反革命的宣传的指示,通过各种渠道、利用各种形式,广泛开展了镇压反革命的宣传活动。一是利用各种报告会,在党内党外,在机关、学校、工厂、街道,向干部群众宣传镇压反革命的意义,使广大群众认识到镇压反革命是斗争形势的需要,是保卫新生的人民民主专政政权的需要,是抗美援朝打击美国侵略者的需要。二是利用电台、报纸、电影、幻灯片等形式,公布一些重大案例,揭露特务、土匪、恶霸、反动会道门头子的反革命罪行。三是举办展览会,以直观的形式教育群众。市公安局于 10 月 25 日—12 月 16 日在第八文化馆举办了"肃特展览会"。先后参观展览的群众达 10 万余人,许多人在留言簿上写了观后感,纷纷要求政府严厉镇压反革命分子。有人赋诗一首:"与民为敌罪该万死,防奸反特切勿麻痹,提高警惕万民奋起,打倒美帝始能独立。"

为了做好运动的准备,迎接高潮的到来,全市公安干警积极投入了对各种反革命分子的敌情调研、追查线索、侦查破案等工作。从 11 月到 12 月底,通过审问被管制的反革命分子,核实犯人交待和揭发的材料,共发现有重大历史罪恶应逮捕镇压的反革命特务分子 74 人,在社会上拒不自首、隐瞒身份和罪恶的特务分子 390 人,反动党团骨干分子 150 人;通过对 78 个企业单位和 58 所大中学校的调查,发现有罪恶、有现行活动的特务和反动党团骨干分子267人。截至1951年2月，通过调查研究共发现应该打击镇压的各类反革命线索2400余条。

在开展调查摸底的基础上，对那些猖狂反扑的反革命分子适时地捕一批、杀一批，以显示人民民主专政的威力。在此期间，市公安机关先后破获了以国民党派遣特务秦应麟为首的"保密局直属天津特别组"案，以国民党中统潜伏特务王文锐、常伯候为首的"中国国民党青年反共工作团"案，以军统特务金玉培、刘西满为首的"公教青年报国团天津区队"案，共捕获案犯33人。同时为了打击制造谣言、煽惑群众的反革命分子，追查破获了反革命谣言案58起，逮捕案犯10人。逮捕了已经暴露出来、有重大历史罪恶的特务410人，匪首、恶霸257人，反动会道门头子177人，其他反革命分子218人。11月至12月间还公开取缔了反动会道门组织"世界新佛教会"，逮捕会长、领主等首恶分子24人。1951年1月26日，集中处决了有重大历史罪恶和进行现行破坏活动的反革命分子38人。为体现宽大政策，在实施逮捕、镇压的同时，对那些投案自首、坦白交待的反革命分子予以从宽处理，有的提前释放，有的撤销管制，恢复公民权。

（二）贯彻《中华人民共和国惩治反革命条例》，掀起镇压反革命高潮

1.全面贯彻《中华人民共和国惩治反革命条例》

1951年2月21日，中央人民政府颁布了《中华人民共和国惩治反革命条例》（以下简称《条例》）。《条例》把"镇压与宽大相结合""首恶者必办、胁从者不问，立功者受奖"的政策更加具体化，即对于各种反革命首要分子，对于解放后继续进行反革命活动的特务间谍分子，对于经过宽大后仍在作恶的反革命分子，采取从重处理的原则；对于被反革命分子胁迫、欺骗而参加反革命活动的胁从分子，对于解放前虽参加反革命活动，但罪行并不重大，解放后又确已悔改的分子，则采取从宽处理的原则。

《条例》颁布后，天津市在市委领导下进行了全面贯彻。利用报纸、

电台、印发《条例》、召开各种会议等方式,在党政机关、团体、工厂、学校、街道中向广大干部群众进行宣传并贯彻。副市长兼公安局局长许建国和市公安局副局长万晓塘先后在天津市第三届第二次各界人民代表会议、全市扩大干部会、全市大中学校教职员工大会、市政协联席会上,作了贯彻《条例》、坚决镇压反革命的报告。在 2 月 28 日天津市各界代表会议上,许建国指出:中央人民政府颁布的《条例》是贯彻实行镇压反革命政策的可靠保证,根据这个《条例》,不但可以防止与纠正在处理反革命案件中一切"右"的和"左"的倾向,而且可以保证坚决肃清一切危害人民的土匪、特务、恶霸及其他反革命分子,继续完成人民民主革命的任务,为建设新中国准备必要的条件。许建国号召全市人民要拥护《条例》,宣传《条例》,执行《条例》,使全市人民都能掌握这个法律武器,同反革命分子做坚决斗争。他要求各界代表和人民群众严格监督人民公安和司法机关执行《条例》情况,上下一致,齐心协力,把镇压反革命运动进行到底。①

为贯彻《条例》,尽快在天津市掀起镇压反革命高潮,天津市第三届第二次各界人民代表会议于 1951 年 2 月 29 日通过了关于镇压反革命的决议。

2.发动群众同反革命分子做斗争

为了把广大人民群众发动起来,实行全民动员,首先在市委统一领导下,由市委宣传部牵头,组织公安、司法、新闻等单位成立镇反宣传委员会,指导推动全市镇反运动的宣传工作,各区、街也相应建立宣传机构,机关、工厂、学校、街道建立了宣传员网,普遍学习了《条例》和镇压反革命有关文件。为做到家喻户晓、人人明白,在 1951 年 3 月印发了《条例》图解通俗读本 20 万册,并由宣传员向市民进行宣讲。市委市政府领导还通过各种会议及电台广播,多次发表讲话,阐明中央关

① 参见天津市地方志编修委员会:《天津通志·公安志》,天津人民出版社,2001 年,第 412 页。

于镇反的方针政策,讲明镇压反革命的意义,要求全体党员和干部群众解除顾虑、统一认识,积极地、勇敢地投入这场运动。《天津日报》还发表了供宣传员讲话用的《镇压反革命,保卫好光景》的宣讲稿。自《条例》颁布后,到3月下旬,《天津日报》连续发表社论、短评、述评11篇,市领导讲话5篇,典型案例12篇,各界群众座谈、揭发、控诉及同反革命斗争事例的新闻报道47篇,通过宣传报道,把一批罪大恶极的反革命分子暴露出来。自3月26日起举办的"公安展览"和"一贯道罪恶展览",参观群众达40多万人。通过参观,广大群众对反革命分子的罪恶行径无不切齿痛恨,一致表示要积极协助政府镇压反革命分子。

通过各种形式的宣传,提高了广大人民群众同各类反革命分子做斗争的积极性,检举信、控告信雪片似的飞向各级人民政府和政法公安机关。同时,同反革命分子面对面进行斗争的事迹也不断出现。例如,3月9日,居住在九区西站马路64号的姚大娘发觉在同院住的被管制反革命分子杨法章收拾行李准备外逃,便严加监视,当杨扛着行李要逃跑时,她和同院的12岁小学生黑昭明一起将这个反革命分子扭送到派出所。姚大娘的事迹一时轰动了津门,成了人民群众学习的榜样,许多受过特务、土匪、恶霸欺压的群众,纷纷写信检举或到公安机关投诉,揭发反革命罪行。

3.掀起群众性的揭发控诉高潮

在深入宣传、学习、贯彻《条例》的活动中,一个群众性的大控诉、大检举、大揭发活动形成高潮。

首先在工厂企业的广大工人群众中掀起了控诉反革命的怒涛。3月18日—4月1日,先后有电车公司、公共汽车公司、天津机械厂、华阳烟草公司、永利碱厂、北洋纱厂、丹华火柴厂、天津造纸厂、第二发电厂、天津车辆厂、人民印刷厂、天津炼钢厂及棉纺二、三、四、五厂等单位举行集会,揭发和控诉特务、恶霸迫害工人、奸淫妇女、勒索敲诈,以及解放后进行各种破坏活动的罪行。电车公司1000多名职工在3

21 日的集会上,愤怒控诉声讨了国民党中统特务、电车公司伪工会理事、人称"霸王"的反革命分子薛福珍,解放前剥削压迫工人,破坏工人运动,解放后继续与人民为敌,散布谣言,破坏电车的罪行。被他迫害的电车售票员孙连城控诉说:"我与薛匪争夺每月一天的加班权利,便诬我私通八路,设立公堂拷打审问,还要把我送到警备司令部。当时我急得上天无路,入地无门,只好上吊一死,后来被救,留下了病根。"其他被害人也相继控诉了薛福珍纵容他的爪牙"四大金刚""八大锤"迫害工人的罪行。3 月 26 日,永利碱厂的 240 多名职工集会控诉了反革命分子辛玉亭、张福海、马树林等的罪行。工人吴学文控诉说:"特务辛玉亭在日伪时期欺压工人成性,打死了工友满吉祥,七八个工友被他开除,他抓住我的一点错误,就拿凉水灌得我死去活来,以后又把我开除,弄得我失业挨饿。现在把他逮起来了,要求政府一定要为我们报仇!"

各区街市民也相继集会展开了控诉、声讨活动。3 月 19 日—27 日,一区黑龙江路街,二区马场街、于厂街,三区宜兴埠街,六区西楼街,七区丁公祠、清和街,九区营门东、丁字沽、落马湖,十一区万德庄、李七庄,南郊区咸水沽等街道的市民群众纷纷集会,愤怒地揭露控诉反革命分子的罪行。西楼街居民、皮毛公司工人郑洪奎愤怒地控诉了伪保长、人称"阎小鬼"的恶霸阎玉田害得他家破人亡的罪行。他说:"阎小鬼为霸占我的女人想把我害死,我只好离家外逃,在外忍饥挨饿,省吃俭用,混了 8 年攒了点钱,回来养家糊口,回来一看我的家没了,好容易找到姐姐家,姐姐告诉我,我老婆被'阎小鬼'霸占后,妈妈被气死了,哥哥弟弟得了伤寒病也都死了,一家子都完了。我听后真如五雷轰顶,姐俩抱头痛哭。后来'阎小鬼'听说我回来了,又让特务来抓我,说我是'八路',我只好又到处流浪……害得我无家可归,有冤难申,今天才有了申冤的日子,我要求政府给我报仇!"听了郑洪奎的控诉,全场群众无不义愤填膺,一致高呼:"枪毙'阎小鬼',为被害者报仇!"佟楼街居民控诉了恶霸"西霸天"吴玉林的罪行,登台控诉的有 30

余人。搬运工人靳忠玉控诉了吴玉林霸占他的房产，害死他老婆、孩子的罪行；居民姜项氏控诉了吴玉林纵容爪牙强奸其女儿的罪行。丁公祠街居民控诉了"四霸天"王家宾、王家宝、王家琪、王家宗兄弟4人逼死人，剥削欺压百姓的罪行。于厂街居民控诉了特务、恶霸严士宝抢劫财物、强奸妇女、杀人害命的罪行。落马湖街居民集会控诉了开妓院的恶霸窑主李耀林贩卖妇女、奸淫妓女的罪行。

为使"镇反"工作走向深入，各区相继召开群众控诉大会

青联、妇联、工会等各团体，民革、民建等各民主党派，以及工商界、宗教界、少数民族人士等，也先后举行集会，声讨和控诉反革命分子的罪行。在3月29日各界代表会议上，被特务恶霸王士姜害死两个亲人的王淑云，哭诉了王士姜的罪行："1940年9月，我的大哥王士英、二哥王士宏被他们抓去毒打后，第三天就给活埋了，我们去收尸时，大冬天刨了三尺多深的土，才发现哥哥的尸体，他身上只穿一件小褂，身子都被粗绳捆得紧紧的……"说到这里，王淑云泣不成声。台下高呼："为死难者报仇！""枪毙恶霸王士姜！"刘氏老太太控诉了特务恶霸井义江的罪行，她说："十几年前，井三把我闺女弄到旅馆强奸后就把她给卖了，那时我闺女才13岁呀，他把我闺女卖了置了新瓦房，而我闺女至今活

不见人,死不见尸,没个下落。"说到这里她放声大哭。接着又哭诉了井义江拐走她儿媳,逼得她儿子出走,她一个人无依无靠,苦熬日月的血泪史,当说到自己沿街讨饭时泣不成声,当场昏倒,送医院抢救无效身亡。会场的群众激愤万分,高呼:"枪毙恶霸井义江,为刘老太报仇!"受害苦主一个个控诉以后,工人代表于松如、妇女代表万玉清、学生代表王兰成、工商界代表李烛尘、教育界代表杨石先、各民主党派代表叶刚侯先后登台声讨了特务、土匪、恶霸、反动会道门头子的罪行。

　　4月5日,市公安局逮捕了披着宗教外衣的帝国主义分子卜相贤(法籍)、鲍翊华(法籍)、房如晦(法籍)、申自天(法籍)等4名罪犯,津沽大学、圣功女中、法汉中学、西开中学等校师生集会,声讨、控诉了帝国主义分子卜相贤等人破坏党和人民政府政策,挑拨离间,破坏天主教革新爱国运动的罪行。天津市天主教革新运动促进会与各民主党派、各人民团体于5月24日集会,控诉了帝国主义分子文贵宾(法籍,天津教区主教)支持、唆使卜相贤等进行反革命活动和组织反动"圣母军"与中国人民为敌的反革命罪行,并一致要求将其驱逐出境。宗教界对卜相贤、文贵宾等反革命分子的控诉,彻底揭露了以美国为首的帝国主义妄图颠覆破坏新中国的阴谋。

召开控诉反革命分子大会

　　7月上旬,全市声讨、控诉再掀高潮。9日,天津市11个区分别召开群众控诉大会。参加集会的有65,000余人,受害群众登台控诉的有58人,声讨控诉了34名反革命分子的罪行。

通过声讨、控诉活动，广大人民群众被发动起来了，许多工厂、机关、学校自觉地订立"爱国公约""防奸防特公约"，工人、市民、学生、干部自动地组织起来，成立"巡逻队""联防组"，监视反革命分子的活动，协助政府抓捕罪犯，并出现了许多对反革命罪犯敢管、敢斗的模范事迹。继姚大娘捉特务之后，又出现了7名小英雄智擒反革命分子、工人王云才夫妇捉特务等许多先进事迹。3月至7月间，公安机关接到书面和口头检举3269次，有许多人大义灭亲，到公安机关揭发反革命亲属。

4.实施第一次大搜捕

在深入宣传发动群众的同时，根据市委要求，市公安机关通过摸底排查、确定对象、搜集罪证，在掌握了应捕对象底数之后，决定在全市范围内开展统一行动，实施第一次大搜捕。3月13日零时，战斗打响，几千名干警在工人、市民群众的支持配合下，按照预定目标，把一个个残害人民、作恶多端的反革命分子抓捕归案。当夜共捕获反革命分子1369人。3月23日再次组织统一行动，又抓获反革命分子638人。前后两次行动共逮捕反革命分子2007人，其中特务1043人，反动会道门头子305人，惯匪、匪首38人，恶霸190人，反动党团骨干和杀人犯431人。

这次大搜捕行动，充分显示了专政机关的威力，使那些有严重罪恶和继续与人民为敌的反革命分子受到震慑，使广大人民群众扬眉吐气，许多人说："人民政府真替人民办事，只有把这些坏家伙抓起来，天津才能太平。"

大搜捕行动后，报纸公开发表了消息，把那些潜伏隐蔽在机关、学校、工厂的特务，以及公开进行破坏活动的反革命分子一一曝光。全市人民看到这些双手沾满人民鲜血的刽子手、杀人犯落入了人民的法网无不拍手相庆。

为了营造"镇反"声势，市人民政府于3月29日在民园广场召开了15,000人参加的群众大会，天津人民广播电台转播大会实况，收听的群众达 50 万人,市长黄敬、副市长许建国发表讲话,受害苦主及家属进行了控诉,各界代表相继发言,一致声讨特务、恶霸、杀人刽子手的反革命罪行。这次大会在全市引起了强烈反响,会后两天,电台收到各界群众来信 1252 封,接电话 3000 多次,群众一致拥护人民政府镇压反革命,强烈要求枪毙那些作恶多端的反革命分子,为百姓申冤,为受害者报仇。

5.三次大快人心的镇压

中共中央"双十"指示指出,按照"镇压与宽大相结合"的政策,对于首恶的、怙恶不悛的、在解放后继续作恶的反革命分子,应依照中央人民政府公布的《条例》加以镇压。当杀者,应立即判处死刑;当监禁和改造者,应立即逮捕监禁,加以改造。根据中央这一指示精神和广大人民群众的强烈要求,天津市于 1951 年 3 月至 7 月,采取坚决果断措施,分三批集中镇压处决了不杀不足以平民愤、怙恶不悛的反革命分子。

第一批,1951 年 3 月 31 日,共处决反革命罪犯 193 人。在被处决的这批反革命分子中,有在 1934 年参与刺杀吉鸿昌、任应岐将军的军统特务吕一民;有原国民党天津市党部执行委员、伪国大代表、黄色总工会常务理事,残酷剥削、迫害工人的臭名昭著的大工贼苑宝璜;有解放前欺压群众、独霸一方的大恶霸、脚行头子巴延庆、刘德山;有企图组织武装暴乱的反动会道门头子王紫泉、李桂荣;等等。

3 月 31 日这一天,是津城人民笑逐颜开的一天,当这批曾经骑在人民头上作威作福、残酷迫害百姓的反革命分子被处决后,人们奔走相告,许多家庭包饺子、吃喜面,以示庆贺。①

第二批,1951 年 4 月 29 日,共处决反革命分子 181 人。这次处决分别在小王庄、西营门、中山门外等 3 个刑场执行。被处决的反革命分

---

① 参见天津市地方志编修委员会编:《天津通志·公安志》,天津人民出版社,2001 年,第 414 页。

子中，有解放前作恶多端，解放后仍组织特务活动的特务分子赵怀玉；有潜伏在造纸厂，进行阴谋破坏的特务分子董馨远；有投靠日寇、推行"强化治安"、屠杀老百姓的大汉奸，日伪冀东招抚委员会委员长李际春；有大汉奸日伪唐山市市长徐树强；有开设妓院、横行霸道、奸淫妇女的恶霸窑主李风岐；有解放后继续进行串联、秘密传道、发展组织，阴谋推翻共产党的反动"一贯道"头子王义、邵百禄；等等。

这次镇压行动大快人心。刑车经过的大街小巷都涌满了群众，人们热烈鼓掌，高呼口号；在刑场上，群众目睹了这群坏蛋的下场，情不自禁地高喊："杀得好！杀得好！""严惩反革命，保卫好光景！"

第三批，1951 年 7 月 10 日，共处决了反革命分子 277 人。这次处决是天津市"镇反"运动中规模最大的一次，除处决一批死刑犯外，还判处了死刑缓期两年执行的反革命罪犯 56 人，判处无期徒刑的 52 人，判处有期徒刑的 178 人，判令取保释放的 42 人，共判处各类反革命罪犯 605 人。在这次处决的 277 名反革命罪犯中，有汉奸 61 人，特务 104 人，恶霸 60 人，惯匪 35 人，反动会道门头子 17 人。这些被处决分子中罪不容诛的反革命就有 157 人，有一部分是集汉奸、特务、恶霸于一身，从日伪时期到国民党统治时期，长期作恶，罪行累累，罄竹难书。伪天津市市长温世珍，效忠日寇，残害人民，推行日寇的"强化治安"运动，使天津 200 万人民处于水深火热之中；汉奸孙笏臣，曾任日寇警备队队长，后又充当国民党匪军副团长，10 余年中，先后杀害爱国志士和无辜群众 200 余人；汉奸、日寇宪兵队翻译张书箴、张书桐，在塘沽横行霸道，亲手杀害老百姓 80 多人；军统特务张公信，组织特务武装"忠义救国军""别动队"，一次就屠杀我军战士 40 余人。这些被处决罪犯中有解放后潜伏在我机关、学校、工厂中进行纵火、破坏机器、制造谣言、煽动破坏的一批特务、反革命分子；还有解放前残害人命、奸淫妇女的"四霸天""十大恶""活阎王""十八罗汉""三十六友"等大流氓、大恶霸、土匪、惯匪。这些无恶不作的反革命分子一个个都被送上了刑场，得到了应有的惩罚。

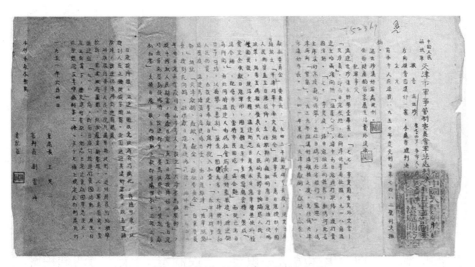

伪天津市市长温世珍的判决书

这次处决,分别在小王庄、中山门外、小孙庄、西营门、墙子河外等5个刑场执行。公判大会一开始,四区(今河北区)居民就在小王庄刑场附近的大街上洒水防尘,并自发地组织起来协助公安机关维护秩序。各个刑场,观看的群众人山人海,当刑场上枪声响起,一个个罪犯伏法后,群众欢声雷动,"坚决镇压反革命!""拥护共产党!""感谢人民政府!"的口号此起彼伏。

1951年7月10日,小王庄刑场,反革命分子伏法后,现场群众欢声雷动

（三）集中力量清理案犯

1951年5月，公安部召开了第三次全国公安会议。会议针对在某些地区、某些干部中出现的多捕多杀的"左"倾情绪，决定对全国"镇反"运动加以收缩休整，集中力量开展清案工作。根据中央这一精神，天津市也相应调整了工作重点。

6月7日，在市委的主持和领导下，天津市召开第三次公安工作会议。会议决定：鉴于本市"镇反"运动捕杀反革命分子已达到一定数量，需要迅速加以收缩；运动中逮捕了大批反革命罪犯，需立即加以清理；运动已开始发生某些"左"的偏向，需严加预防和纠正。按照中央指示精神，应立即转向收缩休整清理积案。会议制定了《天津市清理积案方案》，方案明确了清案的任务、步骤和方法，规定了对案犯处理的量刑标准和政策，提出了组织领导、力量配备等措施，《方案》要求清案工作在8月底以前完成。

为加强对清案工作的领导，经市委批准，成立了"天津市清理积案委员会"，由市公安局副局长万晓塘任主任，军管会军法处处长、天津市法院院长王笑一任副主任。清案委员会的任务是贯彻中央决议，研究政策，组织力量，统一领导，审理各类案件的判处。与此同时，中共天津市委成立"三人小组"，专门审理判处死刑及死缓的案件。

为加强预审、审判工作，市委统一抽调人员充实预审、审判骨干力量，市公安局预审干部由98人补充到158人，并组织干部集中学习"三公"会议决议，明确了量刑标准，提高了政策水平。

清理积案掌握的原则是：从案件类别上分，重点放在反革命犯方面；从已决和未决上分，重点放在未决犯方面。为保证清案质量，由公安、法院、检察署组成的清案委员会根据《中华人民共和国惩治反革命条例》和中央有关政策，制定了对案犯处理的量刑标准，特别是对死刑犯的判处作了比较详细具体的规定。对判死刑者划分为三类：一类是负有血债者；一类是虽无血债但有其他重大罪恶，民愤很大，非杀不足以平民愤者；一类是破坏革命运动、损害国家利益已至最严重程度者。对可杀可不杀的执行"判处死刑缓期两年执行,强迫劳动,以观后效"的政策。

掌握判处死缓案件的标准是：第一,罪该处死但没有血债,民愤不大者；第二,应判死刑但有显著立功表现者；第三,在党、政、军、人民团体、民主党派中清理出来应判死刑的反革命分子,除民愤极大者外,一般判处死刑缓期执行。

清案开始后,第一步,先清理两头,即应判处死刑的和可以释放的。从6月中旬开始首先对死刑犯（包括死缓）进行清理。在清理死刑犯中采取的方法是：第一,由预审部门组织预审人员,分工包案,规定时限,经过审讯调查,将案犯材料整理成卷,之后研究提出初步处理意见。第二,召开各界人民代表会议,核实案情和罪恶事实,对量刑提出意见。第三,根据群众意见补充核实材料后,提交由市协商委员、政府委员及各界代表组成的"反革命案件审查委员会"讨论通过,报市委"三人小组"审批。至7月上旬,死刑犯基本清理完毕,共清理333人,其中判处死刑立即执行的277人。

第二步,从7月10日以后转向对判处徒刑及少数罪轻不予判处的案犯方面。至8月15日,共清理反革命罪犯1000人,经清案委员会批准,判处无期徒刑的19人,判处有期徒刑的300人,罪轻不足以判刑予以释放的23人,共计结案342人,已清理结案待批的600人。在清理这部分案犯时,各区都先后召开群众代表会议或群众大会,通过群众控诉揭发,进一步补充了证据,充实了材料。通过群众讨论审查,更改了一部分量刑畸轻畸重的案件。进入9月,清案工作达到高潮。市局及各分局集中力量组织人员,加紧审讯和内查外调,并陆续向人民群众报告对案犯的调查、审讯经过及处理依据,听取对案犯的审查意见。9月24日—26日,全市11个区都分别召开了各界人民代表审查反革命案犯大会,首先由各区公安分局长报告对案犯的调查审理及处理意见,之后分组讨论，提出补充材料和处理意见。此次各区交群众审查的案件共 543 件，经过审理提出修改判处意见 70 件。12 区人民代表在讨论恶霸曹万全的罪行时，对该犯霸占人民土地、奸污妇女的罪行提出了补充材料，并揭露其解放后不老实悔过、威胁群众的事实，经过讨论，大家一致同意加判两年刑。在 4 区人民代表会议上审查的惯匪马玉明，解放前在王庄子一带欺压民众，敲诈勒索，强奸妇女，作恶多端，公安局提出处理意见是判处徒刑 7 年，许多代表又揭发控诉了马玉明不少新的罪行，最后经讨论，提出改判 15 年徒刑的意见。截至 9 月底，共清理结案判处徒刑的反革命案犯 866 人，释放交群众管制的 228 人。

第三步，清理监狱，组织罪犯投入劳动改造。在清理案犯过程中，一方面清理，一方面组织犯人参加劳动改造。为了多安排犯人投入生产劳动，监狱部门扩大了铁工厂、棉纺厂、砖窑厂，并新建一个可容纳 1000 名犯人的新生农场。从 7 月到 9 月底，从监狱、监所清出 4600 余名犯人投入生产劳动，占在押人犯的 47.7%。

在清理积案中，通过审讯查证，还发现了反革命线索 2000 余条，并从中破获了久侦未破的 1949 年特务尉孝诚等纵火焚烧河北省杨柳青粮库案，1949 年至 1950 年号称"十八罗汉"的马廷兰等 10 余名惯匪连续破坏京津唐高压电线案，中统特务头子汤衡如在工厂企业中布置 7 个潜伏组等重大案件。在清理积案过程中，共破获反革命纠合组织案件 21 起，潜伏特务案件 17 起，派遣特务案件 1 起，进一步扩大了"镇反"运动的成果。

1950 年 10 月—1951 年 10 月，为"镇反"运动第一阶段。在这一阶段中，全市共逮捕反革命分子 5690 人，除判处死刑的以外，判处徒刑的 4629 人，交由社会管制的 551 人。

从对各类反革命分子的打击情况看，对反动会道门头子打击得最为彻底，有 3058 名中小道首被管制，774 名反动道首被逮捕。对特务、土匪、恶霸打击得比较彻底。在这一阶段中共逮捕中统、军统、国防部二厅等特务系统的特务分子 1968 人，除少数漏网潜逃和个别隐姓埋名未被发现者外，残留在津的国民党特务组织和残余分子已基本肃清；逮捕惯匪、匪首 243 人，天津市的土匪已基本肃清，半年中只发生抢案 8 起，多系外地匪徒窜入城郊作案；对为害一方的恶霸、汉奸的打击也较为彻底，共逮捕恶霸地主、汉奸 2349 人；对反动党团骨干分子也基本肃清，自 1950 年以来共逮捕 631 人。

在严厉镇压打击下，敌人营垒分化瓦解，被管制的反革命分子主动坦白和揭发反革命线索材料 1000 余件；一些暗藏的和未被揭发的反革命分子纷纷投案自首，在第一阶段中投案自首的有 640 人；此外还有 118 名反革命分子罪恶重大，为逃避人民的审判而畏罪自杀。

在这一阶段中，收缴手枪 52 支、子弹 3175 发、战刀 79 把、收发报机 8 部、反动证件 1283 件、黄金 1000 余两、银元 2935 元、人民币 1704 万元。

天津第一阶段的"镇反"运动，充分显示了人民民主专政的威力，残余反革命分子在人民铁拳面前受到了沉重的打击。

(四)解决"镇反"不彻底的地区和角落，运动向纵深发展

1.保卫"三反""五反"运动

1951 年 9 月，公安部召开了第四次全国公安会议。会议总结了第三次全国公安会议以来即"镇反"第一阶段的工作，检查分析了全国镇压反革命的情况，提出了"镇反"还存在着不彻底地区和不彻底方面，部署了以解决不彻底地区、方面为主要内容的第二阶段"镇反"任务。27 日，在市委领导下，天津市召开了第四次公安工作会议，总结了本市前一阶段"镇反"成果和基本经验，指出天津"镇反"是比较彻底的，但也有不彻底的角落，确定了在不彻底地区和方面继续肃清残余反革命分子的任务。会议要求各单位作出计划，从调查研究入手，做好第二期"镇反"准备工作，同时提出进一步巩固"镇反"成果，加强侦查、内保、海防、治安等各项业务建设。

正当各部门、各单位落实计划，开始摸底排队，确定打击处理对象时，1951 年 12 月，在党中央领导下，在全国范围内开展了反对贪污、反对浪费、反对官僚主义和反对行贿、反对偷税漏税、反对盗窃国家财产、反对偷工减料、反对盗窃经济情报的"三反""五反"运动。根据天津市委的部署，市公安局一方面在公安系统内部开展"三反"运动，一方面把"镇反"暂时转向打击敌人破坏活动、保卫"三反""五反"运动上来。

为保卫"三反""五反"运动，各级公安机关和内部保卫组织，密切注视敌人动向，对进行破坏活动的反革命分子及时给予打击，同时对已经掌握材料和证据的残余反革命分子及时进行处理。"三反""五反"运动的开展，确实又暴露出一部分反革命分子。隐蔽在棉纺二厂当工人的反革命分子王笃，解放前在沧县组织还乡团杀死村公安员一人，解放后潜逃天津，经常散布"共产党站不长，国民党快来了"的反革命谣言。皮毛公司合作社工人徐毫君，系原日伪特务，有两条人命的血债，解放后拉拢落后工人搞小集团，破坏生产。隐藏在棉纺三厂当警卫的阎文襄，在外地担任警察局长时，曾杀害八路军战士、村长、村民 11 人。电业局职员李维祯，天津解放后秘密加入中统特务潜伏组织，搜集发电厂机密情报，暗中制造谣言。对这些反革命分子，经过调查核实罪证均先后予以逮捕。与此同时，在全市各单位内部还侦查破获了 27 起潜伏特务和现行反革命案件，捕获了一批反革命分子。各分局也相继逮捕了一批反革命分子，如公安四分局逮捕反革命分子 87 人、恶霸 26 人、土匪 8 人、反动会道门头子 2 人、其他 21 人。1951 年 10 月—1952 年 6 月，全市共逮捕反革命分子 112 人。

在此期间，继续加紧清案工作，到 5 月底，共清理结案反革命罪犯 1937 人。经过清案、清监，已判决罪犯大部分投入劳动改造。在社会上，还加强了对反革命分子的管制工作，落实派出所和群众监管措施，只许他们老老实实，不许他们乱说乱动，以保障"三反""五反"运动的进行。

2.继续深入开展"镇反",解决"镇反"不彻底问题

为解决镇反不彻底问题,从 1952 年 6 月开始,从调查研究和清理材料入手,确定应逮捕和管制的名单,之后逐个进行查对,搜集核实罪证。公安七分局清理了各类反革命线索材料 2396 件,从中确定重点审查对象 326 人,分局组织了 42 名干警,深入群众,逐个查对,搜集罪证,最后确定呈请逮捕 24 人,管制 40 人。镇反不够彻底的塘沽区、天津县,集中力量深入开展调查摸底工作。到 10 月份,塘沽沿海村庄、各盐滩及港务局、永利、久大等工厂企业,摸底工作基本结束,新发现反革命线索材料 144 件;天津县通过调查摸底,经查证核实,可逮捕的 13 人,可管制的 79 人,市内各工厂企业单位,通过清理材料和调查摸底,确定应捕对象 55 人,应管制的 48 人。

各单位通过清理和调查确定的逮捕、管制对象,均按照审批程序,报市局批准。截至 1952 年底,全市共逮捕反革命分子 224 人,其中有恶霸、汉奸、还乡团队 142 人,特务 44 人,反动党团骨干分子 13 人,土匪 10 人,反动会道门头子 1 人,其他 14 人,协助外地逮捕 41 人。[①]

3.贯彻第五次全国公安会议精神,搞好镇反补课

1952 年 10 月 12 日—18 日,公安部召开了第五次全国公安会议,决定从 1952 年 12 月起转入镇反第三阶段。会议要求必须坚持不懈地把镇反不彻底的地区和方面搞彻底;已经彻底的地区或基本彻底的地区,要巩固镇反成果,系统地进行各项业务建设工作,以迎接从 1953 年开始的大规模经济建设。

1952 年 10 月 22 日,市公安局召开市局、分局主要干部会议,传达了第五次全国公安会议精神,制定了以搞好镇反补课为主要内容的第三阶段镇反计划。会议强调,在下一阶段镇反中必须严格掌握政策界限,按照捕、杀标准,认真履行审批手续;对反革命分子的管制工作,要

---

① 参见天津市地方志编修委员会编:《天津通志·公安志》,天津人民出版社,2001 年,第 417 页。

认真执行"政府管制与群众监督相结合，政治管制、思想教育与监督劳动相结合"的原则，改进工作方法，促使被管制分子的思想转化。为解决好镇反不彻底的方面和角落，要进一步加强对镇反工作的领导，有计划、有步骤地开展调查摸底，把漏掉的反革命分子该捕的捕起来、该管的管起来。会议还强调进一步加强业务建设，以适应对敌斗争的需要。

按照此次会议部署，有关各处、各分局在完成二期镇反任务后，从1952 年 12 月起开展了第三阶段镇反工作。这一阶段的任务，主要是解决镇反不彻底的问题，具体抓了以下几个方面：

一是天津县的镇反。该县一部分村庄，特别是与外省接合部地区，群众没有充分发动起来，对反革命的镇压很不彻底。据此，在县委领导下和市局镇反工作组指导下，全县公安干警结合农村整风、农业生产，深入情况复杂的村庄和边沿地区，发动教育群众，宣传镇反政策，号召知情人揭发检举，敦促反革命分子坦白自首。经过一段时间的工作，到1953 年 5 月上旬，逮捕了反革命分子 86 人，判处死刑 19 人，管制 217人。自镇反开始以来，天津县共处决反革命分子 222 人，关押 498 人，管制 805 人。从实际情况看，天津县的镇反已基本彻底。

二是水上的镇反。水上镇反不够彻底的地区主要是塘沽区的海河入海口及沿渤海的渔民村庄。为了把水上镇反搞彻底，在塘沽区委领导下，抽调组织了 79 名干部，结合水上民主改革运动，先后召开群众大会、小型座谈会及揭发控诉会 300 余次，受教育群众达 3 万余人次。通过宣传发动，渔民思想觉悟有了明显提高，书面和口头检举揭发反革命材料 800 余件，经调查核实、搜集罪证，逮捕、管制了反革命分子54 人。内河水上的镇反也进行了扫尾补课，结合民主改革发动船户、渔民，又暴露出一批反革命线索，在前一阶段已逮捕 25 名反革命分子的基础上，又逮捕了 22 人。

三是塘沽区的镇反。经过对原确定镇反不彻底的北塘、郊区、盐滩及少数企业单位的调查摸底，未发现应捕对象，只是结合民主改革在发动群众、加强群众性治安工作方面补了课。经过镇反补课，所有散居于盐滩地区的盐民普遍建立了户口，在郊区农村普遍建立了治安保卫委员会。

四是工厂企业的镇反。整个工厂、企业的镇反基本上是彻底的。这次镇反主要解决地方工业系统的中小工厂和私营企业。经过民主改革、健全保卫组织、深入发动群众，暴露出一批反革命线索，经调查排队、核实材料，至1953年5月底，逮捕反革命分子42人，管制83人。

五是市区的镇反。市区各分局在第三阶段镇反中主要是扫尾补课，彻底肃清残余反革命分子。各分局首先从清理材料入手，先后成立了"清理材料办公室"，由一名分局长亲自领导，办公室下设内勤组、外勤组。内勤人员负责清理核实各类线索材料，外勤人员负责内查外调，弄清事实。要求各派出所也要翻箱倒柜，将分散零乱的材料整理建卡，从中发现漏捕、漏管的反革命分子。经过清理材料、调查核实，到1953年5月底，各区镇反扫尾工作基本结束。在第三阶段镇反中，公安一分局逮捕反革命分子65人，管制反革命分子51人。公安三分局自1952年11月—1953年5月，逮捕反革命分子87人，管制53人。公安四分局逮捕反革命分子62人，其中有25人是群众检举揭发的，有4人是群众直接抓获的。其他分局也分别抓了一批，管了一批。

在进行镇反扫尾补课的同时，加紧了清理积案的工作，从1952年11月—1953年5月，共审结反革命案犯1416人，已审结待批的518人，至此，大批的清案工作已告一段落。

全市第三阶段镇反任务到1953年5月基本结束，解决了镇反不彻底问题，进一步肃清了反革命残余分子。在这一阶段中，共逮捕反革命分子385人，其中反动党团骨干19人，特务65人，反动道首33人，土匪22人，恶霸、逃亡地主、还乡团、顽伪军政官吏246人。另外协助外地逮捕潜逃天津的反革命犯161人。新管制反革命分子399人，共管制3194人。在第一阶段和第二阶段镇反中判处死刑的反革命分子，在这一阶段经市委审查批准，又执行了一批。

为了干净彻底地将反革命分子全部肃清，在 1953 年上半年的镇反第三阶段，通过清理，又逮捕了反革命分子 134 人，管制 83 人，共处理 217 人，其中工厂企业的 190 人，文教部门的 19 人，政府机关的 8 人。

经过两年多的内部镇反和清理工作，在内部单位共管制了反革命分子 876 人，逮捕反革命分子 662 人，其中隐瞒重大历史罪恶和进行破坏活动的一批反革命分子被处决。被处决的反革命分子中，有在日寇侵华时期参加制造惨绝人寰的冀东遵化县潘家峪大惨案，杀死无辜群众 2000 余人的刽子手；有解放前曾杀害我解放区干部多人从外地潜逃来津混入棉纺一厂的反革命分子；有潜伏在工厂，制造破坏事故、煽动工人闹事，妄图夺权暴乱的特务分子；等等。

经过清理，挖出了一批隐藏在内部的反革命分子，从而纯洁了内部组织，消除了隐患，有力地支援和保卫了生产建设的顺利进行。

（五）总结判定，结束镇反运动

1953 年 5 月，天津第三阶段镇反任务结束，根据第五次全国公安会议决议精神，市公安局及时作出对镇反进行总结判定的决定，要求各区分局及各单位全面展开判定工作。6 月 3 日，又对工矿企业单位镇反判定标准和审批手续作了具体规定。

镇反是否彻底的判定标准是：第一，判定对五个方面反革命分子的打击是否已经彻底，即已经暴露出来的敌人是否受到应有的打击，还有无遗漏问题；第二，认真全面地分析敌情变化，即从社会治安秩序、发生的案件、单位的破坏事故等方面，看敌人的活动是否已经减弱，在公安部门严厉镇压打击下敌人活动发生了什么新的变化；第三，判定群众是否被充分发动起来了，人民群众的政治觉悟和对敌斗争的积极性是否提高，特别是第三期镇反中进行镇反补课的地区和单位，群众是否已经被发动起来了。同时明确各单位判定结束后及时作出镇反是否彻底的判定结论，经同级党委审查后报市委审批。

全市公安机关从 1953 年 6 月开始，全面展开了镇反判定工作。在市区街道，结合户口普查、整顿管制工作，普遍进行摸底排队，了解敌情变化及有无应捕未捕、应管未管等遗留问题。各郊区（原天津县已划分为东西南北四个郊区）结合保卫农业生产、巩固农村治安，通过深入群众检查判定镇反彻底程度，对重点乡、村着重检查有无漏捕漏管问题。各工厂企业单位，结合保卫生产、保卫要害、追查事故，进行摸底调查，了解判定对敌人的彻底打击镇压。

各分局在判定中，除普遍进行摸底排查外，还集中力量清理审查镇反以来遗留的各类反革命线索材料，以彻底澄清有无漏捕漏管问题。

在了解掌握敌情方面，各分局以派出所管界为单位，通过召开群众座谈会，一方面了解对反革命的镇压打击程度，另一方面摸清敌人动态，特别是社会上被监督管制的反革命分子的动向。公安二分局的 15 个派出所，先后召开了 200 多次群众座谈会，绝大多数群众对被管制分子的情况比较清楚，反映了被管制分子的动向。通过座谈和调查了解，被管制的 180 名反革命分子，大多数劳动守法，服从监督改造，只有个别人表现不够老实。被撤销管制的 230 名反革命分子，没有发现反复和不轨行为。经过群众评定，全市被管制的反革命分子，绝大多数老老实实，认罪守法，接受改造。这些情况表明，经过杀、关、管，残余的各类反革命分子确已土崩瓦解。

从社会治安情况看，治安秩序稳定，反革命案件和刑事案件数量大大下降，纠合性的反革命活动和伙匪抢劫已经绝迹。但是从掌握的敌情看，确实也出现了新的值得注意的动向。一是敌人的现行破坏活动还时有发生，自实行粮食统购统销以后，市区、郊区发生造谣诬蔑、投恐吓信、写反动标语及纵火等案件。通过对查破的 88 起案件分析，属于有一般反动历史身份人员作案的占 65%，属于敌对阶级分子作案的占 30%。这说明残余的反革命分子，特别是骨干分子被消灭以后，还会滋生新的反革命分子。二是单位内部还残留一部分人在天津、罪恶在外地、长期未弄清的反革命线索,这些尚未完全暴露的反革命分子,仍是一大隐患。三是外地镇反中潜逃和被追捕的反革命分子,也屡屡窜入天津,企图长期隐蔽下来。四是台湾国民党特务机关和国外敌对势力,对大陆的阴谋破坏活动,虽经打击一度有所收敛,但并未完全停止。1953年9月、11月先后破获的台湾国民党内调局派遣特务张万禄案、"中美联合办公处"派遣特务屈鸿祺案就足以说明这一点。因此在镇反判定中,各分局、各工厂企业,普遍对广大干部群众进行了敌情教育,使他们保持高度警惕,加强防奸防特,监督改造被管制的反革命分子,巩固镇反成果,保卫新生人民政权。

镇反判定工作至8月全部结束。各部门、各单位在判定中按照镇反彻底的要求和具体标准,认真细致地进行了全面总结,肯定了镇反所取得的伟大成就,总结了经验,分析了敌情变化,研究了对策,把公安保卫工作不失时机地转到加强各项业务建设和开展以打击帝国主义特务、国民党特务为主要内容的斗争上来。

三、"镇反"成果和基本经验

从1950年11月开始的天津镇压反革命运动,在市委和市政府直接领导下,在全市人民的支持配合下,经过全体公安、司法人员的共同努力,取得了伟大的胜利和辉煌的战果。

在整个镇反运动中,天津市相当彻底地肃清了土匪、恶霸、特务、反动党团骨干和反动会道门头子等5个方面的反革命分子,根除了为患数百年的烟毒公害。从而极大地激发了人民群众当家作主的主人翁精神,密切了党和人民群众、党和各界人士的关系,巩固了人民民主专政和人民民主统一战线。由于彻底地肃清了残余反革命分子,严厉打击了敌人的现行破坏活动,各类危害社会治安的问题大大减少,天津的社会秩序空前稳定。1950年,敌人活动十分猖獗,仅由特务、反革命分子纠合组织起来的反革命组织就有80多个,经过镇压打击,到1952

年,案件仅发生 8 起,1953 年,此类反革命纠合活动已经绝迹。工厂、企业内部反革命破坏事故明显减少。1952 年,发生的破坏事故比镇反前减少了 80%;1950 年发生 127 起反革命传单、标语和造谣案件,到1952 年下降了 50%;土匪抢劫案件,特别是结伙作案基本绝迹。

社会秩序的稳定为国民经济的恢复和发展创造了空前的有利条件。郊区农村经过土地改革和镇压反革命,广大农民翻了身,分得了土地,以极大的热情投入了农业生产。1952 年,郊区农业生产取得了大丰收,共产粮 55.8 万吨,比解放后的第一年增长 1.4 倍。

工厂工人生产积极性普遍提高,纷纷开展了爱国生产竞赛活动。公营染整五厂自从把压在工人头上的反革命分子、工头王德仁、李长锐逮捕后,全厂工人生产热情高涨,从 1951 年下半年起,月月超产50%～100%。私营飞龙橡胶厂镇反前因反革命分子捣乱,挑拨离间,使工厂濒于倒闭,自逮捕 1 名反革命分子和清理出 10 余名反动党团分子后,全厂职工分清敌我,团结一致,展开了生产竞赛,月产量提高30%,并提前完成了 20,000 多双军胶鞋的生产任务。由于工厂企业内部秩序安定,为生产力的发展创造了有利条件。1952 年,全市工业总产值已达 175,200 亿元,比镇反前的 1949 年提高了 2.7 倍。

镇反运动的另一重大成果是把大批被判处徒刑的反革命罪犯投入劳动改造,化消极因素为积极因素。通过劳动改造,罪犯不但在劳动中用汗水洗刷了自身的罪恶污垢,悔改自新,争取做一名合格守法的公民,而且学习掌握了一定的劳动技能,为刑满出狱谋生,成为一名自食其力的劳动者奠定了基础。此外对在社会上被管制的反革命分子的监督改造,也是化消极因素为积极因素的一个重要方面。通过监督改造,大部分劳动改造人员向好的方面转化,不少人被撤销管制,恢复公民权。

镇压反革命运动的基本经验是:

第一,党委领导是运动取得胜利的根本保证。镇压反革命开始后,中共天津市委始终把镇反运动摆在重要议事日程,市委领导多次主持召开公安工作会议,研究部署镇反运动的行动计划。在运动初期,为了动员全党、发动群众,市委主要负责人黄敬、黄火青等分别多次召集各阶层会议,阐明镇压反革命的意义,讲解中央的方针政策,号召全体党员、干部、工人、市民行动起来,投入这场伟大的斗争。运动发动起来以后,市委每三天听取一次汇报,掌握进度,把握时机,及时研究解决运动中出现的问题。当运动涉及机关、团体、学校、企业内部人员时,市委根据中央指示反复强调,除对有重大历史罪恶和有现实活动的反革命分子有重点、有目标地加以逮捕处理外,其余涉及的反革命问题暂时不动,留待内部整风审干中去解决,以安定内部,全力对付社会上的反革命分子。在大捕大杀中,市委市政府严格掌握捕杀标准,市长黄敬一再指示,决不准错杀一人。在清理案犯中,为严格把关,做到谨慎、不枉不漏,在市委领导下成立了“清理案犯委员会”,确保中央方针政策的正确执行。当开展清理“中内层”、解决内部反革命分子问题时,市委强调,要结合整风审干,采取坚持团结多数、打击少数,坚持自觉自愿、不追不逼,坚持大部不抓、不搞清洗等原则,有效地孤立和打击了少数反革命分子,达到了纯洁组织、巩固统一战线的目的。整个运动中市委抓政策的落实,抓运动的节奏,抓出现的问题,从而保证了天津镇反运动的胜利完成。

第二,充分发动和依靠群众是运动取得胜利的重要条件。在镇反的几个阶段中,始终把宣传群众、组织群众贯穿始终。运动一开始,就运用电台广播、报纸、印发宣传品等形式进行广泛宣传,并举办公安展览、肃特展览、一贯道罪恶展览,用生动形象的事例教育启发群众。在第一阶段中,各区街、工厂、企业、机关、学校、团体都召开了报告会、群众会、控诉会,市政府、各区政府多次召开政治协商委员会、各界人民代表会议,以及从千人到万人的群众大会,总计先后召开各种类型会议达 21,000 多次,参加群众 220 多万人次。通过多种形式的宣传,很快把群众发动起来,尤其是党和人民政府纠正了宽大无边的偏差,采取严厉镇压措施之后,广大人民群众更加相信和靠拢了人民政府,并以实际行动投入镇反运动。在镇反高潮中,人民群众检举揭发的反革命线索平均每月达1000条以上。在同敌人面对面斗争中涌现出一大批敢管敢斗的群众积极分子。到镇反第三阶段,全市共有防奸反特积极分子12,400多人,被评为市级英雄模范的130多名。广大人民群众被发动起来以后,真正形成了"铜墙铁壁",在人民群众的铜墙铁壁面前,一切反革命分了只能碰得头破血流。

第三,认真执行政策是运动健康发展的关键。在执行中央规定的镇压与宽大相结合、严肃与谨慎相结合的方针政策过程中,在市委的领导下,把握了以下几个环节:一是对干部群众反复进行政策教育,认真领会和落实中央精神, 及时纠正运动初期出现的不敢大胆放手、运动开展后出现的急躁情绪等"右"的和"左"的情绪,以保证"镇压与宽大相结合"政策的正确实施。二是从本市实际情况出发,研究制定了对反革命分子逮捕、管制的标准及批准权限,设立由分局、市局、市委三级审批的"三道防线",以防止发生错捕、错管的偏差。对该杀的反革命分子则坚持三级审查制,最后由市委批准。三是对涉及党、政、军、人民团体、文艺界、工商界、宗教界、民主党派等8个方面的人物,罪该处死的坚持报中央批准,罪该逮捕判刑的由市委审批,罪该管制的由市公安局审批,这样经过层层把关,就保证了在这8个方面达到中央提出的大部不捉、基本一个不杀的要求。四是组织政策检查,及时纠正出现的偏差。通过政策检查,发现错捕的26人,可捕可不捕的20人,没有发现错杀问题。对检查发现的问题,都及时纠正,体现了党的有错必纠的方针。五是对于确有悔改和立功表现的,坚持"坦白从宽、立功者受奖"的政策,及时兑现,从宽处理。在三个阶段的镇反中,在对坚持反动立场、继续与人民为敌的反革命坚决镇压的同时,对真诚悔过、检举揭发他人、悔罪立功者均采取从宽政策,或从轻判处,或免予刑罚,从而有效地促使敌人营垒的分化,体现了孤立打击少数、团结教育多数的斗争策略。总之在执行政策中，经过上述具体措施，做到了该杀者坚决杀掉、可杀可不杀者一律不杀；该捕者必须捕起来，可捕可不捕者一律不捕，该从严的从严，该从宽的从宽，保证了党中央制定的一系列方针政策的正确贯彻执行。

第四，与其他运动紧密结合，是镇反运动深入开展的必要途径。在新中国成立初期，为了继续完成民主革命的任务，在全国范围内相继开展了土地改革、民主改革、镇压反革命、抗美援朝、"三反""五反"等政治运动。各项运动的开展紧密结合、互为作用，有效地推动了民主革命任务的完成。镇反运动的深入发展为工厂企业内部民主改革和区街民主建政扫清了道路，通过开展阶级教育，揭露和镇压特务、恶霸、反动官吏、把头、工贼，搬掉了压在人民群众头上的"大山"，确立了人民群众的主人翁地位。随之在工厂建立了工会，在街道建立了街公所、居民委员会等群众自己的组织，促进了民主改革运动的完成。为配合抗美援朝运动，公安机关在镇反中及时公布揭露帝国主义特务间谍的罪行，使人民群众认清帝国主义的侵略本质，以增加生产、巩固后方的实际行动，支援在朝鲜前线战斗的志愿军。通过"三反""五反"运动，不但清除了贪污腐败现象，打退了不法资本家的进攻，同时又暴露了一批反革命线索，为第三阶段镇反的深入开展提供了条件。

第五，有一支政治坚定、英勇善战的公安队伍。这是镇反运动取得累累战果的重要因素。在镇反运动中，广大公安干警怀着深厚的阶级感情，肩负着保卫人民生命财产、保卫新生政权的光荣使命，他们不怕苦、不怕难、不怕牺牲、英勇奋战，不论在大搜捕中，还是在内查外调和追捕逃犯中，经常加班加点，连续作战，许多同志吃不上饭，睡不好觉。凭着一颗颗赤诚的心，他们把整个身心完全奉献给为保卫人民民主专政政权而战的神圣事业。为尽快查清人在天津、罪恶在外地的反革命分子，以保证第三阶段镇反任务的完成，市公安局于1953年1月抽调了48名精干人员，组成6个工作组，分赴天津专区、沧县专区、保定专区,以及唐山、德州、惠民等地区进行查证工作。他们在没有现代化交通工具的困难条件下,跋山涉水、走村串户、忍饥挨冻,仅用了不到20天的时间,就将600多名反革命分子的问题全部查清,从中确定了一批应速捕的对象。在抓捕罪犯、审理案犯过程中,他们面对顽敌,英勇战斗,表现出大无畏的革命精神。在整个镇反运动中,涌现出一大批模范先进人物。

广大公安干警的英勇拼搏和无私奉献精神,赢得了人民群众的崇敬和爱戴。人们纷纷写信向公安机关和公安人员致敬。华北纺织局制造厂全体工作人员来信说:"你们以高度的机警与日夜的辛勤,铲除了许多危害人民事业的匪特与恶霸,在保卫和平与人民幸福的事业上,写下了光荣的一页!"一封封来信,一篇篇祝词,充分表达了人民群众对公安机关和公安人员的崇敬之情。许多单位和个人还向公安机关赠送锦旗。在镇反高潮的几个月中,各单位、各界人民向公安部门赠送的锦旗和挂镜就有278面。

全体公安干警在这场伟大的镇压反革命运动中,经受了严峻的考验,经过血与火的战斗洗礼,这支新型的人民公安队伍更加成熟、更加坚强了,他们以崭新的姿态又去迎接新的战斗。

第三节　取缔一贯道斗争

一贯道是我国最大的反动会道门之一,取名出自《论语·里仁》的"吾道一以贯之",意思是要贯穿全国会道门,信奉儒、释、道、耶、回"五教同源",中心主神为无极老母(又称无生老母,明明上帝)。一贯道认为,五教教主是无极老母的五个儿子,他们各自创立了宗教系统。既然五教合一,一贯道就是一个多神教,它将孔子、释迦牟尼、老子、耶稣基督、穆罕默德,都作为自己的教主。

清光绪三年(1877)，山东青州人王觉一脱离先天道创立东震堂，开始叫"末后一着教"，距今已有 140 多年的历史，它承袭了先天道的一套道义规诫。王觉一著书立说，为一贯道做了理论上的准备。光绪十二年(1886)，由王觉一的徒弟刘清虚执掌东震堂，光绪三十一年(1905)正式将东震堂改名为一贯道。

事实上，刘清虚一生对一贯道的发展并未有多少贡献，很快又因为年老体弱而解散教团，弟子各谋出路。后来一个叫路中一(1849—1925)的弟子，掌握了道权。路氏自幼家贫，粗通文墨，曾到天津小站投军，当过骑兵，后在天津营盘担任德国操的教习。加入一贯道后，得到刘清虚的"点传"，从此外出传道，并鼓动其妹一起传道。刘清虚死后，路中一自称弥勒佛、"十七代祖师"。但路中一执掌教权期间，一贯道也并未得到很大发展，仅在山东省的济宁和金乡、鱼台、单县、嘉祥、汶上、宁阳、东平、定陶、城武及河南的开封、巩县等地传道。

1925 年，路中一去世，其妹路中节继承道权，自称"南海古佛"下凡。1930 年，路中节去世，路中一的徒弟张光璧回济宁主持道务，自封十八代"师尊"，道号"天然子"，故又称张天然。他通过扶乩，与在道内同样很有影响力的孙素珍结为夫妻，并夺得祖师之位。此事遭到当地教徒反对，因此二人离开济宁到各地传道。后来张光璧来到天津，即以天津为基地，分派徒弟到张家口、包头、山西、东北等地传道，道务日盛，道徒大增。

1947 年，张光璧死后，一贯道内部开始分裂，分成了"正义""金线"两派，"正义派"是张光璧之妻张刘氏掌握，"金线派"是张光璧妾室孙素贞掌握。张刘氏的"正义派"失败，解放前夕窜逃到香港。孙素贞在解放前与道长们分别窜逃到台湾、香港，继续进行活动。

一贯道的头子大多是一些流氓、恶霸、地主、特务，他们设立"坛""班"，通过焚香、拜神、扶乩、念咒、讲道、说经等封建迷信形式，诈骗钱财，诱奸妇女，扰乱社会，毒害人民。在抗日战争期间，一贯道即被日本帝国主义利用作为侵略我国的工具。抗战胜利后,国民党反动派控制、利用一贯道,改称"中华道德慈善会"。他们到处散布谣言,破坏人民解放战争,破坏土地改革。全国解放后他们不甘心灭亡,到处流窜,大肆活动,继续与人民为敌。[①]

一、解放前一贯道的罪恶活动

天津是一贯道在华北地区开展活动的重要据点。1934 年,一贯道头子张天然等人来天津,在中原里三星客栈建立了第一个道坛,用开坛扶乩等手段诱骗群众,广招道徒。1935 年后,天津入道者日益增多,张天然等又先后在律纬路、五昌里、六庆里、竹远里、耀华里、大胡同等处建立了多处"乩坛",到七七事变时,天津已有一贯道"乩坛"18 处。1937 年,张天然等人在现和平区光华里 9 号设立总坛。从此一贯道在天津依仗反动势力,利用迷信手段,大肆培训骨干分子,并以天津为基地,派出办道人分赴东北、山西、河北、绥远等地办道。

一贯道利用一些人的迷信心理和逃避现实的落后思想散播谣言,说中国发生战乱是"三期末劫""在劫难逃",要想逃过"大劫"者必须加入一贯道,宣称入了一贯道不但本人可以修仙,连祖宗三代都可得到"超拔""成佛作祖"。为了故弄玄虚,一贯道道首们还导演了几出"奇迹",在众道徒中广为流传,其目的是让人们相信一贯道的"佛法无边"。

日本帝国主义为了统治中国,对他们这种做法很满意,大力支持,给以保护,致使一贯道道徒很快发展到上万人,发展对象除了城市贫民妇孺、无业游民、地痞流氓外,还大量吸收反动统治阶级的达官显贵、军人政客及工商业资本家等。在日寇侵略中国时,一贯道依仗敌伪势力,大肆进行反动罪恶的活动,因此一般人只知道一贯道是和日本

---

① 《一贯道组织系统(天津公安增刊之七)》,公安内部档案资料。

人一起来的,并称一贯道为"东洋道"。张天然公然宣称:"日本人就是秦始皇由长安派往东土寻找长生不死药的那 500 个童男童女的后代,和中国人原本是一家人。等日军打到长安老家,就可以和平了。"张氏此言得到了日军高层的青睐,后来日本曾先后派遣兴亚院副总裁小幅八郎、日本特务机关 1820 部队黑龙会会首头山满等到平津地区考察一贯道,头山满还对张氏提倡的 "听佛归一""信教不分种族"观念大加赞赏,宾主尽欢。在日伪的支持与纵容下,一贯道的组织得到了极大的扩充。此时除了西南,一贯道已遍及全国各地。张天然在天津勾结头山满和日本宪兵队队长黑田等人,先后担任了日本宪兵队顾问、汪伪政府外交部顾问等职。一贯道利用道务活动,从事祸国殃民的罪恶勾当,宣传"强化治安活动",鼓吹"建立大东亚共荣圈",同时向日寇特务机关出卖抗日进步青年,帮助日寇抓劳工,强迫群众修路,征铜、征铁,搜集军事情报,破坏抗日,成为日寇屠杀奴役中国人民的帮凶。

抗战胜利后,一贯道又投靠国民党政府,为国民党特务机关所操纵利用。道首、老牌特务王金标勾结特务陈仙洲、金玉波等组织军统外围组织"中国新事业建设协会"。道长霍永盛、李育坤等与国民党天津防守司令李鹏武等结为盟兄弟,号称"十八罗汉"。点传师王景文在天津解放前夕接受国民党国防部二厅布置的潜伏任务, 隐匿短枪 5 支,妄图纠集残余旧部及地主武装残余势力,以京、津、保三角地带为根据地,建立"反共义勇军",待适当时机,进行反革命暴乱。一贯道还唆使道徒举报共产党地下工作者和进步青年,为国民党抓兵、抓夫、征粮、征款。

二、解放后一贯道的破坏活动

天津解放后,一贯道不甘心失败,大肆进行反革命活动,利用扶乱等骗术制造和散布谣言,破坏新生的人民政权。他们有计划地散布变天谣言："解放军长不了"，"共产党明春就完了"，"蒋介石带领百万大军杀过长江，日本从东北出兵，十六国打苏联"，"穷人富不了，有钱人穷不了，共产党胜不了，国民党败不了"，等等。当人民解放军渡江南下时，一贯道配合国民党的军事抵抗，大肆散布谣言："渡江的解放军又回来了，解放军五月不走，八月准走，国民党还要回来。"中华人民共和国成立后，他们通过扶乱大肆辱骂新生的共和国。人民政府采取有效措施稳定物价，他们就借机造谣"八十一劫中有饥饿荒劫"，唆使道徒抢购物品，囤积粮食，以扰乱市场秩序。广大人民群众积极参加社会主义建设事业，努力发展生产，一贯道便进行造谣破坏，散布"种地是瞎卖力气，收了粮都给八路军"等谣言，他们还威胁加入农会的农民说："谁入农会，谁就不能得救，到劫时，非掉头不可。"

1950 年正月，一贯道"师母"孙素珍在上海富民里 25 号一贯道"上海公馆"分批召见了各地负责人，布置秘密活动章程。这是一贯道对新政府取缔政策最初的反应。为了对抗政府，要求各地教徒的"形象"也要有所改变：说话走路不能再斯文；要改变原来剃光头、留胡须、穿长袍的外形，西装制服都能穿了，也可以打领带、留长发、穿皮鞋，偶尔看个戏、抽两口烟也被允许；家门口要挂鱼挂肉，让周围邻居知道他们不是吃斋的；各组长由新人出面，老人用化名退到二线。在称呼和通信方面，改用商业语言。其间，孙素珍亲自规定了隐语的打法，点传师叫"经理"，吸收教徒叫"收货"，渡大仙叫"鲜货"，放点传师为"吃股份"，道徒被抓叫"因病住院"，释放叫"病愈出院"，被取缔叫"生意不好做"。此后每周一次的联席会、小组会改为不定期。不久连不定期的会也停了，有事改用写小字条的方式相互传递。这种方式也没维持多久。一贯道停止活动前，宣传纪律中要求，要认定取缔一贯道是"魔考"，不要相信"坦白从宽"，那是假的，是套取口供的，最后抱着一问三不知、软拖和硬抗的态度，或装作无辜受害，大不了坐牢、枪毙，为道牺牲是光荣的，"肉身丢掉，灵性出苦，玄祖超升，有何惧哉"。

然而孙素珍还没等到 1951 年"魔考"过去，就仓皇从上海取道广州，又从澳门转到香港了。总之，对于新生的人民政权，一贯道丧心病狂地处处予以攻击诬蔑，制定了详细的计划企图对抗新生的人民政权，严重危害了社会秩序和人民生活的安定。为此，从 1949 年 11 月起，天津市人民在党的领导下，同反动的一贯道组织进行了坚决的斗争。在这场斗争中，天津公安机关发挥了主力军的作用。

三、对一贯道的第一次取缔

早在 1949 年 1 月 4 日，华北人民政府就发布了《关于取缔封建会道门的布告》，要求所有会道门一律解散，停止活动，首要分子立即到公安机关登记。华北局社会部于 1 月 27 日向各区党委社会部下达了《关于取缔封建会道门的具体指示》。根据华北人民政府明令取缔反动会道门的指示，天津市于 1949 年 11 月—1950 年 2 月，开始了取缔一贯道的第一个回合。①此次取缔的方针是：争取一贯道组织中被欺骗的群众，孤立一般上层分子，打击、镇压首恶分子。11 月 23 日，市公安局制定了《处理一贯道组织的行动计划草案》，对开展取缔一贯道斗争作出具体安排。1949 年 12 月 12 日，天津市军事管制委员会发布了明令取缔一贯道的布告，中共天津市委也宣布了《关于取缔一切封建迷信会道门的决定》。此次取缔工作分以下几步进行：

（一）逮捕首恶，造起声势

天津解放后，一些反动道首同其他反革命分子相呼应，猖狂进行反革命破坏活动。为了打压他们的嚣张气焰，造就取缔的声势，市公安局经过调查核实、掌握材料，确定名单后，部署了统一搜捕行动。1949 年 12 月 13 日凌晨 2 时，由市公安局统一组织，包括各分局干警在内的 150 人搜捕队伍开始行动，捕获了一贯道"正义派""金线派"两大支

---

① 天津市公安局档案。

系的道长、前人、点传师等首要分子 21 人,其中包括勾结国民党反动政府成立"中华道德慈善会"的一贯道道长王仲田、成立"白十字会"的道长李育坤,以及同日伪、国民党串通一气为敌效劳的点传师王景文、韩月樵、庞守成、崔学文等人。还逮捕了曾组织暴乱,从哈尔滨逃匿来津与天津一贯道进行串联活动的一贯道点传师盛考斌、任绍斌等 14 名案犯。14 日下午 6 时至 15 日晨 8 时,查封了天一坛等 13 个大坛口,查获了一大批道具、文件、账簿、名册及金银珠宝。

通过对已捕反动道首的审讯,进一步扩大线索,发现和掌握了一批拒不登记坦白交待、继续隐瞒身份和暗中进行活动的反动道首。1950 年 2 月至 3 月中旬,又先后进行两次搜捕。2 月上旬,抓捕"金线派"四大支系(即正、大、光、明四支)之一的"正"字号支系张潝、徐子义等点传师 132 人,讲道师 10 人,坛主 140 人;3 月 12 日,又逮捕了点传师以上道首 65 人,讲道师 8 人,坛主、三才 85 人。

(二)开展宣传教育,揭露一贯道罪恶

为了揭露一贯道的罪恶活动及骗人伎俩,在逮捕一部分首要分子后,及时开展了宣传活动。由市委宣传部牵头,公安、新华分社、报社、电台参加,组成了天津市取缔一贯道宣传组,用各种形式开展宣传活动,揭露一贯道的罪恶行径。天津市评剧团、京剧团还上演了新编剧目《一贯害人道》,生动形象地揭露了一贯道反动黑暗内幕及害人勾当,先后演出数十场,观众约 15 万人。各区分局所属派出所还结合户查,深入居民住户进行口头宣传。通过宣传教育,广大群众看清了一贯道头子同敌特分子勾结破坏革命运动、欺骗坑害百姓、敲诈勒索钱财、污辱糟蹋妇女等罪行,使人民群众彻底认清一贯道是地地道道的"害人道""骗人道"。

(三)开展道首登记,搞清道门组织

军管会取缔一贯道布告第二条规定:"属于点传师以上之分子,应即向本市公安局所属各分局进行登记,并交出一切道中组织、供具、公产等,停止一切活动,予以宽大处理。至于一般坛主,除封闭其'香坛'外,免予登记,其家庭小坛,亦须自动交出,可免登记。"根据这一规定,在开展宣传教育的基础上,敦促点传师以上道门头子到各该管公安分局进行登记。1950年1月初,各公安分局开始了登记工作。在登记中,首先向道徒交待政策,即只要讲清身份、交出组织、坦白罪恶,即免予追究;如不坦白交待,隐瞒对抗,就要依法严惩。公安十一分局还召开了点传师、坛主、三才人员座谈会,通过揭露一贯道的罪恶活动和骗人的鬼把戏,敦促他们进行坦白登记,同时有针对性地消除一部分人怕被关押、怕集训、怕丢脸及观望犹疑等惧怕心理和消极情绪。对点传师以下的骨干分子如坛主、三才等,责令他们到各分局"报到",讲明身份,交出坛口和"道亲"(即道徒)名单。

1950年1月初至2月中旬,共登记点传师以上反动道首213人,报到坛主539人,报到三才189人。通过登记,基本上弄清了一贯道在津组织发展状况,发现和掌握了两派大小坛口170余个,以及原来未掌握的一贯道人员线索462条,其中涉及点传师207人,坛主169人,三才86人。通过登记,还掌握了各坛口的道徒1.9万余人。[①]

(四)解散组织,冻结道产

为了瓦解一贯道组织,在开展宣传和登记的基础上,对于已经发现和核实清楚的一贯道各"分坛""公共坛",一律予以查封,除原已查封的13个大坛(即"领袖"坛)外,又相继查封了"分坛"30个、"公共坛"112个。对于设在家中的"家坛",只要交出道具,停止活动,一般不予查封。对一贯道财产,凡属从道徒手中骗取、敲诈及以种种名义聚敛来的钱财,包括动产和不动产,一律予以冻结封存,除查封各个坛口住所内的财物外,还冻结一贯道组织经营的工厂、商店31处。

通过这次取缔活动,揭露了一贯道的反动本质和罪恶行径,打击

---

① 天津市公安局档案。

处理了一批首恶分子,使广大群众认清了一贯道的真实面目,教育挽救了一批受骗的道徒和中小道首,初步瓦解了一贯道的反动组织。但是这次取缔活动的宣传发动工作搞得不够广泛深入,声势不大;侦查工作没有与登记、处理有机结合,以致该打击处理的未能及时打击处理,一部分已登记的道首"反水"转入地下,继续进行活动。各区取缔工作开展得不平衡,有的只搞了一般的宣传,没有抓好登记、处理这一重要环节,有的对取缔工作没有很好统筹安排,出现了顾此失彼的现象。这次取缔工作到1950年2月中旬暂告一段落。

四、镇反运动中的全面取缔

一贯道是反动会道门中组织最庞大、人员最多的一个反动迷信组织,尤其是在天津,经过总头目张天然的经营,其组织盘根错节,遍布市区、郊区各个角落。这一反动会道门,虽经1949年至1950年的取缔,但并未从根本上摧毁其组织,一些反动道首隐藏潜伏,继续进行反革命活动。主持天津道务的大道首王义,1950年2月潜逃上海后,秘密召集"正、大、光、明"四支系的道首在上海聚会,研究应付共产党的对策,策划秘密串联、恢复发展组织、进行反革命宣传等阴谋活动。

1950年10月,中央发出《关于镇压反革命活动的指示》,标志着在全国范围内镇压反革命运动的开始。1950年12月20日,《人民日报》发表社论《坚决取缔一贯道》,指出:"基于一贯道的这种反革命性质,人民政府早就确定了严厉取缔的政策,藉以镇压少数首恶分子,并挽救受骗道徒。"这标志着镇压一贯道高潮的到来。1951年2月20日,中央人民政府出台《惩治反革命条例》,第八条规定:"利用封建会道门进行反革命活动者,处死刑或无期徒刑;其情节较轻者处三年以上徒刑。"这一规定为打击会道门提供了强大的法律武器。为了彻底取缔一贯道,从政治上、组织上完全摧毁其组织,在天津市委市政府的领导下,借镇压反革命运动的威势,全市于1951年4月始,开展了轰轰烈烈的以取缔一贯道为主的"反道退道"运动。1951 年 4 月 6 日，市政府、市协商委员会第五次联席会议一致通过了彻底摧毁一贯道等反动会道门的决议。随之取缔反动会道门斗争在全市展开。①

（一）明确方针政策

此次取缔一贯道等反动会道门的方针是：严厉惩办首恶，广泛开展群众反道运动，以达彻底取缔之目的。取缔政策是：孤立打击少数反动道首，分化瓦解组织，争取教育道徒群众。在具体工作中，要把一般封建迷信组织同反动会道门活动加以区别，把被愚弄、被驱使的一般道徒活动同反动道首的破坏活动加以区别，把第一次取缔后已有悔改的中小道首同登记后继续进行活动的道门头子加以区别，把立功赎罪、交清组织、接受改造的道首同继续隐瞒历史罪恶、秘密进行反革命活动的反动道首加以区别。对道首的处理，要认真贯彻执行中央规定的"首恶者必办，胁从者不问，立功者受奖"的镇压与宽大相结合的政策，凡属作恶多端、有历史罪恶和现行活动的反动道首坚决予以镇压处死；罪行较轻者逮捕判刑进行改造；一般中小道首在进行登记、具结悔过后限期进行管制；凡属主动坦白自首并有立功表现者，一律从宽处理；对于广大被骗道徒群众，只要声明退道，一概不予追究。

（二）成立专门机构

取缔一贯道等反动会道门的斗争，由市委统一领导，市委成立联络组对全市取缔斗争实行统一指挥。市委责成各区相应建立专门取缔机构。1951 年 4 月 6 日—7 日，各区相继建立了反道退道委员会，由区委书记、区长、分局长分任正、副主任，下设宣传、登记、控诉、指导、道产保管等组，负责组织推动本区的宣传、登记、退道、追骗财等工作。

取缔机构建立后，各区分别召开了协商委员会和党内外干部会议，传达市政府、协商委员会的决议，部署了本区取缔工作任务，进行

---

① 天津市公安局档案。

思想动员;同时抽调组织力量,立即开展工作。四区抽调党、政、工、团、妇及公安干警 407 人,组成了街道、工厂、学校、工商、郊区、文艺等 6 个宣传大队。二区抽调 56 名干部,划分若干小组深入街道、工厂、学校等基层单位开展工作。十一区组织 68 个小组共 436 人,专门负责推动道徒退道工作。

　　(三)宣传发动群众

　　为了迅速掀起反道退道斗争高潮,全市利用各种形式,广泛深入地开展了大张旗鼓的宣传活动。各区以派出所管界为单位,分别召开户政代表会、积极分子会、道徒座谈会,宣传讲解一贯道反动会道门危害国家、坑害群众的种种罪行。各工厂企业、机关、学校也开展了宣传发动工作;市总工会 4 月 8 日发表了告职工书,号召全市职工积极投入这场斗争;市民革、民建、民盟等民主党派负责人发表谈话,一致表示拥护政府取缔反动会道门的措施;青年、妇联等群众组织号召各界青年、妇女积极同反动会道门做斗争;电台、报纸播发文章,文艺界编演节目,揭露一贯道等反动会道门的黑幕和罪恶勾当。4 月 9 日,《天津日报》发表了文章《一贯道罪恶史》,详尽地揭露了一贯道勾结日寇、破坏抗日,效忠国民党政府、破坏人民革命,制造散布谣言、破坏新生政权,巧立名目、诈骗群众钱财,奸污妇女、残害人命等罪行。

　　4 月 14 日,市人民政府、总工会、团市委、妇联、学联、工商联、人民广播电台联合举办"彻底摧毁反动会道门广播大会",市长黄敬发表了讲话,列举了一贯道在抗日战争时期、国民党统治时期及解放后进行反革命破坏活动的事实,要求全体市民积极参与取缔一贯道的斗争,检举揭发反动道首,帮助一般道徒提高觉悟,积极参与反道退道活动。黄敬在讲话中还讲明了政府的政策:一方面坚决取缔和镇压一贯道首恶,另一方面把受骗群众解放出来。大会还组织了控诉和现身说法活动,生动具体地揭穿了一贯道利用"坛训""乩语""立愿"等鬼把戏,欺骗道徒群众、诈骗钱财、奸污妇女、害死人命的罪恶行径。4 月 20 日,又举办一贯道罪证展览，使人民群众进一步认清了一贯道的反动本质。通过广播大会和举办展览，进一步提高了广大群众，特别是受骗道徒的觉悟，反道退道活动开始出现高潮。

（四）道首坦白登记

对道首进行登记是促使一贯道分化瓦解和彻底摧毁其组织的一个重要环节。在开展登记工作中，主要采取的方法是：第一，落实工作人员，各公安分局以户政、警法两科为主，抽调干部组成专门班子，要求负责登记的人员必须了解熟悉一贯道的沿革发展、组织状况、活动方法、罪恶事实、骗人伎俩等情况，学习掌握取缔反动会道门的方针政策及方法要求。第二，明确登记对象的范围，此次取缔要求凡家坛坛主以上大中小道首，包括道长、前人、点传师、坛主、讲道师、三才等一律进行登记，并具结悔过书，第一次取缔时已登记者仍须重新登记。为保证通过登记搞清全部组织，在登记中要按坛口逐坛追清道首、道徒和道产情况。第三，为保证登记工作的顺利开展，除通过宣传教育、讲明政策，促使道首自觉进行登记外，还要根据掌握的名单，由各分局举办集训班，对应登记的道首进行集中教育，向他们交代政策，指明出路，限期登记，交清组织情况。

从4月7日开始，各区相继展开了登记和退道工作。开始时大部分道首犹豫观望，不理解或怀疑政府的政策，到公安机关坦白登记的寥寥无几。后经各区举办集训班，令坦白较好的道首现身说法，互相揭发，促使一些道首悔悟，特别是市广播大会后，在全市掀起了控诉揭发高潮，公安机关及时逮捕了那些抗拒运动的反动道首，使登记工作局面得以打开，坦白登记者日渐增多。到5月4日，登记的一贯道大小道首已达1835人。在登记中，采取边登记、边追查、边控诉、边揭发的方法，促使大小道首认识到只有进行坦白登记才是唯一的出路。与此同时，通过对各个坛口的追查，逐渐弄清一贯道在津组织系统。四区通过登记，搞清了设在本区的大小坛口34个，涉及道首527人，道徒14,724人。十一区搞清了大小坛口 38 个,涉及道首、道徒共 17,022 人。

　　为进一步敦促道首进行坦白登记,5 月 8 日,市军管会发布《关于反动会道门限期登记通告》,对尚未办理登记手续的道首,限于 5 月 20 日前在各公安分局办理登记,交清组织,听候审查,如有隐瞒、企图逃匿或暗中继续活动者,一经查出,定予依法严惩。《通告》发布后,到 16 日,又有 1412 名中小道首进行了登记。5 月底,登记工作基本结束,共登记道首 3875 人,其中前人 5 人、点传师 426 人、正副坛主 1590 人、讲道师 282 人、三才 859 人、交通员 22 人、司账 21 人、坛内帮办 670 人。至此,基本上弄清了一贯道在天津的组织状况。在津的"金线派"组织有 4 大支系 18 个大坛,239 个分坛和公共坛,75 个家坛;在津的"正义派"组织有 1 个大坛,11 个分坛,24 个家坛。整个一贯道在天津的大小坛口共有 335 个,经过这次取缔全部予以查封解散。①

　　(五)动员道徒退道

　　动员广大道徒群众退道是从组织上彻底摧毁一贯道的重要措施。广大道徒,大多由于迷信思想较深,为了免灾祛病、保平安,在点传师、坛主等道门头子的诱惑下加入一贯道。他们在道首们的愚弄和种种"道规"的控制下,甘愿为一贯道"立愿献身"。解放后,在一些反动道首以所谓经受"魔考"的煽惑下,许多道徒群众同政府产生了对立情绪。因此在开展反道退道斗争初期,大部分道徒观望徘徊,心存顾虑,不敢公开声明退道。为了帮助广大道徒群众跳出火坑、主动退道,把他们从封建迷信的桎梏下解放出来,在开展退道活动中主要采取了以下几种办法:

　　一是宣传动员讲明政策。各区以派出所管界为单位,召开道徒座谈会,宣传讲解政府的政策,反复申明无论是自觉或不自觉加入一贯道的,只要登记退道,一律不予追究;同时用具体事例揭露一贯道的黑

――――――――――
　　① 天津市公安局档案。

暗内幕和种种骗人伎俩，启发道徒及时觉悟，敢于站出来同反动道首进行斗争。三区大悲院派出所管界组织了 20 余人的宣传组，深入道徒家中进行思想动员工作，有针对性地解除道徒存在的怕抓起来、怕"五雷轰身"、怕丢面子、怕闹家庭纠纷等顾虑。

二是开展控诉活动，促使道徒群众同一贯道彻底决裂。自 4 月 8 日起，各区、各工厂企业相继展开了控诉、退道活动。三区何兴庄、种植园两街道同棉纺七厂联合召开控诉会，控诉一贯道点传师邢云廷、于安氏的种种骗人、害人勾当，特别是诱骗卞秀兰入道，其当上"三才"后被奸污，有病吃"仙丹"被活活折磨死的罪行，引起群众的极大愤怒。会后有 220 名道徒退了道。十区码头工会于 12 日召开大会，揭发控诉点传师花树奎（人称"八大金刚"）充当日寇和国民党特务，在码头上残酷迫害工人的罪行。天津铁路局通过动员会、控诉会，使许多道徒提高了觉悟，几天中就有 7000 多名铁路职工和家属声明退道。市广播大会后，全市控诉活动进入高潮，许多道徒倾诉了他们在入道后被道内所谓"道规""坛训""财考""色考""魔考""渡仙""立愿"等各种名目欺凌、敲诈，以及交纳什么"功德费""供果费""行动费""免冤钱"，导致家破人亡的悲惨遭遇，从而激发了广大道徒群众的义愤，纷纷声明退道，同害人的一贯道彻底决裂。四区沈庄子派出所管界原来退道人只有 20 余人，大会后两三天内退道人增至 1100 多人。棉纺一厂在大会后当即有 500 多人退道。

三是利用已经觉悟的道徒带头开展退道工作。各区在开展退道工作中，培养了一批已经退道的骨干，通过他们的"道亲"关系，去动员尚未觉醒的道徒。二区退道骨干孙光汉在政策感召下，退道后积极帮助政府做未退道人员的工作，有时连饭都顾不上吃，几天中就说服动员140 名道徒退了道。五区大直沽女道徒王淑娥动员 80 余人退道，六纬路女道徒王玉珍动员 50 余人退道。

四是及时打击破坏退道工作的反动道首，为退道工作扫除障碍。

自开展取缔一贯道以来，有些道首采用威胁利诱的手段，千方百计阻挠道徒退道。他们威胁说：谁不守"愿"，就要遭"五雷轰顶"；谁退道谁没有好下场，谁退道政府就抓谁；有的甚至教唆道徒要经得住"魔考"，说轻不说重、说下不说上，欺骗政府，蒙混过关。各公安分局针对反动道首的破坏活动，采取果断措施，及时给予打击。十一区在开展退道阶段中先后逮捕了进行破坏活动的反动道首 34 人。四区逮捕了进行造谣破坏的坛主卢李氏之后，其住地周围就有 126 名道徒退了道。

通过开展以上各项退道活动，把全市反道退道运动推向了高潮，4 月中旬，一贯道退道人数达 10 万余人。到 5 月底，退道基本结束，共有 133,800 余人退道。

（六）开展追骗财斗争

一贯道各大小坛口的道首，利用各种卑劣手段，骗取了广大道徒的大量钱财，用于购置房产、土地，吃喝挥霍，有的甚至存金储银，成了"富翁"。开展追骗财斗争，不仅是进一步发动群众抵制一贯道的有效方法，而且是从经济上、政治上彻底摧毁一贯道的重要措施。经过此次取缔，广大道徒群众已经提高了觉悟，他们不但要同一贯道算清受迫害的政治账，还要算清受剥削的经济账。4 月 16 日，九区邵公庄派出所管界内 300 余名退道群众向派出所声明，要求政府协助他们追回被一贯道头子骗去的钱财。其他区也相继出现道徒要求退回被骗财物的呼声。据此，市政府通过《天津日报》发表短评，坚决支持退道道徒的追骗财斗争。同时明确：要求追骗财的人员首先要向管界派出所登记声明，然后组成追回骗财委员会，有组织、有目的地向道首对账索还。并强调指出，那些骗人钱财的坛主以上道首，必须老老实实交出道产、道具及账目，不得抗拒隐匿。接着各区分别通过召开群众会，由政府领导出面，公开表态，支持追骗财的斗争。党和政府的支持，进一步激发了广大退道群众同反动道首进行斗争的热情，自 4 月 20 日开始，全市掀起了向道首追回被骗钱财的斗争。在各区成立的由退道积极分子组成的追骗财委员会主持下，通过登记、算账、当场对质等形式，向反动道首追回被骗钱财。有的街道还召开控诉大会，揭发控诉道首敲诈勒索、骗取钱物、大发横财的丑恶行为，迫使那些作威作福、剥削压迫道徒的反动头子低头认罪，交出钱财。截至5月底，全市已有98,416名道徒全部或部分追回了骗财，已退回骗财的道首达580人，共追回骗财折款60多亿元。①

（七）严厉镇压反动道首

反动会道门头子是中央规定的五种反革命分子之一，按照《中华人民共和国惩治反革命条例》规定，凡勾结敌特、残害人命、强奸妇女、造谣破坏，进行反革命活动、损害国家和人民利益，民愤极大者，均应严厉镇压。天津市自开展镇压反革命运动以来，对那些查有实据、怙恶不悛的一贯道反动头子，始终采取严厉镇压的措施。在全面展开取缔反动会道门之前，公安机关就开展了调查和侦查工作，把目标集中在那些隐匿潜逃的一贯道大头子身上。经过侦查获悉，负责指挥天津及华北、东北等地道务活动的一贯道总头目、反革命首恶分子王义及其他大道首鲍鸿祯等隐藏在天津与河北省交界处的农村，并遥控指挥天津及各地进行秘密的活动。市公安局于3月27日组织精干力量，在河北省公安机关的配合下，先后奔赴武清县王庆坨，安次县码头、葛渔城、大麻庄、杨家场，霸县杨芬港，永清县太平巷，连续奋战4昼夜，将王义、鲍鸿祯（天津外围总负责）、潘洪声（东北总负责）、邵百禄（天津四大支系负责人之一）、毛丽芳（天津坤坛总负责）等13名大道首捕获。4月8日，《天津日报》公布了这一消息。王义等大道首的落网，为加快一贯道内部分化和全面开展取缔创造了有利条件。取缔斗争全面展开后，又逮捕了解放前勾结国民党城防司令进行反革命活动的孟克明，曾经组织"义侠队"效忠日寇、欺压百姓的运永来，解放前勾结国民

---

① 天津市公安局档案。

党特务成立"中华道德慈善会"进行反革命活动的阎子瀛等反动道首。至5月初，共逮捕反动道首470人，经审理，判处罪大恶极、怙恶不悛的反动道首王义等25人死刑。对那些所犯罪行不足以捕判者，予以管制，进行监督改造。

这次取缔历时两个月，到6月上旬结束。经过登记、退道、追骗财、查封坛口、打击处理几个过程，达到了镇压惩办反动首恶、争取教育道徒群众的目的，从而彻底摧毁了天津一贯道组织。

第四节　废除封建脚行把头制度

脚行把头制度，是解放前天津的"十大恶"之一，在天津存在了二百多年。脚行把头与帝国主义、反动统治阶级紧密勾结，残酷压迫剥削搬运工人。广大搬运工人同封建的脚行把头制度进行了长期的斗争。但是由于封建统治阶级、帝国主义和国民党反动派的扶植，广大搬运工人一直不能挣脱脚行把头制度的束缚。只有在中国共产党领导下的新中国，天津工人阶级才取得了废除封建脚行把头制度的彻底胜利，广大搬运工人真正翻身做了主人。

一、脚行的历史沿革

天津脚行由来久远。早在元代，因运河贯通南北，天津为必经之地，运粮运货，官差出入，都需轿夫、脚夫扛抬搬运，于是便逐渐出现了专事搬运的脚夫，这就是天津搬运行业的起源。

明代，天津因为交通方便，邻近京师，又是盐的出产地，所以很快发展为华北漕运、海运、盐运的中心。天津商贾云集，舟车辐辏，为运输行业的发展提供了条件，搬运事业随之迅速发展起来。当时搬运工人多以帮会形式结合或按地缘、籍贯自由结合，共同协商搬运费用和劳动收入的分配，还没有形成把头把持和垄断。

天津最早出现的私人把持的脚行，是成立于清康熙五十四年（1715）的"同善首局"，其前身是一个水会，至嘉庆年间发展成8个局，在现在河北区十字街一带。乾隆年间，又有河北大街脚行、同义脚行、西局脚行、东集脚行、小集脚行、果子店脚行、石桥口袋班脚行、上四钩脚行、下四钩脚行等陆续出现；同治末年，又出现以运盐为主的饭市脚行、树记脚行等。早期的脚行主要集中在旧三岔河口、针市街等海河两岸和盐坨地区等民船码头及繁华地带。

天津最早官方设立的脚行是嘉道年间的"四口脚行"，其主管为"四口夫头"，因此也称"四口夫头制"。"四口脚行"最初主要为"迎宾接差"而设。天津县知县按四个城门划定地区，由官府指定专人"应差"，在"迎宾接差"之外，也为商民搬运货物。"脚行"之名自此而始。后来这些人在官府的支持下，四处分界，形成各自割据局面。随着脚行的日渐发展，官府又把"四口"变成了征税单位，从此官府开始对脚行实行征税。

随着搬运事业的发展，在海河两岸、盐坨地区及商业中心又逐渐出现了私人把持的脚行。当时按县衙门规定，这些私人脚行都必须向"四口脚行"交纳津贴。后来衙门又把"四口脚行"包给出钱最多的私人经营，承包者由县衙门发给"谕贴"，作为收取官帖税收的凭证。这种由大把头把持的"官脚行"一直延续到1936年，主要把头有赵吉瑞、张少廷、荣槐波等人。

19世纪60年代，天津被辟为商埠，帝国主义侵入天津，圈占租界，开办洋行，建立工厂，铺设铁路，修建码头；清政府一些官僚买办也搞起洋务，建铁路、开工厂。于是一些往来运输脚行、码头装卸脚行、铁路搬运脚行、工厂仓库装卸脚行等相继出现。当时在租界为各洋行搬运的有紫竹林、双义局、同立、通和城等15家脚行。到19世纪80年代，随着码头的建立，又出现三庙、北班、兴隆街、南口、中口、北口、唐口子、源德等码头装卸脚行。从1892年—1919年，随着铁路车站、货场的修建,又出现了公兴、双义、季家楼、火神庙等8家铁路货场搬运脚行。此时天津各类脚行已达130余家。

1933年,伪市长萧振瀛发布公告,下令全市脚行重新登记,制定《脚行业暂行管理办法》,并于1936年废除"四口"的官脚行地位,成立"运输业同业公会",由巴延庆担任第一任理事长。①为了全面控制搬运行业,先后成立了"天津运输公司""国际运输公司",以及"三菱""华北""东亚"等各种运输垄断组织,取代了各帝国主义势力对天津运输业的分别控制。日寇投降后,国民党政府再次明令支持封建脚行把持制度。1946年8月29日,"伪市政府公布了'天津市社会局管理脚行办法'十五条,给脚行头子颁发'登记证''臂章'。伪市政府并同时颁布'天津市脚行登记规则'十四条,其中第三条第六款规定'各脚夫均信仰三民主义'。伪市政府同样承认脚行把持的地界,印发了'蓝图'"②。

在国民党政府的支持下,天津脚行变得更加腐败,各脚行头子之间,为扩充实力,勾心斗角,相互倾轧,逐渐向垄断方向发展。垄断天津河北一带的大脚行头子巴延庆,担任天津运输业同业公会理事长,成为天津脚行的总头目。他利用各种名目对各脚行进行搜刮,每年过年送礼、祝寿,全市各家脚行都要去"进贡",一年就得礼金十几万元。把持天津东站东货场六号门脚行的大把头马文元,飞扬跋扈,将从事货场搬运的公兴、双义、天惠、季家楼、火神庙等5家脚行垄断在自己手中,统治搬运工人达千余人。

国民党政府为了维护其反动统治,在控制了脚行中的"青洪帮"组织后,又利用各种关系把大部分脚行头子发展为国民党员、三青团员和特务分子。因此这一时期的天津脚行成了一个以"青洪帮"分子为骨干的封建反动行会组织。各脚行头子为了占住地盘,巩固实力,在搬运

---

① 参见周立成、王向峰:《旧天津的新生》,天津人民出版社,2009年,第111页。
② 天津历史研究所编:《天津历史资料》(第4期),第6页。

工人中还发展了一大批国民党员和三青团员。在国民党统治时期，天津脚行没有大的发展，只有天津北站新成立了同和义、红帽、黄帽等3家脚行。到解放前，天津共有各种脚行267家，搬运工人达16,000余人。

二、脚行把头制度的组织及罪恶活动

脚行的产生和发展，有其深厚的历史背景和社会基础。脚行是一种封建势力集团，它为帝国主义、地主阶级、大资产阶级所极力扶植，同时还兼具买办性质。

（一）脚行人员的构成

脚行头子绝大多数出身于所谓的"混混"，脚行就是一种脚行头子与混混、青帮三位一体的组织。

混混，又称"锅伙"，据《津门杂记》记载："天津土棍之多，甲于各省。有等市井无赖游民，同居伙食，称为锅伙。自谓混混儿，又名混星子，皆悍不畏死之徒，把持行市，扰害商民，结党成群，借端肇衅"，"吃喝嫖赌，占市口，讹诈钱文"。如成立最早的私人脚行——同善首局脚行，成立之初即由（混混）李某、崔某、袁某三人把持，至北洋时期青帮势力渗入其中。

青帮的北传与上岸，是从19世纪末开始，到20世纪初逐渐在运河沿线各城市中立足。其主要原因大致有三：一是1855年后黄河改道，运河山东段逐渐淤废，南北船运受阻；二是1872年轮船招商局在上海成立，正式用轮船海运逐步替代传统的漕船河运；三是在1904年漕运总督被撤废，1911年津浦铁路全线通车，天津至南京交通便捷，京杭大运河的地位一落千丈，靠船吃河的青帮，无奈只能弃船上岸谋生。天津青帮与别处最大的不同，就在于除了传统的黄、赌、毒之外，更看重对脚行的控制。袁文会就是一个典型的例子。他既是大脚行头子，又是天津的"大混混"，还是青帮首领。其他脚行总头目巴延庆、余少田、刘德山、杜洲等人，都是混混出身，兼具青帮首领身份。

(二)脚行内部的组织

脚行组织内部等级分明,统治严密。多数脚行头子子孙世袭,代代相传。这种封建的组织形式,成了对搬运工人进行政治压迫和经济剥削的工具。各脚行因把持地界大小不同,控制的工人人数不同,分为大脚行和小脚行。大脚行在"总头"(有的还设有二头)之下,设有"小头""把店""抱把""车把""小把""先生""站街"等7种头目。小脚行则在"大头"之下设有"小头""先生""站街"等3种头目。"总头"和"大头"是总头目;"小头"是直接管理工人的头目;"车把"则替脚行头管车或雇车;"小把"为脚行头去"人市"雇人;"先生"替脚行头记账;"站街"替脚行头巡查监视工人劳动并监视界内商民,不准私自搬运。这些人都是骑在搬运工人头上的压迫者、剥削者。

(三)脚行的"帮规""行规"

各脚行的"帮规""行规"是套在搬运工人脖子上的枷锁。这些"帮规""行规"大多没有成文的章法,由脚行头根据个人的利益随意决定,实际上是大、小脚行头子自立的"家法"。脚行的"帮规""行规",最普遍、最有代表性的是关于"签"的规矩。大、小脚行头凭"签"入股,称为"在签"的。"在签"的又分为"绝户签""子孙签"。"绝户签"只准本人一生享有;"子孙签"可子孙世袭,一脉相传。指派工人干活也用"签",工人干活一律拿"签",没有"签"的不准干活。驱使工人参加斗殴、卖命也用"签",脚行把头设有"红签""黑签",凡遇有抢占地盘逞凶斗殴之争,使用抽签的办法确定打手,抽中"红签"的充当一般打手,只打不卖命,而抽中"黑签"的则必须去卖命。因此"黑签"谓之"死签"。抽中"死签"者在格斗场上必须是以死相拼,或剁手剁脚、滚钉板自残身躯,或"躺铡刀""跳油锅",以命相搏,慑服对方。

此外还有不准跳槽(即投奔别家脚行)、不准吃里扒外、不准耍滑偷懒等规定。凡违反"行规"的即按"家法"治罪,轻者扣罚工钱,不给饭吃,重者打伤致残,直至丧命。

（四）脚行把头对工人的残酷迫害和经济剥削

在封建脚行把持制度的压迫和脚行把头的控制下，搬运工人只能为固定的脚行头子干活，形成了严格的人身依附关系。广大搬运工人不仅丧失人身自由，而且劳动成果完全被脚行头子侵吞。在各种行规、帮规等所谓"家法"的制约下，他们生活无着，性命难保。东货场脚行工人张庄印因生活难以为继，自己另去东车站搬运，脚行头子马文元发现后，便派打手将他截住，当场将他打得不省人事，几天后死去。"四口脚行"工人周正兴、袁文成、王志林有一天迫于饥寒，"私自"搬运货物，被脚行的"站街"发现，脚行头子陶六命令其打手把他们架至院内，打得半死。脚行头子为争地盘时常驱使工人械斗，由此造成工人死伤的事屡见不鲜。

脚行头子对搬运工人在经济上更是进行敲骨吸髓的剥削。他们剥削工人的劳动收入达 70%～80%，有的甚至超过 95%。紫竹林脚行规定：运费收入的 50%归脚行头，再扣 20%为"车份"（实际也归脚行头），剩下的 30%还要受到"抱把""车把""小把"层层盘剥，工人所得最多不过 10%。更有甚者，公立成、同和义、公义、杜记、仁义等脚行长期实行"底钞制"，即运费全部归脚行头，工人所得任凭脚行头"赏赐"，多少不得争执。由于这种经济剥削，广大搬运工人扛大个、卖苦力，终日不得温饱，而那些脚行把头却过着花天酒地的奢侈生活。

（五）脚行把头的反动嘴脸

各脚行头子为了维护其特殊权力和统治地位，无不公开贿赂，勾结官府，寻找靠山，以求得多方保护。而历代官府和西方政治经济势力为了鱼肉百姓，又无不以各种方式扶植脚行把持制度。在清朝统治时期，天津历任县衙都有明文告示，保护脚行的割据特权，"如有滋扰，即扭送来县依法惩处"。帝国主义势力入侵天津后，为了维护其利益，也积极收买笼络脚行头子。1900 年八国联军进攻北京，由京返津的法国侵略军遭到义和团的截击，丢失了许多枪支弹药，法租界紫竹林脚行头子所立福组织工人为法军打捞弹药船,受到法军的奖赏,赏给他"锦标""万名伞",并让他独霸法租界的全部搬运业务。沙俄帝国主义积极支持租界内的三庙脚行,直接照会天津县衙颁发给脚行头屈炳树"龙票",作为永久把持的凭证。1936年,国民党天津市政府社会局公布脚行登记及管理办法12条,极力保护脚行把头的特权。1938年,伪市政府发布"布告",明令支持汉奸、大脚行头巴延庆、袁文会的统治地位。1946年,国民党政府再次颁发《天津市社会局管理脚行办法》和《天津市脚行登记规则》。所有这些都有效地维护和巩固了天津脚行的封建把头制度。

在日伪和国民党统治时期,天津脚行更加嚣张。各脚行头子依仗官府势力,欺压百姓,为所欲为,成了天津的流氓、黑帮、恶霸,有的甚至参与镇压工人、学生运动,捕杀我党地下工作人员,成了统治者的鹰犬。臭名昭著的大脚行头子袁文会,在日寇占领天津时期,与日寇宪兵特务机关勾结,成立"袁部队",自任伪司令,捕杀我地下工作人员,并到解放区"扫荡",烧杀抢掠残害百姓,无恶不作。在市内,他们抢占地盘,设立公馆,广收门徒,扩充实力。除了控制各脚行外,还开"烟馆"、办"赌局",搜刮钱财,并且丧心病狂地将抓捕到的抗日志士及无辜百姓,当作"华工"卖给日寇。袁文会是天津沦陷期间最大的汉奸和恶霸。大脚行头子巴延庆,在国民党统治时期,以"运输同业公会"理事长的身份,把持了天津所有的脚行。他与国民党当局相勾结,集国民党天津市党部委员、国大代表、三青团主任、党通局特务、"黑旗队"和"洪帮"首领于一身,从事反共、反人民的罪恶活动。1947年6月,受命于国民党天津警备司令陈长捷,指使各脚行打手参与镇压学生"反内战、反迫害"的示威游行活动,打伤、抓捕青年学生多人。1948年底,解放军进攻天津时,他指挥各脚行头子,强迫搬运工人冒着炮火去修筑城防工事,为国民党反动派的垂死挣扎效劳。大脚行头子刘德山,把持了现在红桥区的东北角、北大关一带的脚行,有"徒弟"300余人,又是这一地区的青洪帮首领。国民党统治时期,他与军统特务头子陈仙洲勾结,成立军统外围组织"忠义普济社"，担任第八分社理事长，后又参加反动组织三青团，任第十一分团主任。他还与巴延庆相勾结，担任天津市运输同业公会常务理事。刘德山依仗权势，抢占地盘，敲诈商民，动辄暴力伤人，杀害过五六人。其人心黑手狠，被称为"黑手刘三"。其他各脚行头子也几乎都参加了国民党、三青团或特务组织。不仅如此，在"青帮""洪帮""黑旗队"等黑社会组织中，天津脚行头子也都占有一席之地。

三、彻底废除反动的封建脚行把头制度

(一)搬运工人的第一次斗争胜利

1949 年 1 月 15 日，广大搬运工人和全市人民一起迎来了天津的解放。

在党领导全市人民迅速开展接管、肃特、整顿社会秩序、安定生活之际，广大搬运工人在党的领导下，首先展开了向脚行把头借粮、借钱过春节的斗争。

1949 年 2 月春节在即，因水陆交通尚未恢复，车船运输、装卸业务很少，搬运工人生活无着，处于十分困难的境地。在此紧要关头，在党组织的支持下，"六号门"的上百名搬运工人，与脚行把头马文元展开说理斗争，提出"借粮""借钱"度年关。马文元竟猖狂地说："要命有一条，休想拿走马爷的一粒粮、一文钱！"当即激起工人们的义愤，由工人代表黄玉春、张长泰等人，拉着脚行把头去人民政府告状。随后其他各脚行工人也开始了借粮、借钱斗争。在人民政府的支持下，许多脚行把头不得不拿出一部分钱和粮。东货场"六号门"脚行把头给工人拿出了200 银元，七村脚行把头给工人每人 390 斤玉米面和旧币 3000 元现款，兴隆街脚行把头给工人每人 200 斤玉米面。由于人民政府为人民作主，搬运工人在同脚行把头斗争的第一个回合中获得了胜利。工人们满怀喜悦，欢度天津解放后的第一个春节。从此搬运工人同脚行把头的斗争，进一步开展起来。

（二）建立群众组织，树立工人权威

1949 年 1 月下旬，中国人民解放军天津市军事管制委员会接管了国民党天津市政府公用局运输事务所，并着手管理公私营货物运输，改善搬运工人生活。为了做好这项工作，首先要把搬运工人组织起来。3 月初，市公安局配合公用局运输事务所，在二区的海河码头和东车站货场开展了发动工作，通过座谈、访问、开会等方式，使广大工人了解建立自己的组织，废除封建把头制度的意义。3 月 12 日，天津市第一个搬运工人服务站在饭市脚行成立。到 5 月 5 日，全市相继成立了 18 个服务站，这些服务站取消了把头制度，承揽业务、分配所得，完全由工人自己进行评议。在此期间，为了防止脚行头子的捣乱破坏活动，市公安局多次召集各脚行头子训话，宣布党的政策，要他们遵守政府法令，参加劳动，弃恶从善，重新做人。经过教育，有 256 人参加了劳动。

四五月间，刘少奇到天津视察和指导城市工作，其间听取了废除运输业封建把持工作汇报。刘少奇指出："城市中的封建恶霸势力严重阻碍恢复和发展生产，要彻底废除这种封建把持制度，设立全市的运输公司。运输公司要统一全市的管理，统一运价，取消'脚行'头子对工人的剥削……要把工人组织起来，建立工会。要建立产业工会，统一领导全市的反封建把持制度，进行民主改革。要按产业组织工会，取消分区领导……毛主席指示要把好干部给工会。区委书记、市委书记要调到工会，加强工会工作。"①

根据刘少奇按行业组织工会的指示精神，6 月初搬运行业分别成立了天津市码头运输工人工作委员会、搬运工人工作委员会（后改称搬运工会联合会）。根据党的指示，确定了工会工作的方针和斗争策略，即"团结全体工人，建立工会，彻底废除脚行头的封建制度，消灭封建压迫与剥削，消除封建割据，消灭帮派行会组织。对脚行头是：争取

---

① 安立夫：《建国前后刘少奇指导我们反"把头"》，《百年潮》，2012 年第 9 期。

多数,打击少数,采取分化办法;愿参加劳动的小脚行头,通过工人吸收一部分参加,按劳动条件,分别给予适当的待遇。对一般的脚行头,其恶劣行为不大者,既往不咎,极少数的,罪恶昭彰,为大多数工人痛恨的犯罪分子,打击之"[1]。"1949 年 6 月 25 日,天津市召开了搬运工人代表大会,贯彻党的废除'脚行头'封建把持制度的方针政策,黄火青等市委、市工会领导出席并讲话。参加大会的有码头工人、运输工人、铁路装卸工人、三轮车人力车工人、挑担工人五个行业的代表。天津市搬运工会是中国共产党掌握政权后,在天津市成立的第一个产业工会,也是全国在省市级成立的第一个产业工会。"[2]为了进一步把广大搬运工人发动起来,同反动封建把头进行斗争,市公安局局长许建国代表天津市人民政府在天津码头运输工人工作委员会扩大干部会和工人代表会上讲话,号召全体搬运工人加强团结,克服行业主义倾向,有准备地开展反封建、反把头斗争。7 月 4 日,天津市运输公司正式成立。搬运工人组织的建立,长了工人的志气,灭了脚行头子的威风,使广大工人扬眉吐气,真正翻身做了主人。几百年来搬运工人受把头控制,受压迫受剥削的历史从此结束了。

（三）实行民主改革,开展反"把"斗争

为了纯洁工人组织,把脚行把头真正孤立和清除出去,市公安局配合有关部门在全市搬运行业中开展了以民主编队为主要内容的民主改革。编队的任务,一是扶正气,压邪气,反对强装强卸和高价勒索;二是通过编队把搬运工人同不劳而获的脚行头彻底分开,将脚行头从工人组织中清理出去,其目的在于从根本上废除把头制度,建立一个能够代表工人利益的劳动组织,更好地为新中国的生产建设服务。为了保证民主改革的顺利开展,1949 年 7 月 16 日,市公安局秘书长召集

---

[1] 安立夫:《天津市搬运工人报告》,工人出版社,1950 年,第 7 页。

[2] 安立夫:《建国前后刘少奇指导我们反"把头"》,《百年潮》,2012 年第 9 期。

巴延庆等 42 名脚行头子训话，明确指出对脚行进行民主改革的方针政策，揭露了旧脚行组织的反动性和脚行把头进行破坏活动的罪行，警告他们要遵守政府法令，如再进行破坏活动，一定给予严厉制裁。1949 年 8 月，由天津运输公司等单位组织两个工作团，从 9 月 1 日开始深入搬运工会、码头装卸工会各基层单位，发动群众进行民主评议。经过一段时间工作，在民主评议的基础上，各搬运单位建立了班、组、队的劳动组织，并实行同工同酬、按劳分配的劳动制度。在编队过程中，先后清理出混入工会组织的大、小脚行头和车主 357 人，参加过反动组织干过坏事的不纯分子 108 人，从而进一步纯洁了工人阶级队伍，为开展反封建反把头斗争创造了良好的条件。

民主改革的进行，将封建把头完全孤立起来，但其中的顽固分子仍在负隅顽抗，伺机进行各种破坏活动。大脚行头子巴延庆、马文元、刘德山、华风林等 20 余人，多次秘密集会，商讨对策，并派人到华北人民政府"告状"，要求继续保留旧的脚行制度；脚行头子翟春和甚至收买几名打手，身藏匕首，妄图暗害工人积极分子和工会干部；脚行头子刘德山则制造流言蜚语，散布运输公司收 5%的管理费是"剥削"工人，并煽动工人到运输公司闹事。此外有的伪装成积极分子混入工会组织，暗中进行破坏活动，还有的藏匿罪证，妄想复辟变天。

"1949 年 12 月，中央将搬运事业中废除封建'把头'把持制度的工作交由全国总工会负责，并决定 1950 年 1 月召开全国搬运工人代表大会。1 月 28 日，中国搬运工人全国代表大会正式召开，这是新中国成立后的第一个全国性的产业工人代表大会。大会一致通过《搬运工会代表大会关于设立搬运公司废除各地搬运事业中封建把持制度向中央人民政府的建议》和《政务院关于废除各地搬运事业中封建把持制度暂行处理办法草案》两个文件，报送党中央批准。"①

---

① 安立夫：《建国前后刘少奇指导我们反"把头"》，《百年潮》，2012 年第 9 期。

　　1950 年 3 月 24 日,政务院通过《关于废除各地搬运事业中封建把持制度暂行办法》。1950 年 3 月 31 日,政务院通过《中央人民政府政务院接受中国搬运工会第一次代表大会关于设立搬运公司废除各地搬运事业中封建把持制度之建议的决定》,批准《关于废除各地搬运事业中封建把持制度暂行办法》并公布实施。政务院公布的两个文件,大大激发了工人反封建"把头""帮头"的斗志。在党中央和中央人民政府的领导下,这场反封建把持制度的民主改革,将几百年来黑暗、反动的封建把持制度彻底废除,搬运工人从封建剥削压迫中解放出来,当家做主,成为社会的主人。①

　　为了把反封建反把头斗争深入开展下去,市人民政府根据政务院发布的《关于废除各地搬运事业中封建把持制度暂行办法》,于 1950 年 5 月制定了废除天津脚行封建把头制度的方针政策和方法步骤。为了给反动顽固的脚行头子以迎头痛击,以保证反封建把头斗争的顺利开展,市公安局于 1950 年 6 月 19 日将作恶多端的大脚行头子刘德山、杨恩庆、徐秀雨、李文玉、丁恩元、高九、陈德春等 7 人逮捕。第二天,《天津日报》发表了《彻底消灭搬运事业中残余的封建把头制度》的社论。封建把头刘德山等人的被捕,为反封建反把头斗争除掉了拦路虎,激发了广大搬运工人的斗志。6 月 20 日,全市各区搬运工人代表和长期受到封建把头敲诈勒索的商民代表共 2000 多人集会,一致声讨作恶多端的脚行头子刘德山等人的罪行,会后举行了示威游行。6 月 22 日,天津市总工会、搬运工人联合会、天津运输公司等单位,分别发出公告,号召广大搬运工人紧密团结起来,彻底废除搬运事业中的封建把持制度。为了支持群众性的反封建反把头斗争,市公安局于当日发出通知,要求全体干警全力支持搬运部门取缔非法组织、非法装卸,打击违法犯罪分子,维护社会秩序,并责令脚行把头到公安机关坦白自首、

———————————

　　① 参见安立夫:《建国前后刘少奇指导我们反"把头"》,《百年潮》,2012 年第 9 期。

交代罪行。人民政府的支持,进一步调动了广大搬运工人反封建反把头斗争的积极性,检举信、控诉书纷纷投向公安机关,强烈要求人民政府对罪大恶极的脚行头子予以严厉惩办。市公安局接受群众要求,在掌握部分脚行头子罪行后,又逮捕了罪恶昭彰的总脚行头子巴延庆及搬运界青洪帮首领、脚行头子杜园、王汝兴、屈长荣、华风林、王金才等17人,这一行动有力地打击了脚行头子的反动气焰。有的脚行把头表示,今后将安分守己,参加劳动;有的表示要主动到政府登记,老老实实地接受改造,重新做人。

(四)进行全面登记,掀起斗争高潮

为彻底消灭搬运事业中的封建把头势力,根据中央及市人民政府的指示精神,1950年6月24日,市公安局发出对脚行把头进行全面登记的通知。通知规定:登记的主要对象是原脚行中的大头、二头;登记后除弄清其封建派系和罪恶事实外,并要严加监督和教育;已参加生产、服从政府法令的一般小脚行头,不予追究登记,但应查明有无恶劣行为,并建立档案,上报市公安局。

为造成强大的政治攻势,以保证登记工作的顺利开展,全市上下广泛开展了宣传动员工作。报纸、电台进行了大量的宣传报道,市文化局还编写演出了话剧《枪毙刘德山》。各公安分局与各区搬运工会密切配合,先后召开群众宣传会、控诉会数十次;各公安派出所结合户口调查进行宣传,并利用户政代表会、治安积极分子会等形式,宣传政策,发动群众,进行揭发检举,敦促脚行头子登记自首。通过一系列的宣传动员工作,加上群众的揭发控诉,那些曾经威风一时的脚行把头处于"老鼠过街,人人喊打"的境地,只有向政府坦白登记、认罪伏法才是唯一的出路。在这种形势下,脚行头子纷纷向公安机关登记,至7月5日,已登记的大脚行大头177人,二头、小头369人。但是有些脚行头子仍在徘徊观望,不肯登记。

为了把斗争引向深入,市公安局局长许建国于7月16日在广播电台发表了题为"全市人民团结起来,彻底消灭封建脚行把头势力"的广播讲话,号召全市人民将反封建反把头斗争进行到底。7 月 17 日,市码头装卸工会 700 余人举行集会,揭发控诉了脚行把头苑庆希、刘金华、李子寿等人压迫工人、残害无辜、抢占工人妻女的罪行,市公安局当场将 3 人拘押。7 月 23 日,运输公司第三办事处、搬运工会第六分会召开了有 2000 余人参加的诉苦大会,控诉了无恶不作的脚行头子丁宝成、张元有的罪行。在强大的政治攻势面前和群众的愤怒声讨中,又有一部分脚行把头到公安局登记。

7 月底登记工作结束,全市 11 个区共登记各种脚行 261 家,脚行把头 1201 人,一般小头 514 人。在这些脚行把头中参加了国民党、三青团的 232 人,参加中统特务组织和特务外围组织的 199 人,参加封建帮派青洪帮的 98 人、在理门的 264 人,参加一贯道及其他道门的 144 人。总计参加各种反动组织的共 937 人,占大、小脚行头子总数的 54.6%。

(五)惩办首恶分子,斗争胜利结束

坚决镇压脚行把头中的首恶分子,除掉那些作恶多端的大恶霸、大脚行把头,是彻底摧毁封建把持制度的关键。市公安局在全面登记的基础上,经过深入开展侦查和调查,掌握了反动脚行头子的大量罪证。到 1950 年底,先后逮捕了有严重罪行的脚行头子 70 人。根据广大群众的要求,1950 年 12 月 25 日,天津市人民法院依法判处大脚行头子袁文会死刑,全市人民听到这个臭名昭著的大汉奸、大恶霸被处决的消息后,无不拍手称快。1951 年 2 月 21 日,作恶多端的大脚行把头刘德山也被判处死刑。3 月 31 日,天津市召开公判大会,判处了大脚行把头、反革命分子巴延庆、马文元、翟春和、王士姜等人死刑,市广播电台播送了大会实况,《天津日报》以《执行广大人民迫切要求,处决反革命首恶分子》为题发表了社论。至此,历时两年的群众性反封建把头斗争胜利结束。[①]

---

① 天津市公安局档案。

第五节　取缔娼妓业

新中国成立后,公安机关在党和政府领导下,通过封闭妓院、解放妓女、取缔卖淫嫖娼、治疗性病等大量治理工作,仅用几年时间,就在全国范围内禁绝了长期祸害我国人民的顽疾。天津市公安机关在取缔妓院、禁绝卖淫嫖娼工作中采取了有别于北京、上海等大中城市统一封闭、集中收容的方法,于天津解放初期就对旧天津娼业情况进行了充分调查,结合天津社会具体情况,综合考虑妓女及依靠妓院为生的伙友、女佣2万多人转业后的生计问题,秉承以人民为中心的理念,在"寓禁于限"方针指导下,动员全社会的力量,经过数年艰苦细致的工作,至1952年,天津妓院基本关停。随后几年,天津市又对游妓暗娼进行了重点教育改造,至1957年底,最终扫除了这种丑恶现象。

一、旧天津的娼妓业

(一)天津娼妓业的兴衰

天津的娼妓业是随着商业的发达不断发展起来的。自明代建卫以后,天津南北漕运兴旺,商业日趋发达,出现了"晓日三岔口,连樯集万艘"的昌盛局面。位于南北运河交汇处的侯家后,成了官僚商贾云集的商业中心,为这些人冶游淫乐服务的娼妓业便随之发展起来。

明末清初,因达官贵人欲修花园,把北门外落马湖的一片低洼地垫平,一些特别贫困的妇女为维持生计,陆续在那里搭起一些苇席窝铺,从事卖淫。后有胡、方、张三姓有钱人家在那里盖了200多间房子(均为仅能容纳一张桌子、一副床板的小屋)租给妓女,使落马湖成为妓院的聚集地。相继出现的娼妓聚集区还有三角地,形成原因与落马湖类似。19世纪60年代,英法等帝国主义国家入侵天津后,在天津开辟了租界,在那里新建大批房屋,修建码头道路,外国军人、政客、商人和传教士相继涌入，经济很快繁荣起来。此时的侯家后，由于运河堵塞，漕运锐减，经济逐渐萧条，一些档次高的妓院纷纷迁到租界地及其附近地区，使南市、富贵胡同、谦德庄等地成为新的妓院聚集地，一直延续到天津解放初期。

　　天津的娼妓业几经兴衰。1900年，八国联军侵占天津，妓院房屋大部毁于炮火，妓女逃避一空。由于侵略者随便穿宅越户，调戏妇女，商民不堪其扰，遂由当时地方士绅提议恢复妓院，建立"官娼"，至清朝末年曾发展到500余户。民国初年，由于军阀混战，捐税加重，加之散兵游勇骚扰，致使很多妓院关门歇业。九一八事变后，日寇利用地痞、流氓、白面烟鬼组织所谓"便衣队"，袭扰商民住户，又有一批妓院关门。娼妓业日渐衰落。七七事变后，日本侵略军出于奴化中国人的罪恶目的，公开以繁荣市面、加强税收为借口，提出可以随便设立"乐户"。妓院因之骤增。据调查，当时妓院最多达到650户，妓女有3080人，形成了东、西、南、北、中五大乐户区。

伪天津特别市时期的乐户营业牌照

　　此外，在各国租界内有妓院200多家，还有游妓1000多人，公开合法地散布于各旅馆饭店中。此时全市妓女总计有6000余人。

　　日本投降后，国民党政府一方面取缔游妓，一方面又承认妓院的合法存在。游妓虽然表面上不存在了,但大部分转入妓院或改为没有营业执照、不上捐税、半公开卖淫的暗娼。这一时期,因捐税日益繁多,又时常受军、警、宪、特、地痞流氓袭扰,营业逐渐下降,一部分妓院关门或转业,妓女转移。在此时期,大量美国军队开进天津,各大饭店的游妓又成为美国兵猎艳泄淫的对象。各种酒吧不下百余处,游妓暗娼摇身变为酒吧女郎,卖酒兼卖淫。此时的舞场亦处于鼎盛时期,部分妓女转为舞女,伴舞兼陪睡。在美军离津后,1947年春,国民党天津市市长杜建时为整顿市容,曾下令驱逐各饭店游妓,同时大力鼓励妓院发展,促使游妓暗娼纷纷归入妓院。

(二)妓女沦落的原因

旧天津的妓女绝大多数是因为贫困而沦落为娼的,而且很多是自幼被卖到妓院"雏养"为妓。

女性沦落娼门,一般分为5种形式:

一是"押",就是以人作抵押。一些贫苦家庭因天灾人祸或其他原因急需用钱,便向娼寮借贷,不得不将自己的妻女或其他关系人抵押为娼。解放前因这种情况落入娼门的为数最多,约占天津妓女总数的60%。由于受高利贷的盘剥,她们中大多数没有被赎的可能,只有靠出卖肉体终生还债。

二是"卖"。完全被当作商品卖给妓院,生杀之权完全掌握在妓院老板手里,并且永无出头之日。被卖到妓院的妓女,年轻时为老板赚得大笔钱财,而到年老色衰时,沦为下等妓女,以了残生,是受压迫最重的人。

三是"租"。有的人因生活无着,将自己妻子租给妓院,租期里所赚的钱全部归妓院,租期一满,可获得自由。

四是"拐"。由人贩子从外地拐骗来津沦落娼门。被拐骗的妓女因人贩子索价甚高,均身负很高的债务,只能终生为妓。

五是自己沦落。这种妓女或夫死,或父母双亡,或被人抛弃而流落社会，为生活所迫，不得不沦落娼门。也有因贪图金钱享乐而沦落为娼的，这种人在妓女中为数极少。

（三）妓女的生活状况

妓女的生活，像是"白面包着的苦菜团子"。妓院的老板领家为了牢牢控制妓女，使她们成为自甘堕落、任其摆布的挣钱机器，常用威胁利诱等手段，使妓女们习惯于纸醉金迷、醉生梦死的生活。较高级的妓院妓女的物质生活一般较好，但其精神和肉体上的痛苦却是无可言状的。

妓女们除了在经济上受到妓院老板重利盘剥外，在精神和肉体上更受到严重摧残。她们的肉体是属于妓院老板的，是老板眼中的商品。只要能赚钱，她们必须随时为嫖客提供一切满足淫欲的服务，有的一天竟要接客三四十人，就是在月经和怀孕期间也被逼照常接客，有的导致大出血而死亡。绝大多数妓女因长期卖淫患有严重的妇科疾病，有的妓女身染性病无钱医治，在梅毒性全身溃烂的痛苦中悲惨地死去。

妓女们一入娼门便失去了自由。妓女触犯了妓院的规矩或是因嫖客少了赚不来钱，即遭妓院老板打骂惩罚，打则棍棒、皮鞭、刀子、剪子，浑身上下不分部位，不顾死活；罚则跪、冻、饿、吃屎、喝尿。更有如利津里四宝班窑主程孙氏，诬称15岁妓女张云芳违反院规，便强迫她遭受4名美国兵轮奸；裕德里窑主葛凤亭把妓女王大俊打瞎，三角地领家牛少棠用刀割妓女的鼻子等，此类事情数不胜数。

（四）天津的"十大恶"之一——恶霸窑主

天津妓院的窑主大多数来自流氓无产者。他们中有的原为妓院伙友，有的靠设赌吃"腥"，有的靠贩卖毒品，有的靠拐卖人口，有的是盗匪、打手。天津一些较大妓院及部分中小妓院的恶霸窑主，又多为青帮头子。他们勾结反动官府，广罗流氓、地痞、无赖等为门徒，各霸一方，横行乡里，敲诈勒索，草菅人命。他们在开妓院的同时又设赌局、办烟馆、霸脚行，五毒俱全，这些恶霸窑主成为天津的"十大恶"之一。

恶霸窑主胡金标，人称"大胡老""大寨主""北霸天"，是天津青帮头目之一,把持落马湖一带妓院。解放前,他勾结人贩子拐骗良家妇女达数十人,年轻漂亮的留当妓女,剩下的贩卖到各地,牟取暴利。胡对妓女百般虐待,轻者以木棍、皮鞭殴打,重者扒光衣服,吊到房梁上,用开水烫。妓女们白天接客,晚间任其轮流奸淫。他勾结日本宪兵残害妓女,先后逼死两名妓女。七七事变后,胡金标投靠日寇,充当日本特务,并当上"落马湖妓女事务所"所长。凡来落马湖为妓的妇女,均要先由他"开铺"奸淫,之后再当妓女。同时他还要敲诈勒索妓院老板,收取钱财。他用喝妓女血赚来的钱,先后建造楼房、平房达47间。

恶霸窑主李天然,天津青帮头目之一,日伪时期卖国媚敌,充任"乐户业公会"常务理事。为献媚日寇,他勾结汉奸组织"侠义营"及流氓特务,大肆抓捕妓女"慰劳"日军,不少妓女惨死于日寇的魔掌中。日本投降后,李又加入国民党党通局特务组织,充任天津乐户联合办事处总代表、妓女训练大队大队长,并与国民党匪特结成"三十六友",并充任头目。依仗反动势力,他成为控制南市一带乐户的大恶霸。

恶霸窑主李万友,为了巴结日伪,1940年向伪侦缉队队长赠送小妾,进而成为日伪时期"乐户业公会"会长,强迫同业者和妓女向日本侵略者献铜献铁。1942年,他勾结汉奸王四海抓送大批妓女至河南、山东等地"慰劳"日军。每逢灾年,乘人之危,以极低的价钱收买女孩子,或迫其为娼,或转卖他乡。李用不义之财先后开设了7家妓院,仅"小香班"就有"养女"数十名,均被其强奸后逼迫接客,多名妓女在李万友的残酷虐待下含恨而死。①

恶霸窑主黄金荣,绰号"黄寨主",在大福里、富贵庄、翠柏村等地先后开设荣喜堂、鸿顺堂等妓院。1930年他加入青帮,后又与中统天津站分区主任王伯伦及特务恶霸李天然等结为"三十六友",依仗反动势力横行南市一带。他肆意虐待妓女,稍有不如意,就用门闩打,用开水

---

① 天津市公安局档案。

烫，妓女凤兰就被其用开水烫伤腿部。有的妓女感染性病，他不但不给予医治，反而逼其大量接客，最终病重身亡。他还使用手段欺骗乞丐杨氏母女三人，强迫杨氏接客。因杨氏4岁次女患病不愈，他竟用烧热的煤球将其烫伤致死。[①]

恶霸窑主张玉堂，天津青帮头目之一，与大汉奸、大恶霸袁文会勾结，获得大量不义之财，先后开设秋香、怜香等妓院6处，历经20余年，贩卖妇女60余人，很多幼女被其收养后，十二三岁即遭其奸淫，然后被迫接客。张玉堂对妓女

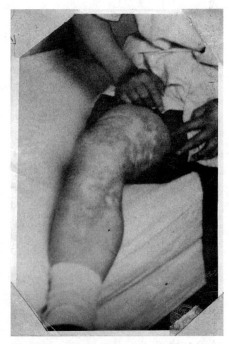

恶霸窑主黄金荣用开水泼烫妓女腿部致其严重烫伤

异常残暴，白天令她们推磨，夜晚命她们接客，无客时则需轮流陪其取乐。对赚不到钱或违反"规矩"的妓女，施以"进红城""撅大簪""跪搓板""举木凳"等酷刑。有10名妓女被张玉堂残害致死。张玉堂用从妓女身上榨出的血肉钱广置房屋达400余间，成为一方巨富。

恶霸窑主韩翠玉（女），人称"韩寨主"，在侯家后一带开设两家妓院。韩同伪军、警、特人员勾结，网罗大批流氓徒众，欺诈百姓，草菅人命。韩依仗反动势力，逼良为娼，残害妓女，手段毒辣。一名妓女被韩翠玉的姘夫王席元强奸，韩翠玉竟逼这名妓女服毒自杀。

（五）娼妓业对社会的危害

娼妓业是私有制产生后滋生发展起来的怪胎，它是罪恶的渊薮。《天津志略》中说："津门妓馆甚多……腰囊充盈者每视为温柔之乡，挥金如

---

① 天津市公安局档案。

土,毫无吝啬,以有数之金钱,塞无底之深渊,其不倾家破产者,未之有也。况妓人阅人既多,莫不染花柳恶疾,传至游客之身,毒焰因之更炽。"

妓院乃藏污纳垢之地,吸毒、赌博、容留匪盗,且常有因嫖妓及窑主争霸妓女、抢夺地盘群殴互斗,导致伤残之事,引起社会恐慌。许多腰缠万贯之人,常在此"温柔之乡"里倾家荡产,更有的因此铤而走险,如军阀张作霖的部下曲香九在妓院荡产,持枪抢劫银号,被处决于南市。

旧社会,因卖淫嫖娼导致的性病异常严重。1938 年 1 月,天津特别市公署警察医院共检查妓女 3376 人,除 806 人因正值月经期未作详查外,其余 2570 人均染性病。至于交叉感染的受害者更不计其数。1930 年 2 月—5 月,仅北洋医院和马大夫医院就诊治性病患者 2000多人。据当时保守估计,全市性病患者最少达数万人之多。性病的蔓延,极大地损害了民族的肌体,引发各种社会问题。如谦德庄一带的妓院,主要依附宝成、北洋、裕元、裕大四大纱厂而存在,因工人嫖妓而患性病者不断增多,致使工厂减产,有的车间甚至不能正常开工。

二、取缔妓院

(一)解放初期对天津妓院情况的调查

为了掌握情况,制定切合实际、行之有效的工作方法,天津市公安局于 1949 年 2 月开始对全市妓院、妓女的分布和窑主领家、妓女、伙友的状况进行全面细致的调查。

经查,当时全市妓院主要分布在 9 个地区:

(1)罗斯福路的忠教里、裕德里、同庆里、中华里、利津里、美琪后等地,均为一等妓院;

(2)南市的群英后、权乐后、丹桂后、圣乐前、翠柏村、枫叶村、广兴里等地,为一至四等妓院;

(3)谦德庄,为三、四等妓院;

(4)侯家后均为三等妓院;

（5）富贵胡同，为二等妓院；

（6）北开，为四等妓院；

（7）落马湖，为四、五等妓院；

（8）三角地，五等妓院；

（9）赵家窑，五等妓院。

据统计，全市共有妓院 366 家，妓女 1792 人。①依靠妓院为生的伙友、女佣 2 万多人。

天津解放后，窑主领家、妓女及伙友等均十分恐慌，但随着社会秩序的恢复和经济形势逐渐好转，躲在各处的窑主领家和妓女们又陆续回到妓院。一些人认为："人民政府既未表示取缔妓院，那么妓院长期存在可能不成问题"，"不许窑主领家继续虐待妓女，妓女认为这可解放了"。为了争取合法地位，他们甚至推选了代表数次申请发给营业执照。当时政府掌握的原则是：天津刚刚解放，经济萧条，社会秩序亟待恢复，政府暂无能力解决这些人的就业和生活问题，而且消灭娼业只是手段，其根本目的在于使相关人员能够自食其力，重获新生。因此尽管取缔娼业是既定方针，市军管会根据天津的实际情况，仍采取了暂不公开取缔，亦不承认其合法，限制妓女人数增加，实行严格管理，促其逐步消灭的方针。同时明确规定废除残酷的领家制度，不准虐待妓女。

（二）认真贯彻"寓禁于限"方针

为了加强对妓院的管理，市公安局于 1949 年 8 月 18 日制定了《管理乐户及妓女暂行办法草案》（以下简称《办法》）。《办法》限制乐户营业范围，只准收缩，不许扩大；严格限制对妓女的剥削；提高妓女觉悟，

---

① 由于统计方式的不同，关于解放初期天津妓院妓女数量，不同时期的调查报告数字并不统一。如市公安局 1949 年依据乐户总代表办事处提供的材料统计，妓院为 448 户，妓女 1779 人；行政科统计为 560 户（含土娼，实际土娼只有妓女并无妓院）1669 人；治安科 1950 年统计为 366 户 1792 人（不包含土娼）；民政局 1951 年 8 月调查结论为 336 户 1792 人。参见天津市公安局档案。

促其转业,加强性病检治,防止蔓延。同年 9 月,按照市政府指示,市公安局又对《办法》作了修改补充。该《办法》共 12 条,9 月 24 日经市政府批准实施。《办法》明确指出:对本市旧有乐户,为照顾从业人员目前生活,暂准营业另予换发许可执照,但严格限制无本市旧许可执照之乐户,及与旧许可执照不符者营业。所有乐户不准迁移、更名或者转兑。旧许可执照遗失或捏造其他理由者,均以无照论。《办法》还规定:"不准收容无本市旧许可执照之妓女","严禁拐买卖妇女,或假借养女名义私买幼女蓄为雏妓","乐户应设置留客登记簿,逐日将住客姓名、年龄、籍贯、住址、职业、特征详细登记,在每夜 12 时前,送该管派出所查核","废除乐户与妓女、养家与养女之间一切契约,养女应有人身及转业自由","乐户对妓女不得高利盘剥或者其他打骂虐待行为"。此外,《办法》还对本市旧有妓女暂准营业、换发许可执照做出严格限制:"凡妓女无本市旧许可执照,不分外来与旧有,一律取缔,并限于 3 日内离开营业地点","妓女已领有旧许可执照暂准营业,但有生产力或家庭生活尚能维持者,劝导转业或回籍","不准新妓女进站及旧有妓女转店","前由各乐户办事处所发给之妓女临时许可条一律作废,持有该项许可条之妓女应即转业","未满 16 岁之妓女及身体发育尚不健全者应即转业",等等。[①]

同年 11 月 11 日,天津市政府发布《关于管理乐户及妓女的指示》指出,本市此种职业者为数不少,目前很难做到全部转业或取缔,因此在"寓禁于限"的原则下,采取"加强管理,鼓励转业,逐步消灭"的方针。

市公安局按照市政府的指示精神,根据《办法》的有关规定,加强了对妓院的严格管理、限制,并在民政、妇联等有关部门的配合下,做好妓女转业的安置工作,至 1949 年 11 月中旬,全市有 114 家妓院停

[①]《天津市公安局管理乐户及妓女暂行办法(草案)》,中共天津市委党史资料征集委员会、天津市公安局主编:《难忘的岁月——天津市解放初期社会治理纪实》,中共党史出版社,1994 年,第 85—88 页。

业,570余名妓女脱离妓院,其中结婚的200余人,回原籍的100多人,做工学艺的50多人,私逃的60多人。

1949年11月21日,北京市一夜之间封闭了所有的妓院,解放了1200多名妓女。消息公布后,引起天津各家妓院的极大震动。一些窑主领家十分惊慌,害怕天津也要采取类似行动。消息公布的当天晚上,部分窑主领家、妓女纷纷转移财物,逃跑或准备逃跑。面对北京封停妓院,天津娼业何去何从,从业人员心态较为复杂。由于信息不畅,虚假消息在从业者之间广泛传播。有的窑主领家说"天津妓女多不会和北京一样","北京封闭妓院是假的,吓唬吓唬就算了","北京封错了,现在已有复业的,咱们天津三年以后才消灭妓院呢"。有的造谣意图制造混乱,说"北京把妓女集中起来,跳河的跳河,跳井的跳井,剩下的都用汽车拉走了"。妓女、伙友长期从事娼业,一时间思想无法转变。落马湖一名妓女说:"不干妓女嫁人没人要,做工不会做,回农村人家还不拿你当活妖精。"六区荣福堂伙友说:"不干窑伙干什么去? 我会纺纱,纱厂又不要人。"有的换上布衣服,准备进拘留所,还有个别的到旅馆去做暗娼。但是北京封闭妓院的事实也清楚地教育了他们,让他们看到了人民政府取缔娼业的决心,一些窑主领家认识到剥削妓女吃饭是可耻的,而且是没有前途的,少数窑主主动向政府申请歇业、转业,帮助妓女结婚、回家或转业。一部分受压迫、受迫害最严重的妓女,从北京封闭妓院看到了希望,盼望早日跳出火坑,结束这非人生活。①

针对这些情况,市公安局及时作出部署,要求各级公安机关广泛深入地开展宣传教育工作。同时《天津日报》刊登消息,发表文章,宣传北京千余名妓女跳出火坑,重新做人的真实情况,以正视听。正确的舆论宣传,稳定了从事娼业人员的恐慌心理。与此同时,各级公安机关加强了对妓院的治安管理,妥善安置转业妓女,并动员窑主领家利用资

---

① 天津市公安局档案。

财转营其他行业。

截至 1950 年 1 月中旬，天津市妓院又减少 99 家，妓女减少 329 人。其中，有 11 家妓院改为工厂或作坊，10 家改营旅馆，4 家改为住户。停业妓院的妓女中有 148 人结婚，140 人回原籍，25 人从事生产，16 人等待安排新的职业。其中，"减少数中 80% 以上是受了北京封闭妓院影响而转业的"。

北京封闭妓院后，天津社会各界封闭妓院的呼声高涨，市政府、公安机关承受着一定的压力。1950 年 1 月 7 日，公安部向全国通报了北京封闭妓院的经验做法，但同时也认识到取缔妓院一事还要根据各地实际，因此通报中明确指出："北京这样做，是由于各种条件均成熟，其办法经验只作各地各城市参考，不可机械搬用（上海、天津、广州等各大城市更应慎重处理）。"[①]

（三）贯彻第二届各界人民代表会议决议

由于北京封闭妓院就是在第二届人代会后进行的，天津第二届各界人民代表大会召开前，天津一些窑主妓女又恐慌起来，纷纷转移财产，有的则带着财物和妓女跑到了上海，有的伙友趁机变卖家具向窑主索要遣散费。"从二届代表会开幕以来，十天内就有 38 家妓院申请歇业，98 个妓女缴回营业执照，还有少数妓女私逃。"

1950 年 1 月 15 日，天津市召开了第二届各界人民代表会议。"从市、区人代会提案来看，要求取缔妓院的提案达 150 余件，其他类似建议书信就更不计其数了。"因此会议对处理妓院、妓女问题专门作出决议，其基本方针是："严加管理，解放妓女人身自由，消灭压榨，帮助转业，防止流为游妓暗娼，以达到预定期内全部消灭，妓院老板领家尽量帮助转业、回籍、结婚，适当安置，有生活出路。"[②] 为贯彻这一决议，市公安局及时召开了各分局行政股股长和派出所所长会议，传达了决议

---

① 《中央公安部关于封闭妓院的经验通报》，《党的文献》，1996 年第 4 期。
② 天津市公安局档案。

精神,提出了下一步工作措施。大家认识到,本市以娼妓业为生的人数约2万人,若集中封闭收容,要涉及很大的人力和财力。在刚刚解放、财政十分困难的情况下,必将加重人民负担,而且百业待兴,上万人的就业安置也很困难。因此只能从天津实际出发,在"寓禁于限"方针指导下,逐步取缔和消灭旧娼业制度。据此,公安机关一定要按照决议精神,认真细致地做好工作,同有关部门配合,完成改造并最终彻底消灭妓院的任务。会议决定,在全市范围内广泛深入地、大张旗鼓地开展宣传教育工作。同时对如何做好窑主领家工作,调查掌握恶霸窑主的罪恶,继续帮助妓女转业等问题作了具体布置。

　　第二届各界人民代表会议闭幕后,市政府立刻在报纸上公布了相关政策。窑主、妓女看到不是立即封闭,而是有一个"预定期",私逃的妓女又纷纷回来,一些歇业窑主也提出了复业的要求。当时,窑主、妓女们有一些错误的认识,窑主认为"政府不封闭,还可以苟安",妓女们则认为"取消了压榨,赚钱更多"。针对这些错误的思想,按照市公安局的要求,2月初,6个公安分局、19个派出所分别召开窑主领家、伙友、妓女座谈会,严肃地指出妓院在新中国绝不允许长期存在,并讲清政府对妓院为什么要采取逐步取缔的政策。同时严肃指出窑主领家对妓女的压榨和虐待是有罪的,人民政府采取宽大政策既往不咎,希望他们提高觉悟,不再干害人利己的勾当。指出妓女这一没落腐朽的职业,在新中国绝没有前途,并启发妓女提高觉悟,控诉窑主领家罪恶,积极转业,通过劳动转变成新人。经过座谈,多数窑主领家表示相信政府,及早转业经营其他行业。妓女则主要揭露妓院老板领家对她们经济上的剥削压榨,精神和肉体上的摧残。

　　与此同时,全市展开了宣传教育活动。《天津日报》《进步日报》《新生晚报》及人民广播电台发表文章和讲话,揭露旧天津娼业的罪恶史及窑主领家对妓女的欺凌和剥削,报道广大妓女的悲惨境遇和非人生活,宣传人民政府的政策法令,保护妇女的地位和权利,决心取缔妓院,把受压迫、受迫害、受剥削的广大妓女解放出来。一些妓女现身说法,妓女安某某在地毯厂学习扎毯,非常积极,每天收入四五斤玉米面,她已红光满面,不是从前那个清瘦样儿了,用她自己的话说:"身体精神都比以前痛快多了。"通过报纸、电台的宣传和召开各种类型会议,很快形成了强大的政治攻势。经过广泛深入的宣传教育,大部分妓女、窑主不同程度地提高了觉悟,加之公安机关对妓院严加管理限制,坚持经常性的检查,发现违法行为及不法人员严厉惩处,从而促使一批妓院歇业或转业,大批妓女脱离了妓院。

在公安机关和新闻媒体的宣传教育下,市民觉悟普遍提高,"自二届代表会以后,全市妓院妓女嫖客锐减,往年旧历除夕至灯节是营业最好的时候,可是今年最好的妓院,如南市群英后、天泉、三惠、华顺等书寓,一天才卖二十多个盘子,有四五个客人到场捧牌,最差的卖一两个盘,因此一般妓女的生活,都较前差得多"①。到 1950 年 3 月底,全市妓院只剩下 51 家,截至 1950 年底,妓女转业、回籍、出嫁的已达 1706 人。

(四)在镇反运动中镇压恶霸窑主

恶霸窑主是封建残余势力的代表,他们在天津形成了一股黑社会势力,控制着整个娼妓业,对广大妓女进行经济上的剥削和肉体上的摧残。要彻底废除天津的娼妓制度,取缔妓院,必须坚决打击和镇压恶霸窑主,把受压迫受剥削的广大妓女解放出来。1951 年"4 月至 6 月,为加快公娼业的改造进程,天津市军事管制委员会下令对一批罪大恶极、证据确凿的妓院老板、窑主李万友、胡金标、李天然、张玉堂等人实施逮捕,极大震撼了娼业人员"②。

为了揭露和清算恶霸窑主的罪恶,公安机关在做好宣传教育工作的基础上,启发动员那些苦难深重的妓女对恶霸窑主进行控诉。

---

① 天津市公安局档案。

② 江沛:《1949—1957 年天津娼业改造问题述论》,《中国现代社会转型问题学术讨论会论文集》。

从1951年6月开始,各区相继召开控诉会、忆苦会,妓女们悲愤地倾诉自己苦难屈辱的遭遇,控诉对恶霸窑主的仇与恨。15日,九区召开1500余人参加的控诉大会,把妓女对恶霸窑主的控诉推向了高潮。在各区召开的控诉大会上,有的揭发控诉落马湖大恶霸、人称"北霸天"的胡金标勾结日寇,欺压百姓、残害妓女的罪行;有的控诉恶霸窑主李耀林、李万友奸淫妓女,并以"慰劳"日寇为名,将大批妓女和买来的良家妇女送往日本军营惨遭蹂躏的罪行;有的控诉恶霸窑主杨草亭、黄金荣等用各种刑罚残酷迫害妓女致伤、致死的罪行。

一名妓女代表落马湖54名妓女,宣读他们用血泪写成的《联名控诉书》

一名落马湖妓女代表落马湖妓院的54名妓女宣读了她们用血和泪写成的《联名控诉书》:"我们是世界上最苦的人,旧社会的蹂躏与惨绝人寰的压迫,把我们变成了恶霸窑主的商品,窑主们却恣意地吃喝享乐,稍不顺意,便百般毒打,使我们在人类社会中,过的是暗无天日的屈辱生活……共产党来了,我们才得到解放,再也不受他们的压迫、剥削、凌辱和虐待了。我们衷心感谢政府和毛主席!我们要向恶霸窑主讨还血债,要求政府枪毙恶霸窑主,为姐妹们报仇,为社会除害!"

妓女们的血泪控诉,激起了广大人民群众的强烈义愤,几天内就有1700多名群众给政府写信,要求政府镇压恶霸窑主,为阶级姐妹报仇。天津市公安局经过深入调查,在获取了充分证据后,逮捕了一批恶霸窑主。1950年12月8日至1951年10月,天津市军事管制委员会先后将恶贯满盈的王士海、王风春、黄金荣、李天然、李万友、李耀林、胡金标、张玉堂、杨草亭、杨德山、孟毕氏(女)等恶霸窑主依法判处死刑,执行枪决。同时将他们压榨妓女所得财产全部没收。

人民政府镇压了恶霸窑主,扫清了彻底废除娼妓制度的障碍,使尚未脱离妓院的妓女消除了对窑主领家的恐惧心理,纷纷要求政府给予安置,还在等待观望的窑主领家也纷纷表示要歇业、转业。

公安机关抓住这一时机,同民政、妇联等部门配合,一方面继续做好尚未转业妓女的思想工作,使她们安下心来,多方寻找门路,安置妓女就业。同时党和政府在财政十分困难的情况下,调拨一定数量的经费,为患有性病者治疗,为生活困难者发放救济粮款,为结婚成家或回原籍参加生产劳动的发给经济补贴,使刚刚被解放的妓女感到了党和人民政府的温暖。经过三年的教育管理,至 1952 年 5 月底,天津的妓院完全绝迹,祸患天津的娼妓制度,终于被扫进了历史的垃圾堆。

三、取缔游妓暗娼

游妓暗娼是旧娼业的一个组成部分,与公娼实则是此消彼长的关系。天津暗娼历史由来已久,起始时间虽不可考,但自八国联军入侵天津后,游妓暗娼便发展起来。"天津市水旱码头华洋杂处,自庚子事变之后,一般二流野妓之流便藉着半殖民地这块肮脏地,于是便造成野妓的渊薮,流毒了整个社会。"[①]天津沦陷后,妓院林立,私娼众多,多分布在各大饭店之内,不纳捐而公然卖淫,其声势之煊赫并不弱于公娼,成为日本帝国主义毒化中国的手段之一。在私娼全盛时期,著名的如世界饭店、巴黎饭店、国民饭店、惠中饭店、交通旅馆,还有伦敦饭店、孚中饭店及长发栈、中和栈、中华旅舍等处,每日顾客常满。日本战败投降后,美军抵津,当时各大饭店暗娼多与美军做生意。年轻貌美的多做"吉普女郎",多与军官实行姘靠。此外酒吧应运而生,暗娼摇身一变

---

① 天津市公安局档案。

成为酒吧女郎。国民党统治时期，为整顿市容，市长杜建时曾于1947年春驱逐各饭店暗娼，结果后来为暗娼登记纳捐，由警局发给执照，将游妓暗娼转为公娼。新中国成立初期，虽取缔了妓院，但由于游妓暗娼行为具有一定的隐蔽性，因此没有完全禁绝卖淫嫖娼这种社会丑恶现象。在取缔妓院过程中及以后一段时间里，由于受社会经济条件所限，部分妓女转业后没有谋生的本领，又缺乏吃苦耐劳的精神，进而转为游妓暗娼，因此这一时期游妓暗娼卖淫活动又凸显出来，市民反映强烈。为了清除这一丑恶现象，市公安局与有关部门密切配合，从1952年起进行了取缔游妓暗娼的工作。

根据人代会提案和市民反映，市公安局认识到妓院虽正在减少，但游妓暗娼不但未减少反而有所增加的问题。特别是在取缔妓院过程中，针对妓女盲目转业后变为游妓暗娼的情况，1951年市公安局就制定了相应的工作对策，"动员妓女妓院转业歇业，但须保证确实脱离卖淫生涯，对盲目转业者应予以制止。对有转业要求而又无力转业的妓女，应责由窑主给予适当帮助"①。据市公安局行政科保安股调查，1950年天津市约有游妓暗娼538人。

天津游妓暗娼的来源比较复杂，一是历史上遗留下来的游妓暗娼。二是受北京封闭妓院冲击，一些妓女盲目转业后无法解决生计问题，或无法忍受贫苦生活进而转为游妓暗娼。据统计，截至1950年6月底，妓女减少了1335人，她们中有一些人是因为害怕像北京封闭妓院那样被"集中""封闭"，仓促地退了户口，未能考虑离开妓院后的生活问题。在结婚、回乡、做工的妓女之中，部分缺乏吃苦耐劳的精神，更有个别妓女本就是有计划地从公娼转为暗娼。至1950年6月，已确定的由公娼转为游妓暗娼的有93人，1951年8月调查时，这一数字增加到202人。三是清音女艺员（大部分是妓女转业的）、歌女兼操卖淫的，其中以清音女

---

① 天津市公安局档案。

艺员最多。1950年,清音女艺员数量空前发展,而自幼学唱的纯正艺员不过30%,约有45%是妓女转业而来。1951年10月调查显示,在921名清音女艺员中,妓女转业者达312人。转为清音艺员后,受行业不正当分账制度剥削和自身贪图享乐生活习惯的影响,她们中的部分人转为游妓暗娼。四是青岛、东北、上海地区的游妓暗娼到天津从事暗娼活动的。五是舞女、交际花兼卖淫,她们一般素质较高,取价高昂,人数较少。

1950年7月游妓暗娼调查数字统计表

区域	一区	三区	六区	七区	八区	九区	十区	十一区	合计
人数	99	5	31	292	55	35	9	12	538

1951年8月游妓暗娼调查数字统计表

区域	一区	二区	三区	四区	五区	六区	七区	八区	九区	十区	十一区	合计
人数	134	3	6	0	1	11	213	21	5	11	8	413

游妓暗娼活动十分隐秘,政府难以实行有效治理。同时她们无捐无税,赚钱容易且收入不菲,她们沉迷于奢侈腐化的生活,明知政府要取缔娼业却仍不转业。当时游妓暗娼的收入"少的每次五六千,多的两三万,甚至有十几万元的,每人每天可以搞三五次,多的七八次,实际收入她们每日可收入三至五万元"。"她们的生活是非常浪费的,服装华丽,饮食也经常是酒肉。"兼操卖淫的清音女艺人,"正当收入在三四千元,好的在五六千元,她们多是坐三轮,吃好的穿好的,通过点歌片可收入二万元左右"。此外少数舞女、大交际花接近的是巨商富贾,以到北戴河、青岛等地伴游形式或者在本市利顺德等高级饭店卖淫,收入高达五十万至百万元。

游妓暗娼的活动方式分为几种,最主要的是三轮工人的"跑合",这类人大部是流氓街痞出身,白天睡觉,夜深出车,见到单身男性就搭讪,一般说:"找个漂亮的吗,保险没病"。这类三轮工人每人都认识几个游妓,得钱按四六或三七分账。有的游妓暗娼自己接客,每晚多三五一伙,有持书包或者带小孩的,装成良家妇女,在人多的地方公然讲价,或以向路人借烟火搭话调笑。有的由旅馆、茶房代客招妓。以清音艺员身份为掩护卖淫的,一般通过点"歌片"(又称"点活"),即客人对清音艺员有企图时,通过写歌片"点活",清音女艺员则在台上对该客人使弄眼色或公开调戏。吃饭、买东西是清音女艺员卖淫前的第二步。清音女艺员通过客人点歌片彼此熟悉,由写活的从中串通约定吃饭地点,饭后散步买衣料等,最后到旅馆完成卖淫活动。

游妓暗娼对社会的危害极大,百姓对此深恶痛绝。卖淫者为拉拢引诱嫖客,手段低级下流。夏天里,在公园、河边、马路、胡同卖弄风情,争拉嫖客,男女搂抱、不堪入目的龌龊行为随处可见,有的因为嫖资等一言不合,便污言秽语辱骂嫖客,造成围观;冬天里,在转子房、旅馆、客店吃喝打斗,一片乌烟瘴气。由于卖淫者的大肆活动,嫖客见到年轻女人便追逐搭讪,致使许多妇女特别是年轻姑娘晚间不敢外出,劝业场、罗斯福路、小白楼及南市等繁华地区几乎成了良家女子的禁区。此外卖淫嫖娼造成的私生子、弃婴、堕胎等社会问题屡见不鲜。不少游妓暗娼与土匪流氓勾结,借助土匪流氓的势力,保护她们顺利"交易",不受搅扰。土匪流氓则乘机"白嫖",并勒索敲诈嫖客。根据当时掌握的资料,与游妓暗娼有关的流氓团伙就有 13 个。这些匪徒和流氓为了同游妓暗娼鬼混,便去偷盗抢劫,破坏社会治安。有的游妓还勾结流氓到农村去"放鹰"(搞对象、结婚),骗取钱财后逃回。有的国家工作人员被拉下水。在"三反""五反"中发现,仅被清音茶社的清音女艺员引诱下水的公安、税务、铁路、工会及公营企业等工作人员就达 50 余人。如公安总队三团某干部在清音艺员马某宝身上花去现款达 1000 多万元,导致贪污犯罪被逮捕。有的不法资本家,为大量盗窃国家资财,竟利用舞女拉拢腐蚀干部,致使一些国家工作人员贪污、盗窃、渎职被判处徒刑。此外导致性病蔓延。游妓暗娼中大部分染有性病,由于她们是秘密卖淫,不能集中定期检治性病,故性病的传播更难控制,导致大量交叉感染,致使有的嫖客祸及子孙。

为了有针对性地采取治理措施,市公安局通过深入调查,及时掌握了游妓暗娼的思想动态:黑舞女、"马路天使"没有职业,专以卖淫为生,普遍厌恶体力劳动,留恋奢侈淫靡的生活方式;亦有少数为生活所迫沦为卖淫者,希望从事体力劳动而成为正正经经的人。清音女艺员有较优越的条件,收入较多,生活宽裕,有的人置身于腐朽淫乱的环境中而不能自拔,亦有一部分人受恶势力控制难以摆脱。歌舞女则看到舞厅业日渐萧条,因此转业的念头较强烈,有的学习技术,有的储存钱物,以备今后谋生。在此基础上,市公安局对卖淫嫖娼问题进行了认真的分析,认为由于历史的原因,天津市从事秘密卖淫活动的人数较多,且有家属及子女的亦占很大比重,同时受经济条件等客观因素限制,不可能采取统一收容的方法,只能从实际出发,标本兼治,逐步加以取缔。

第一,公安机关依据《旅栈行业暂行规定》及《公共娱乐场所暂行规定》,加强对旅店、客栈、舞厅、茶社的治安管理。根据市政府决定,公安机关直接管理清音委员会,对现有清音女艺员、歌女、舞女普遍进行登记,发给会员证,不准吸收和发展新会员,非会员演出一律禁止,取消清音茶社、歌舞厅的"点歌片""作台子"制度;并规定歌舞女不准有猥亵行为,不准在饭店、旅馆"接客",以此限制清音女艺员及歌舞女的"交际"活动,促使此种职业逐渐自消自灭。规定旅店客栈不准留住游妓暗娼,发现旅客携带妓女住宿必须立即报告公安机关,严禁旅店行业人员代客招妓,违者给予处罚。

第二,对已掌握的控制、逼迫、容留妇女卖淫的恶势力进行严厉打击。公安机关先后打掉了一批流氓团伙,对胁迫、容留妇女卖淫的犯罪分子,根据情节轻重分别给予罚款、拘役、判刑等处理。公安机关还加强了对繁华地区的治安管理,经常组织对重点地区的巡查和清理,有效地限制了游妓暗娼和嫖客的活动。

第三,同民政、妇联、救济、卫生等部门紧密配合,结合各项社会改革运动,尽量把卖淫妇女组织起来,进行多种形式的宣传教育工作。对她们的卖淫行为进行批判,指出危害,指明出路。经过一个阶段的思想教育, 使大多数游妓暗娼认识到卖淫是败坏社会道德的可耻行为,她们纷纷要求政府给予安置转业。经过妥善安置,有的进了文化团体,有的进了工厂,有的回原籍参加生产劳动,有的结婚建立了美满的家庭。

第四,抓住重点,集中力量打歼灭战。天津南门外宝庆西里是游妓暗娼麇集之地,已有30多年的历史,被人们称为"暗娼营""鲇鱼窝"。暗娼多为地痞、流氓、青帮分子所控制。天津解放初期,这里有暗娼主38人,暗娼54人,本市及外地卖淫的游妓100多人。暗娼主出赁地方供游妓拉客卖淫,按游妓收入的四六或三七分账。由于该地游妓暗娼众多,招来大批嫖客,引发了许多治安问题。

公安分局和当地派出所根据上级指示精神,针对宝庆西里的实际情况,决定采取标本兼治的方法,集中各方面的力量,端掉这个"鲇鱼窝"。首先,召开各种类型的群众会、座谈会,揭露暗娼主的罪恶及卖淫嫖娼对社会的危害,号召游妓暗娼放弃这种肮脏的营生。户籍民警结合户查,对问题较严重者进行帮助教育,促使她们保证不再从事卖淫活动。其次,在开展宣传教育工作的同时,对6名有罪恶的暗娼主及时进行了打击处理。派出所还组织了治安巡逻小组,在夜间盘查行人,查获嫖客,维护治安秩序。经过一系列的工作,暗娼主表示拥护政府改革,不再干这种罪恶的营生。许多暗娼要求参加劳动,重新做人。街道和派出所及时组织她们开展纺石棉、做军衣、做军鞋等生产劳动,并组织她们参加妇联举办的妇女识字班,提高文化水平,树立新的人生观。

通过多方面的工作,宝庆西里绝大部分从事卖淫活动的人都参加了生产劳动,结束了可耻的卖淫生涯。如陈某琴,安分守己过日子,与丈夫一起从事劳动,每天可收入一万三四千元。她将自家供奉的神像摘下来,恭恭敬敬地换上了毛主席像。她还参加了妇联和妇女识字班,她的书包上绣着"抗美援朝"四个字,这些都说明了她的变化。而这样的妇女不在少数。[①]

通过公安机关及社会各界的共同努力,经过几年坚持不懈的宣传教育、改革管理、安置就业,加上新社会、新道德、新风尚的影响,天津市的歌舞厅和清音社一步步自行消灭。到 1954 年已经绝迹,游妓暗娼人数也大为减少。

为彻底禁绝游妓暗娼,1956 年 7 月,天津市人民委员会批准了中国人民救济总会天津分会《关于收容安置游妓问题的请示》。公安机关配合有关部门,对恶习不改的暗娼进行收容教养。收容后,加强思想教育,进行劳动技能训练,检查和医治性病。收容时间一般为 4 至 6 个月,全部费用由政府负担。为安排她们就业,确定所属缝纫厂专门收纳从收容集训班出来的游妓。为照顾她们的生活,在到厂后 3 个月内全部生活费用由政府负担,劳动收入归个人。经过这一卓有成效的教育改造,到 1957 年,当全国人民意气风发地投入全面建设社会主义之时,与社会主义思想道德毫不相容的卖淫嫖娼这种丑恶现象终于被禁绝。

第六节 对游民乞丐和散兵游勇的收容改造

游民乞丐是千百年来统治阶级难以治愈的社会顽疾。天津解放后,市人民政府为迅速恢复和稳定社会治安,在华北人民政府的指导下,"采取了一面收容,一面处理,逐渐肃清"的方针,对城市的游民乞丐和散兵游勇开展了大规模的收容、教育、转化,至 1952 年底,基本解决了这一社会难题,在使流民乞丐转变成自食其力的社会建设者的同时,净化了天津的社会环境,从而为工商业的顺利发展和人民生活的安定创造了有利条件。

---

① 天津市公安局档案。

一、乞丐组织及活动情况

游民乞丐在天津的存在已有较长的历史。进入 20 世纪以后，由于封建主义、资本主义剥削的日益加深，国内军阀的连年混战，特别是在日本帝国主义殖民统治和国民党的腐朽统治下，本市游民乞丐的数量空前增长。国民党也曾几次进行集中收容治理，但其出发点仅仅是为了维护市容市貌、粉饰太平，采取的措施大都是一关了之，关几天再放出去，并不是教其谋生技能和手段，帮助其就业，以获得新生。平津战役打响前，天津国民党统治当局为阻止人民解放军攻克天津，在天津周围地区大批拆毁民房，构筑军事工事，使四方乡民无家可归，流离失所，最后流入天津，沦为沿街乞讨的丐民。天津解放前夕，随着人民解放战争的节节胜利，大批从前线败退下来的国民党散兵潮水般涌入天津。天津解放初期，据人民政府粗略估计，游民乞丐和散兵游勇的人数已达 3 万余人。

在众多的游民乞丐当中，既有流丐又有职丐。流丐多为年老体弱、丧失劳动能力或身体有残疾的贫苦市民。他们零零散散，没有组织，漫街讨要，无固定索取目标，生活极为贫苦。职业乞丐则不同，他们人多势众，组织严密，并分为不同派系。当时北方职业乞丐共有 6 门，在天津活动的主要有丁门、韩门和祁门等 3 大组织，以祁门的人数最多，活动最广，声势最大。职业乞丐的组织一般都由一名年龄较长、辈分较高的人掌管、控制，通称为"师傅"。他们通过招徒传技发展成员，壮大组织，并与社会上的黑帮、恶霸相勾结，串通一气，把持一定的地盘，指使其徒子徒孙强乞恶讨，收敛钱财，所得大部被其占为己有。职业乞丐成帮结伙，强拿恶要，对社会秩序的破坏最为严重，因而最受广大市民的痛恨。[1]

---

[1] 天津市公安局档案。

　　游民乞丐的大量存在,对社会造成了严重的危害。表现在:一是骚扰商行,影响民生。有的乞丐特别是一些职业乞丐,乞讨索要的手段强硬粗暴。他们常常对各家店铺和市民强行索要,不达目的决不罢休。为迫使商人们"施舍",乞丐有意在商铺门前"设防",拦阻购物顾客,直到商人"出血"才予以放行;对待不予施舍的店铺,他们采取砸毁店铺的玻璃窗、在店铺的门面上涂抹粪便等手段进行报复。由于他们的强讨恶要,有的商号店铺一天营业的收入竟不够打发"花子"。福隆绸庄每天用于应付乞丐的费用约为四五百元,遇到年、节、假日,此项花费就得提高一倍;戴林春线店、永兴裕鞋铺的日营业额均为 600 余元,而应付乞丐的支出就得 700 元。由于乞丐的严重骚扰,商号、作坊的经营生产常常入不敷出,戴林春线店、华丰鞋店、庆兴钱庄等一批商号纷纷被迫关门歇业。二是破坏市容,有碍观瞻。乞丐大多居无定所,整日衣衫褴褛、蓬头垢面混迹于繁华街面和车站码头。白天,他们在街头纠缠商民,追逐行人,夜晚在避风挡雨之处随地而卧,严重破坏了市容风貌。三是助长好逸恶劳的恶习,败坏社会风气。新中国成立前,广大市民由于受剥削受压迫,生活极为困苦,他们靠劳动维持生活。而乞丐好吃懒做,靠强乞恶讨,过着寄生生活。特别是一些职业乞丐的首领,除了能够吃饱穿暖之外,还能尽情地享乐,经常出没于戏园、妓院,就连外出行乞也多是乘坐电车往返。当时一名年仅 10 余岁的职业乞丐外出行乞,平均每天讨回的钱财多达三四百元,他将其中的一半进贡给乞丐头,自己每日净剩一百五六十元,比每天卖苦力蹬三轮的车夫收入还要高出许多。乞丐不劳而获的生活,在当时极为贫困的劳动群众中造成很坏的影响,天津市内竟出现了三轮车夫与小商贩竞相转业为乞丐的怪现象。

　　天津解放后,人民政权对残存在津的国民党残余势力、土匪恶霸进行了严厉打击,使天津市内的治安秩序逐渐趋于好转。有些乞丐错误地分析了形势,认为"共产党来了,穷人解放",从此以后,乞丐也应挺直腰板，"理直气壮"地去讨要，所以活动的势头更猛、范围更广。加之有些市民不明政府的态度，对乞丐的强乞恶要不敢违抗，使这种不正之风愈演愈烈。当时乞丐活动较为集中的地区有南市、小树林、河东地道外、谦德庄一带，这些地区分别被职业乞丐头尹占魁、李明山、陈小犇等人把持，乞丐的活动最为猖獗，商民承受的负担和压力也最为沉重。

游民乞丐的活动，激起广大群众的民愤，尤其是那些深受乞丐之害的商人更是对乞丐深恶痛绝。他们自发地组织起来，联名上书人民政府，痛陈乞丐之害，迫切希望人民政府能彻底解决这一严重的社会问题，给天津城乡经济的发展和人民的生活创造一个良好的社会环境。这些商民为支持政府对乞丐游民采取行动，表示自愿捐资，筹措经费，协助政府共同清理。

散兵游勇则是早在天津解放之前，由东北等地流入天津的。当时盘踞在天津街头的国民党散兵游勇达 2 万余人。他们在国民党当局的纵容下，到处敲诈抢劫，强占民房，闹得全市商民为之恐怖，许多饭馆、澡堂、旅馆、商铺等被迫停业。仅滨江道华清池一处澡堂就住了一个营，楼上楼下住满了人。该澡堂伙友说："他们在这里住了两个多月，八点钟出去找吃食，下午四五点钟回来，洗澡、洗衣服、推'牌九'，胡作乱闹，整夜不叫灭电灯，不说别的，单煤就赔了一百多吨，还有两个月的电费。幸亏解放了，不然天津市的商民就叫他们害苦了。"

二、清理散兵游勇

游民乞丐的猖獗活动已引起人民政府的高度重视。为根除这一旧社会遗留下来的社会问题，市人民政府采取了慎重、稳妥的步骤。首先，结合肃清敌特和残匪的中心工作，收容了流窜至津的国民党军队的散兵游勇。1949 年 1 月下旬，市公安局向下属各分局发出指示，要求立即开展对流亡人员的调查登记，并同时收容散兵游勇。

天津解放后,在收容与处理散兵游勇工作上,人民政府做出了不少成绩。在开始的半个月内,即收容与处理了2万多人,后因处俘组织撤销,又将这一任务由地方转到部队,在办理交替过程中,发生了脱节现象,致使这一工作受到损失。游勇散兵及隐蔽的敌特人员尚未肃清,而外面的逃散军人及释放人员又不断涌入,若不从速彻底清理,对今后治安有极大危害。为彻底清理散兵游勇问题,军管会于1949年3月18日发文作出决定:

(1)本市成立蒋军流散人员处理委员会。由各有关机关推出负责同志共同组成委员会,在警备司令部领导之下进行研究讨论有关政策及其他带有原则性的问题,并推动全盘工作。在人选方面已决定熊伯涛、周彬、杨振亚、万晓塘、赵再生、尚素子等6名同志为委员,并以熊、周两同志为正、副主任委员,委员会下设办公处(处长由委员1人兼),处下设接管、遣送、总务三科,并设立一个收容所(所的编制由委员会讨论决定)。

(2)散兵游勇收容后之供给及释放时之路费,可按照华北军区的规定早报预算,由军管会批准并拨给。

(3)工作上要求做到认真的收容起来,与负责的遣送出境。管理、教育、审查、登记、甄别、处理均须订出具体办法,并严格执行。

(4)以上决定由处理委员会具体研究执行。[①]

3月21日,天津警备区司令部、市人民政府、市公安局、纠察总队、市军管会参谋处等单位联合组成了"国民党军散兵处理委员会",具体负责散兵收容、遣散工作的组织和落实。经过公安机关的认真调查和人民群众的揭发检举,至7月,天津市共收容国民党军散兵游勇18,970人。下半年,随着全国大部分地区的解放,外省市遣散的国民党军散兵陆续至津中转。为做到迅速将这些散兵遣送出市,市散兵处理委员会

---

① 天津市公安局档案。

在车站、码头附近设立了临时接待站,提供食宿,免费对伤病散兵进行治疗,发放路费,及时将他们遣回原籍。全市又收容散兵3651人,除少部分参加人民解放军或在本市就地安置就业外,其余绝大多数被资助送回原籍。至年底,市内散兵基本肃清。为害一时的国民党散兵游勇问题得到解决,广大市民无不拍手称快,他们说:"共产党办事有办法,真麻利。要不是解放了,就凭这伙散兵,谁家也过不了太平年"①。

三、第一次集中收容处理游民乞丐

在对国民党军散兵进行收容遣散的同时,人民政府还集中力量收容清理游民乞丐。为确保收容工作的顺利开展,真正收到实效,人民政府做了大量准备工作。入城后不久,首先对天津市内的游民乞丐做了专门调查。三四月间,市政府组织公安、民政、有关社会团体等部门对华北人民政府下发的城市乞丐处理办法的初步意见进行了讨论,并结合天津实际情况研究了清理乞丐的具体意见。市政府还按照华北人民政府的指示精神,积极配备干部,调拨经费,确定办公地点,筹建收容乞丐的专门机构,为防止发生收不进来和乞丐对抗捣乱的情形,公安局还对职业乞丐进行了调查教育和控制。至4月底,各项准备工作基本就绪。

1949年5月7日,天津市成立了由公安、民政、财政、法院、卫生、工商、工务、纠察总队、总工会、学联、妇联、青委会等单位组成的"天津市收容处理乞丐委员会",作为清理游民乞丐的专门领导机关,配备干部50名。该委员会随即在全市范围内设置了5个临时收容所。第一临时收容所位于七区南市华安大街122号,可容500人,负责收容一、七、十一区乞丐;第二临时收容所位于三区财政局西水上分局旧址,可容250人,负责收容二、三区乞丐;第三临时收容所位于四区唐家口原

---

①《半月收容散兵近两万》,《天津日报》,1949年2月3日。

天包打包厂院内,可容 1500 人,负责收容四、五区乞丐;第四临时收容所位于十区大沽路 88 号,可容 500 人,负责收容六、十区乞丐;第五临时收容所位于八区双庙街 34 号协和堂内,可容 500 人,负责收容八、九区乞丐。[①]

5 月 21 日,华北人民政府正式颁布《华北区城市处理乞丐暂行办法》,明令在城市中"严禁强乞恶讨,及以乞丐行业授徒,或组织乞丐从中渔利等行为,违者由公安局纠察队予以逮捕强制入所"。该办法公布后,全市立即开展了广泛的宣传动员。《天津日报》、广播电台均发布消息,号召乞丐转业参加生产劳动。5 月 22 日—23 日,市民政局、公安局、纠察总队、市商会所属的各行业公会,分别召开大会,对参加收容工作的全体干部进行思想动员,"特别是纠正了一些同志轻视这一工作,不愿'当花子头'的思想。既反对乞丐是单纯可怜的穷人的观点,也反对仇视敌对乞丐的心理,我们要以同情的心情严肃负责的态度来进行对他们的收容和处理。这是一件艰巨复杂的新工作"[②]。要求他们把此项工作当成一项有历史意义的艰巨的政治任务来完成,提高了大家对做好收容工作的认识。动员会还分别就收容工作的具体步骤、方法和政策进行了部署。

5 月 25 日,天津市收容处理乞丐委员会按照华北人民政府确定的"一面收容,一面处理,逐步肃清"的方针,在全市范围内对游民乞丐进行了突击收容,收容分两个阶段进行。第一阶段从 5 月 25 日—28 日,主要收容了有劳动能力的青壮年乞丐和以授徒为业的职业乞丐。4 天内共收容乞丐 464 人,其中职业乞丐和青壮年乞丐 390 人。从 5 月 29 日起,收容工作转入第二阶段。根据前 4 天的收容情况,收容委员会发

---

① 参见《天津市人民政府布告》(民政字第 1835 号),中共天津市委党史资料征集委员会、天津市公安局主编:《难忘的岁月——天津市解放初期社会治理纪实》,中共党史出版社,1994 年,第 71 页。

② 天津市公安局档案。

现全市乞丐的数量比预先估计的要少，本市的 5 个临时收容所可以容纳滞留本市的所有丐民，故从 29 日起，收容对象扩大为男女老弱等一切丐民，收容工作全面铺开。至 7 月 31 日，全市共收容乞丐 1594 人，一时流动在市面上的乞丐基本肃清。

在这 1594 名乞丐当中，既有失业的工人、知识分子，也有逃亡地主、盗贼和娼妓。为便于管理，收容处理乞丐委员会在收容工作告一段落后，集中力量"分类编制，分所管理"，将乞丐按性别、年龄、体力分成青壮年、老弱、残废、妇女、儿童等 5 类，然后分送到 5 个收容所进行教育改造。

过惯了好吃懒做、自由散漫生活的游民乞丐对政府的突击收容和分所管理没有心理准备，入所后思想波动很大。他们之中有的害怕当兵，害怕下煤窑，有的则认为要与骨肉长期分离，所以情绪极不稳定。一些青壮年乞丐一入所就选好了逃脱的地点伺机逃跑，有些妇女乞丐则整日哭啼。第五收容所的几名老年妇女自入所就跪在地上长久不起，要求回家。为消除乞丐们的思想顾虑，增强日后教育改造的效果，收容处理乞丐委员会的干部首先在生活上对乞丐给予关怀，为他们理发、洗澡，诊治疾病，并帮助他们建立民主生活制度。"有的同志亲自给乞丐端水端饭照顾病号，不嫌味不嫌脏，和乞丐生活在一起，如三所干部于林声同志背病乞丐，眼看虱子爬到身上并没有说啥。虱子爬到干部身上并没有怨言，这让乞丐大为感动"[1]，从而打消了乞丐心头的顾虑，为教育改造打下了良好的基础。与此同时，收教干部还因势利导，对乞丐及时施以思想教育。为把乞丐改造成为自食其力的新人，干部们从启发多数乞丐的阶级觉悟入手，帮助他们吐苦水追苦根，使其明了过去行乞是受剥削受压榨的结果，进而向他们指明寄生思想的耻辱，指出人活在世，要生存就必须劳动，不劳动者不得食。乞丐们通过思想教育与自身入所

---

[1] 天津市公安局档案。

前后的对比,逐步提高了认识,树立起劳动的观念,并主动提出要与过去划清界限。职业乞丐开始时不敢谈自己的师傅或者自己出自哪门,第五收容所的宋雁和经过思想教育后在讨论当乞丐苦不苦时说:"刚要饭时被人打骂欺负十分苦,日子长了学会耍赖,又拜了师傅郭小小,在外面就不受气了。但受师傅的打骂更厉害,要回来的东西得交给他,自己只得很少的钱。收容所真是好,吃喝都比外面强。"他主动检举了师傅的罪行,并要求收教干部赶快将其收容管制。

收容处理乞丐委员会在对乞丐施以思想教育的同时,有组织地带领他们参加生产劳动,使之逐步养成劳动的习惯,学会谋生的本领,彻底抛弃寄生的思想和生活方式。7月,收容处理乞丐委员会将有劳动能力的青壮年乞丐组织起来,编入两个劳动大队,分别开赴芦台农垦局开荒和留在市内清理海河河槽垃圾。经过教育,这些乞丐的思想觉悟有所提高,他们以饱满的热情,以与自己的过去彻底决裂的决心投入劳动生产。他们不怕苦、不怕累,用汗水洗刷着自己过去的耻辱,改造着自己的灵魂,追寻着自己未来的新生。经过生产劳动,乞丐们逐渐树立起"劳动光荣,寄生可耻"的观念,学会了过正常人的生活,并有了部分积蓄,为重新做人打下了基础。

收容处理乞丐委员会还积极组织乞丐参加文娱活动,使他们获得社会的认可,从中受到思想教育。一些在旧社会专靠唱数来宝、打竹板进行乞讨的职业乞丐,在收容所内编写了新内容的数来宝,歌颂人民政府的英明伟大。收容委员会还组织各所训练丐民秧歌队,带领他们到社会上去演出,受到市民群众的欢迎。很多商户、市民纷纷拿出烟茶糖果招待欢迎他们,其情景之热烈,给乞丐们留下了深刻印象。他们说:"以前没有人把我们当人看,没有人理我们,现在我们也受到人民的欢迎,我们一定要好好接受教育改造,争取成为一名自食其力的新人,重新回到社会中来。"还说:"旧社会把人变成鬼,新社会把鬼变成人。"市民们看到乞丐们的全新精神面貌以后也十分感慨,说:"乞丐们收容改造得真快，国民党真不行，只有共产党才有办法，以前乞丐拼命地要钱，现在群众争先恐后地送给他们糖果食物，他们都不要了。"①

　　经过思想教育和劳动改造，乞丐们的觉悟普遍有了提高，并掌握了一定的生产技能。在此基础上，收容处理乞丐委员会本着"边收容，边处理"的方针和有关政策规定，积极妥善地安置处理乞丐。大部分改造好的游民乞丐被遣回原籍，少数无家可归的老弱病残、妇女乞丐被送至救济院安置，一些有罪恶的职业乞丐头儿被送法院接受人民的审判，其余有劳动能力的青壮年乞丐本着自愿的原则组织起来奔赴察哈尔省开荒和南下治理黄河。当时青壮年乞丐参加开荒和治黄的热情非常高涨，报名踊跃。第三所劳动队小组讨论，自愿报名到黄河去劳动或在本地劳动，张保林、卢炳章、吴振江积极带头南下修黄河，经他们带头动员后，3 个组全都到黄河去，形成了到黄河去劳动的热潮。截至1949 年 7 月 31 日，天津市共处理乞丐 1008 人，其中取保回家不再行乞的 345 人，转业当保姆的 7 人，参加生产编入劳动大军的 463 人，送救济院生产教养 88 人，查明属于散兵游勇移送"散兵处理委员会"32人，死亡 13 人，潜逃 58 人，送法院 2 人。

四、收容乞丐工作转为常态化

　　1949 年 5 月至 7 月的集中收容改造工作取得了很大成绩，一时间街面游民乞丐为之一空。但据 1949 年 4 月调查初步估算，天津约有游民乞丐 1.5 万名，收容仅 1594 人，这个数字与前期调查天津乞丐基数差距还是很大的。而且 1949—1950 年，华北地区连续遭受水、旱等自然灾害，逃荒乞丐充塞各市。②因此此项工作远未成功，当时天津市政府也认识到"乞丐问题是一个社会问题，短期内不能完全解决"，因此 8月 10 日天津市收容处理乞丐委员会完成了它的历史任务而正式撤

---

① 天津市公安局档案。
② 参见邓云特：《中国救荒史》，上海书店，1984 年，第 82 页。

销，"减设两个乞民收容所并入生产教养院作为常设机构，负责经常收容工作"。生产教养院是由解放后接收的救济院和广仁堂(是专为收养节妇提倡封建道德的一个善堂)合并而成，任务是收养本市孤苦无依残废老弱市民和流浪儿童。

事实也证明了当时的决策是正确的，第一次集中收容处理行动后不久，一些不明白我党政策，因害怕、抗拒集中收容，暂时隐藏起来的乞丐以为"风平浪静"了，便又纷纷出来活动，但其乞讨方式和活动区域与以往发生了很大变化。1949年9月，市政府给市公安局发来通知称："据区公所反映，市面仍遗留有许多职业乞丐存在，不过行乞方式改变，现在少在大街、商号乞讨，多躲避曲街小巷及偏僻区域"①。这种转变给生产教养院的收容工作带来很大困难，因此市政府、生产教养院均希望公安机关能够继续协助开展此项工作，"并将此作为一个经常任务为要"。

生产教养院采取随时审查、随时处理的方针，对于非职业乞丐或因一时困难流浪街头者，经审查其原籍有家者，即遣送回籍。对于职业乞丐则采取劳动改造的方针，一般不予处理。

从1949年至1952年10月生产教养院撤销时，共收容14,049人(包括丐委会收容数字在内)，其中游民乞丐3899人、贫民5526人、灾民2403人、其他(军人、伪军官、旧知识分子等)2221人。从年度的收容数字来看，1950年丐民所收容5607人，1951年收容量降为2305人，仅为上一年度的41%。其间，处理12,459人，其中提升干部4人，提升工人21人，回籍生产者5801人，组织参加生产者1598人，介绍职业者500人，参军79人，结婚9人，认领262人，遣返881人，死亡627人，其他2677人。从以上数据可以看出，绝大部分人已走上自力更生的道路。

到1952年10月，教养机构包括小学、残老所、乞丐收容所等6个

---

① 天津市公安局档案。

单位，收容人数2143人。生产单位已有织布、火柴、炭厂、农场等8处，容纳841人直接或间接参加生产。根据中央政务院劳动就业问题的决定的精神，为了统一城市救济工作，更好地完成收容教养任务，民政局在呈准市人民政府之后批准，1952年10月撤销了生产教养院所有业务，其干部一并交由中国人民救济总会天津市分会接管办理。至1952年底，天津市肃清了街头乞丐。

第七节 解放初期的禁毒运动

烟毒是旧中国的一大痼疾。中国近代社会以英国殖民主义者发动的鸦片战争为开端，鸦片战争后烟毒泛滥，愈演愈烈。清政府、北洋政府和后来的南京国民政府，虽然都采取过各种禁毒措施，有时也曾取得过某些局部的成效，但始终未能从根本上解决问题。一直到新中国诞生之后，正如邓小平所说的："只花了三年时间，这些东西就一扫而光"，"事实证明，共产党能够消灭丑恶的东西"。[1]天津于1952年开展了大规模的禁烟禁毒运动，通过宣传发动、烟民施戒和打击贩、运、销、制毒品的犯罪分子，从根本上铲除了烟毒。这场运动是天津人民在中国共产党领导下，对旧社会遗毒的一次彻底荡涤。

一、旧天津的烟毒

鸦片作为毒品，是随着帝国主义的侵略强行输入我国的。18世纪下半叶，随着英国殖民主义对华贸易的开展，鸦片烟毒也在中国逐渐泛滥。

自清朝中叶开始，就已有鸦片输入天津，当时输入渠道主要有三条：一是闽广奸商在粤觅得鸦片，夹带在杂货中，由海路运抵天津；二是英国毒贩直接向天津走私；三是一些贩"广货"商贩，携带鸦片由陆

---

①《邓小平文选》（第三卷），人民出版社，1993年，第379页。

路和内河沿途贩售。①1858 年 11 月 8 日，清廷钦差大臣桂良、花沙纳与英国全权代表额尔金在上海签订《中英通商章程善后条约》(又称《中英通商章程》)，作为《中英天津条约》的补充条款，其中明确规定鸦片以"洋药"名义合法进口。第二次鸦片战争后，根据《北京条约》，天津被迫辟为通商口岸，从此成为资本主义列强对我国进行侵略的一个重要据点。由于海河交通便利，腹地辽阔，又靠近盛行吸烟的贵族官僚集中的北京，天津逐渐成为"北方的鸦片大市场"。鸦片贸易合法化，输入天津的鸦片数量逐年增加，占进口洋货的第一位。据天津海关统计，1861年，输入天津的鸦片为 1482 担；1863 年增至 3749 担，占天津洋货进口总值的 36.4%。外国在津洋行，绝大多数以贩卖鸦片起家，其中包括怡和、太古、仁记、新泰兴这些较早来天津的所谓英国"皇家四大行"。这些洋行 1863 年进口鸦片 5,998,400 两，到 1866 年进口达 14,659,200两，3 年之中猛增了一倍半，占进口总值的 33.4%。

　　天津的外国租界，几乎都是纵赌贩毒的渊薮。意大利租界除了大设赌窝之外，极力包庇制毒贩毒的罪恶勾当。1928 年，有日本、朝鲜浪人及中国奸商结伙在意租界西园圈(今民族路)设立制毒厂，雇有技师、工人等 12 人，制造海洛因运往京汉线的新乡、郎城，以及京绥线的张家口、平泉一带销售。比利时租界工部局利用界内空旷地带搭棚设立鸦片烟馆及贩运毒品，从中牟利。天津的日租界是最典型的毒窝。日租界的旭街(今和平路)及其附近地区公开制造或贩卖吗啡、海洛因等毒品的日本商店就有松本盛大堂、广济堂、丸二兄弟、楠德义、须田等药房及以卖日用杂货为名的金山、乾卯等洋行约 160 家。中国人经营的德义楼、乐利、新旅社、息游别墅、大北饭店，以及旅店内开灯供客和贩卖鸦片的土庄、烟馆等 500 余家。这些鸦片都是从外地(如热河、察哈尔、绥远、奉天，以及日本、印度等地)运来的。日租界警察署司法课

---

①参见天津市地方志编修委员会编著:《天津通志·民政志》，天津社会科学院出版社，1999 年，第 542 页。

警部也直接参与贩毒活动。

1931 年九一八事变后，天津日租界制毒和贩毒情况日趋严重。外地一些毒犯也纷纷转来天津设厂制毒。当时有陈昆元、杨凤鸣、吉某、甄某等四大制毒犯，号称"四大金刚"。其中原本在上海从事制毒勾当，1932 年来津在日租界开设康昌洋行的陈昆元（又名陈鹤龄）的势力最大，人称"白面儿大王"。

1937 年，日军侵占天津之后，对鸦片、海洛因等各种毒品大开禁忌，并发展成为公卖制度。伪政权的"禁烟总局"实际上是贩运配给毒品总局。1938 年以后，天津贩卖烟土的土膏店、吸食鸦片的大烟馆、朝鲜人开办的白面儿馆，日渐增多。据官方统计，土膏店有 50 家，大烟馆有 187 家。南市一带划为"烟馆区"，集中在该区域的烟馆达 70 余家。建物大街慎德里一个巷内就有烟馆 14 家，北马路的北海楼一带有大烟馆 17 家。其间，制作海洛因、吗啡、白面儿的工厂也日益增多，仅第五区（今河北区的一部分）即有 14 家之多，均为日本人和朝鲜人所开设。

在此期间，天津毒犯的活动也更加横行无忌。大毒犯石子文勾结日寇和汉奸大肆制贩毒品行销全国各地，先后在涿县、天津西营门外、霸县堂二里和子牙镇等地开设 5 个制造白面儿的工厂，制作白面儿 1 万余两。与此同时，还在津京两地开设土膏店 3 处，所售毒品不计其数。他勾结日寇往济南、河南、上海、南京等地贩运毒品，从中赚得黄金达 300 余两。被称为"白面儿大王"的除石子文外，还有韩子秀、张克栋、康世清、康少山等近 20 人。

与此同时，大毒犯们还采取鼓励华人吸毒的办法，凡吸毒者可领到吸烟证，价格可以"优惠"，持证者到任何地方都有"吸烟权"。在日本侵略者占领统治天津的 8 年中，天津的吸毒者数以十万计。

日本投降后，国民党政府虽公开设立禁烟处，但实际上只是个借以营私舞弊的场所。禁烟处与毒贩秘密勾结，大量贩运，从而形成明禁暗放的现象，吸毒与贩毒者依然大量存在。大毒犯康世清、康少山即与军统特务头子陈仙洲相勾结,加入"稽查处""肃奸委员会"等反动组织,继续制贩毒品。从 1946 年起,康氏二人以跑单帮为掩护往返天津、北平、上海等地贩运毒品,至天津解放前后,共制造白面儿 13,300 余两,贩运白面儿、红矾 500 余件、烟土 13,900 余两。天津的国民党当局对此熟视无睹,更是参与其中。天津烟毒的大肆泛滥,由此可见一斑。

二、1952 年的禁毒运动

(一)运动的背景

为执行禁毒戒烟暂行办法,1949 年 7 月 19 日,华北局社会部向各省委、区党委、地委、市县委并社会部发出指示,要求各地广泛做好宣传教育、登记等工作。8 月 9 日,天津市人民政府公安局转发通知,并要求全局各有关单位结合实际情况提出意见建议,将召开局务会议"制定计划以便有步骤执行"。在市委市政府的领导下,天津市公安机关全年破获毒品案件 1168 起,抓捕人犯 2305 人,缴获烟土 1334 两。①

中央对禁毒禁烟工作十分重视,1950 年 2 月 24 日,中央人民政府政务院下发《严禁鸦片烟毒的通令》(以下简称《通令》),全面阐明了党和政府关于禁绝烟毒的意义、目的、方针和政策。《通令》指出:"自帝国主义侵略我国,强迫输入鸦片,危害我国已有百余年。由于封建买办的官僚军阀底(的)反动统治,与其荒淫无耻的腐烂生活,对于烟毒,不但不禁止,反而强迫种植,尤其在日本帝国主义侵略下,曾有计划地实行毒化中国,因此戕杀人民生命,损耗人民财产,不可胜数。现在全国人民已得解放,为了保护人民健康,恢复与发展生产,特规定严禁鸦片烟毒及其他毒品的办法。"《通令》的主要内容有 8 条:

第一,各级人民政府应协同人民团体,进行广泛的禁烟禁毒宣传,动员人民起来一致行动;在烟毒较盛地区,各级人民代表会议或人民代表大会应把禁烟禁毒工作作为专题讨论,提出禁绝烟毒的方

---

① 天津市公安局档案。

法和期限。

第二，各级人民政府为使禁烟禁毒工作进行顺利，由民政部门负责组织设立禁烟禁毒委员会，公安部门及人民团体派员参加。

第三，在军事已完全结束地区，从 1950 年春起应禁绝种植罂粟；在军事尚未完全结束地区，军事一经结束，立即禁绝种植罂粟；在某些少数民族地区，如有种烟者，应斟酌实际情况，采取慎重措施，有步骤地进行禁种。

第四，今后全国各地不准再有制造、贩运、售卖烟土毒品的事情，犯者不论何人，除没收其烟土毒品外，还须从严治罪。

第五，限期缴出散存于民间的烟土毒品，人民政府为照顾其生活，得分别酌情予以补偿；如逾期不缴出者，除查出没收外，并应按其情节轻重治罪。

第六，吸毒者限期登记，并定期戒除；隐瞒不登记者，逾期而未戒除者，查出后予以处罚。

第七，各级人民政府卫生机关应配制戒烟药品及宣传戒烟戒毒药方，对贫苦瘾民免费或减价医治；在烟毒较盛的城市设立戒烟所。

第八，各大行政区人民政府或军政委员会，中央直辖省、市人民政府，各按本地区情况，依据本禁令方针，制定查禁办法及禁绝种吸日期，呈报中央人民政府政务院批准施行。

以《通令》发布为标志，中华人民共和国成立初期的禁毒运动拉开了帷幕。

为贯彻中央人民政府政务院对彻底禁绝烟毒的决定，天津市于1950 年 4 月 15 日向政务院报送了《天津市人民政府公安局禁烟禁毒检查登记办法草案》《天津市禁烟禁毒委员会暂行组织规程草案》。5 月 27日，政务院回复提出几点修正意见并同意试行。①《天津市人民政府公安

---

① 天津市公安局档案。

局禁烟禁毒检查登记办法》(以下简称《检查登记办法》)和《天津市禁烟禁毒委员会暂行组织规程》(以下简称《组织规程》)随即向社会公布。《检查登记办法》共6章19条,对烟毒一词涵盖的范围、烟民登记、戒除办法、烟毒登记、揭发检举、检查处理等作出明确规定。《组织规程》则详细介绍了天津市禁毒委员会组成单位、职能任务和机构设置等情况。

1950年6月10日,天津市成立了由公安、民政、卫生、教育局等机关组成的"天津市禁烟禁毒委员会",统一领导全市禁毒工作。为保证自7月1日起全面开展的烟民烟毒检查登记工作顺利开展,6月23日至6月底,由教育系统配合报纸、电台及其他有关宣教部门开展宣传工作,普及毒品的危害,宣传党的宽大政策。7月1日开始登记后,由于前期宣传工作不够全面,烟民不了解政府政策,导致踊跃登记者为数不多,至7月10日仅登记烟民475人。为此,市公安局专门下发通知,要求全市公安机关要高度重视禁毒工作,各派出所要通过入户走访形式向市民进行宣教,并指出"各区烟民烟毒登记的多少和彻底与否,各公安分局派出所责无旁贷,应以最大努力获取登记成果"①。通过广泛宣传,登记人数显著提高,至1950年底,共登记1703人,与3月公安局摸排的1978人基本吻合。其中吸毒烟民1447人,贩存毒品者256人。

1951年1月1日,经市政府批准,天津市禁烟禁毒委员会撤销,禁烟禁毒工作改由民政局、公安局、卫生局等单位作为一项经常性工作来开展,关于戒烟所的工作定于1月4日由卫生局正式接办。在市政府掌握总的原则及方针下,规定各单位职责分工为:民政局掌握组织推动,并负责调查、研究、总结等工作;各区公所及文化馆掌握禁烟禁毒的宣传工作;公安局掌握烟民的调查登记,介绍督促施戒、调验工作及缉捕烟犯;卫生局则负责烟民调验和施戒,并加强麻醉药品的管理与启发戒烟方法的创造。

---

① 天津市公安局档案。

1949—1951 年的禁烟禁毒，尽管做了大量工作，如在镇压反革命的高潮中处决了大毒贩石子文，但由于烟毒已流行百余年，又带有普遍性，当时的主要敌人还没有肃清，城乡封建残余势力仍然嚣张，而国家正处于镇压反革命、土地改革和抗美援朝运动中，全市的工作重点在恢复经济、安定社会秩序，各方面的任务相当繁重，还不可能进行系统的、大规模的、彻底的禁烟禁毒运动，因而在贩运来源上未能予以根绝，不少大毒贩没有受到打击，毒品也没有禁绝。

为保护人民的身心健康，振奋民族精神，恢复和发展生产力，迎接大规模经济建设的到来，1952 年，在取得了镇反、"三反""五反"运动伟大胜利的基础上，根据党中央的指示，天津人民同全国人民一道，胜利地开展了以杜绝毒品来源、坚决打击毒犯、立足"根除"烟毒为目标的大规模的禁毒运动。

(二)运动的决策

1952 年，在"三反""五反"运动中，从铁路、航运、邮政、公安、司法、税务等部门及很多地区暴露出为数众多的国家机关工作人员参与走私贩毒活动的情况。针对这一新形势，3 月，中央就提出要进行一场反贩毒的群众运动。1952 年 4 月 15 日，中共中央发出《关于肃清毒品流行的指示》，要求各地集中解决贩毒问题，并立即着手研究现有材料，继续发现和掌握线索，对应捕毒犯，一般暂不逮捕，已经逮捕的毒犯，也不结案，待运动发动后，集中处理，以壮大声势。5 月 21 日，中央人民政府政务院发布《严禁鸦片烟毒的通令》，号召各级人民政府在"三反""五反"运动形成的有利条件下，有重点地、大张旗鼓地开展一个群众性的反毒运动，粉碎制毒、贩毒的犯罪分子及反革命分子的阴谋，以根除这种旧社会的恶劣遗毒。

6 月 10 日，市委转发《中共中央关于禁毒运动的指示》，指示中明确：全国的禁毒运动由公安部加以掌握，并指定彭真定期召集有关部门汇报情况，处理各项问题。禁毒工作的重点，应放在侦查及其准备工作方面。

7月30日,中央批准了公安部《关于开展全国规模的禁毒运动的报告》。报告针对全国毒品流行和毒犯的活动情况,确定"以统一行动、分期完成行动部署的原则";明确"目前的禁毒运动,主要是打击制造和贩运毒品的毒犯";强调"禁毒运动,必须在中央统一领导下,在各级党委和政府的具体领导下,以各级公安部门为主体,统一行动,集中破案,以得到突然打击和一网打尽之效";规定"对于运动中被揭发或自动坦白的毒犯,在处理上应采取严加惩办与改造教育相结合的方针","实行打击惩办少数,教育改造多数的政策"。

(三)运动的准备

中央《关于肃清毒品流行的指示》下达后,1952年4月25日,市公安局专门召开会议,进行具体部署,成立专门工作组,开始了准备工作:

1.掌握案件线索情况,调查毒品来源与销路

"三反""五反"运动以来,通过群众的揭发检举和对在押的23名毒犯的审讯,发现大小毒品犯罪线索3290条。经初步查对证实成案的360件,涉及2598人,除在押及在外地的702人外,在津的有1896人。①这些人的职业以西药化学原料业、进出口贸易行最多,约占33.2%;其次是茶业食品业、汽车运输业、五金行、手工业及货栈业,约占18.1%;其他文具、洗染、照相、理发等行业,约占23.8%;还有一部分无业或职业不明的,约占24.9%。

5月7日—6月19日,市局在近40天的毒犯材料查证工作中,已掌握较大毒犯200余人。大毒犯宋发荣、李梅村、翟仲洲、庞辅臣、李修堂、王凤林等6人,先后从裕大公司(即华北禁烟局)买出"特货"(即毒品)3044件。裕大公司自1949年6月—1950年1月,内销烟土48,286两、白面儿及料面34,031两。同时裕大公司干部与毒贩勾结贩运。据揭

---

① 天津市公安局档案。

发,从 1949 年 3 月至 10 月内销毒品 1400 余件。与此同时,从赤峰、包头、集宁、张家口、石家庄等地均有毒品流入天津。

另据已捕的 23 名毒犯供述,他们贩运的 8826 两料面中,来自香港的达 3613 两,占 40%以上。裕大公司毒品大部由香港倒运回内地,仅 1950 年一年内, 即将约 40 万两烟土在香港制成白面儿或料面,经广州内销各地。从已成案的 360 起案件看,除小量供应本市外,大部分运销上海、南京、西安、唐山及山西各地。东泰公转运货栈勾结邮工运毒案、马鸿藻勾结铁路员工运毒案等较大案件,都是从津向外地运销。1949—1951 年,经邮局系统运销各地的鸦片达 10 万余两、白面儿 17,000 余两。

2.毒犯的活动情况和主要特点

通过调查发现,天津解放以来,毒贩的活动以 1949—1950 年最多,1950 年有 294 案,1951 年有 54 案,1952 年有 12 案。从查实的 183 名毒犯的活动时间看,活动到 1950 年的有 132 人,到 1951 年的有 41 人,到 1952 年的有 10 人。不仅掌握的线索如此,"三反"中邮局、铁路内部查出的问题也大部是 1951 年以前的活动。贩运数量逐年减少的原因,与之前的打击力度加大、社会治安工作日渐加强有关,此外与人民政府于 1950 年底果断勒令裕大公司停业也有很大的关系。

当时天津毒犯的活动主要有 5 个特点:

(1)一般毒贩是随身携带,大量贩运者多与内部人员有勾结。其中勾结较多的是邮局、铁路职工和公安人员。邮局、铁路员工的走私运毒问题是有历史性的。解放前已有邮车押车员及铁路职工参与贩毒。解放后,大毒贩之所以能够猖獗活动也是由于他们与邮局、铁路系统内部的不法分子有勾结。1949 年 7 月,北京、上海通车后,铁路、邮局内部逐渐形成走私运毒集团。他们利用邮包夹、寄、封入邮袋装邮车,或由铁路检车员、乘务人员携带。从当时尚未完全掌握的人数看,邮局有 177 人运毒,铁路有 189 人。此外,公安干部、民警包庇毒犯的有 52 人,参与贩毒的有 39 人,法院、海关、税务、卫生、医药等部门发现 11 人。

(2)毒犯的活动多以正当职业为掩护。贩毒分子多以贸易、西药、五金等正当职业为掩护,将毒品夹在从海外或国外进入内地的货物中。大毒贩刘树仁,天津解放后摇身变为天津市万利源药材庄经理,1950 年 9 月—1951 年 3 月从香港 3 次运入内地的 55 件毒品(每件 28 两,运费折黄金 2 两),就是夹在中药冰片箱内运进来的。运毒犯童天华、刘若秋一次将 45 件毒品分藏在 8 卷油毡内由香港押运来津,交与大毒贩李锡忠、路德彝后,非法所得利润 1.5 亿余元。贩运毒品的方法很多,诸如使用双底皮包、大筒套小筒,将毒品藏于自行车内胎中,盘好后压于豆饼内,将毒品装入枕头打在行李包内等。更有甚者,将毒品用蜡纸包装塞入肛门。毒犯魏文忠就曾于 1951 年 5 月在澳门雇用"肛门队",先后两次将 5 件一号坯子自澳门运进广州。有的为逃避检查,换穿解放军服装,有的用电报作暗号通知夹带有毒品的货物号码。

(3)大毒犯大部专设地下据点。为获取暴利,采取先将烟土运到外面,制成料面或白面儿后,再倒运回来。披着天和贸易行经理外衣的大毒贩运大中经营的贸易行,就是住香港的大制毒犯张良栋(运大中之女婿)、陈坤元出资在津设立的运毒据点。张、陈利用在内地收运的烟土,在香港开设两个白面儿厂大量制毒。自 1950 年 2 月—1951 年 2 月,天和贸易行往香港运烟土达 300 余件,然后转运回上海的白面儿 13 件,牵连京、津、沪、港大毒犯 16 人。

(4)合伙毒犯多数订有"生死盟约"。集体大量贩毒者多数行踪诡秘,不易被发现。凡是主要伙犯被捕,只要坚不吐实,在外面的伙犯除对被捕者家属的生活给予全部供给,年老者还给予优厚的"养老金",此外还进行"行贿运动",通过行贿将被捕人犯救出。1950 年,郭龙文的伙犯郗日皋在太原被捕后,郭一次就拿出 900 万元给被捕者家属。因此郭犯在津沪一带制毒贩毒达 8 年之久。

(5)制作 2 号、3 号面儿者较多。本市制毒问题,多是由 1 号面儿翻制

2 号、3 号面儿,制造 4 号面儿者较少。因为翻制 2 号、3 号面儿省时省事,没有气味。制造 4 号面儿,每次要 24 小时,且有浓厚气味,容易被察觉。

3.突破重点,摸清底数

在了解和掌握以上情况的基础上,6 月 20 日,市公安局以禁烟禁毒委员会的名义重新拟定了肃清毒品流行工作草案。为扩大线索,市公安局决定抓住重点,加强专案侦查,确定了 39 起专案侦查的案件,并以其中 15 起(2 起制毒案,2 起进口毒品案,11 起贩运毒品案)作为重点,深入查证,摸清底数。对一般案件,市公安局于 6 月 22 日抽调力量分赴各分局督促检查并予帮助。至 6 月 30 日,通过专案侦查共掌握毒犯 244 人,其中在津的 123 人,应予以逮捕的 28 人(制毒犯 9 人,进口毒犯 6 人,贩运毒犯 13 人)。专案以外已调查证实应予逮捕法办的毒犯 73 人(制毒犯 6 人,进口毒犯 3 人,贩运毒犯 64 人),以上共 101 人。以上人员均为职业惯犯,且于中央颁布禁烟禁毒法令后仍继续从事制毒贩毒活动。

7 月 8 日,市局再次召开会议进行布置,决定组织力量,加强领导,深入开展专案侦查,掌握主、从犯的犯罪情节、贩运数量、活动方法、掩护职业等情况。7 月中旬,市局向中央公安部和华北局作出第二号肃毒报告。报告汇报了 6 月 19 日开始的专案侦查工作的进展情况,并提出以下对策:一是对在押毒犯进行突击审讯,指明利害,施以压力,瓦解毒犯相互之间同盟;二是解除在押犯畏惧加刑的思想顾虑,号召坦白检举,立功受奖;三是鉴于职业毒犯牵涉面广,其伙犯散布各地,要搞清全案应及时通报各地,以互相补充核实材料。

7 月 15 日,通过突击审讯,攻破了贩运毒品惯犯刘树仁,获取了该犯自 1949 年至 1950 年 2 月先后 14 次贩运及代买烟土和 1950 年 2 月中央颁布禁毒令之后,多次由北京往上海、自香港往京津贩运、倾销毒品的大量犯罪事实和 12 人的毒品犯罪线索。在押毒犯宋发荣经过政策攻心,检举夏春德等大毒贩数十人。大毒犯郭龙文抛弃了坚守的

"生死同盟",检举毒犯140人。与此同时,与各地进行调查对证,互相通报,相互补充,验收核实了大量材料。

截至8月初,全市共掌握1950年2月24日中央发布禁毒命令以后仍有制造、贩运活动的烟毒案件523起,牵涉主、从案犯2570人,除其中402人已迁往外地或在逃情况不明外,在本市的共有2168人。

4.制定打击毒犯的具体政策

为保证运动的顺利进行,市公安局根据中央的指示精神,经过反复研究,制定了本市对毒犯的逮捕、管制、登记悔过的具体标准。

逮捕的标准是,1951年1月以后,具有下列罪行之一者,均予逮捕法办:①出资制毒的业主,积资结伙制毒的组织者及主要从犯,掩护制毒的窝主。②制作料面及其他毒品的"技师"。③大量的集体贩运、推销、窝藏的主犯、惯犯、现行犯。④出资入伙,"单帮"贩运和坐地贩卖的惯犯、现行犯。⑤开烟馆为业的业主。⑥偷运毒品入口的组织者及重要从犯和惯犯。⑦以反革命为目的的制造、贩运毒品和从事制、贩、运毒品的被管制分子。⑧贿买勾结国家工作人员,制造、贩运毒品,情节严重恶劣者。⑨利用职权,承包代运、坐地分赃,或出资制贩毒品、包庇毒犯严重违法的国家工作人员。⑩制毒贩毒犯在运动中,拒不坦白,或假坦白,或抗拒交出毒品毒具情节严重恶劣者。

管制的标准是,凡属下列情形之一者管制:①小量自贩自运,情节轻微者。②小量集体贩运的次要从犯(其中能自动彻底坦白者可免予管制)。③经常介绍买卖毒品,但情节较轻者。④合于上述逮捕案件,在逮捕前坦白彻底有显著立功表现者。

登记、悔过的标准是,凡1950年2月24日以后参与制、贩、运毒的其他案犯,不够逮捕、管制条件者,一律履行登记悔过,交出毒品毒具,法律上不予追究。其中有下列情形之一的可不履行悔过登记手续:一是童犯,二是一般毒犯在"三反""五反"运动中已彻底坦白进行处理者,三是1950年7月1日在天津市禁烟运动后已进行登记悔过,再无活动者。

关于毒犯财产的处理做出如下规定：

（1）凡制、贩、运毒的工具、原料及所存毒品一律没收。

（2）凡逮捕法办的毒犯，其制贩毒品的资金，应全部没收；其所获利润、购置的房产或投资到工商业者，应没收其一部或全部（投资到工商业者部分应从宽处理）。

（3）凡逮捕法办的毒犯，为专门掩护其制毒活动而开设的厂店，应予没收。

（4）处理毒犯的财产一律呈请市委批准后，与有关部门（工商局、财政局等）协同进行。

（5）为表示政府禁毒决心，解除群众怀疑，除将由群众检举而缴获或自动坦白交出的毒品、毒具在一定场合当众烧毁一部分外，凡破案缴获及内部交出的毒品，则应登记保存，并报告财政机关，以便经一定手续取得市政府批准后，移交卫生机关，供医药之用。

5.成立肃毒机构，拟定行动计划

为加强对肃毒运动的领导，8月初，在市委领导下成立了天津市禁毒工作委员会，由公安局、民政局、法院、工商局、文化局、卫生局、财政局、妇女联合会、邮政局、税务局、海关、铁路公安处、人民监察委员会等13个单位的领导组成。黄敬任主任委员，万晓塘、韩子毅任副主任委员。委员会以下以公安局为主，设禁毒办公室，主管具体工作。办公室设调查、审讯、资料、宣传、财产处理等5个组，分别掌握甄别研究案件、审讯案犯、接受与整理检举坦白材料、推动宣传及检查工作、处理案犯被没收的毒品毒具财物等。

各区在区委领导下，组织"禁毒工作委员会各区分会"，由公安分局、区公所吸收有关单位组成，由区长担任主任委员，公安分局长任副主任委员，下设区禁毒办公室，由公安分局进行具体工作，设调查、传讯、登记、宣传、财产保管等5个组。

为保证运动有步骤地进行，市公安局制定了具体行动计划，整个运动分 3 个阶段进行,力争 9 月中旬结束。

(四)运动的展开

1.第一阶段

8 月 10 日凌晨 2 时许,市公安局在重新审查逮捕毒犯名单和做好准备工作的基础上,开始了第一次集中逮捕毒犯的统一行动。

这次行动至当日上午 10 时结束。在批准逮捕的 150 名毒犯中,共捕获 145 人,其中制毒贩 4 人、贩毒犯 141 人。有 5 名毒犯在行动数日前离津行商未归,已分别派人前往或电告外地追捕。在执行逮捕工作中,广大干警依法行事,严守纪律,认真填写每一张《拘捕案犯经过报告》和《执行检查经过报告》,基本未发生错捕问题。

突击审讯开始时,有些惯犯表现对立,把责任推在裕大公司身上。几次犯案屡教不改的装傻充愣,说远不说近、说小不说大、说出口不说进口,在拘所表现镇静;家庭经济困难,依其维持生活的,则表示后悔,愿意坦白,争取早日释放;反革命分子及小资本家表现害怕,不敢坦白。从思想顾虑上看,总的有“五怕”:一怕人财两空(财产被没收,小老婆改嫁);二怕二进宫(二次被捕,加重判刑);三怕算历史细账,追查反革命身份;四怕群众检举,暴露“攻守同盟”,切断后路;五怕追情节,被发现漏洞。

8 月 10 日,各区根据市委的部署,分别抽调派出所所长、各部门干部组成几十个宣传队,分头召开街道群众片会和深入工商界进行宣传。市公安局组织 6 辆宣传车,配备 120 名干警,以文艺表演、讲话等形式巡回街头宣传,掀起肃毒运动高潮。

根据此前突击审讯的情况,11 日晚,万晓塘主持召开了分局局长及市局各处负责干部会议,着重布置了突击审讯和专案侦查工作,并提出了要求。会议强调指出,公安机关各级负责干部要亲自参加审讯,执行惩办与改造教育相结合的政策。同时要加强调查研究,开展侦查工作,以推动肃毒运动的深入发展。市公安局除亲自掌握大的专案,派出得力的干部帮助分局外，还组织检查组及时到分局督促检查发现问题，传播经验。会后，审讯工作全面展开。经过11日—13日连续3天的突击审讯，50%以上的毒犯交代出不少新的问题点，局直属审讯组通过对24名毒犯的审讯追出99人，其中本市42人，未捕获者29人，至1951年尚有活动者10人。这些线索材料为深入开展专案侦查工作奠定了基础。

8月18日，为进一步发动群众，把运动推向高潮，天津市委宣传部召开各区委和机关党委宣传部负责人会议，对肃毒运动的宣传工作作了新的布置。会议针对运动开始时宣传工作束手束脚、宣传方式不够灵活、宣传内容不太通俗、交代政策不太明确等缺点，要求各区区长、公安分局长亲自动手抓宣传。根据这次会议要求，各区在毒犯分布的重点地区，分别召开了街道群众大会，并深入到户宣传，组织宣传队到工商界、工厂宣传；市公安局还出动6部宣传车，配备有宣传特长的干部百余名，以快板、相声、太平歌词、小调小唱、简短明确通俗的讲话等形式，开展街头宣传。通过这些宣传活动，80余万群众受到了教育。群众纷纷称赞说："政府开展这个运动太对了，这真是改革社会，治病救人。""社会流毒也只有共产党才能治得好！"有些市民认识到鸦片作为毒品输入中国是帝国主义侵略政策之一后说："这比用枪炮打咱还厉害，中国要不严禁烟毒，就永远富强不了。"许多群众表示："'三反''五反'已拔除了'三害''五害'，这次也一定要协助政府彻底扫除'烟害'。"许多受害者家属，强烈要求政府严惩毒犯。

由于宣传工作的深入，促进了群众的揭发检举。至8月26日，群众检举制、贩、运毒犯材料达6000余件，其中1950年2月24日中央禁毒令后仍有活动的线索就有2100多条。一些吸毒者的情绪由恐慌转为安定，有的主动谈到个人的吸毒情况，有的以自己的被害经过进行禁毒宣传，有的主动检举毒犯。在一次十分局组织16名吸毒者的座谈会上，他们检举了30多条毒犯线索。八分局集中47名吸毒者学习，在 3 天内他们写了检举材料 239 份。在强大的政治攻势面前,又有一批毒犯向公安分局派出所登记。

8 月 27 日,公安部颁布《关于处理毒犯量刑办法草案》。草案规定:对运动中被揭发或自动坦白的毒犯,在处理上采取严厉惩办与改造教育相结合的方针,实行打击惩办少数、教育改造多数的政策。即制造及大量集体贩卖者从严,个别及少量贩卖者从宽;主犯从严,从犯从宽;惯犯从严,偶犯从宽;反革命毒贩从严,一般毒犯从宽;拒不坦白者从严,彻底坦白者从宽;今后从严,过去从宽。市局及时通令所属单位严格执行毒犯量刑政策。

8 月 31 日,天津市禁毒运动第一阶段结束。共逮捕大犯、主犯、惯犯、现行犯 190 人。群众检举毒犯线索 5000 多条;吸毒瘾民及社会上的被管制分子检举毒犯材料 800 余份;一般毒犯在运动的压力下被迫登记的有 1069 人,并坦白交代线索材料 950 多件;在押毒犯供出毒犯线索材料 2470 余件;检举毒犯材料 1000 余件。这一阶段,共收缴烟土 1850 两、烟膏 5 两、烟灰 50 两、吗啡针剂 569 支、依达水 105 磅、无水醋酸 45 磅、制毒压力机 2 部、制毒工具 81 件、其他制毒原料 100 磅。

2.第二阶段

禁毒运动的第一阶段结束后,9 月初,市局向公安部、华北公安局、市委作了工作情况和第二步工作计划的报告。报告在肯定第一阶段成绩的同时,指出了运动初期对毒情掌握不充分、宣传声势不大、毒犯材料调查证据不够及时、对追缴毒品毒具强调不够等问题。

第二阶段行动计划的工作计划是:①根据天津市毒情和掌握的线索,确定先逮捕一批大犯、主犯、惯犯。随着运动的深入,在残余毒犯更加暴露后,再逮捕残余毒犯。②进一步加强审讯工作。③宣传工作方面,重点放在具体交代政策,号召吸、贩、制毒者悔过登记。适时召开处理大会,杀掉几个有民愤的大犯、惯犯,进一步调动人民群众与毒犯作斗争的积极性,并促使一般毒犯悔过认罪,进行登记。

按照计划,9月3日拂晓前共捕获大犯、惯犯、主犯301人。其中小工商业经理、行商经纪人、小手工业者、商贩117人,药房诊所经理、医师5人,店员、工人、散工57人,农民4人,机关企业内部职员13人,无业者及其他105人。从成分看,有反动党、团、特19人,土匪、地主、反动会道门18人,伪军警25人,伪职员4人,流氓30人,以上共96人,占这批毒犯总数的约32%。

9月4日,在市委宣传部的统一领导下,各区在繁华街道和交通干线上共建立起60个有线广播站,及时广播逮捕、处理、坦白、检举消息及运动中涌现的典型事例,并具体交代政策,号召毒犯赶快坦白登记,交出毒品毒具。八区在当日晚召开了7000余人的群众大会,深入动员,推动揭发检举。十区在5日晚召开20,000余人大会,会上让坦白较好的毒犯和吸毒瘾民现身说法,以体现政策。把第二批逮捕的毒犯当场示众,宣传他们危害人民、抗拒运动、拒不登记、搞假坦白的罪行,对确已坦白登记的毒犯,宣布不予制裁。十区在会上有4名毒犯当场自动坦白,与会群众称赞"共产党办事真彻底"。截至9月5日,全市毒犯登记者已达1660人,仅4个重点区统计,4、5两日内群众检举材料即达2800多件。

9月8日,根据中央《罗瑞卿关于召开公审毒犯判处死刑的报告》的指示精神,召开了全市的公审毒犯大会,与会者达4.2万人。会前,各分局进行了周密的部署,除组织街道群众积极分子、机关、团体、学校、工厂、企业干部代表及铁路、邮局、运物工人参加外,还有意识地组织了已登记和未登记的毒犯、有毒犯嫌疑的人及吸毒瘾民参加大会。大会首先由副市长吴德讲话,表明政府禁毒决心,全面交代政策,号召市民积极检举毒犯,指出毒犯只有登记悔过是唯一出路。市政协秘书长谭志清、工商联代表王光英、工人代表王福元、"三反"运动妇女模范张大娘先后发言,表示坚决拥护和响应政府号召,彻底肃清烟毒。市军管会军法处处长王笑一对逮捕的13名毒犯庄严宣判:判处刘树仁、夏春德、王璧廷等 3 名大毒犯死刑,立即执行;判处毒犯方向阳死刑,缓期两年执行;郭龙文等二犯被判处长期徒刑;张蓉贞、刘俊两名毒犯判处释放管制;单澄宇、陈俊有、周庆兆、陈凤藻、王阁臣等 5 名毒犯被当场教育释放。①

　　这次大会全面体现了党的禁毒政策,会场上群情激奋、掌声雷动。参加会议的毒犯受到极大震慑,有的惊惶战栗,有的坐立不安,有的低头遮脸。会后,人民群众一致认为"痛快""解气",表示要坚决协助政府检举毒犯。从当日下午至次日,仅一天半的时间,市民群众的检举材料即达 3081 份。不少烟民表示戒毒决心。不少毒犯慑于运动的威力,到公安机关坦白交代问题。仅一天半,新登记毒犯 186 人,已登记的毒犯因坦白不彻底补充交待的 79 人,有 36 名毒犯又交出烟土 79 两、料面儿 18.5 两、制毒原料 23 两、烟灰 1 包、毒具 120 件。

　　为敦促在押毒犯认罪悔过,还组织了被释放的毒犯与在押毒犯的辞行活动,在押毒犯纷纷要求提审,重新坦白,由此补充罪行材料 26 份,检举毒犯 168 人,交出大烟 30 两、白面儿料子二两七钱、毒具 15 件。

　　9 月 20 日,天津市禁毒运动达到高潮。10 天内,市局及各分局从侦查、审讯、登记、集训、群众检举等工作中,挖出抗拒运动、拒不坦白的毒犯 69 人,连同以前速捕的 540 人,共速捕 609 人。十分局追出烟土 1000 余两,八分局追出手枪 6 支、子弹 5000 余发。

　　3.第三阶段及总体战果

　　9 月 20 日以后,天津市的禁毒运动进入第三阶段。此阶段主要是深入追查毒品,巩固成果,处理案犯,处理毒品、毒具,做好总结工作。

　　至 9 月 23 日,全市集训的 2367 名一般毒犯中,有在登记中坦白不彻底的 1676 人,未登记而被我掌握材料的 697 人。针对这种情况,

---

　　①《市委宣传部禁毒宣传资料》,1952 年 9 月,天津市档案馆馆藏档案。

各级公安机关本着"有线必追，一追到底"的精神，进一步加强了思想教育和敦促工作。通过集训又收缴烟土 961 两、烟膏 86 两、吗啡针剂 13 支、片剂 1950 片、烟灰 27 两、醋酸 237 磅。同时又逮捕了少数漏网的毒犯。至 25 日，运动基本结束。

9 月 28 日，市公安局向公安部、华北公安局、天津市委写出第十一号禁毒报告。报告称：目前全市运动已按预定计划进入结束阶段，应捕的均已捕获。应集训传训和进行登记悔过具结教育的也大体进行完毕。"目前正大力清理在押犯"，"第一、二批所捕毒犯一部结案，大部已基本审理完毕，预计 10 月中可将全部毒犯审理结案投入劳改"。

11 月 5 日，市公安局向公安部，华北公安局、天津市委写出《禁毒运动总结报告》。

这次运动共获取从各方面暴露的材料 35,329 份，其中群众检举 10,977 份（均逐件进行了查对）。共挖出 1950 年以后仍有活动的大小毒犯 3086 人，其中逮捕大犯、主犯、惯犯 677 人，占毒犯总数的 21.9%。登记一般毒犯 2409 人。根据有关政策精神，判处死刑 10 人，判处死刑缓期执行 7 人，判处徒刑 420 人，管制 798 人，教育释放 87 人，登记免予管制 1764 人。此外在运动中还暴露了吸毒瘾民兼有偶尔小量（5 两以下）贩毒者 1243 人，一律进行教育，免予惩处。

运动中，共缴获烟土 5914 两、烟膏 471.6 两、烟灰 235.8 两、料面儿 494.8 两、白面儿 82.4 两、醋酸 122.3 两、吗啡针剂 655 支、制毒原料 100 余两、制毒机器及制毒吸毒用具 4230 件，还缴获制贩毒品的赃款 244.83 万元、黄金 157.17 两、银元 209 枚，以及手枪 8 支、瓦斯枪 1 支、子弹 6000 余发。

这次运动从毒犯暴露和处理情况看，已经比较彻底，除不在天津市居住并通报外地处理，以及地址不清、个别外地逃津隐匿的毒犯需继续弄清外，大犯、主犯、惯犯、现行犯已全部被挖掘出来，并分别受到惩处。全市存毒情况，在"五反"运动中已收缴销毁一部分，此次又进行反复大力搜缴，确认已基本肃清。这次运动使全市 90%以上的群众受到了教育，真正做到了家喻户晓，发挥了群众与毒贩作斗争的积极性，涌现出了许多与毒犯作斗争的典型事迹，令广大群众对毒犯的罪行深恶痛绝，从而为今后监督毒犯、禁绝毒品打下了坚实的群众基础。

第七章

加强党的建设

新中国成立后,中国共产党成为全面执掌国家政权的政党。在党的地位发生根本性变化的情况下,如何在政治、思想、组织、作风、纪律等方面加强自身建设,始终保持党的先进性、纯洁性,不断提高党的领导水平和执政能力,增强党的凝聚力和战斗力,成为执政党建设的历史性课题。解放后,天津市委作为党的地方组织,担负着对这座城市的领导责任,党的各级组织和广大党员是贯彻党的路线方针政策,落实党的各项任务的基础。天津解放初期,面对生疏复杂的城市工作,党积极稳妥地健全各级组织,培养党员干部,为实现党的中心任务提供了有力保证。

第一节 加强党的组织建设

天津是中国北方最大的工商业城市,接管时有近 200 万人口。如何接管和建设好这个城市,是中国共产党面临的一项艰巨任务。为实现党对城市工作的领导,适应新的形势任务需要,党中央领导组建了中共天津市委及其所属组织。市委完成接管后,在条件适宜的情况下公开党的组织,并不断发展壮大党员干部队伍,为迅速恢复国民经济,贯彻党在过渡时期的总路线提供了坚实的组织保障。

一、建立中共天津市委及各级党组织

随着解放战争的发展,许多城市相继解放,中国共产党即将成为执政党,加强党的各级组织建设成为亟待解决的问题。有鉴于此,中共中央于1948年11月15日,向党内发出《关于军事管制问题的指示》,明确规定了对新解放城市实行军事管制的9项任务,其中之一就是整理、建立党的组织。

(一)中共天津市委的建立

1948年5月中共中央华北局成立后,其城市工作部先后接收了冀中、冀东、渤海、北岳、太行等区委城工部领导的天津市内地下党组织和天津的"南系""北系"地下党组织,统一部署和领导开展了迎接天津解放的工作。1948年11月29日平津战役开始,天津解放指日可待。为迎接天津解放和胜利完成接管任务,中共中央着手组建天津市的军事接管机构和党政领导机构。中共天津市委领导机构的组成,由中共中央和中共中央华北局任命。12月13日,中共中央任命黄克诚为中共天津市委书记兼天津市军事管制委员会主任,黄敬为天津市市长。12月15日,中共中央复电华北局,同意黄克诚、黄敬、黄火青、许建国、张友渔、黄松龄、吴砚农、丘金、杨英等9位同志为中共天津市委委员,黄克诚任天津市委书记,黄敬任市委第一副书记,黄火青任市委第二副书记;天津市军管会以黄克诚、黄敬为正、副主任,市政府以黄敬、张友渔为正、副市长。1949年1月9日,华北局电示,天津市委常委会由黄克诚、黄敬、黄火青、许建国、张友渔等5人组成。天津市委组建后,根据中共中央决定,黄克诚、黄敬等来到河北省霸县胜芳一带,进行接管天津的准备工作。与此同时,中共中央及华北局先后从各地抽调7400余名干部,集中在胜芳进行整训学习,准备接管天津。

1949年1月15日,天津解放。天津市军事管制委员会宣告成立,中共天津市委、天津市人民政府即日开始办公。市委设组织部、宣传部（与军管会文教部为一套机构）、职工工作委员会、青年工作委员会、妇女工作委员会、党校（对外称政治训练班）、天津日报社、直属党委等部门。进城之初，市委工作机构中未设立办公厅，市委机关的秘书、行政事务工作，在秘书长的直接领导下，分别由秘书处、总务处负责。在军事管制时期，天津市军管会为全市最高权力机关，党政军各方面统一受军管会指挥。

（二）市委工作机构的完善与调整

1949 年 5 月底，市委书记黄克诚调离天津，中共中央批准黄敬任市委书记。随后市军管会与市委联合发出通知：从 1949 年 6 月 15 日起，市军管会办公厅与市委办事机构合并办公，但军管会对外名义仍保留。1949 年下半年，根据中央指示精神和实际工作需要，市委增设研究室、纪律检查委员会、统战部和《天津工作》编审委员会。为统一领导与管理国营工厂企业和学校党的组织，市委设立了企业党委和学校党委。1952 年，市党代表会议后，为适应经济建设和党的自身建设的需要，市委增设了工业部、农村工作委员会，并设立了市委办公厅。同期，市委还建立了整风委员会、党务工作委员会、节约检查委员会等临时机构。1953 年以后，国家进入发展国民经济第一个五年计划时期，天津市委工作重心转向社会主义改造和社会主义经济建设。为加强对经济工作的领导，市委又陆续增加了一些工作机构，如 1953 年建立市委私营企业工作委员会，1954 年底市委办公厅增设了综合、文教基建政法、区政、党群、工业、财贸、交通运输等 7 个办公室，1955 年以后市委又陆续新建或改建了一些工作部。除组织部、统战部保持不动外，宣传部中分出了文教部（也称教育部）；工业部将地方工业分出，另建地方工业部；新建立了政法部、城乡建设部、财贸部、工业交通部；农村工作委员会改建为农村部。根据中央指示还建立了调查部、国际活动指导委员会。1955 年 6 月，根据中央决定，中共天津市委设书记处。同年 7 月，纪律检查委员会撤销,成立了中共天津市监察委员会。

(三)各系统党组和党委的建立

解放初期,根据党章规定和中央指示,天津市委在政权系统、统一战线系统、群众团体系统各组织的领导机关中陆续建立党组(党委),加强市委对这些组织的领导。如1949年6月,市委决定建立天津市职工总会筹备委员会党组,1950年1月,天津市总工会成立后,筹备委员会党组改为市总工会党组。1953年3月,市委批准建立市各界人民协商委员会党组和市统战系统党组。1954年1月,市委决定建立天津市妇女联合会党组。1955年3月,市委决定在市人民委员会及其33个委、办、局中建立党组,市人委各委、办、局党组建立初期属市人委党组领导。1956年10月,根据党的八大党章规定,市人委各委、办、局党组改为直属市委领导,市人委各局建立党委。局党委与局党组并存,各有分工,互相协作。

(四)各区(县)委员会的设立与建设

1949年1月10日,天津解放前夕,市委组织部在胜芳发出《关于区委会的组织形式及委员名单的通知》,任命了市内1至11区(沿袭旧的行政区划建制)的区委书记及委员,11个区委正式成立,区委设书记、组织委员、宣传委员、民运委员,党员区长、公安分局局长等也为区委委员。1949年1月17日塘沽解放,根据中央指示,塘沽隶属于天津市领导,设立中共塘大区区委。至此,全市共有12个区委。在开展接管工作前后,天津市自上而下建立市、区、街三级政权机构,街道党组织也在区委领导下建立起来,形成了全市统一的组织系统。各级党组织在市委领导下,迅速建立起新的秩序,开始新的工作。

1949年4月,刘少奇到天津视察。在天津市委会上,他指出:"目前天津的组织形式是三级,街政府、区政府、市政府,党的组织也是三级,有街委、区委、市委,这是农村的工作方式。城市的特点是集中,所以我们也应集中领导,一切都要集中到市,市一级的机构应加强,城市的街不能作为一级,区政府应是市的派出机关。"①根据这一指示精神,市委、市政府对市、区党政机构作了较大幅度调整。将市内 11 个区人民政府改为区公所,作为市人民政府的派出机构,取消街公所。缩小各区党委组织机构规模,只留少数专职委员和干事。同时市委对各区党委领导班子成员也作了相应调整,一批主要领导干部充实到市级机关和市总工会。

随着天津市所辖市区、郊区、县的行政区划的多次调整,市委对各区县党的机构设置也进行了调整。1952 年 2 月,塘大区改称塘沽区,塘大区委随之改为塘沽区委。同年 4 月,河北省天津县划归天津市,设立了县委。同年 10 月,市内 11 个区调整为 8 个区。这样,天津市委下属9 个区委(市内 1 至 8 区和塘沽区)、1 个县委。1953 年 5 月,天津县撤销,改建为津东、津南、津西、津北(后又改称东、南、西、北)等 4 个郊

1953 年 6 月 5 日—9 日,中共天津市第六区第一次代表大会在区文化馆召开。图为代表合影

---

① 《中国共产党天津市组织史资料 1920—1987》,中国城市出版社,1991 年,第 134 页。

1953 年 6 月 27 日—30 日,中共天津市第七区第一次代表大会召开。图为大会会址

区,天津市委下辖 13 个区委(9 个市区、4 个郊区)。

(五)加强基层党组织建设

党的基层组织是贯彻执行党的路线方针政策和落实党的各项任务的重要组织保证,在实现党对城市工作的领导中起着十分重要的作用。为顺利完成接管,建立和巩固人民政权,恢复发展生产,实现党对城市工作的领导,天津市委把加强党的基层组织建设摆在党建工作的首要位置,重点抓了三项工作:

一是逐步明确党的各级组织形式,建立党的基层组织。天津市委根据中共中央 1948 年 11 月 15 日《关于军事管制问题的指示》中"整理、建立党的组织"①,以及 1949 年 1 月 8 日中共中央政治局会议审议通过的《目前形势和党在 1949 年的任务》中关于"在各主要解放区内

---

① 中共中央 1948 年 11 月 15 日《关于军事管制问题的指示》,《党的建设七十年纪事》,中共党史出版社,1992 年,第 239 页。

健全党委制……在一切新占领区域必须谨慎地发展党的组织"①的指示精神,进城接管前后,在市内和塘沽共12个行政区内分别建立区党委,根据工作需要又建立了由市委领导的企业党委和学校党委,在已接管的工厂和学校中分别建立党支部、党小组。通过建立党的各级组织,把进城接管干部中的党员和市内地下党员在工作上、组织上联系起来。

二是明确基层组织的工作任务。进城之初,党的各级基层组织主要围绕接管天津开展工作。随着接管任务的完成,党的基层组织工作任务需要进一步明确。1949年6月,天津市委作出《关于组织工作中几个问题的决定》,对基层组织的划分、工作范围、工作任务及会议汇报制度等作出具体规定,指出目前各级党组织的主要任务是积极贯彻党的城市政策,保证和监督各项行政工作和生产任务的完成;要搞好建党工作,巩固党的组织,加强党员教育,发展党员,培养选拔干部。

三是确立基层组织的干部配备。天津市委要求支部以上组织设专职党务干部,负责支部日常工作,规定支部委员会必须由党、政、群的主要负责党员干部组成。为适应城市工作特点,天津市委把加强区委和支部的作用作为党建工作的中心环节来抓,于1949年12月13日作出《关于扩大区委和支部组织任务的决定》,进一步明确区委和支部的组织与任务。

1952年8月,天津市委召开党代表会议,市委书记黄敬作了《关于三年来工作总结与今后工作任务》的报告。报告指出:过去缩小区级党政组织的工作范围,抽调干部充实市级领导机关,集中力量做好主要工作是正确的。但对区级机构削减过多,造成了全市工作发展不平衡的状态。为迎接大规模经济建设和加强市政建设,要加强区街党政机构。②在

---

① 中共中央1949年1月8日《目前形势和党在1949年的任务》,《党的建设七十年纪事》,中共党史出版社,1992年,第241页。

② 参见《中国共产党天津市组织史资料1920—1987》,中国城市出版社,1991年,第135页。

加强党的基层组织建设中，天津市委把发展建设基层支部作为重点。据对全市党支部的建立情况统计，1949 年 5 月有 330 个，到 1952 年底已发展到 1364 个。[①]这一时期，天津党组织着重发展工人党员，对城市贫民和苦力暂不发展。通过在公营工厂、中等以上私营工厂、中等以上学校中建立党的组织，充实了工作较弱的工厂车间和学校。1953 年，党中央提出过渡时期的总路线和总任务，要求党的基层组织面向生产，面向业务，发挥更大的作用。因此天津市委加强了在工农业战线中的组织发展工作。截至 1956 年 6 月，全市所属行政、企业、事业等单位共有党支部 2007 个，其中工业系统 873 个，交通运输系统 52 个，农业系统 150 个，财贸系统 342 个，文教系统 212 个，机关 250 个，街道 115 个，其他单位 13 个。[②]到 1956 年底，全市党支部已发展到 3390 个。[③]党的基层组织的发展壮大，为顺利完成党的中心任务发挥了重要作用。

二、公开党组织

新民主主义革命时期，在白色恐怖笼罩的险恶环境下，根据革命斗争的需要，中国共产党在城市的党组织采取地下斗争和秘密建党的工作方式，党的组织发展不平衡，许多行业没有党员和党的组织。解放之初，党的组织尚未公开。

（一）有计划、有步骤地公开党组织和党员

1949 年，鉴于全国的很多城市和大部分地区已经建立了人民政权，新中国即将诞生，党即将成为执政党，公开党组织的条件业已成熟。中国共产党接管天津后，人民政权日益巩固，生产建设迅速恢复，城市管理日趋正常，取得了革命和建设的显著成绩。中国共产党深受

---

① 参见中共天津市委党史研究室编：《城市的接管与社会改造（天津卷）》，天津人民出版社，1998 年，第 539 页。

② 参见刘素新编著：《解放初期的天津》，中共党史出版社，2009 年，第 29 页。

③ 参见中共天津市委党史研究室编：《中国共产党天津历史大事记（1919—2000）》，中共党史出版社，2001 年，第 217 页。

广大人民的爱戴和拥护。1949年8月，天津市委作出《关于公开党的决定》(以下简称《决定》)，该决定指出：天津市党的支部，应有计划有步骤地全部公开，没有再保守秘密的必要。我党的利益与中国人民的利益是完全一致的，党所要求于每个党员的，是全心全意为人民服务，只有党公开后，党员才能更好地在群众监督下，求得更快与更大的进步，从而党也得到进一步的巩固。[①]

根据《决定》的部署，市委有计划、有步骤地领导开展公开党组织工作。公开党组织的工作主要经历了四个阶段：

第一阶段，进行党内动员。刚开始，一些党员对公开党组织有顾虑，产生了怕特务暗害打黑枪，怕群众提问题解答不了，怕在群众中受孤立，怕被所在工厂的资本家限制和开除的思想。个别犯过错误和与群众关系不好的党员，怕公开以后面子上不好看，借口对党影响不好，不愿公开自己。有些党的领导干部，则顾虑公开党组织以后工作不好做了，调查事情不方便了。针对上述情况，各单位召开全体党员大会，说明公开党组织的意义，消除党员干部的思想顾虑，号召党员认真检查自己，开展自我批评，虚心倾听群众意见。把公开党组织作为密切党与群众的联系，促进党员在学习工作和生产中发挥模范作用的重要活动，使党的组织增强凝聚力和战斗力。根据党员存在的思想顾虑，各单位还进行了整顿、鉴定和学习。如市政府分党委上了十几次党课，着重讲党员修养及党群关系。中纺四厂在公开党组织前一个多月，为加强党的教育，每星期上三次党课，提高党员对党的认识，指出这些顾虑都是从个人利益出发的，强调公开党组织以后群众会更靠近我们。

第二阶段，做好群众工作。召开群众会议，向群众说明公开党组织的目的，党不仅代表工人阶级利益，也代表全国人民利益，群众有监督党的责任，要求群众给党员提出批评意见，帮助党员进步。

---

① 参见《天津接管史录》(上卷)，中共党史出版社，1991年，第443页。

　　第三阶段,正式公开党组织。通过召开公开党组织大会,分期分批公布党组织和党员名单。第一批公开机关、学校和工厂中支部力量较强、党员人数较多的支部。第二批公开一切工厂、学校、街道、行业中党员人数少的支部。第三批对尚未建立起支部的不公开,待建立起支部时再公开。在公开党组织大会上,群众踊跃发言,表示拥护党的领导,团结在党组织周围,以党员为榜样,努力学习,积极工作。

　　第四阶段,征求群众意见。在公开党组织大会后,召开党员和群众座谈会,听取群众对党组织的意见,进一步发挥党组织和党员的作用,改进党的工作。事实证明,对党组织的公开,很多群众表现了真心爱护共产党员的态度,提出了很多善意的批评,对支部工作和党员教育帮助很大。但在一些地方也发生了破坏分子的恶意活动,有的挑拨党群关系,对群众中的积极分子和党员进行攻击,甚至造谣威胁。对此,有关党支部及时对党员和群众进行教育,孤立坏分子,树立党的威信。

1949年8月11日,中共天津市委作出公开党组织的决定,全市各基层党组织向群众公开身份。图为天津钢厂党员举行公开大会

（二）党组织和党员公开后的积极影响

党组织公开后,党员身份明确了,更有利于发挥作用。广大党员也在公开党组织的过程中打消了以往的思想顾虑,提高了对党的纲领、性质、宗旨和党员义务的认识,增强了党性,普遍感到做一名共产党员是无上光荣的,自觉地在人民群众的监督之下,在各项工作中发挥先锋模范作用。党组织和党员在群众中的威信逐渐确立起来,党的政治影响进一步扩大,党的方针政策更加深入人心。无论是在机关学校,还是在企事业单位,一些群众主动找党组织、党员反映问题,党群关系进一步密切起来。群众的积极表现,对党员也是一个实际教育。看到群众对党的积极拥护和信赖,更促使党员要求进步,思想和行动更加积极。公开党组织还为发展新党员创造了有利条件,许多积极分子要求入党,如全市工厂企业从1949年9月15日至10月20日,申请入党的有1600多人。[①]

三、发展壮大党员干部队伍

据统计,天津解放时有地下党员1564人,进城接管干部党员5389人,党员仅占全市人口总数的0.39%。[②]1949年5月,全市共有党员7113人。[③]相对于一个近200万人口的城市来说,党员数量明显不足。面对生疏复杂的城市工作,党亟须培养大批合格党员,以保证各项工作的顺利进行。

（一）解放初期党员队伍的缓慢发展

进城初期,由于接管任务繁重,对城市状况不熟悉,天津市委决定暂不发展党员,只个别吸收了过去地下的"赤色群众"。随着接管工作的顺利完成,许多机关和接管的工厂、学校等部门中没有党员和党的组织,这对于贯彻党的方针政策,加强党对这些部门工作的领导非常

---

① 参见《天津工作》(第2期),1994年,第15页。
② 参见中共天津市委党史研究室编:《城市的接管与社会改造(天津卷)》,天津人民出版社,1998年,第540页。
③ 参见刘素新编著:《解放初期的天津》,中共党史出版社,2009年,第31页。

不利。为适应形势发展需要，1949 年 6 月，天津市委作出《关于组织工作中几个问题的决定》，对进城以来的党建工作作了总结，批评了在发展党员问题上存在的关门主义错误倾向，提出今后组织发展工作的方针：应采取慎重发展的方针，反对关门主义的倾向，也要反对拉夫，提高警惕，严防奸特和投机分子混入党内。同时要做到发展与巩固相结合。此后，全市各级党组织开始把发展党员工作摆上重要日程。这一时期，贯彻中央关于重点发展产业工人党员的精神，在新党员中工人党员占 75%，成为党领导城市工作的重要力量。至 1950 年 6 月，共发展新党员 12,446 人，相当于 1949 年 5 月全市党员总数的 1.7 倍。[①]党组织的发展壮大，为顺利完成党的中心工作提供了保证。

由于当时党员干部缺乏城市工作经验，对城市复杂环境认识不足，党的组织在工人和广大群众中没有广泛的工作基础，工人和劳动群众的思想觉悟还需要逐步提高，尚不完全具备大量接收新党员的条件；由于部分领导干部在执行市委组织发展工作方针中存在着盲目急躁情绪，使发展新党员工作出现偏差，出现盲目发展、忽视质量、追求数量、降低党员条件等问题。一些新党员，入党前没有经过培养，不懂得党的基本知识，入党动机不明确，思想不过硬。发展党员方式和审查程序不严格，出现分配名额、"吸收到党内再来教育"的现象，缺乏组织发展工作计划和实施步骤，造成组织发展工作的大起大落。

党员是党的细胞，党员的质量如何，直接影响着党的面貌和性质。1950 年初，天津市委针对上述问题，立即指示各基层党组织，要注意巩固和发展相结合，发展较快的党组织则以巩固为主，对新党员进行集中整训和重新鉴定，并对支部工作进行整改。在整改鉴定中，清除了个别不合格分子，制止了盲目发展。1950 年 5 月，中央针对组织发展工作中存在的普遍问题，作出《关于发展和巩固党的组织的指示》，指出目

---

① 参见中共天津市委党史研究室编：《城市的接管与社会改造（天津卷）》，天津人民出版社，1998 年，第 541 页。

前党的发展工作必须采取严格审查的方针和稳步前进的方法。为落实中央指示，维护党组织的纯洁，天津市委决定从 1950 年下半年开始，暂时停止发展新党员，集中力量审查轮训新党员，整改支部。

（二）党员发展在整顿中步入正轨

1951 年 3 月—4 月，中共中央召开第一次全国组织工作会议，通过《关于整顿党的基层组织的决议》和《关于发展新党员的决议》，对整党和建党工作进行了具体部署。为贯彻落实会议精神，天津市委依据两个《决议》，并结合全市情况，作出《关于发展党员问题的结论》，重新制定了组织发展工作的重点和方针，对党员标准、入党手续、入党批准权限等问题作了明确规定。至此，全市党的组织发展工作步入正轨，党员的质量也有了保证。由于 1951 年主要是进行整党工作，全市仅发展新党员 149 名。1952 年和 1953 年党的组织有了较大发展，分别接收新党员 8492 名和 8694 名。1954 年和 1955 年进一步贯彻积极慎重的建党方针，又分别发展新党员 6978 名和 10,258 名。①

新党员举行入党宣誓

---

① 参见刘素新编著：《解放初期的天津》，中共党史出版社，2009 年，第 33 页。

（三）加强薄弱部门党员队伍建设

天津解放后的最初几年，尽管党员数量有所增加，但远远不能适应社会主义建设和社会主义改造事业的需要，许多部门党的组织仍很薄弱，甚至没有党员。1955年底，通过对农业、私营工商业的社会主义改造运动的统计，全市有98%的私营商店和86%的私营工厂，22.02%的农业生产合作社（低级社）中没有党员。私营工厂中的党员仅占职工总数的3.13%，私营商业中的党员仅占店员总数的1.06%，农业生产合作社中的党员仅占社员总数的3.1%。另外在知识分子中发展党员的工作做得不足。许多党组织对知识分子在社会主义建设事业中的作用认识不足，表现出关门主义倾向，高等学校中的高级知识分子党员的比重比全国平均数低3.4%。[1]1956年1月，中共中央知识分子会议后，天津市委批评了在

党支部书记讲党课

接收知识分子特别是高级知识分子入党过程中的关门主义倾向，各级党组织加强了对发展新党员工作的领导，党的发展有了新的转变。在社会主义改造高潮中，天津市委把地位重要而党的力量又十分薄弱的部门作为发展重点，提出了新的发展要求。截至1956年6月底，天津市共有党员78,204人，较1949年5月底增加近十倍。全市党员的分布情况是：工业系统33,922人，交通运输系统5939人，农业系统4989人，财贸系统7543人，城市公用事业系统1124人，文教系统8298人，

---

[1] 参见刘素新编著：《解放初期的天津》，中共党史出版社，2009年，第33页。

党、群、政法机关 15,092 人，街道及其他单位 1297 人。[1]截至 1956 年底，全市党员达 90,993 人。随着党组织的发展壮大，党员数量的增多和质量的不断提高，广大党员在社会主义改造和社会主义建设事业中的先锋模范作用日益突出。

(四)加强党员干部队伍建设

天津解放初期，干部主要来源于三个方面：一是进城接管干部，主要包括在胜芳集结培训的党员干部和地下党员；二是旧的留用人员；三是新培养的干部。随着天津解放，党组织派遣入城接管干部共 7408 人，其中区科长以上干部 2983 人，占入城干部的 40.3%；党员 5273 人，占 71.2%；妇女 1606 人，占 21.7%；文化程度在初中以上的 2335 人，占 31.5%。这批进城接管干部，是天津市干部队伍的骨干力量，发挥了重要作用。在接管过程中，工厂、企业、机关的旧人员，凡是可以改造的，大部分送学校进行训练，留用干部绝大多数是基层职员，有 18,000 余人。这些留用人员大多数属于愿意跟党走，具有一定技能的专业干部或办事员。解放以后，天津党组织执行中央、华北局关于大量提拔干部的指示，贯彻党的德才兼备的干部政策，对列入后备名单的干部进行系统培养，通过把生产中的积极分子送党校、行政学校进行较长时间学习，或在工厂内举办积极分子培训班等方式，在工人中大量提拔干部。从天津解放至 1956 年 6 月，全市共吸收新干部 52,905 人，其中学生 13,687 人，工人 13,937 人，加上军队转业、劳动就业及中央统一分配的大专学生，已有干部 74,577 人(不包括驻津单位)。其中党群系统 9120 人，政法系统 8167 人，工业交通系统 17,360 人，财贸系统 31,471 人，农林水利系统 593 人，文教系统 6957 人，其他系统 909 人。[2]这些新培养使用的干部大多数是在实践中成长起来的，他们能够自觉地接受

---

① 参见《中共天津党建史研究》，天津古籍出版社，2008 年，第 14 页。
② 参见刘素新编著：《解放初期的天津》，中共党史出版社，2009 年，第 34 页。

党的教育和培养,成为各级组织的中坚力量。

　　(五)干部管理工作逐渐完善

　　管理干部的任务,主要是了解、审查、培养、教育干部,从而达到正确地挑选、提拔、配备和使用干部。1949 年 3 月,根据华北局的指示精神,天津市委组织部要求各级党组织建立干部登记制度,将干部的出身、年龄、党龄、工作年限、文化程度、性别等项统计上报。同年 6 月,为了加强干部思想领导,强调思想情况申报制度,要求干部每半个月写书面报告一次,内容为干部的思想情况、支部生活、干部学习等方面。

　　1949 年—1953 年,天津一直实行干部统一管理制度,党员与非党干部均由市委组织部进行统一管理。随着形势的发展和工作的需要,组织机构增多,干部队伍扩大,且多数干部已逐渐在专业工作中固定下来,干部工作的机构与所担负的任务已不相适应。因此根据 1953 年11 月《中共中央关于加强干部管理工作的决定》,天津市于 1954 年建立了在市委统一领导下及市委组织部统一管理下的分部、分级管理干部的制度。分部管理干部制度,就是将全体干部划分为 9 类,即军队、文教、计划工业、财政贸易、交通运输、农林水利、统战、政法、党群,分别由有关的党委工作部门管理;分级管理干部制度,即仿照苏联共产党的干部职务名单制办法,所有干部按职级划分给中央或地方党委分工管理。实行分管干部制度之后,市委组织部通过各部门管理干部的机构,了解全市干部的情况,检查研究全市干部工作,并负责代表市委草拟有关干部管理工作的制度规定等,负责干部的培养训练工作,以及管理干部的档案与干部综合统计等工作。

　　解放后,在中共中央的正确领导下,天津市建立起中共天津市委及其工作机构,并在各区县、各系统建立党的领导机关,不断加强基层党组织建设。随着接管任务的完成,分阶段地公开党组织和党员,发展壮大党员干部队伍,党组织建设取得了长足发展,成为巩固新生政权、领导全市工作的坚强力量。

第二节 加强思想政治教育

解放初期，党和国家面临着严峻的国际国内形势，担负着极为艰巨的巩固新生人民政权和恢复发展国民经济的双重任务。在此背景下，中国共产党在全党、全国开展了卓有成效的思想政治工作，使党的路线方针政策深入人心，有力地保证了各项中心任务的顺利完成。中共天津市委十分重视这项工作，特别是对党员干部的思想政治教育，采取多种形式组织党员干部学习理论和时事政策，加强党性教育，提高党员干部的思想觉悟和理论水平，增强他们贯彻执行中国共产党方针政策的自觉性和坚定性。

一、开展理论学习与教育

天津解放后，党的工作重心逐渐由战争转变到恢复发展经济和城市建设上来，很多党员干部一时无法适应这种巨大的转变，思想政治素质和理论政策水平远远滞后于形势任务发展的需要。为此，中共天津市委在全市党员中广泛开展理论学习与教育，使广大党员干部尽快适应当时的政治、经济、文化环境，熟练掌握并不了解的建设方法，快速投身于新的城市建设。

（一）政治理论学习

解放初期，随着天津城市接管工作告一段落，人民群众生产、生活秩序逐步恢复正常。工作中，广大党员干部理论知识不足的弱点日益凸显出来，在部分党员干部甚至是领导干部中出现的思想文化水平不高、党的理论知识匮乏、政策了解不多等问题，严重地影响了国民经济和城市建设的恢复发展。对此，中共天津市委针对不同时期党员干部的思想问题，有的放矢地开展理论学习培训，不断提高党员干部的理论水平。

　　早在 1949 年 6 月,天津城市接管工作刚刚结束,中共天津市委就针对接管过程中出现的部分党员干部文化程度低、工作上经常碰钉子,对党的政策认识不足、思想"开小差"等问题,普遍组织党员开展短期培训和不脱产的集体学习,主要学习内容是中国共产党的基本知识和城市政策。党员干部认真学习了列宁的《论机关干部如何工作》、毛泽东的《目前形势和我们的任务》《将革命进行到底》及中共七届二中全会决议等文件。同时结合学习,普遍在党的小组会上进行入城以来的思想检讨,较好地纠正了大多数党员的思想偏差。

　　为了进一步加强对思想教育工作的领导,7 月 23 日,市委专门下发了《关于加强干部教育的决定》(以下简称《决定》),要求全市干部动员起来"老老实实地学习",学习马克思列宁主义和毛泽东思想,提高理论、政策、文化和业务水平。该《决定》对干部学习进行了具体规定:地级以上有较高文化水平的干部要学习理论,联系政策;县区级干部要学习政策,逐步提升到理论;文化水平在初中以下的学文化;对留用人员则在自愿原则下,着重思想改造,辅之以理论政策学习。对学习内容作了具体要求:从 7 月底到 8 月底为第一阶段,继续学习中共七届二中全会决议、毛泽东在新政协筹备会上的讲话、《论人民民主专政》等文件;第二阶段从 9 月开始,用 3 个月时间,学习社会发展史,联系学习《新民主主义论》《国家与革命》及有关土改和城市政策的文件;第三阶段学习政治经济学。学习方法以自学为主,集体讨论为辅。在自学基础上建立学习小组,并规定将学习成绩列为干部鉴定项目。

　　为更好地贯彻落实《决定》要求,7 月底,天津市委还专门成立学习委员会,分党委及各区委成立分学委会;并于 1950 年 3 月改组为天津市总学习委员会,在很大程度上加强了对全市干部学习的统一领导,使全市干部学习有计划、有步骤地开展起来。据统计,1950 年,全市在职干部参加学习的共计 2.5 万余人,系统地学习了社会发展史、政治经济学及新民主主义论,极大地提高了干部的政治水平,树牢了劳动观点、群众观点及为人民服务的思想，提高了工作的自觉性和积极性。

1951年2月，中共中央发出《关于加强理论教育的决定》，要求全体党员要在统一的制度下无例外和不间断地进行马克思列宁主义、毛泽东思想的有系统的学习，党的高级干部更应该成为全党勤奋钻研理论的模范。为贯彻中共中央指示精神，加强在职干部的政治理论学习，1951年3月，天津市总学习委员会要求做好培训学习指导员、试办业余政治学校、主办历史讲座等3项工作。4月，市委宣传部发出《关于在职干部进行理论学习的具体办法的通知》，指出在职干部理论学习分三种：①中外近代史讲座，一般学习理论的干部参加。②马克思列宁主义讲座，主要是培养学习指导员即理论教员，其他宣传教育部门可挑选一些干部参加。③高级干部自学。市委宣传部要求各单位组织党员干部参加马克思列宁主义讲座的学习，群众可自愿参加，马克思列宁主义讲座为主要学习内容，还有世界近代史、中国近代史、中国革命基本问题、马克思列宁主义基础等内容。学习时间分两段，大约4个月到5个月。参加马克思列宁主义讲座学习的干部分为六类：①各单位挑选出来的学习指导员，即理论教员，这是主要对象。②各党委的宣传部部长。③新闻出版处、新华分社、人民电台、《天津日报》《进步日报》的编辑记者。④文化局、教育局、文教委员会科长或相当于科长级的部，市立中学校长、教务主任及政治教员。⑤总工会、青联、妇联、文联、中苏友协、抗美援朝分会的宣传部部长或担任宣传文教工作的干部。⑥其他，如高级干部和大学教授、讲师自愿学习者，可以参加旁听。对于高级干部的自学，市委宣传部要求他们拟订本年自学计划，并送交宣传部一份，以便随时进行督促与检查。

此后全市出现了一个比较正规的理论学习的热潮。特别是1951年10月《毛泽东选集》第一卷出版后，对毛泽东思想的学习迅速成为理论学习的主要内容。1953年9月3日，市委又发出《关于在职干部理论学习的通知》，规定参加理论学习的在职干部，在一年半的时间内应分别学习苏联社会主义建设的经验和列宁、斯大林论社会主义建设的有关著作。通过学习,广大党员干部逐步学会用科学的世界观和方法论认识问题、分析问题和解决问题。理论学习有力地促进了党的思想建设。可以说,解放"头七年"掀起的理论学习热潮,大大提高了广大党员干部的思想认识和理论政策水平,增强了其党的路线方针政策贯彻执行能力,有效地推动了经济的快速恢复发展和城市建设水平的提升。

(二)时事政策学习

解放初期,市委统一组织党员进行干部理论学习,是进行政治思想教育的重要形式。理论学习除以马克思主义政治理论为核心内容外,时事政策也是一项非常重要的学习内容。不仅每期学习培训均将其纳入学习之中,市委还充分利用每次党委会、党代会等时机,采取以会代训的方式,组织广大党员干部认真学习时事政策,让他们熟练掌握党的路线方针政策,提升贯彻执行的思想自觉和能力素质。

1949年10月4日,市委总学委会发出通知,号召全体党员干部认真学习全国政协通过的《中国人民政治协商会议组织法》《中华人民共和国中央人民政府组织法》《中国人民政治协商会议共同纲领》等文件,使新民主主义思想深入人心,得到了广大党员干部的认同,顺利开启了国民经济恢复发展的新篇章。1950年,全市在职干部2.5万余人参加了学习,除基本政治理论外,陆续学习了中共中央及中央人民政府的各种政策,如"公私兼顾、劳资两利、城乡互助、内外交流"的方针,关于统一战线政策,毛泽东《论人民民主专政》、中共七届三中全会决议、政协文件及统一财经、调整工商业、发展生产、群众路线等有关文件,统一了党内外干部的思想认识,加强了党内外团结,帮助干部正确执行政策,改进工作。

1952年11月—1953年1月,市委组织全市干部学习斯大林《在苏联共产党第十九次代表大会上的演说》和马林科夫《关于苏联共产党中央委员会工作的总结报告》。1954年,市委要求党员干部认真学习中共七届四中全会决议，加强全党的团结。1955年，中共中央提出反对右倾保守思想以后，市委要求党员结合学习《改造我们的学习》《反对党八股》《整顿党的作风》《关于若干历史问题的决议》《关于无产阶级专政的历史经验》等5个文件，着重检查和解决工作及思想上的主观主义、官僚主义和宗派主义。中共八大召开后，天津市委立即组织全市党员干部学习八大文件，并要求在学习的基础上，检查思想，检查工作，改进领导，改进工作。

1954年8月9日，出席天津市第一届人民代表大会的代表鼓掌通过拥护宪法草案的决议

1954年6月，国营天津汽车制配厂工人阅读报纸上刊载的宪法草案

1954年6月，天津市第六棉纺织厂女工正在阅读《天津日报》上刊载的宪法草案

（三）形势任务教育

市委在统一组织广大党员干部进行理论和政策学习的同时,还结合时事学习广泛开展形势任务教育,在提高干部思想觉悟、改进工作上发挥了重要作用。

（1）抗美援朝教育。1950年6月,朝鲜战争爆发,美国武装侵略朝鲜和中国台湾。天津市委积极响应党中央号召,在全市范围内掀起了抗美援朝运动热潮。在全体党员干部中广泛开展爱国主义与国际主义的思想教育,打击了"恐美""亲美""崇美"等错误思想,开展了全市性的和平签名和抗美援朝运动,动员广大人民群众示威游行、增产捐献,以实际行动表达了天津人民热爱和平、反对侵略、抗美援朝、保家卫国的心声。

（2）"三反""五反"教育。1951年,根据中央指示,天津开展"反贪污、反浪费、反官僚主义运动。市委认真贯彻中央指示,迅速在全市各级党组织和国家机关、公营企事业单位和人民团体内组织开展"三反"运动,共产党员坚持站在斗争最前线,勇于坦白、勇于检举,同一切错误倾向作斗争,揭露了一些干部腐化堕落的严重事实,振奋了民气,提高了党的威望。1952年,天津市委认真贯彻落实中央《关于在城市中限期开展大规模的坚决彻底的"五反"斗争的指示》,在全市私营企业中普遍开展"反行贿、反偷税漏税、反盗骗国家财产、反偷工减料、反盗窃国家经济情报"运动,对私营工厂、商店职工普遍开展了一次系统的阶级教育,人数达24.8万人,党员干部也从中受到教育和震慑。

（3）总路线教育。1953年6月,中央制定了党在过渡时期的总路线。11月,市委发出《关于在全市开展总路线的宣传教育的通知》,决定按照"先党内后党外,先干部后群众,先基本群众后一般群众"的顺序,在全市范围内进行大规模的过渡时期总路线的宣传教育。全市各级党组织积极召开会议,组织宣传报告、专题集训,动员广大党员干部认真贯彻党在过渡时期的总路线,在很大程度上帮助党员干部认识了面临的严峻形势,明确了由新民主主义向社会主义过渡的总路线、总任务,增强了党员干部贯彻总路线的坚定性和自觉性。

二、加强党性教育

解放初期，为解决经济发展任务日益繁重与干部相对匮乏的矛盾，天津市各级党组织集中吸收了一批新党员。由于准备工作不足，一些马克思主义信仰不坚定的人员没有经过严格的考察也被吸收到党员的队伍中来。这些"新鲜血液"的马列主义理论水平普遍不高，政治立场也不坚定。此外，一些革命老党员又出身于农民，文化水平很低，思想水平、政策水平、工作能力也不能适应形势的变化，部分党员还存在以功臣自居、骄傲自满的思想。天津市委针对形势任务的变化给党的建设带来的问题和挑战，坚持把加强党性教育作为思想政治教育的重要内容，开展了一系列的活动。

（一）入党前教育

解放初，在发展党员过程中出现了党员质量降低的现象，为维护党组织的纯洁，纠正只追求数量、降低党员条件的倾向，市委决定于1950 年下半年开始暂停发展党员，并开展整党工作。之后逐步对共产党员入党条件、入党流程制定了标准，并修改完善。至1956 年，天津党组织对发展党员做了全面规划，明确了发展新党员是党对群众长期培养教育的结果，注意在实际工作中对入党积极分子加以培养和考验。各区委、党委举办积极分子训练班，对 55,749 名积极分子进行了较系统的共产主义与共产党教育，使他们在入党前就基本懂得了党的性质、党的事业和怎样做一名共产党员。同时在整风运动中加强对积极分子队伍的日常管理，采取各种形式进行党的基本知识教育，使积极分子树立起无产阶级的立场和世界观，坚定为共产主义事业奋斗的决心。这在很大程度上提高了共产党员入党的"门槛"，为保持党员队伍的纯洁性、先进性奠定了良好基础。

（二）党的基本知识教育

战争年代，由于条件所限，党组织对党员进行的基本知识教育非常有限。解放后,随着党组织的发展和党员数量的增加,天津市委开始把党的基本知识教育提上日程, 要求各级党委采取各种方式开展教育,教材大部分是《党纲》《党章》《修改党章的报告》《党员课本》。教育方式主要有以下 5 种:①举办短期党员培训班,进行党的基本知识教育。②上党课,这是支部教育中较普遍的形式。③少数单位由于分散,选出由党校或职工学校培训过的党员进行学习辅导。④联系检查思想,根据某一阶段的党员思想情况,召开支部党员大会,进行批评教育。⑤用实例进行教育。

1949 年初,市委利用学校寒假,有计划地把大中小学的党员集中起来上党课,主要学习中国共产党的基本知识,约 800 名党员参加听课,占全部学校党员的 75%。8 月,为进一步加强党员教育,由市委组织每周上一次党课,主要对象是地下党员和文化程度在初中以上的新党员,各党委和机关都有做支部工作和文化程度较高的新党员参加。党员听讲后,回去传达讲解,组织讨论。至 11 月底,全市共有 65 个单位的 1498 名党员参加了学习。黄敬、黄松龄等市委领导都曾亲自主讲,讲课内容主要是"中国革命与中国共产党""党纲""组织与纪律""群众路线""党史"等。各支部在学习的基础上,联系思想和工作情况,进行讲解讨论,不断提高党员的思想政治水平。

1950 年,针对解放后由于党员队伍发展迅速,使大批新党员没有来得及接受有计划的教育和训练的情况,对全市 78% 的新党员进行了短期培训。培训的主要课程包括时事教育、党员的基本知识、中国共产党的政策、群众路线、党的作风等。通过参加学习,大多数党员提高了思想觉悟,能够在实际工作中发挥先锋模范带头作用。中共八大后,市委又及时组织党员系统地学习新党章和《怎样做一个共产党员》《共产党党章教材》《党的基本知识讲课提纲》等,着重进行中国共产党的性质和最终目的、群众路线、民主集中制、党员标准和权利义务的教育,提倡艰苦朴素、密切联系群众的作风,反对争名誉、闹地位等非无产阶级思想和革命意志衰退的倾向，克服立场模糊、思想动摇，以及主观主义、宗派主义、官僚主义等思想作风。

（三）党员标准教育

1951 年，在整党过程中，为了贯彻中共中央"为更高的共产党员的条件而斗争"的号召和中共全国组织工作会议精神，市委对全市党员进行了一次学习党员八项标准、做一名合格共产党员的教育活动。教育活动以提高党员质量、严格组织生活、改革不良作风、密切联系群众为中心任务，对党员重点进行党纲、党章和怎样做一名共产党员的教育。党员教育的具体内容是社会发展史，党员标准八项条件，党员个人与党的关系，加强共产主义思想、克服个人思想和群众路线、组织原则。1951 年 3 月—4 月，为了有计划地培养干部，市委抽调机关中未参加过整党的党员（其中主要是 1948 年以后入党的新党员）干部进行训练，教育内容为时事报告、党的性质、党员标准、党员的权利义务、反对自由主义、批评与自我批评等内容。通过教育，多数党员在思想上划清了与资产阶级的界限，极大地提高了政治思想水平。

三、举办政治训练班

解放初期，为实现中国共产党对城市工作的领导，肩负起建设新天津的历史重任，培训党员干部成为党建工作的主要任务。天津市委根据解放后党员干部力量不足的情况，坚持把举办政治训练班作为干部教育培训的重要手段。1949 年 2 月 20 日，"天津市政治训练班"正式开班，它是全市培训党员、干部和进步群众的重要基地，因成立之初党的组织尚未公开，所以对外称"政治训练班"。1953 年 1 月，经市委批准，天津市政治训练班正式称为中共天津市委党校，主要承担党员的中、初级领导骨干的培训任务。

政治训练班的主要任务是培训党员和干部。解放初期，群众对中国共产党的性质、任务和方针、政策不够了解，训练对象除党、团员外，还有中国共产党的外围组织成员和群众中的积极分子。除进行政治学习外,还发展新党员。训练班一般三个月为一期,主要讲授中国共产党的基本知识、方针政策、形势任务及中国社会发展史等课程。训练班坚持理论联系实际的学风,大力倡导认真读书、独立思考,敞开思想、自由辩论,坚持真理、修正错误的精神,使教员和学员互动,学员之间互帮互学,调动学员的积极性,提高学习质量。当时政治训练班的学习条件很差,学习、睡觉、吃饭一室三用,庭院就是课堂。尽管生活艰苦,学员们仍如饥似渴地学习。市委十分重视训练班工作,主要领导经常到训练班讲课。1949 年 2 月,政治训练班第一期开学,黄克诚到训练班给学员们讲了毛泽东思想,他深刻地阐明了毛泽东思想的主要内容和产生形成的历史过程。黄敬向学员们传达了中共七届二中全会精神。市委领导黄火青、黄松龄、李华生、杨英、许建国等都曾到训练班讲课。他们从学员的实际出发,深入浅出地阐明理论,使学员受到很大启迪,达到了提高认识、增强党性的目的。据统计,从 1949 年 2 月政治训练班开班到 1952 年底,共培训了 15,050 人,其中党员 13,296 人、干部 721人、团员和群众 1033 人。

政治训练班的另一项重要任务是配合整党整风培训党员。解放初期发展的大批新党员,绝大多数是合格的,他们为完成中国共产党在恢复时期的任务,以极大的革命热忱工作在自己的岗位上,并发挥了模范带头作用。但也确有一些新党员在入党之前没有经过训练,对中国共产党的性质任务不了解,党员标准不清楚,入党动机不明确,政治思想素质不高,甚至个别不具备党员条件的人也混入党员队伍。为了纯洁组织,提高党员的政治思想觉悟,政治训练班配合全市整党整风运动,举办了新党员训练班。训练班组织新党员系统学习中国共产党的基本知识、方针、政策和时事政治,学习马克思列宁主义基本原理,学习政治经济学、中国历史等课程。在学习讨论的基础上,新党员联系个人思想实际进行总结,然后由组织审查,重新进行党员登记。通过新党员训练班的学习，新党员受到了一次较为系统的马克思列宁主义、毛泽东思想的教育和中国共产党的基本知识教育，明确了党员标准，端正了入党动机。训练班对个别入党动机不纯、不符合党员条件者进行了清理。政治训练班在培训党员、选拔干部、向各个岗位输送骨干等方面发挥了积极作用。

第三节 整风和整党运动

坚持党要管党，全面从严治党，是中国共产党加强自身建设的一条重要历史经验。新中国成立后，中国共产党执政地位的确立，给党的建设提出许多必须严肃对待的问题。为提高党员素质，始终保持党的先进性和纯洁性，不断提高党的领导水平和执政能力，增强党的凝聚力和战斗力，在加强党的政治、组织、思想建设的同时，中共中央作出一系列决定和指示，通过开展整风、整党运动等形式，加强党的纪律和作风建设，解决党内存在的突出问题，起到了严肃党风党纪和教育党员干部的作用，也是从严治党的具体体现。天津解放后，市委作为执政党的地方组织，担负着对这座城市的领导责任，在党的建设上也面临着许多新问题。根据中共中央的指示和部署，天津市在党内进行了大规模的整风和整党等运动，达到了预期效果，为实现党的中心任务提供了有力保证。

一、开展整风运动

1950年5月1日，中共中央发出《关于全党全军进行大规模整风运动的指示》，指出：中央决定大规模地开展整风运动，是因为党在执政后遇到了许多新情况、新问题。这些新情况和新问题主要表现在以下两个方面：第一，党员队伍的迅速发展带来了党内教育的艰巨任务。由于中国共产党已经取得了全国性的胜利，党的队伍发展迅速，新党员新干部太多太杂。据统计,1945年抗日战争结束时,全国约有121万名党员,1949年底人数达450万,到1950年7月1日前,又超过500万人,其中约有200万人是近几年入党的。[①]其中有很多党员的思想作风不纯,党还没有来得及对他们进行有计划的教育和训练。第二,领导机关和领导干部中的官僚主义、命令主义作风,已经损害了党和群众的紧密联系。由于中国共产党已处于执政地位,相当一部分老党员、老干部担任了领导工作。其中有一部分人,因为胜利而滋长了骄傲自满情绪,产生了许多非无产阶级的思想和作风。他们的官僚主义、命令主义作风严重,甚至有人违法乱纪、贪污腐化、蜕化变质,损害了党和人民政府的形象,引起了人民群众的不满。

为提高党员素质,中共中央决定在党内开展大规模的整风运动。1950年6月,中共中央召开七届三中全会。全会对整党作了部署,要求在夏秋冬三季,密切结合各项工作任务,进行一次大规模的整风运动。这次整风的任务是纠正工作中的错误,提高干部和党员的思想政治水平,克服官僚主义和命令主义作风,以及少数贪污腐化、违法乱纪等错误,密切党和人民群众的关系,以便顺利地完成争取国家财政经济状况基本好转的伟大任务。整风的重点是各级担任领导工作的党员干部。只有把领导干部特别是高级干部的作风整顿好了,才能更好地整顿全党的作风。整风的主要方法是结合工作实际,自上而下地逐级召开整风会议,或成立整风训练班,学习文件,总结工作,分析思想,开展批评与自我批评。

根据中共中央和华北局的指示,天津市的整风运动自1950年9月开始至当年底结束。在整风过程中,天津市委成立了整风委员会,基层党委成立了21个分会,制定了全市整风工作计划,各级党委和支部结合本部门实际情况也都制定出相应计划。1950年9月19日,天津市委召开

---

① 参见《中国共产党执政四十年》,中共党史出版社,1991年,第13页。

全市党员干部大会，向全市党员传达中共中央关于整风的决定，部署市委关于整风工作的计划安排，号召全市党员干部积极参加整风运动。此后在市委整风委员会的直接领导下，各部门的整风运动迅速展开。

全市党员干部响应号召，积极参加整风运动。第一批为市委委员、各党委委员、市级局处长、地级干部、各区委委员、各分局长及其他单位的主要干部共 333 人（包括群众 1 人），从 10 月 4 日开始进行市级领导干部的整风。自 10 月 11 日起进行科级以上党员干部的整风，这部分干部共 2126 人（其中有团员 2 人、群众 6 人）。然后进入一般党员干部整风，最后转入各工厂、学校、街道、行业等支部一般党员的整风。①整风运动结合全市情况，本着以思想教育为主的精神，以上党课的方式进行，通过个人总结，找出存在的问题，明确努力方向，在党内民主生活会上，积极开展批评与自我批评。由于采取和风细雨式的教育方法，广大党员干部消除了思想顾虑，都能坦诚地讲心里话，亮真思想。

在整风过程中，暴露了党员干部的思想情况。刚开始整风时，部分干部的认识有些偏差。有的老干部说："我们过去整过风，整过党，经过三查，没啥可整；新干部缺乏锻炼，历史复杂毛病多，这次要整新干部。"而新干部认为："应整老干部，进城后有的生活腐化；新干部生在天津长在天津，没啥可整。"有些新干部摸不着底，听说过去整风严格而恐惧；也有的感到自己条件差，怕三查，怕洗刷、怕调动；有些文化水平低的老干部怕复员，顾虑多；有的认为主要是整领导，与自己无关。在整风的实际操作中也产生了一些偏差，表现在有些干部对市委整风精神认识不足，对整风不够重视。关于发扬民主问题，市整风委员会一再指出整风是一个极其复杂的思想斗争，能否把整风运动领导好，其本身便是一次考验。有不少单位做得较好，但有的单位民主作风仍很不够。

通过整风，各部门查找出一些问题，多是组织领导工作作风方面

---

① 参见中共天津市委党史研究室编：《城市的接管与社会改造（天津卷）》，天津人民出版社，1998 年，第 247 页。

的。如在领导中普遍存在着官僚主义,有的部门还相当严重。具体表现在:一是高高在上,不洞悉下情,使工作受到影响。下面反映有"五多五少",即号召多、组织少,布置多、检查少,要求多、帮助少,责备多、鼓励少,任务多、总结少。二是家长式的领导,缺乏民主作风。三是不加以调查研究,工作责任心不够,大量浪费国家资财,这在财经单位较为严重。四是辛辛苦苦的事务忙碌情况也较普遍。如企业系统中的许多工厂文牍主义严重,大部分时间花在呈报转请批准盖章上。此外在干部政策上有"三不够",即对老干部教育提高不够,对新干部培养提拔不够,对旧人员改造教育不够。另外一个普遍的问题是党委制,多数党员对党委制认识不明确,形不成集体领导。在建党问题上主要是追求数字,如有人说:"有了数字,就有了奋斗的目标。"甚至把未批准入党的也报上凑数,"拉夫"现象严重。通过整风,对查找出来的问题有了一定的思想认识,提出改进意见,领导干部在工作作风上也有所改变。

这次整风虽然历时不长,但因为是党执政后的第一次整风,意义非同寻常。通过整风,纠正了工作中的缺点和错误,改进了工作作风,提高了党员干部的思想觉悟和政治水平,密切了党和人民群众的关系,达到了端正党风、教育党员、提高思想的目的,给广大党员干部敲响了警钟。

二、整党准备工作

随着整风运动的深入开展,党的基层组织中存在思想不纯和组织不纯的问题,部分党员存在满足现状、消极退坡的思想,以及少数党员腐化堕落、蜕化变质等问题暴露得更充分了。为进一步提高党员的思想政治素质,纯洁党的组织,增强党的战斗力,整风运动后不久,1951年2月18日,中共中央政治局扩大会议召开,决定从1951年下半年起,用三年时间有计划、有准备、有领导地进行一次整党运动。为了落实中央关于整党的决定,3月28日—4月9日,第一次全国组织工作会议召开,通过了《关于整顿党的基层组织的决议》和《关于发展新党员的决议》。会议充分阐述了中央决定整党的原因,具体部署了整党的步骤、方法和政策。到第一次全国组织工作会议召开时,中国共产党已拥有580万名党员,建立了约25万个基层组织党支部。①毫无疑问,绝大多数党员是纯洁的、有战斗力的。但是党内仍然存在问题,主要表现在:一是在原有的老党员中,有一部分人思想上发生了变化,若不重新给以教育,他们将会丧失做一名共产党员的资格。二是在党内,还有一些党员存在比较严重的缺点,他们如不加强自身的改造,也是属于不合格或不完全合格的。三是由于党员的发展工作疏于管理,吸收新党员时随意降低了标准,以致有许多觉悟不高,甚至思想落后的人也被吸收为党员。四是确有一些坏分子乘机混进了党内。

会议完全拥护中共中央关于在党的基层组织中进行一次普遍的整顿的决定,研究和明确了这次整党的目的和内容:第一,对所有党员进行一次共产主义和共产党的教育,从思想上继续提高那些好的党员,教育和改造那些不具备或不完全具备共产党员条件的党员;第二,对党的基层组织进行一次普遍的认真的审查,发现并清除混进党内的各种坏分子,对不够党员条件、经教育仍达不到党员标准的,劝其退党。

总之,这次整党是要通过思想教育和组织整顿,保持党的纯洁性,提高党的战斗力。其方法步骤是:以思想整顿为中心环节,首先用一年时间进行怎样做一个共产党员的教育,普遍对党员进行一次关于党纲、党章的教育。在教育的基础上,对每个党员进行认真的审查、鉴定和登记,然后对犯错误的党员分别进行处理。会议指出,这次整党是一件十分严肃的工作,要求各级党委必须采取严肃而又谨慎的态度去进行。各地在整党展开之前,要集中力量做好有关整党的各项准备工作,然后再进行整党。

整党的准备工作首先是挑选一批经过考验,对党完全忠诚、作风

---

① 参见卢先福、端木婕:《中国执政党建设研究》,上海人民出版社,2002年,第29页。

正派,又有整党与建党知识和工作能力的干部加以训练,然后派到党的基层组织去进行整党。其次是对党员普遍进行一次关于怎样做一个共产党员的教育,使每个党员都明白做一个共产党员的八项标准。再次是县市以上党委要先选择几个支部,进行整党的典型试验,以取得必要的经验并教育干部。

这次会议通过的共产党员八项标准的主要内容是:①必须了解中国共产党的性质,它是中国工人阶级的政党。②懂得中国共产党的最终目的是要实现共产主义制度。③必须下决心终身英勇地坚持革命斗争,在任何环境下不退缩,不叛党,不投降敌人。④一切共产党员的斗争和工作必须在党的统一领导下进行,应同一切损害党的利益的现象进行坚决的斗争。⑤必须把人民群众的公共利益,即党的利益摆在自己私人的利益之上,党员的私人利益必须服从人民的即党的公共利益。⑥经常用批评与自我批评的方法检讨自己工作中的缺点错误,并及时纠正。⑦必须全心全意为人民服务,虚心听取并及时反映人民群众的意见和要求,当人民的勤务员。⑧必须努力学习马克思列宁主义、毛泽东思想。这八项标准成为整党和如何做一名合格共产党员的标准。

天津的整党准备工作在第一次全国组织工作会议召开之前进行。1951年1月9日,中央组织部副部长安子文在全国组织工作准备会议上作了《关于整顿全国的基层组织的初步意见》的发言,把整党准备及其方针政策作了布置。安子文在发言中对党员队伍情况进行了分析,认为全国党员大体分为四类:第一类,具备共产党员条件,达到共产党员标准者。第二类,不完全具备共产党员条件,或有较严重毛病,必须加以提高改造者。第三类,不够共产党员条件,对党的作用不大,或不起作用的消极落后分子。第四类,各种混入党内的坏分子、阶级异己分子、投机分子、蜕化分子、叛变分子等。这说明党的队伍不纯,质量不高。计划在全国组织工作会议后,有计划地、有准备地、有领导地在全国范围内来一次整党。这次整党不仅要从思想上、觉悟上提高现有党员的水平，而且要从组织上认真地淘汰和清洗一批确实不够党员条件的分子，特别是那些混入党内的坏分子。经过整党以后，再发党证，发党证是整党的结果。经过整党，使党的组织更加纯洁，党的质量更加提高。整党的方针是：依靠和教育第一类，提高和改造第二类，淘汰第三类，清洗开除第四类。整党的步骤：首先训练一批干部，而后训练一批好的党员做骨干，同时在党内外广泛地进行共产党员的标准及共产党是干什么的宣传教育。

根据中央精神，天津市委于1951年2月下旬召开全市组织工作会议，并于3月10日作出《组织工作会议关于整党工作的结论》。这次会议明确了整党是一项长期的、细致的、艰巨的任务，要求经过反复不断的教育后，提高第一类党员，将第二、第三类的党员加以区分，并严肃认真地发现和清洗第四类党员，使党达到在政治上、思想上和组织上的巩固。会议强调，在整党工作中，必须紧紧地掌握三个基本环节：首先是充分地进行思想准备和组织准备工作；其次是稳步地前进，贯彻以教育提高为主的精神，分批整顿；再次是分别以严肃、慎重、负责的精神，按照党的原则来处理支部和党员的问题，在此基础上巩固成绩，建立各种制度和经常性工作机制。同年3月28日至4月9日，第一次全国组织工作会议召开后，整党的方针政策更加明确。6月，天津市召开组织部长会议，传达第一次全国组织工作会议精神，为全市整党运动做好准备。7月底，天津市委作出1951年下半年至1952年上半年的整党工作计划，对整党工作进一步作出部署。从7月至9月，根据市委宣传部的指示，各区委对所属工厂、街道、行业支部的一般党员，进行了一次共产党员八项标准的教育，为整党工作做好思想准备。

天津还开展了整党的典型试验，为整党工作积累了经验。1951年1月—9月，先后共进行了49个支部的整党试验。其中，公营工厂支部20个，党员634人；私营工厂支部17个，党员222人；学校支部12个，党员323人。整顿的结果是，共有108人被清洗出党。在整党试验中，反映出有些干部存在"清洗为快"的思想,有的干部只注意生活琐事,忽视了政治上的审查,也有的干部工作流于形式,这些问题被发现后均及时得到纠正。

三、全面开展整党工作

在做好整党准备工作的基础上,1951 年 10 月 8 日—11 月 17 日,天津市委召开组织工作会议,出席会议的党员干部共 1000 余人。这次会议实际上是一次集训整党骨干的会议。会议采取以会代训的方法,在 41 天的学习和联系实际讨论过程中,对与会人员进行党员标准、整党目的、方针方法的培训,为全市开展全面整党培训了骨干。天津市委要求各级党委加强对整党工作的领导,特别是主要负责干部要把整党工作作为这一阶段的中心工作之一。对此次整党所遵循的原则和指导思想,市委作出明确规定:①以思想教育为主,积极开展批评与自我批评。②坚决清洗混入党内的坏分子,教育有缺点错误还不完全具备党员条件的党员,切忌简单粗暴,草率处理。③要在政治上提高、组织上纯洁支部建设,健全支部工作制度。④将整党与培养选拔干部相结合,充实党务部门。这次会议后,全市整党工作正式开始。1951 年 12 月 4 日,天津市委成立整党办公室,进一步加强对整党工作的组织领导。

在市委直接领导下,全市基层党组织普遍开展了整党工作。整党具体分为四个阶段:①学习阶段。主要采取党校集中培训和区委集中办班的方法,组织党员学习共产党员必须具备的八项标准,使党员在思想上真正明确怎样才算合格党员。在学习的基础上,进行个人总结,对照党员条件找差距,在小组或支部进行自我批评;经过大家评议,开展互相批评,再进行党员登记。②登记阶段。在党员登记之前,要求每个党员在规定的时间内自己检查,考虑能否按照党员标准继续做一个共产党员。凡愿意继续做党员者,即自动进行登记;逾期不登记者,即认为自愿退党。③审查鉴定阶段。党员登记后,由支部大会对党员进行审查和鉴定。在支部大会上，对每个党员过去的历史和政治经历的审查情况进行说明，并根据党员的标准检查每个党员的实际表现，做出实事求是的结论，支部按党员表现划分优秀、好、中、差等四类。④组织处理阶段。根据对党员的审查和鉴定，发动党员集体讨论，本着"惩前毖后，治病救人"和"思想检查从严，组织处理从宽"的原则，依据党员的不同情况，分别作出不同处理，报请上级党委批准。对于合乎党员条件的好党员，要求他们继续努力，不断提高自己；对于不完全符合党员条件，或者有较严重问题的人，只要他们愿意改正自己的错误，仍保留其党籍，并帮助他们提高觉悟，达到党员标准；对于不够党员条件，或者有严重缺点错误又拒绝教育改造的人，则劝其退党；对那些混入党内的各种不纯分子，坚决清洗出党。

四、整党与"三反"运动

抗美援朝战争进行期间，为了保证国民经济的恢复发展和前线物资供应，在国内工业和农业战线上广泛开展了增产节约运动。在增产节约运动开展过程中，各级党政机关内部存在的贪污、浪费和官僚主义问题暴露出来，东北局、华北局相继向中央报告有关情况。东北局在给中央的报告中，列举了沈阳市部分单位一些人员的贪污行为，认为反贪污蜕化斗争是一个复杂尖锐的斗争。华北局向中央报告了河北省揭发刘青山、张子善二人在任中共天津地委书记、天津行署专员期间堕落成为大贪污犯的严重情况，引起党中央和毛泽东的高度重视。

1951年12月1日，中共中央作出《关于实行精兵简政、增产节约、反对贪污、反对浪费和反对官僚主义的决定》，大规模的"三反"运动由此开始。随后中共中央连续发出《关于"三反"运动应和整党运动相结合进行的指示》和《关于在"三反"运动的基础上进行整党建党工作的指示》，要求把整党工作和"三反"运动结合起来进行。天津市委认真贯彻中央指示精神，使"三反"运动成为对每一个共产党员的严格考验和对党组织的一次实际的有效的整顿,为整党工作增添新内容和动力。"三反"运动是新中国成立初期,党在领导医治战争创伤、恢复和发展国民经济的同时,同自身腐败行为进行的一次重要的斗争。尽管当时百废待兴,但腐败问题一露头,党中央就将其作为事关党和国家形象、命运的一件大事抓住不放,决心加以揭露和惩治。

天津在开展"三反"运动以前,少数干部中存在着贪污、浪费和官僚主义倾向。在一些单位,贪污现象也一定程度地存在。仅中国人民银行天津分行有贪污舞弊行为的员工就达238人,贪污金额10.09亿元。①官僚主义倾向也有一定表现。私营华阳烟草厂女工杨月辉及该厂青年团支部书记孙树青检举反革命分子,竟遭到官僚主义的重重阻难,他们先后奔走过14个机关,历时长达一年零三个月,最后一直告到黄敬市长那里,问题才获得解决。根据中央决定和天津的实际情况,从1951年12月开始,全市开展了一场大规模的"三反"运动。

1951年12月14日,天津市人民政府委员会、天津市各界人民协商委员会举行联席会议,市委书记、市长黄敬在会上作关于反贪污、反浪费、反官僚主义的报告。会议通过了《关于反贪污、反浪费、反官僚主义运动的决议》,决定成立天津市节约检查委员会,立即在全市开展"三反"运动。1952年1月5日,天津市委召开党员干部大会,动员全市党员干部积极参加反贪污、反浪费、反官僚主义运动,号召共产党员要站在斗争最前列,勇于坦白,勇于检举,同一切错误倾向作斗争。同日,天津市节约检查委员会召开会议,决定广泛开展坦白检举运动,号召领导干部亲自"上前线"加强领导。随后"三反"运动在全市各级党组织内部和国家机关、公营企事业单位和人民团体内迅速展开。

整个运动分为五个阶段:第一阶段,组织党员干部积极投入运动,普遍检查贪污、浪费、官僚主义问题。第二阶段,"三反"运动从机关内

① 参见《当代中国的天津》(上册),中国社会科学出版社,1989年,第53页。

部扩展到全社会，与工商界中开展的"五反"运动同时进行，搜捕大贪污犯。第三阶段，甄审定案，追赃处理。对大多数情节较轻或彻底坦白、立功赎罪的有贪污行为的人员，进行从宽处理；对少数情节严重恶劣而又拒不坦白的贪污分子，予以严惩；对浪费及官僚主义问题的处理，也分别情况，适当解决。第四阶段，要求各级干部交代社会关系、经济关系，组织上进一步了解了干部。同时组织党员干部批判资产阶级剥削思想。第五阶段，开展民主作风补课，批判官僚主义。建立健全各项制度，巩固"三反"运动的胜利成果。各级党组织放手发动群众，抓住典型，严肃处理，形成强大的社会舆论和群众威慑，把运动推向高潮。

　　1952年6月，天津市"三反"运动基本结束。全市参加"三反"的干部和一般人员共20.5万余人，共查出有贪污行为的干部26,329人，占参加"三反"运动干部总数的26.2%。[1]其中有解放前参加工作的干部3572人，留用人员10,333人，包括党员2897人，团员1038人。[2]对有贪污行为人员的处理，贯彻了中央"惩治与改造教育相结合""严肃与宽大相结合"，以及"少数从严，多数从宽，该严者严之，该宽者宽之"的政策，根据案情和个人态度，分别进行了处理。在全市查出的有贪污行为的人员中，受到行政处分的不足20%，只有极少数情节严重、拒不坦白的受到刑事处理。对大部分有问题的干部只进行了教育，没有给予处分。这种处理方式使犯错误的干部受到了极其深刻的思想教育，达到了挽救大多数干部的目的。虽然在"三反"运动中受处分的贪污分子，在全市干部中所占的比例很小，但发现的贪污情节、浪费的款数，以及官僚主义的事实却较严重。其中多数是受旧社会反动统治的恶习污染，经久未改；少数是新参加工作或入城的老干部，经不起诱惑被腐蚀。它像一面镜子，深刻地暴露了党内仍存在一些贪腐分子，给全党同

---

　　① 参见天津市地方志编修委员会编著：《天津通志·政权志·政府卷》，天津社会科学院出版社，1996年，第206页。
　　② 参见中共天津市委党史研究室：《中国共产党天津历史·第二卷·1949—1978》，中共党史出版社，2015年，第86页。

志敲响了警钟。通过半年多的"三反"运动,清除了党和国家干部队伍中的腐化分子,有效地抵制了旧社会遗留的恶习和资产阶级的腐蚀,教育了干部,振奋了民心,提高了执政党的威望。

"三反"运动在全国深入发展之时,党中央根据党内存在的腐败行为大部分与资产阶级腐蚀有关的事实,及时作出了开展"五反"运动的指示。在"三反""五反"运动中揭发出来的大量案件中,相当一部分案件与党员和党的干部有直接或间接的关系。这是因为党执政后,党员和党的干部掌握着一定的权力,由此使他们成了不法资本家的主要进攻目标。为了使全党同志、特别是党的干部,能在"三反""五反"运动中经受锻炼和教育,党中央下发了一系列加强党的建设的指示。

根据中央指示精神,天津把整党工作与"三反"运动结合进行,使整党更加深入,进一步纠正了党内的不良倾向,使全市党员受到了深刻的教育。天津的整党运动于1952年底结束,全市共清除不合格党员2710名,①调整了少数不称职的支部委员,整顿了软弱涣散的支部,建立了支部工作制度。在整党运动中还发展了一批新党员。经过这次整党,加强了党的组织建设、思想作风建设,使党达到了在政治上、思想上、组织上的巩固,提高了党组织的战斗力。

五、加强党内团结教育

党的团结是党的生命,是革命胜利的基本保证。在国民经济恢复时期,各项任务顺利完成,开始进入大规模的经济建设和社会主义改造,在从新民主主义社会转为社会主义社会之时,由于党内个人主义和骄傲自满情绪的增长,出现了不团结现象,影响着党的中心任务的顺利完成。1954年2月,中共七届四中全会召开,把解决党内不团结问题作为一项重要内容,对高岗、饶漱石非组织活动进行了批评,并一致通过《关于增强党的团结的决议》。

---

① 参见中共天津市委党史研究室编:《城市的接管与社会改造(天津卷)》,天津人民出版社,1998年,第545页。

1954 年 4 月 3 日—13 日，天津市委召开扩大会议，传达党的七届四中全会精神。会议听取了市委书记黄火青、市委副书记吴德关于党的七届四中全会和华北局全体委员会扩大会议精神的传达报告，并进行了认真的讨论。与会人员一致认为，中央全会关于加强党的团结的决议是完全正确的，表示衷心拥护。出席会议的有市委全体委员，列席会议的有各机关、团体、企业部门、公安总队等单位的领导干部 130 余人。5 月，在全市组织工作会议上，市委要求各级党委认真贯彻党的七届四中全会决议，加强党的团结。并指出，党内产生不团结现象的原因，主要是受到了资产阶级个人主义思想侵蚀，滋长了骄傲自满情绪，处理问题仅从个人的得失出发，从部门的利益出发，而不是从党的利益出发所造成的。7 月，在天津市第一次党的代表大会上，市委进一步提出贯彻党的七届四中全会决议的要求，强调要加强党的团结，坚持民主集中制，严格遵守集体领导的原则。为贯彻中共七届四中全会精神，天津市委组织十六级以上党员干部，结合学习讨论中央全会精神进行思想检查，要求批判干部中存在的资产阶级个人主义思想。通过学习党的七届四中全会决议，全市干部和党员，特别是党的高级干部，受到了一次系统的、深刻的党性教育，对于消除不团结因素，克服一些干部的骄傲自满情绪，做好各项工作起到了很好的作用。

1955 年 3 月，中国共产党全国代表会议在北京举行。邓小平代表中共中央在会上作《关于高岗、饶漱石反党分裂活动的报告》，揭露了高岗、饶漱石进行的分裂活动，总结了这场斗争的经验教训。会议通过《关于高岗、饶漱石反党联盟的决议》，决定开除高岗、饶漱石的党籍，撤销他们的党内外一切职务。反对高岗、饶漱石分裂活动的斗争，是中国共产党在全国执政后，为维护和加强党的团结而进行的一次重要的党内斗争。通过这次斗争，清除了危害党的团结的一大隐患，对全党进行了一次深刻的党风党纪教育，保证了党在过渡时期总路线的贯彻，因而具有重大意义。

1955年6月27日—7月4日,为贯彻全国党代表会议精神,天津市党代表会议召开。会议针对贯彻党的七届四中全会和全国党代表会议精神中反映出的市委领导成员冯文彬、杨英的问题,讨论通过市委《关于冯文彬、杨英同志进行反党宗派活动、破坏党的团结、损害党的利益的报告》,并作出相应的决议。决定将冯文彬、杨英的"反党宗派活动"交市监察委员会详细审查,提出处分意见,报请中央批准。

冯文彬,1927年加入中国共产党,解放前长期主持党的青年工作。1954年任天津市委常委,分管市委国营工业部及地方工业部的工作。杨英,1938年加入中国共产党,解放前曾领导冀中革命工作和天津党的地下工作,1954年任天津市委常委,除分管市委组织部、纪律检查委员会外,还负责各群众团体及党校、行政干校的工作。他们在长期的革命和建设工作中,为党和国家做了很多有益的工作。1954年,在贯彻党的七届四中全会精神,揭露高岗、饶漱石分裂党的错误过程中,市委对冯文彬、杨英存在的问题提出了批评。1955年,市委又接到中央转来天津市干部揭发杨英压制批评和执行干部政策中一些问题的信。随后在召开检查杨英问题的会议上,冯文彬对杨英表示同情。市委认为他们的行为是拒绝批评,搞宗派活动,违反了党的纪律,危害了党的统一。于是在4月召开的市委常委会和扩大会议上,开始揭发批判冯文彬、杨英"反党宗派活动"。1955年7月,中央批准了天津市委上报的《关于冯文彬、杨英进行反党宗派活动及对他们处分意见的报告》,撤销了他们党内外一切职务,冯文彬由干部行政职务六级降为八级,杨英由八级降为十三级,并将市委的报告在全市党内公布。同年8月,中央又将天津市委的报告批转全党。一些与他们工作中有联系的同志也受到牵连,受到处分。

冯文彬、杨英的问题,实际是在思想工作作风和党内民主生活方面存在的不足,把他们定为"反党宗派活动"的性质,给予撤职、降级处分,存在着处理过重的问题。党的十一届三中全会后,天津市委组织有关方面对此问题进行了复议，并为冯文彬、杨英平反，恢复名誉，恢复原工资级别待遇。因"冯杨问题"受到牵连的同志所做检讨材料，予以撤销。

历史是一面镜子，我们要从中吸取教训。对"冯杨问题"的处理及其结果表明，解放初期党在加强自身建设上还缺乏经验，以至于把党内民主生活问题无限上纲，进行了错误处理。改革开放后，天津市委对"冯杨问题"予以平反，反映了我们党有错必纠的勇气和正视自身错误的胆识。"冯杨问题"的发生，给我们的历史教训是深刻的。在党内民主生活方面，应正确地开展批评与自我批评，对待犯了错误而愿意改正并实行改正的同志，应当采取治病救人的方针，对于他们的缺点或错误必须从团结的愿望出发，实事求是地进行批评或必要的斗争，以帮助他们改正。应着重分析错误实质和根源，着重使他们提高思想觉悟，也使其他同志以至全党吸取教训。要健全党内民主生活，必须大力发扬党的批评和自我批评的优良传统，既要纠正包庇姑息、自由主义的倾向，又要反对过火斗争和惩办主义的错误倾向，这样才能及时地帮助同志克服缺点错误，保持党的团结和统一。

党员在整党中进行党员登记

总之,解放初期天津采取整风整党等从严治党的各项举措,提高了党组织的凝聚力和战斗力,使党和政府得到人民的拥护和支持,有力地推进了社会主义革命和建设的顺利进行,并取得了辉煌成就。

第四节 建立健全党内各项制度

党的制度建设是加强党的建设的重要组成部分,是全面从严治党的重要保障,发挥着根本性、全局性、稳定性和长期性的作用。天津解放初期,按照党中央指示精神,结合工作实际,天津市委为切实加强党的制度建设,对组织制度和工作制度进行了积极探索。

一、健全党委领导制度

在全国即将解放, 新民主主义革命即将取得全面胜利的形势下,在党即将成为执政党的条件下,为克服党内一定程度上存在的"无纪律无政府状态"和"地方主义、游击主义",实现全党工作进一步正规化和科学化,党中央作出健全党委领导制度的决定。这是中国共产党应对新的历史形势和实际挑战作出的正确决策。

党中央决定健全党委领导制度。1948 年 9 月,中共中央政治局扩大会议讨论并通过了《中共中央关于召开党的各级代表大会和代表会议的决议》。决议要求扩大党内民主生活和健全党委制,指出健全党委制是良好地实现全党民主集中制的重要环节, 必须实行重要问题均经党委集体讨论和作出决定的制度,而不应由个人决定重要问题,同时必须注意集体领导和个人负责不可偏废。会后中央发出《关于健全党委制》的决定,进一步就党委制建设和加强党的集体领导问题作出了论述,认为党委制是保证集体领导,防止个人包办的党的重要制度。该决定明确规定:"今后从中央局至地委,从前委至旅委以及军区、政府党组、民众团体党组、通讯社和报社党组,都必须建立健全党委会议制度,一切重要问题均须交委员会讨论,由到会委员充分发表意见,作出明确规定,然后分别执行。这是保证集体领导、防止个人包办的党的重要制度。"①同时指出,集体领导要与个人分工负责相结合。以健全民主集中制为重点的加强党委领导制度,是党的建设在新形势下的重大发展,是党向执政党转变迈出的重要步伐。

合理的组织机构是进城后实现党对城市工作领导的重要组织保障。在健全党委制的工作中,市委积极探索符合天津工作实际的组织机构设置,使中央关于健全党委制的决定在天津得以全面落实。天津解放后,市委坚决贯彻中央决定,以健全党委制为重点,加强党的集中统一领导。市委成立后,在加强市委会自身建设的同时,即着手各级党委的建立。市委对党组织的管理采取"条块"结合,"条"即是按系统和部门管理,"块"即是按行政区划建制管理,建立了市、区、街三级政权组织和各级党组织,建立了全市统一的组织系统。

从1948年12月市委成立至1956年9月党的八大召开,根据中央指示精神和实际工作需要,市委多次对所属工作部门进行了调整。如1949年下半年,市委在增设了研究室、纪律检查委员会、统战部、《天津工作》编审委员会等工作部门的基础上,为统一领导和管理国营企业和学校党的组织,设立了企业党委和学校党委。1952年,在增设工业部、农村工作委员会和市委办公厅的同时,建立了整风委员会、党务工作委员会、节约检查委员会等临时机构。1953年,建立了市委私营企业工作委员会。自1955年起,市委陆续新建或改建了一些工作部门。在中央发出《关于加强干部管理工作的决定》后,天津开始实行在党委统一领导下和党委组织部统一管理下的分部分级管理干部的制度。这一时期,天津市对所管辖市区、郊区、县的行政区划进行多次调整,对

---

① 中共天津市委党史研究室编:《党的建设七十年纪事(1921.7—1991.9)》,中共党史出版社,1991年,第236页。

各区、县党的机构设置也进行了调整。解放初,沿袭旧的行政区建制,设12个行政区,同时与12个行政区相对应建立了一至十一区委员会和塘大区委员会。在这一时期,根据党章规定和中央指示,市委在行政系统、统一战线系统、群众团体各系统各组织的领导机关中陆续建立了党组(党委),加强了市委对这些组织的领导。

民主集中制是党的根本组织原则,集体领导是民主集中制的具体体现,是正确贯彻党的路线方针政策的保证。根据中央有关指示和毛泽东关于党委会工作方法12条的精神,把讲究工作方法、提高党委领导水平作为重点,天津市委十分重视加强市委会的工作制度建设,进城后曾制定了市委会议制度、请示报告制度,特别是1952年8月,针对工作中查找出的突出问题,作出《关于改进领导的决定》①,突出强调了健全党委制,就是要反对个人专断,坚持集体领导,实行集体领导和个人负责相结合。关于健全党委制,该决定指出:"明确市委全体委员会开展批评与自我批评,对每一时期的工作方针、政策和中央及华北局的重要指示,进行认真严肃负责的讨论。会前由市委正、副书记,或指定的有关市委委员做好充分准备,会后作出明确书面决定并贯彻执行。"关于加强集中领导与分工负责制,该决定指出:"市委对各区委、党委、县委和党组的领导须强调组织性、计划性和统一性。每一时期的工作布置,均须明确中心工作和部门的工作经验,以及两者如何结合,制定全面计划,由市委统一布置。市委各部除本身业务性问题外,不得发布指示。同时市委要做到定期检查、督查与总结,以提高工作效能和干部政策思想水平,克服领导上的官僚主义。加强市委对各部、委、党组及区委、党委、县委的领导,市委间应明确分工,分工委员须定期向市委作汇报……"关于健全民主集中制,加强党内民主生活,密切与群

---

① 中共天津市委党史研究室编:《城市的接管与社会改造(天津卷)》,天津人民出版社,1998年,第399—400页。

众的联系,该决定指出:"全市党代表会议今后每年至少召开一次,以发扬民主,开展批评与自我批评的方式,检查、总结和改进市委的工作。"该决定还进一步明确了有关工作制度,规定:①市委全体委员会及常委会例会均每周一次。②建立部、委、党组间的联合办公制度,协调各部门间的工作关系及工作配合。③严格执行请示报告制度,对下级请示做到"有请必有示"。④根据各时期工作需要,市委需分别召集各部、委、党组及各区委、党委、县委的会议。

天津解放后,在党领导人民实现从新民主主义到社会主义的历史性转变中,党的建设工作是紧紧围绕人民民主政权的巩固、国民经济的恢复和发展、过渡时期总路线的贯彻执行而开展的。市委遵照中央指示精神,不断根据形势变化和任务的要求,对各级党委建设提出要求。市委曾先后作出《关于接管企业中建立各级党委的决定》《关于扩大区委和支部组织任务的决定》《关于企业党委之工作职权的决定》《关于扩大区委组织和加强支部工作的决定》《关于调整国营企业中党的组织的决定》等。这些决定都进一步强调了坚持党的民主集中制原则,建立报告制度,维护集中统一;健全党委领导制度,实现集体领导;改进工作方法,提高领导艺术。这些决定的实施,对进一步统一党的意志和纪律,活跃党内民主生活,保证党的路线方针政策的正确贯彻执行,起了重要作用。

二、建立纪律检查制度

在全国革命取得胜利后,党面临的形势任务更加严峻,为适应形势的发展和加强党的建设,更好地执行党的政治路线方针政策和决议,保守国家与党的机密,加强党的组织性和纪律性,密切联系群众,克服官僚主义,中共中央作出了成立中央及各级党的纪律检查委员会的决定,从制度上加强了党的组织建设和纪律建设。

1949 年 11 月 9 日,中华人民共和国成立仅一个多月,中共中央便作出了《关于成立中央及各级党的纪律检查委员会的决定》。该决定规定,各中央局、分局、省委、区委、地委、县委均设立纪律检查委员会,并须设置一级工作机关,开展经常性的工作。为确保党的纪律检查工作的顺利开展,在中央及各级纪委成立之初,党中央便要求各级党委切实加强对纪律检查工作的领导,为纪律检查工作的深入开展创造有利条件。1950年,关于县级以下基层,中央纪委做出规定,设立党委的要设纪律检查委员会,党的总支和支部要设纪律检查委员。到1950年底,全国大部分地、县级以上党委均建立了纪律检查委员会。中央纪律检查委员会和各级纪检机构的设立,使得执政后的中国共产党处理党组织和党员违犯党章党纪的工作有了专门负责机构。从新中国成立到1956年党的八大召开前的七年间,党的纪律检查(监察)制度进入了全面建立和健全的新时期。

根据该决定的要求并经中央批准,1949年12月天津市委纪律检查委员会正式成立。其主要任务和职能是:检查各级党的组织、党的干部及党员违犯党的纪律的行为;受理、审查并决定各级党的组织及党员违犯纪律的处分或取消处分;在党内加强纪律教育,使党员干部严格地遵守党纪,实行党的决议与政府法令,以实现全党的统一。建立纪律检查委员会是实行党内监督的重要组织措施。在市纪律检查委员会建立不久,各区委、党委纪律检查委员会相继建立。随着工作的开展,各级纪律检查委员会的办事机构逐步扩大。到1955年上半年,全市已有区委纪委会13个,二级党委纪委会20个,另有3个党委有纪律检查委员会,直属基层32个(其中5个厂是党委),共计68个单位。全市共有专职干部100人。各级党委的纪律检查委员会建立后,紧密结合党的中心工作,与党内各种违法乱纪现象进行斗争,对于加强党的纪律和巩固党的组织起了一定作用。

从市纪检委成立到1951年秋,全市仅有12名纪检干部,全市各区委、党委只有公安、工会、企业、外贸、五区等单位设有一名专职干部,其他单位均未配备专职干部。这一时期,市纪检委主要是处理进城以来犯错误的党员干部,并推动与指导各级党委建立纪检组织。从"三反"运动开始到 1953 年底,特别是在 1952 年 2 月中央发出《关于加强纪律检查工作的指示》后,天津各级党委普遍开始重视纪律工作。在"三反"运动的基础上,市纪检委重点处理了一些案件,对违法违纪党员进行党纪处理,使工作有所开展。从 1953 年 11 月第二次全国纪律检查工作会议至 1955 年上半年,各级党委进一步从思想上明确了过渡时期纪律检查工作的方针、任务、工作重点,特别是通过贯彻党的七届四中全会决议,党员干部的思想水平与纪律性有显著加强。天津市第一次党的代表大会召开后,加强了纪律检查委员会的组织力量,使全市纪检工作有了新的气象。总之,全市纪检工作围绕党的中心任务积极开展,在各项政治运动中考察党员,与党内各种违法乱纪现象进行坚决斗争。对于混进党内的反革命分子和腐化堕落分子,坚决予以清除。对于犯有各种错误的党员,依照具体情况,给予批评教育或党纪处分。在工作中形成了具有指导性的制度文件,对于正确执行党的纪律,加强执政党的建设具有重要意义。

从市纪检委成立到 1955 年上半年, 全市共检查案件 3402 件,其中已处理的 3346 件,尚未处理或正在处理的 56 件。从党员所犯错误的性质看:蜕化变质者 428 人,丧失立场者 308 人,贪污腐化者 1079 人,违犯政策法令、失职渎职者 900 人,无组织无纪律者 280 人,其他 350 人,另有阶级异己分子 57 人。从犯错误干部的级别来看,局处长级干部 64 人,市科长级 389 人,市科员级 847 人,一般党员干部和不脱产党员 2102 人。在已处理的案件中,开除党籍者 1074 人,留党察看者 550 人,撤销工作者 179 人,受警告、劝告处分者 1535 人。①对这些案件的处理,对于加强党的纪律,防止腐败,纯洁和巩固党的组织,保证

---

① 天津市档案馆馆藏档案。

党的路线方针政策的正确执行,起到了积极的作用。1955年7月,根据中央决定,撤销天津市委纪律检查委员会,选举产生了中共天津市监察委员会。

三、建立组织员、宣传员和报告员工作制度

天津解放后,党的工作面临很多突出问题,如党员干部人数少,党组织不健全,党的政策与主张没有及时充分地在人民群众中进行宣传解释等。为适应党的中心工作的要求和城市工作发展的需要,市委根据中央指示精神,积极建立健全党的各级组织,培养党员干部,建立对人民群众的宣传网,有力推动了解放初期党的各项任务的顺利完成,进一步增强了党的组织力、凝聚力和影响力。

(1)组织员制度的建立。天津解放之初,根据中共中央在城市和新解放区,重点在产业工人中建立党组织和发展党员的指示精神,市委把建立党组织和发展党员,特别是在产业工人中建立党组织、发展党员,作为一项重要的政治任务,下大力气抓紧抓好,作出了一系列指示和决定。为了保证工作的顺利开展,在干部少、任务重的情况下,根据中共中央的有关决定,结合工作实际需要,选择训练一批可靠称职的组织工作人员负责管理中国共产党的发展工作,在各级党委建立了组织员制度。组织员是由各级党委在优秀党员中选拔从事组织工作的党务干部。组织员的工作任务由批准单位党委分配,其重要工作是:审查党员是否够条件;监督、帮助、检查支部党建工作;根据对审查新党员的情况,代表组织进行谈话。这一制度的实施,弥补了新中国成立初期组织发展制度不健全、容易出问题的缺陷。

(2)宣传员制度的建立。1951年1月1日,中共中央作出《关于在全党建立对人民群众的宣传网的决定》(以下简称《决定》)。《决定》指出:"目前我们党的各级组织忽视对人民群众进行经常的宣传工作,以至有许多错误的和反动的宣传和谣言经常在人民群众中流传,不遇到

我们党及时的、应有的和致命的打击,党的政策和主张,没有及时地在人民群众中进行充分的宣传解释。"按照中央精神,天津市委开始在全市建立宣传员和报告员制度。在每个党支部设立宣传员,宣传员一般由支部从党员、青年团员或劳动模范、积极分子中挑选。宣传员的任务是:在党组织领导下,用简单通俗的形式经常向人民群众宣传党和国家的方针政策、国内外时事和人民群众的具体任务,以及群众在生产劳动和其他工作中的先进经验,鼓励群众学习先进经验,积极完成任务,同时批驳反动谣言,澄清群众中不正确的思想认识。1951年4月1日,市委召开宣传员会议,决定加强对建立宣传员工作的领导。

(3)报告员制度的建立。决定指出:"为了使人民群众充分了解党在一定时期的政治主张,仅仅依靠宣传员的工作是不够的,必须由党的各级负责人直接地经常地向人民群众作关于时事、政策、工作任务、工作经验的有系统的报告。""报告员由省、市、地方、县和区的党的委员会的书记和委员,在省、市、地方、县和区的人民政府中担任负责工作的党员,以及其他由上述各级党的委员会所指定的党员担任。"按照中央指示,1951年8月16日,天津市委决定在全市建立市、区两级报告员,市委书记黄敬等50人任市级报告员。截至同年9月15日,全市有400多个单位建立了党的宣传网。[①]在对抗美援朝、民主建设、"三反""五反"等工作的宣传中,宣传网络发挥了重要作用。

第五节 审干和肃反运动

干部工作是党的组织建设的重要组成部分。为了从政治上纯洁

---

① 参见中共天津市委党史研究室编:《城市的接管与社会改造(天津卷)》,天津人民出版社,1998年,第548页。

干部队伍,提高党组织的凝聚力和战斗力,1953 年 11 月 24 日,中共
中央作出《关于审查干部的决定》。为肃清暗藏的反革命分子和其他
坏分子,1955 年 7 月,中共中央发出《关于开展斗争肃清反革命分子
的指示》。肃反运动开始后,中共中央于 1955 年 10 月发出《关于审干
工作同肃反斗争结合进行的指示》,指出审干工作应同肃反斗争密切
结合。根据中央指示精神,天津从 1954 年 8 月开始审干工作,肃反运动
开展后,审干与肃反运动紧密结合,并在开展过程中不断总结经验,
推动两项运动深入开展。1957 年底,审干和肃反运动全面结束,达到了
预期效果。

一、审干运动

新中国成立后,天津先后进行了"清理中内层"①"三反""交代关
系"②等政治运动,初步解决了干部队伍中存在的思想作风和个人成分
等方面的突出问题, 各级党组织对大部分干部的情况有了基本的了
解。但在开展大规模经济建设的新形势下,由于干部队伍迅速扩大,干
部变动频繁,干部成分较过去任何时期都更为复杂。在新干部中,有相
当一部分人历史不清、来历不明,甚至还有少数反革命分子隐藏在内
部;在老干部中也有少数人未经过审查,或当时认为没有问题而以后
又发现了某些问题的。为了从政治上纯洁干部队伍,提高党组织的凝
聚力和战斗力,1953 年 11 月,中共中央作出《关于审查干部的决定》,
要求各地必须在两三年内对全国干部进行一次细致审查,以便更进一
步了解我们的干部,保证国家建设任务的顺利进行。按照中央统一部
署及华北局的指示,天津市从 1954 年 8 月至 1957 年底,对全市 10 余

---

① 根据 1951 年 5 月 21 日《中共中央关于清理"中层""内层"问题的指示》,清查隐藏
在军政机关内部的各种反革命分子。

② 1952 年 4 月 5 日,中共中央发出《关于干部交代同资产阶级关系的指示》,要求各
机关、各部队的工作人员,除允许不交代者外,应一律交代清楚自己的社会关系,即与资产
阶级、帝国主义、国民党及地主阶级的关系。

万党员干部进行一次全面系统的审查。

（一）审干前的准备工作

为加强领导，市委成立了审查干部工作委员会（简称审干委员会），负责指导全市审查干部工作，并健全市委审查干部工作办公室，办理审查干部的日常工作。为了更好地分工负责，各区委、党委等部门分别成立审查干部工作小组及其办公室。审干委员会明确审查干部的目的是：弄清每个干部的政治面目，清除混入党政机关内的一切反革命分子及各种坏分子，以保持干部队伍的纯洁；通过审查，从多方面了解和熟悉干部的思想品质、工作才能，以便更有计划地培养干部，正确地使用干部。审查的范围包括各级党政机关、人民团体及财经、文教等部门的全体干部。审查的步骤是先领导骨干，后一般干部；先党内，后党外；先要害部门，后一般部门。具体审查人员范围是那些历史不清、来历不明或历史上重要关节含糊不清的干部；曾被捕被俘，自首叛变的干部；曾为反动党、团、会道门骨干和曾在敌伪军、政、宪、警中担任过主要职务的干部；品质恶劣、丧失立场，经常对党不满和对党抱敌对态度的干部；曾脱离过党的组织或革命队伍的干部。同时明确下列干部可不列为审查对象，即对那些党已了解清楚，政治历史上没有问题的干部；政治历史上曾有问题，但过去已审查清楚并作有结论，且以后又未发现什么新问题的干部；虽未经过系统审查，但经过长期考验，没有任何可疑问题的干部；历史上虽有一些问题，但并非政治性的问题的干部；家庭和社会关系中虽然有政治上有问题的分子，但已经向组织上交代清楚，并且从他们本人的整个历史和一贯表现来看，并没有什么可疑问题的干部。民主人士及少数民族中上层人士一般不进行审查，市委统战部负责领导的民主人士也不在审查范围内。

（二）科长级及以上干部的审查工作

1954年8月，第一批审干开始，审查对象为科长级及以上干部。审查采用统一领导、分别进行的办法，由党委建立审干小组，深入各单位进行审查。审查工作采取"边翻档，边审查，边调查研究，边结论"的方法。工作程序是先将干部档案集中逐个翻阅调查，根据发现问题的性质进行分类排队；然后由审查人或核心小组，对审查出的问题提出处理或结论的初步意见；最后上报上级党委审查批准。经审查，历史上政治上确无问题或者虽有问题但已弄清并做过结论，按干部管理制度规定进行批准。遇重大问题，如投敌、叛变、自首及反动党团骨干分子等问题的结论，均需上报上级党委决定。对重大嫌疑分子，采取适当方法调离要害部门和重要岗位。如发现反革命分子，应予逮捕时，需事先报党委讨论后转报市委批准。在肃反运动开始以前，一些领导对干部队伍的严重不纯情况估计不足，对审查干部工作未能足够重视。经翻档排队，全市科长级以上干部需审查的有 800 余名，其中需重点审查的干部有 195 名。①

　　1955 年下半年肃反运动开始后，审干工作和肃反运动密切结合起来进行，取得了很大进展。审干工作充分利用公安部门所掌握的反革命线索和审查干部积累的材料进行对比，对有问题的干部进行重新排队。肃反运动中许多坦白、检举材料，为审查干部提供了大量线索，对弄清干部队伍中存在的问题起到了积极作用。在全市科长级及以上 3265 名干部中，经翻档排队，需审查的干部有 872 名，占 26% 以上；问题严重，需重点审查的干部 195 名，占 5% 以上。其中局处长级干部有 382 名，需审查的 62 名，占局处长级干部总数的 16% 以上；问题严重需重点审查的 16 名，占局处长级干部总数的 4% 以上。2883 名科长级干部（包括部分 1949 年以后参加工作的新提干部）中，需审查的 810 名，占科长级干部总数的 28%；问题严重，需重点审查的 179 名，占市科长总数的 6% 以上。②

---

①　参见《中共天津市委关于加强审查干部工作的指示》，1956 年 1 月 13 日。
②　参见《中共天津党建史研究》，天津古籍出版社，2008 年，第 62 页。

1956 年上半年，对科长级及以上干部的审查任务基本完成。集中力量查清科长级及以上领导干部的政治历史问题，对于健全各级领导环节，保证党的方针政策的贯彻起了重要作用。在这次审查干部工作中，积累了发动和依靠群众、开展批评和自我批评、组织专案审查等经验，为以后完成审干工作打下了有利基础。

（三）审干工作的深入开展

1956 年下半年，对一般干部的审查工作开展起来，在充分借鉴前期经验的基础上，工作开展非常顺利。根据本市铁路、公安等 17 个单位的不完全统计，经翻档排队的 19,687 名一般干部中，需进行审查的6648 名，占排队干部总数的 33%以上；其中问题严重，需进行重点审查的 977 名，占排队干部总数的近 5%。至 1957 年底，全市已完成 95%的干部审查任务，绝大多数单位已经结束了审查工作。干部审查后的结论和处理工作，是审干工作中的最后一个步骤，是一项极为严肃负责的工作。结论必须严肃慎重地作出，并征求本人意见。

根据截至 1957 年 10 月底的统计，全市原来列入审查范围的干部共 108,809 名，经过翻档排队的共 107,593 名，确定审查对象 15,350名，占翻档排队数的 14.26%，已查清作出结论的 10,149 名，写调查报告的 4333 名，已查清待结论的 305 名。问题复杂需长期审查的 295名，正在调查的 268 名，这些审查对象主要集中在文教、工业和财贸系统。对原来审查范围以外的干部，共审查了 22,219 名，经过翻档排队的21,680 名，确定审查对象 2425 名，已查清作出结论的 1464 名，写调查报告的 544 名，问题已经查清待结论的 76 名，正在调查的 341 名。在这次审干中受到各种纪律处分的 248 名(不包括扩审对象)，占审查对象的 1.61%，其中受严重处分的 89 名，占审查对象的 0.57%。[1]

审干工作结束后，市委要求各区委、党委对组织处理情况进行一

---

[1] 参见《中共天津党建史研究》，天津古籍出版社，2008 年，第 63 页。

次细致的复查。复查重点是:过去处理不当或免予处分的,上下级党组织的处理意见不一致的,处理后群众有意见和本人表现不好的,因下放审批权限由基层作结论而未经区委、党委审批的。从复查结果看,绝大多数干部的结论正确,处理恰当。对于复查出来的问题,有关部门按照不同情况进行了解决。

三年多来,由于中央的正确指示及各级党委的重视支持、具体领导,全市的审干工作进展基本上是健康的,绝大多数干部的政治历史问题已经查清并作了结论,取得了很大成绩,达到了审干目的。在工作中,审干与肃反结合是正确的,取得了良好效果;各级党委组织大批干部认真细致地进行调查研究与启发本人自觉交代相结合,"逼、供、信"错误较少发生,主观臆测现象也不多见。但审干过程中也存在一些缺点和问题。初期,在确定审查对象时存在"宁多勿漏"的错误倾向,还存在要把干部中存在的所有问题在这次审查中都加以解决的冒进思想,审查对象范围确定过宽。同时由于对问题性质的论断不恰当,处理的政策界限掌握不严,对少数人的问题处理得不够细致、严肃,有偏轻现象。不过经复查纠正,从总体来看,通过这次审查干部工作,较彻底地从政治上了解了干部队伍的情况,保持了革命组织和干部队伍的纯洁,为今后正确使用干部打下了良好基础。不少被审查的干部,由于自己的政治历史问题被审查清楚,卸下了思想负担;受到处分的干部也深刻认识到过去对组织不忠诚的错误。审干的过程同时又是教育和提高干部的过程,干部的思想觉悟和工作积极性得到了进一步提高。

二、肃反运动

在审干工作进行的过程中,党和国家的政治生活出现了一些复杂情况。1954 年、1955 年接连发生了高饶事件、潘扬事件、胡风事件等,被认为是"阶级斗争必然日益尖锐化和复杂化"的反映。据此,中共中央于1955年7月1日发出《关于展开斗争肃清反革命分子的指示》,强调"在很多部门,在很多地方,大量的暗藏的反革命分子是还没有揭露和肃清的",他们在许多机关和战线上阴谋进行破坏活动,破坏人民民主制度和社会主义事业。该指示决定在全国范围内开展一场肃清暗藏反革命分子的运动,并要求各级党委建立五人小组来领导此项工作。8月25日,中共中央发出《关于彻底肃清暗藏的反革命分子的指示》,要求在全国范围内,按照中央"七一"指示规定,进一步开展肃清一切暗藏反革命分子的运动。10月,中共中央发出《关于审干工作同肃反斗争结合进行的指示》,要求将审干工作同肃反斗争密切结合。该指示指出,肃反斗争是要肃清暗藏的反革命分子和其他坏分子,而审干是审查属于好人一类干部的政治历史问题。根据中央指示精神,从1955年下半年开始,天津在全市范围内分三批开展了群众性肃反运动。

(一)肃反运动的方针与步骤

肃反运动是一场激烈的斗争,是在党的直接领导下进行的。各级党委建立了领导肃反运动的专门组织,即各级五人小组。五人小组经常向党委报告运动的情况,举凡重大问题都请示党委作决定,各级党委负责同志具体参加五人小组的领导工作。在肃反运动中,天津切实贯彻了中央"提高警惕,肃清一切特务分子;防止偏差,不要冤枉一个好人",严肃和谨慎相结合的方针,实行惩办与宽大相结合的政策,坚持"有反必肃,有错必纠"。根据斗争各个阶段不同情况,提出了不同的做法,对运动的情况及时做了检查总结,缺点、错误及时得到了纠正。不论是来自任何方面的材料,都实事求是地进行广泛调查研究,不盲目相信或者不相信。肃反运动还充分发动和依靠群众,动员组织广大群众大胆揭发反革命分子并与其作斗争。天津的肃反运动基本都是按以下步骤进行:准备阶段,包括组织准备和材料准备,中心是准备材料;小组斗争阶段,即发动群众阶段;专案审查阶段;甄别定案阶段;复查阶段,全面检查在处理上是否得当,是否有漏网分子。

（二）肃反运动分批次开展

天津市肃反运动分为三批顺次开展。第一批肃反运动主要在市、区领导机关及大中小学进行，自1955年7月开始，至1956年4月底基本结束，其后又经过几次复查，至1956年10月全部结束。①参加这批运动的共计81,144人，清查出反革命分子1182名，其他坏分子250名，共计1432名，占参加这批运动人数的1.76%。运动中还缴获手枪、步枪、子弹和其他武器、电台、反动证件等多件。②这次运动使广大群众受到了一次深刻的教育，但也发生了一些偏差，存在一些缺点和错误，如有些单位出现过打、骂、逼供、诱供等"左"的现象；斗争面过宽，逮捕了一些不应逮捕的人，搜查了一些不应搜查的人。对于运动中的缺点和错误，在运动后期，市委本着慎重负责的态度进行了几次检查，采取了系统的措施加以纠正和补救，因此这次运动是健康的。第二批肃反工作从1956年4月底陆续开始，至1957年第一季度基本结束，共有269,023人参加，主要是在全市医院、国营工厂和企业中开展。由于接受了第一批肃反工作的经验，进行了充分的准备工作，明确了政策界限，这一批肃反工作进展得比较迅速。在这批运动中，共查出反革命和其他坏分子1284名，占参加运动人数的0.48%。第三批肃反是从1957年1月开始准备的，1957年上半年基本结束。参加单位大部分是属于国家资本主义性质的公私合营工厂、企业，还有少数遗留下来没有开展运动的国营企业，全部参加运动的人数约为193,568人。③

运动初期，在发动群众进行检举的过程中，很多人存在着右倾麻痹思想，有的埋头业务，不问政治；还有不少人对暗藏的反革命分子

①参见中共天津市委党史研究室编：《中国共产党天津历史大事记(1919—2010)》，中央文献出版社，2011年，第272页。

②同上，第216页。

③参见《中共天津党建史研究》，天津古籍出版社，2008年，第66页。

缺乏识别能力,对开展肃反运动的重大意义认识不清。各级党委及时向群众进行了提高革命警惕性的教育,充分发动群众,放手依靠群众,提高了他们的警惕性、斗争的积极性和对暗藏反革命分子的识别能力。事实证明,通过发动和依靠群众,全市第一、第二批有 9 万多人进行检举,共提交 23 万多件检举材料(其中有不少重复,有几个人检举同一人一事的),其中很大一部分确实反映出问题,对肃反运动起到了推动作用。①

经统计,三批共计约有 55 万人参加了肃反运动。②在肃反运动中查出的反革命分子,有的是漏网的血债累累的重大反革命分子,有的是敌人派遣或布置潜伏下来的特务分子,有的是现行的反革命分子。肃反运动除了把暗藏在内部的反革命分子和其他坏分子清查出来外,在其他方面也起到很大的积极作用。许多人(4272 人的政治历史问题,在运动中作了结论,还有 700 多人转审干的)交代了隐瞒的政治历史问题,放下了思想包袱,提高了政治觉悟,划清了同反革命分子的界限,进一步靠拢组织,工作更加积极。同时肃反运动对广大职工群众也是一次极其深刻的政治教育,划清了好坏人界限,丰富了同敌人斗争的经验,提高了识别反革命分子的能力,政治思想觉悟显著提高。经过肃反运动,清除了反革命分子和其他坏分子,批判了各种反党、反社会主义的政治观点,从政治上、思想上进一步纯洁了革命队伍,教育了群众,明辨了是非,增强了团结,鼓舞了群众干劲,推动和促进了生产,保证了生产、肃反两不误,不少单位出现了新气象。

由于党中央正确及时的领导,群众的广泛支持,干部的积极努力,天津市肃反运动取得了很大成绩。总的来看,运动的发展是正常的、健康的。经过几年的肃反斗争,基本肃清了残余的反革命势力,革命队伍

---

① 参见中共天津市委政法部:《天津市内部肃反运动的情况介绍》,1957 年 8 月。
② 参见中共天津市委办公厅:《关于天津市开展肃反运动的情况介绍》,1957 年 3 月2 日。

更加纯洁,社会秩序更加安定,保证了党的各项事业顺利进行。

　　天津市从1954年8月至1957年底,对全市10余万名党员干部进行了一次全面系统的审查,同时对隐藏在人民内部的反革命分子和其他坏分子进行了一次彻底肃查,纯洁了组织和党员干部队伍,肃清了隐藏的敌特分子,巩固了党的领导和新生政权,提高了党的执政能力,为大规模开展经济建设打下了坚实的政治基础。同时也教育锻炼了广大党员干部和群众的识别能力和斗争能力,增强了凝聚力,提高了防范意识,增加了工作热情,为经济建设的开展提供了思想保证。

第六节　召开党的代表大会和代表会议

　　天津解放后至党的八大召开前,成功地召开了各级党的代表大会和代表会议,党的代表大会和代表会议制度逐步确立,其内容、方法、形式和作用在实践中逐步完善。党的代表大会和代表会议制度不仅是发展党内民主的重要保障,而且还是强化权力制约的根本保障。通过召开各级党的代表大会和代表会议,贯彻党的路线方针政策,决定党委的重要工作,总结过去工作的经验教训,部署今后工作,选举各级代表大会和代表会议的代表,选举产生党的各级委员会,凝聚了全党同志的智慧,发扬了民主,统一了思想,加强了团结,明确了奋斗目标和前进方向,明确了今后一个时期的工作目标与任务。

一、中共天津市第一次代表会议

　　天津解放后,在市委的领导下,深入贯彻党的七届二中、三中全会精神,围绕继续完成民主革命尚未完成的工作;迅速稳定市场,控制物价,争取国家财政经济迅速好转;加强党的自身建设等任务目标,大力开展各项工作,顺利实现了完整接管,建立人民政权,恢复发展经济,进行土地改革,肃清一切危害人民的反动势力,建立了新的政治、经济、文化和社会秩序。一个人民当家作主的新天津日益发展起来。党的自身建设也得到加强。天津市委坚决执行中央关于巩固和发展党的组织的指示、关于加强和人民群众联系的指示、关于开展批评和自我批评的指示、关于整党整风的指示，在执政的实践中，积累总结经验教训，不断增强党组织的凝聚力和战斗力，不断提高党员干部的政治素质和工作水平，为人民掌好权、用好权，不断提高执政能力和执政水平。天津市委为了总结解放后三年来的工作，迎接国家大规模的经济建设，认为经过三年多的努力，天津市已经具备了召开党的代表会议的条件。按照中央关于召开党的代表会议的规定，报经党中央批准同意，适时地召开了天津市第一次党的代表会议。

这次大会盛况空前，来自全市各条战线的党员正式代表 502 人，列席代表 208 人，代表全市 2.2 万多名党员出席了会议。这些代表都是经过层层组织选举产生的，具有广泛的代表性。大会从 1952 年 8 月 18 日开幕至 8 月 30 日闭幕。在十几天的会期中，与会代表按照会议程序和要求，充分行使党员代表的权力，结合讨论市委工作报告，对天津解放三年来的工作进行了认真总结和全面客观的分析，实事求是地作出评价，对今后工作提出了希望和要求。全体与会代表畅所欲言，各抒己见，充分表达了党员代表的心愿，体现了党内民主，呈现了生动活泼的政治局面和良好的精神状态，使党的民主集中制原则得以贯彻，体现了集体领导的正确性和召开党的代表会议的必要性与重要性。

大会一致通过了市委书记黄敬代表市委所作的《关于三年来工作总结与今后工作任务》的报告。该报告对 1949 年 1 月天津解放至 1952 年 8 月的工作做了总结，对在工作中的几个具体问题进行了认真检查，对今后的工作任务进行了部署。报告指出：三年以来，我们基本上执行党中央和华北局所确定的关于城市工作的方针和政策，完成了中央所给予的任务。天津解放以后，党对于天津市的任务是要接管、改造和发展这个城市。①三年来，天津市按照党的七届二中全会和刘少奇"天津讲话"等精神，认真贯彻全心全意依靠工人阶级、争取与改造知识分子、团结和改造资本家的各项政策，肃清了反革命力量，恢复和发展了生产，繁荣了经济，使人民生活有了很大改善。在发展文化、教育、卫生和市政建设等事业上做了大量工作，并取得成绩。报告也指出了过去工作中存在的缺点：工作中很不平衡，抓住了大的，放了小的；改造企业工作中自觉性不高；党的力量还不够大，组织建设、思想建设还要加强；市委领导上有弱点，在掌握大的方向上没有偏差，但在组织工作上比较弱，计划性不强。报告还对资产阶级、国营企业改造、区街工作和党的建设等四个问题进行了具体的阐述。报告提出今后的任务：1952 年下半年的中心工作是要争取完成增产节约 5 亿元和国家税收 4 亿元的任务，就是要为完成 9 亿元而斗争，一切工作都应以 1953 年开始大规模生产建设为出发点。②报告对今后的财经工作，建立街道组织、加强区街政权问题，完成整党和发展党的计划等工作提出了具体任务和要求。

会议还听取了市委副书记吴德《关于提案审查的报告》。市委委员黄松龄、吴砚农、李耕涛、杨英、于致远、张逢时等作专题发言。市委副书记黄火青作大会总结报告。会议一致通过上报中共中央的天津市"三反""五反"运动总结和整党建党计划，审查并初步处理了有关宣传教育、组织领导、整党建党、财政经济、政权建设等 8000 余件提案，并通过了《中国共产党天津市第一次代表会议的决议》。

召开党的代表会议是加强党的建设的组成内容，对于加强党的领导、贯彻执行民主集中制具有重要意义。这次会议是天津解放后的首次党代表会议，它的成功召开，为进一步开创天津党的建设和各项工

---

① 参见中共天津市委党史研究室编：《城市的接管与社会改造（天津卷）》，天津人民出版社，1998 年，第 365 页。

② 同上，第 396 页。

1952年8月18日—30日，中国共产党天津市第一次代表会议召开。中共天津市委书记黄敬代表市委在会上作了《关于三年来工作总结与今后工作任务》的报告

作新局面创造了条件，为动员全市广大党员干部和各界群众、迎接国家大规模的经济建设作了充分的政治思想准备。

二、中共天津市第一次代表大会

在完成国民经济恢复，实现国家财政经济状况基本好转后，1953年我国进入有计划的经济建设时期，并开始执行第一个五年计划。中央确定了党在过渡时期的总路线和总任务，并在全国范围内进行了规模巨大的宣传和教育活动，为实现国家的工业化和顺利完成社会主义改造工作奠定了重要的思想基础。1954年2月，党的七届四中全会召开，通过了《关于增强党的团结的决议》，并一致通过批准党的七届三中全会以来中央政治局的工作和召开党的全国代表会议等决议。天津市委为了贯彻党在过渡时期的总路线和党的七届四中全会精神，总结检查市委自1952年8月第一次党的代表会议以来的工作，确定今后工作的基本方针和任务,并选举产生新的中共天津市委员会①,按照党章和中央及华北局的规定,决定召开中共天津市第一次代表大会。

在天津市第一次党的代表大会召开之前,1953 年 4 月, 市委作出《关于召开党代表大会的决定》。决定指出,按照党章和中央关于召开党的各级代表大会及代表会议的决议及华北局 1952 年 10 月关于各区县市地方委员会之代表大会均须在 1953 年内全部召开完的规定,市委决定除学校党委可以推迟到暑假期间召开外,各区委、党委一律于 6 月底前召开党的代表大会。会议内容为总结过去工作,结合实际情况解决当前工作中的中心问题,展开批评与自我批评,并选举区委、党委及出席市党代表大会的代表。4 月,市委发出了《关于市、区(包括工业、机关)党的代表大会若干问题的解释及规定》。5 月,华北局批准了这两个文件。根据市委决定精神,全市各区委、党委分别召开党的代表大会,选举了出席市党代表大会的代表。在经过充分准备后,报经中央和华北局批准同意, 中共天津市第一次代表大会于 1954 年 7 月 20 日—29 日召开。出席会议的正式代表 473 人,列席代表 100 人,代表全市 4.9 万名党员。会议由黄火青、吴德等 23 人组成的大会主席团主持。会议总结了市委自 1952 年 8 月首次党代表会议以来的工作,确定了今后工作的基本方针和任务,并选举产生了中共天津市第一届委员会。

市委书记黄火青代表市委在会上作了《中共天津市委向第一次党代表大会的工作报告》(以下简称《报告》)。报告分为三个部分:

第一部分,第一次党代表会议以来的工作。《报告》指出,天津市第一次党代表会议以来,市委根据中央和华北局的指示,以及党代表会议的决议,领导全党和全市人民进行了许多工作。为贯彻执行党在过渡时期的总路线,市委根据天津市的具体特点,进行了一系列的思想工作和组织工作,取得了重要的成就。一是天津的国民经济有相当大

---

① 此前是任命制。

的发展,社会主义经济成分增长迅速,国家资本主义和农业、手工业的互助合作运动也有了进一步发展。二是在政权建设方面,进行了区街民主建政,加强了区级政权,开展了规模巨大的人大代表普选运动,参加选举的人数占选民总数的 94.76%。政法工作和文教工作等方面也取得很大成绩。三是党务工作和群众工作方面,天津市委对思想领导工作比较重视,在党内教育和干部学习等方面取得不少成绩,党的组织建设得到发展,党的团结进一步增强。工会、青年团、妇联会在党的各项工作中,发挥了积极作用。

第二部分,天津市经济建设的基本方针和当前任务。《报告》分析了本市的经济特点和经济建设面临的困难,提出了天津市经济建设的基本方针和当前任务：充分发挥现有国营及地方国营工业的作用,挖掘潜在力量,生产更多的品质好、成本低的产品,以支援国家工农业建设和满足人民日益增长的生产和生活需要。这是本市工业生产在过渡时期的基本任务。强调要用最大注意力关心——五厂的新建工作和其他工厂的扩建和改建工作, 加强国营商业对整个商业和市场的领导,对私人资本主义工商业、手工业、农业进行社会主义改造。

第三部分,加强思想领导与组织领导的几个问题。《报告》明确提出, 加强党的领导作用是我国在过渡时期总路线彻底胜利的保证,必须从政治上、思想上、组织上进一步巩固党、壮大党的力量。加强思想政治领导,必须清除资产阶级思想的影响。党内资产阶级思想最突出的表现就是骄傲自满、以功臣自居、麻痹松懈、不求进步。与其相关联的就是有些干部向党争取独立性。这些思想都是资产阶级个人主义思想在党内的一种反映,还有一些工厂、企业、机关、学校存在着"只问业务,不问政治",忽视党的领导的现象。《报告》要求大力加强思想政治领导,进一步加强对马克思列宁主义和毛泽东思想的学习,加强对党员干部的思想教育;正确开展批评和自我批评,突出地反对资产阶级个人主义思想;贯彻党的七届四中全会决议,加强党的团结,严格遵守集体领导的原则;加强党的纪律教育,在党员干部中树立法治观念,加强党的纪律检查工作。《报告》分析了加强组织领导的几个问题,要求调整组织形式,原则是减少层次、减少兼职、科学分工,抓中心、定计划、抓典型、勤检查,健全请示报告制度,继续克服"五多"①现象。

《报告》还分析了党的建设和干部工作中的几个问题,为今后的党建工作指明方向。明确提出,根据党在过渡时期总路线的要求,根据第二次全国组织工作会议的决定,天津组织工作的任务是:继续抽调干部转入工业建设,逐步实行干部分级管理制度,加强提拔培养和训练的工作,并结合每个时期的中心工作,继续巩固地发展党的组织。对于思想不纯、组织不纯和作风不纯的支部继续加以整顿,从组织工作方面保证党和国家各项工作的胜利完成。《报告》指出,全市党的组织的状况,还不能完全适应经济建设的需要。全市共有 47,000 多名党员,数量不大,质量也不够高。国营工厂中党员占职工的 10.19%,建筑部门中占6.54%,私营 25 个人以上的工厂中占 5.85%,高等学校中占 5.64%,农村中党的力量更为薄弱,党员仅占农村人口 0.55%,还有 58 个村没有党员。②今后在城市中必须贯彻逐步稳固地向前发展的方针,在农村中贯彻逐步发展、逐步稳固的方针,吸收在建设事业中和实际工作斗争中表现出具有社会主义觉悟的、劳动人民中的优秀分子来壮大党的力量。

党的建设工作虽有成绩,但存在脱离中心工作,脱离实际斗争,孤立进行的现象。因此有时形成突击,有时又完全停止,没有把发展新党员的工作作为党的经常性任务。今后在发展新党员中,要以国营、公私合营和私营大中工厂、手工业合作社及高等学校为重点。农村已经经过整顿的支部,应结合互助合作运动,以及粮食统购统销等工作稳步发展;尚未经过整顿或虽经过整顿而不彻底者,可暂时停止发展;现在

---

① 会议多、组织多、兼职多、公文多、报表多。

② 参见中共天津市委党史研究室、天津市档案馆编:《中国共产党天津市历次代表大会文献选编》,第 56 页。

仍无党员的空白村，应采取积极而又谨慎的方针，发展组织，把根扎好，逐步消灭空白村。忽视质量、突击数量的现象，不要再重复。在新的形势下，要注意从思想上、政治上、组织上进一步整顿巩固党的基层组织，有什么问题整顿什么问题。根据不同情况，应有不同要求。已经整顿的，主要是巩固成果，坚持教育制度，严格组织生活；虽已整顿但不透彻者，应有重点地进行整顿；对严重不纯，领导权为异己分子所掌握的支部，应彻底进行改组，把这些阶级异己分子清除出党，这样从组织工作方面保证党和国家各项工作的胜利完成。

在干部工作中，市委已决定为支援国家重点建设抽调干部，各级党委必须保证认真执行。对于本市地方国营工厂、基本建设部门、公私合营工厂、财经部门，要重点地加以充实。要按照"德才兼备"的标准，大胆地提拔干部，批判"资格论"和"重才轻德"现象。根据中央《关于加强干部管理工作的决定》，实行在党委统一领导下和党委组织部统一管理下的分部分级管理干部制度。

大会一致同意黄火青代表市委所作的工作报告，通过了《中国共产党天津市第一次代表大会决议》。大会根据党的过渡时期总路线精神和天津的特点，确定了天津市今后的工作方针：根据国家计划，保证完成并争取超额完成生产和基本建设任务，有计划、有步骤地进行对资本主义工商业和手工业、农业的社会主义改造，大力支援国家 141项重点建设工程，积极供给农民生产资料和生活资料，进一步巩固工农联盟，并逐步满足人民日益增长的需要。

大会选举产生了中共天津市第一届委员会，选出市委委员 25 人，市委候补委员 10 人。在市委一届一次会议上，选举黄火青、吴德、吴砚农、杨英、李耕涛、万晓塘、冯文彬、李华生、于致远、王亢之、张淮三为市委常委。黄火青任市委书记，吴德任市委副书记。

这次大会为贯彻党的过渡时期总路线，开展有计划的经济建设确定了工作方针和任务，选举产生了新的市委，为动员和组织全市各级

1954 年 7 月 20 日—29 日,中国共产党天津市第一次代表大会召开。会议根据党在过渡时期总路线精神,总结了天津市委自 1952 年 8 月首次党代表会议以来的工作,确定了今后工作的基本方针和任务。中共天津市委书记黄火青代表市委在会上作工作报告

党组织和广大共产党员进一步投入对生产资料所有制的社会主义改造和大规划经济建设,提供了有力的政治保障。

三、中共天津市第二次代表大会

经过对生产资料私有制的社会主义改造,社会主义基本制度初步建立起来,中国面临全面建设社会主义的历史任务。面对新的形势和任务,在党的八大召开前夕,1956 年 7 月 19 日—30 日,天津市委召开了中共天津市第二次代表大会。大会正式代表 663 人,列席代表 200 人,代表全市 7.3 万名党员。会议总结了市委自 1954 年 7 月第一次党的代表大会以来的工作,对以后的工作进行安排和部署,并选举产生了中共天津市第二届委员会和出席党的八大的代表。

黄火青代表中共天津市第一届委员会向大会作了《发掘一切潜力,

发展经济,支援国家社会主义建设》的工作报告。该报告回顾了天津市第一次党代表大会以来的工作,指出天津市第一次党的代表大会以来的两年,是我们国家在社会主义改造和社会主义建设中取得重大成就的两年,天津市的各项工作都取得了相当的成就。工作报告重点对社会主义改造工作、反对浪费和厉行节约运动、肃反运动、知识分子工作和党的建设等进行了总结。

(1)社会主义改造工作。到 1956 年 6 月,郊区组成高级农业生产合作社 201 个,参加高级社的农户达到总农户的 98.34%。在全国农业合作化高潮的影响和推动下,天津又迅速掀起资本主义工商业全行业公私合营和手工业合作化的高潮,工业合营 5254 户,从业人员 12,800人,商业合营 20,044 户,从业人员 65,898 人,资本主义工商业公私合营工作已经完成;手工业共有 88,020 人参加了合作社,占全市手工业从业人员的 92.9%。反对浪费和厉行节约运动,从 1955 年 7 月开始,到同年底完成 9000 万元,超额完成任务。

(2)肃反运动。从 1955 年 7 月开始,参加第一批肃反的主要是市区级领导机关工作人员、高等院校和中小学教职员,共计 81,144 人,共查出反革命分子及其他坏分子 1773 名,其中包括一些重大案件;从 1956 年 4月底开始第二批肃反运动,主要是在工厂及企业单位中进行,参加者共计 126,000 余人;1956 年下半年,还有 14 万人参加了第三批肃反运动。

(3)知识分子工作。在中央召开关于知识分子问题的会议后,在党内外,特别是在知识分子较多的文化、教育、卫生、工程等 4 个系统进行了传达讨论,解决了一些最迫切的助手、经费、住房、托儿等实际问题和较严重的用非所学问题。截至 1956 年 5 月,共接收 82 名高级知识分子入党,制定了《天津市知识分子工作纲要(初稿)》和《天津市科学研究工作 12 年规划(初稿)》。通过这些工作,在知识分子中掀起了"向科学进军"的热潮。

(4)党的建设。两年来,党的组织有较大发展,截至 1956 年 5 月底,全市共有党员 73,872 人,党的基层组织 1776 个。干部训练进入正规轮训。从 1954 年 8 月开始的干部审查工作正在进行。根据中央指示,逐步实行了分部分级管理干部的制度,各级党委在集体领导和民主作风方面,较前有了进步。在党的思想建设方面,也获得显著成绩。

工作报告对今后的工业工作进行了部署,重点讲了三个问题:

第一,天津市工业发展的概况和今后工业生产任务。从工业总产值、主要产品产量、职工人数、工业利润等几个方面分析了天津工业生产发展的概况,提出天津市在今后一个相当长的时期内,在支援国家重点建设和满足人民日益增长的需要上,要继续担负起重大的责任。

第二, 当前工业生产中的几个重要问题和有关经济部门的任务。主要是八个方面的问题,即改进质量、增加品种;改进技术,培养技术人才,提高工人技术水平;开展先进生产者运动;关心职工生活;公私合营工厂的改组改造;手工业、农业合作社的任务;基本建设和交通运输部门的任务;贸易、金融部门的任务。

第三,加强领导。要求在工厂企业中,建立和加强党的领导核心,加强集体领导;从实际出发,进行深刻的思考,提高对一切工作的自觉性;改进工作作风,克服官僚主义等倾向;加强协作,克服不顾大局的本位主义和小天小地的狭隘思想;根据实际情况,反对右倾保守主义,反对盲目冒进;加强基层党组织的工作,加强对广大职工群众的政治工作。

天津市监察委员会副书记马平夫向大会作了《一年来工作情况的报告》,指出:中共天津市监察委员会自 1955 年 7 月成立以后,在中央监委和天津市各级党委的领导和支持下,建立了各级监察组织。全市各级监委结合党的各项任务,检查处理了党员违反党章、党纪和国家法律、法令的案件。据不完全统计,从 1955 年 7 月至 1956 年 6 月底,共检查处理案件 723 件,其中开除党籍 243 人,给予留党察看处分的 124 人,给予撤销工作处分的 34 人,给予警告处分的 244 人,给予劝告处分的 78 人。从这些案件的错误性质看，属于反革命分子及各类坏分子者 39 人，包庇反革命分子者 15 人，丧失立场、隐瞒政治历史问题者 97 人，破坏党的团结者 17 人，腐化堕落、违法乱纪者 205 人，贪污盗窃者 85 人，弄虚作假、违反国家政策法令者 62 人，官僚主义严重失职者 45 人，无组织无纪律者 60 人，失密泄密者 39 人，其他 59 人。[①]这些案件的处理，对维护党的纪律，增强党的团结，保证党的方针和各项政策的贯彻实施，起了积极作用。

市委副书记白坚在会上对党的建设问题作了专题报告，题目为"完成党的发展计划，提高党的质量，巩固党的组织"。报告总结了 1954 年 7 月第一次党代表大会以来党的组织工作和思想建设方面取得的成绩，对今后的党建工作进行了部署。报告指出，两年来党的组织有很大发展，发展了 25,746 名新党员，新提拔 6198 名干部。为了从政治上纯洁干部队伍，进行了审干工作，已对 17,000 余名干部进行了审查，处理了违反党纪的党员 1485 人，维护了党的利益，教育了绝大多数党员。在党的思想建设方面，进行了反对个人主义和右倾保守主义的思想教育，大大提高了党员的思想政治觉悟。报告从四个方面提出今后党的组织工作和思想建设的任务：一是完成党的发展规划，提高党员的质量；二是做好培养与选拔干部的工作；三是健全党内民主生活和民主制度；四是向各种错误思想倾向作斗争。

中共天津市第二次代表大会一致通过了黄火青代表市委作的工作报告，批准了中共天津市监察委员会的工作报告，并通过了《中共天津市第二次代表大会决议》。大会根据中央充分利用沿海旧有工业基地的方针，确定天津市今后的中心任务是发掘一切潜力，发展经济，支援国家社会主义建设。号召全市各级党组织和全体党员团结一致，虚心学习，深入群众，克服官僚主义作风，充分发挥积极性和创造性，把

---

① 参见《中共天津党建史研究》，天津古籍出版社，2008 年，第 81 页。

一切可以调动的力量调动起来,为胜利完成大会提出的任务而奋斗。

大会选举产生了中共天津市第二届委员会,选出市委委员 35 人,候补委员 13 人。选出 25 人为天津市出席党的第八次全国代表大会代表,3 人为候补代表。1956 年 8 月 6 日,中共天津市第二届委员会第一次全体会议召开,选举于致远、万晓塘、王亢之、谷小波、李权超、李耕涛、李华生、杜新波、吴砚农、宋景毅、郑季翘、郭春原、张淮三、崔荣汉、黄火青为市委常委。选举黄火青为市委第一书记,选举吴砚农、万晓塘、李耕涛、王亢之为书记处书记。

中共八大召开后,根据八大通过的《党章》和中央《关于党的第八次全国代表大会以前召开的地方各级党的代表大会实行常任制的规定》,中共天津市第二次代表大会改为常任制,称为中共天津市第二届代表大会。每届任期三年,党的重要决定都要经过一年一次的代表大会讨论。实行代表大会常任制的目的是,使各级党的委员会更便于集中广大党员干部群众的意见,使代表大会成为党的充分有效的最高决策机关和最高监督机关,这是加强党的建设、推进党内民主的重要创新和尝试。

1956 年 7 月 19 日—30 日,中国共产党天津市第二次代表大会召开,审议了中共天津市委书记黄火青代表第一届市委向大会作的工作报告,确定天津市今后的中心任务是:发掘一切潜力,发展经济,支援国家社会主义建设。图为大会代表合影

中共天津市第二次代表大会，是在天津进入社会主义建设新时期召开的一次十分重要的会议。会议围绕社会主义经济建设这个中心，落实"论十大关系"这个主题，结合天津实际，提出了富有创造精神的各项工作的方针任务和构想，对社会主义建设事业的全面开展具有重要的指导作用。会议选举产生了新一届市委领导机构，部署了新形势下加强党的领导、加强党的自身建设的工作，为全市社会主义建设事业的顺利进行提供了坚强组织保证。

后　记

　　为庆祝中国共产党成立 100 周年,全面回顾新中国成立初期天津人民走过的艰辛而又激情燃烧的岁月, 准确记述党领导人民解放天津、接管天津、建设天津的历史进程、伟大成就和宝贵经验,中共天津市委宣传部设立天津市哲学社会科学规划重点委托项目,组织市委党校、市档案馆、天津社科院历史研究所、市公安局、天津博物馆、平津战役纪念馆等单位,联合开展《奠基岁月:1949—1956 年的天津》(以下简称《奠基岁月》)一书的研究编写工作。

　　《奠基岁月》的研究和编写工作于 2019 年 11 月启动。市委常委、市委宣传部部长陈浙闽同志高度重视,提出明确要求。市委宣传部常务副部长刘春雷、副部长李旭炎参加课题论证并审读书稿。市委宣传部理论处(市社科工作办)统筹协调。各参编单位高度重视,加强组织领导,均明确由一位负责同志牵头组织,抽调专业基础扎实、研究能力强、文字功底深厚的研究骨干参与撰稿工作,确保领导到位、研究力量到位、工作精力到位。参编人员深入学习贯彻习近平总书记关于党的历史的重要论述精神,认真查阅收集相关档案、报刊及图片资料,充分利用已有研究成果,特别是注意吸收近年来理论界、学术界最新研究成果,扎实开展专题研究撰写工作。市委党校副校长王永立、市档案馆二级巡视员于学蕴、天津社科院研究员张利民对书稿进行统稿审读。天津社科院历史研究所所长任吉东起草撰稿要求与写作凡例。天津人民出版社领导和编辑为本书出版工作付出了辛勤劳动。

承担本书写作的人员有：第一章，张鑫、武丽洁、张雨辰；第二章，王进、张珅；第三章，王冬、欧阳康；第四章，周巍、李俐、刘素新、孟罡、杨颖、曹冬梅；第五章，任吉东、王静、王丽、任云兰、熊亚平；第六章，冯秀艳、宋中楠、李永旭、韩砚魁；第七章，刘素新、杨颖、赵风俊、王磊、王明辉。平津战役纪念馆原副馆长沈岩、天津博物馆原副馆长钱玲也参与了课题研究和编写工作。天津博物馆王建平、郭辉、尹学梅、尹航、苏芃芃、杨兴隆，平津战役纪念馆张鑫、武丽洁、张雨辰、王蔚撰写了这一时期 110 余位代表性人物传略，约 20 万字，根据编写工作需要，部分内容吸收纳入正文。

由于时间和水平所限，疏漏和不当之处敬请读者批评指正。

编　者

2021 年 1 月